Asset Management

Elisabeth Hehn (Hrsg.)

Asset Management

Finanzdienstleistungen von und für
Versicherungen

1998
Schäffer-Poeschel Verlag Stuttgart

Herausgeberin:
Dr. Elisabeth Hehn, Equity Derivatives, Head of OTC Sales Germany
Dresdner Kleinwort Benson

Die Deutsche Bibliothek – CIP-Einheitsaufnahme

Asset-Management : Finanzdienstleistungen von und für
Versicherungen / Elisabeth Hehn (Hrsg.).
- Stuttgart : Schäffer-Poeschel, 1998
  ISBN 3–7910–1232–0

Gedruckt auf chlorfrei gebleichtem, säurefreiem und alterungsbeständigem Papier

© 1998 Schäffer-Poeschel Verlag für Wirtschaft · Steuern · Recht GmbH & Co. KG
Satz: DTP + TEXT Eva Burri, Stuttgart
Druck und Verarbeitung: Franz Spiegel Buch GmbH, Ulm
Printed in Germany

Schäffer-Poeschel Verlag Stuttgart
Ein Tochterunternehmen der Verlagsgruppe Handelsblatt

Vorwort

Das Zweite Finanzmarktförderungsgesetz, das Anfang August 1994 in Kraft getreten ist und die Novelle des Versicherungsaufsichtsgesetzes (VAG) von Juli 1994 stellen wesentliche Schritte zur Liberalisierung und Deregulierung dar und setzen die Rahmenbedingungen für einen europäischen Binnenmarkt in der Finanzdienstleistungsbranche und Versicherungswirtschaft. Durch die Aufhebung von Marktzugangsbeschränkungen können Versicherungsunternehmen der Mitgliedstaaten seit diesem Zeitpunkt in allen Staaten der Europäischen Union sowohl ihre Produkte anbieten als auch ihr Vermögen an den jeweiligen Kapitalmärkten anlegen.

Mit der Schaffung dieses europäischen Binnenmarktes hat sich der Wettbewerb innerhalb der Versicherungsbranche verschärft. Versicherungsunternehmen müssen daher mehr denn je auf eine adäquate Verzinsung ihres eingesetzten Kapitals achten. Damit gewinnt das Ergebnis aus der Kapitalanlage in den Ertragsüberlegungen der Versicherungsmanager eine wesentliche Bedeutung. Auch in den Augen der breiten Öffentlichkeit werden Versicherungen nicht nur als Versicherungsdienstleister sondern zunehmend als Anbieter sowie Abnehmer von Finanzdienstleistungen gesehen. Vor diesem Hintergrund entstand die Motivation und Initiative zu einer genaueren und intensiven Betrachtung dieses Wandels von Versicherungen zu Allfinanzinstitutionen.

Das vorliegende Werk gliedert sich in drei Teile und trägt somit unterschiedlichen Perspektiven Rechnung. In den einzelnen Beiträgen werden aktuelle Themen des Asset Managements aus der Sicht von Versicherungen, Kapitalanlagegesellschaften und Banken betrachtet. Die Einleitung zu den einzelnen Themenkomplexen bilden die Ausführungen zu den jeweiligen Rahmenbedingungen. Im Anschluß daran zeigen ausgewählte Beiträge verschiedene Aspekte von Dienstleistungen auf. Abschießend liefern die Ausarbeitungen zu Produkten, Innovationen und Perspektiven einen Überblick über den Stand der Diskussion der jeweiligen Branche.

Allen Autoren danke ich herzlich für die kooperative Zusammenarbeit und Frau Marita Rollnik-Mollenhauer für die gute Betreuung durch den Verlag.

Königstein im Februar 1998   *Elisabeth Hehn*

V

Geleitwort

Das Asset Management wird als *die* Wachstumsbranche der kommenden Jahre gesehen. Hierbei spielt die Kapitalanlage von Versicherungsgesellschaften, insbesondere im Hinblick auf das Leistungsversprechen gegenüber den Versicherungsnehmern, eine besondere Rolle.

Jede Kapitalanlage vollzieht sich in einem Spannungsfeld zwischen einer qualitätsbezogenen Betrachtungsweise und einem gezielten Performancedenken. Dieses Buch behandelt die diversen Bestimmungsfaktoren dieses Spannungsfeldes aus der Sicht von Versicherungen, Kapitalanlagegesellschaften und Banken. Hierbei wird ausgehend von einer Darstellung der Rahmenbedingungen sukzessiv die praktische Erfahrung durch die jeweiligen Autoren eingebracht. Frau Dr. *Hehn* ist es gelungen, hierfür namhafte Praktiker und Theoretiker zu gewinnen.

Die regulatorischen Grundlagen des europäischen Versicherungsmarktes sowie das sich hieraus ergebende Szenario sind Inhalt des Beitrages von *Farny. Hohlfeld* stellt die Anlagevorschriften, denen Versicherungsgesellschaften unterliegen, in übersichtlicher und gut verständlicher Form dar. Die aufsichtsrechtlichen Rahmenbedingungen für die Kapitalanlagetätigkeit von Versicherungen auf europäischer Ebene werden von *Knauth* und *Krüger* beschrieben. Die Zulässigkeit derivativer Finanzinstrumente, als ein wichtiger Bestandteil heutiger Kapitalanlagen, wird von *Scharpf* mit Blick auf ihre Zulässigkeit und von *Hopp* aus der Perspektive praktischer Einsatzmöglichkeiten behandelt. Die Messung von Kapitalanlageergebnissen und die hierfür verwendeten Benchmarks werden jeweils durch *von der Forst* und *Jacobsen* behandelt. Die Beiträge über das Asset Management durch Versicherungsgesellschaften (*Förterer*) sowie neue Dispositionsansätze durch Aufdeckung stiller Reserven (*Meißner*) und die Beschreibung des Asset-Liability-Managements durch *Melsheimer* geben einen Einblick in das Tagesgeschäft von Versicherungsgesellschaften als Finanzdienstleister. Der erste Teil des Buches findet mit der Darstellung des Transfers von Versicherungsrisiken auf Kapitalmärkte durch *Heri* und *Frost* anhand eines praktischen Beispiels der sogenannten »CAT«-Anleihe einen interessanten Abschluß.

Der Darstellung der maßgeblichen Investmentrichtlinien und des geltenden Investmentrechtes für Kapitalanlagegesellschaften in den Staaten Europas durch *Baur* folgt eine Beschreibung der Leistungsfähigkeit von Kapitalanlagegesellschaften als Dienstleister für die Kapitalanlagen von Versicherern. Bei der Vergabe von externen Mandaten stellt sich die Frage einer möglichen Effizienzsteigerung durch die Auswahl eines entsprechenden Managers. Die hiermit verbundenen Antworten liefert *Drayß* in seinem Beitrag. Neben dem Ertrag bleibt das Risiko und dessen Management ein wichtiges, immer wiederkehrendes Thema (*Lohneiß*). Der zweite Abschnitt des Buches schließt mit der Darstellung von zwei Produkten sowie Pensionssondervermögen als ergänzende Instrumente für die private und betriebliche Altersvorsorge (*Laux*). Den Dachfonds sieht *Lenschow* als ein ideales Produkt für den Versicherungsvertrieb. *Capellmann* stellt in seinem Beitrag dar, warum eine fondsgebundene Lebensversicherung als Alternative zu bestehenden Spar- und Anlageprodukten gesehen werden kann.

Der letzte Teil des Buches stellt die Sicht der Banken als traditionelle Dienstleister im Vermögensverwaltungsgeschäft dar. Die Verhinderung und Entdeckung von Insiderhandel ist eine wichtige Dimension des Risikos. Im Beitrag von *Süßmann* wird nicht nur die rechtliche Grundlage für den börslichen und außerbörslichen Wertpapierhandel dargestellt; es werden ebenfalls Erkenntnisse aus der Praxis wiedergegeben. Auch das Asset Management wird wesentlich durch den Euro thematisiert. *Neisse* zeigt die aus seiner Sicht zu erwartende Dynamik aus der Einführung einer einheitlichen europäischen Währung auf. Der zunehmenden Bedeutung der Aktienanlage in der Versicherungswirtschaft und den hiermit verbundenen Ansprüchen an einen systematischen Managementansatz widmet sich *Dr. Hehn* in ihrem Beitrag. Inwieweit das Kapitalanlageergebnis von globalen, gemischten Portfolios von der strategischen Asset Allokation abhängt, wird vom Unterzeichner dargestellt. Hierbei müssen die Risikopräferenzen und der zeitliche Horizont der Investoren mit einbezogen werden. Dieses unterstreicht *Wertschulte* mit seinem Beitrag über eine aktive Asset Allokation in der Kapitalanlage von Versicherungen.

Wenngleich diese Publikation die Versicherungswirtschaft und die Verwaltung derer Vermögen in den Vordergrund stellt, so sehe ich in der Gesamtheit der Beiträge eine einmalige Sammlung von aktuellem theoretischen Gedankengut und praktischer Erfahrung zum Thema Asset Management. Ich hoffe, daß dieses Buch damit dazu beiträgt, daß wir alle uns der großen Herausforderung der Internationalisierung und Globalisierung der Vermögensverwaltung besser stellen können.

Gerhard Eberstadt

Inhalt

Teil 2
Asset Management aus der Sicht
von Kapitalanlagegesellschaften

Teil 3
Asset Management aus der Sicht von Banken

Teil 1
Asset Management aus der Sicht von Versicherungen

Dieter Farny*

Realität und Szenarien der deutschen Versicherungswirtschaft

* Prof. Dr. *Dieter Farny*, Institut für Versicherungswissenschaft an der Universität zu Köln

I. Einführung: Die Vorgeschichte

Die Entwicklung der europäischen Versicherungswirtschaften, damit auch der deutschen Assekuranz zu einem europäischen Binnenversicherungsmarkt war und ist eher eine Leidensgeschichte, weniger eine Erfolgsstory. Die ursprüngliche Absicht einer Harmonisierung der Tätigkeitsvoraussetzungen als einer wichtigen Bedingung für einen Einheitsmarkt wurde in den achtziger Jahren aufgegeben und durch das Prinzip des Wettbewerbs zwischen den nicht oder nur teilweise harmonisierten nationalen Assekuranzen ersetzt. Auf dieser Grundlage wurde Mitte 1994 nach der Transformierung der sogenannten Versicherungsrichtlinien in die nationalen Rechte der Binnenversicherungsmarkt in der EU bzw. im EWR formal ausgerufen, indem Niederlassungs- und Dienstleistungsfreiheit der Versicherer mit einer einheitlichen Zulassung der Sitzlandaufsichtsbehörde gelten; ähnliche Freiheiten gelten auch für Versicherungsvermittler. Aber es entsteht naturgemäß kein einheitlicher Markt, wenn viele für den Geschäftsverkehr wichtige Rechtsgebiete national in verschiedener Weise geregelt bleiben, so das Versicherungsvertragsrecht für die Gestaltung der Versicherungsprodukte, das Unternehmens- und Konzernrecht für die Anbieter, das Verbraucherschutzrecht zugunsten der Kunden und – ganz besonders – das Recht der Besteuerung von Versicherungsunternehmen, Versicherungsnehmern und Versicherungsgeschäften.

Harmonisierungsfortschritte auf diesen Gebieten sind derzeit nicht erkennbar. Deshalb wird es auch noch lange dauern, bis aus dem Wettbewerb der nationalen Versicherungssysteme untereinander ein Wettbewerb innerhalb eines einheitlichen Gesamtsystems der europäischen Assekuranz wird.

Die Mindestharmonisierung der Versicherungsaufsicht in den einzelnen Ländern, die für eine EU-weite Geschäftserlaubnis durch die Sitzlandaufsicht erforderlich war, hat in einigen Ländern Europas, so auch in Deutschland, zu der sogenannten Deregulierung geführt. Die Intensität der Versicherungsaufsicht wurde zurückgeführt. In Deutschland waren dabei die wichtigsten Punkte der Wegfall der aufsichtsbehördlichen Genehmigungspflicht für die Produktgestaltung durch Versicherungsbedingungen und für die Prämien in der Lebens-, Kranken- und Autohaftpflichtversicherung. Die Deregulierung steht zwar im zeitlichen und sachlichen Zusammenhang mit der Schaffung des europäischen Binnenversicherungsmarkts, ihre Effekte sind und bleiben jedoch primär auf die einzelnen nationalen von der Deregulierung betroffenen Versicherungsmärkte beschränkt.

II. Realität der deutschen Versicherungswirtschaft

1. Binnenmarkteffekte

Die bis Ende 1997 beobachtbaren Effekte des Binnenversicherungsmarkts waren – und darüber besteht weitgehend Konsens – eher bescheiden. Das liegt vor allem an den ausgeprägten nationalen »Versicherungskulturen«, zu verstehen als komplexe Systeme tradierter Verhaltensweisen aller Marktbeteiligten, der natürlichen, sozialen, technischen und rechtlichen Hintergründe der zu versichernden Risiken und der dafür vorhandenen

Versicherungsschutzmodelle sowie an den nationalen Sozialversicherungssystemen. Diese nationalen Versicherungskulturen bilden erhebliche Markteintrittsbarrieren. Sie werden häufig mit der Formel »Insurance business is local business« gekennzeichnet.

Auch die Strategien zum Eintritt auf neue nationale Versicherungsmärkte in der EU werden durch dieses Phänomen bestimmt. Das Prinzip »Export« ist für Versicherungsgeschäfte wenig geeignet. Zwar läßt sich der abstrakte Kern der Versicherungsgeschäfte, nämlich Risikotragung gegen Prämienzahlung, ohne große Schwierigkeiten über Grenzen transportieren, wie die internationale Rückversicherung beweist. Aber alle um diesen Geschäftskern stattfindenden Prozesse, wie beispielsweise Kundenberatung, Analyse und Bewertung der zu versichernden Risiken, Prämienkalkulation, Vertrieb, die Bearbeitung der Versicherungsgeschäfte einschließlich der Schadenregulierung, sind ganz oder teilweise an die Standorte der Kunden oder an die räumliche Belegenheit der Risiken gebunden. Hier werden auch die Grenzen der Telekommunikation, somit auch Grenzen des Prinzips »Tele-Insuring« erkennbar, zumal wenn die Parteien des Versicherungsgeschäfts mit der Überschreitung nationaler Grenzen in fremde Rechtsgebiete und (noch) Währungsbereiche geraten.

Deshalb wird als Markteintrittsstrategie in neue nationale Versicherungsmärkte in der EU das Prinzip »Produktion im Ausland« eindeutig bevorzugt. Dies geschieht durch den Erwerb bestehender Versicherungsunternehmen auf den nationalen Märkten, durch die Errichtung von operativen Einheiten im Ausland, etwa von Niederlassungen, Geschäftsstellen, Agenturen u. ä. Auf diese Weise sollen die notwendigen Ressourcen für die Marktbearbeitung mit der notwendigen nationalen Prägung erworben oder aufgebaut werden. Die Markteintrittsvariante mit dem Kauf eines bestehenden Versicherungsunternehmens wird meist bevorzugt, weil sie schnell zu Marktanteilen führt; sie ist allerdings wegen der hohen Kaufpreise bzw. Investitionsvolumina häufig mit längerfristigen Minderungen der Kapitalrendite verbunden. Die Variante mit dem allmählichen Aufbau von Ressourcen zur Marktbearbeitung bildet nach allen Erfahrungen einen recht trägen Prozeß mit häufig hohen Anfangsverlusten und hohen Unsicherheiten über Höhe und Zeitpunkte der Gewinne auf die getätigten Investitionen.

Diese Sachverhalte führen zu einem eher pessimistischen Urteil über die Effekte eines europäischen Binnenversicherungsmarkts. Bis in die Gegenwart liegt eher ein System nationaler Versicherungsmärkte vor, wobei der Zugang zu den einzelnen nationalen Märkten durch Dienstleistungs- und Niederlassungsfreiheit zwar rechtlich und technisch erleichtert wird, faktisch aber weiterhin schwierig bleibt. Eine Minderung solcher Schwierigkeiten wäre nur durch eine allmähliche Überführung der nationalen Versicherungskulturen in einer Art europäischer Versicherungskultur möglich, und damit ist kurz- bis mittelfristig nicht zu rechnen. Die Geschichte der Versicherung seit dem Mittelalter ist in Europa geschrieben worden, allerdings in vielen Sprachen, in vielen Regionen, in völlig verschiedenen Wirtschafts- und Rechtskulturen, und es wäre naiv anzunehmen, daß diese Traditionen sehr schnell zu einer gemeinsamen Kultur verschmolzen werden könnten. Anders als bei Sachgütern entfalten sich bei Versicherungsgeschäften die Nutzeneffekte nicht durch den einfachen und gut wahrnehmbaren Gebrauch von Sachen, sondern über komplizierte wirtschaftliche, soziale, intellektuelle und psychologische Prozesse. Eine Harmonisierung dieser Prozesse ist nicht wahrscheinlich, im übrigen wohl auch nicht wünschenswert.

Diese zurückhaltende Beurteilung der Wohlfahrtseffekte eines europäischen Binnenversicherungsmarkts muß für Teilbereiche deutlich positiver formuliert werden, indem die

Unterscheidung zwischen Firmenkundengeschäft und Privatkundengeschäft eingeführt wird. Allerdings bildet auf allen europäischen Versicherungsmärkten das Privatkundengeschäft (einschließlich des Geschäfts mit kleinen gewerblichen Unternehmen, freien Berufen und Selbständigen) den weitaus wichtigsten Teilmarkt. In Deutschland wird geschätzt, daß etwa 98 % der Versicherungsgeschäftsstückzahlen und etwa 75 % des Geschäftsvolumens auf das Privatkundengeschäft entfallen, für das das Argument »local business« besondere Gültigkeit hat. Es kommt hinzu, daß die Privatkunden ihre Versicherungsgeschäfte bisher überwiegend habituell und affektiv gehandhabt haben und ein entsprechendes Vertrauen gegenüber ihrem Versicherer oder ihrem Versicherungsvermittler entwickeln mußten.

Für Firmenkunden, besonders Großunternehmen aller Wirtschaftsbereiche, bietet der Binnenversicherungsmarkt dagegen mehr Chancen, besonders wenn die Kunden selbst ihre Standorte EU-weit (oder darüber hinaus) dezentralisieren, also ihre zu versichernden Risiken nicht mehr einen einheitlichen und eindeutigen Standort besitzen. Hier bietet der Binnenmarkt gute Chancen, zumal dieser Kundentyp rationale, auf fundiertes Risk Management abgestützte Versicherungsentscheidungen trifft. Viele Unternehmen wünschen für ihre in vielen Ländern verstreuten Risiken einheitlichen Versicherungsschutz nach der Risk Management-Strategie des Stammhauses. Ein solches Versicherungsschutzprogramm ist durch grenzüberschreitende Versicherungsgeschäfte auf Grundlage der Dienstleistungsfreiheit gut möglich, weil es einer Niederlassung im Risikoland nicht mehr bedarf. Umgekehrt liegt der Fall, wenn ein internationales Unternehmen jeweils stark national ausgeprägte Risiken zu decken wünscht, was etwa für Haftpflichtrisiken und Elementarrisiken typisch ist, diese Deckungen aber in seinem Stammland nicht erhält. Hier ermöglicht die Niederlassungsfreiheit verbesserte Lösungen, indem der »Hausversicherer« über eigene Niederlassungen oder Tochtergesellschaften oder mit einem Kooperationspartner im Risikoland geeigneten Versicherungsschutz anbietet. Dieses Motiv »dem heimischen Kunden ins Ausland folgen« läßt sich im Binnenversicherungsmarkt deutlich besser verfolgen als dies früher möglich war.

Ein weiterer allgemein beobachtbarer Binnenmarkteffekt liegt in einer Art »virtuellen Wettbewerbs« zwischen den Versicherern in den einzelnen EU-Ländern. Gemeint ist die Suche nach guten oder besseren Gestaltungen, wie sie von den Konkurrenten in anderen, möglicherweise seit jeher stärker wettbewerbsorientierten Ländern üblich waren, die aber bisher wegen der nationalen Grenzen den deutschen Markt nicht beeinträchtigten. Es handelt sich praktisch um einen Lernprozeß bei der Gestaltung von Versicherungsprodukten, von Prämiengestaltungen, von Geschäftsprozessen und von Vertriebsverfahren. Dafür gibt es bereits heute einige Beispiele. Bevorzugte Lernobjekte sind etwa die britische Lebensversicherung und britische Pensionsfonds, französische Kapitalisierungs- und Assistancegeschäfte, die deutsche Kranken- und Rechtsschutzversicherung, gelegentlich auch Versicherungsprodukte, die nach deutscher Rechtsauffassung möglicherweise gegen den ordre public verstoßen, etwa die Versicherung von finanziellen Schäden nach Führerscheinentzug wegen Trunkenheitsfahrten oder die Versicherung von Lösegeldern nach Entführungen.

2.   Deregulierungseffekte

Die Deregulierungseffekte auf dem nationalen deutschen Versicherungsmarkt sind weit stärker als die unmittelbaren Binnenmarkteffekte. Durch die Reduzierung des deutschen Versicherungsaufsichtssystems auf eine Finanz- und Rechtsaufsicht wurden wesentliche unternehmerische Aktionsparameter, nämlich Produktgestaltung und Preispolitik, von der aufsichtbehördlichen Vorabkontrolle und -genehmigung befreit. Versicherungsunternehmen entscheiden seit 1994 über alle strategischen Erfolgsparameter am Markt selbst, nämlich über die Produkte, die Preise, die Vertriebssysteme und die Gestaltung der internen Geschäftsprozesse. Die alte Regulierungssituation, vergleichbar mit einem Geleitzug der Versicherer unter Führung der Aufsichtsbehörde und der Versichererverbände, löst sich langsam, aber stetig auf. Die Geschwindigkeit dieses Prozesses wird allerdings durch die in Deutschland besonders ausgeprägte Langfristigkeit von Versicherungsgeschäften gebremst, wobei die Langfristigkeit teilweise vertraglich vereinbart ist (besonders in der Lebens- und der Krankenversicherung), teilweise de facto entsprechend den Verhaltensweisen der Vertragsparteien besteht. Im Falle langfristiger Versicherungsgeschäfte bezieht sich der »neue« Wettbewerb im deregulierten Markt im wesentlichen auf die Neugeschäfte, weniger auf die Bestandsgeschäfte. In der Lebensversicherung gelten die früheren aufsichtsrechtlichen Regelungen für die Altbestände sogar unverändert fort, dieses noch über einige Jahrzehnte.

Die Deregulierungseffekte in der deutschen Versicherungswirtschaft sind derzeit in unterschiedlicher Stärke auf einzelnen Geschäftsfeldern beobachtbar. Sie betreffen das gesamte Industriekundengeschäft, das allerdings bereits seit 1990 dereguliert ist, weiter das eher kurzfristige und deshalb volatile Autoversicherungsgeschäft mit neuen Produktgestaltungen außerhalb des Mindestumfangs der Pflicht-Haftpflichtversicherung und (insbesondere) mit neuen Prämiengestaltungen. Zunehmend liegen vermehrte Wettbewerbseffekte auch für das Neugeschäft in der Lebensversicherung vor, hier auch mit »erlernten« Gestaltungen nach britischen, niederländischen und französischen Vorbildern. Auch in den Sachversicherungszweigen für kleinere gewerbliche Unternehmen und private Haushalte beginnen neue Produkt-Preis-Gestaltungen, vor allem nach dem Prinzip der Multi Risks-Deckungen. Allerdings sind wirkliche Produktinnovationen, die aus dem Wettbewerbsgeschehen heraus entstanden wären, noch eher die Ausnahme und am Markt noch unbedeutend. Zu erwähnen sind etwa Versicherungsdeckungen mit hohen Franchisen, die Versicherung des Arbeitslosenrisikos, Vermögensschadenhaftpflichtversicherungen für bestimmte Berufe und Funktionen sowie Assistancegeschäfte mit häufig unklarer Trennung zwischen Versicherungsgeschäften und reinen Dienstleistungsgeschäften.

3.   Die deutsche Versicherungswirtschaft in einer Übergangsphase

Die deutsche Versicherungswirtschaft befindet sich erkennbar in einer Übergangsphase von einem gut strukturierten früheren Zustand in einen noch keineswegs klaren künftigen Zustand. Die Bewertung des wachsenden Wettbewerbs aus der Sicht der Marktbeteiligten ist freilich nicht eindeutig. Für alle Marktbeteiligten, also Versicherer, Versicherungsvermittler und Versicherungskunden, entstehen wachsende Informationsprobleme. Asymmetrische Informationslagen nehmen zu, die Informationen aus der früheren Geleitzugsituation verlieren an Boden. Im Wettbewerb müssen an die Stelle guter Informationen über durchschnittliche Verhältnisse differenzierte Informationen über individuelle Verhältnisse treten. Marktwirtschaftliche Entscheidungen, die zu guten Ergebnissen führen, setzen Informationen voraus, anders ausgedrückt, die Versicherer müssen über ihre Kunden, über die zu versichernden Risiken (und damit über die Schäden), insgesamt also über die gesamte Nachfrage informiert sein; die Kunden müssen dagegen Informationen über das Angebot von Produkten und Preisen Bescheid wissen. Und die selbständigen Versicherungsvermittler zwischen den Parteien müssen Informationen über das Angebot und die Nachfrage besitzen.

Deregulierung und Wettbewerbsverstärkung bringen nicht automatisch die Informationen herbei, die für hohe marktwirtschaftliche Effizienz sorgen; die Informationsgewinnung ist vielmehr eine Sache der Marktparteien selbst. Die Deregulierung hat zwar den Wettbewerb verstärkt, aber – zwangsläufig – die Marktinformationen erschwert und damit die Markttransparenz vermindert. Dies betrifft besonders das Privatkundengeschäft, wo die »Verbraucher« bis auf weiteres größtenteils nicht in der Lage sind, mit den Risiken und Chancen des Wettbewerbsprinzips »vernünftig« umzugehen. Dies haben die Dogmatiker von Liberalisierung und Deregulierung der europäischen Assekuranz früher nicht wahrhaben wollen, obwohl in der langen Debatte immer wieder darauf hingewiesen wurde. Die Erkenntnis, daß das Wettbewerbsprinzip nur dann gute Ergebnisse hervorbringt, wenn die Marktteilnehmer, besonders die Kunden, damit umgehen können, wurde weitgehend verdrängt. Nach drei Jahren Deregulierung beschweren sich nun die Kunden und die Verbraucherschutzverbände lebhaft darüber, daß der Versicherungsmarkt intransparent sei und daß das Treffen »guter« Versicherungsentscheidungen außerordentlich schwierig geworden sei. Dies ist in der Tat so, und dies war auch vorhersehbar. Die Lösungsansätze zur Verbesserung der Informationssituation sind zwar erkennbar, etwa in Form von Rating- und Rankingsystemen sowie mit der Informationsfunktion der unabhängigen Versicherungsmakler im Neugeschäft. Dennoch sind erste Hinweise auf Wünsche nach Reregulierung des deutschen Versicherungsmarkts erkennbar, interessanterweise bei den Verbraucherschutzorganisationen für die Privatkunden deutlich stärker als bei den Versicherern, die offenbar Geschmack am »neuen« Wettbewerb gefunden haben.

In welcher Situation diese Übergangsphase der deutschen Assekuranz enden wird, ist derzeit schwer absehbar. Die Wiederherstellung der alten Regulierungssituation ist allerdings ebenso unwahrscheinlich wie ein volles Wettbewerbschaos, das mit einer deutlich zunehmenden Ruinwahrscheinlichkeit der Versicherer verbunden wäre. Wo aber eine mittlere Linie liegt, kann derzeit allenfalls in Szenarien ermittelt werden.

III. Szenarien für die deutsche Versicherungswirtschaft

1. Szenario-Modell

Szenarien sind Modelle für die Darstellung künftiger Zustände und Veränderungen der Versicherungswirtschaft. Sie müssen sowohl die Rahmenbedingungen für die Assekuranz als auch die Aktionen und Reaktionen der Marktbeteiligten abbilden. Deshalb stellen sie auch wesentliche Ausgangspunkte für die Strategien von Versicherern, Versicherungsnehmern und Versicherungsvermittlern dar.

Die Rahmenbedingungen in Versicherungsszenarien sind außerordentlich komplex und nicht in kurzer Form darstellbar. Sie umfassen nämlich nicht nur die Parameter im Bereich von Versicherern, Kunden und Vermittlern, sondern auch die Parameter der Risiko- bzw. Schadenursachen- und -wirkungssysteme, die Gegenstand der Versicherungsgeschäfte sind. Einige ausgewählte Stichworte müssen in diesem Aufsatz genügen.

- Risikoursachensysteme in der Natur bestimmen das Volumen der Elementarschäden, deren Versicherbarkeit wegen der Schadenkumuls als besonders problematisch gilt und häufig an Grenzen stößt. In diesem Bereich ist die Diskussion über alternative Risikotransfers auf die internationalen Kapitalmärkte besonders lebhaft. Ein besonders faszinierendes Teilszenario betrifft den Zusammenhang zwischen Klimaänderungen und Versicherung.
- Die sozio-demographischen Bedingungen für Versicherungsgeschäfte werden wesentlich durch die Entwicklung von Mortalität und Morbidität bestimmt, wobei der Zusammenhang zwischen Sozialversicherungssystemen mit Renten-, Kranken-, Pflegeversicherung und Privatversicherungssystemen schwierig ist, im übrigen in den europäischen Ländern höchst vielfältige Ausprägungen besitzt. Grundsätzlich führt die steigende Lebenserwartung zu einer vergrößerten Versicherungsnachfrage für die Finanzierung von Altersrenten (einschließlich des Risikos der Langlebigkeit) und zur Deckung der mit dem Lebensalter progressiv zunehmenden Krankheits- und Pflegekosten. Das Problem der Versicherung solcher Alterskosten liegt weniger an der Tatsache der Langlebigkeit, sondern an deren weiterer Erhöhung, weil Versicherungsleistungen im Alter nach der Technik der Privatversicherung durch Kapitalbildung vorfinanziert werden.
- Die technischen Entwicklungen verursachen ständig neue und veränderte Risiken. Für ein mittelfristiges Szenario sind besonders die Entwicklungen in der Gentechnik, Medizintechnik, Informationstechnik und Verkehrstechnik bedeutsam.
- Die wirtschaftliche Entwicklung mit der Tendenz zur verstärkten Vernetzung der Wirtschaftseinheiten und der sogenannten Globalisierung erhöht fast dramatisch das Schadenpotential durch Störungen von Wirtschaftsprozessen in allen Bereichen durch wechselseitige Abhängigkeiten der einzelnen Wirtschaftseinheiten untereinander. Vor allem Unterbrechungen und Störungen von Wirtschaftsprozessen durch externe Ursachen werden immer wahrscheinlicher und schadenträchtiger.
- Ein bisher unklares Szenario für die Assekuranz ergibt sich aus dem sogenannten Wertewandel in der Gesellschaft, weil davon Arten und Ausmaß der Sicherungsbedürfnisse der Bürger abhängen.

2. Szenario der räumlichen Dimensionen von Versicherungs-geschäften und der damit verbundenen Finanzgeschäfte

In der Realität der deutschen, der europäischen und der weltweiten Versicherungswirt-schaft bestehen verschiedene Ansichten über die zweckmäßige räumliche Dimension, in der Versicherungsgeschäfte betrieben werden. Angesichts der allseits akzeptierten Basis-these vom Versicherungsgeschäft als einem »local business« müßte eigentlich eine Diskus-sion über Internationalisierung oder gar Globalisierung von Versicherungsgeschäften unterbleiben. Vor allem das häufig zitierte Schlagwort von den großen Versicherern und Versicherungsgruppen als den weltweiten »global players« muß in diesem Zusammenhang geprüft werden. In einem naiven, deshalb aber vielleicht ausdrucksvollen Sinne bedeutet Globalisierung, daß Unternehmen weltweit tätig sind, daß weitgehend homogene Güter an Standorten mit den geringsten Kosten produziert und an den Standorten mit dem höchsten Nutzen verkauft und verwendet werden. Diese Vorstellung paßt für Versicherungsgeschäf-te auf dem ersten Blick überhaupt nicht.

Bei genauem Hinsehen können aber durchaus Internationalisierungs- und Globalisie-rungsmöglichkeiten entdeckt werden. Das Versicherungsgeschäft kann in drei Teile gegliedert werden, nämlich

- das reine Risikogeschäft, zu verstehen als der Transfer von Wahrscheinlichkeitsverti-lungen von Schäden gegen Prämienzahlungen mit Risikoausgleichseffekten in den Kollektiven der Versicherer und im Ablauf der Zeit,
- die Spar- und Entspargeschäfte, besonders im Zusammenhang mit langfristigen Lebens-und Krankenversicherungen,
- das Dienstleistungsgeschäft zur Abwicklung des Gesamtgeschäfts.

Mit Versicherungsgeschäften ist das Kapitalanlagegeschäft verbunden. Es resultiert im Risikogeschäft aus der zeitlichen Distanz zwischen den Prämieneinzahlungen und den Auszahlungen für die Versicherungsleistungen, im Spar- und Entspargeschäft aus der Anlage der dem Versicherer zufließenden Sparbeträge und zur Erwirtschaftung einer Rendite, die der vereinbarten Verzinsung der Verpflichtungen gegenüber der Versiche-rungsnehmerschaft und einer darüber hinausgehenden Gewinnbeteiligung dient; dieser zweite Teil ist also den Aktiv- und Passivgeschäften von Banken ähnlich.

Das Risikogeschäft als Tauch von Wahrscheinlichkeitsverteilungen von Schäden gegen (tendenziell) deterministische Prämienzahlungen muß zwar entsprechend den nationalen oder lokalen Risikogegebenheiten kalkuliert werden, ist aber anschließend als abstraktes Finanzgeschäft durchaus internationalisierbar. Dies zeigt die weltweit operierenden Rück-versicherung, die einzelne Risikogeschäfte oder ganze Kollektive von Risikogeschäften auf einem hohen Abstraktionsniveau weltweit »handelt« und dadurch zusätzliche Risiko-ausgleichseffekte schafft. Auch die Kapitalanlagegeschäfte sind diesem Ansatz prinzipiell zugänglich; denn das Kapitalanlagegeschäft ist letztlich auch als Tausch wahrscheinlich-keitsverteilter gegen (tendenziell) deterministische Zahlungen interpretierbar, und solche Geschäfte finden nicht nur auf nationalen, sondern auch auf internationalen und globalen Kapitalmärkten statt. Allerdings bestehen bei den Kapitalanlagegeschäften der Versicherer solange Restriktionen für die Internationalisierung oder Globalisierung, wie die nationalen aufsichtsrechtlichen Kapitalanlagevorschriften die Währungskongruenz von Verbindlich-keiten gegenüber den Kunden und von Vermögenswerten verlangen. Dies ist nach geltendem deutschen Aufsichtsrecht weitgehend der Fall. Im Rahmen der EU läßt die Einführung des Euro ein erweitertes Szenario zu.

Die Schlußfolgerungen ergeben also interessante Perspektiven: Der Vordergrund der Versicherungsgeschäfte, nämlich Risikoanalyse, -bewertung und Prämienkalkulation sowie Vertriebs- und andere Geschäftsprozesse haben die lokalen und nationalen Bedingungen zu beachten, der Risikoausgleichsprozeß und die Kapitalanlagegeschäfte werden dagegen zunehmend internationaler und globaler, wobei die Dimension der EU zweifellos nur eine Zwischenstufe darstellt. Ob allerdings die deutschen Versicherungskunden in der Lebens- und Krankenversicherung die Internationalität und Globalität der Kapitalanlagen überhaupt akzeptieren, hängt davon ab, ob sie eher nominelle Kapitalerhaltung und eine garantierte Festverzinsung, darüber hinaus Gewinnanteile, insgesamt also eine eher am nationalen Kapitalmarkt orientierte Risiko-Rendite-Position wünschen oder ob sie gleichsam das Risiko-Rendite-Profil der globalen Kapitalmärkte akzeptieren. Im Szenario könnte hier eine verstärkte Polarisierung zwischen der konventionellen, auf nominellen Größen beruhende Lebensversicherung versus die fondsgebundene Lebensversicherung mit internationalen Kapitalmarktergebnissen liegen.

3. Versicherungsnachfrage und alternative Risikotransfers

Im Instrumentarium des Risk Management für die privaten Haushalte und die kleinen gewerblichen Unternehmen nimmt die Versicherung einen festen und bedeutenden Platz ein. Sie ist durch andere risikopolitische Maßnahmen nur schwer oder in geringem Ausmaß zu verdrängen. Im Industrieversicherungsgeschäft sowie bei den Geschäften zwischen Erst- und Rückversicherern gewinnen dagegen zunehmend sogenannte alternative Risikotransfers an Bedeutung, die die klassischen Versicherungsgeschäfte ergänzen oder ersetzen. Deshalb sind solche Geschäfte im Szenario der deutschen, der europäischen und der weltweiten Assekuranz zu berücksichtigen.

Terminologie und reale Erscheinungsformen alternativer Risikotransfergeschäfte sind derzeit noch nicht klar geprägt. Es handelt sich grundsätzlich um entgeltliche Risikotransfers zwischen zwei Parteien, die allerdings keine Versicherungsgeschäfte im herkömmlichen Sinne sind, so daß immer mindestens ein Nichtversicherer als Geschäftspartner beteiligt ist. Alternative Risikotransfers werden selten als Kassengeschäfte, meist als derivative Geschäfte in Form von Optionen und Futures abgewickelt. Im Prinzip zahlt der Risikoabgeber einen tendenziell festen Preis an den Risikoübernehmer für wahrscheinlichkeitsverteilte künftige Zahlungen des Risikoübernehmers an den Risikoabgeber, womit bei diesem ein Sicherungseffekt eintreten soll. Die Verwandtschaft mit Versicherungsgeschäften, vor allem mit bestimmten Formen der Rückversicherung (z. B. Schadenexzedentenrückversicherungen) ist unübersehbar. Alternative Risikotransfers wurden entwickelt, um die Kapazität der globalen Kapitalmärkte zur Risikodeckung zu nutzen, vor allem in Zeiten knapper Rückversicherungskapazitäten für Groß- und Größtschäden und für Kumulschäden aus dem Elementarschadenbereich. Dies zeigen auch die zunächst realisierten Geschäfte dieser Art in Form sogenannter Katastrophen-Futures.

Im Szenario für die Versicherungswirtschaft kommt es darauf an, ob Erst- und Rückversicherer bei den alternativen Risikotransfers nur als Risikoabgeber oder auch als Risikoübernehmer auftreten. Das letztere ist wahrscheinlich, wenn die alternativen Risikotransfergeschäfte einen größeren Umfang annehmen, hoch organisiert an nationalen, europäischen oder weltweiten Börsen gehandelt werden; denn dann würden diese Geschäfte ein echtes Konkurrenzprodukt zu klassischen Versicherungsgeschäften sein, und die Versicherer könnten Einbußen an Umsatz- und Gewinnpotentialen durch den Eintritt in die neuen Märkte ausgleichen.

4. Versicherungsangebot

Das Szenario des Versicherungsangebots läßt sich am besten mit Polarisierungsthesen erläutern. Nach einer generellen Hypothese für alle Wirtschaftszweige führt zunehmender Wettbewerb am Markt dazu, daß in unscharfen mittleren Marktpositionen die Erfüllung wichtiger Unternehmensziele, etwa beim Wachstum, Gewinn oder der Unternehmenssicherheit, eher beeinträchtigt werden, so daß die Strategie der schärferen Profilierung an den Rändern der Märkte bevorzugt wird. Mittlere Positionen von Versicherungsunternehmen waren zwar im alten »Geleitzug« der regulierten Assekuranz vorteilhaft, verlieren aber mit zunehmenden Deregulierungseffekten an Attraktivität.

Überträgt man diese Grundannahme auf die deutsche Assekuranz, dann ist der überkommene und überwiegende Versicherertyp mittlerer Größe, mit marktüblichen Sortimenten und Produktgestaltungen, Preisen, Vertriebssystemen und Geschäftsprozeßsystemen in einer wenig günstigen Marktposition. Er wird deshalb seine Unternehmensstrategien ändern, um »aus der unscharfen Mitte« herauszukommen und bei den Merkmalsausprägungen für seine Struktur- und Prozeßgrößen in die Nähe der Pole zu streben. Beispiele dafür sind etwa die folgenden:

- entweder eher groß bzw. sehr groß, um Größenvorteile zu nutzen, oder eher klein bzw. sehr klein, um die Vorteile der hohen Elastizität und Flexibilität zu nutzen (»big business versus small business«);
- eher generelle Sortimente oder eher spezielle Sortimente für einzelne Versicherungsgeschäfte, einzelne Kundentypen oder regionale Geschäftsbereiche;
- eher genormte Produktgestaltungen oder eher individuelle Produktgestaltungen;
- eher niedrige Preise oder eher hohe Preise;
- eher einen Monovertriebskanal oder eher Multivertriebskanäle für den Absatz der Produkte.

Diese Parameter sind miteinander verknüpft und können nur simultan optimiert werden. Deshalb kann im Szenario eine gewisse Polarisierung der künftigen Versicherertypen mit dem Gegensatz zwischen dem »großen Generalisten« und dem »kleinen Spezialisten« beschrieben werden, wobei die anderen Gestaltungsparameter diesen Grundtypen nicht ganz eindeutig zurechenbar sind. Häufig wird das Szenario der Produkt-Preis-Gestaltung durch die Polarisierung in hochwertige, individualisierbare und teure Angebote einerseits und mittelwertige, standardisierte und billige Angebote (»Aldi-Geschäft«) andererseits beschrieben. Alle diese Entwicklungen führen zu schärferen Profilen der Anbieter, zu präziser definierten Marktpositionen als bisher. Dies wird unter anderem durch Markenbildung angestrebt, wobei die Abwägung zwischen Firmenmarken und Produktmarken bisher noch nicht entschieden ist.

13

5.   Konzentrationsszenario

Konzentration in der Versicherungswirtschaft ist nicht nur Bestandteil eines Zukunftsszenarios, sondern bereits Realität, und zwar sowohl im nationalen Bereich als auch europaweit und weltweit. Da die Motive für abgeschlossene und laufende Konzentrationsvorgänge nicht immer klar erkennbar sind, sind Diagnose und weitere Prognose schwierig.

Erkennbar sind drei Fallgruppen von Konzentrationsvorgängen. Der erste Fall umfaßt den Eintritt von Versicherern in bisher nicht bearbeitete Teilmärkte durch den Kauf anderer Versicherungsunternehmen oder von Versicherungsbeständen; dies kann auf dem deutschen Markt, dem europäischen Markt oder dem Weltmarkt vorkommen. Das Hauptmotiv ist die Verfügung über Ressourcen und Marktanteile, vorausgesetzt das externe Wachstum wird vorteilhafter bewertet als interne Wachstumsprozesse. Solche Fälle hat es schon immer gegeben; sie werden aber im europäischen Binnenmarkt gefördert, wenn Versicherer entscheiden, erstmals in einem anderen Land der EU tätig zu werden.

Die zweite Fallgruppe ergibt sich aus dem Ausscheiden von Anbietern aus dem Versicherungsmarkt, weil die Kräfte nicht ausreichen, um von der »unscharfen Mitte« in bessere Marktpositionen zu gelangen. Ob dieses Ausscheiden durch freiwillige Liquidation, durch den Verkauf an einen »besseren« Versicherer oder im Zusammenhang mit einer Sanierung erfolgt, ist ein zweitrangiges Merkmal. Das Ausscheiden aus dem Markt ist angesichts der langfristigen Versicherungsbestände nicht in kurzer Zeit möglich, so daß zur Abwicklung der Geschäfte Bestandsübertragungen oder der Verkauf des ganzen Unternehmens oder die Fusion mit einem anderen Unternehmen notwendig ist. Diese Fallgruppe ist also nichts anderes als die Marktbereinigung um schwache Anbieter, die durch Binnenversicherungsmarkt und Deregulierung bezweckt wird. Das Dilemma besteht darin, eine solche Marktbereinigung ohne Konkurse mit entsprechenden Einbußen der Gläubiger, also der Versicherungskunden, zu bewerkstelligen – eine gewiß nicht leichte Aufgabe der weiterhin bestehenden Versicherungsaufsicht.

Die dritte Fallgruppe ist die interessanteste, nämlich Konzentration als aktive Strategie von Versicherern zur Erzielung höherer Wettbewerbsfähigkeit und damit zur Förderung globaler Unternehmensziele, vor allem des Wachstums, des Gewinns und der Unternehmenssicherheit. Solche Konzentrationsfälle beruhen auf zwei einfachen Thesen: Wettbewerbsfähigkeit bzw. Zielerfüllungen werden durch Größenvorteile und/oder durch Verbundvorteile begünstigt. Die Größenvorteile betreffen die Risikokosten wegen der besseren Ausgleichsmöglichkeiten in großen Versicherungsbeständen sowie die Betriebskosten wegen verbesserter Geschäftsprozesse, letztlich auch die Kapitalkosten für Investitionen und Sicherheitsmittel. Die Verbundvorteile ergeben sich aus einer Zusammenfassung von Sortimenten und Produkten, von Kundenbeziehungen und von Ressourcen.

Aus diesen Überlegungen läßt sich folgendes Konzentrationsszenario ableiten. Einen vorteilhaften Größeneffekt versprechen Konzentrationen zwischen großen und generell tätigen Versicherungsunternehmen (»großer Generalist + großer Generalist«), weil damit zugleich Größen- und Verbundvorteile angestrebt werden. Ob und in welchem Zeitraum nach der Konzentration diese Vorteile auch realisiert werden, ist freilich eine andere Frage. Konzentrationen zwischen großen und kleinen Versicherungsunternehmen sind nur attraktiv, wenn der kleine Versicherer ein Spezialist ist und sein Angebot genau in eine Lücke im Geschäftsfelderportfolio des großen Versicherers paßt; nur dann sind Verbundvorteile zu erwarten (»großer Generalist + kleiner Spezialist«). Die Konzentration »großer Generalist

+ kleiner Generalist« ist wenig aussichtsreich; die zusätzlichen Größenvorteile sind wenig bedeutsam und schwer realisierbar. Die Konzentration »kleiner Generalist + kleiner Generalist« ist wenig wahrscheinlich, weil die Größen- und Verbundvorteile hier kaum wiegen; erst wenn viele kleine Generalisten sich zusammenfinden, kann mit gewissen Größenvorteilen gerechnet werden, die aber in diesen Fällen meist gegen die sehr hohen Konzentrationskosten abzuwägen sind.

Das Szenario der strategischen Konzentrationen weist also recht deutlich auf den Fall »großer Generalisten + große Generalisten« hin, zusätzlich auf die Einfügung von kleineren Spezialversicherern in große Konzerne. In diesem Szenario ist zu erwarten, daß sich die Marktanteile der großen Anbieter schnell weiter vergrößern und eine erhebliche Lücke zwischen den wenigen (sehr) großen Anbietern und den immer noch zahlreichen (sehr) kleinen Anbietern entsteht. Insgesamt ist derzeit nicht erkennbar, daß – wie häufig befürchtet – die »Großen die Kleinen fressen«.

6. Szenario Allfinanz

Mit Allfinanz wird im allgemeinen der Trend zu einem Zusammenrücken der Versicherungswirtschaft und der Bankenwirtschaft im weitesten Sinne verstanden. Im extremen Fall kommt es zu einer weitgehenden Verschmelzung der beiden Bereiche. Die Bewertung von Allfinanz war in der Vergangenheit häufig wechselnd. In der Gegenwart und für die Zukunft ist mit einer erneuten Verstärkung des Gedankens zu rechnen. Der EU-Gesetzgeber beschäftigt sich seit längerem mit den aufsichtsrechtlichen Konzeptionen über Allfinanzkonglomerate.

Die Ausgangsidee für Allfinanz ist folgende: Versicherungsgeschäfte und alle übrigen Finanzgeschäfte werden häufig von den Kunden gemeinsam nachgefragt und verwendet und können von den Anbietern gemeinsam hergestellt und vertrieben werden. Die Verbindungen zwischen Versicherungs- und anderen Finanzgeschäften sind allerdings verschiedenartig. Liegen substitutive Verbindungen vor, ist Allfinanz aus Anbietersicht vorteilhaft, weil das Geschäft abgeschlossen wird, gleichgültig ob der Kunde ein Versicherungsgeschäft oder ein Bankgeschäft wünscht. Dies gilt etwa ausgeprägt für die Konkurrenz der Lebensversicherung gegen Bankprodukte und Investmentfondsprodukte für die Altersversorgung. Liegen dagegen komplementäre Verbindungen vor, fragt der Kunde also Versicherungs- und Bankprodukte gemeinsam für einen einheitlichen Verwendungszweck nach, ist Allfinanz wegen der Cross selling-Effekte attraktiv; dabei sind diese Überlegungen besonders für das Privatkundengeschäft wichtig, während im Firmenkundengeschäft die Unternehmen durchaus ihre Versicherungs- und Finanzgeschäfte getrennt beschaffen können.

Wenn trotz der grundsätzlichen Attraktivität des Allfinanzgeschäfts bisher nur begrenzte Erfolge eingetreten sind, dann kann dies vor allem mit den erheblichen Rechtsproblemen bei der Zusammenführung zweier Wirtschaftszweige und den völlig verschiedenen Unternehmenskulturen in Versicherungsunternehmen und Banken begründet werden. Insbesondere die in allen Ländern getrennten Aufsichtssysteme für Versicherer bzw. für Banken erschweren derzeit die gemeinsame Herstellung von Versicherungs- und Bankgeschäften aus einem Unternehmen heraus; deshalb sind bisher die aufsichtsfreien Vertriebsbereiche

Hauptansatzpunkte für Kooperationen gewesen. Nach dem Gesetz dürfen Versicherer keine Bankgeschäfte betreiben, Banken dürfen keine Risikogeschäfte betreiben. Allerdings wird dabei häufig übersehen, daß die Kapitalanlagegeschäfte der Versicherer weitgehend Bankgeschäfte sind und daß viele Bankgeschäfte ausgesprochene Risikogeschäfte sind. Vermutlich sind die alten Traditionen der Versicherungs- und Bankgeschäfte in Deutschland so stark, daß ein schneller Wandel im Sinne einer Zusammenfügung erschwert ist. In weniger regulierten Ländern, z. B. in den Niederlanden, waren die Voraussetzungen für Allfinanzgeschäfte günstiger.

Insgesamt muß aber das Allfinanzszenario als wesentlicher Teil des Versicherungsszenarios (auch des Bankenszenarios) betrachtet werden. Ob in Deutschland Finanzkonglomerate eher unter der Führung der (früheren) Versicherer oder der (früheren) Banken stehen werden, ist derzeit offen, hängt auch von der relativen Stärke der zueinander findenden Partner ab.

IV. Ein Fazit

Realität und Szenarien für die deutsche Versicherungswirtschaft im Rahmen des Binnenversicherungsmarkts der EU und des weltweiten Versicherungsmarkts sind durch eine Übergangsphase von einem stark regulierten und stark national geprägten Zustand in eine deregulierte, wettbewerbsintensivere und nach außen offenere Situation geprägt. Die beiden Teilmärkte für Firmen- und Privatkundengeschäfte driften auseinander: ersteres wird zunehmend international geführt, vielleicht sogar »global«, letzteres bleibt eher national und lokal geprägt.

Bedeutsam ist die erkennbare Öffnung der Versicherungswirtschaft in Richtung auf die allgemeinen Kapitalmärkte, und zwar sowohl über das Kapitalanlagegeschäft als auch über die Entstehung alternativer Risikotransfergeschäfte mit Techniken des weltweiten Kapitalmarkts. Man kann daraus eine Effizienzsteigerung erwarten, weil für Versicherungsgeschäfte und Versicherer nicht mehr nur die Benchmarken eines begrenzten Wirtschaftszweigs, sondern die der weltweiten Finanzmärkte anzusetzen sind. Der Binnenversicherungsmarkt der EU und die europäischen Kapitalmärkte bleiben vermutlich nur eine Zwischenstufe; denn die beiden größten Assekuranzen der Welt sind diejenigen in Japan und in den USA, und ähnliches gilt für die Kapitalmärkte.

Die wirtschaftswissenschaftliche Theorie hat diesen Gedanken seit einiger Zeit antizipiert. Sie präsentiert außer der klassischen Versicherungstheorie, nach welcher Versicherung Risikotransfer gegen Zahlung fester Prämien darstellt, als neueres Erklärungsmodell kapitalmarkttheoretische oder finanzierungstheoretische Konzepte vom Versicherungsgeschäft, weil Versicherungsgeschäfte eben nur einen besonderen Fall des Tauschs von wahrscheinlichkeitsverteilten gegen feste Zahlungen darstellt. Sicher ist dieses Modell vom Versicherungsgeschäft derzeit noch weit von der Realität des Tagesgeschäfts entfernt. Der einzelne private Haushalt, der beispielsweise seinen Hausrat gegen Feuer oder sein Auto gegen Diebstahl versichert, empfindet sich wohl kaum als Teilnehmer des weltweiten Kapitalmarkts, sondern eher als der Teilnehmer auf einen speziellen regionalen oder lokalen Versicherungsmarkt.

Der Reiz bei der Entwicklung von Szenarien ist aus der Sicht des Theoretikers in der Frage begründet, ob die wirtschaftliche Realität den theoretischen Modellen folgt, oder ob die Theorie lediglich Entwicklungen in der wirtschaftlichen Realität erfaßt, modelliert und weiterverarbeitet. Szenarien versuchen, diese beiden Aspekte zu verknüpfen: aus der Beobachtung der wirtschaftlichen Realität und unter Einsatz von Theorie sollen Aussagen abgeleitet und nach Jahren auf ihre Richtigkeit überprüft werden. Warten wir also die Realität ab!

Literatur

Eine Dokumentation der Literatur zu den einzelnen Themen dieses Aufsatzes ist bei der vorgegebenen Länge nicht möglich. Deshalb werden nachstehend einige allgemeine Literaturhinweise über Realität und Szenarien für die deutsche Versicherungswirtschaft gegeben.

Berghe, L. Van den: Der Wettlauf um die Zukunft in der Bank- und Versicherungsbranche. In: Versicherung, Risiko und Internationalisierung, Festschrift für Heinrich Stremitzer zum 60. Geburtstag, hrsg. von *J. Mugler und M. Nitsche.* Wien 1966, S. 53–65

Farny, D.: Über mögliche Unternehmensstrategien deutscher Erstversicherer im deregulierten Versicherungsmarkt. In: Versicherung, Risiko und Markt, Festschrift für Walter Karten zur Vollendung des 60. Lebensjahrs. Hrsg. von *Hesberg, D./M. Nell/Schott, W.*, Karlsruhe 1994, S. 245–262

Frei, H.: Überlebensfähigkeit von Versicherungsgesellschaften in deregulierten Märkten. In: Die Unternehmung, 47. Jg. 1993, S. 465–476

Hölscher, R./Kremers, M./Rücker, Chr.: Risiko- und Versicherungsmanagement in der deutschen Industrie. In: Versicherungswirtschaft, 51. Jg. 1996, S. 1612–1623

Kalweit, R./Lieber, B./Jakob, G. (Hrsg.): Versicherungswirtschaft im Umbruch. Karlsruhe 1995

Lohéac, F.: Die Versicherungswirtschaft im 21. Jahrhundert. In: Versicherungswirtschaft, 52. Jg. 1997, S. 8–13

Michaels, B.: »Die Chancen des Umbruchs ergreifen!«. In: Versicherungswirtschaft, 51. Jg. 1996, Beilage zu Heft 23, S. 3–13

Müller, H.: Versicherungsbinnenmarkt. München 1995

Muth, M.: Versicherungswirtschaft im Umbruch. In: Versicherungswirtschaft, 49. Jg. 1994, S. 288–297

Rabe, Th.: Liberalisierung und Deregulierung im europäischen Binnenmarkt für Versicherungen. Berlin 1997

Schmidt, R. u. a.: Künftige Umwelten und Versicherung. In: Zeitschrift für die gesamte Versicherungswissenschaft, 81. Bd. 1992, S. 1–203

Surminski, A.: Die Versicherungswirtschaft und der Wettbewerb. In: Zeitschrift für Versicherungswesen, 48. Jg. 1997, S. 414–424

Wagner, F.: Risk Securitization als alternatives Mittel des Risikotransfers von Versicherungsunternehmen. In: Zeitschrift für die gesamte Versicherungswissenschaft, 86. Bd. 1997, S. 511–552

Wähling, S./Trumpfheller, J./Schulenburg/J.-M. von der: Der deutsche Versicherungsmarkt nach der Jahrtausendwende. In: Zeitschrift für die gesamte Versicherungswissenschaft, 85. Bd. 1996, S. 155–169

Weidenfeld, G.: Der Europäische Versicherungsbinnenmarkt und seine Auswirkungen auf die strategische Unternehmenspolitik von Erstversicherern, Lohmar, Köln 1997

Knut Hohlfeld*

Kapitalanlage und Versicherungs-aufsicht

* Dr. *Knut Hohlfeld*, Generalsekretär der International Association of Insurance Supervisors, Basel (bis 31. Dezember 1997 Präsident des Bundesaufsichtsames für das Versicherungswesen, Berlin) Der folgende Beitrag stellt eine aktualisierte Fassung des Beitrags »Versicherungswirtschaft, Anlagevorschriften der Versicherungen« des Autors dar, erschienen im Handwörterbuch des Bank- und Finanzwesens. 2. Aufl., Stuttgart 1995

I. Einführung

Anders als andere Wirtschaftszweige hat die Versicherung seine Grundlage in dem uneingeschränkten Vertrauen der Verbraucher, die Versicherungsverträge abschließen, also der Versicherungsnehmer. Um das Vertrauen rechtfertigen, nämlich die Versicherungsansprüche jederzeit erfüllen zu können, müssen die Versicherer erhebliche Mittel bereithalten. Die Kapitalanlagen der in Deutschland beaufsichtigten Versicherungsunternehmen beliefen sich Ende 1997 auf insgesamt über 1.300 Mrd. DM. Diese Mittel sind in den verschiedenen Formen, die der Kapitalmarkt bietet, angelegt. Die Versicherungsunternehmen sind allerdings nicht frei darin, wie sie ihr Vermögen anlegen. Vielmehr hat der Gesetzgeber hierzu eingehende gesetzliche Vorschriften erlassen, vertieft und konkretisiert durch Anordnungen der Versicherungsaufsicht. Der Zweck der Vorschriften ist es, die dauernde Erfüllbarkeit der Versicherungsverträge zu gewährleisten. Vorrangig ist also nicht, den Versicherungsunternehmen möglichst hohe Gewinne zu ermöglichen, denen stets die Gefahr entsprechender Verluste gegenüberstehen, sondern die Ansprüche der Versicherten möglichst gut abzusichern. Ein Optimum an Sicherheit, Rentabilität und Liquidität der Anlage ist das Ziel.

II. Geschichtliche Entwicklung

Vor dem Inkrafttreten des Versicherungsaufsichtsgesetzes (VAG) im Jahre 1901 gab es für die Individualversicherung keine Anlagevorschriften, wohl aber bei der Zulassung zum Versicherungsbetrieb Auflagen für die Vermögensanlagen. Durch diese wurden die Versicherer auf die Anlage ihrer Vermögen vorwiegend in nominell gesicherten Werten (öffentliche Anleihen, Hypotheken und festverzinsliche Wertpapiere) verwiesen.

Das Versicherungsaufsichtsgesetz von 1901 bestätigte mit seinen Bestimmungen zur Vermögensanlage im wesentlichen die bereits herrschende Anlagepraxis. Die Vorstellung von der unbedingten Sicherheit nomineller und dazu noch zum großen Teil mündelsicherer Werte war um die Jahrhundertwende so allgemein, daß diese Anlagevorschriften als befriedigend empfunden wurden. Eine Besonderheit galt beim Erwerb von Grundbesitz. Dieser bedurfte einer Genehmigung durch das Kaiserliche Aufsichtsamt für Privatversicherung, es sei denn, daß beliehene Grundstücke bei einer Zwangsversteigerung erworben wurden. Diese Genehmigungspflicht wurde unter dem Eindruck der damals verbreiteten Grundstücksspekulationen vorgeschrieben, die einige Hypothekenbanken in Schwierigkeit gebracht hatten.

In der Folgezeit gab es Bestrebungen, Anlagezwang zugunsten von Staatsanleihen einzuführen. Bei öffentlich-rechtlichen Feuerversicherern wurde er 1910 in Preußen für einen Teil der Vermögensanlagen durchgesetzt, ebenso bei den damals entstehenden öffentlich-rechtlichen Lebensversicherungsanstalten und bei Trägern der Sozialversicherung. Bestrebungen, dasselbe den privaten Lebensversicherungsgesellschaften vorzuschreiben, wurden mit Ausbruch des 1. Weltkrieges hinfällig.

Nach dem 1. Weltkrieg zeigte sich ein ernster Mangel der Anlagevorschriften darin, daß die währungsgleiche (kongruente) Deckung der Verpflichtungen nicht vorgeschrieben war. Beim Verfall der Mark-Währung ergaben sich deshalb sehr große Schwierigkeiten, wenn Lebensversicherungen in stabil gebliebenen Währungen liefen, das Vermögen aber in Mark-Werten angelegt war. Ein 1921 beschlossener Zusatz zum VAG, der die kongruente Deckung vorschrieb, kam für diese Fälle zu spät. Seither gehört aber die kongruente Deckung zu einem festen Bestandteil der Anlagevorschriften.

Der völlige Verfall der Währung in der 1923 endenden Inflation zeigte den Mangel der nur auf nominelle Sicherheit bedachten Anlagevorschriften. Diese wurden deshalb durch eine Novelle zum VAG geändert. Jetzt wurden Sachwerte als Anlage für die Deckungsrückstellung zugelassen, insbesondere Grundstücke, aber ohne Aufhebung der seit 1901 erforderlichen Einzelgenehmigung. Ebenso wurde eine Anlage in Aktien erlaubt. Mit der Möglichkeit, die Deckungsrückstellung auch durch kurzfristige Anlagen zu belegen, standen nahezu alle Anlagearten offen. Zum anderen wurde die Mischung der Anlagearten gefördert. Die Anlage in Aktien, kurzfristigen Forderungen und Grundstücken wurde auf zusammen 50 % des Solls der Deckungsrückstellung begrenzt, die der Grundstücke allein auf 25 %.

Durch die Novelle zum VAG vom 30. März 1931 wurde der 1923 erweiterte Anlagerahmen wieder eingeengt: Kurzfristige Anlagen, Aktien und Industrieobligationen waren nicht mehr zugelassen. Es blieb aber die 1923 geschaffene Generalklausel, nach welcher das Reichsaufsichtsamt durch Einzelgenehmigung andere als die aufgezählten Anlagearten zulassen konnte.

Während der Jahre 1933 bis 1945 wurde bei den Anlagen zunehmend die Kapitalmarktlenkung durch den Staat bestimmend. Das VAG wurde zwar nicht geändert. Durch Beschränkung und bald auch Verbote von immer mehr Anlagemöglichkeiten entstand aber praktisch ein Anlagezwang in Reichsanleihen. Maßgebend war dabei nicht mehr der Interessenschutz der Versicherten, sondern allein die Befriedigung der Kreditbedürfnisse des Staates.

Der politische und wirtschaftliche Zusammenbruch im Jahre 1945 zeigte erneut die Unsicherheit der Anlage nur in nominellen Werten. Aber die Kriegszerstörungen und die Enteignungen in der DDR machten deutlich, daß auch Sachwertanlagen keine absolute Sicherheit bieten. Ein Optimum von Sicherheit erscheint nur erreichbar durch eine sachlich und räumlich möglichst breite Mischung und Streuung der Anlagen.

Mit einer Novellierung des VAG im Jahre 1974 wurde begonnen, die Anlagevorschriften zu liberalisieren und den Versicherungsunternehmen eine größere Eigenverantwortung bei der Anlage ihrer Vermögenswerte zuzugestehen. Durch Rundschreiben R 2/75 (VerBAV 1975 S. 102) gab das Bundesaufsichtsamt für das Versicherungswesen (BAV) grundsätzliche Erläuterungen zur Anwendung der neuen Anlagevorschriften. In der Folgezeit wurden die Vorschriften weiter gelockert. So brachte das am 1. Januar 1991 in Kraft getretene Gesetz zur Änderung versicherungsrechtlicher Vorschriften vom 17. Dezember 1990 (BGBl. I S. 2864) eine spürbare Erweiterung der Anlagemöglichkeiten. Mit Rundschreiben R 5/91 (VerBAV 1991 S. 378) hat das BAV hierzu nähere Hinweise veröffentlicht.

Mit dem Dritten Durchführungsgesetz/EWG zum VAG vom 21. Juli 1994 (BGBl. I S. 1630) ist die Liberalisierung des Versicherungsrechts und damit auch der Anlagevorschriften zu einem gewissen Abschluß gebracht worden. Dieses Gesetz setzte insbesondere die EG-Richtlinien vom 18. Juni 1992 – Dritte Richtlinie Schadenversicherung – (EG-ABl. Nr. L 228 S. 1 vom 11. August 1992) und vom 10. November 1992 – Dritte Richtlinie

Lebensversicherung – (EG-ABl. Nr. L 360 S. 1 vom 9. Dezember 1992) in nationales deutsches Recht um. Die Richtlinien dienten der Realisierung des europäischen Binnenmarkts auch auf dem Versicherungssektor. Sie zielten auf eine Harmonisierung des Aufsichtsrechts. Hinsichtlich der Anlagevorschriften enthielten sie gewisse Mindestvorgaben, erlaubten den Mitgliedstaaten der Europäischen Union (EU) aber, auch strengere Regeln aufzustellen. Die EG-Richtlinien gelten im übrigen mittlerweile nicht mehr nur in den 15 Mitgliedstaaten der EU, sondern sind auch in Island, Liechtenstein und Norwegen als den weiteren drei Vertragsstaaten des Abkommens über den Europäischen Wirtschaftsraum (EWR) in nationales Recht umgesetzt worden.

Bei der Umsetzung der Richtlinien hat Deutschland im Interesse einer stärkeren Absicherung der Ansprüche der Versicherungskunden nicht alle Möglichkeiten einer Liberalisierung der Anlagevorschriften ausgeschöpft, dennoch aber die bereits vorher stark liberalisierten Anlagemöglichkeiten zusätzlich erweitert.

Durch die Liberalisierung der Anlagevorschriften sind die Investitionsmöglichkeiten und die Flexibilität, aber auch die Anforderungen an das Know-how und die Verantwortung der Versicherer erheblich gestiegen.

Mit Rundschreiben R 4/95 vom 2. Oktober 1995 (VerBAV 1995, 358) hat das BAV die neue Rechtslage näher erläutert und den seiner Aufsicht unterliegenden Versicherungsunternehmen wichtige Hinweise zur Anwendung der neuen Anlagevorschriften gegeben.

III. Die geltenden Anlagevorschriften

Da in der EU und im übrigen EWR-Bereich die Finanzaufsicht über Versicherungsunternehmen gemäß den EG-Richtlinien nunmehr in der alleinigen Zuständigkeit des Herkunftsmitgliedstaats liegt (§ 110a Abs. 3 Satz 1 VAG), ist der Geltungsbereich der Anlagevorschriften des deutschen VAG außer auf Versicherungsunternehmen mit Sitz außerhalb des EWR auf Unternehmen beschränkt, die ihren Sitz in Deutschland haben, allerdings auch für das von ihnen in anderen Vertragsstaaten des EWR betriebene Versicherungsgeschäft. Für Versicherungsunternehmen mit Sitz in einem anderen EWR-Vertragsstaat gelten dementsprechend die Anlagevorschriften ihres Sitzlands auch hinsichtlich des in Deutschland im Rahmen der Niederlassungs- und Dienstleistungsfreiheit betriebenen Versicherungsgeschäfts.

1.   Anlagegrundsätze

Als obersten Grundsatz gibt § 54 Abs. 1 VAG den Versicherungsunternehmen auf, ihr gebundenes Vermögen »unter Berücksichtigung der Art der betriebenen Versicherungsgeschäfte sowie der Unternehmensstruktur so anzulegen, daß möglichst große Sicherheit und Rentabilität bei jederzeitiger Liquidität des Versicherungsunternehmens unter Wahrung angemessener Mischung und Streuung erreicht wird«. Zum gebundenen Vermögen zählen der Deckungsstock (§ 66 VAG) und das übrige gebundene Vermögen (§ 54a Abs. 1 VAG).

Bei Vermögensanlagen, die nicht zum gebundenen Vermögen gehören, ist die Aufsichtsbehörde zum Eingreifen nur befugt, wenn eine Vermögensanlage die Zahlungsfähigkeit eines Versicherungsunternehmens gefährdet (§ 81b Abs. 3 VAG). Außerdem kann sie unabhängig davon, ob es sich um Anlagen des gebundenen oder des freien Vermögens handelt, Beteiligungen an Unternehmen, die nicht der Versicherungsaufsicht unterliegen, untersagen, wenn diese nach ihrer Art oder ihrem Umfang geeignet sind, das Versicherungsunternehmen zu gefährden (§ 82 VAG). Ansonsten sind die Versicherungsunternehmen bei der Anlage ihres freien Vermögens in ihrer Anlagepolitik grundsätzlich frei.

2. Anlagenkatalog

Die anlagepolitischen Ziele werden in § 54a VAG näher konkretisiert. Insbesondere enthält § 54a Abs. 2 VAG einen Katalog der zulässigen Anlagen für das gebundene Vermögen. Folgende Anlagen sind zulässig (die Numerierung entspricht der Numerierung in § 54a Abs. 2 VAG):

1. Hypotheken und Grundschulden an einem im EWR belegenen Grundstück oder grundstücksgleichen Recht;
2. Schiffshypotheken;
3. In einem EWR-Vertragsstaat ausgestellte Inhaberschuldverschreibungen; Namensschuldverschreibungen mit einer gesetzlichen Deckungsmasse; an einer in- oder ausländischen Börse zum amtlichen Handel zugelassene oder in einem EWR-Vertragsstaat in einen organisierten Markt einbezogene, in einem Staat außerhalb des EWR ausgestellte Schuldverschreibungen bis zu 5 % des gebundenen Vermögens;
4. Schuldbuchforderungen und Liquiditätspapiere;
5. Aktien und Genußrechte, die an einer inländischen oder – mit gewissen Einschränkungen bei Börsen in einem Staat außerhalb des EWR – ausländischen Börse zum amtlichen Handel zugelassen oder in einem EWR-Vertragsstaat in einen organisierten Markt einbezogen sind (höchstens 10 % des Grundkapitals derselben Gesellschaft sowie an Aktien und Genußrechten von Gesellschaften mit Sitz außerhalb des EWR höchstens 6 % des gebundenen Vermögens);
5a. Voll eingezahlte, von Unternehmen mit Sitz in einem EWR-Vertragsstaat herausgegebene nicht börsennotierte und nicht in einen organisierten Markt einbezogene Aktien und Genußrechte sowie GmbH- und Kommanditanteile, stille Beteiligungen und Forderungen aus nachrangigen Verbindlichkeiten (zusammen mit Anlagen nach Nr. 5 höchstens 10 % des Grundkapitals derselben Gesellschaft);
6. Investmentzertifikate von in einem EWR-Vertragsstaat ansässigen Fonds mit überwiegend in einem EWR-Vertragsstaat zum amtlichen Handel zugelassenen oder in einen organisierten Markt einbezogenen Aktien, Genußrechten oder in einem EWR-Vertragsstaat ausgestellten Schuldverschreibungen, für das übrige gebundene Vermögen Investmentzertifikate auch von in einem EWR-Vertragsstaat ansässigen Fonds mit überwiegend in einem Staat außerhalb des EWR amtlich notierten Aktien oder Genußrechten (bei Fonds mit überwiegend Aktien oder Genußrechten von Gesellschaften mit Sitz außerhalb des EWR höchstens 6 % des gebundenen Vermögens);

7. Forderungen, die gesichert sind durch Verpfändung oder Sicherheitsübertragung von
   - Grundpfandrechten,
   - Schiffshypotheken,
   - in einem EWR-Vertragsstaat ausgestellten lombardfähigen Wertpapieren,
   - durch eine gesetzliche Deckungsmasse gesicherten Namensschuldverschreibungen,
   - Guthaben oder
   - Wertpapieren bis zu jeweils 15 % der Wertpapiere des Deckungsstocks und des übrigen gebundenen Vermögens im Rahmen eines Wertpapierdarlehens (Wertpapierleihgeschäfte);
8. Darlehen an Bund, Länder, Gemeinden, Gemeindeverbände, unter bestimmten Voraussetzungen an andere EWR-Vertragsstaaten, deren Regionalregierungen und örtliche Gebietskörperschaften und bei deutscher Vollmitgliedschaft an internationale Organisationen; Darlehen an sonstige Schuldner bei voller Gewährleistung für Verzinsung und Rückzahlung durch Bund, Länder, Gemeinden, Gemeindeverbände, bei Erfüllung bestimmter Voraussetzungen durch andere EWR-Vertragsstaaten, deren Regionalregierungen oder örtliche Gebietskörperschaften oder durch internationale Organisationen mit deutscher Vollmitgliedschaft; Darlehen an in einem EWR-Vertragsstaat ansässige Unternehmen (außer Kreditinstitute) mit guter Bonität bei erstrangiger Absicherung durch Grundpfandrechte, durch verpfändete oder zur Sicherung übertragene Forderungen oder durch zum amtlichen Handel zugelassene oder in einen organisierten Markt einbezogene Wertpapiere oder bei vergleichbarer Absicherung;
9. Anlagen bei der Deutschen Bundesbank, bei der Zentralnotenbank eines anderen EWR-Vertragsstaats, bei näher definierten geeigneten Kreditinstituten (auch in laufenden Guthaben) sowie darüber hinaus bei bestimmten öffentlich-rechtlichen Kreditinstituten;
10. Bebaute, in Bebauung befindliche oder zur alsbaldigen Bebauung bestimmte Grundstücke in einem EWR-Vertragsstaat, dort belegene grundstücksgleiche Rechte sowie Anteile an einer Grundstücksgesellschaft; das Versicherungsunternehmen hat die Angemessenheit des Kaufpreises durch Gutachten eines vereidigten Sachverständigen oder in vergleichbarer Weise zu prüfen;
11. Anteile an Immobilienfonds, die von einer Kapitalanlagegesellschaft mit Sitz in einem EWR-Vertragsstaat verwaltet werden, mit überwiegend in einem EWR-Vertragsstaat belegenen Grundstücken oder grundstücksgleichen Rechten;
12. Vorauszahlungen oder Darlehen auf die eigenen Versicherungsscheine bis zur Höhe des Rückkaufswerts;
13. Anteile an Beteiligungs-Sondervermögen in einem EWR-Vertragsstaat ansässiger Investmentgesellschaften, wenn diese Sondervermögen vertragsgemäß außer stillen Beteiligungen überwiegend voll eingezahlte und in einem EWR-Vertragsstaat zum amtlichen Handel zugelassene oder in einen organisierten Markt einbezogene Aktien oder Genußrechte enthält; für das übrige gebundene Vermögen dürfen die Sondervermögen darüber hinaus außer stillen Beteiligungen überwiegend voll eingezahlte, an einer Börse in einem Staat außerhalb des EWR zum amtlichen Handel zugelassene Aktien oder Genußrechte enthalten (Bestand an Aktien oder Genußrechten von außerhalb der EG ansässigen Gesellschaften in dem Beteiligungs-Sondervermögen zusammen mit Direktanlagen in Aktien und Genußrechten derartiger Gesellschaften höchstens jeweils 6 % des Deckungsstocks und des übrigen gebundenen Vermögens);

14. Anlagen, die in den Nrn. 1 bis 13 nicht genannt sind, deren Voraussetzungen nicht erfüllen oder die Begrenzungen der Absätze 2 bis 4a übersteigen, bis zur Höhe von jeweils 5 % des Deckungsstocks und des übrigen gebundenen Vermögens, wobei die Begrenzung auf 10 % des Grundkapitals bei derselben Gesellschaft in den Nrn. 5 und 5a unberührt bleibt; ausgeschlossen ist eine Anlage in Konsumentenkrediten, Betriebsmittelkrediten, beweglichen Sachen oder Ansprüchen auf bewegliche Sachen sowie in immateriellen Werten; ebenfalls ausgeschlossen sind Anlagen, die nach Art. 21 oder 22 der Dritten EG-Richtlinie Schadenversicherung vom 18. Juni 1992 oder der Dritten EG-Richtlinie Lebensversicherung vom 10. November 1992 nicht zulässig sind; Abschnitt III Nr. 12 des BAV-Rundschreibens R 4/95 vom 2. Oktober 1995 (VerBAV 1995, 358) stellt mit Recht klar, daß aufgrund des insoweit zwingenden Gemeinschaftsrechts das Kongruenzgebot auch für die Öffnungsklausel nach Nr. 14 gilt, obwohl es nach dem Wortlaut von Nr. 14 Satz 1 zulässig zu sein scheint, die bestehenden Verpflichtungen zu mehr als 20 % inkongruent zu bedecken; dies sollte möglichst bald gesetzlich richtiggestellt werden.

Termin- und Optionsgeschäfte sowie ähnliche derivative Finanzinstrumente sind zwar nicht als Vermögensanlagen zugelassen, aber als Absicherungsinstrumente, zur Vorbereitung eines Erwerbs von Wertpapieren und zur Erzielung von Zusatzerträgen (§ 7 Abs. 2 Satz 2 VAG). Hierzu hat das BAV mit Rundschreiben R 7/95 vom 21. November 1995 (VerBAV 1996, 5) nähere Hinweise gegeben. Diese Hinweise umschreiben Art und Umfang zulässiger Geschäfte mit derivativen Finanzinstrumenten, enthalten Vorgaben für die unternehmensinterne Organisation beim Einsatz von Finanzderivaten und geben den Versicherungsunternehmen Berichts- und Mitteilungspflichten über derartige Geschäfte auf.

Der Katalog des § 54a Abs. 2 VAG stellt eine grundsätzlich abschließende Regelung dar. Die Aufsichtsbehörde ist jedoch berechtigt, Ausnahmen von dem Anlagenkatalog zu gestatten, wenn die Belange der Versicherten dadurch nicht beeinträchtigt werden und die EG-Richtlinien diese Abweichungen generell zulassen oder wenn außergewöhnliche Umstände vorliegen und der Anlage nur vorübergehend zugestimmt wird (§ 54 Abs. 5 VAG).

3.   Kongruente Bedeckung

Nach Einführung des europäischen Versicherungsbinnenmarkts kann zwar nicht mehr, wie dies bis Mitte 1994 vorgeschrieben war (§ 54a Abs. 1 Satz 1 VAG a.F.), verlangt werden, daß die Versicherungsunternehmen ihr Vermögen im Inland anlegen. Vielmehr besteht nunmehr Anlagefreiheit im gesamten EWR-Bereich (§ 54a Abs. 6 i. V. m. Abs. 1 Satz 1 VAG). Jedoch war zu berücksichtigen, daß die Währungsunion bisher nicht verwirklicht ist. Der Grundsatz einer währungskongruenten Bedeckung der Verpflichtungen ist deshalb bestehen geblieben. Das gebundene Vermögen ist dementsprechend nach Maßgabe der in Anlage Teil C zum VAG enthaltenen Kongruenzregeln in Vermögenswerten anzulegen, die auf die gleiche Währung lauten, in der die Versicherungen erfüllt werden müssen (§ 54a Abs. 3 VAG). Von diesem Grundsatz kongruenter Bedeckung werden folgende Ausnahmen zugelassen:

(a) bei Währungen von Nicht-EWR-Staaten, die für eine Anlage nicht geeignet sind;

(b) bis zu 20 % der Verpflichtungen in einer Währung dürfen durch Vermögenswerte abgedeckt werden, die auf eine andere Währung als die Verpflichtungen lauten;

(c) bis zu einer Obergrenze von 7 % der in anderen Währungen angelegten Vermögenswerte dürfen Verpflichtungen inkongruent bedeckt werden;

(d) statt einer kongruenten Bedeckung in der Währung eines EWR-Vertragsstaats kann die Anlage bis zu 50 % in auf ECU lautenden Vermögenswerten erfolgen.

Für im EWR belegene Risiken und für dort abgeschlossene Lebensversicherungsverträge dürfen die Anlagen des gebundenen Vermögens unbeschadet der Kongruenzregeln nach Absatz 3 nur bis höchstens 5 % des Deckungsstocks und höchstens 20 % des übrigen gebundenen Vermögens in Staaten außerhalb des EWR belegen sein (§ 54a Abs. 6 VAG).

Insgesamt mind. 95 % des Deckungsstocks und mind. 80 % des übrigen gebundenen Vermögens müssen also innerhalb des EWR angelegt werden. Die Aufsichtsbehörde kann allerdings auf Antrag weitere Ausnahmen von der Belegenheitsregelung genehmigen, wenn die Belange der Versicherten hierdurch nicht beeinträchtigt werden (§ 54a Abs. 6 Satz 3 VAG).

4. Mischung

Durch Vorschriften zur Mischung werden den Versicherungsunternehmen Höchstgrenzen für die Anlage in einzelnen Anlagearten vorgegeben. Dies dient dem Gebot der Sicherheit der Vermögensanlage. Die Ansprüche der Versicherten wären nicht ausreichend gesichert, wenn die Versicherungsunternehmen insoweit völlig frei wären und das gebundene Vermögen ganz oder nahezu vollständig bspw. in Aktien oder Anleihen oder Grundstücken anlegen könnten. Die Mischung zielt darauf, größtmögliche Sicherheit durch einen Risikoausgleich zwischen den verschiedenen Anlagearten herzustellen. Der Grundsatz einer ausreichenden Mischung ist in jedem Fall dann verletzt, wenn eine einzelne Anlageart vorherrscht, also mehr als 50 % des Anlagenbestands ausmacht. Darüber hinaus enthält das Gesetz eine Reihe spezieller Mischungsquoten für einzelne Anlagearten.

Bereits der Anlagenkatalog des § 54a Abs. 2 VAG enthält eine Reihe von Höchstgrenzen für bestimmte Anlagearten. So dürfen nach § 54a Abs. 2 Nr. 3 Buchst. c VAG nur bis zu 5 % des gebundenen Vermögens in Schuldverschreibungen angelegt werden, die außerhalb des EWR ausgestellt worden sind. Nr. 5, 6 und 13 begrenzen die Anlage in Werten von Gesellschaften mit Sitz außerhalb des EWR auf höchstens 6 % des gebundenen Vermögens. Nach Nr. 8 Buchst. b ist die Anlage in Darlehen an Regionalregierungen und örtliche Gebietskörperschaften anderer EWR-Staaten auf 10 % des Deckungsstockvermögens beschränkt, sofern, wie es regelmäßig der Fall sein dürfte, nicht sichergestellt ist, daß sich das Konkursvorrecht der Deckungsstockgläubiger nach § 77 Abs. 4 VAG auf diese Darlehen erstreckt. Schließlich enthält auch die sog. Öffnungsklausel des § 54a Abs. 2 Nr. 14 VAG eine Vorgabe zur Mischung; sie beschränkt die Anlage nach dieser Vorschrift auf insgesamt höchstens 5 % des gebundenen Vermögens.

Weitere Vorgaben zur Mischung enthalten die Absätze 4 und 4a von § 54a VAG. Nach § 54a Abs. 4 VAG darf der Anteil der Anlagen in Aktien und anderen Beteiligungen 30 % des Deckungsstocks und des übrigen gebundenen Vermögens nicht übersteigen.

Der Anteil der Anlagen in Grundstücken sowie Anteilen an Grundstücksgesellschaften und Immobilienfonds darf zusammen jeweils 25 % des Deckungsstocks und des übrigen gebundenen Vermögens nicht übersteigen.

§ 54a Abs. 4a VAG begrenzt die Anlage in weder amtlich gehandelten noch in einen anderen organisierten Markt einbezogenen Inhaberschuldverschreibungen, also damit weniger sicheren Anlagen, auf jeweils 2,5 % des Deckungsstocks und des übrigen gebundenen Vermögens. Zusammen mit Anlagen in Wertpapieren nach Absatz 2 Nr. 5a (nicht börsennotierte Beteiligungen) dürfen sie jeweils 10 % des Deckungsstocks und des übrigen gebundenen Vermögens nicht übersteigen.

5. Streuung

Während die Vorschriften zur Mischung der Vermögensanlage vorgeben, inwieweit das Vermögen auf verschiedene Anlagearten aufzuteilen ist, enthält die Streuungsregelung Vorgaben zur Anlage bei mehreren Schuldnern. Es soll aber auch eine Konzentration von Aktien und Beteiligungen auf eine oder wenige verwandte Branchen unterbleiben. Die Streuungsregelung will verhindern, daß der Ausfall schon nur eines oder weniger Schuldner, bei denen ein Versicherungsunternehmen das gebundene Vermögen angelegt hat, das Versicherungsunternehmen bereits in seiner Substanz gefährdet und zur Konkursgefahr führt.

Eine Streuungsregelung ist bereits im Anlagenkatalog in § 54a Abs. 2 Nr. 5 und 5a VAG enthalten. Hiernach darf der dem gebundenen Vermögen zugeordnete Anteil an einer Aktiengesellschaft oder auch an einer anderen Gesellschaft höchstens 10 % des Grundkapitals der Gesellschaft betragen. Darüber hinausgehende Beteiligungen müssen daher im freien Vermögen geführt werden.

Eine generelle und besonders wichtige Streuungsregelung trifft § 54a Abs. 4b VAG. Nach dieser Vorschrift darf die Summe der Anlagen eines Versicherungsunternehmens bei ein und demselben Schuldner 2 % des gebundenen Vermögens zuzüglich 25 % der Eigenmittel des Versicherungsunternehmens, insgesamt aber 5 % des gebundenen Vermögens nicht überschreiten. Dabei gelten Anlagen in ein Sondervermögen oder in Investmentfonds nicht als Anlagen bei ein und demselben Schuldner, wenn die Anlagen des Sondervermögens oder der Investmentgesellschaft in sich ausreichend gestreut sind; entscheidend ist somit nicht der nominelle Schuldner, sondern sind die tatsächlichen Verhältnisse.

Als berücksichtigungsfähig bei den 25 % der Eigenmittel eines Versicherungsunternehmens sind nicht nur das eigentliche Eigenkapital, sondern alle in § 53c Abs. 3 Satz 1 Nr. 1 bis 3b und 6 Buchst. a VAG zugelassenen expliziten Eigenmittel einzubeziehen, also auch Genußrechtskapital, nachrangige Verbindlichkeiten und bei Lebensversicherungsunternehmen insbesondere die Rückstellung für Beitragsrückerstattungen. Dies bedeutet, daß die Summe von 2 % des gebundenen Vermögens und 25 % der Eigenmittel eines Versicherungsunternehmens bei Lebensversicherungsunternehmen durchschnittlich rd. 400 % des echten Eigenkapitals entspricht. Fallen Anlagen in dieser Größenordnung aus, können sich erhebliche Probleme für das Versicherungsunternehmen ergeben. Eine gewisse Gefahrenbegrenzung liegt allerdings darin, daß bei der Berechnung der Streuungsquote die Anlagen bei einem Schuldner und seinen Konzernunternehmen im Sinne des § 18 AktG zusammenzurechnen sind.

Ausgenommen von der Beschränkung auf 2 % des gebundenen Vermögens zuzüglich 25 % der Eigenmittel sind Anlagen in durch eine gesetzliche Deckungsmasse gesicherte Schuldverschreibungen eines Kreditinstituts, also Kommunalobligationen und Pfandbriefe, Anlagen bei der öffentlichen Hand, bei internationalen Organisationen, denen Deutschland als Vollmitglied angehört, sowie bei geeigneten Kreditinstituten, wenn und soweit die Anlagen durch eine umfassende Institutssicherung oder durch ein Einlagensicherungssystem abgesichert sind. Für sie gilt, daß bis zu 30 % des gebundenen Vermögens bei ein und demselben Schuldner angelegt werden können (§ 54a Abs. 4b Satz 5 VAG).

Als weitere Streuungsregelung beschränkt § 54a Abs. 4c VAG schließlich die Anlage in einem einzelnen Grundstück oder grundstücksgleichen Recht oder in Anteilen an einer Grundstücksgesellschaft auf jeweils 10 % des Deckungsstocks und des übrigen gebundenen Vermögens.

Ebenso wie vom Anlagenkatalog des § 54a Abs. 2 VAG kann die Aufsichtsbehörde auch Ausnahmen von der Mischungs- und Streuungsregelung, also die Überschreitung der in den Absätzen 4 bis 4c genannten Begrenzungen gestatten, wenn die Belange der Versicherten dadurch nicht beeinträchtigt werden und die EG-Richtlinien diese Abweichungen generell zulassen oder wenn außergewöhnliche Umstände vorliegen und der Anlage nur vorübergehend zugestimmt wird (§ 54a Abs. 5 VAG).

6. Fondsgebundene Lebensversicherung

Für die fondsgebundene Lebensversicherung ist gemäß § 54b VAG eine selbständige Abteilung des Deckungsstocks (Anlagestock) zu bilden, ggf. für jede Anlageart ein gesonderter Anlagestock. Die Bestände dieser Anlagestöcke sind in den Bezugswerten anzulegen. Die Anlagevorschriften des § 54a VAG finden darauf keine Anwendung. Für das übrige gebundene Vermögen bleibt § 54a VAG dagegen anwendbar.

IV. Schlußbemerkungen

Zweck der umfangreichen Vorschriften zur Vermögensanlage der Versicherungsunternehmen ist es, im Interesse der Versicherten die dauernde Erfüllbarkeit der Versicherungsverträge sicherzustellen. In der nunmehr fast 100jährigen Geschichte der Anlagevorschriften wurde dies nicht immer berücksichtigt. Das hohe Anlagevolumen der Versicherungswirtschaft erweckt immer wieder die Begehrlichkeit anderer Stellen. Die Anlagevorschriften können leicht dazu mißbraucht werden, den Versicherern bestimmte Anlagearten für erwünschte Zwecke vorzuschreiben. Insbesondere besteht die Gefahr, daß der Staat in dem Anlagebedarf der Versicherer eine willkommene Gelegenheit sieht, seinen Kreditbedarf abzudecken. In der Bundesrepublik Deutschland gibt es und hat es einen derartigen Anlagezwang, bei dem nicht der Interessenschutz der Versicherten, sondern die Befriedigung des Kreditbedürfnisses des Staates im Vordergrund steht, nicht gegeben.

Ebenso wie ein Anlagezwang in Staatsanleihen ist ein Zwang abzulehnen, einen Teil des zur Absicherung der Versichertenansprüche anzulegenden Vermögens für bestimmte politisch erwünschte Zwecke bereitzustellen, wie dies bspw. zuweilen für den Mietwohnungsbau gefordert wird.

In einer funktionierenden Marktwirtschaft werden die Versicherungsunternehmen im Rahmen einer sicheren und rentablen Anlagepolitik stets auch Mittel in Schuldverschreibungen der öffentlichen Hand und im Wohnungsbau anlegen. Jeder Anlagezwang ist aber abzulehnen. Zu diesem Mittel wird nur dann gegriffen, wenn die Mittel für die vorgeschriebenen Zwecke auf dem freien Kapitalmarkt nicht in dem erwünschten Ausmaß fließen und zu Marktzinsen nicht zu bekommen sind oder wenn die höheren Marktzinsen durch den Anlagezwang vermieden werden sollen. Ein derartiger Anlagezwang läuft deshalb dem Zweck der Anlagevorschriften und damit den Interessen der Versicherungskunden zuwider. Diese haben die von den Versicherungsunternehmen anzulegenden Mittel aufgebracht. Zur Sicherstellung ihrer Ansprüche dürfen die Anlagevorschriften daher keine anderen Ziele verfolgen als ein Optimum an Sicherheit, Rentabilität und Liquidität der Anlagen der Versicherungsunternehmen.

Dabei bedeutet die Aufzählung auch eine Rangfolge. An erster Stelle steht die Sicherheit einer Anlage mit klarer Priorität vor Rentabilität und Liquidität. »Die Sicherheit der Vermögensanlagen bestimmt die Qualität des Versicherungsschutzes. Nur eine sichere Vermögensanlage garantiert die Erfüllbarkeit der abgeschlossenen Versicherungsverträge.« So wird es in dem Rundschreiben R 4/95 des BAV zu den Anlagevorschriften zum Ausdruck gebracht.

Die gesetzliche Regelung hat diesem Ziel eines Optimums an Sicherheit, Rentabilität und Liquidität bei den Vermögensanlagen Rechnung getragen. Das BAV hat auf die Einhaltung dieser Vorschriften durch die Versicherer bei ihrem Anlageverhalten zu achten. Die Versicherungsunternehmen haben dem BAV regelmäßig über ihre gesamten Vermögensanlagen zu berichten (§ 54d VAG). Darüber hinaus sind sie verpflichtet, dem BAV bestimmte Anlagen in jedem Einzelfall anzuzeigen (§ 54 Abs. 2 VAG). Zu diesen Berichts- und Anzeigepflichten hat das BAV mit Rundschreiben R 5/97 vom 2. Juni 1997 (VerBAV 1997, 270) Ausführungsbestimmungen erlassen. Die Berichts- und Anzeigepflichten stellen sicher, daß das BAV in der Lage ist, seiner Überwachungsaufgabe nachzukommen.

Klaus-Wilhelm Knauth/Ulrich Jürgen Krüger*

Rechtliche Rahmenbedingungen für die Kapitalanlagetätigkeit der Versicherungsunternehmen

*   Dr. *Klaus-Wilhelm Knauth*, Mitglied der Hauptgeschäftsführung des Gesamtverbandes der Deutschen Versicherungswirtschaft e. V.
    Dr. *Ulrich Jürgen Krüger*, Leiter der Abteilung Kapitalanlagen des Gesamtverbandes der Deutschen Versicherungswirtschaft e. V.

I. Ziele der Kapitalanlagepolitik

Versicherungsunternehmen sind neben den Banken die größten institutionellen Investoren. Im Gegensatz zu den Banken steht jedoch nicht ausschließlich die Gewinnmaximierung im Mittelpunkt ihrer Kapitalanlagepolitik, sondern Hauptzweck ist die Gewährleistung der jederzeitigen Erfüllung der gegenüber den Versicherungsnehmern abgegebenen Leistungsversprechen, das heißt die Bereit- und Sicherstellung von Versicherungsschutz. Angesichts der meist sehr langen Laufzeit der Versicherungsverträge und des regelmäßig ungewissen oder erst in ferner Zukunft liegenden Zeitpunkts der Fälligkeit der Versicherungsleistung besteht die Herausforderung an die Kapitalanlagepolitik darin, in dem Zeitraum von der Beitragszahlung bis zur Fälligkeit die Investitionen so zu wählen, daß die zu erbringende Leistung stets gewährleistet ist und zugleich trotz dieser Sicherungsaufgabe eine zufriedenstellende Rendite zu erzielen. Durch diese Aufgabenstellung, die von der Kapitalanlagepolitik langfristige Sicherheit für den Versicherungsnehmer und gleichbleibend hohe Rentabilität verlangt, unterscheiden sich die Versicherungsunternehmen weiter deutlich von der Kreditwirtschaft, deren Kunden eine möglichst hohe Rendite der zur Verfügung gestellten Einlagen erwarten und dafür auch bereit sind, das damit einhergehende Anlagerisiko zu tragen. Schlagwortartig könnte durchaus davon gesprochen werden, daß Banken Spezialisten für die kurzfristige Anlage, Versicherungsunternehmen hingegen für die langfristige Vermögensanlage sind. Dementsprechend ist die Vermutung auch falsch, die Anlagepolitik von Banken und Versicherungsunternehmen sei grundsätzlich identisch.

Sicherheit und Rentabilität sind die Eckwerte, nach denen sich die Kapitalanlagepolitik der Versicherungsunternehmen definiert. Aufgrund dieser spezifischen Funktion der Kapitalanlagen sind die Versicherungsunternehmen in ihrer Anlagepolitik auch nicht völlig frei, sondern haben umfassende rechtliche Vorschriften zu beachten.

II. Die Vorschriften über die Kapitalanlagen der Versicherungsunternehmen in den Dritten EG-Versicherungs-Richtlinien

1. Die Schaffung des EG-Versicherungsbinnenmarktes

Die 1992 verabschiedeten Dritte Schadenversicherungsrichtlinie und Dritte Lebensversicherungsrichtlinie (nachfolgend als »Dritte Richtlinien« bezeichnet) bilden für die Versicherungsunternehmen mit Sitz in einem Mitgliedstaat der EU oder des Europäischen Wirtschaftsraums (EWR) das wesentliche aufsichtsrechtliche Rahmenwerk. Mit diesen Richtlinien wurde der einheitliche europäische Binnenmarkt im Bereich der Versicherungswirtschaft ermöglicht. Die Richtlinien sehen u. a. vor, daß jedes Versicherungsunternehmen von der Aufsichtsbehörde des Staates, in dem es seinen Sitz hat, eine Zulassung zum Geschäftsbetrieb erhalten muß und von dieser laufend beaufsichtigt wird (Prinzip der Sitzlandaufsicht). Die Zulassung zum Geschäftsbetrieb in einem Mitgliedstaat verschafft dem Versicherungsunternehmen das Recht, seine Produkte im gesamten Binnenmarkt anzubieten. Die früher zusätzlich benötigte Erlaubnis des Staates, in dem die Produkte zusätzlich angeboten werden sollten(Tätigkeitsland), ist nunmehr entfallen. Die dem Prinzip der Dienstleistungsfreiheit im europäischen Binnenmarkt eigene Sitzlandaufsicht erstreckt sich notwendigerweise auch auf die Geschäftstätigkeit von Zweigniederlassungen innerhalb des Binnenmarkts (nicht aber auf Tochtergesellschaften) sowie auf den grenzüberschreitenden Dienstleistungsverkehr.

Die in den Dritten Richtlinien enthaltenen Deregulierungsvorschriften haben in den zuvor stark regulierten Mitgliedstaaten per saldo die Aufsichtsintensität gelockert, jedoch in den liberaleren Staaten zu keiner erkennbaren Verschärfung geführt. In Deutschland manifestiert sich die Lockerung der materiellen Aufsicht und ihre Hinwendung zu einer Finanzaufsicht insbesondere in dem Wegfall der Tarifgenehmigung und bei der Kontrolle der Produkte.

Die allgemeine Integrationsstrategie der EG und das damit einhergehende Prinzip der gegenseitigen Anerkennung der Zulassung setzt die Harmonisierung zumindest der wesentlichen Aufsichtsnormen voraus. Dementsprechend verlangen die Dritten Richtlinien, daß die nationalen Kapitalanlagevorschriften gewisse Mindeststandards einhalten. Insoweit sind die Vorschriften der beiden Dritten EG-Versicherungs-Richtlinien nahezu identisch. Sie können daher nachfolgend gemeinsam behandelt werden. Das Prinzip der gegenseitigen Anerkennung bewirkt nahezu zwangsläufig, daß die Richtlinien nur eine Mindestharmonisierung verlangen. Zahlreiche Wahlrechte geben den Mitgliedstaaten die Möglichkeit, ihren nationalen Eigenheiten Rechnung zu tragen. Da es sich außerdem lediglich um Mindestvorschriften handelt, bleibt es jedem Mitgliedstaat unbenommen, strengere Anlagevorschriften beizubehalten oder einzuführen. Diese Flexibilität erleichtert naturgemäß die Umsetzung der Dritten Richtlinien, birgt aber zugleich in erheblichem Ausmaß die Gefahr von Wettbewerbsverzerrungen. Denn dadurch können international tätige Versicherungsunternehmen, die einer eher liberalen Sitzlandaufsicht unterliegen, in jenen Mitgliedstaaten einen Wettbewerbsvorteil haben, in denen dort ansässige Unternehmen strengere Anlagevorschriften beachten müssen. Umgekehrt haben diese Unternehmen auch in den Staaten mit liberaleren Vorschriften einen Wettbewerbsnachteil, weil sie auch dort dem strengeren Aufsichtsrecht ihres Sitzlandes unterliegen.

2. Struktur der Kapitalanlagevorschriften der Dritten Richtlinien

Art. 20ff. der Dritten Richtlinien enthält die Vorschriften über Kapitalanlagen Sie gelten ausdrücklich nur für jene Vermögenswerte, welche die versicherungstechnischen Rückstellungen bedecken (»gebundenes Vermögen«). Für die übrigen Vermögenswerte, die bilanzmäßig dem Eigenkapital und dem nicht versicherungstechnischen Fremdkapital gegenüberstehen (»freies Vermögen«), dürfen die Mitgliedstaaten keine Anlagevorschriften mehr erlassen. Art. 22 Abs. 5 bestimmt ausdrücklich, daß Versicherungsgesellschaften nicht zu bestimmten Kapitalanlagen verpflichtet werden dürfen. Damit wird es auch dem nationalen Gesetzgeber untersagt, die Versicherungsunternehmen zu verpflichten, z. B. einen Teil ihres Vermögens in Staatsanleihen oder in den Wohnungsbau zu investieren, was in der Vergangenheit in einigen Staaten durchaus Praxis oder Gegenstand wiederholter Forderungen von Politikern war.

Gegenüber den allgemeinen Anlagegrundsätzen für die Kapitalanlagepolitik in Art. 20 listet Art. 21 die zulässigen Vermögensanlagen abschließend auf. In Art. 22 der Richtlinien sind schließlich einzelne Bedingungen und Begrenzungen für die verschiedenen Vermögenskategorien festgeschrieben. Hierbei handelt es sich vor allem um Mischungs- und Streuungsregeln.

3. Generalklausel des Art. 20

Die Generalklausel des Art. 20 der Dritten Richtlinien bestimmt die Anlageregeln, sie lautet:

> »Bei den Vermögenswerten, welche die versicherungstechnischen Rückstellungen decken, ist der Art des von dem Versicherungsunternehmen betriebenen Geschäfts dahingehend Rechnung zu tragen, daß die Sicherheit, der Ertrag und die Realisierbarkeit der Anlagen des Unternehmens gewährleistet werden, welches für eine geeignete Mischung und Streuung dieser Anlagen sorgt.«

Diese Generalklausel entspricht hinsichtlich der Formulierung und des Aufbaus weitgehend der bereits vor Erlaß der Richtlinien geltenden Vorschrift des § 54 Abs. 1 des Versicherungsaufsichtsgesetzes (VAG). Dadurch konnten die in Deutschland seit Jahrzehnten bewährten Kapitalanlagegrundsätze der Sicherheit, Rentabilität und Liquidität sowie der angemessenen Mischung und Streuung ihre Gültigkeit behalten. Zugleich ist dadurch sichergestellt, daß die vier Ziele der Kapitalanlagepolitik unverändert weiterverfolgt werden können:

*   Erhaltung der Kapitalanlage als Deckungsmasse
*   Kapitalanlage nach Rentabilitätsgesichtspunkten
*   Beitrag zur Liquiditätssicherung der Versicherungsunternehmen
*   Förderung des Versicherungsgeschäfts durch Mittelbereitstellung

Wie noch zu zeigen sein wird, ergeben sich jedoch gegenüber den Dritten Richtlinien Abweichungen bei der Ausfüllung des Grundsatzes der Mischung und Streuung.

4. Anlagekatalog des Art. 21 Abs. 1

Die Dritten Richtlinien enthalten in Art. 21 Abs. 1 einen zwar abschließenden, aber sehr weit gefaßten Katalog, in der die für die Bedeckung der versicherungstechnischen Rückstellungen zugelassenen Vermögenswerte aufgelistet sind. Im einzelnen enthält dieser Katalog nachfolgende Anlagekategorien:

A. Asset Managements

a) Schuldverschreibungen, Anleihen und andere Geld- und Kapitalmarktpapiere;
b) Darlehen;
c) Aktien und andere Anteile mit schwankendem Ertrag;
d) Anteile an Organismen für gemeinsame Anlagen in Wertpapieren und anderen gemeinschaftlichen Kapitalanlagen;
e) Grundstücke, Gebäude und grundstücksgleiche Rechte;

B. Forderungen

f) Forderungen an Rückversicherer, einschließlich der Anteile der Rückversicherer an den versicherungstechnischen Rückstellungen;
g) Depotforderungen und andere Forderungen aus dem in Rückdeckung übernommenen Versicherungsgeschäft;
h) Forderungen an Versicherungsnehmer und Versicherungsvermittler aus dem Direkt- und Rückversicherungsgeschäft;
i) Forderungen aus Ansprüchen aus Ersatzleistungen und Rückgriffsforderungen (Dritte Schadenrichtlinie)/Vorauszahlungen auf Policen (Dritte Lebensrichtlinie);
j) Steuererstattungen;
k) Forderungen gegenüber Garantiefonds;

C. Übrige

l) andere Sachanlagen als Grundstücke und Gebäude aufgrund einer Abschreibung nach dem Grundsatz der Vorsicht;
m) laufende Guthaben bei Kreditinstituten und Kassenbestand sowie Einlagen bei Kreditinstituten oder jedem anderen zur Entgegennahme von Einlagen berechtigten Institut;
n) abgegrenzte Abschlußkosten;
o) abgegrenzte Zinsen und Mieten und sonstige Rechnungsabwertungskosten;
p) Erbbau- und Nießbrauchrechte (nur Dritte Lebensrichtlinie).

Dieser Anlagekatalog ist relativ weit gefaßt, erklärtermaßen handelt es sich jedoch um eine Maximalliste, deren mehr oder weniger vollständige Übernahme dem jeweils nationalen Gesetzgeber überlassen worden ist, was naturgemäß von wettbewerblicher Relevanz ist. Art. 21 Abs. 1 Satz 2 der Dritten Richtlinien stellt es den Mitgliedstaaten ausdrücklich frei, bestimmte Anlagekategorien zu untersagen. Dabei darf nicht verkannt werden, daß ein solches Verbot nach dem Prinzip der Sitzlandaufsicht nur für Unternehmen gilt, die ihren Hauptsitz in dem betreffenden Mitgliedsstaat haben. In der Liste nicht genannte Anlagekategorien sind grundsätzlich nicht zugelassen, können aber auf Antrag eines Versicherungsunternehmens ausnahmsweise, d. h. bei Vorliegen besonderer Umstände, von der Aufsichtsbehörde des Sitzlandes vorübergehend zugelassen werden.

5. Bedingungen und Begrenzungen für die Zulassung von Kapitalanlagen

Die Dritten Richtlinien überlassen es weitgehend den Mitgliedstaaten, Bedingungen und Beschränkungen für die Verwendung der einzelnen Vermögenskategorien festzusetzen. Die Richtlinien enthalten lediglich einige allgemeine Grundsätze, die von den Mitgliedstaaten bei der Gesetzgebung oder Rechtsanwendung zu beachten sind. Beispielsweise unterliegen die Vermögenswerte einer Nettobewertung, d. h. sie müssen unter Abzug der beim Erwerb entstandenen Verpflichtung und Forderungen nach dem Vorsichtprinzip bewertet werden. Darlehen sind nur dann als Deckungswerte zugelassen, wenn ausreichende Sicherheiten vorliegen; sei es aufgrund des Status des Darlehensnehmers (z. B. staatliche Körperschaft) oder aufgrund von Grundpfandrechten, Bank- oder Versicherungsgarantien oder anderer Sicherheiten.

Die Dritten Richtlinien schreiben in Art. 22 Abs. 1 nur einige spezielle Mischungs- und Streuungsregelungen vor. So darf z. B. der Kassenbestand nicht mehr als 3 % betragen und es dürfen nicht mehr als 10 % der versicherungstechnischen Rückstellungen in ein einziges Grundstück investiert werden. Keine besondere Begrenzung sehen die Richtlinien für Anlagen in Aktien vor.

Von Bedeutung für die Kapitalanlagepolitik der Versicherungsunternehmen ist zudem die in Art. 22 Abs. 1 Buchst b) festgelegte Streuungsquote. Danach dürfen von den versicherungstechnischen Bruttorückstellungen grundsätzlich nicht mehr als 5 % bei einer dritten Person angelegt werden. Als Anlagen im Sinne dieser Vorschrift gelten dabei Aktien und mit Aktien vergleichbare Wertpapiere, Schuldverschreibungen, Anleihen und andere Geld- und Kapitalmarktpapiere ein und desselben Unternehmens oder ein und demselben Darlehensnehmer gewährte Darlehen. Damit soll eine übermäßige Konzentration von Adressenausfallrisiken verhindert werden.

Auch soweit keine ausdrücklichen Anlagebegrenzungen durch die Dritten Richtlinien vorgeschrieben sind, bedeutet dies jedoch nicht, daß Vermögenswerte unbeschränkt zur Bedeckung der versicherungstechnischen Rückstellungen zulässig sind. Dies stellt Art. 22 Abs. 2 Satz 1 der Richtlinien ausdrücklich klar. Nach Art. 22 Abs. 2 Satz 2 hat der Herkunftsmitgliedstaat vielmehr nähere Regelungen hinsichtlich der zulässigen Vermögenswerte zu erlassen, d. h., er kann detailliertere Mischungs- und Streuungsregelungen für die einzelnen Anlagekategorien festlegen. Hierbei sind verschiedene von den Richtlinien aufgestellte Grundsätze zu beachten. Von besonderer Bedeutung ist insbesondere die Vorschrift des Art. 22 Abs. 2 Buchst. i):

>»Durch Mischung und Streuung der Vermögenswerte, die die versicherungstechnischen Rückstellungen bedecken, ist sicherzustellen, daß keine übermäßige Abhängigkeit von einer bestimmten Kategorie von Vermögenswerten, von einem bestimmten Kapitalanlagemarkt oder von einer bestimmten Anlage vorliegt.«

Diese Regelung legt einen allgemeinen Mischungsgrundsatz fest, der für alle Anlagekategorien zu beachten ist. Sinn der Mischungsvorschrift ist es, das Versicherungsunternehmen vor einem zu großen Adressenausfall- oder Marktrisiko zu schützen.

6.   Belegenheit und Kongruenz

Augenscheinlich wird die Bedeutung der Dritten Richtlinien für den Binnenmarkt durch das Prinzip der Belegenheit. Der in den Richtlinien postulierte Grundsatz der Anlagefreiheit in allen Mitgliedstaaten und den Vertragsstaaten des EWR-Abkommens erfordert zwingend, daß jeder Versicherer seine Investitionen nunmehr auf den gesamten EU-Bereich ausdehnen kann. Konkret bedeutet das, sofern Vermögenswerte versicherungstechnische Verpflichtungen bedecken, die im Europäischen Wirtschaftsraum zu erfüllen sind, müssen diese auch in diesem Raum belegen sein. Die Mitgliedstaaten können aber nicht mehr verlangen, daß die Deckungswerte auf ihrem Hoheitsgebiet belegen sein müssen. Damit wird dem freien Kapitalverkehr innerhalb der Gemeinschaft Rechnung getragen. Bei Forderungen gilt der Sitz des Schuldners als Ort der Belegenheit. Den Mitgliedstaaten steht es frei, weitere Lockungen von dem Grundsatz der Belegenheit zuzulassen. Diese Regelung ist bedeutsam für die Kapitalanlagen außerhalb des Europäischen Wirtschaftsraums, z. B. in den USA.

Eine gewisse Korrektur erfährt das Prinzip der Belegenheit durch das Kongruenzprinzip. Gemäß Art. 23 bzw. Art. Art. 24 Abs. 1 i. V. m. Anhang I der Dritten Richtlinien sind versicherungstechnische Rückstellungen grundsätzlich währungskongruent zu bedecken (Kongruenzgebot). Das bedeutet zum Beispiel, soweit die Versicherungsansprüche in D-Mark zu erfüllen sind, muß auch die Anlage in auf D-Mark lautenden Werten erfolgen. Die Richtlinien erlauben aber den Mitgliedstaaten, daß bis zu 20 % der versicherungstechnischen Rückstellungen durch nicht-währungskongruente Vermögenswerte bedeckt werden könen. Weitergehende nationale Liberalisierungen sind in diesem Bereich nicht möglich. Die Kongruenzregeln werden allerdings an Bedeutung verlieren, wenn die Wirtschaft- und Währungsunion in Kraft getreten ist und/oder zunehmend in anderen Mitgliedstaaten Versicherungsgeschäfte in Fremdwährungen abgeschlossen werden.

7.   Derivative Finanzinstrumente

Nach Art. 21 Abs. 1 Buchst. iv) können abgeleitete Instrumente wie Optionen, Terminkontrakte und Swaps in Verbindung mit Vermögenswerten, die die versicherungstechnischen Rückstellungen bedecken, insoweit herangezogen werden, als sie zu einer Verminderung des Anlagerisikos beitragen bzw. eine ordnungsgemäße Verwaltung des Wertpapierbestandes erlauben. Diese Regelung der vergleichbaren Regelung in der OGAW-Richtlinie (85/611/EWG) entlehnt, die den Begriff »ordnungsgemäße Verwaltung« im Hinblick auf die Einsatzmöglichkeiten von derivativen Instrumenten gleichfalls verwendet. Bei der Frage, welche Einsatzmöglichkeiten bezüglich von Derivaten sich aufgrund der Dritten Richtlinien für europäische Versicherungsunternehmen ergeben, kann insoweit auch auf die Erfahrungen mit der Umsetzung der OGAW-Richtlinie zurückgegriffen werden.

8. Zusammenfassung

Die Dritten Richtlinien stellen im Versicherungsaufsichtsrecht den bislang wichtigsten Schritt zur Schaffung eines einheitlichen europäischen Marktes für Versicherungsdienstleistungen dar. Mit den Prinzipien der Sitzlandaufsicht und der gegenseitigen Anerkennung der Aufsicht wurden die Dienst- und Niederlassungsfreiheit für Versicherungsunternehmen verwirklicht. Um das Prinzip der gegenseitigen Anerkennung der Aufsicht verwirklichen zu können, war es dabei notwendig, in wichtigen Bereichen der Versicherungsaufsicht eine Mindestharmonisierung zu erreichen.

Die Harmonisierung im Bereich der Kapitalanlagevorschriften ist vor allem durch den Gedanken der Mischung und Streuung der Kapitalanlagen geprägt. Bei ihrer Umsetzung in nationales Recht wurde den Mitgliedstaaten allerdings ein großer Gestaltungsspielraum belassen, der die Gefahr von Wettbewerbsverzerrungen beinhaltet.

III. Umsetzung der Kapitalanlagevorschriften der Dritten Richtlinen in Deutschland

Die Umsetzung der Kapitalanlagevorschriften der Dritten Richtlinien in deutsches Recht soll nachfolgend exemplarisch zeigen wie ein nationaler Gesetzgeber den ihm durch die Dritten EG-Versicherungs-Richtlinien eröffneten Spielraum ausnutzen konnte und welche Auswirkungen die lediglich erfolgte Mindestharmonisierung auf den Wettbewerb haben kann.

1. Drittes Durchführungsgesetz/EWG zum VAG

Durch das Dritte Durchführungsgesetz/EWG zum VAG, das am 29.7.1994 in Kraft trat, wurden die Dritten Richtlinien in deutsches Recht umgesetzt. Die deutsche Versicherungswirtschaft hatte von Beginn des Gesetzgebungsverfahrens an eine wettbewerbsneutrale Transformierung gefordert und davor gewarnt, den in den Richtlinien vorgesehenen Umsetzungsspielraum zu einer Verschärfung der Richtlinien-Bestimmungen auszunutzen. Die Konsequenz hiervon wäre nämlich wegen des Sitzlandprinzips eine doppelte Benachteiligung der deutschen Unternehmen im Wettbewerb gewesen. Sie hätten dann selbst in den anderen Mitgliedstaaten die schärferen deutschen Vorschriften beachten müssen, während für die dort ansässigen Bewerber wesentlich liberalere Bestimmungen gegolten hätten. Umgekehrt hätten diese ausländischen Konkurrenten in Deutschland nach den in ihrem Sitzland geltenden liberaleren Bestimmungen am Wettbewerb teilnehmen können, was die deutschen Unternehmen wiederum benachteiligt hätte. Die deutsche Versicherungswirtschaft hat es daher begrüßt, daß der Gesetzgeber im Versicherungsaufsichtsgesetz (VAG) letztlich einen akzeptablen Kompromiß gewählt hat, der zwar an den hohen qualitativen aufsichtsrechtlichen Anforderungen festhält, zugleich aber die Wettbewerbsfähigkeit der deutschen Unternehmen nicht unverhältnismäßig behindert.

Die Beibehaltung des hohen qualitativen Anspruchs an die Vermögensanlage fand die ausdrückliche Zustimmung der deutschen Versicherungswirtschaft, denn dadurch wird die Sicherungsfunktion der Kapitalanlage zugunsten der Versicherten gewährleistet und allzu spekulativen Investitionen vorgebeugt. Deshalb sind beispielsweise auch einige Anlage-möglichkeiten der Dritten Richtlinien nicht in das VAG übernommen worden. So erlaubt das VAG keine Anlagen in bewegliche Sachen wie zum Beispiel Gold oder Kunstgegen-stände, und die Vergabe von Betriebsmittel- und Konsumentenkrediten wurde wegen ihres Risikogehalts und der Nähe zum Bankgeschäft ebenfalls nicht zugelassen.

2. Überblick über die Struktur der deutschen Kapitalanlage-vorschriften

Die zentralen Vorschriften für die Kapitalanlagetätigkeit deutscher Versicherungsunter-nehmen enthalten die §§ 54 und 54a VAG. Entsprechend den Vorgaben der Dritten Richtlinien erfassen sie nur noch das gebundene Vermögen, mit dem die Versicherungsun-ternehmen ihre versicherungstechnischen Rückstellungen zu bedecken haben. Demgegen-über unterliegt das sogenannte restliche Vermögen zwar keinen besonderen Anlagevor-schriften mehr, gleichwohl sind die Versicherungsunternehmen bei der Disposition des restlichen Vermögens nicht gänzlich frei. Auch bei der Anlage dieses Vermögens hat ein Versicherer § 7 Abs. 2 VAG zu beachten, der »versicherungsfremde Geschäfte« verbietet, und die Generalklausel des § 81 VAG zu berücksichtigen. Danach hat die Versicherungs-aufsicht im Rahmen der Finanzaufsicht auf die ausreichende Wahrung der Belange der Versicherten und auf die Einhaltung der Gesetze zu achten, die für den Betrieb des Versicherungsgeschäftes gelten.

Auf Wunsch der deutschen Versicherungswirtschaft hatte sich die Bundesregierung bei den Verhandlungen über die Dritten Richtlinien erfolgreich dafür eingesetzt, die Zustim-mung der Mitgliedstaaten für die Beibehaltung des Deckungsstocks und des Treuhänders zu erhalten. Beide Institutionen verdeutlichen und sichern die besondere Qualität der Kapitalanlagen in der Lebens-, aber meist auch in der Kranken-, Unfall und Haftpflichtver-sicherung.

Wie bereits vor der Umsetzung der Dritten Richtlinien enthält die Vorschrift des § 54 Abs. 1 VAG die allgemeinen Anlagegrundsätze der Sicherheit, Rentabilität und Liquidität sowie angemessener Mischung und Streuung. Generell ist in diesem Zusammenhang anzumerken, daß die Dritten Richtlinien bei den Kapitalanlagevorschriften formal dem aus dem deutschen Versicherungsaufsichtsgesetz bekannten Gesetzesaufbau folgen, was die Umsetzung der Vorschriften in deutsches Recht sicherlich erheblich erleichtert hat.

Den allgemeinen Mischungsgrundsatz des Art. 20 der Dritten Richtlinien, wonach eine übermäßige Abhängigkeit von einer bestimmten Kategorie von Vermögenswerten, von einem bestimmten Kapitalmarkt oder von einer bestimmten Einzelanlage vermieden werden soll, hat das BAV inzwischen in seinem Rundschreiben R 4/95 dahingehend konkretisiert, daß keine Anlageart mehr als 50 % des Anlagebestandes ausmachen darf. Für Anlagen bei einem Schuldner enthält § 54a Abs. 4b VAG eine spezielle Streuungsvor-schrift, die unter Punkt III.3.2 noch näher erläutert wird.

§ 54a Abs. 2 VAG führt unter den Ziffern 1 bis 13 einen weitgehend abschließenden Katalog der zulässigen Kapitalanlagen auf, die richtlinienkonform überall im EWR belegen sein dürfen. Verschiedene spezielle Mischungsquoten z. B. für Anlagen in Aktien (vgl. hierzu noch unten Punkt III.), nicht börsennotierten Inhaberschuldverschreibungen und Immobilien werden durch § 54a Abs. 4 und 4c festgelegt. Aufgrund der sog. »Öffnungsklausel« gemäß § 54a Abs. 2 Nr. 14 VAG können bis zu 5 % des Deckungsstocks und des übrigen gebundenen Vermögens auch in solche Anlagen investiert werden, die die Voraussetzungen von § 54a Abs. 2 Nr. 1 bis 13 VAG nicht erfüllen oder die darin enthaltenen Begrenzungen übersteigen.

Nach § 54a Abs. 3 VAG in Verbindung mit der Anlage C zum VAG müssen 80 % der Vermögensanlagen währungskongruent angelegt sein. Damit hat der deutsche Gesetzgeber den durch die Dritten Richtlinien eingeräumten Spielraum hinsichtlich der Lockerung des Kongruenzgebotes in vollem Umfang ausgeschöpft. Außerdem gelten Aktien als in der Währung angelegt, in der sie an einer Börse zum amtlichen Handel zugelassen sind. Die Aktie eines britischen Unternehmens, die auch in Frankfurt notiert ist, wird daher als D-Mark kongruente Anlage angesehen.

Wie bereits erwähnt, sind in § 7 Abs. 1 VAG den Versicherungsunternehmen versicherungsfremde Geschäfte untersagt. In § 7 Abs. 2 Satz 2 VAG wird aber klargestellt, daß der Einsatz derivativer Finanzinstrumente kein versicherungsfremdes Geschäft ist. Termingeschäfte sowie Geschäfte mit Optionen und ähnlichen Finanzinstrumenten dürfen danach vorgenommen werden, wenn sie der Absicherung gegen Kurs- oder Zinsänderungsrisiken bei vorhandenen Vermögenswerten oder dem späteren Erwerb von Wertpapieren dienen sollen oder wenn aus vorhandenen Wertpapieren ein zusätzlicher Ertrag erzielt werden soll. Das VAG unterscheidet somit beim Einsatz von Derivaten zwischen Absicherungs-, Erwerbsvorbereitung- und Ertragsvermehrungsstrategien. Näher konkretisiert werden die Einsatzmöglichkeiten von Derivaten und Vorkäufen in dem BAV-Rundschreiben R 7/95.

Einen Überblick über die Struktur der Kapitalanlagearten sowie über die verschiedenen Anlagebegrenzungen gibt die als Anhang abgedruckte Zusammenstellung (siehe Anhang S. 419).

3. Verschärfungen gegenüber den Dritten EG-Versicherungs-Richtlinien

Der deutsche Gesetzgeber hat die Vermögensanlagevorschriften der Dritten EG-Versicherungs-Richtlinien zwar weitgehend richtlinienkonform in das Versicherungsaufsichtsgesetz umgesetzt, in Teilbereichen hat er jedoch spürbare Verschärfungen vorgenommen, die Bedeutung für die Wettbewerbsposition deutscher Versicherungsunternehmen haben können. Nachfolgend werden einige wesentliche Verschärfungen dargestellt, die auch verdeutlichen, daß im Bereich der Vermögensanlagevorschriften für europäische Versicherungsunternehmen nach wie vor nur eine Mindestharmonisierung besteht.

a. Anlagebeschränkungen für Aktienanlagen

Die Dritten Richtlinien enthalten keine ausdrückliche Beschränkung für Anlagen in Aktien, so daß insoweit lediglich der allgemeine Mischungsgrundsatz zur Anwendung gelangt. Zahlreiche andere EU-Mitgliedstaaten haben richtlinienkonform auf die Festlegung einer speziellen Begrenzung für Aktienanlagen verzichtet.

Dem hat sich der deutsche Gesetzgeber jedoch nicht angeschlossen, sondern im VAG eine spezielle Mischungsquote für die Aktienanlage vorgesehen. Das geschah mit ausdrücklicher Billigung der deutschen Versicherungswirtschaft, die – entgegen der sonst vertretenen allgemeinen Linie, die schon aus Wettbewerbsgründen auf eine Liberalisierung abstellte – für die Festlegung einer strengeren Mischungsquote, als sie nach den dritten Richtlinien notwendig gewesen wäre, eintrat. Diese Forderung war zunächst innerhalb der Versicherungswirtschaft durchaus nicht unumstritten. Allerdings ist sie der Ausdruck des letztlich vorherrschenden Willens nach einer besonderen Qualität der Kapitalanlage. Nicht gefolgt ist der Gesetzgeber schließlich dem Kompromißvorschlag, die jetzt geltende enge Quote von 30 % lediglich auf das Deckungsstockvermögen zu beschränken und das übrige gebundene Vermögen dem allgemeinen Mischungsgrundsatz der Dritten Richtlinien zu unterwerfen.

Mit der heute geltenden Regelung knüpfte der deutsche Gesetzgeber an die vorherige Rechtslage in § 54a Abs. 4 VAG an, worin eine besondere Quote für als Risikokapital angesehene Anlagen in Höhe von 30 % des Deckungsstocks und des übrigen gebundenen Vermögens festgelegt war. Diese Quote umfaßt jedoch nicht nur Aktienanlagen, sondern auch Beteiligungen, Genußrechte, Wertpapier- und Beteiligungs-Sondervermögen sowie nachrangige Verbindlichkeiten. Selbst reine Rentenfonds sind in diese Quote einzubeziehen, sofern sie nicht ausschließlich aus dem EWR ausgestellten Inhaberschuldverschreibungen bestehen. So führt beispielsweise die Beimischung einiger US-Treasury-Bonds zu einem Fonds dazu, daß der gesamte Fond auf die Risikokapitalquote von 30 % anzurechnen ist. Gleiches gilt für gemischte Fonds, auch wenn diese lediglich einen geringfügigen Teil in Aktien investiert haben.

Bisher haben sich in Deutschland die Anlagebegrenzungen für Aktien nur in einigen wenigen Fällen einschränkend auf die Anlagepolitik von Lebensversicherungen ausgewirkt. Daß jedoch in der Vergangenheit die Aktienquote in Deutschland regelmäßig nicht ausgeschöpft worden ist, liegt nicht etwa an der gelegentlich behaupteten Aversion der Versicherer gegenüber Aktienanlagen, sondern ist vor allem auf die Enge des deutschen Aktienmarkts zurückzuführen. Das tatsächliche Verhältnis der Versicherungsunternehmen zur Anlage in Aktien wird durch die Tatsache verdeutlicht, daß in Deutschland die Versicherer stärker in Aktien investiert sind als die Banken.

Angesichts der rasanten Entwicklung auf den Kapitalmärkten kann jedoch nicht ausgeschlossen werden, daß die aufsichtsrechtlichen Rahmenbedingungen in absehbarer Zukunft infolge von Produktentwicklungen, sich wandelnder Marktbedingungen oder einer Änderung bilanzieller Vorschriften den Erfordernissen in der Praxis angepaßt werden müssen. So ist beispielsweise zu erwarten, daß die Bedeutung der Aktie für die Anlagepolitik von Versicherungsunternehmen zukünftig zunehmen wird. Die Voraussetzungen hierfür werden insbesondere durch die europäische Währungsunion mit der Entstehung eines breiten und tiefen Aktienmarktes ohne Währungsrisiken geschaffen. Die Attraktivität von Aktienanlagen könnte auch deshalb steigen, weil bei den Aktiengesellschaften zunehmend eine verantwortungsvolle Umsetzung des Shareholder-Value-Gedankens erfolgt. Hierdurch wird die Ertragskraft der börsennotierten Unternehmen gesteigert und damit das Gewinn-Risikoprofil von Aktienengagements verbessert. Sofern die Aktienanlagen für die Versicherungsunternehmen wachsende Bedeutung erlangen, wird es sicherlich erforderlich sein, erneut über die angemessene Aktienquote für einen Versicherer zu diskutieren. Bei der dann wohl notwendigen Heraufsetzung der Quote werden aber nicht allein die Renditechancen zu berücksichtigen sein, sondern es muß auch der Binsenwahrheit Rechnung getragen werden, daß höhere Gewinnchancen nicht ohne ein entsprechend höheres Risiko erlangt werden können. Dabei ist weiter in Betracht zu ziehen, daß in die Quote auch zahlreiche andere Anlagen einzubeziehen sind, die jedoch, wie z. B. Rentenfonds, kein besonderes Risikopotential aufweisen. Letztlich werden die Kapitalanleger von Versicherungsunternehmen die Antwort auf die alte Frage neu zu definieren haben, wie die Kapitalanlagegrundsätze der Sicherheit und Rentabilität in ein angemessenes und ausgewogenes Verhältnis zueinander gebracht werden können. Hierbei wird sorgfältig zu beachten sein, daß der Hauptzweck der Kapitalanlagen darin liegt, die nicht selten viele Jahre dauernde Zeitspanne zwischen der ersten Beitragszahlung und dem nach dem Zeitpunkt und Volumen ungewissen Versicherungsfall zu überbrücken, so daß der Versicherte jederzeit darauf vertrauen kann, im Versicherungsfall die vereinbarte Leistung zu erhalten.

b.   Streuungsvorschrift des § 54a Abs. 4b VAG

Vor der Transformierung der Dritten Richtlinien kannte das VAG neben dem allgemeinen Streuungsgrundsatz in § 54 Abs. 1 VAG grundsätzlich keine speziellen Steuerungsvorschriften. Es existierte insbesondere keine gesetzliche Bestimmung, nach der die Summe aller zulässigen Anlagearten pro Schuldner zu begrenzen war. Die Dritten Richtlinien schreiben aber nun vor, daß kein Versicherungsunternehmen bei einem Schuldner mehr als 5 % des gebundenen Vermögens anlegen darf, wobei Anlagen in Investmentfonds nicht erfaßt werden.

Der Gesetzentwurf der Bundesregierung sah zunächst eine erhebliche Verschärfung der nach den Dritten Richtlinien vorgesehenen Streuungsregelungen vor, indem er die Kapitalanlage bei einem Schuldner auf 25 % der Eigenmittel eines Versicherungsunternehmens begrenzte. Nach den Berechnungen der Versicherungswirtschaft hätte diese Streuungsquote die Kapitalanlagemöglichkeiten z. B. der deutschen Lebensversicherer bei einer Adresse faktisch auf durchschnittlich 2,1 % des gebundenen Vermögens – mit einer Streuungsbreite zwischen 0,2 und 5 % – begrenzt. Damit aber wäre der Deregulierungsgedanke der Dritten Richtlinien mit der Konsequenz konterkariert worden, daß die deutschen Versicherer gegenüber ihren Konkurrenten aus anderen Mitgliedstaaten erhebliche Wettbewerbsnachteile gehabt hätten. Denn die englischen und niederländischen Versicherer können auch nach der Umsetzung der Richtlinien 5 % ihres gebundenen Vermögens bei einem Schuldner anlegen.

Im Rahmen des weiteren Gesetzgebungsverfahrens konnte ein Kompromiß dergestalt erzielt werden, daß deutsche Versicherungsunternehmen nach § 54a Abs. 4b VAG bei einem Schuldner die Summe aus 2 % des gebundenen Vermögens und 25 % der Eigenmittel, maximal aber 5 % des gebundenen Vermögens anlegen dürfen. Nicht berücksichtigt werden Anlagen in Investmentfonds, soweit diese in sich ausreichend gestreut sind. Zudem gelten Ausnahmen für Anlagen bei der öffentlichen Hand, bei geeigneten Kreditinstituten, soweit diese Anlagen durch ein Einlagensicherungssystem tatsächlich abgesichert sind, sowie für Anlagen in Namensschuldverschreibungen mit besonderer Deckungsmasse. Damit stellt die vom deutschen Gesetzgeber festgelegte Streuungsregelung immer noch eine Verschärfung gegenüber den Dritten Richtlinien und der Praxis in einigen Mitgliedstaaten dar, sie reduziert aber den Nachteil auf ein erträgliches Ausmaß.

c. Anlage in Investmentzertifikaten

Nach den Dritten Richtlinien ist die Anlage in Investmentzertifikaten ohne weitere Einschränkungen zulässig. Es wird lediglich zwischen sogenannten koordinierten und nicht koordinierten Organismen für die gemeinsame Anlage in Wertpapieren (OGAW) differenziert. Demgegenüber enthält § 54a Abs.2 Nr. 6 VAG exakte Voraussetzungen für die Zusammensetzungen der Sondervermögen. Den Vertragsbedingungen entsprechend muß das Sondervermögen überwiegend

- voll eingezahlte, börsennotierte Aktien oder Genußrechte
  oder
- in der EU ausgestellte börsennotierte Schuldverschreibungen

enthalten. Wertpapiersondervermögen, die überwiegend in Aktien angelegt sind, die lediglich an der Börse in einem Staat außerhalb des EWR zugelassen sind, dürfen nur für das übrige gebundene Vermögen erworben werden.

Indem Sondervermögen nur dann für den Deckungsstock bzw. das übrige gebundene Vermögen erworben werden dürfen, wenn ihre Zusammensetzung besonderen Vorgaben entspricht, sind die Regelungen der Dritten Richtlinien deutlich verschärft worden. Die Voraussetzungen, unter denen die Deckungsstockfähigkeit von Spezialfonds für Versicherungsunternehmen gegeben ist, sind näher in den sogenannten »Mustervertragsbestimmungen für Spezialfonds« konkretisiert worden. Sie wurden zuletzt im Jahr 1995 zwischen dem Bundesaufsichtsamt für das Versicherungswesen (BAV) und dem Gesamtverband der Deutschen Versicherungswirtschaft abgestimmt.

Die konkreten Anforderungen des VAG an die Zusammensetzung von Sondervermögen schränken die Anlagemöglichkeiten in Investmentzertifikaten deutlich ein. Das gilt sowohl hinsichtlich der Strukturierung einzelner Sondervermögen, als auch für spezielle Fondstypen. Aus diesem Grund ist beispielsweise die Anlage in Geldmarktfonds allenfalls über die Öffnungsklausel des § 54a Abs. 2 Nr. 14 VAG möglich. Gleiches gilt für verschiedene neue Fondstypen, die im Rahmen des Dritten Finanzmarktförderungsgesetzes in das Gesetz über Kapitalanlagegesellschaften (KAGG) aufgenommen werden sollen (z. B. Dachfonds, gemischte Wertpapier- und Grundstücks-Sondervermögen).

IV. Fazit und Ausblick

Die im Jahr 1994 erfolgte VAG-Novellierung hat den Versicherungsunternehmen neue Anlagefreiheiten eingeräumt, die eine verbesserte Diversifikation der Kapitalanlagen ermöglichen. Der erweiterte Anlagespielraum ermöglicht es, die verschiedenen Kapitalmärkte in Europa und ihre jeweiligen Besonderheiten vorteilhaft für die eigene Investmenttätigkeit zu nutzen. Allerdings sind die neuen Anlagemöglichkeiten keine Garantie für eine Ertragsverbesserung. Im Gegenteil, die Investitionsmöglichkeit in anderen Mitgliedstaaten können nur dann sinnvoll und mit Erfolg genutzt werden, wenn das Versicherungsunternehmen die Besonderheiten und Gepflogenheiten des fremden Markts kennt und seine Chancen und Risiken zutreffend einschätzen kann. Einem professionellen Asset Management kommt deshalb auch innerhalb der Versicherungswirtschaft zunehmend eine wichtige Funktion zu. Dies gilt um so mehr vor dem Hintergrund des wachsenden Wettbewerbs auf den Versicherungsmärkten und mit anderen Finanzdienstleistern. Die Kapitalanlagevorschriften des VAG eröffnen die Möglichkeit, auf die erhöhten Anforderungen an den internationalen Kapitalmärkten mit einer Diversifikation der Anlagearten sowie der Märkte zu reagieren. Ein international anlegender Versicherer wird aber letztlich die Frage beantworten müssen, ob er ein eigenes Asset Managment aufbauen will bzw. kann oder ob er sich fremder Hilfe bedienen will.

Im Hinblick auf die künftige Entwicklung scheint es denkbar, daß die im Jahr 1994 durchgeführte VAG-Novelle lediglich ein Zwischenschritt in einer notwendigen und ständig fortschreitenden Evolution darstellt. Es muß daher sichergestellt werden, daß auch künftige gesetzliche Vorschriften einen Spielraum für die nötige Dynamik lassen, um einen zeitgerechten, möglichst gut zugeschnittenen Rahmen zu schaffen, in dem die Versicherungsunternehmen ihre Aufgaben im Interesse ihrer Versicherungsnehmer wahrnehmen können. Gefordert sind vor allem wettbewerbsneutrale Lösungen, die sowohl von der Finanzaufsicht als auch vom Gesetzgeber praxisgerecht gestaltet werden. Dies gilt gerade auch vor dem Hintergrund der Einführung des Euro, der die Transparenz der Märkte weiter erhöhen und den Versicherungsunternehmen neue Anlagechancen ohne Währungsrisiken eröffnen wird. Diesen sich eröffnenden Spielraum müssen Versicherungsunternehmen verantwortungsvoll ausnutzen können.

Paul Scharpf*

Zulässigkeit derivativer Finanzinstrumente bei Versicherungsunternehmen nach dem Rundschreiben R 7/95 des BAV

---

*   *Paul Scharpf*, Partner bei Schitag Ernst & Young Deutsche Allgemeine Treuhand AG, Stuttgart

I. Einleitung

Die Versicherungswirtschaft ist neben den Kreditinstituten das größte Kapitalsammelbecken in der Bundesrepublik Deutschland. Kapitalanlagen sind für Versicherungsunternehmen eine Begleiterscheinung des eigentlichen Versicherungsgeschäfts sowie die finanzielle Grundlage und Garantiemasse für das Leistungsversprechen gegenüber ihren Versicherungsnehmern. Aufgrund dieser Bedeutung sind Versicherungsunternehmen dazu verpflichtet, die Anlagegrundsätze des § 54 VAG, d. h. insbesondere größtmögliche Sicherheit und Rentabilität der Kapitalanlagen, zu beachten.[1]

Vor dem Hintergrund des seit etwa Mitte der 80er Jahre einsetzenden Wandels der nationalen und internationalen Finanzmärkte durch zunehmende Deregulierung, Securitization, Computerisierung, Internationalisierung und Globalisierung sahen sich die Anleger, mithin auch die Versicherungsunternehmen, höheren Volatilitäten, d. h. stärkeren Schwankungen der Wertpapier- und Wechselkurse sowie der Zinssätze, gegenüber.[2] Wechselkursvolatilitäten haben bei Versicherungsunternehmen im Bereich ihres gebundenen Vermögens[3] insbesondere dann Bedeutung, wenn vom Grundsatz der kongruenten Bedeckung sowie vom Grundsatz der Belegenheit abgewichen wird und damit auch nicht kongruente sowie nicht im Geltungsbereich des VAG belegene Vermögenswerte erworben werden.[4]

Vor diesem Hintergrund setzen Versicherungsunternehmen derivative Finanzinstrumente zur Absicherung traditioneller Kapitalanlagen gegen die aus Zins- und Kursschwankungen resultierenden Verlustrisiken ein. Derivative Finanzinstrumente bieten dem Anleger die Möglichkeit einer Portfolio-Insurance.[5] Sie haben in der Versicherungswirtschaft seit Beginn der neunziger Jahre an Bedeutung gewonnen und werden zunehmend stärker genutzt.

Die auf den Terminmärkten gehandelten derivativen Finanzinstrumente ermöglichen eine eigenständige Risikoallokation. Diese Risikoallokationsfunktion erlaubt es Versiche-

---

* Der Verfasser dankt den Kollegen/innen und Mitarbeitern/innen der Schitag Ernst & Young AG, die ihn bei der Erstellung dieses Beitrags unterstützt haben, insbesondere Frau StB Dr. Birgit Angermayer und Herrn WP/StB Jürgen Dietz.

1 Vgl. Derivative Finanzinstrumente bei Versicherungsunternehmen – Zulässigkeit – Abwicklung – Bilanzierung und Bewertung, Schitag Ernst & Young AG (Hrsg.), bearbeitet von *Angermayer/Dietz/Scharpf*, Stuttgart 1996, S. 1ff.

2 Vgl. hierzu auch *Schwebler*, Vorwort, in: Einsatz von Finanzinnovationen in der Versicherungswirtschaft, hrsg. von *Schwebler/Knauth/Simmert*, Karlsruhe 1993, S. V.

3 Das gebundene Vermögen setzt sich bekanntlich aus dem Deckungsstockvermögen und dem »übrigen gebundenen Vermögen« zusammen. Zum übrigen gebundenen Vermögen gehören gem. § 54a Abs. 1 Satz 2 VAG Vermögenswerte außerhalb des Deckungsstocks in Höhe der versicherungstechnischen Rückstellungen sowie der aus Versicherungsverhältnissen entstandenen Verbindlichkeiten und Rechnungsabgrenzungsposten. Die Anteile der Rückversicherer bleiben außer Betracht.

4 Ausnahmen von dem Prinzip der kongruenten Bedeckung sehen die Öffnungsklausel des § 54a Abs. 2 Nr. 14 VAG und die Anlage Teil C Nr. 6 des VAG vor. Abweichungen vom Grundsatz der Belegenheit sind in § 54a Abs. 6 VAG geregelt.

5 Vgl. *Poschadel/Beer*, Portfolio-Insurance. Ausgewählte Konzepte der statischen und der dynamischen Vermögensversicherung, ÖBA 1994, S. 454.

rungsunternehmen, die auf der Aktivseite eingegangenen Risiken im Sinne der den Anlagevorschriften zugrundeliegenden Generalziele, insbesondere denen der Sicherheit und Rentabilität, neu zu strukturieren.

Mit der Hilfe von derivativen Finanzinstrumenten können Versicherungsunternehmen damit besser als in der Vergangenheit ihre Kapitalanlagen und sonstigen Vermögenswerte vor Werteinbußen oder gegen sinkende Erträge schützen. Sie ermöglichen die Begrenzung von Risiken und eröffnen neue Anlageperspektiven.[6] Dabei dient ein sorgfältiger und kontrollierter Einsatz der derivativen Instrumente der Qualität des Produktes »Versicherungsschutz«.[7]

Es eröffnet sich somit für die Kapitalanlagepolitik von Versicherungsunternehmen ein Instrumentarium für ein umfassendes Risikomanagement.[8] Das Portefeuille-Management unter Einsatz von Finanzinnovationen stellt damit eine Verfeinerung und Verbesserung der Kapitalanlagepolitik dar, die eine Verbesserung der Performance und eine Verringerung des Anlagerisikos zum Ziel hat.[9]

II. Zulässigkeit derivativer Finanzinstrumente

1. Rechtliche Rahmenbedingungen des Einsatzes derivativer Finanzinstrumente

a. §§ 7 Abs. 2 und 54a Abs. 2 VAG

Die versicherungsaufsichtsrechtlichen Rahmenbedingungen des Einsatzes derivativer Finanzinstrumente sind in den §§ 7 und 54a VAG geregelt. Die Anwendbarkeit der jeweiligen Regelung hängt dabei davon ab, ob es sich bei den einzelnen zu beurteilenden Finanzinstrumenten (z. B. Optionen, Futures usw.) um *immaterielle* Vermögensgegenstände handelt. Gemäß § 54a Abs. 2 Nr. 14 VAG ist eine Anlage des gebundenen Vermögens in immateriellen Werten ausgeschlossen, während eine Anlage in *nicht immateriellen* Werten im Rahmen des Anlagekatalogs des § 54a Abs. 2 VAG zulässig ist. Gemäß § 54a Abs. 2 Nr. 7b VAG gehört hierzu beispielsweise die Wertpapierleihe, die ein Wertpapierdarlehen darstellt.

---

6 Derivative Finanzinstrumente können jedoch bei unsachgemäßem Einsatz rasch auch zu erheblichen Verlusten führen. Vgl. hierzu *Steffen*, Risk Management von Versicherungsunternehmen bei derivativen Finanzinstrumenten, in: Festschrift für *Dieter Farny,* hrsg. von *Mehring/Wolff,* Karlsruhe 1994, S. 143.

7 Vgl. *Bühler*, Rahmenbedingungen und Perspektiven für den Einsatz von Optionen und Futures bei Versicherungsunternehmen, Karlsruhe 1993, S. 5.

8 Zum Risikomanagement in allgemeiner Form vgl. *Scharpf*, Die Sorgfaltspflichten des Geschäftsführers einer GmbH – Pflicht zur Einrichtung eines Risikomanagement- und Überwachungssystems aufgrund der geplanten Änderung des AktG auch für den GmbH-Geschäftsführer –, DB 1997, S. 737ff.

9 Vgl. *Knauth/Simmert,* Bedeutung derivativer Finanzinstrumente für Versicherungsunternehmen, in: Einsatz von Finanzinnovationen in der Versicherungswirtschaft, hrsg. von *Schwebler/Knauth/Simmert,* Karlsruhe 1993, S. 12.

Soweit es sich bei den derivativen Finanzinstrumenten dagegen um *immaterielle* Werte handelt, ist über deren Zulässigkeit im Rahmen der Vorschrift des § 7 Abs. 2 VAG zu entscheiden.[10] Gemäß § 7 Abs. 2 Satz 1 VAG dürfen Versicherungsunternehmen neben Versicherungsgeschäften nur solche Geschäfte betreiben, die hiermit in unmittelbarem Zusammenhang stehen (Singularitätsprinzip). Damit sollen Versicherungsunternehmen von Risiken freigehalten werden, die nicht zwangsläufig mit dem Betrieb von Versicherungsgeschäften verbunden sind.[11] Vor diesem Hintergrund wird für den Bereich derivativer Finanzgeschäfte in § 7 Abs. 2 Satz 2 VAG klarstellend geregelt, daß ein unmittelbarer Zusammenhang mit dem Versicherungsgeschäft bei Termingeschäften und Geschäften mit Optionen und ähnlichen Finanzinstrumenten dann anzunehmen ist, wenn

- sie der *Absicherung* gegen Kurs- oder Zinsänderungsrisiken bei vorhandenen Vermögenswerten oder
- dem *späteren Erwerb* dienen sollen oder
- wenn aus vorhandenen Wertpapieren ein *zusätzlicher Ertrag* erzielt werden soll, ohne daß bei Erfüllung von Lieferverpflichtungen eine Unterdeckung des gebundenen Vermögens eintreten kann.

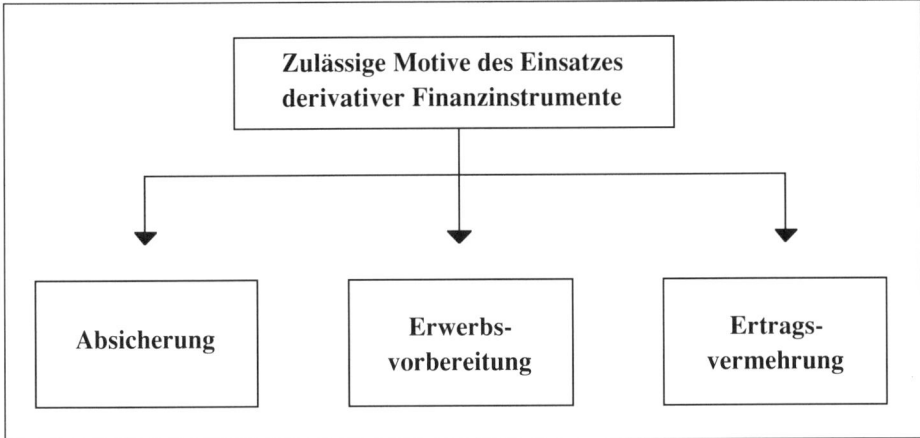

Abb. 1: Zulässige Motive des Einsatzes derivativer Finanzinstrumente

Der Abschluß von Finanzgeschäften zur Absicherung gegen Zins- oder Währungsrisiken im Portefeuille des Versicherers ist grundsätzlich nicht anders zu beurteilen als beispielsweise der Abschluß einer Feuerversicherung für ein dem Versicherungsunternehmen gehörendes Grundstück. Ähnliches gilt für Geschäfte, die einen späteren Wertpapierkauf vorbereiten. Das Bemühen, aus vorhandenen Wertpapieren einen zusätzlichen (d. h. über die normale Kapitalmarktrendite hinausgehenden) Ertrag zu erzielen, ist Ziel der Vermö-

---

10 Vgl. Bundestags-Drucksache 11/8321, S. 11.
11 Vgl. *Fahr/Kaulbach,* Versicherungsaufsichtsgesetz – VAG –. Kommentar, bearb. von *Ulrich Fahr* und *Detlef Kaulbach,* München 1994, § 7 VAG Rn. 8.

gensverwaltung eines jeden Versicherungsunternehmens.[12] Letzteres ist jedoch immer mit Risiken verbunden. Soweit hieraus eine Unterdeckung des gebundenen Vermögens resultieren kann, unterliegt das Geschäft dem Verbot von § 7 Abs. 2 Satz 1 VAG. Mit den gesetzlich festgelegten Voraussetzungen für den Einsatz derivativer Finanzinstrumente wird damit insgesamt auf die (möglichen) Gefahren des jeweiligen Geschäfts abgestellt, so daß ein rein spekulativer Einsatz derivativer Finanzinstrumente nicht erlaubt ist.[13]

Die nach § 7 Abs. 2 Satz 2 VAG zulässigen derivativen Finanzinstrumente sind im Gegensatz zu den nach § 54a Abs. 2 VAG zulässigen Instrumenten keine Kapitalanlagen, sondern stellen lediglich Hilfsgeschäfte im Rahmen des Kapitalanlagemanagements dar.[14] Über den Rahmen von § 54a Abs. 2 und § 7 Abs. 2 Satz 2 VAG hinaus können weitere Geschäfte nicht zugelassen werden.

b. Grundsätze für den Einsatz derivativer Finanzinstrumente

Vor dem Hintergrund des § 7 Abs. 2 VAG haben der Gesamtverband der deutschen Versicherungswirtschaft (GDV) und das BAV gemeinsam erörtert, wie die abstrakt in § 7 Abs. 2 VAG geregelten Anwendungsmöglichkeiten für die Versicherungspraxis konkretisiert werden können.[15] Die hierbei erlangten Ergebnisse wurden vom GDV mit Schreiben vom 27.05.1992 als »Grundsätze für den Einsatz derivativer Finanzinstrumente« (nachfolgend »Grundsätze«) veröffentlicht.

c. BAV-Rundschreiben R 7/95 zum Einsatz derivativer Finanzinstrumente

Aufgrund der zunehmenden Bedeutung und des verstärkten Einsatzes derivativer Finanzinstrumente sah sich das BAV dazu veranlaßt, die Vorschrift des § 7 Abs. 2 VAG detaillierter zu konkretisieren und dabei aufzuzeigen, unter welchen Voraussetzungen wesentliche Tatbestandsmerkmale der gesetzlichen Regelung als erfüllt angesehen werden können. Dabei wurden die bisherigen Regelungen des GDV-Schreibens im wesentlichen mit aufgenommen, teilweise jedoch zur Vermeidung von Verlustgefahren restriktivere Regelungen getroffen.

Im Gegensatz zum GDV-Schreiben, welches sich ausschließlich an die im GDV zusammengeschlossenen Versicherungsunternehmen richtet, umfaßt der Adressatenkreis des BAV-Rundschreibens alle zum Direktversicherungsgeschäft zugelassenen Versicherungsunternehmen

- mit Sitz im Inland
- mit Sitz außerhalb der Mitgliedstaaten der Europäischen Wirtschaftsunion oder eines anderen Vertragsstaates des Abkommens über den Europäischen Wirtschaftsraum

---

12 Vgl. *Fahr/Kaulbach* § 7 VAG Rn. 9.
13 Vgl. *Prölss*, Versicherungsaufsichtsgesetz, bearb. von *Reimer Schmidt* und *Peter Frey*, 10. Aufl., München 1989, § 7 VAG Rn. 188.
14 Vgl. *Fahr/Kaulbach* § 7 VAG Rn. 9.
15 Vgl. ausführlich hierzu *Graf von Treuberg/Angermayer*, Jahresabschluß von Versicherungsunternehmen, Stuttgart 1995, S. 548ff.

- i. S. v. § 110d VAG, d. h. Versicherungsunternehmen mit Sitz in einem anderen Mitgliedstaat der EG oder einem anderen Vertragsstaat des EWR-Abkommens, die nicht den Richtlinien des Rats der Europäischen Gemeinschaften auf dem Gebiet des Versicherungswesens unterliegen und das Direktversicherungsgeschäft durch eine Niederlassung betreiben wollen.[16]

So sind beispielsweise Pensionskassen, die grundsätzlich kein Mitglied im GDV sind und bisher an das GDV-Schreiben nicht gebunden waren, nunmehr verpflichtet, die Grundsätze des BAV-Rundschreibens bei ihren Geschäften mit derivativen Finanzinstrumenten zu beachten.

Im nachfolgenden soll, ausgehend von den Regelungen des BAV-Rundschreibens, aufgezeigt werden, inwieweit der Einsatz derivativer Finanzinstrumente zulässig ist.

2. Anwendungsbereich des Einsatzes von derivativen Finanzinstrumenten

a. Absicherungsgeschäfte

Charakterisierung
Von Absicherungstransaktionen[17] im Sinne von § 7 Abs. 2 Satz 2 VAG ist nach R 7/95 stets dann auszugehen, wenn Derivate dazu genutzt werden, um

- den Bestand an aktivierten Vermögensgegenständen gegenüber *Kurs- oder Zinsänderungsrisiken* ganz oder teilweise abzusichern oder
- den Bilanzansatz von versicherungstechnischen Rückstellungen und Verbindlichkeiten von den durch *Wechselkursrisiken* ggf. entstehenden Mehraufwendungen möglichst freizuhalten.

Zu derivativen Finanzinstrumenten gehören nach R 7/95 alle Geschäfte, deren Preis sich von einem zugrundeliegenden Handelsgegenstand (Aktien, festverzinsliche Wertpapiere und Devisen), Referenzpreis, Referenzzins oder Referenzindex ableitet. Derivative Finanzinstrumente bestehen entweder aus zweiseitig bindenden Verträgen (Termingeschäftsmerkmal) oder aus einseitig verpflichtenden Rechtsgeschäften (Optionsmerkmal). Bei auf Handlungsgegenstände gerichteten Finanzinstrumenten kann im Fälligkeitszeitpunkt eine tatsächliche Lieferung des Handelsgegenstandes (Physical Delivery) oder ein an aktuellen Marktpreisen orientierter Zahlungsausgleich (Cash Settlement) erfolgen. Im Rahmen der 6. KWG-Novelle wird für Zwecke der Bankenaufsicht in § 1 Abs. 11 KWG n.F. eine ähnliche Definition für »Derivate« eingeführt.[18]

---

16 Davon betroffen sind Unternehmen, auf die sich die Harmonisierung nicht erstreckt. Nicht erfaßt werden somit die durch Artikel 2 Nr. 3 und Artikel 3 Nr. 1 der 1. Lebensversicherungsrichtlinie ausgenommenen Pensions- und Sterbekassen sowie die Versicherungsvereine auf Gegenseitigkeit mit geringem Prämienaufkommen nach Artikel 3 dieser Richtlinie.
17 Vgl. hierzu BAV-Rundschreiben 7/95, Abschn. II Nr. 3a.
18 Vgl. Sechstes Gesetz zur Änderung des Gesetzes über das Kreditwesen, BGBl. I S. 2517.

Absicherungsgeschäfte für die Aktivseite der Bilanz sind damit auf den *Bestand* an aktivierten Vermögensgegenständen bezogen. Dies stellt gegenüber dem GDV-Schreiben eine Erweiterung der absicherungsfähigen Vermögenswerte dar, da das GDV-Schreiben lediglich Aktien und/oder festverzinsliche Wertpapiere als absicherungsbedürftig angesehen hat.

Nach R 7/95 sind damit auch weitere Arten von Vermögensgegenständen mit einem *Kurs- oder Zinsänderungsrisiko* absicherungsfähig. Als solche kämen beispielsweise Namensschuldverschreibungen, Schuldscheindarlehen, Hypothekenforderungen und Investmentzertifikate in Betracht. So wären etwa Schuldscheindarlehen zur Vermeidung einer zukünftigen nachhaltigen Unterverzinsung (d. h. wenn die Verzinsung der Kapitalanlage unter dem Marktzins bzw. der Marktzinserwartung liegt) abzusichern.

Nicht absicherungsfähig sind aufgrund des Merkmals der »Aktivierung« jedoch Ansprüche aus schwebenden Geschäften, da diese bekanntlich nicht bilanziert werden. Hiervon kann aber nicht das Glattstellen/Schließen einer Derivateposition betroffen sein. Dies kann häufig nur durch das Eingehen einer entsprechenden Gegenposition erfolgen.

R 7/95 stellt klar, daß es der mit § 7 Abs. 2 VAG verfolgte Gesetzeszweck auch erlaubt, Passivposten abzusichern. So kann z. B. der DM-Bilanzansatz von Rückstellungen und Verbindlichkeiten in Fremdwährung durch den Einsatz derivativer Finanzinstrumente von den durch Währungskursschwankungen sonst ggf. entstehenden Mehraufwendungen möglichst freigehalten werden. Regelmäßig wird es sich bei den abzusichernden Posten dabei jedoch nur um solche Passivposten handeln, die nicht durch entsprechende Posten auf der Aktivseite kongruent bedeckt sind, denn nur bei einer inkongruenten Bedeckung besteht insoweit ein Währungskursrisiko.

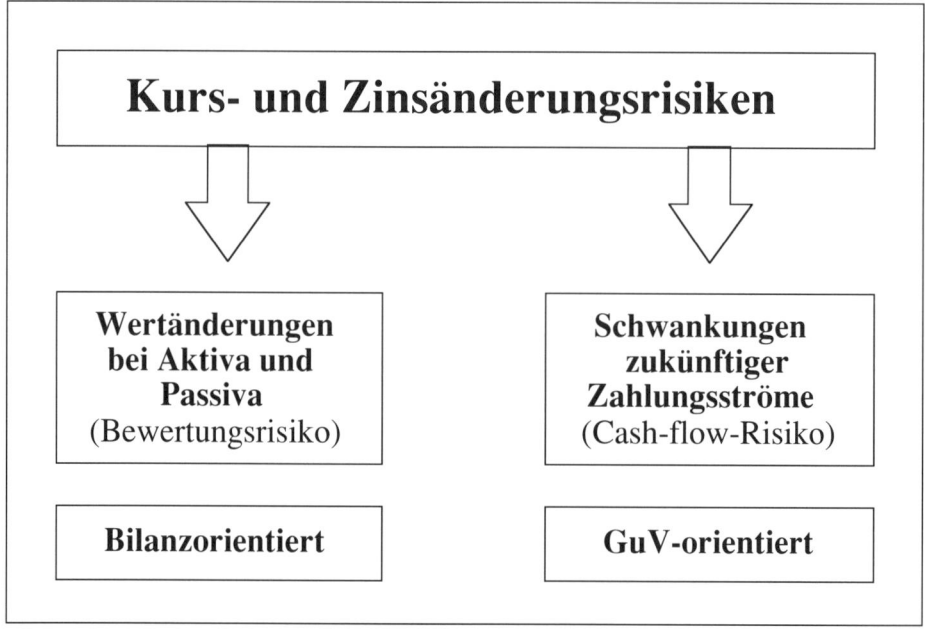

Abb. 2: Sicherbare Risiken

Gegenüber dem Wortlaut des GDV-Schreibens beziehen sich die Absicherungsmöglichkeiten nach R 7/95 nicht nur auf zukünftige Kursschwankungen (Bewertungsrisiko), sondern auch auf Zinsänderungsrisiken in Form schwankender zukünftiger Zahlungsströme (Cash-flow-Risiko). Damit wird neben dem Risiko von Wertänderungen bei den abzusichernden Vermögensgegenständen bzw. Verpflichtungen auch das Risiko von Schwankungen zukünftiger Zahlungsströme (d. h. Erträge bzw. Aufwendungen) erfaßt. Somit können beispielsweise Floating Rate Notes (FRN) gegen sinkende Zinsen abgesichert werden.

In diesem Zusammenhang ist entscheidend, daß das Versicherungsunternehmen das abzusichernde Risiko feststellt und eindeutig dokumentiert, wie dieses Risiko mit Hilfe des eingesetzten Finanzinstruments abgesichert werden soll. Es empfiehlt sich, dies in internen Anweisungen ausdrücklich zu regeln und ausreichend zu dokumentieren.

Vom GDV-Schreiben und dem BAV-Rundschreiben nicht erwähnt wird die Absicherung verzinslicher Verbindlichkeiten gegen das Zinsänderungsrisiko. Eine solche Absicherung ist bei Versicherungsunternehmen regelmäßig nicht erforderlich, da diese einer sehr starken Einschränkung der Kreditaufnahme unterliegen.[19]

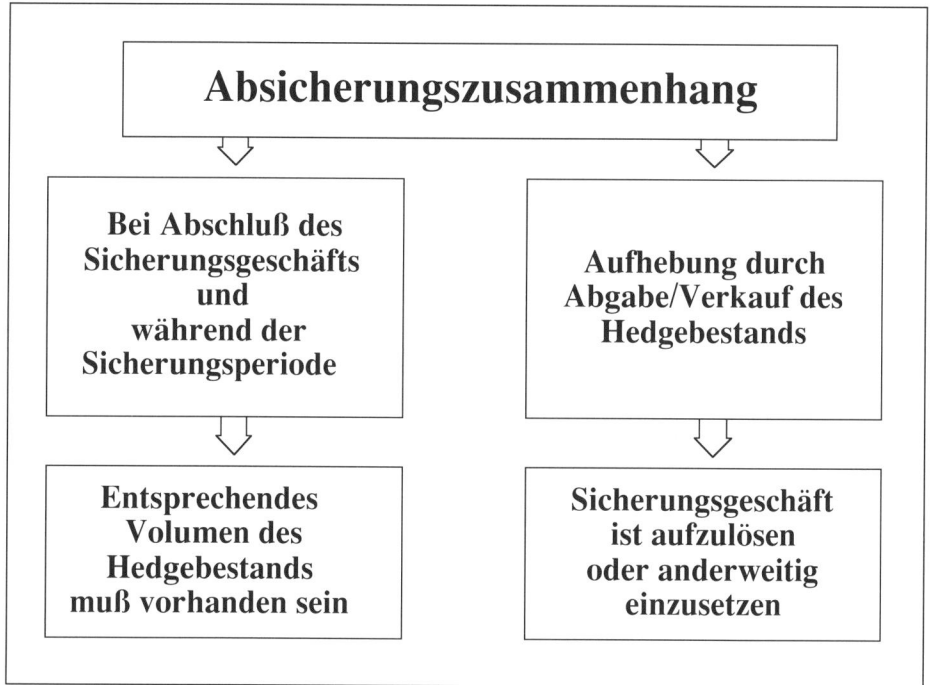

Abb. 3: Absicherungszusammenhang

---

19 Zum Eingehen von Verbindlichkeiten ist BAV, Hinweise zum Fremdmitteleinsatz durch Versicherungsunternehmen, VerBAV 1995, S. 215, zu beachten. Zulässig sind jedoch Finanzdispositionen, die Kapitalanlagen vorbereiten oder sichern sollen, soweit sie auf der Grundlage einer kaufmännisch vernünftigen Finanzplanung erfolgen und nach Art, Umfang und Laufzeit vertret-

Jede abzusichernde Position muß sich *im Zeitpunkt der Eingehung* des Sicherungsgeschäfts und *während der Laufzeit* des zur Absicherung eingesetzten derivativen Finanzinstruments im Bestand befinden (Absicherungszusammenhang), d. h. die abzusichernden Bilanzpositionen müssen jederzeit den entsprechenden Volumina des Sicherungsinstruments gegenüberstehen. Antizipative Hedgegeschäfte für einen erst noch zu erwerbenden Bestand sind damit, sieht man von direkten Erwerbsvorbereitungsgeschäften einmal ab, grundsätzlich nicht möglich.[20]

Die Absicherung muß so wirksam sein, daß die Voraussetzungen für die Bildung einer Bewertungseinheit erfüllt sind.[21] Dabei müssen sich Grund- und Absicherungsgeschäfte nicht zwingend paarweise gegenüberstehen. Entscheidend ist jedoch, daß eine konkrete Verknüpfung von zwei oder mehreren genau definierten Grund- und Sicherungsgeschäften durch eine eindeutige Zuordnung möglich und beabsichtigt ist. Darüber hinaus müssen die eingesetzten derivativen Sicherungsgeschäfte geeignet sein, das Risiko der Grundgeschäfte wirksam zu kompensieren. Der Nachweis der Zusammengehörigkeit von Grund- und Sicherungsgeschäften kann beispielsweise über eine schriftlich dokumentierte Sicherungsstrategie, getrennte Bestandsführung (Kennzeichnung) oder anderweitige Dokumentation erfolgen. Die internen Richtlinien müssen entsprechend detaillierte Ausführungen hierzu enthalten.

Eine effiziente Absicherung von Kapitalanlagen dürfte nur unter folgenden ergänzenden Voraussetzungen möglich sein:[22]

- die Märkte für die Sicherungsinstrumente müssen ausreichend liquide sein
- die Geschäfte müssen laufend und zeitnah mit Marktpreisen bewertet werden; nur durch die Bewertung zu Marktpreisen kann eine inkongruente Beeinflussung von Grund- und Hedgegeschäften kontrolliert, überwacht und ggf. weitere Sicherungsmaßnahmen eingeleitet werden
- die Geschäfte und Bestände müssen im Rahmen eines vorhandenen Risikomanagements als Hedge-Einheiten geführt und überwacht werden.[23]

In R 7/95 ist nicht ausdrücklich bestimmt, ob neben statischen Absicherungen auch dynamische Absicherungen beispielsweise in der Form des Delta-Hedges erlaubt sind. Es ist davon auszugehen, daß beide Formen des Hedgings zulässig sind.

Von größter Wichtigkeit ist in diesem Zusammenhang die Forderung des R 7/95, daß der Absicherungszusammenhang nicht nur bei Abschluß, sondern auch während der Laufzeit

---

bar sind. Darüber hinaus ist der Einsatz von Fremdmitteln nur in Ausnahmefällen möglich, z. B. bei kurzfristigen Liquiditätshilfen und kurzfristigen Überziehungskrediten, bei Inanspruchnahme verbilligter öffentlicher Kredite zum Wohnungsbau sowie beim Erwerb belasteter Grundstücke.

20 Nach der derzeit noch überwiegenden Ansicht kann für antizipative Absicherungen keine Bewertungseinheit gebildet werden.

21 Zu den Voraussetzungen für Bewertungseinheiten vgl. *Scharpf/Luz*, Risikomanagement, Bilanzierung und Aufsicht von Finanzderivaten, Stuttgart 1996, S. 202ff.

22 Vgl. *Scharpf*, Derivative Finanzinstrumente im Jahresabschluß unter Prüfungsgesichtspunkten – Erfassung, Abwicklung und Bildung von Bewertungseinheiten, BFuP 1995, S. 197.

23 Zur Ausgestaltung eines derartigen Risikomanagements vgl. *Scharpf/Epperlein*, Risikomanagement derivativer Finanzinstrumente, BFuP 1995, S. 209ff.

des Sicherungsgeschäfts bestehen muß.[24] Das GDV-Schreiben hat hierzu eine andere Stellung bezogen; hier wurde nur auf den Absicherungszusammenhang im Zeitpunkt der Eingehung des Sicherungsgeschäftes abgestellt. Wäre jedoch ein Absicherungszusammenhang nur für den Zeitpunkt des Abschlusses notwendig, könnten hieraus erhebliche Gefahren resultieren, die einem verbotenen Leerverkauf von Wertpapieren gleichkommen.[25] Dies ist dann der Fall, wenn beispielsweise nach Absicherung eines Wertpapierbestands über einen Short Future anschließend eine Verminderung des abgesicherten Bestandes erfolgt, ohne daß das zur Sicherung eingesetzte Finanzinstrument glattgestellt wird. Während der Restlaufzeit des Finanzinstruments bestünde dann u. U. eine offene, spekulative Position, die mit den grundsätzlichen Anforderungen des § 7 Abs. 2 Satz 2 VAG nicht in Einklang steht.

Entscheidet sich das Versicherungsunternehmen, den Absicherungszusammenhang aufzuheben, indem z. B. die gegen Kurs- oder Zinsrisiken gesicherten Wertpapiere verkauft werden, muß nach R 7/95 das Sicherungsinstrument ebenfalls verkauft oder glattgestellt[26] werden, soweit es nicht anderen Sicherungszwecken zugeführt oder als Erwerbsvorbereitungsgeschäft eingesetzt wird.[27] Eine anderweitige Zuordnung ist beispielsweise bei einem Zinsswap dann problematisch, wenn dieser im Zeitpunkt der Aufhebung des Absicherungszusammenhangs einen negativen Marktwert hat. Hier kann sich der Verdacht aufdrängen, daß die anderweitige Zuordnung deshalb erfolgt ist, um einen Verlust aus dem Schließen des Swaps (negativer Marktwert = zu leistende Close out-Zahlung) nicht ausweisen zu müssen. Es empfiehlt sich deshalb, das Vorgehen für die Auflösungen von Absicherungszusammenhängen sowie die anderweitigen Zuordnungen von derivativen Sicherungsgeschäften in internen Richtlinien explizit zu regeln.

Absicherung von Spezialfonds

In diesem Zusammenhang stellt sich die Frage, ob die sich in einem Spezialfonds befindlichen Einzelanlagen oder Teilbestände von Wertpapieren durch derivative Finanzinstrumente abgesichert werden können, die das Versicherungsunternehmen im eigenen Namen und auf eigene Rechnung tätigt. Sicherungsgeschäfte sind grundsätzlich nur dann möglich, wenn die zu sichernde Anlage Bestandteil der bilanzierten Aktiva ist. Der Anteil des Versicherungsunternehmen an dem Spezialfonds wird durch die Anteilscheine (Investmentanteile) dokumentiert, die bei dem Versicherungsunternehmen aktiviert sind. Absicherungsgeschäfte können sich auf diese Anteilscheine beziehen, die einem Kursrisiko unterliegen, das mit dem Risiko der sich in dem Spazialfonds befindlichen Wertpapiere korrespondiert. Es ist deshalb zulässig, wenn ein Versicherungsunternehmen sich gegen den Wertverlust der Anteilscheine durch ein entpsrechendes derivatives Finanzgeschäft absichert. Dies bedarf allerdings einer laufenden Überwachung im Rahmen eines institutionalisierten Risikomanagements.

---

24 Anders das GDV-Schreiben.
25 Vgl. *Bühler* 1993, S. 22.
26 Glattstellen bedeutet, daß ein Gegengeschäft zu gleichen Konditionen (Basispreis, Restlaufzeit, Kontraktanzahl) abgeschlossen wird.
27 Dies ist entsprechend zu dokumentieren.

Anwendungsbeispiele

Als geeignete Absicherungsstrategien im Sinne von § 7 Abs. 2 VAG kommen nach dem BAV-Rundschreiben für die Aktivseite beispielsweise in Betracht:

- Kauf von Verkaufsoptionen (Long Put)
- Verkauf von Futures
- Zins-, Währungs- und kombinierte Zins-Währungsswaps.

Durch den Kauf einer Verkaufsoption werden die im Portefeuille befindlichen Wertpapiere gegen ein Fallen der Kurse abgesichert. Gleiches gilt für den Verkauf eines Futures. Die Nennung von Währungs- und kombinierten Zinswährungsswaps macht deutlich, daß nach Auffassung des BAV auch mit Währungskursrisiken behaftete Aktiva abgesichert werden können, obgleich dies nicht explizit zum Ausdruck kommt.

Für die Absicherung der Passivseite gegen Währungskursschwankungen können u. a. folgende Instrumente zum Einsatz kommen:

- Kauf von Kaufoptionen (Long Call)
- Kauf von (Währungs-)Futures
- Währungs- und kombinierte Zins-Währungs-Swaps.

Für den Kauf einer Kaufoption ist jedoch zu beachten, daß dieser bei Vorliegen bestimmter Voraussetzungen nicht zulässig ist. Während im Vorentwurf zu R 7/95 Optionen, die »aus dem Geld« sind, wegen ihres spekulativen Charakters als unzulässig angesehen wurden, ist in R 7/95 – basierend auf der Überlegung, daß auch Optionen, deren innerer Wert nicht positiv ist, als Sicherungsinstrumente zum Einsatz kommen können – eine quantitative Begrenzung eingeführt worden. Danach ist der Erwerb solcher Optionen nicht möglich, deren Basispreis zum Zeitpunkt des Erwerbs der Option mehr als 15 % über dem Kassakurs liegt.

Grenzen

In Entsprechung zu den abzusichernden Vermögensgegenständen und Schulden darf der Umfang der durch derivative Finanzinstrumente abgesicherten Bilanzpositionen maximal 100 % des Bestandes an Vermögenswerten sowie in Fremdwährung gehaltenen Rückstellungen und Verbindlichkeiten, die nicht kongruent bedeckt sind, betragen. Die genannte volumenmäßige Begrenzung ist auf den Buchwert des Bestandes zu beziehen. Es ist jedoch zu beachten, daß sich eine Absicherung des Bewertungsrisikos normalerweise auf die Marktwerte und nicht auf die Buchwerte bezieht.

Die Überwachung der Einhaltung der Grenze in Höhe von 100 % durch das BAV erfolgt anhand der von den Versicherungsunternehmen beim BAV einzureichenden Meldungen (Anlage zum R 7/95). Aufgrund der kumulativen Zahlenangaben in diesen Meldungen kann im Einzelfall ein Überschreiten der 100 %-Grenze bei einem einzelnen Wertpapierposten aufgrund der Meldung jedoch nicht ohne weiteres erkannt werden.

Grundsätzlich schreibt § 54a Abs. 3 VAG für Versicherungsunternehmen eine kongruente Bedeckung, d. h. eine Anlage des gebundenen Vermögens in Vermögenswerten, die auf die gleiche Währung lauten, in der die Versicherungen erfüllt werden müssen, vor. Ausnahmen vom Grundsatz der kongruenten Bedeckung und damit Anwendungsbereiche von Sicherungsgeschäften mit derivativen Finanzinstrumenten sind durch die Öffnungsklausel des § 54a Abs. 2 Nr. 14 VAG und durch die in Anlage C Nr. 6 zum VAG genannten

Fallkonstellationen gegeben. Soweit auf der Aktivseite z. B. Währungsswaps zur Absicherung von Währungskursschwankungen zum Einsatz kommen, gilt auch hier, daß sich der Umfang nur auf diejenigen Aktiva erstrecken darf, die nicht dem Grundsatz der kongruenten Bedeckung Rechnung tragen.

Dynamische Absicherungen sind nur dann wirksam, wenn das Volumen der Sicherungsgeschäfte laufend angepaßt wird. Hier kann sich die oben genannte Grenze von 100 % als ein Problem erweisen, wenn für eine effiziente wertmäßige Absicherung das Volumen der Sicherungsgeschäfte das Volumen der Grundgeschäfte aufgrund des Hedge-Ratios übersteigen muß.

b.   Erwerbsvorbereitungsgeschäfte

Charakterisierung
Derivative Finanzinstrumente können nach § 7 Abs. 2 Satz 2 VAG auch dem künftigen Erwerb eines Wertpapiers dienen. Erwerbsvorbereitung[28] bedeutet nach Auffassung des BAV, daß sich das Versicherungsunternehmen die konkrete Möglichkeit verschafft, zu einem in der Zukunft liegenden Zeitpunkt bestimmte Wertpapiere zu erwerben.

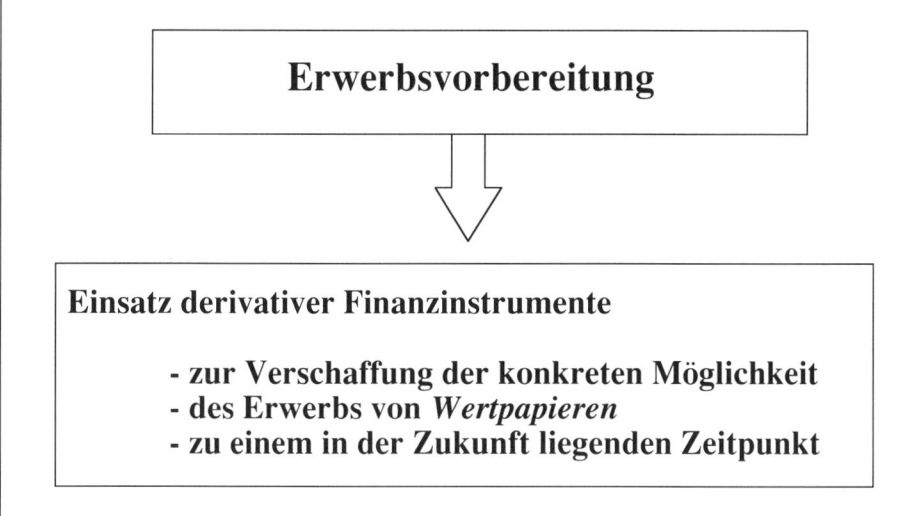

Abb. 4: Erwerbsvorbereitung

Mit Hilfe des Kaufs einer Kaufoption zum Beispiel kann das Versicherungsunternehmen für den künftigen Erwerbszeitpunkt (Ausübung der Kaufoption) den Höchstkurs des zu erwerbenden Wertpapiers festlegen.

---

28 Vgl. hierzu BAV-Rundschreiben 7/95, Abschn. II Nr. 3b.

Sonderfall Vorkauf

Den Erwerbsvorbereitungsgeschäften entsprechen die bislang bereits zulässigen Vorausdispositionen durch sog. *Vorkäufe*,[29] bei denen der Kauf eines Wertpapiers auf Termin erfolgt.[30] Sie dienen dem Ausgleich unterjähriger Liquiditätsschwankungen, der Vermeidung von Marktstörungen bei hohem Anlagebedarf sowie der Verstetigung der Anlage. Vorkäufe sind jedoch nur bei Vorliegen bestimmter Voraussetzungen (vgl. Abb. 5) als Erwerbsvorbereitungsgeschäfte zulässig.[31]

- Vorkäufe müssen in der Absicht getätigt werden, unterjährige Liquiditätsschwankungen auszugleichen, Marktstörungen zu vermeiden oder die Anlage zu verstetigen. Vorkäufe zu Spekulationszwecken sind unzulässig. Insbesondere dürfen sie nicht mit der Absicht geschlossen werden, die Werte alsbald wieder zu verkaufen, um dadurch einen Gewinn zu erzielen.

- Vorkäufe dürfen allenfalls in einer Höhe getätigt werden, die durch den zu erwartenden Liquiditätszufluß zum Zeitpunkt der Valutierung gedeckt wird.

- Die Zeitspanne zwischen dem Zeitpunkt des Vertragsabschlusses und der vereinbarten Valutierung darf grundsätzlich drei Monate nicht überschreiten. Die Vereinbarung einer längeren Zeitspanne ist dem BAV anzuzeigen. Vorkäufe über eine Zeitspanne bis zu drei Monaten sind auf 30 %, Vorkäufe mit einer darüber hinausgehenden Zeitspanne auf 10 % des für ein Geschäftsjahr geplanten Bruttoerwerbs von Inhaberschuldverschreibungen, Namensschuldverschreibungen, Schuldscheindarlehen und sonstigen festverzinslichen Wertpapieren begrenzt. Insgesamt dürfen Vorkäufe 30 % des genannten Bruttoerwerbs nicht übersteigen.

Abb. 5: Zulässigkeit von Vorkäufen als Erwerbsvorbereitungsinstrumente

Anwendungsbeispiele

Neben Vorkäufen stellen Erwerbsvorbereitungsstrategien insbesondere

- der Kauf einer Kaufoption und
- der Kauf von Zins-, Aktien- und Währungsfutures dar.

Für den Kauf einer Kaufoption gilt die Einschränkung, daß Optionen, deren Basispreis zum Zeitpunkt des Erwerbs der Option mehr als 15 % über dem Kassakurs liegt, nicht zulässig sind.

Auf große Diskussion ist die Frage nach der Zulässigkeit des *Verkaufs einer Verkaufsoption* (Short Put) gestoßen. Der Vorentwurf des R 7/95 lehnte zunächst die Eignung des Short Put als Erwerbsvorbereitungsgeschäft ab. Begründet wurde dies damit, daß der

---

29 Vgl. hierzu auch VerBAV 1982, S. 472.
30 Vorkäufe sind nach der Definition in R 7/95 verbindlich abgeschlossene Geschäfte, bei denen der Zinssatz bei Vertragsabschluß fest vereinbart und lediglich der Valutierungszeitpunkt hinausgeschoben wird. Vgl. BAV-Rundschreiben 7/95, Abschn. I Nr. 2.
31 Vgl. hierzu BAV-Rundschreiben 7/95, Abschn. I Nr. 3.

Verkauf von Verkaufsoptionen (Short Put) nicht der Erwerbsvorbereitung diene, da bei fallenden Kursen die Entscheidung, ob und wann der Erwerbsvorgang stattfindet, nicht durch das Versicherungsunternehmen bestimmt wird.[32]

Demgegenüber wurde jedoch von seiten der Versicherungswirtschaft darauf hingewiesen, daß bei einem sachgerechten Einsatz dieses Instruments die eingegangenen Risiken nicht größer als bei einem direkten Erwerb von Wertpapieren bzw. der Nutzung anderer Formen der Erwerbsvorbereitung sind. Der Short Put könne im Gegenteil dem Erwerb einer Kaufoption sogar vorzuziehen sein, da bei Nichtausübung keine Prämie verloren sei. Darüber hinaus könnten etwaige Risiken dadurch begrenzt werden, daß die Positionen durch Gegengeschäfte glattgestellt werden, wenn die tatsächliche Marktentwicklung von der Erwartung des Investors abweicht.[33]

In der endgültigen Fassung von R 7/95 wurde eine Kompromißlösung getroffen, indem der Short Put als Sonderform der Erwerbsvorbereitung eingestuft wird, da das Versicherungsunternehmen eine Abnahmeverpflichtung eingeht, ohne ein Erwerbsrecht zu erlangen. Der Short Put ist aufgrund der mit ihm verbundenen Gefahren jedoch nur unter besonderen Voraussetzungen und in sehr engen Grenzen (vgl. Abb. 6) zulässig.

aa)	Der Basispreis für Optionen muß so gewählt werden, daß bei der erwarteten Kursentwicklung der Wertpapiere (Basiswerte) mit ihrer Ausübung zu rechnen ist.
bb)	Bei Verkauf der Verkaufsoption ist nachprüfbar zu dokumentieren, bis zu welchem Kurs das Unternehmen bereit ist, die Wertpapiere zu übernehmen. Die Wahl des Kurses muß erkennen lassen, daß tatsächlich der Erwerb der Wertpapiere das dem Verkauf der Verkaufsoption zugrundeliegende Motiv darstellt und nicht lediglich eine Ertragsvermehrung durch Vereinnahmung der Optionsprämie oder von Teilen davon beabsichtigt ist. Dies ist der Fall, wenn Abnahmebereitschaft mindestens bis zu einem Kurs von Basispreis abzüglich Optionsprämie dokumentiert wird.
cc)	Glattstellungen vor Erreichen des nach Buchstaben bb Satz 3 errechneten Kurses sind grundsätzlich unzulässig und bei Dokumentation besonders zu kennzeichnen und zu begründen.
dd)	Der Verkauf von Verkaufsoptionen ist nur insoweit zulässig, als die daraus resultierenden Abnahmeverpflichtungen durch den zu erwartenden Liquiditätszufluß gedeckt werden können.
ee)	Unterschreitet der Kurs des zugrundeliegenden Wertpapieres den nach Buchstaben bb Satz 3 errechneten Kurs um 5 %, so hat das Versicherungsunternehmen die offenen Positionen durch ein Gegengeschäft glattzustellen.

Abb. 6: Zulässigkeit des Short Put als Erwerbsvorbereitungsstrategie

---

32 Im Falle der Ausübung der Verkaufsoption durch den Optionsinhaber lösen die vom Versicherungsunternehmen in Erfüllung der vertraglichen Verpflichtung erworbenen Wertpapiere Abschreibungserfordernisse aus.

33 Vgl. GDV, Kapitalanlagenausschuß der Versicherungswirtschaft, Tgb.-Nr. 192/95, B. III Nr. 2.

Das Gewinn-/Verlustprofil eines Short Put bei Ausübung bzw. Verfall der Option wird in nachfolgender Abb. 7 augezeigt. Der in Abb. 6 Buchst. bb Satz 3 genannte Preis ist der mit A-P bezeichnete Break-Even-Kurs in Abb. 7. Eine Ausübung bzw. eine Glattstellung ist – wie Abb. 7 zeigt – dann vorteilhaft, wenn der Kurs des Basisobjekts (z. B. Wertpapier) oberhalb des Break-Even-Kurses liegt. Bei Unterschreiten des Break-Even-Kurses entsteht für das Versicherungsunternehmen – wie Abb. 7 – zeigt ein Verlust.

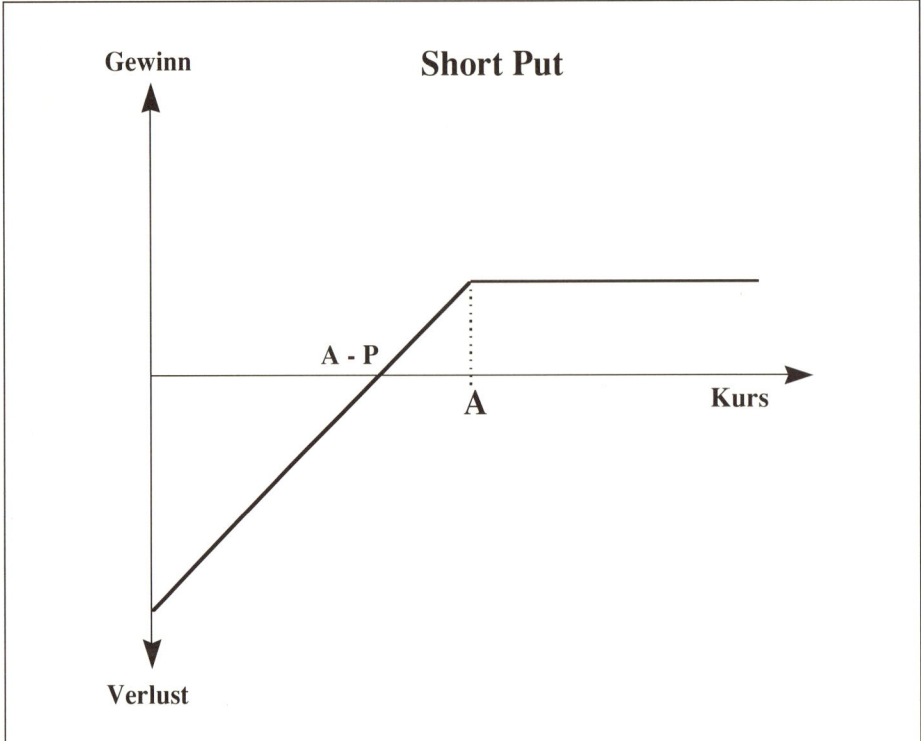

Abb. 7: Short Put

Glattstellungen des Short Put vor Erreichen dieses Punktes (bei einem Sinken des Kurses) – d. h. solange sich der Kurs des Basisobjekts rechts und damit oberhalb vom Punkt A-P befindet – sind nach R 7/95 jedoch grundsätzlich nicht erlaubt.

Unterschreitet der Kurs des Basisobjekts den Break-Even-Kurs A-P um 5 % (bezogen auf den Break-Even-Kurs A-P), so hat das Versicherungsunternehmen die offene Short Put-Position glattzustellen. Der Grund hierfür ist darin zu sehen, daß weitere Verluste aus der Optionsposition vermieden werden sollen. Mithin ist eine Ausübung bzw. Glattstellung des Short Put nur innerhalb eines sehr engen Rahmens möglich, der aber für das Versicherungs-unternehmen grundsätzlich ungünstig ist. Insgesamt kann festgestellt werden, daß der Short Put als Erwerbsvorbereitungsgeschäft von den Versicherungsunternehmen schwierig bzw. aufwendig zu handhaben ist.

Grenzen

Erwerbsvorbereitungsgeschäfte dürfen maximal bis zur Höhe von 30 % des geplanten Bruttoerwerbs von Wertpapieren (Aktien und festverzinsliche Wertpapiere mit Ausnahme der Namensschuldverschreibungen) eines Geschäftsjahrs getätigt werden. Die genannte volumenmäßige Begrenzung ist auf den Buchwert des Bestandes zu beziehen. Bei der Festlegung der quantitativen Grenzen nimmt das BAV entgegen der bisherigen Grundsätze des GDV die Schuldscheindarlehen von der Bemessungsgrundlage aus.

Die Grenze von 30 % kann innerhalb eines Geschäftsjahres nur einmal ausgenutzt werden. Von der Versicherungswirtschaft wird bemängelt, daß bei einer bereits im Frühjahr eines Geschäftsjahres ausgenutzten Grenze in Höhe von 30 % der geplanten Bruttoerwerbe eines Geschäftsjahres, keine weiteren Erwerbsvorbereitungsgeschäfte getätigt werden können.

Darüber hinaus ergeben sich weitere Grenzen für den Verkauf von Verkaufsoptionen. Dieser ist auf 10 % des genannten Bruttoerwerbs beschränkt.

Abgrenzung Erwerbsvorbereitung – Spekulation

Problematisch ist die nachträgliche Beurteilung, ob ein Geschäft der Erwerbsvorbereitung oder der (unzulässigen) Spekulation dienen sollte. Diese Frage stellt sich vor allem dann, wenn die Ausübung eines Finanzgeschäfts aufgrund der eingetretenen Marktentwicklung wirtschaftlich nicht mehr sinnvoll war. Ferner kann sich die Anlagestrategie geändert haben, so daß ein ursprünglich eingegangenes Finanzgeschäft durch ein Gegengeschäft (mit Gewinn) glattgestellt werden muß.

Es ist daher erforderlich, daß sich die Absicht der Erwerbsvorbereitung jederzeit belegen läßt. Dies kann dadurch erfolgen, daß die Erwerbsvorbereitung Bestandteil der Geschäftspolitik (Strategie) ist. Vom BAV ist in diesem Zusammenhang eine exakte und für sachverständige Dritte jederzeit nachvollziehbare Dokumentation des Anlagezwecks vorgeschrieben, aus der die Verbindung zum Grundgeschäft klar hervorgeht. Es empfiehlt sich, auch die Erwerbsvorbereitungsgeschäfte in Rahmen interner Richtlinien hinreichend präzise zu regeln.

c.   Erzielung von Zusatzerträgen

Charakterisierung

Ein Versicherungsunternehmen kann gem. § 7 Abs. 2 Satz 2 VAG derivative Finanzinstrumente auch dazu einsetzen, den vorhandenen Bestand an Wertpapieren zur Erzielung von Zusatzerträgen zu nutzen. Ein entsprechender Ertrag kann beispielsweise dadurch erzielt werden, daß das Versicherungsunternehmen die im Bestand befindlichen Wertpapiere als Stillhalter in Wertpapieren bei Optionsgeschäften einsetzt. Dies darf nach § 7 Abs. 2 VAG jedoch nicht dazu führen, daß eine Unterdeckung des gebundenen Vermögens entsteht, dessen Höhe sich grundsätzlich aus der Höhe der zu bedeckenden Passiva bestimmt. Der Bestand des gebundenen Vermögens muß bei Ertragsvermehrungsgeschäften daher stets so bemessen sein, daß selbst bei einer Lieferverpflichtung, die aus der Stillhalterposition resultieren kann, keine Unterdeckung des gebundenen Vermögens eintritt.[34]

---

34 Vgl. hierzu BAV-Rundschreiben 7/95, Abschn. II Nr. 3c.

Anwendungsbeispiele

Als zulässige Ertragsvermehrungsgeschäfte sind insbesondere der Verkauf von Kaufoptionen (Short Call) sowie Zins-, Währungs- und kombinierte Zins-Währungs-Swaps anzusehen. Dagegen ist der Verkauf von Futures nicht den Ertragsvermehrungsgeschäften zuzurechnen, da er allein der Absicherung zugeordnet wird. Der Kauf einer Kaufoption, der Kauf von Futures und der Verkauf von Verkaufsoptionen sind keine geeigneten Geschäfte zur Erzielung von Zusatzerträgen. Sie scheiden als Ertragsvermehrungsgeschäfte aus, weil nur der vorhandene Bestand zur Ertragsvermehrung eingesetzt werden darf.

Grenzen

Ertragsvermehrungsgeschäfte sind nach R 7/95 im Gegensatz zum GDV-Schreiben nicht auf 10 %, sondern auf 20 % des Bestands an direkt gehaltenen Wertpapieren (Aktien, festverzinsliche Wertpapiere mit Ausnahme der Namensschuldverschreibungen) beschränkt. Die genannte volumenmäßige Begrenzung ist auf den Buchwert des Bestandes zu beziehen.

In den Bestand sind auch Wertpapiere mit einzubeziehen, die im Rahmen eines Wertpapierleihgeschäftes verliehen worden sind, sofern sichergestellt ist, daß sich diese Wertpapiere zum Zeitpunkt einer möglichen Ausübung der verkauften Kaufoption wieder im Besitz des verleihenden Versicherungsunternehmens befinden. Dies stellt keinen Leerverkauf dar, da ein Anspruch auf rechtzeitige Rückübertragung der verliehenen Papiere besteht.[35]

Abgrenzung Erwerbsvorbereitung – Spekulation

Wie bei den Erwerbsvorbereitungsgeschäften stellt sich die Abgrenzung zwischen Ertragsvermehrung und reiner Spekulation problematisch dar. In diesem Zusammenhang kann auf die obigen Ausführungen verwiesen werden.

3. Zulässigkeit kombinierter Strategien

Charakterisierung

Das BAV hat festgelegt, nach welchen Kriterien die Zulässigkeit kombinierter Strategien, die der Verfolgung eines einheitlichen Anlageziels dienen (z. B. Zero-Cost-Collar usw.), zu beurteilen sind.[36] Die Beurteilung der Zulässigkeit kombinierter Strategien ist im Gegensatz zum Vorentwurf von R 7/95 nicht anhand deren Grundbestandteile, sondern vielmehr auf der Ebene der mit diesen Geschäften verfolgten *strategischen Zielsetzung* vorzunehmen. Dies erfolgt aufgrund der Überlegung, daß oft nur die Kombination verschiedener Produkte dem angestrebten Sicherungszweck entspricht. So sind kombinierte Strategien nur zulässig,

- solange das Versicherungsunternehmen durch ihren Einsatz nicht größeren wirtschaftlichen Risiken ausgesetzt wird,

---

35 Vgl. GDV, Kapitalanlagenausschuß der Versicherungswirtschaft, Tgb.-Nr. 192/95, B. III Nr. 3.
36 Vgl. hierzu BAV-Rundschreiben 7/95, Abschn. II Nr. 4.

- als hätte es entweder keine derivativen Finanzinstrumente oder
- lediglich die für Absicherung, Erwerbsvorbereitung oder Ertragsvermehrung zulässigen Instrumente eingesetzt.

Dabei sind Positionen, deren wirtschaftliche Auswirkungen reinen Kassatransaktionen entsprechen, nicht als risikoerhöhend anzusehen.
Von der Ebene der strategischen Betrachtung ist abzuweichen, wenn

- die Bedingung »Grundbestandteil einer kombinierten Strategie ist ein einzelnes Basisinstrument, dem alle weiteren Bestandteile eindeutig und für einen Dritten nachvollziehbar zugeordnet sind,« zu verneinen ist, und/oder
- die kombinierte Strategie nicht eindeutig einem der drei zulässigen Geschäfte Absicherung, Erwerbsvorbereitung oder Ertragsvermehrung zugerechnet werden kann.

In diesem Fall ist die gewählte Strategie nur dann zulässig, soweit jeder der Grundbestandteile zulässig ist und den angestrebten Zweck (Absicherung, Erwerbsvorbereitung, Ertragsvermehrung) erfüllt.

Anwendungsbeispiele
Grundsätzlich sind verschiedene Kombinationsgeschäfte denkbar. So kann z. B. durch den gleichzeitigen Kauf von Kaufoptionen und Verkauf von Verkaufsoptionen eine dem Terminkauf vergleichbare Sicherungswirkung erzielt werden.

In R 7/95 wird der Einsatz eines Zero-Cost-Collars (Absicherung mittels eines Puts, der durch den Verkauf eines Calls finanziert wird) oder die Kombination von zwei Zinsswaps (Laufzeitenänderung zur Absicherung von Zinsänderungsrisiken) explizit erwähnt.

Es ist zu beachten, daß nach dem Wortlaut des R 7/95 kombinierte Strategien, die neben anderen Bestandteilen auch den Verkauf von Verkaufsoptionen zum Inhalt haben (Short Put-Kombinationen), nicht den Ertragsvermehrungsgeschäften zugeordnet werden können. Ein zusätzlicher Ertrag darf gem. § 7 Abs. 2 Satz 2 VAG nämlich nur aus vorhandenen Wertpapieren erzielt werden. Kombinationen mit einem Short Put können dagegen lediglich zur Absicherung oder Erwerbsvorbereitung eingesetzt werden.

Positionen, deren wirtschaftliche Auswirkungen reinen Kassatransaktionen entsprechen, sind nach R 7/95 nicht als risikoerhöhend anzusehen. Terminkäufe und -verkäufe entsprechen in ihrer wirtschaftlichen Auswirkung Kassatransaktionen.

Da sich Terminkäufe (Long Futures) über die Kombination einer gekauften Kaufoption (Long Call) und einer verkauften Verkaufsoption (Short Put) synthetisch darstellen lassen, müßten derartige Kombinationsgeschäfte zur Herstellung einer synthetischen Long Position zulässig sein, soweit die wirtschaftlich hergestellte Position (Long Future) für einen der für Versicherungsunternehmen zulässigen Zwecke erlaubt ist. Entsprechendes muß für synthetische Short Positionen (Short Futures), die sich aus der Kombination einer verkauften Kaufoption (Short Call) und einer gekauften Verkaufsoption (Long Put) darstellen lassen. Voraussetzung ist jedoch, daß diese Kombinationsgeschäfte und der Zweck in den internen Richtlinien ausreichend präzise geregelt sind.

Grenzen
In R 7/95 wird darauf hingewiesen, daß kombinierte Strategien mit einfacher Gewichtung in die Messung der volumenmäßigen Begrenzungen eingehen, wenn die folgenden Bedingungen erfüllt sind:

a) Grundbestandteil einer kombinierten Strategie ist ein einzelnes Basisinstrument, dem alle weiteren Bestandteile eindeutig und für einen Dritten nachvollziehbar (z. B. durch Bildung einer Bewertungseinheit) zugeordnet sind;

b) die kombinierte Strategie wird vor Vertragsschluß in ihre Bestandteile zerlegt und bewertet. Zerlegung und Bewertung werden dokumentiert. Mit der Zerlegung und Bewertung kann auch ein qualifiziertes Kreditinstitut beauftragt werden, mit dem selbst keine Geschäfte im derivativen Bereich getätigt werden. In diesem Falle ist die Übertragung sowie die Spezifikation der erforderlichen Aufgaben im Rahmen eines Dienstleistungsvertrages zu dokumentieren;

c) die kombinierte Strategie wird eindeutig einem der drei zulässigen Geschäfte Absicherung, Erwerbsvorbereitung oder Ertragsvermehrung zugerechnet. Die Zuordnung hat bei Abschluß des Vertrages zu erfolgen.

Soweit die Bedingungen a) und/oder c) nicht erfüllt sind und auf die Ebene der Betrachtung der einzelnen Grundbestandteile der gewählten Strategie übergegangen werden muß, sind die Grundbestandteile einzeln auf die zulässigen volumenmäßigen Begrenzungen anzurechnen.

4. Strukturierte Produkte

Strukturierte Produkte im hier verstandenen Sinne sind Kapitalanlagen in Form von Wertpapieren, Schuldscheindarlehen, Namensschuldverschreibungen, die im Gegensatz zu »normalen« Kapitalanlagen Besonderheiten beim Nominalzins, bei der Laufzeit und beim Rückzahlungskurs oder in Form von Optionsrechten aufweisen. Diese Produkte zeichnen sich dadurch aus, daß an ein Basisinstrument (z. B. Schuldscheindarlehen) ein oder mehrere derivative Finanzinstrumente gebunden sind.[37] Hierzu zählen beispielsweise Schuldscheindarlehen mit Gläubiger- oder Schuldnerkündigungsrechten oder Finanzinstrumente wie Capped Floating Rate Notes, Collared Floating Rate Notes, Mini-Max-Floater, Reverse Floater, Leverage Floater, aber auch die bereits seit langem bekannten Options- und Wandelanleihen.

Einfache strukturierte Produkte zeichnen sich dadurch aus, daß der Hauptbestandteil eindeutig identifizierbar und kein derivatives Finanzinstrument ist (Beispiel: Schuldscheindarlehen mit Gläubigerkündigungsrecht, wobei das Schuldscheindarlehen den Hauptbestandteil darstellt.) und daß die Rentabilität nicht durch die Risiken aus den derivativen Nebenbestandteilen dominiert wird. Derartige Produkte lassen sich direkt einer Anlageart des § 54a VAG zuordnen.

Dagegen ist bei komplexen strukturierten Produkten ein Hauptbestandteil nicht eindeutig identifizierbar. Hier kommt keine unmittelbare Zuordnung zu den Anlagearten des § 54a VAG in Betracht. Bei diesen Produkten erscheint es sachgerecht, wenn sie für Zwecke der Bewertung und Risikosteuerung soweit in ihre Bestandteile zerlegt werden, daß die einzelnen Risiken im wesentlichen identifiziert und quantifiziert werden können. Hierzu ist ein entsprechendes Risikomanagementsystem erforderlich.

---

37 Gelegentlich kommt es auch vor, daß strukturierte Produkte ausschließlich aus Derivaten hergestellt werden.

Die Beurteilung der Frage, ob der Erwerb strukturierter Produkte durch ein Versicherungsunternehmen zulässig ist, kann auf der Grundlage des R 7/95 nicht befriedigend gelöst werden.

Dies läßt sich am Beispiel von sog. »Schuldscheindarlehen mit Schuldnererhöhungsrecht« veranschaulichen. Es handelt sich dabei um Schuldscheindarlehen, bei denen der Emittent das Recht hat, dem Erwerber (Versicherungsunternehmen) während der Laufzeit des Darlehens eine weitere Darlehenstranche bzw. mehrere Darlehenstranchen zu gleichen oder ähnlichen Konditionen wie das ursprüngliche Schuldscheindarlehen anzudienen (Beispiel: ein im Sommer 1996 plaziertes Schuldscheindarlehen mit 10 Jahren Laufzeit und einer Verzinsung von 8 % kann nach 5 Jahren für weitere 10 Jahre bei einer Verzinsung von ebenfalls 8 % erhöht werden). Dabei ist das Versicherungsunternehmen verpflichtet, die jeweilige Tranche abzunehmen. Die Verzinsung dieses Produkts liegt erheblich über der normalen Marktrendite.

Aus der Sicht des Emittenten handelt es sich um Schuldscheindarlehen, die mit einem Long Put verbunden ist. Aufgrund des Long Put kann der Emittent die entsprechende Darlehenstranche beim Gläubiger plazieren. Der Emittent bezahlt mit der Überrendite den Long Put (Optionsprämie). Aus Sicht des Versicherungsunternehmens (Gläubiger) handelt es sich um den Erwerb eines Schuldscheindarlehens, das mit einem Short *Put* (Verkauf einer Verkaufsoption) gekoppelt ist. Die Überrendite ist beim Versicherungsunternehmen die Vergütung für den geschriebenen Short Put.

Gemessen an R 7/95 dürfte das Versicherungsunternehmen dieses Schuldscheindarlehen, das mit einem Short Put gekoppelt ist, nicht erwerben, weil Short Puts nur zur Erwerbsvorbreitung und nicht zur Ertragsvermehrung zugelassen werden. Dies macht aber gerade bei »Schuldscheindarlehen mit Schuldnererhöhungsrecht« wenig Sinn. Das Versicherungsunternehmen erhält aus diesem strukturierten Produkt für eine relativ lange Laufzeit (z. B. 15 Jahre) eine deutlich über der Marktrendite liegenden Verzinsung.

Das Risiko für die Versicherung liegt darin, daß am Tag der Ausübung des Schuldnererhöhungsrechts die Marktrendite für die jeweilige zusätzliche Darlehenstranche über der vereinbarten Verzinsung liegt, weshalb der Emittent sein Recht aus dem Long Put auch ausübt. Dabei ist jedoch zu beachten, daß die ursprüngliche Verzinsung bereits beim Kauf des Produkts deutlich über der Marktrendite liegt und diese Verzinsung bspw. über einen Zeitraum von insgesamt 15 Jahren erzielt werden kann.

Nachdem Versicherungsunternehmen grundsätzlich auch Aktien erwerben dürfen, bei denen das Risiko besteht, daß keine Dividenden (Erträge) ausgeschüttet werden, muß für strukturierte Produkte nach der hier vertretenen Ansicht zumindest gelten, daß der Ertrag nicht unter Null sinken darf, d. h. daß die volle Rückzahlung des eingesetzten Betrags auf jeden Fall garantiert ist.

5. Indexgeschäfte

Geregelt wird in R 7/95 auch die Frage, inwieweit Options- und Futures-Geschäfte auf einen Wertpapierindex zulässig sind.[38] Hierbei können dann Probleme entstehen, wenn die Wertbewegungen des derivativen Instrumentes nicht mit dem abzusichernden Portefeuille

---

38 Vgl. hierzu BAV-Rundschreiben 7/95, Abschn. II Nr. 5.

in ausreichendem Maße negativ korrelieren. Wie hoch die negative Korrelation mindestens sein muß, ist in R 7/95 aber nicht festgelegt. Ferner ist zu beachten, daß sich Korrelationen laufend verändern können. Wie zu verfahren ist, wenn sich eine derartige Veränderung der Korrelation einstellt, ist in R 7/95 ebenfalls nicht geregelt. Insoweit besteht naturgemäß eine gewisse Unsicherheit.

Insbesondere ist hier an die Absicherung von Portefeuillerisiken über DAX-Instrumente zu denken. Im allgemeinen wurden derartige Sicherungsgeschäfte bislang oftmals zu Unrecht pauschal als nicht zulässig angesehen.

Das BAV hat diesbezüglich klargestellt, daß Options- und Futuregeschäfte auf einen Wertpapierindex zulässig sind. Dabei muß jedoch nachgewiesen werden, daß eine Korrelation der Wertentwicklung von Index und abgesichertem Bestand besteht, d. h. daß die Wertänderungen des abgesicherten Bestandes an Vermögenswerten »nahezu vollständig« mit den Änderungen des Wertpapierindex korrelieren. Hiervon ist auszugehen, wenn die Struktur des Portefeuilles an Vermögensgegenständen »im wesentlichen« mit der des Wertpapierindizes übereinstimmt.

Entscheidend wird dabei sein, daß eine bestimmte Korrelation nachhaltig gegeben ist, wobei jedoch eine vollständige negative Korrelation grundsätzlich nur in Ausnahmefällen erreicht werden kann. Das Versicherungsunternehmen muß die ausreichend hohe negative Korrelation in geeigneter Weise dokumentieren und im Zeitablauf beobachten und ggf. geeignete Korrekturen des Hedge-Ratios vornehmen.

Die in R 7/95 verwendeten Begriffe »nahezu vollständig« und »im wesentlichen« sind nicht näher bestimmt und damit auslegungsbedürftig. Daß damit Probleme verbunden sein können, liegt in der Natur der Sache.

6.   Unzulässige Geschäfte

Nach § 7 Abs. 2 Satz 2 VAG sind Geschäfte mit derivativen Finanzinstrumenten, die nicht den dort genannten Motiven dienen, grundsätzlich nicht zulässig. Unzulässig sind *Leergeschäfte*,[39] d. h.

- der Leerverkauf von Aktien bzw. festverzinslichen Wertpapieren ohne einen entsprechenden vorhandenen Wertpapierbestand oder
- Erwerbsvorbereitungsgeschäfte, bei denen entsprechende Wertpapierbestände nicht aufgebaut werden.

Kaufoptionen dürfen dementsprechend nur verkauft werden (der Stillhalter hat bei Ausübung durch den Inhaber die Basisobjekte zu liefern), wenn die den Gegenstand des Optionsgeschäfts bildenden Vermögenswerte (Basiswerte) im Zeitpunkt des Verkaufs (und während der Laufzeit der Option) zum Portefeuille gehören. Diese Vermögenswerte dürfen während der Laufzeit der Kaufoption nicht veräußert werden. Verkaufsoptionen dürfen nur gekauft werden, wenn sich die den Gegenstand des Optionsgeschäftes bildenden Vermögenswerte (mit Ausnahme der Wertpapierindizes) im Zeitpunkt des Erwerbs der Verkaufsoption im Portefeuille befinden. Gleiches gilt für sonstige Transaktionen mit

---

39 Vgl. hierzu BAV-Rundschreiben 7/95, Abschn. II Nr. 3.

derivativen Finanzinstrumenten, bei denen keine Verbindung zur eigenen Wertpapieranlage des Versicherungsunternehmens besteht.

Ausgeschlossen sind ferner Arbitragegeschäfte, da diese nach Ansicht des BAV den Aufbau reiner Handelspositionen bezwecken.[40]

III. Zusammenfassung

Ein umsichtiger Einsatz von derivativen Finanzinstrumenten kann bei Versicherungsunternehmen ebenso wie in anderen Branchen einen hohen Nutzen bringen. Nicht übersehen werden darf aber die bei unvorsichtigem Umgehen mit derartigen Instrumenten bestehende Gefahr von Verlusten. Aus diesem Grund sollte stets es oberstes Gebot sein, daß auf ein angemessenes Risikomanagement geachtet wird, die Mitarbeiter ausreichendes Know how besitzen und die EDV-technische Unterstützung ausreichend ist.[41] Letzteres gilt insbesondere hinsichtlich der Möglichkeit zur marktgerechten Bewertung der derivativen Finanzinstrumente sowie der Fähigkeit der eingesetzten Programme zur Ermittlung aussagefähiger Risikokennzahlen.

Wie im Rahmen dieses Beitrags gezeigt wurde sind die Geschäfte in internen Richtlinien umfassend zu regeln. Dabei ist insbesondere auch auf eine ausreichende funktionale Trennung der Bereiche Handel (Geschäftsabschluß), Abwicklung und Kontrolle sowie Rechnungslegung zu achten.

Hier wird hinsichtlich der Zulässigkeit von Absicherungsgeschäften die Ansicht vertreten, daß der Absicherungszusammenhang stets so gut sein muß, daß Bewertungseinheiten gebildet werden. Bei der Bildung von Bewertungseinheiten ist es unter bestimmten Voraussetzungen nicht erforderlich, daß sich die Grund- und Absicherungsgeschäfte paarweise gegenüberstehen. Sind die Anforderungen erfüllt, können beispielsweise auch mehrere festverzinsliche Kapitalanlagen durch einen Zinsswap gegen Wertverlust abgesichert werden.

Literatur

Albrecht, Peter: Ansätze eines finanzwirtschaftlichen Portefeuille-Managements und ihre Bedeutung für Kapitalanlage- und Risikopolitik von Versicherungsunternehmen. Karlsruhe 1994

Angermayer, Birgit/Dietz, Jürgen/Scharpf, Paul: Zulässigkeit derivativer Finanzinstrumente bei Versicherungsunternehmen, Eine systematische Betrachtung vor dem Hintergrund des BAV-Rundschreibens R 7/95, VW 1996, S. 107

Angermayer, Birgit/Dietz, Jürgen/Scharpf, Paul: Einsatz derivativer Finanzinstrumente bei Versicherungsunternehmen. Analyse des BAV-Rundschreibens R 7/95 zu Fragen der Abwicklung, VW 1996, S. 164

---

40 Ausführlich zum Begriff der Arbitrage vgl. *Berger,* Hedging, Wiesbaden 1990, S. 30f.

41 Ausführlich zum Risikomanagement von Finanzderivaten vgl. *Scharpf/Luz,* Risikomanagement, Bilanzierung und Aufsicht von Finanzderivaten, Stuttgart 1996, S. 33ff.

BAK: Verlautbarung über Mindestanforderungen an das Betreiben von Handelsgeschäften der Kreditinstitute vom 23.10.1995, FN 1995, S. 524

BAV: Rundschreiben R 7/95 vom 21.11.1995, Derivative Finanzinstrumente, VerBAV 1996, S. 5

BAV: Vorkäufe von Wertpapieren. VerBAV 1982, S. 472

Beckmann, Norbert/Bors, Joachim: Interne Kontrollen bei modernen Devisenhandelssystemen. In: WPg 1990, S. 562

Berger, Manfred: Hedging, Wiesbaden 1990

Birck, Heinrich/Meyer, Heinrich: Die Bankbilanz. Wiesbaden 1989

Buck, Heiko/Hölzl, Werner: Bilanzierung von Optionsgeschäften im Jahresabschluß von Versicherungsunternehmen. In: VW 1995, S. 1702

Bühler, Wolfgang: Rahmenbedingungen und Perspektiven für den Einsatz von Optionen und Futures bei Versicherungsunternehmen. Karlsruhe 1993

Deutsche Terminbörse (DTB): Option auf den langfristigen Bund-Future. Frankfurt 1991

Eisele, Wolfgang/Knobloch, Alois: Offene Probleme bei der Bilanzierung von Finanzinnovationen. In: DStR 1993, S. 577

Fahr, Ulrich/Kaulbach, Detlef: Versicherungsaufsichtsgesetz und Gesetz über die Errichtung eines Bundesaufsichtsamtes für das Versicherungswesen. München 1994

GDV: Schreiben vom 11.6.1992, Grundsätze für den Einsatz derivativer Finanzinstrumente

Göttgens, Michael/Prahl, Reinhard: Bilanzierung und Prüfung von Financial Futures und Forward Rate Agreements. In: WPg 1993, S. 503–513

Graf von Treuberg, Hubert/Angermayer, Birgit: Jahresabschluß von Versicherungsunternehmen. Stuttgart 1995

Graf von Treuberg, Hubert/Scharpf, Paul: DTB – Aktienoptionen und deren Abbildung im Jahresabschluß von Industrieunternehmen. In: DB 1991, S. 661

Halvax, Günter: Grundsätzliche Erfordernisse im internen Kontrollsystem als Voraussetzung einer wirksamen Risikokontrolle bei neuen Finanzinstrumenten. In: ÖBA 1989, S. 1147

Husch, Rainer: Bilanzierung derivativer Finanzinstrumente. In: Einsatz von Finanzinnovationen in der Versicherungswirtschaft. Hrsg. von *Schwebler, Robert/Knauth, Klaus-Wilhelm/Simmert, Diethard B.,* Karlsruhe 1993, S. 265–299

Kaltenhauser, Helmut/Biser, Thomas: Organisation von Backoffice und Risiko-Controlling. In: Einsatz von Finanzinnovationen in der Versicherungswirtschaft. Hrsg. v. *Schwebler, Robert/ Knauth, Klaus-Wilhelm/Simmert/Diethard B.,* Karlsruhe 1993, S. 209

Knauth, Klaus-Wilhelm/Simmert, Diethard B.: Bedeutung derivativer Finanzinstrumente für Versicherungsunternehmen. In: Einsatz von Finanzinnovationen in der Versicherungswirtschaft. Hrsg. v. *Schwebler, Robert/Knauth, Klaus-Wilhelm/Simmert, Diethard B.,* Karlsruhe 1993, S. 1

Krumnow, Jürgen u. a.: Rechnungslegung der Kreditinstitute, Kommentar zum Bankbilanzrichtlinie-Gesetz und zur RechKredV. Stuttgart 1994

Poschadel, Burkhard/Beer, Urs: Portfolio-Insurance – Ausgewählte Konzepte der statischen und dynamischen Vermögensversicherung. In: ÖBA 1994, S. 454–460

Prölss: Versicherungsaufsichtsgesetz. Bearb. von *Reimer Schmidt* und *Peter Frey*, 10. Aufl., München 1989

Scharpf, Paul: Die Sorgfaltspflichten des Geschäftsführers einer GmbH – Pflicht zur Einrichtung eines Risikomanagement- und Überwachungssystems aufgrund der geplanten Änderung des AktG auch für den GmbH-Geschäftsführer. In: DB 1997, S. 737

Scharpf, Paul/Luz, Günther: Risikomanagement, Bilanzierung und Aufsicht von Finanzderivaten. Stuttgart 1996, S. 384ff.

Scharpf, Paul: Der neue Solvabilitätskoeffizient der Kreditinstitute. Düsseldorf 1993

Scharpf, Paul: DTB – Deutsche Terminbörse Aktienoptionen. Düsseldorf 1991

Scharpf, Paul: Derivative Finanzinstrumente im Jahresabschluß unter Prüfungsgesichtspunkten – Erfassung, Abwicklung und Bildung von Bewertungseinheiten. In: BFuP 1995, S. 166

Scharpf, Paul/Epperlein, Joachim K.: Risikomanagement derivativer Finanzinstrumente. In: BFuP 1995, S. 209

Schwebler, Robert: Vorwort, in: Einsatz von Finanzinnovationen in der Versicherungswirtschaft. Hrsg. v. *Schwebler, Robert/, Knauth, Klaus-Wilhelm/Simmert Diethard B.,* Karlsruhe 1993, S. V.

70

Steffen, Klaus: Risk Management von Versicherungsunternehmen bei derivativen Finanzinstrumenten. In: Festschrift für Dieter Farny. Hrsg. v. *Mehring, Hans-Peter und Wolff, Volker,* Karlsruhe 1994, S. 135–143

Weilbach, Erich: Die interne Revision – Ein Führungsinstrument des Managements? In: DB 1995, S. 1037

Zughör, Gerhard: DM-Zinscaps als Instrument der Finanzabteilung. In: Die Bank 1987, S. 558

Franz Wilhelm Hopp*

Möglichkeiten des Einsatzes derivativer Finanzinstrumente bei deutschen Versicherungsunternehmen

* Dr. *Franz Wilhelm Hopp*, Mitglied der Vorstände der Victoria-Versicherungen

I. Einführung

Das deutsche Versicherungsaufsichtsgesetz stellt zum Schutz der Versicherungsnehmer besondere Anforderungen an die Kapitalanlagepolitik der Versicherungsunternehmen. Als Leitgedanke ist bei allen Anlageentscheidungen dem Umstand Rechnung zu tragen, daß die Kapitalanlagen als Deckungsmasse dienen, aus der die Leistungsversprechen gemäß den zugrundeliegenden Versicherungsverträgen erfüllt werden müssen. Daher spielt auch die Sicherheit der Anlagen vor Kapitalverlust eine ganz herausragende Rolle; sie muß zu jeder Zeit im Vordergrund der Anlageüberlegung stehen. Darüber hinaus ergeben sich besondere Anforderungen hinsichtlich der Rentabilität, um im Wettbewerb bestehen zu können, sowie der Liquidität, um jederzeit evtl. Versicherungsverbindlichkeiten erfüllen zu können.

Aus diesem Grunde stehen insbesondere Lebensversicherungsunternehmen einem kontinuierlichen Anlagerisiko gegenüber, da nicht nur die laufenden Einnahmen und Rückflüsse aus dem Bestand (Zinsen, Dividenden, Tilgungen), sondern auch die periodisch wiederkehrenden Prämienzuflüsse stetig in sichere und möglichst hochrentierliche Anlagen zu investieren sind. Dies gilt auch und gerade in Perioden mit einem niedrigen Renditeniveau.

Ein Versicherungsunternehmen muß somit in seiner Kapitalanlagepolitik einer breiten Risikostreuung unter gleichzeitiger Sicherstellung einer hohen attraktiven Verzinsung des eingesetzten und des zukünftig einzusetzenden Kapitals Rechnung tragen. Bei beiden Aspekten kann der Einsatz von Derivativen hilfreich sein.[1]

Das Bundesaufsichtsamt für das Versicherungswesen hat den Einsatz derivativer Finanzinstrumente 1996 in einem Rundschreiben[2] detailliert geregelt. Im Rahmen ihrer Kapitalanlagepolitik ist den der Aufsicht unterliegenden Versicherungsunternehmen der Einsatz derivativer Finanzinstrumente zum Zwecke der Erwerbsvorbereitung, der Absicherung oder der Ertragsvermehrung gestattet. Dabei sind genau definierte Grenzen einzuhalten, die sich weitestgehend an den entstehenden bilanziellen Risiken orientieren.

Grundsätzlich ist eine Regulierung des Einsatzes von Derivativen bei Versicherungsunternehmen zu begrüßen, um dadurch Risiken aus einem unkontrollierten Einsatz zu begrenzen. Allerdings können bei einem disziplinierten und in die gesamte Anlagepolitik eingebundenen Einsatz von derivativen Finanzinstrumenten auch zusätzliche Chancen realisiert werden.

Vor diesem Hintergrund sollte bedacht werden, daß der Gebrauch derivativer Finanzinstrumente für eine effiziente Allokation der Kapitalanlagen unter Berücksichtigung von Risiko und Ertrag im internationalen Wettbewerb zunehmend an Bedeutung gewinnt.[3]

---

1 Derivative sind von einem originären Finanztitel – dem Basispapier – abgeleitete und daher abhängige Instrumente. Basispapiere können Aktien, Indizes, Renten, Devisen, Waren und Swaps sein. Die Abhängigkeit zwischen Basispapier und derivativem Instrument folgt einem funktionalen Zusammenhang aus Kurs des Basispapieres, Restlaufzeit und risikofreiem Zinssatz, sowie bei Optionen Ausübungspreis und Volatilität des Basispapieres.

2 Vgl. Veröffentlichungen des Bundesaufsichtsamtes für das Versicherungswesen (BAV) Rundschreiben R7/95 vom 31. Januar 1996 »Derivative Finanzinstrumente«.

3 Dabei ist vor allem an den mit Einführung der gemeinsamen europäischen Währung zunehmenden innereuropäischen Wettbewerb von Versicherungen und Banken der Teilnehmerstaaten zu denken.

Wenn deutsche Versicherungsunternehmen ein Instrumentarium, welches anderen europäischen Versicherern zur Verfügung steht, nicht oder nur stark eingeschränkt nutzen dürfen, so führt dies zu einer Wettbewerbsverzerrung, die mittelfristig die Rentabilität für die Aktionäre und Attraktivität für die Kunden deutscher Versicherungsunternehmen schwächt.

Bei der Diskussion um den Einsatz von Finanzderivativen muß daher immer berücksichtigt werden, daß sie den Katalog alternativer Anlagemöglichkeiten eines Investors vergrößern und ihm insbesondere erlauben, seine Marktrisiken leichter und effizienter zu beherrschen. Sie können – und werden – aber niemals die klassischen originären Anlagekategorien wie Aktien, festverzinsliche Anlagen oder Immobilien ersetzen.

Bei einem Einsatz von derivativen Finanzinstrumenten ist ganz besonders auf die Festlegung klar definierter Szenarien für die Kapitalmärkte und für die individuelle Situation des Investors zu achten. Eingebettet in eine zielgerichtete Kapitalanlagestrategie und unter besonderer Berücksichtigung der zeitlichen Planungskomponente können sie dann einen wertvollen Beitrag zur Erzielung der anvisierten Planziele leisten. Die Festlegung eines Zeithorizontes ist deshalb so wichtig, weil es sich bei Finanzderivativen i. d. R. um Anlageinstrumente mit vorgegebener, im Vergleich zum Basispapier eher kurzen Lebensdauer handelt (sog. »wasted assets«). Innerhalb dieser Zeitspanne muß das erwartete Ereignis eingetreten sein.

Die nachfolgenden Ausführungen sollen mit dazu beitragen, den sinnvollen Einsatz von Finanzderivativen innerhalb einer explizit festgelegten Kapitalanlagestrategie zu verdeutlichen. Außerdem soll gezeigt werden, in welcher Art und Weise Derivative innerhalb der den Versicherungsunternehmen gestatteten Einsatzmöglichkeiten das Anlagespektrum komplettieren und eine Verstetigung und Verbesserung des Kapitalanlageergebnisses ermöglichen können.

Im Rahmen des hier zur Verfügung stehenden Raumes müssen sich die Ausführungen auf die grundsätzlichen Sachverhalte konzentrieren und können daher nicht die vielfältigen Facetten derivativer Finanzinstrumente im Detail abdecken. Dies ist auch deshalb kaum möglich, da die Finanzindustrie permanent neue Instrumente entwickelt.

Aus diesem Grund sollen hier die Verwendung und die möglichen Auswirkungen von Finanzderivativen in Versicherungsunternehmen anhand von einfachen Beispielen bei dem vom BAV gestatteten Einsatzmöglichkeiten zur

- Erwerbsvorbereitung
- Ertragsvermehrung und
- Bestandsabsicherung

aufgezeigt werden.

II. Der Einsatz zur Erwerbsvorbereitung

Finanzderivative können bei der Entscheidung über den Zeitpunkt der Neuanlage helfen und bei einem sinnvollen Einsatz zu einer Steigerung der Rendite beitragen. Sie unterstützen somit die Erwerbsvorbereitung und den Erwerb der Anlagen zu günstigeren Konditionen. Aus der Vielzahl der Möglichkeiten, Finanzderivative zu diesem Zwecke einzusetzen, wird hier exemplarisch der Gebrauch des Short-Puts behandelt. Obwohl z. B. der Einsatz eines Long-Calls eher als der Short-Put allen Kriterien einer Erwerbsvorbereitung Rechnung trägt, wird letzterer behandelt, da er seit geraumer Zeit unter besonderer Kritik steht und landläufig als »gefährlich« angesehen wird.

Der Einsatz derivativer Finanzinstrumente unter dem Motiv der Erwerbsvorbereitung[4] ist den der Aufsicht unterliegenden Versicherungsunternehmen maximal bis zur Höhe von 30 % des geplanten Bruttoerwerbs von Wertpapieren[5] eines Geschäftsjahres gestattet. Der Einsatz von Short-Puts wird weiterhin auf 10 % des genannten Bruttoerwerbs beschränkt.[6]

Die wirtschaftlichen Auswirkungen beim Erwerb werden am Beispiel von vier möglichen Handlungsalternativen eines Investors dargestellt :

1. Keine sofortige Anlage, Kauf zu einem späteren Zeitpunkt
2. Sofortige Anlage, Kauf zum jeweiligen Marktkurs
3. Anlage auf Termin zum jeweiligen Terminkurs (unbedingtes Termingeschäft)
4. Erwerbsvorbereitung mittels Short-Put (bedingtes Termingeschäft)

Zu 1. Der bereits angesprochene große jährliche Netto-Anlagebedarf[7] erlaubt es nur in einem sehr begrenztem Umfang, sich über einen längeren Zeitraum ganz, oder mit einem größeren Volumen, dem Markt zu entziehen und keinerlei Anlagen zu tätigen. Werden fallende Kurse erwartet, so ermöglicht die Kassehaltung (i. d. R. als Festgeldanlage) und der spätere Erwerb der zum Kauf vorgesehenen Wertpapiere, einen Ertrag in Höhe der zwischenzeitlich eingetretenen Kursdifferenz zuzüglich des Ertrages der Festgeldanlage.

Geht die Erwartung auf und die Kurse fallen, so ist diese Kursdifferenz positiv (Anlage zu günstigeren Kursen möglich) und die Anlagestrategie 1 »Keine sofortige Anlage« hat – ex-post betrachtet – die Strategie 2 »Sofortige Anlage« übertroffen. Steigen die Kurse aber wider Erwarten, so wird die Kursdifferenz negativ (Kauf nur zu höheren Kursen möglich) und die Strategie 1 dann einen Opportunitätsverlust erbringen, sofern die negative Kursdifferenz größer ist als die erwirtschafteten Festgeldzinsen. Bilanziell findet dieser Opportunitätsverlust aber keinen Niederschlag.

Zu 2. Die sofortige Anlage der zur Verfügung stehenden Mittel zum jeweiligen Marktkurs dürfte die »normale« Anlagetätigkeit eines großen Nettoanlegers widerspiegeln. Sie minimiert Risiken, da die jeweiligen Marktkonditionen festgeschrieben werden und somit Planungssicherheit hinsichtlich der Einstandskurse, der Rendite und des laufenden Zinses

---

4 Das Bundesaufsichtsamt subsumiert darunter den Kauf einer Kaufoption, den Kauf von Zins-, Aktien oder Währungsfutures sowie den Verkauf von Verkaufsoptionen. Vgl. Rundschreiben BAV R7/95 A.II.3.b, S.6.
5 Das heißt der geplante Bruttoerwerb von Aktien und festverzinslichen Wertpapieren mit ausdrücklicher Ausnahme der Namensschuldverschreibungen.
6 Darüber hinaus gelten für den Einsatz des Short-Put noch 5 weitere Einschränkungen, wie Auswahl des Ausübungspreises, Nachweis der Abnahmebereitschaft, (automatische) Glattstellung bei Kursen des Basispapieres unter einem bestimmten Niveau, Nachweis ausreichender Liquidität und eines grundsätzlichen Verbotes der Glattstellung des Short-Puts, bevor der Kurs des Basispapieres die Höhe von Basispreis abzüglich Optionsprämie erreicht hat!
7 Allein 1996 betrug der Netto-Zugang der Kapitalanlagen (als Differenz von Jahresanfangs- zu Jahresendbestand) in der Versicherungswirtschaft rd. 102 Mrd. DM (Quelle : BAV).

hergestellt wird. Steigen die Kurse, war die Entscheidung sofort anzulegen richtig, fallen die Kurse, so hätte man besser gewartet.

Zu 3. Der Terminkauf als unbedingtes, d. h. an keine Bedingung geknüpftes, Termingeschäft verbessert die Einstände gegenüber einer sofortigen Anlage in Höhe der Terminabschläge.[8] Die Vorteilhaftigkeit eines Terminkaufs entspricht ansonsten der einer sofortigen Anlage.

Zu 4. Die Erwerbsvorbereitung mittels Short-Put ist ein bedingtes, d. h. an die Bedingung der von einem Dritten initiierten Ausübung geknüpftes Termingeschäft. Unter rein wirtschaftlichen Aspekten ist der Short-Put im Falle der Ausübung, d. h. bei gefallenen Kursen, sowohl einem Kauf in der Kasse als auch einem unbedingten Termingeschäft vorzuziehen. Dabei ist allerdings zu beachten, daß der Short-Put kein klassisches Erwerbsvorbereitungsgeschäft darstellt, da es den Erwerb nicht sicherstellt, in diesem Sinne eben nur eine bedingte Erwerbsvorbereitung bedeutet.

Dieses, zunächst befremdlich anmutende Ergebnis resultiert aus der Tatsache, daß bei Andienung des Basispapieres durch den Short-Put der Einstandskurs als »Basispreis abzüglich der erhaltenen Optionsprämie« i. d. R. niedriger liegt als der Kassakurs zum Zeitpunkt des Verkaufs der Putoption. Auch ist die vereinnahmte Put-Prämie größer als der Terminabschlag bei einem unbedingten Termingeschäft.

Beträgt der Marktkurs z. B. 100 und nach einem Monat nur noch 98, so erleidet man bei einem sofortigen Kauf zum Marktkurs von 100 einen Marktwertverlust in Höhe von 2. Bei einem unbedingten Terminkauf und einem Abschlag von z. B. 0,50 beträgt der Termineinstand 99,50 und der Marktwertverlust 1,50. Der Verkauf eines Puts mit Verfall in einem Monat, einem Basispreis von 100 und einer vereinnahmten Optionsprämie von z. B. 1, führt zu einem Einstandskurs nach Ausübung von 99 und einem Marktwertverlust von »nur« 1. Die Alternative 1, keine Anlage und Festgeldanlage zu z. B. 3 %, bringt für einen Monat 0,25 Festgeldzinsen und einen Einstand von 98.

Bei einer Kurssteigerung auf z. B. 102 erweist sich der Short-Put überraschenderweise als inferiore Alternative, die nur noch von der Alternative 1, keine Anlage, in ihrer wirtschaftlichen Auswirkung unterboten wird. Der Marktwertgewinn beträgt bei einem sofortigen Kauf zum Marktkurs (Einstand 100) 2, bei einem unbedingten Terminkauf (Einstand 99,50) 2,50. Bei Alternative 1 (Kassehaltung) beträgt der Einstand 102, damit entsteht neben vereinnahmten Festgeldzinsen in Höhe von 0,25 kein Marktgewinn.

Der Short-Put wird nicht ausgeübt, d. h., es erfolgt keine Andienung. Das Basispapier muß am Markt zu jetzt 102 gekauft werden; die Optionsprämie in Höhe von 1 kann zwar gewinnerhöhend vereinnahmt werden, aber das Ziel einer Investition in das Basispapier ist verfehlt worden und muß zu dem jetzt gestiegenen Kurs nachgeholt werden.

Jede der möglichen Anlagealternativen birgt sowohl bei sinkenden als auch bei steigenden Marktpreisen unterschiedliche und z. T. erhebliche Risiken in sich. In einer wirtschaftlichen Betrachtung schneidet bei fallenden Märkten der Erwerb über Short-Puts besser ab als der sofortige Kauf zu Marktkursen und der Terminkauf, da er Abschreibungsrisiken

---

8 Je nach Zinsumfeld und zugrundeliegendem Anlagetitel sind auch Terminaufschläge möglich. Dies ändert evtl. das Ergebnis, nicht aber die Argumentation.

minimiert. Bei steigenden Märkten schneidet er besser ab als die Verschiebung der Anlageentscheidung, da zusätzlich die Optionsprämie vereinnahmt werden konnte.

Die angebliche »Schlechterstellung« und die vermeintlich hohen Risiken der Käufe über Short-Put Positionen resultieren aus einem Vergleich unterschiedlicher Prämissen, da übersehen wird, daß man ohne den Einsatz eines Short-Puts schon zu weit höheren Kursen seine Anlageentscheidung getroffen hätte.

Dabei kann und soll der unumschränkte Einsatz von Short-Puts hier nicht befürwortet werden. Der Einsatz muß im Rahmen der Anlageplanung in gleicher Weise vorab festgelegt, limitiert und überwacht werden, wie z. B. der einfache Vorkauf, der sofortige Kauf zum Marktkurs oder aber auch die Entscheidung keine Anlage zu tätigen und Liquidität aufzubauen. Auch die vermeintlich »sichere« Entscheidung Liquidität zu halten (die keiner Begrenzung durch das BAV unterliegt), kann in der Praxis zu negativen Ertragsauswirkungen führen, wenn die Kurse steigen und günstige Einstandskurse – vielleicht für einen langen Zeitraum – der Vergangenheit angehören. Dieser aus der verpaßten Anlage resultierende Opportunitätsverlust tritt allerdings bilanziell nie in Erscheinung und wird daher oft übersehen.

Das Beispiel zeigt gerade auch, daß eine Short-Put Position nicht notwendigerweise zu einem Erwerb des Basispapieres führen muß und eine Nichtausübung sogar zu den größten wirtschaftlichen Nachteilen für das Unternehmen führen kann! Aus diesem Grunde könnte eine solche Anlagealternative auch niemals die Anlagepolitik eines Versicherungsunternehmens dominieren oder gar ersetzen. Der Short-Put ist nicht mehr und nicht weniger als ein Teil aus der Palette der Anlagealternativen eines Investors. Selbstverständlich ist daneben durch entsprechende Maßnahmen sicherzustellen, daß das Unternehmen zu jeder Zeit seine finanziellen Verpflichtungen aus dem Short-Put bei Ausübung erfüllen kann und über die notwendigen liquiden Mittel verfügt. Eine sorgfältige und genaue Abstimmung mit dem Liquiditätsplan und ggf. Kassehaltung ist daher unabdingbar.

Eine dem Kapitalmarktumfeld und der unternehmensspezifischen Situation angepaßte Strategie der Neuanlage unter Einschluß aller möglichen Alternativen kann das Risiko aus der Neuanlage beträchtlich senken. Der Einsatz einer Short-Put Position als Erwerbsvorbereitungsgeschäft vergrößert nicht sui generis das Risiko aus der Kapitalanlage, sondern erweitert die Möglichkeiten eines Kapitalanlegers. Innerhalb einer ausgewogenen Gesamtstrategie trägt der Short-Put, sofern ihm ein echter Erwerbswille zugrunde liegt, dazu bei, das Risiko aus der Neuanlage nicht zu erhöhen, sondern es zu begrenzen.[9] Dies ist gerade für Lebensversicherungsunternehmen von besonderer Bedeutung. Von daher erscheint eine, über die Einschränkung der Vorkäufe hinausgehende Limitierung des Einsatzes von Short-Puts, vom wirtschaftlichen Risiko her insgesamt nicht gerechtfertigt.

---

9 Analog zu der bekannten Portfoliodiversifizierung könnte man von einer »Erwerbsdiversifizierung« sprechen, indem nicht alles sofort oder auf Termin gekauft wird, sondern in dem verschiedene Möglichkeiten der Anlage miteinander kombiniert werden. Dadurch wird das Risiko eines Irrtums verringert.

III. Der Einsatz zur Ertragsvermehrung

Innerhalb eines dispositiven Handlungsspielraumes können aus dem Kapitalanlagebestand u. a. durch Ausnutzung von Marktschwankungen mittels Kauf und Verkauf von Wertpapieren bilanzrelevante Ergebnisse dargestellt werden. Grundsätzlich kann ein Wertpapierbestand unverändert gelassen werden, oder durch Kauf und/oder Verkauf an sich verändernde Markterwartungen angepaßt werden. Durch letzteres können Kursgewinne gesichert, drohende Kursverluste verhindert oder zusätzliche Erträge generiert werden.

Zusatzerträge können dabei naturgemäß nur bei Wertpapieren erzielt werden, die sich bereits im Anlagebestand befinden. Der Begriff »Zusatz« deutet auf die Erzielung eines Ertrages hin, der zusätzlich zu dem Basisertrag des Papieres (Zinsertrag, Dividende) durch den Einsatz eines weiteren, meist derivativen Finanzinstrumentes generiert wird.

Bei festverzinslichen Wertpapieren (bzw. Aktien) sollen so neben den Zinserträgen (bzw. Dividendenerträgen) zusätzliche Erträge z. B. aus dem Eingehen von Optionsstillhalterpositionen erzielt werden; die Erträge aus den Anleihen (bzw. Aktien) im Bestand sollen vermehrt werden. Mit der Auswahl von Basispreis und Laufzeit wird dabei der individuellen Markteinschätzung des Investors hinsichtlich der erwarteten Kursverläufe Rechnung getragen.

Den Einsatz von Finanzderivaten unter dem Motiv der Ertragsvermehrung gestattet das BAV in seinem Rundschreiben R7/95 bis zu einer Höhe von 20 % des Bestandes an direkt gehaltenen Wertpapieren.[10]

Eine Möglichkeit Zusatzerträge zu erzielen, ist das sog. »covered call writing«, bei dem Kaufoptionen auf im Bestand befindliche Wertpapiere verkauft werden.[11] Da dem Käufer der Kaufoption die Möglichkeit eingeräumt wird, die Papiere am Verfalltag der Option abzurufen, sollte diese Strategie nur dann angewandt werden, wenn man die Basispapiere auch ohne Veroptionierung verkaufen würde. Strategische Bestände und Papiere, denen noch ein starker Kursanstieg zugetraut wird, sollten hingegen nicht als Grundlage von Short-Calls benutzt werden.

Auch hier zeigt sich wieder, wie wichtig es ist, den Einsatz von derivativen Finanzinstrumenten nur im Rahmen einer Anlagestrategie einzusetzen, in die sowohl Erwartungen zur Marktentwicklung als auch die unternehmensspezifische Finanzplanung einbezogen sind.

In den nachfolgenden Ausführungen wird alternativ zum sofortigen Verkauf zum Marktkurs die Strategie der Aufgabe einer Limitorder, zu der das Papier verkauft werden soll und der Verkauf einer Kaufoption behandelt. Mit der bewußten Wahl einer der drei Alternativen wird dabei explizit die individuelle Markteinschätzung hinsichtlich des zeitlichen Kursverlaufs für das zu verkaufende Wertpapier ausgedrückt:

1. Sofortiger Verkauf zum aktuellen Marktpreis
2. Verkauf über einen Limitauftrag mit Limitkurs
3. Verkauf über einen Short Call mit Basispreis

---

10 Auch hier wiederum ausdrücklich unter Ausschluß der Namensschuldverschreibungen, obgleich auch für diese problemlos Ertragsvermehrungsgeschäfte möglich sind. Vgl. Rundschreiben BAV 7/95 a. a. O. A.II.3.c, S. 7.

11 Eine weitere vom BAV zugelassene Ertragsvermehrung liegt bei dem Einsatz von Zins-, Währungs- und Zins-Währungs-Swaps vor.

Zu 1. Bei einem sofortigen Verkauf zum aktuellen Marktkurs wird der Einschätzung Rechnung getragen, der Kurs des Wertpapiers habe seinen – temporären – Höchststand erreicht. Die Ergebniswirksamkeit ist sofort als Differenz zwischen Verkaufskurs und Buchkurs ersichtlich.

Zu 2. Bei einem Limitauftrag wird der Möglichkeit noch (leicht) steigender Kurse in Form der Auswahl des Limitkurses entsprochen. Dabei wird neben der Chance, die Wertpapiere zu höheren Kursen verkaufen zu können, bewußt die Möglichkeit in Kauf genommen, bei sofort fallenden Kursen die Papiere noch weiter im Bestand zu haben.

Zu 3. Der Verkauf einer Kaufoption wirkt wie ein fester Limitverkaufsauftrag, bei dem der Verkäufer der Option für das Einräumen des Abrufungsrechts eine Prämie erhält. Die Ergebnisauswirkung entspricht der eines Limitauftrages, erhöht um die vereinnahmte Optionsprämie.

Fallen die Kurse – oder steigen sie nicht über den gewählten Ausübungspreis – so verfällt der Short-Call wertlos und die Optionsprämie kann gewinnerhöhend als Zusatzertrag vereinnahmt werden. Wird die Kaufoption ausgeübt, so werden die Wertpapiere abgerufen; allerdings bei einem dann gültigen Marktkurs, der höher als der Ausübungspreis liegt, so daß es besser gewesen wäre, die Wertpapiere erst zu diesem Zeitpunkt am Markt zu verkaufen. Insofern ist ein Opportunitätsverlust in Höhe der Differenz zwischen Kassakurs am Ausübungstag und Abrufungspreis (bestehend aus Ausübungspreis plus Optionsprämie) hinzunehmen.

Bei der Bewertung einer Transaktion, müssen aber alle möglichen Alternativen fair miteinander verglichen werden. Ohne den Einsatz »Verkauf einer Kaufoption« wäre die entsprechende Wertpapierposition am Ausübungstag der Option schon gar nicht mehr im Portfolio, da sie ja schon vorher, entweder am Abschlußtag der Option zum Marktkurs oder während der Optionslaufzeit verkauft worden wäre. Dabei darf die Alternative des »Bei Erreichen des Limits, Limit gestrichen« nicht berücksichtigt werden, da es sich hierbei nicht mehr um vergleichbare Alternativen handelt. In diesem Falle würde auch die Kaufoption durch Rückkauf geschlossen werden müssen. Dabei kann je nach Marktsituation und Restlaufzeit ein Verlust, oder aber auch ein Gewinn entstehen.

Der Opportunitätsverlust aus der Ausübung eines Short-Calls entspricht grundsätzlich dem eines vorher getätigten Verkaufs zum Marktkurs. Allerdings wird bei »normalen« Kassegeschäften niemand auf die Idee kommen, einen Verkauf von vorgestern den Kursen von heute gegenüberzustellen und ausrechnen, wieviel Opportunitätsverluste durch den vorzeitigen Kasseverkauf eingetreten sind. Genau dieser Kursunterschied wird aber durch den Optionseinsatz bei Ausübung sofort ersichtlich.

Diesen Opportunitätsverlust nur für Derivative zu berücksichtigen und ihn als besondere Verlustquelle aus dem Einsatz derivativer Finanzinstrumente zu bezeichnen greift daher zu kurz. Im Gegenteil dazu ist die Option in diesem Punkt wesentlich transparenter als das Kassegeschäft, da die tatsächlichen Ergebnisauswirkungen deutlicher erkennbar sind. Der Opportunitätsverlust ist nicht auf ein bestimmtes Instrument, sondern auf eine falsche Markteinschätzung zurückzuführen.

Des weiteren darf der Einwand, daß bei einer Optionsausübung ungewollt stille Reserven realisiert werden, ernsthaft bezweifelt werden. Wer keine stille Reserven realisieren möchte, verkauft seine Anteile nicht. Weder in der Kasse, noch über Limitaufträge und auch nicht über den Verkauf einer Option.

Innerhalb eines dispositiven Handlungsrahmens kann der Einsatz von Derivativen große Vorteile bieten. Eine in die gesamte Anlagestrategie eingebettete Nutzung von z. B. verkauften Verkaufsoptionen und verkauften Kaufoptionen kann helfen sicherzustellen, daß man weder »verpaßt« Wertpapiere bei niedrigen Kursen zu kaufen noch bei hohen Kursen zu verkaufen. Dies fördert die Disziplinierung der Anlagetätigkeit und verhindert, daß man in der entsprechenden Marktphase meint, noch etwas bessere Kauf- oder Verkaufskurse erreichen zu können, die dann aber doch nicht erreicht werden und vielleicht auf längere Zeit der Vergangenheit angehören.

Gegen den Einsatz von derivativen Finanzinstrumenten wird oft eingewandt, daß sie zu einer Ergebnisverschleierung beitragen und insgesamt unverständlich und undurchsichtig sind. Wenn dies auch für einige Konstruktionen mit Derivativen zutreffen mag,[12] so sind doch gerade die einzelnen derivativen Bausteine – wie oben gezeigt – in ihrer Ergebnisaus-wirkung für den Investor wesentlich transparenter als die ihnen zugrundeliegenden Basis-produkte. Betrachtet man die einzelnen zur Verfügung stehenden Alternativen genauer, so erkennt man eine höhere Ergebnistransparenz der dispositiven derivativen Entscheidung. Diese Transparenz ist letztlich aber mit für das negative Image der Derivativen verantwort-lich! Daß diese Transparenz oftmals in der Praxis nicht hergestellt und gesehen wird, liegt nicht an den Instrumenten, sondern an einer buchhalterischen Betrachtungsweise, die – aufgrund ihrer anderen Zielrichtung – die wirtschaftlichen Ergebnisse nicht zutreffend darstellt.

IV. Einsatz zur Bestandsabsicherung

Versicherungsunternehmen sind große Kapitalsammelstellen mit über 1.221 Milliarden DM verwalteter Kapitalanlagen.[13] Das deutsche Bilanzrecht mit seiner Unterscheidung in abschreibungsgefährdete Wertpapiere (Aktien, festverzinsliche Wertpapiere und Invest-mentzertifikate) und grundsätzlich zum Nennwert bilanzierte Darlehen (Namenspapiere, Schuldscheindarlehen) führt zu einer Nominalwertbetrachtung der Kapitalanlagen. Eine Marktwertbetrachtung ist bisher nur insofern von Interesse, als es gilt, bilanzielle Abschrei-bungsgefahren bei Wertpapieren zu verhindern.

Das Wissen um den Umfang der stillen Reserven der Kapitalanlagen, d. h. in welcher Höhe die Marktwerte die Buchwerte übersteigen, ist dagegen für (Lebens-) Versicherungs-unternehmen von entscheidender Bedeutung, da stille Reserven Marktschwankungen ausgleichen und es den Unternehmen erleichtern, ihren Kunden, nämlich den Policeninha-bern, konstante und hohe Gewinnbeteiligungen zuzuweisen.

Wettbewerbsvorteile wird künftig vor allem das Versicherungsunternehmen aufweisen können, dessen Kapitalanleger in der Lage sind, eine einmal erreichte Performance mittelfristig zu sichern und den Anlagebestand vor größeren Wertschwankungen und -verlusten zu bewahren. Absicherung und Wertsicherung der Bestände und damit Vermei-dung von Wertverlusten dürfte daher zunehmend an Bedeutung gewinnen.

---

12 So z. B. Strukturen, die gehebelte Short-Positionen beinhalten.
13 Für das Geschäftsjahr 1996. Vgl. BAV Geschäftsbericht 1996, Teil A, Berlin 1997, S. 89.

Für Versicherer ist der Einsatz derivativer Finanzinstrumente unter dem Motiv der Absicherung in Form des Kaufs von Verkaufsoptionen, des Verkaufs von Futures-Kontrakten oder Zins-, Währungs- und Zins-Währungs-Swaps gemäß R7/95 zu 100 % des Bestandes aller Vermögenswerte erlaubt.[14]

Drei Handlungsalternativen gegen einen befürchteten Wertverlust sollen kurz auf ihre Wirkungsweise untersucht werden :

1. Sofortiger Verkauf zum aktuellen Marktpreis und Kassehaltung
2. Aufbau einer Short Futures Position
3. Kauf einer Verkaufsoption (protected Put Position)

Zu 1. Bei einem sofortigen Verkauf zum Marktkurs wird im Extremfall das gesamte Marktrisiko verkauft und in eine Festgeldanlage (Kassehaltung) überführt, um diese Kasse bei gefallenen Kursen wieder zu investieren. Hierdurch wird erreicht, daß man an allen zukünftigen (positiven wie negativen) Ergebnissen nur noch mit den verbleibenden Anlagebeständen beteiligt ist. Dies ist objektiv gut und erwünscht, wenn die ursprünglichen Marktwerte erwartungsgemäß fallen und objektiv schlecht und unerwünscht, wenn sie weiter steigen.

Absicherung im Sinne einer Sicherung der erreichten Marktwerte und Reserven gegen Verluste bei gleichzeitiger Beibehaltung einer weiteren Partizipation an Kurssteigerungen erlangt man dadurch aber nicht. Ein Verkauf gegen Kasse ist vielmehr als eine Änderung in der Asset-Allokation anzusehen, eine – zeitliche – Umdisponierung von einer Asset-Klasse (z. B. Aktien) in eine andere (z. B. Festgeld).

Zu 2. Durch den Verkauf einer Futures-Position wird – im Idealfall einer völligen Übereinstimmung zwischen Basisposition (z. B. DAX-Portefeuille) und Future (z. B. DAX-Future) – die entsprechende Basisposition vollkommen gegen Marktschwankungen immunisiert. Marktwertveränderungen der Basisposition werden durch eine entgegengesetzte Marktwertveränderung der Hedgeposition ausgeglichen. In der ökonomischen Ergebnisauswirkung entspricht der Futuresverkauf dem sofortigen Verkauf zu Marktkursen.

Bilanziell muß dies nicht immer der Fall sein, da aufgrund der imparitätischen Bilanzierung nicht-realisierte Verluste (z. B. in der Basisposition) Abschreibungen hervorrufen, die unrealisierten Gewinne (z. B. der Hedge-Position) aber nicht ausgewiesen werden dürfen.[15,16]

Zu 3. Durch den Kauf einer Verkaufsoption (»protected put«) wird mit der Wahl des Ausübungspreises eine absolute Untergrenze (Floor) der zugrundeliegenden Basisposition

---

14 Vgl. Rundschreiben BAV 7/95 a. a. O., A.II.3.a, S. 6.

15 Dies gilt für den Fall eines Makro-Hedges. Bei Vorliegen einer Bewertungseinheit können unrealisierte Gewinne und Verluste bei einzelnen Anlagen hingegen miteinander verrechnet werden (Mikro-Hedge).

16 Aus dieser Bilanzierungspraxis »folgt (dies ist an sich nicht neu, aber hier zumindest in Form einer interessanten Variante auftretend), daß ein Buchverlust nicht zwingend auch ein ökonomischer Verlust sein muß.« Vgl. S. 203 in: Professor Dr. *Peter Albrecht,* »Wie man mit Finanzderivaten am sichersten Geld verliert – eine Praxisanleitung (mit Folgerungen für das Risikomanagement)«, ZfV 8/97, S. 202–211.

festgelegt. Da Optionen per Fälligkeit asymmetrische Auszahlungsstrukturen[17] aufweisen, sind Kursverluste der Basisposition unterhalb des Ausübungspreises nicht möglich, an möglichen Kurssteigerungen wird jedoch weiterhin mit dem gesamten (unveränderten) Exposure partizipiert. Nur die gezahlte Putprämie vermindert in diesem Falle die Performance gegenüber einer ungesicherten Position.

Eine Absicherung durch den Verkauf von Futures »kostet« zunächst nichts. Die Absicherungskosten werden erst ex-post sichtbar, wenn die Basisposition unerwartet im Kurs gestiegen ist und entsprechen der Differenz zwischen dem Preis des Futuresverkauf und der Eindeckung.[18] Bei unerwartet stark steigenden Märkten kann diese Differenz schnell sehr groß werden und zu hohen Opportunitätsverlusten führen.

Der für eine Verkaufsoption zu entrichtende Preis steht hingegen bereits ex-ante fest und ist von der zukünftigen Marktbewegung unabhängig. Der Preis für eine Verkaufsoption entspricht somit einer »Versicherungsprämie« für die Absicherung gegen fallende Kurse. Die Verkaufsoption besitzt insoweit eine absolute Ergebnistransparenz.

Während bei einer Absicherung durch den Kauf von Verkaufsoptionen die Kosten der Absicherung in Form der im voraus zu zahlenden Optionsprämie unmittelbar ersichtlich sind, fallen die Kosten einer Kassehaltung oder einer Futuresabsicherung lediglich als Opportunitätskosten an, die jedoch in aller Regel nachträglich nicht berechnet werden. Die Absicherung durch den Kauf von Verkaufsoptionen bietet somit den Vorteil, Kosten und Nutzen der Absicherung gegeneinander abzuwägen.

V. Schluß

Derivative Finanzinstrumente erweitern das dem Investor zur Verfügung stehende Instrumentarium. Ihr Einsatz verlangt eine disziplinierte Kapitalanlagestrategie, bei der die erwartete Markteinschätzung des Investors eine zentrale Rolle spielt. Je nach Anlagestrategie und Markteinschätzung können Derivative zu einer effizienteren Allokation der Anlagemittel beitragen.

Der Einsatz von Derivativen kann ebenso selbstverständlich zu Verlusten (reale Verluste oder Opportunitätsverluste) führen, wie originäre Geschäfte. Ob Gewinne oder Verluste entstehen, hängt nicht primär von dem Einsatz eines bestimmten Instrumentes ab, sondern davon, ob sich die Markteinschätzung im Nachhinein als richtig oder falsch herausstellt. Bei nicht erwarteten und unvorhergesehenen fallenden Kursen entstehen auch ohne den Einsatz von Derivativen Verluste. Häufig werden aber die durch »Untätigkeit« oder durch die ausschließliche Nutzung »klassischer« Anlageinstrumente hervorgerufenen Verluste – soweit sie überhaupt erkennbar werden – als weniger »dramatisch« angesehen als Verluste aus Geschäften mit Derivativen.

---

17 Der Wert einer Verkaufsoption (P) am Verfalltag entspricht dem Größeren von 0 oder der Differenz zwischen Ausübungspreis (E) und Kurs der Basisposition (S). Mathematisch ausgedrückt als $P = Max[0;E-S]$. Für eine Kaufoption (C) gilt entsprechend $C = Max[0;S-E]$.

18 Für den sofortigen Verkauf zum Marktkurs und z. B. Festgeldanlage gilt dies analog.

Das Imparitätsprinzip des deutschen Bilanzrechts führt zu unterschiedlichen Bilanzierungen verschiedener Anlageinstrumente. So werden z. B. unrealisierte Verluste bei Namensschuldverschreibungen nicht ausgewiesen, unrealisierte Verluste bei Wertpapieren und Optionspositionen machen sich hingegen in Abschreibungen bemerkbar. Letztere erscheinen daher bei prinzipiell gleichem ökonomischen Risiko als riskanter.

Derivative ergänzen und erweitern prinzipiell die Anlagemöglichkeiten und erlauben eine Kapitalanlagepolitik, die den speziellen Erwartungen und Erfordernissen des Investors entspricht. Sie ermöglichen eine von den augenblicklichen Konditionen des Kassamarktes losgelöste, flexible Anlagepolitik.

Der Einsatz eines derivativen Finanzinstrumentes allein entscheidet nicht über eine gute Performance, dafür ist nach wie vor die richtige Markteinschätzung, das Timing, sowie die gewählte Asset-Allokation ausschlaggebend. Derivative können hier aber die Umsetzung geplanter Anlageentscheidungen unterstützen.

Nach einer mißlungenen Operation vorschnell und übereilt die Handhabung des Skalpells für weitere Operationen zu verbieten oder einzuschränken ist vielleicht vordergründig verständlich, mit Sicherheit aber die schlechteste aller denkbaren Konsequenzen und be- oder verhindert spätere Operationen.

Henning von der Forst*

Die Bedeutung des Kapitalanlageergebnis für die Kapitalanlagepolitik

*   *Henning von der Forst*, Vorstand der Nürnberger Beteiligungs-AG und Nürnberger Lebensversicherung AG

I. Rahmendaten und Zielsetzungen

Das Kapitalanlagemanagement eines Versicherers ist gegenwärtig beeinflußt durch die Internationalisierung des Versicherungsmarktes, durch Unternehmenskonzentrationen, anspruchsvollere Kundenwünsche, durch eine fortschreitende Deregulierung der Normen und Anlagebedingungen sowie durch sich aufgrund fortschreitender Globalisierung und Risikodifferenzierung permanent ändernde Kapitalmärkte. Diese teilweise bereits eingetretenen bzw. sich abzeichnenden Veränderungen erhöhen den Erfolgsdruck auf die Ergebnisse der Kapitalanlagen weiter. Nur die Versicherungsunternehmen, die langfristig nach Abzug von Aufwendungen und Kosten eine stetige, hohe, über dem Verbandsdurchschnitt liegende Rendite erwirtschaften, werden sich im Markt erfolgreich behaupten können.

Dies bedeutet für die Versicherer, ihr Portfolio-Management weiter quantitativ und qualitativ zu verstärken, um dem Ziel der Renditeoptimierung als entscheidendem Wettbewerbsfaktor Rechnung zu tragen.

Die gesetzlichen Regelungen der Anlagepolitik, wie sie im Versicherungsaufsichtsgesetz sowie im Artikel 20ff. und Anhang 1 der 3. Lebensversicherungsrichtlinie festgelegt sind, können grundsätzlich so zusammengefaßt werden, daß bei Investitionen die Sicherheit, der Ertrag und die Liquidität zu gewährleisten ist und daß durch geeignete Mischung und Streuung dem Grundsatz der Vorsicht Rechnung getragen wird. Zwischen den Grundsätzen der Sicherheit und der Rentabilität – die als »conditio sine qua non« zu verstehen sind – entsteht in der Regel ein Zielkonflikt. Gelöst wird dieser, indem der Grundsatz der Sicherheit einen höheren Stellenwert einnimmt als alle anderen Grundsätze. Seinen Niederschlag findet dieses in bestimmten Grenzwerten für einzelne Kapitalanlagearten. Die Einhaltung dieser Kapitalanlagegrenzen hat zu einem Vermögensanlagemix in der Versicherungswirtschaft geführt, der aus folgender Grafik ersichtlich ist.

Bei Lebensversicherungsgesellschaften sind ca. 87 % der gesamten Kapitalanlagen in verzinslichen Papieren und Darlehen angelegt, während auf Aktien-, Beteiligungs-, Grundbesitz- und sonstige Investments nur rd. 13 % entfallen. Die Verteilung dieser Aktiva entspricht dem Gedanken, eine stetige, hohe und gleichbleibende Verzinsung bezogen auf die Buchwerte dieser Kapitalanlagen zu ermöglichen. Insbesondere sollen dadurch Kurs-, Volatilitäts- und Kreditrisiken im wesentlichen vermieden werden.

Bei Schadenversicherungsgesellschaften gibt es eine andere Art der Verteilung. Der Durchschnitt der Verbandsgesellschaften ist zu ca. 28 % in den sogenannten Substanzwerten investiert. Beteiligungen werden hier oft aus geschäftspolitischen Gründen gehalten. Bei Aktien- und Grundbesitzanlagen spielen mehr als bei Lebensversicherern auch Steueraspekte eine große Rolle. Die Verteilung des Portefeuilles auf verzinsliche Wertpapiere und Kredite ist im Gegensatz zum Lebensversicherer mehr taktischer Natur und ist unter Liquiditäts- bzw. Fungibilitätsaspekten zu sehen. Die Duration dieser Portefeuilles gegenüber den Lebensgesellschaften ist deshalb in der Regel niedriger. Aufgrund der höheren Substanzwertanteile und den daraus resultierenden geringeren laufenden Erträgen (z. B. Dividenden) ergeben sich häufig stärkere Schwankungen und tendenziell etwas niedrigere Bruttoverzinsungen bei den Schadenversicherern.

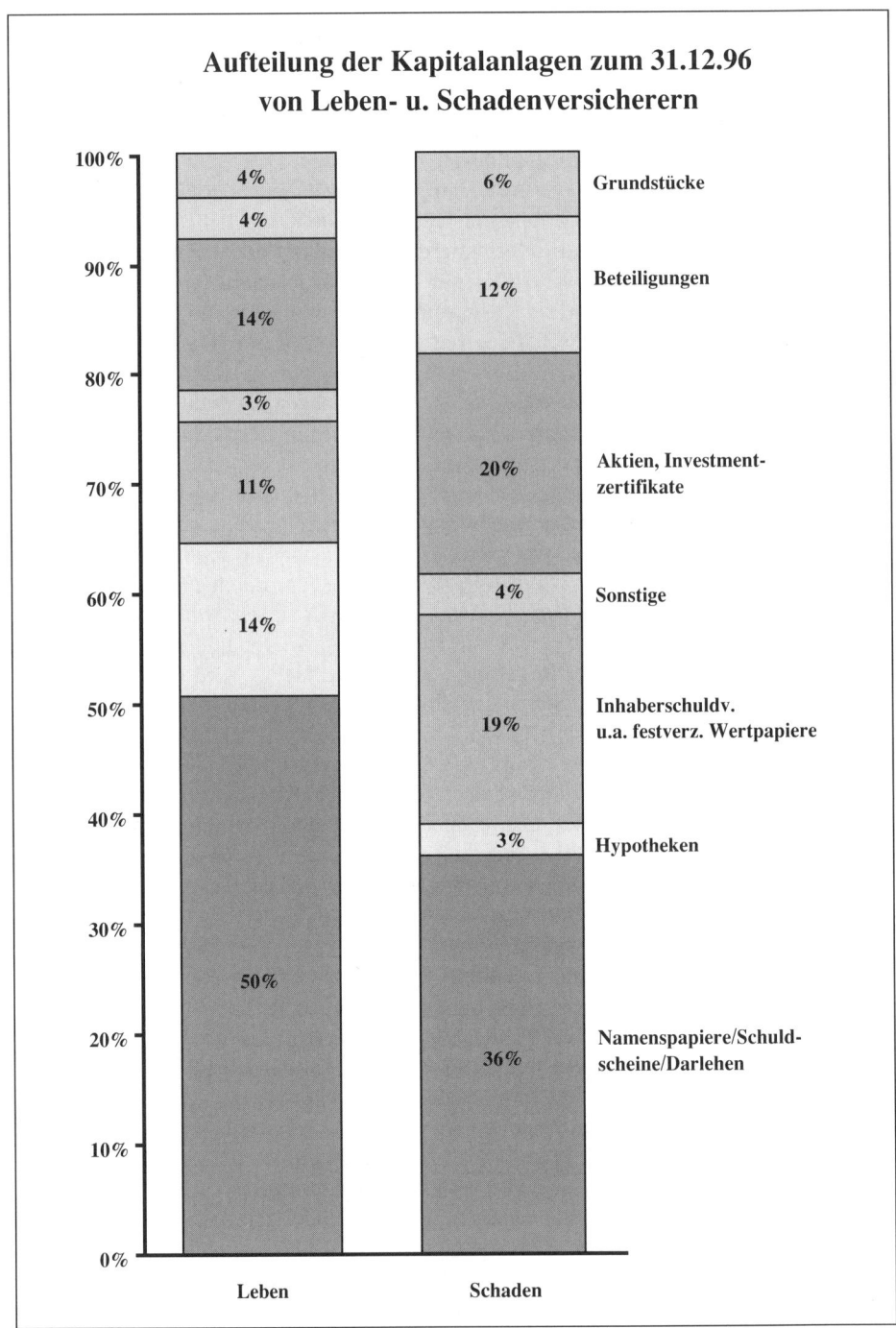

Abb. 1: Kapitalanlagen von Lebens- und Schadenversicherern (Quelle: Bundesaufsichtsamt für das Versicherungswesen, Geschäftsbericht, April 1997)

II. Definition des Kapitalanlageergebnisses und seine Interpretation

Um die Bedeutung des Kapitalanlageergebnisses richtig interpretieren zu können, muß zunächst definiert werden, auf welches Ergebnis, auf welche Verzinsung tatsächlich Bezug genommen werden soll. Die laufenden Erträge eines gesamten Portfolios – bestehend aus den nominalverzinslichen Werten inklusive der Darlehen und Hypotheken sowie den Substanzwerten Aktien, Grundstücke und Beteiligungen – werden in der Bruttoverzinsung zusammengefaßt. Diese Verzinsung ist eine wesentliche Kenngröße, um die Tendenz der laufenden Verzinsung des Portefeuilles im Zeitablauf zu erkennen. Sie ist insbesondere wichtig für die Simulation der Auswirkungen von Hochzins- oder Niedrigzinsphasen, von Schwankungen im Neuanlagevolumen und von Umschichtungen.

Die Durchschnittsverzinsung, die in den zurückliegenden Jahrzehnten als der wesentliche Vergleichsmaßstab der Renditen, insbesondere bei Lebensversicherungen herangezogen wurde, umfaßt neben den laufenden Erträgen auch die Verwaltungsaufwendungen für Kapitalanlagen sowie die Regelabschreibungen auf den Grundbesitz. Diese auch als Verbandsformel bezeichnete Rendite soll die Erreichbarkeit der gewählten Überschußbeteiligung für die Lebensversicherungsprodukte erkennen lassen. Die Interpretation entspricht der häufig geäußerten Meinung, daß die aus dem Abgang von Kapitalanlagen zu erzielenden außerordentlichen Gewinne nur in Ausnahmefällen zur Erreichung der Verzinsung für die Überschußbeteiligung herangezogen werden dürfen. Dieses Heben von stillen Reserven wird insbesondere immer dann notwendig, wenn Abschreibungen auf Inhaberpapiere durch stark steigende Zinssätze oder bei neuen Aktienengagements durch Kursverluste eintreten. Diese grundsätzlich richtige Aussage über die aktive Ergebnisglättung hat in der Vergangenheit dazu geführt, daß die stillen Reserven je nach Marktphasen angestiegen sind bzw. sich abgebaut, d. h. mit dem Kapitalmarkterfolg »geatmet« haben. Die bewußte Auflösung der stillen Reserven wurde vor allem in Jahren mit hohen Marktschwankungen wie 1987 und 1990 bei Aktien sowie 1994 bei Renten notwendig.

Aber auch die seit 1993 mit Ausnahme des Jahres 1994 anhaltende Niedrigzinsphase ergibt – ähnlich wie z. B. die Niedrigzinsphase Mitte der 80er Jahre – die Notwendigkeit der Auflösung von stillen Reserven, da die Verzinsung der Neuanlagen deutlich unter der versprochenen Verzinsung für die Überschußbeteiligung liegt. Je länger und je stärker die Lücke zwischen der zu erreichenden Verzinsung und der zu zahlenden Überschußbeteiligung wird, um so größer wird die Notwendigkeit der Absenkung der Überschußbeteiligung, um die »Arbitrage« zwischen den fetten und den mageren Jahren nicht zu groß werden zu lassen und auch Zinsarbitragegeschäfte, wie z. B. bei kurzlaufenden Rentenversicherungen, zu vermeiden.

Ein weiterer Nachteil, der sich aus dem überproportionalen Abbau von stillen Reserven ergibt, besteht darin, daß die Neuanlage von Kapitalzuflüssen gezwungenermaßen vorsichtiger im Sinne der Vermeidung von Abschreibungen werden muß, um bei möglichen negativen Marktveränderungen im Aktien- oder im Zinsbereich – relativ gegenüber dem Verband – nur geringere Abschreibungen in Kauf nehmen zu können. Dieses bedeutet, daß in der Regel sich bietende Chancen in den Kapitalmärkten nicht oder nur teilweise wahrgenommen werden können, was zu einem weiteren Rückfall bzw. Verschlechterung in Verzinsungsvergleichen führen kann.

Die um die außerordentlichen Aufwendungen und realisierten außerordentlichen Erträge ergänzte Verzinsung ist die Nettoverzinsung, die sich als Vergleichsgröße sowohl als Einjahreszahl als auch dreijähriger Durchschnitt in den letzten Jahren durchgesetzt hat. Aber auch diese Verzinsung spiegelt nicht den tatsächlichen Kapitalanlageerfolg wider. Die aus der 3. Richtlinie für Versicherungen abgeleitete Offenlegung von stillen Reserven für das Jahr 1997 bei den Anlagearten Wertpapiere und Beteiligungen sowie für das Geschäftsjahr 1999 bei der Anlageart Grundbesitz, wird zu einer weiteren Verbesserung der Transparenz des Kapitalanlageergebnisses beitragen. Die Mehrzahl der Versicherer, die diese stillen Reserven einschließlich der stillen Reserven im Grundbesitz bereits für das Jahr 1997 veröffentlichen werden, können daher zukünftig hinsichtlich ihres Kapitalanlageerfolges anhand der erreichten Nettoverzinsung einerseits sowie der Veränderung der stillen Reserven andererseits beurteilt werden. Allerdings treten hierbei Problemfelder auf, die zum einen darin bestehen, daß im Rahmen von Bewertungsspielräumen hoch ausgewiesene stille Reserven die Bonität eines Unternehmens im Rahmen der Vergleiche (Ratings) zu positiv darstellen können und als Folge die Begehrlichkeit der Kunden hinsichtlich höherer Überschußbeteiligungen weckt. Das Argument der Branche in bezug auf die Notwendigkeit hoher stiller Reserven für die Ertragsglättung bei schwachen Kapitalmarktjahren könnte damit tendenziell in den Hintergrund treten.

Zu befürchten ist ebenfalls, daß es bei oberflächlich angelegten Ratings und Analysen, welche lediglich die Nettoverzinsung zuzüglich der offengelegten stillen Reserven im Verhältnis zu den gesamten Kapitalanlagen errechnen, zu falschen Rückschlüssen in bezug auf die Kapitalanlageerfolge der Versicherungsunternehmen kommt. Diese falschen Rückschlüsse können sich aus zwei Punkten ergeben. Einerseits haben die Versicherer sehr unterschiedliche Gewichtungen bei der Asset Allocation in Aktien, festverzinslichen Wertpapieren, Investmentzertifikaten, Beteiligungen und Grundbesitz, die sich auf eine Bandbreite von ca. 15 % bis 35 % der gesamten Kapitalanlagen beziehen und auch nicht statisch sind. Ein Unternehmen mit relativ geringer Gewichtung in diesen Aktivaklassen muß deshalb nicht notwendigerweise geringere stille Reserven auf dem Gesamtportefeuille haben. Stille Reserven in den anderen Assetklassen (nominalverzinsliche Wertpapiere, Hypotheken etc.) können nämlich einen Ausgleich schaffen und damit die gleiche oder sogar eine höhere Bonität darstellen. Selbst bei im Vergleich höheren stillen Reserven in Aktien und Grundbesitz können die vorhandenen Risiken erhebliche Auswirkungen auf die Ergebnisse und ihre Interpretation haben. So weisen Aktien eine fünffach so hohe Volatilität auf wie Festverzinsliche. Immobilien ihrerseits haben eine ungleich geringere Fungibilität als Aktien.

Das zweite mögliche Problem für Fehlinterpretationen dieser neuen Kenngröße kann dadurch auftreten, daß die Höhe des bilanziellen Kapitalanlagevolumens zu Fehlinterpretationen führt. Um dieses genauer beurteilen zu können, muß man die Produktpaletten der einzelnen Versicherer vergleichen. So müßten die Kapitalanlagevolumina um Kapitalanlagen, die für spezielle Versicherungsprodukte herhalten müssen, wie z. B. fondsgebundene Lebensversicherungen oder auch indexgebundene Lebensversicherungen etc., aus den Kapitalanlagen insgesamt herausgerechnet werden. Der Grund liegt darin, daß diese Kapitalanlagen anders verzinst werden bzw. aufgrund von mark to market-Bewertungen keine stillen Reserven ausweisen, die Risiken aus den Kapitalanlagen folglich überhaupt nicht das Unternehmen selbst, sondern die Versicherten bzw. eine Bank als Hedgingpartner betreffen.

Das Fazit besteht darin, daß diese für 1997 zu veröffentlichende Nettoverzinsung II somit ebenfalls kein exakter Maßstab für die Beurteilung des Kapitalanlageerfolges eines Gesamtportefeuilles darstellen kann. Erst die Nettoverzinsung III einschließlich aller stiller Reserven auch auf den nominalverzinslichen Beständen und Darlehen kann den Erfolg einer Kapitalanlagepolitik richtig darstellen. Erst hier wird transparent, wie das Portfolio auf Kapitalmarktschwankungen reagiert und über welche Reserven ein Unternehmen tatsächlich verfügt.

Genaugenommen müßte die Qualität der stillen Reserven hinsichtlich ihrer Realisierbarkeit ebenfalls gemessen und verglichen werden, da die Realisierbarkeit von stillen Reserven z. B. in strategischen Beteiligungen möglicherweise kaum gegeben oder auch nicht sinnvoll ist bzw. wie im Grundbesitz insbesondere bei schwacher Baukonjunktur äußerst schwierig ist. Nur die Kenngröße der Nettoverzinsung III, die dem Versicherer selbst bekannt sein sollte, ist die richtige Meßkenngröße, um die Kapitalanlagepolitik, hier insbesondere die Asset Allocation, sowohl taktisch als auch strategisch beurteilen bzw. bewerten zu können.

Diese Verzinsung wird in der Öffentlichkeit jedoch keine Rolle spielen, was damit zusammenhängt, daß – abgesehen von bilanziellen Bewertungsmethoden – die sich bildenden positiven oder auch negativen stillen Reserven im Bereich der Namenspapiere, Schuldscheine und Darlehen als nicht disponibel angesehen werden, eine Auflösung folglich nur im Abwicklungsfall oder bei »japanischen« Kapitalmarktverhältnissen aufgrund größerer Diskrepanz zwischen Verzinsungsgarantie und Marktverzinsung notwendig werden könnte. Trotzdem spielt für den Kapitalanleger die Steuerung der Duration dieser Anlagearten eine zunehmend wichtigere Rolle. So ist z. B. bei der Erwartung von Zinssteigerungen die Steuerung nicht nur über Neuanlagen, sondern auch über die Verkürzung der Duration durch Verkauf langfristiger Papiere – auch von Hypothekenforderungen – bis hin zum Einsatz von Makroswaps als Overlay durchführbar.

Natürlich spielen auch steuerliche Betrachtungen eine Rolle, die in einer Nettoverzinsung IV als Nachsteuerrendite einschließlich der Veränderung der stillen Reserven dargestellt werden kann. Diese spielt insbesondere bei Schadenversicherungsgesellschaften, aber auch Lebensversicherungsgesellschaften eine weitere wichtige Rolle zur Beurteilung des Kapitalanlageerfolgs.

Die Betrachtung des Kapitalanlageergebnisses nur anhand von verschiedenen Verzinsungen allein reicht aber nicht aus, um den tatsächlichen Erfolg der Kapitalanlagestrategie eines Versicherungsunternehmens zu beurteilen. Wichtig ist auch die Beantwortung der Frage, mit welchem Risiko die Ergebnisse erreicht werden. Gerade gegenüber Lebensversicherungsunternehmen muß der Anspruch erhoben werden, ein bestimmtes Kapitalanlageergebnis mit relativ niedrigem Risiko zu erzielen. Letztlich soll die Volatilität der Ergebnisse bewußt niedrig gehalten werden. Hier sind vor allem die bilanziellen Risiken gemeint, die nach wie vor im Verbandsvergleich eine wichtige Rolle spielen, zukünftig ergänzt durch die Veränderung der stillen Reserven auf einige wenige Aktivklassen.

Durch den Einsatz von derivativen Finanzinstrumenten ist den Unternehmen seit 1992 die Möglichkeit gegeben worden, die der Kapitalanlage immanenten Risiken zu reduzieren. Die teilweise hohen Kosten der Absicherung stehen aber nicht immer im Einklang mit der Optimierung des langfristigen Ergebnisses. Zum Teil sind sie nur stichtagsbezogen auf das Geschäftsjahresende ausgerichtet. Über die Zeit aufgebaute stille Reserven sowie eine hohe freie Rückstellung für Beitragsrückerstattung können Ergebnispuffer sein und damit als Optimierer von Absicherungskosten dienen.

III. Internationaler Vergleich der Kapital-anlageergebnisse

Über viele Jahre haben vergleichende Analysen der Abläufe von gemischten Lebensversicherungspolicen verschiedener Länder höhere Renditen – insbesondere in England – als auf dem Kontinent aufgezeigt. In diesem Zuammenhang erfolgte immer wieder der Hinweis, diese Renditen würden nur aufgrund hoher Aktienquoten erzielt. Beim Vergleich von 25jährigen Lebensversicherungen (siehe z. B. Analyse von Bacon and Woodrow) haben sich insbesondere in Irland, Großbritannien und Dänemark bis in die 90iger Jahre hinein Nominalrenditen von ca. 10 % p. a. ergeben. Diese Nominalrenditen liegen deutlich über den Nominalrenditen von Deutschland, den Niederlanden und Frankreich, die im Durchschnitt zwischen 4 % und 6 % p. a. betragen haben. Allerdings sind diese Nominalwerte um die Inflationsraten zu relativieren, um den Wert der ausgezahlten Summen real vergleichen zu können. Die sich so ergebenden Realwerte ergeben ein völlig anderes Bild. So liegt die Realverzinsung in Deutschland mit 2,3 % vor Dänemark mit 1,8 %, Großbritannien mit 1,5 % und Irland mit 0,6 %. Einige Länder wie Belgien, Frankreich und Italien weisen sogar negative Realrenditen auf.

Die sich ergebenden unterschiedlichen Realrenditen zeigen, daß Länder mit hohem Zinsniveau aufgrund der über viele Jahrzehnte höheren Inflationsraten insbesondere gegenüber Deutschland deutlich ins Hintertreffen gekommen sind. Grundsätzlich muß bei diesen Langzeitvergleichen jedoch immer darauf geachtet werden, mögliche Fehlinterpretationen durch die herausgegriffenen Zeiträume zu erhalten. Durch die Harmonisierung der Zinspolitiken – insbesondere bei den europäischen Ländern, die voraussichtlich am Euro teilnehmen werden – ergibt sich vermutlich zukünftig eine stärkere Annäherung der Realrenditen.

Zukünftig wird die Ursache für unterschiedliche Verzinsungen verstärkt in der abweichenden Asset Allocation sowie in anderslautenden Anlagebedingungen und steuerlichen Regelungen bestehen. Ein hohes Investment z. B. in Aktien kann dann auch zu höheren Renditen führen, wenn diese Assetklasse tatsächlich höhere Renditen gegenüber anderen Aktiva erzielt. Solange die Versicherungsmärkte je Land noch relativ abgeschottet sind, werden sich einzelne Versicherer schwer tun, ihre Asset Allocation aufgrund der Wettbewerbssituation der einzelnen Versicherungsunternehmen untereinander stärker zu verändern. Durch diese Abweichungen würde das Risiko eingegangen, bei unerwarteten Entwicklungen der Kapitalmärkte in der Verzinsung gegenüber dem Verbandsdurchschnitt zurückzufallen.

Ein Vergleich der Kapitalanlagen der Lebensversicherer in europäischen Ländern ergibt, daß die Asset Allocation in Deutschland und Frankreich relativ ähnlich ist. Geringfügige Abweichungen gibt es in Italien und den Niederlanden, in Italien mit stärkeren Investitionen in festverzinslichen Anlagen und auch Immobilien, in den Niederlanden mit stärkerem Gewicht besonders bei Hypotheken und Darlehen. Die größte Abweichung innerhalb Europas besteht bei den Lebensversicherern in Großbritannien, bei denen das Schwergewicht der Investments in Aktien und Beteiligungen mit über 50 % des Gesamtportefeuilles liegt, während erheblich weniger in festverzinslichen Wertpapieren und Darlehen investiert wird. Dieses steht in unmittelbarem Zusammenhang mit dem Überschußsystem in Großbritannien. Hier werden die Überschüsse ganz überwiegend im

	Anlage-bestand Mrd. DM	fest-verzinsliche Wertpapiere und Darlehen	Aktien und Beteiligungen	Immobilien	Sonstige
Großbritannien	1.161,6	30,2 %	52,6 %	8,4 %	8,8 %
Deutschland	645,6	63,8 %	12,8 %	5,0 %	18,4 %
Frankreich	571,9	69,7 %	15,1 %	7,9 %	7,3 %
Niederlande	236,4	55,0 %	13,8 %	6,2 %	25,0 %
Schweiz	207,2	50,7 %	11,6 %	12,5 %	25,2 %
Italien	108,4	73,0 %	12,0 %	11,0 %	4,0 %

Abb. 2: Kapitalanlagen der Lebensversicherer in europäischen Ländern Anlagebestände 1994 nach Anlagearten (Quelle: Jahrbuch des Gesamtverbandes der Deutschen Versicherungswirtschaft e. V. 1996, S. 105.)

Rahmen des Schlußüberschusses ausgeschüttet, eine vergleichbare Verzinsungsgarantie während der Laufzeit der Lebensversicherungspolicen kann aufgrund der hohen Aktienquote und damit zusammenhängenden Volatilität nicht gewährt werden.

Ein weiterer wichtiger Punkt ist die grundsätzliche Einstellung der privaten Haushalte zum Abschluß von Lebensversicherungsprodukten. Hier kommt der sehr unterschiedliche Stellenwert in den einzelnen Ländern zum Tragen, was insbesondere auf die sozialen Absicherungssysteme und deren steuerliche Anreize zurückzuführen ist. So wird die Lebensversicherung in Deutschland trotz des hohen Sozialsystemstandards im Vergleich zu anderen europäischen Ländern in erster Linie als weitere attraktive, risikoarme Absicherung für das Alter angesehen. In anderen Ländern, wie in Frankreich, spielen dagegen auch Kapitalanlagegesichtspunkte aufgrund der geringeren Mindestlaufzeit von 8 Jahren für die Steuerbefreiung sowie die Möglichkeit des Verzichts auf die Risikolebensversicherung eine entscheidende Rolle. In England ist aufgrund des geringeren Volumens des Rentenmarktes und aufgrund der gesellschaftsrechtlichen Strukturen immer schon die Aktie als wesentliches Kapitalanlagemedium angesehen worden. Der Aktienmarkt hat aufgrund des hohen Volumens eine völlig andere Liquidität. Auch spielt der »deutsche« Gedanke der stetigen Verzinsung bzw. Absicherung für das Alter aufgrund der zwei Währungsreformen in diesem Jahrhundert in England keine Rolle.

IV. Strategien für die jeweiligen Kapital-anlagearten

Eine Analyse der Kapitalanlagen zeigt, daß die erwirtschaftete Durchschnittsverzinsung bzw. die Vermögensrendite der Lebensversicherungsunternehmen in Deutschland in den letzten Jahren bei 7,4 % im Verbandsdurchschnitt bei einer Bandbreite zwischen ca. 6,5 % und 8 % gelegen hat. Abweichungen nach unten oder oben hat es immer dann gegeben, wenn aufgrund von Asset Allocation Entscheidungen größere Abweichungen zum Verbandsdurchschnitt vorlagen, die aufgrund von stärkeren Kapitalmarktschwankungen zu größeren Risiken und damit zu höheren Abschreibungen bzw. Chancen und damit zu überdurchschnittlichem Anwachsen der stillen Reserven geführt haben.

Niedrig- bzw. Hochzinsphasen haben die Versicherungswirtschaft immer wieder veranlaßt, im Rahmen der Neuanlage Veränderungen der gesamten Asset Allocation vorzunehmen. So wurden in Niedrigzinsphasen verstärkt nominale Schuldtitel, Grundstücke und Aktien gekauft, während in Hochzinsphasen auch verstärkt in festverzinsliche Inhaberpapiere investiert wird. Wegen der Risikoüberlegungen im Hinblick auf die Erzielung einer nachhaltig hohen stetigen Rendite und zur Vermeidung größerer Abweichungen von Verbandsverzinsungen wurde grundsätzlich nur geringfügig in Aktien und Beteiligungen investiert. Geprägt durch die Kundenforderung nach Renditekonstanz und jährlicher Garantiezuweisung, Errechenbarkeit der Kapital- bzw. Rentenleistung der Versicherung und dem hohen Sicherheitsbedürfnis konnte deswegen nur wenig in Aktien und internationalen Wertpapieren angelegt werden. Aber auch die Finanzierung einer überdurchschnittlich dynamischen Neugeschäftsentwicklung kann durch die vergleichsweise höheren Kosten zu geringeren Renditen führen.

Basierend auf den Erkenntnissen der modernen Portfoliotheorie ist im Rahmen der strategischen Asset Allocation die Effizienz der einzelnen Anlagearten (Portfolios) und damit des Gesamtportfolios zu erhöhen. Entscheidend ist dabei die Steigerung der Rendite bei gleichbleibendem bzw. sogar rückläufigem Risiko der einzelnen Anlagesektoren.

Bei diesem Optimierungsprozeß ist die Aktiv-Passiv-Steuerung, d. h. die Berücksichtigung der Verpflichtungen und Risiken der Bilanz, von immer größerer Bedeutung. Dieses trifft nicht nur auf die aufsichtsrechtlichen Bedingungen wie die Dotierung der Rückstellung für Beitragsrückerstattung, Höhe des Teils der freien Rückstellung für Beitragsrückerstattung, Rückgewährquote, Finanzierbarkeitsnachweis etc. zu, sondern bezieht sich auf die Entwicklung wie auch auf das Management von Versicherungsprodukten mit besonderem Kapitalanlagecharakter. Ein aktives Asset-/Liability-Management bedeutet somit zukünftig auch eine erheblich stärkere Kundenorientierung und bedingt eine intensive Zusammenarbeit der Produktentwickler der Kapitalanlagen- sowie der Versicherungsseite.

1.   Namenspapiere, Schuldscheine und Darlehen

Auf Namenspapiere entfallen rd. 50 % der gesamten Vermögensanlagen der Lebensversicherer, es handelt sich dabei um die größte Kapitalanlageart. Die Verzinsung dieser Anlagen prägt aufgrund des Gewichts das gesamte Kapitalanlageergebnis. Eine z. B. sinkende Rendite bei längeren Niedrigzinsphasen wirkt sich daher überproportional auf das Gesamtergebnis aus. Da bei nominalen Zinstiteln wie Schuldverschreibungen oder Schuldscheindarlehen kein bilanzieller Abschreibungsbedarf bei gestiegenem Zinsniveau entsteht, können die Auswirkungen einer zu geringen Verzinsung unter Berücksichtigung der Wiederanlagemöglichkeiten (mark to market-Bewertungen) quantifiziert werden.

Bei einem Anlagevolumen des Lebensversicherungsverbandes von über 350 Mrd. DM per Ende 1996 ergäben sich bei einem parallelen Anstieg der Zinskurve um 1 % Zinsrisiken in Höhe von ca. 15 Mrd. DM. Dieser Betrag entspricht der Verringerung der stillen Reserven bzw. sogar des teilweisen Aufbaus von negativen stillen Reserven dieses

Anlagesegments. Wie bereits weiter oben ausgeführt, wird der Wettbewerb unter den Kapitalanlegern dazu führen, diesen Vermögensverlusten durch ein aktives Zinsrisikomanagement – in erster Linie über Durationsveränderungen durch Umschichtungen oder durch den Einsatz von z. B. Zinsswaps und -optionen – zumindest teilweise zu begegnen und langfristig in einer Erhöhung der Durchschnitts- bzw. Nettorendite umzusetzen.

2. Inhaberschuldverschreibungen und festverzinsliche Wertpapiere

Mit ca. 11 % der Vermögensanlagen im Lebensverband bzw. mit ca. 19 % bei den Schadenversicherern handelt es sich bei den Wertpapieren um die Anlageart, deren Ergebnisse sich sowohl direkt auf die Vermögensrendite als auch auf die Gewinn- und Verlustrechnung in Form von Abschreibungen auswirken können. Die damit verbundenen Chancen, aber auch die Risiken sind bei diesen Volumina von erheblicher Bedeutung für den gesamten Unternehmenserfolg. Nur geringfügige Zinserhöhungen oder auch Wechselkursverschlechterungen bei internationalen Papieren können zu erheblichen Abschreibungen bzw. zur Verringerung der stillen Reserven führen. Durch den Ausfall von a. o. Rentenfondserträgen – wie z. B. in 1994 – können die Anforderungen der Verstetigung der Überschußbeteiligung oder Erfüllung der Rückgewährquote nur erreicht werden, wenn erhebliche stille Reserven aus diesen oder anderen Bereichen zur Ergebnisverbesserung aufgelöst werden.

3. Hypotheken

Mit durchschnittlich 14 % gehören die Hypotheken zu einem der Kerngebiete der Kapitalanlage, da hiermit umfangreiches, qualitativ hochwertiges Lebensversicherungsgeschäft grundsätzlich verbunden wird. Das Gewicht dieser Kapitalanlageart verliert aber zunehmend an Bedeutung. Die Gründe dafür sind vielseitig. Ein Grund könnte das prozyklische Verhalten der Kunden sein, das die Versicherer vor Probleme stellt. So werden Verträge mit hohen Zinskupons in einer Phase niedriger Zinsen häufig vorzeitig gekündigt – wenn auch ganz überwiegend gegen Vorfälligkeitsentschädigungen. Bei hohem Zinsniveau wird umgekehrt nach Möglichkeiten gesucht, zu variabel verzinslichen Konditionen zu kontrahieren bzw. zu verlängern. Diese Faktoren führen u. a. dazu, daß die Verzinsung dieses Bereichs – trotz der Margen im Hypothekengeschäft – die Rendite der gesamten Kapitalanlagen nicht bzw. nicht risikoadäquat erhöhen kann. Wenn man bedenkt, daß die Marge für 1a-Hypotheken gegenüber Bundesanleihen ca. 0,5 % beträgt, die Bruttoverzinsung dieser Anlageart nur wenig über 7,0 % liegt, wird deutlich, daß die überwiegende Anzahl der Hypotheken bei einem Zinsniveau von 6,5 % bzw. darunter abgeschlossen wurde, ein Niveau, welches weit unter dem langjährigen Zinsdurchschnitt liegt.

Künftig kommt es deshalb darauf an, einerseits ein Zinsmanagement für Hypotheken aufzubauen, welches mit Hilfe von Makroswaps analog zu denen der nominalen Zinstitel (s.o.) abgeschlossen werden kann. Andererseits muß die Steuerung des Hypothekengeschäftes so erfolgen, daß die Attraktivität des Geschäftes in Hochzinsphasen relativ erhöht wird bzw. vice versa. Dieses muß über die Veränderung der Marge gegenüber Pfandbriefen bzw. gegenüber den Vergleichsangeboten, insbesondere der Hypotheken- und Geschäftsbanken herbeigeführt werden. Darüber hinaus können auch Hypothekenkonditionen mit variablen Zinssätzen angeboten werden, um das Geschäft in der Hochzinsphase zu fördern. Es gibt sogar Bestrebungen der EU-Kommission, die Hypothekendarlehen mit fester Verzinsung ganz abzuschaffen, was aus Kreditnehmersicht nur begrüßt werden kann, wenn für ihn andere Möglichkeiten der Zinsabsicherung geschaffen werden, um eine feste Kalkulationsgrundlage zu erhalten. Da bei einem Rückgang des variablen Zinsniveaus die Zinsrisiken für die Kapitalanlagen sehr groß sind, ist auch hier ein Zinsrisikomanagement mit Hilfe von Finanzinstrumenten erforderlich. Mit Hilfe dieser Techniken kann erreicht werden, daß Kunden während der Laufzeit der Hypothek von variabel verzinslichen Hypothekenkrediten in Festkredite umschulden können, ohne daß sich für die Versicherung ein Nachteil bei der Verzinsung ergibt.

Weiterhin muß das Ziel verfolgt werden, die Möglichkeiten und die Effizienz der Hypothekenbereiche in die Außendienstorganisation zu tragen, um dadurch zu höheren Umsätzen und letztlich auch zu Erträgen zu kommen. Wichtig ist die Wahrung eines hohen Standards an Sicherheit in bezug auf die Kreditrisiken bei gleichzeitiger Reduzierung der Personal- und Verwaltungskosten, aber auch Abschreibungen und Wertberichtigungen.

4. Beteiligungen

Die Erfahrung bei Versicherern oder Banken zeigt, daß der Aufbau eines Beteiligungsportfolios langfristig sehr attraktiv sein kann. Um auf diesem Sektor Erfolg zu haben, ist es notwendig, sich mit großem Fachwissen – unterstützt z. B. von Unternehmensbeteiligungsgesellschaften – der Auswahl von Beteiligungsmöglichkeiten mit einem aktiven Beteiligungscontrolling zu stellen. Neben der Bewertung insbesondere im Zusammenhang mit dem geforderten Ausweis der stillen Reserven muß die Aufgabe des Beteiligungscontrollers darin bestehen, den Shareholder Value der Beteiligung zu fördern und nach einer gewissen Zeit erfolgreich zu realisieren.

5. Grundbesitz

Investments in Grundstücken sind traditionell eine wichtige Anlage, haben sich aber in bezug auf ihren Anteil an den gesamten Kapitalanlagen über die letzten 15 Jahre auf unter 5 % halbiert. Dieses hängt damit zusammen, daß einerseits die Renditen häufig nicht ausreichen, die geforderte Bruttoverzinsung abzüglich der Verwaltungs- und Instandsetzungskosten sowie der Kosten für das Mietausfallwagnis nachhaltig in Höhe von mindestens 7,5 % darzustellen. Andererseits sind insbesondere gewerbliche Immobilien in sehr guten Lagen wie auch Wohnimmobilien anfänglich mit Renditen von unter 5 % ausgestattet, so daß der Abstand zur benötigten laufenden Verzinsung so hoch ist, daß man später bei Veräußerung – selbst zu einem hohen Vervielfacher – kaum die Chance eines Ausgleichs hat.

Zur Verbesserung des Kapitalanlageergebnisses ist daher eine Diversifizierung auch in ausländischen Immobilien notwendig. Hier haben Lebensversicherungsgesellschaften allerdings häufig steuerliche Nachteile zu tragen, da im Ausland abgeführte Ertrags- und Gewinnsteuern nicht immer im Inland angerechnet werden können. Darüber hinaus ist im Gegensatz zum buy-and-hold ein aktives Portfoliomanagement notwendig, bei dem zyklische Schwankungen der Grundbesitzpreise verstärkt ausgenutzt werden, um eine Optimierung des Grundbesitz-Portefeuilles zu erreichen. Die Erträge lassen sich durch den vermehrten Erwerb von Grundbesitz in Niedrigzinsphasen und die verstärkte Veräußerung in Hochzinsphasen bzw. Phasen, nach denen die Grundbesitzpreise überproportional gestiegen sind, optimieren. Auf diese Art sollte eine Straffung des gesamten Portefeuilles und damit auch eine Kostenminimierung erreicht werden.

6.   Aktien und Investmentzertifikate

Ähnlich wie bei anderen kontinentaleuropäischen Ländern betragen die Anlagen in Aktien und Investmentzertifikaten von Versicherungsunternehmen durchschnittlich zwischen 14 % (Leben-VU) und 20 % (Schaden-VU). Da es sich bei dem Engagement in Investmentzertifikaten – d. h. Spezial- oder Publikumsfonds – überwiegend um Rentenfonds bzw. gemischte Fonds handelt, liegt die reine Aktienquote wohl eher zwischen ca. 6 % und 10 %, bezogen auf die Buchwerte dieser Engagements. Trotz dieser relativ geringen Quoten im Verhältnis zu den Möglichkeiten, die seitens des Gesetzgebers mit 30 % eingeräumt wurden, hat die Deutsche Bundesbank festgestellt, daß Versicherungsunternehmen absolut mehr in Aktien anlegen als Banken oder Investmentgesellschaften. Ein Problem stellt auch die gegenüber anderen Märkten relativ geringere Aktienmarktkapitalisierung sowie die in diesem Zusammenhang zu nennenden DAX-Werte-Dominanz von ca. 70 % dar. Auch der relativ geringe Free Float in diesen Werten von ca. 53 % (lt. Analyse BHF-Bank 1996) behindert eine massive Steigerung der Aktienquoten, z. B. auf die erlaubten 30 %.

Eine Erhöhung der Aktienquoten geht daher immer mit einer Internationalisierung der Anlagen einher. Die Möglichkeiten sind insbesondere auch vor dem Hintergrund der gemeinsamen europäischen Währungen gut.

Auch für den deutschen Kapitalmarkt gilt, Aktien weisen langfristig die bessere Performance im Vergleich zu festverzinslichen Anlagen auf. Allerdings gab es in der Vergangenheit auch immer wieder Zeiträume, in denen die Rentenmärkte besser abgeschnitten haben. Letztes Beispiel ist die Periode vom 1.1.1990 bis zum 31.12.1995, in der die Performance des DAX-Index – trotz des Kursanstiegs von 9/92-12/93 mit ca. 60 % – lediglich unter 4 % p. a. lag. Im Vergleich dazu brachte es der Rentenmarkt auf über 8 % p. a.

Interessant ist in diesem Zusammenhang das Ergebnis eines Vergleichs von Aktien und Renten zwischen 1978 (Index = 100) und 1995. Während sich bis 1985 beide Märkte in der Performance nur unwesentlich unterschieden haben, entwickelten sich bis Ende 1995 die Renten auf einen Indexstand von 360 %, während die Aktien sich dem gegenüber fast verdoppelten auf 630 % (Quelle: Datastream).

Dieses Ergebnis ist jedoch erheblich zu relativieren, wenn man diese Gesamtrenditen mit anderen Märkten vergleicht. In den USA erreichte der Rentenmarkt einen Index (in US-

Dollar) von ca. 600 %, während der Aktienmarkt sich mehr als verdoppelte auf über 1500 %. In Großbritannien waren die Auswirkungen sogar noch erheblich gravierender mit einem Anstieg des Rentenmarktes von fast 800 % und des Aktienmarktes mit 2500 %, d. h. mehr als dreimal so hoch. In Anbetracht dieser Ergebnisse entwickelt sich natürlich bei Privatanlegern und Portfoliomanagern eine andere Aktienmarktkultur als im Inland. Aber auch hier gibt es Gegenbeispiele, wie die Entwicklung in Frankreich zeigt: die Aktienperformance liegt hier ca. dreieinhalbmal höher als die Rentenperformance, die Aktienquote der Versicherer weicht jedoch nur unwesentlich von der in Deutschland ab.

Wesentlich für die Entscheidung eines Versicherers, ob er höher in Aktien investieren kann, ist nicht nur die kurz- oder langfristige Ertragsaussicht, sondern die Quantifizierung des tragbaren Risikos. Dieses Risiko entspricht der Schwankungsbreite des Ertrages und kann über Erfahrungswerte für den Ertrag bestimmt werden.

An einem vereinfachten Beispiel soll gezeigt werden, welche Auswirkungen eine Verdoppelung der Aktienquote von 5 % auf 10 % haben kann.

	Nettorendite*	Risiko*	Asset Allocation Anteil*	Anteil
Aktien	13,0 %	23,0 %	5,0 %	10,0 %
Grundstücke	5,0 %	0,5 %	4,1 %	4,1 %
Beteiligungen	4,0 %	1,0 %	3,7 %	3,7 %
Festverzinsliche Wertpapiere	7,8 %	1,0 %	20,2 %	20,2 %
Hypotheken, Darlehen, NSSV	7,2 %	0,1 %	64,8 %	59,8 %
Sonstige	4,0 %	0,1 %	2,2 %	2,2 %
Summe			100,0 %	100,0 %
Erwartungswert für die Nettoverzinsung			7,3 %	7,6 %
Risikoerwartung			1,5 %	2,6 %
Verzinsung mit Wahrscheinlichkeit von ca. 16 % unter			5,8 %	5,0 %
Verzinsung mit Wahrscheinlichkeit von ca. 2 % unter			4,4 %	2,4 %

Abb. 3: Auswirkungen der Veränderung des Aktienquote

* Asset Allocation des Lebensverbandes in 1996; Höhe und Aufteilung der Aktienquote, der Risiken und Nettorendite teilweise geschätzt.

Bezogen auf die verschiedenen Assetklassen eines Versicherers wird aus der Tabelle der durchschnittlich erwartete Ertrag sowie das in diesem Zusammenhang zu erwartende bilanzielle Risiko, welches sich auf die Höhe der Nettoverzinsung auswirkt, ersichtlich. In diesem Beispiel wird bei den Aktien mit 13 % Ertrag p. a. sowie einem bilanziellen Risiko von 23 % gerechnet, d. h., mit einer Wahrscheinlichkeit von ca. einem Drittel liegt die zu erwartende Performance der Aktien außerhalb einer Bandbreite von – 10 % und + 36 %. Bei der angegeben Verteilung der Asset Allocation ergibt sich ein Erwartungswert von 7,3 % bzw. 7,6 % in Abhängigkeit der Höhe der Aktienquote. Aufgrund der Verdoppelung des Aktienanteils steigt allerdings auch die Risikoerwartung von 1,5 % auf 2,6 %, so daß sich die Nettoverzinsung des Gesamtportfolios mit einer Wahrscheinlichkeit von 16 % von unter 5,8 % auf unter 5,0 % ergibt. Bei doppelter Standardabweichung sinkt die »Worst case-Verzinsungserwartung« sogar von unter 4,4 % auf unter 2,4 %.

Im Rahmen der Kapitalanlagepolitik ist zu entscheiden, ob sich ein Versicherungsunternehmen dieses Absinken der Verzinsung erlauben kann bzw. inwieweit durch Auflösung vorhandener stiller Reserven diese Verzinsung im worst case auf das Verbandsniveau angehoben werden kann.

7.   Investor Relations und Finanzmarketing

Ein wichtiges Ziel für die an der Börse notierten Versicherungsunternehmen auf diesem Gebiet ist die Erhöhung der Liquidität der Aktien und damit eine Verbreiterung des Aktionärskreises. Dazu gehört die Pflege der bestehenden und der potentiellen Aktionäre, um auch hier die erreichten Ergebnisse und Strategien der Versicherungsunternehmen deutlich zu machen.

In diesem Zusammenhang ist auch das Kapitalanlageergebnis, die Offenlegung der Herkunftsquellen, die Einschätzung der zukünftigen Entwicklung der Renditen sowie die in den einzelnen Assetklassen verfolgte Strategie und damit zusammenhängende Simulationen von großer Wichtigkeit. Eine hohe Transparenz kann die Steigerung des Shareholder Value positiv beeinflussen.

V.   Perspektiven

Der Vermögensanleger eines Lebensversicherers wird sich künftig immer weniger als reine Vermögensverwaltung, sondern in der Funktion eines weltweit agierenden Kapitalanlage-Profit-Centers einerseits und als Inhouse-Bank, d. h. als Servicecenter für die Versicherungsgruppe, andererseits etablieren. Durch eine mögliche weitere Liberalisierung der Kapitalanlagen wird es notwendig werden, in den Kapitalanlagebereichen mit relativ kleinen Teams von bankwirtschaftlich und mathematisch geprägten Mitarbeitern mit großem Finanz-Know-how, unterstützt von DV-technischen Informationen und Analysesystemen, eine Vielzahl von Finanzinstrumenten zu managen, um den steigenden Renditeanforderungen im Sinne der Unternehmensziele gerecht zu werden. Eine langfristig angelegte Strategie einer Verstetigung der Erträge auf einem befriedigenden Niveau ist nur möglich, indem auf Basis eines integrierten Controlling-Prozesses eine strategische wie auch taktische Asset Allocation implementiert wird, deren Chancen bzw. Risiken im Rahmen eines dynamischen Prozesses mit Hilfe des Gesamtspektrums der klassischen und derivativen Finanzinstrumente gemanagt wird.

Es wird dabei wesentlich sein, die eingegangenen Risikopositionen in ihren möglichen Auswirkungen zu bewerten und diese Risiken nach Markteinschätzungen und im Hinblick auf die angestrebten Zielgrößen der Passivseite zu optimieren. Wichtig ist, mit dem Aufbau und der Unterstützung der quantitativen Analyse bestimmte Trends in den verschiedensten Märkten zu erkennen und zu bewerten, um durch ein Umschichten der Aktiva an diesen Trends zu partizipieren. Dabei wird es auch zu einer verstärkten Zusammenarbeit mit den führenden internationalen Banken auf den Gebieten der Globalisierung der Anlagen, beim Research und bei der Produktentwicklung kommen.

Fritz Horst Melsheimer*

Die zukünftige Bedeutung des Asset-Liability-Managements für Lebensversicherungsunternehmen

----

*   *Fritz Horst Melsheimer*, Mitglied des Vorstandes der Hamburg-Mannheimer Versicherungs-Aktiengesellschaft

I. Einführung

1. Übersicht zum Asset-Liability-Management[1]

Bei Lebensversicherungsunternehmen liegen zwischen den Prämieneinzahlungen der Versicherungsnehmer und den Leistungsauszahlungen der Lebensversicherungsunternehmen aufgrund der üblicherweise langfristig abgeschlossenen Verträge erhebliche Zeiträume. Die Kapitalanlagen, die aus diesem lebensversicherungstypischen Finanzierungsprozeß entstehen, sind entsprechend anzulegen. Aus der Verbindung zwischen dem versicherungstechnischen Finanzierungsprozeß und den Kapitalanlagen folgt, daß das gebundene Vermögen »unter Berücksichtigung der Art der betriebenen Versicherungsgeschäfte sowie der Unternehmensstruktur«[2] anzulegen ist. Asset-Liability-Management aus Sicht des Gesamtunternehmens umfaßt zusätzlich das freie Vermögen sowie die nicht-versicherungstechnischen Verpflichtungen und das Eigenkapital.

Die Zielgröße ist der Surplus, der die Differenz aus dem Vermögen und den versicherungstechnischen und nicht-versicherungstechnischen Verpflichtungen ist. Der Surplus ist also Eigenkapital. Es ist nicht vorteilhaft, den Surplus mit dem freien Vermögen gleichzusetzen, da bei einer Überdeckung durch das gebundene Vermögen hierin Deckungsmittel für das Eigenkapital enthalten sind und das freie Vermögen dann niedriger als das Eigenkapital ist, wie es in Abbildung 1 veranschaulicht wird.

	Aktiva	Passiva	
Sonstige Assets	Gebundenes Vermögen	Versicherungstechnische Verpflichtungen Nicht-vers.technische Verpflichtungen	Liabilities
Surplus		Eigenkapital	
	Freies Vermögen		

Abb. 1: Aktiva und Passiva im Lebensversicherungsunternehmen

Die Steuerung der Kapitalanlagen bei Lebensversicherungsunternehmen, die im wesentlichen auf die Gesamtheit der versicherungstechnischen Posten der Passivseite ausgerichtet ist, erfolgt auf der Makroebene. Eine differenzierte Abstimmung von Teilbeständen auf der

---

1 Mein besonderer Dank gilt Herrn Lars Rothe, Leiter des Risikomanagements der Hamburg-Mannheimer, dessen Mitarbeit und Analysen entscheidend zu diesem Artikel beigetragen haben.
2 Vgl. § 54 VAG.

Mikroebene findet nur teilweise statt, weil für die Mehrheit der Lebensversicherungsprodukte keine gesonderten Anlagestöcke zu bilden sind.

Aufgrund des versicherungstechnischen Finanzierungsprozesses werden zunächst die versicherungstechnischen Verpflichtungen festgelegt. Im Anschluß daran erfolgt die Steuerung der Kapitalanlagen. Daher kann die derzeitige Abstimmung der Aktiva und Passiva als sukzessives Asset-Liability-Management auf der Makroebene bezeichnet werden.

Eine Erweiterung gegenüber dem bisherigen Asset-Liability-Management liegt im Bereich der Produktpolitik. Diese Erweiterung besteht in einer wechselseitigen, also simultanen Abstimmung bei der Produktgestaltung. Die Auswertung einer GDV-Umfrage zur Risikosteuerung im Versicherungsunternehmen ergab, daß 97,5 % der befragten Versicherungsunternehmen eine Zusammenarbeit zwischen Kapitalanlegern und Produktgestaltern bereits bei der Produktgestaltung, insbesondere im Bereich der Lebensversicherung, befürworten.[3]

Andere Erweiterungen sind bei der Bilanz- und Erfolgssteuerung in Form einer detaillierteren Abstimmung von Teilen der Kapitalanlage mit einzelnen Abrechnungs- und Gewinnverbänden der Passivseite möglich. Diese Einteilung wird mit Segmentierung bezeichnet.[4] Da diese Erweiterungen in anderen Ländern bereits in größerem Umfang umgesetzt sind als in Deutschland,[5] liegt es auf der Hand, nach den möglichen Gründen zu suchen.

2. Gründe für Asset-Liability-Management

Die Gründe für die Abstimmung von Aktiva und Passiva hängen wesentlich von drei Einflußgrößen ab:

- das Anlageverhalten der Versicherungsnehmer,
- die Produkte der Lebensversicherungsunternehmen und
- der Einfluß schwankender Kapitalmarktpreise auf die Bilanzwerte.

Die Wirkung dieser Einflußgrößen kann am Beispiel der Lebensversicherungsunternehmen in den USA und Deutschland verdeutlicht werden. Die Hochzinsphase am Anfang der achtziger Jahre führte zu sinkenden Kapitalmarktpreisen. Deren Einfluß auf die Bilanzen der Lebensversicherungsunternehmen war in den USA erheblich größer als in Deutschland. Dort orientiert sich die Rechnungslegung mehr an Marktwerten. Es gibt in den USA keinen besonderen Bewertungsansatz für Namensschuldverschreibungen und Darlehen. Zusätzlich wurden die Lebensversicherungsverträge in den USA in erheblichem Umfang beliehen oder storniert, um die frei werdenden Mittel in höher verzinsliche Anlagen zu investieren. Sofern die Einzahlungen aus Prämien nicht zur Deckung dieses Liquiditätsabflusses ausreichten, mußten zusätzlich Kapitalanlagen veräußert werden. Diese Situation eines negativen cash flows bei gleichzeitig sinkenden Kapitalmarktpreisen trat in Deutschland in dieser Form nicht auf, weil das Verhalten der Versicherungsnehmer weniger investment-

---

3 Vgl. GDV (1995), S. 7f.
4 Vgl. *Tilley* (1986), S. 225f.
5 Vgl. *Smink/van der Meer* (1997), S. 137.

orientiert ist und sinkende Kapitalmarktpreise sich nur in geringerem Maße auf den Bilanzwert von Kapitalanlagen auswirken.

Ein anderes Beispiel für die Wirkung der Einflußgrößen ist die derzeitige Niedrigzinsphase, die in Japan dazu geführt hat, daß der Kapitalmarktzins teilweise unter den Rechnungszins der versicherungstechnischen Verpflichtungen gesunken ist. Da auch in Japan die durchschnittliche Laufzeit der Kapitalanlagen unter der der versicherungstechnischen Verpflichtungen liegt, führt diese negative Fristentransformation zu erheblichen Problemen in der Ertragsrechnung der Lebensversicherungsunternehmen.

In Deutschland führt die derzeitige Niedrigzinsphase dazu, daß der langfristige Kapitalmarktzins unter der Überschußbeteiligung, aber noch über dem Rechnungszins der meisten versicherungstechnischen Verpflichtungen liegt. Der Wettbewerb auf dem Lebensversicherungsmarkt verhindert allerdings eine sofortige Anpassung der Überschußbeteiligung, so daß das Umfeld bei anhaltender Niedrigzinsphase auch in Deutschland schwierig ist.

Nicht nur das absolute Zinsniveau am Kapitalmarkt, sondern auch dessen Schwankung wird an Einfluß auf die Ertragssituation gewinnen, wenn die Entwicklung zu einer marktwertorientierten Rechnungslegung anhält. Sofern zukünftig ein marktwertorientierter Bewertungsansatz für die Aktiva gewählt wird und der kontinuierliche Bewertungsansatz für die versicherungstechnischen Verpflichtungen unverändert bleibt, wird die Bedeutung des Eigenkapitals zunehmen, weil sich hier die Schwankungen aus den unterschiedlichen Bewertungsansätzen auf der Aktiv- und Passivseite widerspiegeln. Vor diesem Hintergrund wird die Abstimmung von Aktiva und Passiva zukünftig an Bedeutung gewinnen.

II. Ansatzpunkte für Asset-Liability-Management

1. Produktpolitik

Die bisherige Verbindung zwischen den Kapitalanlagen und den Produkten eines Lebensversicherungsunternehmens besteht im wesentlichen in einer Überschußbeteiligung, die sich am Gesamterfolg der Kapitalanlagen orientiert. Eine direkte Koppelung der Überschußbeteiligung mit dem Anlageerfolg einzelner Kapitalanlagen kommt nur bei wenigen Produkten vor. Genau hier besteht ein Anknüpfungspunkt für das Asset-Liability-Management im Bereich der Produktpolitik.

Bei der fondsgebundenen Lebensversicherung, deren Anlagevolumen vergleichsweise niedrig ist, wird dieses Prinzip realisiert. Es ist ein gesonderter Anlagestock zu bilden, dessen Anlageerfolg direkt einem Abrechnungsverband zugerechnet wird. Auch die relativ neue aktienindexgebundene Lebensversicherung ohne garantierten Rechnungszins funktioniert nach diesem Prinzip.[6] Bei der Kapitalanlage für diese Produkte, bei denen das Kapitalanlagerisiko vom Versicherungsnehmer getragen wird, unterliegen die Lebensversicherungsunternehmen nicht den Vorschriften des Anlagenkataloges nach § 54a VAG.

---

6   Vgl. § 54b VAG.

Dieses Prinzip der Aktiv-Passiv-Abstimmung läßt sich auch auf Produkte übertragen, bei denen das Lebensversicherungsunternehmen einen Teil des Kapitalanlagerisikos in Form des garantierten Rechnungszinssatzes übernimmt. Die aktienindexgebundene Lebensversicherung kann auch in dieser Art ausgestaltet werden. Für die entsprechenden Kapitalanlagen ist wiederum ein gesonderter Anlagestock zu bilden; allerdings sind die Kapitalanlagen aufgrund der Garantieverzinsung nach den Vorschriften des § 54a VAG anzulegen.

Bei der Produktgestaltung muß der zu erwartende Anlageerfolg aber nicht von einem Index anhängig gemacht werden. Der Anlageerfolg, der einem Produkt zugeordnet wird, kann auch durch eine individuelle Asset-Allocation entstehen. Hieraus ergibt sich ein anderes Rendite-Risiko-Profil. Alternative Formen der Asset-Allocation für unterschiedliche Produkte können erreicht werden, indem die zulässigen Limite für Anlagen in Sachwerten unterschiedlich stark ausgenutzt werden oder die Laufzeitstruktur von Nominalwerten variiert wird. Auch über den Einsatz derivativer Finanzinstrumente können unterschiedliche Rendite-Risiko-Profile erreicht werden. Für solche Produkte ist die Bildung gesonderter Anlagestöcke nicht vorgeschrieben; das Lebensversicherungsunternehmen muß in diesem Fall eine interne Aufteilung der Kapitalanlagen vornehmen, damit eine Zurechenbarkeit der Anlageerfolge gewährleistet ist.

Für Lebensversicherungsprodukte ist eine Abstimmung zwischen dem Kapitalanlagebereich und dem versicherungstechnischen Bereich auch deshalb notwendig, damit der zu erwartende Anlageerfolg an der Bedarfsstruktur der Zielgruppen ausgerichtet werden kann. Durch eine genauere Aktiv-Passiv-Abstimmung bereits in der Phase der Produktgestaltung sind daher positive Effekte zu erwarten, die auch zu einer größeren zielgruppenorientierten Produktvielfalt führen können.

Das Asset-Liability-Management muß bezüglich der Produktpolitik nicht auf die Phase der Gestaltung neuer Produkte beschränkt werden, sondern kann auch zu einer genaueren Abstimmung zwischen den vorhandenen Produkten und Kapitalanlagen genutzt werden.

Eine enge Aktiv-Passiv-Abstimmung ist bei den Produkten notwendig, die einen erhöhten garantierten Rechnungszins haben.[7] Da der Rechnungszins von der Vertragslaufzeit unabhängig ist muß eine geeignete Abstimmung der Fristigkeiten angestrebt werden, um das Wiederanlagerisiko bei sinkenden Kapitalmarktrenditen zu vermeiden.

Ein weiterer Ansatz ist die Abstimmung auf der Ebene von Gewinn- und Abrechnungsverbänden, in denen gleichartige Produkte zu größeren Einheiten zusammengefaßt werden. Diese unterscheiden sich unter anderem auch hinsichtlich der Rechnungszinssätze und Überschußsysteme. Für diese Einheiten auf der Passivseite können entsprechende Einheiten auf der Aktivseite gebildet werden. Im Rahmen einer Asset-Allocation auf der Ebene von Gewinn- und Abrechnungsverbänden kann dann den unterschiedlichen Verzinsungsanforderungen Rechnung getragen werden.

2.   Bilanzstrukturmanagement

Betreibt man eine detaillierte Aktiv-Passiv-Abstimmung, so führt dies zu einem Bilanzstrukturmanagement. Da in der Bilanz die Posten der Aktiv- und Passivseite sehr komprimiert ausgewiesen werden, sind diese im Rahmen einer internen Bilanzgliederung hinsicht-

---

7   Vgl. §§ 1 und 2 DeckRV.

108

lich der aufeinander abzustimmenden Teilbestände aufzuspalten. Diese Segmentierung kann bei einer Aufspaltung der versicherungstechnischen Verpflichtungen in Gewinnverbände und den weiteren Posten der Passivseite wie folgt aussehen:

	Aktiva	Passiva	
Sonstige Assets	Teilbestand	Gewinnverband	Liabilities
	...	...	
	Teilbestand	Gewinnverband	
	...	Nicht-vers.technische Verpflichtungen	
Surplus	Teilbestand	Eigenkapital	

Abb. 2: Bilanzstruktur beim Asset-Liability-Management

Das Managementziel bei einer derart strukturierten Kapitalanlage ist es, in jedem Teilbestand nicht nur die garantierte Verzinsung und die Überschußbeteiligung zu erwirtschaften, sondern auch einen Surplus zu erzielen. Bei einem positiven Surplus für einen Teilbestand sind die entsprechenden Verpflichtungen gedeckt. Dieser Surplus kann zur Erhöhung des Eigenkapitals oder der Überschußbeteiligung verwendet werden. Ein negativer Surplus weist auf einen negativen Deckungsbeitrag eines Teilbestandes hin, bei dem Eigenkapital zur Deckung aufgebracht oder die Überschußbeteiligung gesenkt werden muß.

Aus diesem Blickwinkel kann Asset-Liability-Management auch mit Surplus-Management bezeichnet werden. Das Surplus-Management ist also ein Instrument, um eine angemessene Eigenkapitalverzinsung und Überschußbeteiligung zu erzielen.

Bei der Umsetzung dieser im Kern einfachen Bilanzstruktur stößt man auf einige praktische Probleme, die mit den unterschiedlichen Bewertungsansätzen auf der Aktivseite zusammenhängen. Dies kann am folgenden Beispiel verdeutlicht werden. Die Kapitalanlagen, die einem Gewinnverband zugerechnet werden, werden entweder in Inhaber- oder in Namensschuldverschreibungen gleicher Laufzeit und Rendite angelegt. Wenn die Rendite höher ist als die Überschußbeteiligung des Gewinnverbandes, so muß der Surplus zum nächsten Bilanzstichtag positiv sein. Steigt die Rendite der Schuldverschreibungen bis zum nächsten Bilanzstichtag, so sind die Inhaberschuldverschreibungen abzuschreiben; die Namensschuldverschreibungen sind hingegen nicht abzuschreiben.[8] Der Surplus bleibt bei der Anlage in Namensschuldverschreibungen positiv und wird bei der Anlage in Inhaberschuldverschreibungen negativ.

---

8   Vgl. §§ 341b und c i. V. m. § 253 HGB.

Wurden die Kapitalanlagen für den Gewinnverband in Inhaberschuldverschreibungen angelegt, kann jedoch nicht der Schluß gezogen werden, daß es sich um einen defizitären Gewinnverband handelt, denn die Abschreibungen werden bei Fälligkeit wieder aufgeholt. An dem Bilanzstichtag, der dem Zeitpunkt der Fälligkeit der Inhaberschuldverschreibungen folgt, entsteht ein Tilgungsgewinn in Höhe des Abschreibungsbetrages, wenn die Inhaberschuldverschreibungen ursprünglich zum Nennwert erworben wurden. Um diesen Gewinn steigt der Surplus. Der Surplus bei einer Anlage in Namensschuldverschreibungen bleibt hingegen zu jedem Bilanzstichtag konstant.

Die unterschiedlichen Bewertungsansätze für Inhaber- und Namensschuldverschreibungen führen über die Gesamtlaufzeit zum selben Erfolg; der Erfolgsausweis kann nach einem Renditeanstieg bei Inhaberschuldverschreibungen jedoch auf spätere Jahre verschoben werden. Daran ändert auch das Wertaufholungsgebot im Prinzip nichts; der positive Erfolgsausweis wird lediglich um einige Jahre vorgezogen, wenn der Kurs der Inhaberschuldverschreibungen vor deren Fälligkeit wieder über den abgeschriebenen Kurs steigt.

Je nachdem, welchem Gewinn- und Abrechnungsverband ein Teilbestand von Kapitalanlagen zugeordnet wird, ist es vorteilhaft, diesen Bewertungseffekt zu nutzen oder zu vermeiden. Eine Erfolgsverlagerung auf spätere Jahre kann genutzt werden, wenn die versicherungstechnischen Verbindlichkeiten einen hohen Schlußüberschußanteil haben. Bei einem geringeren Schlußüberschußanteil und einer vergleichsweise hohen laufenden Überschußbeteiligung ist es vorteilhafter, einen kontinuierlichen Ertragsausweis anzustreben.

Dieser Bewertungseffekt tritt nur auf, wenn auf der Grundlage der derzeitigen Bilanzwertansätze gerechnet wird. Bei einem marktwertorientierten Bewertungsansatz werden die Erfolge in dem Jahr erfaßt, in dem die Marktwertänderungen stattgefunden haben. Bei der Asset-Allocation für Teilbestände von Kapitalanlagen müssen daher neben dem reinen marktwertorientierten Rendite-Risiko-Profil von Kapitalanlagen auch die Konsequenzen der bilanziellen Erfolgswirkung als Nebenbedingung berücksichtigt werden.

Diese Aspekte bei der Abstimmung von Beständen auf der Aktiv- und Passivseite führen unmittelbar zu der Frage, mit welchem Instrument der Nettoerfolg aus dem Aufwand für Gewinn- und Abrechnungsverbände und dem Ertrag aus den Teilbeständen der zugeordneten Kapitalanlagen zu steuern ist. Ein wertmäßige Abstimmung von Beständen läßt noch keine Aussage darüber zu, wie diese Bestände wachsen und welcher Surplus daraus zu erwarten ist.

3.   Ertragssteuerung

Die Erfolgsgrößen im Lebensversicherungsunternehmen sind entsprechend den Rechnungsgrundlagen erster Ordnung Zins, Kosten und die biometrischen Rechnungsgrößen. Erträge aus diesen Rechnungsgrößen entstehen, wenn ihr späterer Verlauf günstiger ist, als bei der Kalkulation angenommen wurde. Dies ist bei den biometrischen Rechnungsgrößen regelmäßig der Fall, da bei der Kalkulation ausreichende Sicherheitszuschläge verwendet werden, die später im Rahmen der Überschußbeteiligung an die Versicherungsnehmer wieder ausgeschüttet werden. Ist ihr Verlauf in einem Jahr dennoch deutlich ungünstiger als im langfristigen Durchschnitt, so kann die negative Erfolgswirkung durch Rückversicherung reduziert werden. Bei der Kalkulation der Kosten wird im langfristigen Durchschnitt ein ausgeglichenes Ergebnis angestrebt.

Die mit Abstand größte Erfolgsquelle bei Lebensversicherungsunternehmen ist das Zinsergebnis. Es generiert dementsprechend den größten Teil der Überschußbeteiligung. Die zentrale Steuerungsgröße ist daher die Zinsspanne zwischen dem Zinsaufwand für versicherungstechnische und nicht-versicherungstechnische Verpflichtungen und dem Zinsertrag der Kapitalanlagen. Sie wird mit der Zinsspannenrechnung ermittelt.

Die Zinsspannenrechnung ist sowohl auf der Basis eines marktwertorientierten als auch eines bilanzwertorientierten Bewertungsansatzes durchzuführen. Dies ist deshalb notwendig, weil nur dann ein Ertrag auf Bilanzwertbasis ausgewiesen werden kann, wenn dieser zuvor auf Marktwertbasis erwirtschaftet worden ist. Da der Zinsaufwand für die Passivpositionen im wesentlichen durch den garantierten Rechnungszins und die Überschußbeteiligung festgelegt ist, ergeben sich die Unterschiede bei den Zinsspannenrechnungen aus den unterschiedlichen Bewertungsansätzen für die Kapitalanlagen.

Wenn die Verzinsung für die Verpflichtungen der Passivseite feststeht, so ist dies die untere Grenze für die Nettoverzinsung. Die Minimalverzinsung der Kapitalanlagen liegt in Höhe der jeweils garantierten Rechnungszinssätze.[9] Die auf der Basis von Bilanzwerten ermittelte durchschnittliche Nettoverzinsung für einen bestimmten Zeitraum kann nur ausgewiesen werden, wenn die auf der Basis von Marktwerten ermittelte durchschnittliche Performance in diesem Zeitraum größer ist. Liegt die Performance in einem Jahr über der Nettoverzinsung, so führt dies zum Aufbau stiller Reserven. Sie übernehmen in den Jahren eine Ertragsausgleichsfunktion, in denen die Performance unter der Nettoverzinsung liegt.

Die Performance ist auch aus folgendem Grund die zentrale Steuerungsgröße im Entscheidungsprozeß auf der Aktivseite. Unternehmerische Entscheidungen sind immer ein Abwägen von Alternativen, wobei die Alternative des Nicht-Handelns stets zu berücksichtigen ist. Da Alternativen, die mit einem Handeln verbunden sind, nur zu Marktpreisen realisierbar sind, müssen alle Alternativen zu Marktpreisen bewertet werden. Hiermit wird die entscheidungsrelevante Vergleichbarkeit aller Alternativen hergestellt.

Die Zinsspannenrechnung wird unabhängig vom Bewertungsansatz auf der Makroebene durchgeführt, wenn das Asset-Liability-Management – wie derzeit üblich – auf der Makroebene stattfindet. Diese Rechnung kann aber auch nach einer entsprechenden Segmentierung der Aktiv- und Passivseite in detaillierter Form durchgeführt werden. Hierfür sind den Gewinn- und Abrechnungsverbände der Passivseite entsprechende Teilbestände der Kapitalanlagen zuzuordnen. Bei einer Segmentierung nach Gewinnverbänden und weiteren Posten der Passivseite wie Abb.3 sind die entsprechenden Zinsspannenrechnungen durchzuführen. Das Ergebnis für das Eigenkapital ist die Residualgröße aus allen anderen Zinsspannenrechnungen.

Die Zinsspannenrechnung ist sowohl auf der Makroebene als auch auf der Mikroebene das geeignete Planungs- und Controllinginstrument. In der Planungsphase wird das zu erwartende Rendite-Risiko-Profil für die Teilbestände der Kapitalanlagen ermittelt. Dies geschieht auf der Grundlage der spezifischen Asset-Allocation sowie der damit verbundenen Asset-Liability-Strategie.[10] Nur die erwartete Rendite zu berücksichtigen, genügt nicht, da unterschiedliche Gewinn- und Abrechnungsverbände unterschiedlich hohe garantierte Rechnungszinssätze haben. Je höher diese sind, desto niedriger sollte das Risiko in den

9   Vgl. *Kalbaum/Mees* (1988), S. 333.
10 Vgl. van der *Meer/Smink* (1993), S.144–157.

Aktiva	Zinsspanne	Passiva
Teilbestand	Zinsspanne	Gewinnverband
…	…	…
Teilbestand	Zinsspanne	Gewinnverband
…	…	Nicht-vers.technische Verpflichtungen
Teilbestand	Zinsspanne	Eigenkapital

Abb. 3: Erfolgssteuerung beim Asset-Liability-Management

Teilbeständen der Kapitalanlagen sein, diese Garantieverzinsungen nicht erreichen zu können.

In dieser Planungsphase des Asset-Liability-Managements muß auch die Strategie zur Überschußbeteiligung berücksichtigt werden, da hiervon die zukünftige Verzinsung der versicherungstechnischen Verpflichtungen abhängt. Bei einer geplanten Veränderung der Überschußbeteiligung muß die Asset-Liability-Strategie entsprechend angepaßt werden.

Da die Planung normalerweise darauf ausgerichtet ist, eine positive Zinsspanne für ein Segment zu erzielen, ist auch der erwartete Surplus für dieses Segment positiv. Mit diesem Zinsüberschuß kann dementsprechend das Eigenkapital oder die zukünftige Überschußbeteiligung erhöht werden. Aus einer negativen erwarteten Zinsspanne folgen die entgegengesetzten Konsequenzen.

Zur Erfolgssteuerung gehört auch ein effizientes Controlling. Neben der ex post-Rechnung, in der Soll-Ist-Vergleiche durchgeführt werden, kommt es insbesondere auf die laufende Überwachung der Asset-Liability-Strategien und der damit verbundenen Liquiditätssteuerung an. Aufgrund der derzeit noch stetigen Mittelzuflüsse bei Lebensversicherungsunternehmen kann die Minimalanforderung der ständigen Liquidität des Unternehmens mit Hilfe der kurzfristigen Liquiditätsplanung ausreichend sicher erfüllt werden.

Eine der größten Herausforderungen resultiert aus der negativen Fristentransformation der Lebensversicherungsunternehmen. Da der überwiegende Teil der Kapitalanlagen in Nominalwerten angelegt ist, die eine kürzere Laufzeit als die versicherungstechnischen Verpflichtungen haben, besteht ein ständiger Wiederanlagebedarf. Bei einer inversen Zinsstruktur lassen sich normalerweise Renditen erzielen, die über der Verzinsung der versicherungstechnischen Verpflichtungen liegen und damit zu einer positiven Zinsspanne führen. Bei der häufiger vorkommenden normalen Zinsstruktur können die zu erzielenden Renditen auch unter der Verzinsung der versicherungstechnischen Verpflichtungen liegen. Dies ist insbesondere beim Wechsel von einer inversen zu einer normalen Zinsstruktur der

Fall. Die Überschußbeteiligungen sind aufgrund der vorangegangenen inversen Zinsstruktur noch entsprechend hoch. Das mit der negativen Fristentransformation verbundene Wiederanlagerisiko führt in diesem Fall zu einer negativen Zinsspanne.

Die Aufgabe des Controllings besteht darin, die Konsequenzen der Fristentransformation in Verbindung mit der aktuellen und der erwarteten Zinsstruktur transparent zu machen. Daran schließt unmittelbar die Fragestellung an, ob und wie eine bestehende Asset-Liability-Strategie angepaßt werden muß. Wird auf der Makroebene insgesamt eine negative Fristentransformation betrieben, so muß dies auf der Mikroebene nicht für alle Gewinn- und Abrechnungsverbände gleichermaßen gelten, denn es gibt auch Produkte mit vergleichsweise kurzen Vertragslaufzeiten. Insofern führen sinkende Renditen am Kapitalmarkt nicht in jedem Segment zu einer negativen Zinsspanne.

Mit der Zinsspannenrechnung können die Rendite-Risiko-Profile der Kapitalanlagen und die Verzinsungsanforderungen der Passivseite sowohl auf der Makroebene und als auch auf der Mikroebene detailliert aufeinander abgestimmt werden. Sie ist daher ein geeignetes Steuerungsinstrument beim Asset-Liability-Management. Um ein derartiges Steuerungsinstrument zusammen mit den Asset-Liability-Strategien effizient anwenden zu können, bedarf es entsprechender Rahmenbedingungen.

III. Rahmenbedingungen für Asset-Liability-Management

1. Normativer Rahmen

Die Zielsetzung des normativen Rahmens für Lebensversicherungsunternehmen, den der Gesetzgeber zusammen mit dem Bundesaufsichtsamt für das Versicherungswesen vorgibt, orientiert sich weitgehend an der Erfüllbarkeit der Ansprüche der Versicherungsnehmer. Dies führt zu einer ausgeprägten Regulierungsintensität in diesem Wirtschaftszweig. Eine Folge davon ist, daß die angebotenen Produkte sehr homogen sind und sich der Wettbewerb zwischen den Unternehmen dementsprechend auf die Überschußbeteiligung reduziert. Die mit der Umsetzung der dritten Lebensversicherungsrichtlinie erfolgte Deregulierung kann von den Unternehmen zum Teil genutzt werden, um ein heterogenes Produktspektrum zu entwickeln, das sich stärker an der Bedarfsstruktur der Versicherungsnehmer orientiert.

Grundlagen hierfür sind einerseits der Wegfall der Tarifgenehmigung und die Möglichkeit voneinander abweichender Rechnungszinssätze für die Prämie und die Deckungsrückstellung. Dies kann für eine Veränderung des Überschußsystems und einer stärkeren Anbindung des Kapitalanlageergebnisses an einzelne Gewinn- und Abrechnungsverbände genutzt werden.

Da das Ergebnis der Kapitalanlage die entscheidende Größe für die Überschußbeteiligung ist, muß auch hier ein Rahmen vorhanden sein, mit dem die Möglichkeiten bei der Produktgestaltung genutzt werden können. Neben der grundsätzlichen Diskussion, ob eine qualitative Risikobegrenzung bei den Kapitalanlagen durch Begrenzung einzelner Anlagen einer quantitativen Risikobegrenzung durch Begrenzung einer Gesamtrisikoposition vorzuziehen ist, stellt sich die Frage, wie der vorhandene Rahmen genutzt werden kann.

Da sich der Anlagenkatalog nach § 54a VAG auf das gebundene Vermögen als Ganzes bezieht, besteht für unternehmensintern gebildete Teilbestände die Möglichkeit, eine beliebige Asset-Allocation durchzuführen, sofern die Grenzen für das gebundene Vermögen insgesamt eingehalten werden. So ist es von Vorteil, daß neben den Anlagen, die zur kongruenten Deckung von Verpflichtungen in ausländischer Währung dienen, Raum geschaffen wurde, um die Möglichkeiten einer internationalen Diversifikation zu nutzen. Diese können beim Asset-Liability-Management auf der Ebene von Gewinn- und Abrechnungsverbänden direkt an Versicherungsnehmer weitergegeben werden, wenn dies die Produktgestaltung vorsieht.

Auch derivative Finanzinstrumente können genutzt werden, um bedarfsgerechte Rendite-Risiko-Profile entweder auf der Makroebene oder auf der Mikroebene zu gestalten. Die Einsatzmöglichkeiten werden jedoch durch das Rundschreiben 7/95 des Bundesaufsichtsamtes für das Versicherungswesen aufgrund marktfremder Prämissen und enger Grenzen stark eingeschränkt.[11] Vorkäufe können zur Verminderung des Wiederanlagerisikos eingesetzt werden, wenn die zukünftige Rendite über der Verzinsung der versicherungstechnischen Verpflichtungen liegt.

Im Verhältnis zur Bedeutung dieses wichtigen Instrumentes zur Steuerung der Zinsspanne schränkt der zulässige Rahmen die Einsatzmöglichkeiten zu stark ein. Unverständlich ist, weshalb ein Erwerbsvorbereitungsgeschäft mit Hilfe von Verkaufsoptionen bei Unterschreitung eines bestimmten Marktpreises zwingend zu schließen ist und damit ein sicherer Verlust aus der Optionsposition entsteht.

Das Kapitalanlagenmanagement hat zusätzlich die Funktion, die Erfolgswirkung von Marktpreisrisiken innerhalb des normativen Rahmens zu steuern. Auf der Basis von Bilanzwerten betrifft dies die abschreibungspflichtigen Anlagen. Die Möglichkeit der Bildung von Rückstellungen für Marktpreisrisiken, die bei Auflösung eine Kompensation auf der Passivseite für Abschreibungen auf der Aktivseite bieten können, kommt für deutsche Lebensversicherungsunternehmen nicht in Betracht. Auf der Basis von Marktwerten gewinnt die Absicherung von Marktpreisrisiken zusätzliche Bedeutung, weil alle Anlagen einem Marktpreisrisiko unterliegen und dies unabhängig davon ist, ob die Anlagen abschreibungspflichtig sind oder nicht. Der normative Rahmen bietet bezüglich der Absicherung von Marktpreisrisiken ausreichende Möglichkeiten.

2.   Organisatorischer Rahmen

Zur Durchführung eines effizienten Asset-Liability-Managements bedarf es eines organisatorischen Rahmens, der die gegenwärtigen Strukturen mit den zusätzlichen Anforderungen verbindet. In dieser Hinsicht sind die Ablauforganisation und die Aufbauorganisation entsprechend zu erweitern.

Die hinreichende Information und die Verzahnung der Arbeitsabläufe der beteiligten Bereiche muß durch die Ablauforganisation sichergestellt werden. Bei der Aufbauorganisation sind Einheiten zu schaffen oder auszubauen, die die entsprechenden Planungs- und Controllingfunktionen übernehmen. Als zentrale Steuerungseinheit kann ein Asset-Liabi-

---

11 Vgl. BAV (1996).

lity-Committee (ALCO) eingesetzt wird, in dem über die grundsätzliche Ausrichtung von Kapitalanlage- und Produktstrategien entschieden wird. Neben den operativen Bereichen, in denen die Strategien umgesetzt werden, kommen den Controllingbereichen Planung und Risikomanagement eine zentrale Funktion zu.

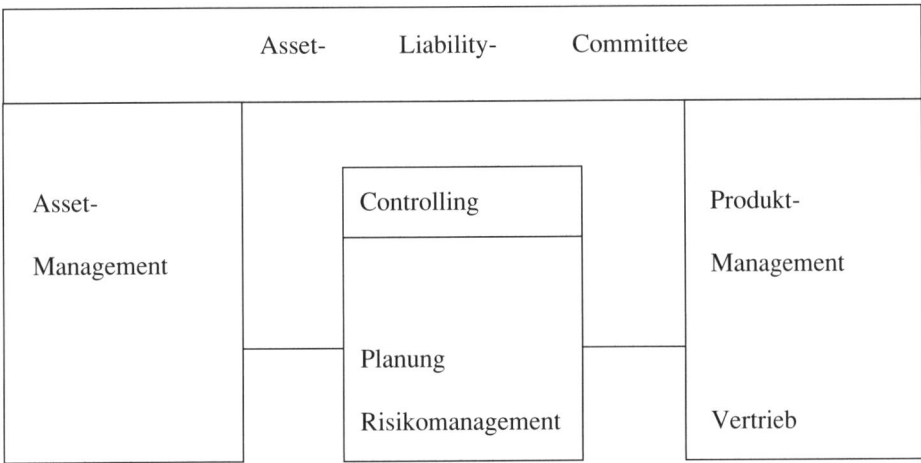

Abb. 4: Aufbauorganisation beim Asset-Liability-Management

3. Denkstrukturen

Der wesentliche Erfolgsfaktor für das Asset-Liability-Management ist ein gesamtunternehmensbezogenes Denken aller an diesem Prozeß beteiligten Personen. Einen Rahmen für diesen Prozeß zu schaffen, bringt allein noch keinen Nutzen. Erst wenn Asset-Liability-Management innerhalb dieses Rahmens gelebt wird, können sich positive Effekte entfalten.

Hierfür ist es erforderlich, den Blick von Teilzielen organisatorischer Einheiten auf das Unternehmensziel zu lenken. Dieser Prozeß wird im Idealfall weniger durch Vorgaben als durch veränderte Denkstrukturen von selbst in Gang gesetzt. Gelingt dieses, so sind bereits Synergieeffekte durch bessere Nutzung der vorhandenen Informationen zu erwarten. Der Nutzen von Asset-Liability-Management kann schon darin liegen, daß die vorhandenen Information über Ertrags- und Risikopotentiale bezüglich der Gesamtsteuerung ausgewertet und transparent gemacht werden. Dieses führt zu verbesserten Entscheidungen, mit denen letztlich der Surplus gesteigert werden kann.

IV. Ausblick

Das Nachfrageverhalten der Versicherungsnehmer und der Wettbewerb zwischen den Lebensversicherungsunternehmen sind die entscheidenden Parameter, die Veränderungen hervorrufen. Die zunehmende Bedeutung der privaten Altersvorsorge dürfte dabei den größten Einfluß auf das Nachfrageverhalten der Versicherungsnehmer haben.

Um dieser Nachfrage ein breit gefächertes Angebot gegenüberstellen zu können, sind zielgruppenorientierte Produkte und eine hierauf abgestimmte Kapitalanlage notwendig. Ein weiterer Wettbewerbsparameter ist die Sicherheit, mit der die überwiegend langfristigen Verträge erfüllt werden können. Hier übernimmt das Eigenkapital die zentrale Funktion. Mit einer steigenden Eigenkapitalbasis nimmt die Sicherheit, mit der die Versicherungsverträge dauerhaft erfüllt werden können, zu.

Beide Wettbewerbsparameter spiegeln sich im Surplus wieder. Bei einem positiven Surplus ist die Verzinsung der versicherungstechnischen Verpflichtungen gewährleistet und es sind noch Mittel zu deren Erhöhung oder zur Stärkung der Eigenkapitalbasis vorhanden. Die Verbesserung der Wettbewerbsparamenter wird zu einem stetigen Prämienaufkommen führen, so daß das Risiko negativer cash flows vermindert wird.

Die Umsetzung der dritten Lebensversicherungsrichtlinie erleichtert den Lebensversicherungsunternehmen in der europäischen Gemeinschaft den Markteintritt in den anderen Teilnehmerländern. Mit der zunehmenden internationalen Ausrichtung der Lebensversicherungsunternehmen, die auch über die Grenzen der europäischen Gemeinschaft hinausgeht, wird sich auch die Rechnungslegung stärker an internationalen und damit martwertorientierten Standards ausrichten. Die Auswirkungen von Marktpreisschwankungen schlagen sich bei den Rechnungslegungsvorschriften nach US-GAAP oder IAS stärker in den Bilanzen nieder. Bei zunehmenden Wertschwankungen auf der Aktivseite wird die Notwendigkeit der Aktiv-Passiv-Abstimmung zunehmen, wenn die gewohnte Kontinuität in den Überschußbeteiligungssystemen beibehalten werden soll. Auch aus dieser Sicht wird die Bedeutung des Eigenkapitals zunehmen.

Bei einer marktwertorientierten Rechnungslegung haben stille Reserven keine Bedeutung mehr. Damit können sie auch nicht mehr zum Ertragsausgleich in Niedrigzinsphasen genutzt werden. Um das mit der negativen Fristentransformation verbundene Wiederanlagerisiko zu vermindern, wird die Anlage in längerfristigen Kapitalmarkttiteln und dementsprechend das Marktpreisrisiko auf der Aktivseite zunehmen. Dies ist für die Aktiv-Passiv-Abstimmung eine weitere Herausforderung.

Insgesamt dürfte die zukünftige Bedeutung des Asset-Liability-Managements für Lebensversicherungsunternehmen zunehmen, da dies ein nützliches Instrument zur Bestands- und Ertragssteuerung im Hinblick auf das sich wandelnde Geschäftsumfeld ist.

Literatur

BAV, Derivative Finanzinstrumente. In: Veröffentlichungen des Bundesaufsichtsamtes für das Versicherungswesen, Nr.1 1996, S. 5–19

GDV, Gesamtverband der Deutschen Versicherungswirtschaft e. V.: Auswertung der Umfrage zur Risikosteuerung in den VU. Bonn 1995

Kalbaum, Günter/Mees, Jürgen: Kapitalanlagen. Handwörterbuch der Versicherung, *Farny, D.* et al. (Hrsg.). Karlsruhe 1988, S. 331–343.

Van der Meer/Smink: Strategies and Techniques for Asset-Liability Management: an Overview. In: The Geneva Papers on Risk and Insurance, No. 67 1993, S. 144–157

Smink, Meye/van der Meer, Robert: Life Insurance Asset-Liability Management: An International Survey. In: The Geneva Papers on Risk and Insurance, No. 82 1997, S. 128–142

Tilley, James A.: Risk Control Techniques for Life Insurance Companies. In: Controlling Interest Rate Risk. New Techniques and Applications for Money Management, *Platt, R. B.* (Hrsg.), New York 1986, S. 225–255

Uwe E. Jacobsen

Benchmarks

* *Uwe E. Jacobsen*, Vorsitzender des Vorstandes der Neckura Versicherungs-Aktiengesellschaft

I. Einführung

Der zunehmende Wettbewerb in der Versicherungswirtschaft zwingt die Unternehmen in einem bisher unbekannten Ausmaß zur permanenten Optimierung ihrer gesamten Wertschöpfungsaktivitäten. Managementinstrumente, die durch Vergleiche mit Mitbewerbern wichtige Erkenntnisse zur Verfahrens- und Ergebnisverbesserung eigener Aktivitäten und Leistungen liefern, finden daher in der Versicherungswirtschaft hohe Aufmerksamkeit.

Derzeit steht bei vielen Versicherungsunternehmen auch das Kapitalanlagemanagement unter dem Einfluß derartiger Optimierungsbemühungen. Sinkende Gewinnmargen im versicherungstechnischen Geschäft der Kompositversicherung und ein verstärkter Wettbewerb hinsichtlich der Ablaufrendite in der Lebensversicherung lassen dabei die Anforderungen an ein professionelles Kapitalanlagemanagement immer anspruchsvoller werden. Berücksichtigt man, daß die Kapitalanlagen der gesamten Assekuranz rund 1200 Mrd. DM betragen (Ende 1996), so wird deutlich, daß eine nur geringfügige Steigerung der Kapitalanlagerendite zu stark steigenden Erträgen führt.

Mit der modernen Portfoliotheorie, die in den vergangenen Jahren auch in Deutschland vermehrt Einzug gehalten hat, ist auch die Bedeutung von Benchmarks gestiegen. Ihre Integration in ein Anlagemanagement gilt immer stärker als eine notwendige Voraussetzung zur Strukturierung von Vermögen und damit für ein erfolgreiches Portfoliomanagement.

In der nachfolgenden Ausführung werden zunächst der Untersuchungsgegenstand definitorisch abgegrenzt und die Funktionen einer Benchmark sowie die Anforderungen an eine Benchmark eingehend erörtert. Anschließend werden die einzelnen Aspekte einer strategischen Benchmarkwahl in der Versicherungswirtschaft beleuchtet. Abgerundet werden die Ausführungen durch einen Ausblick.

II. Definitorische Grundlagen

Benchmarking bezeichnet eine Methode, durch die im Wege eines systematischen Vergleichs mit Bestleistungen eigener Unternehmenseinheiten oder fremder Unternehmen individuelle Schwächen aufgedeckt und neue Lösungsansätze zur Verbesserung der Wettbewerbsfähigkeit abgeleitet werden. Benchmarking ist somit der Vergleich und die Ausrichtung an Bestmarken, den sogenannten Benchmarks.

Speziell im Kapitalanlagemanagement versteht man unter einer Benchmark einen Vergleichsmaßstab oder ein Referenzportefeuille, das die Anlageziele, Ertragserwartungen und Risikoeigenschaften eines Investors abbildet und anhand dessen die Performance eines Portefeuilles bewertet werden kann.

Optimierungsbemühungen im Kapitalanlagemanagement können, je nach der Methodenwahl, mehr den Charakter der Prozeß- oder der Ergebnisoptimierung annehmen. Im ersten Fall geht es vor allem um die Analyse der qualitativen Leistungsunterschiede von Kapitalanlageprozessen. Beispielsweise werden gezielt die angewendeten Methoden und Verfahren der erfolgreichsten Mitbewerber oder Unternehmen anderer Wirtschaftszweige, etwa Grundstücksgesellschaften bzw. Hypothekenbanken bei der Verwaltung von Immobiliengeschäften oder Kapitalanlagegesellschaften bei der Informationssammlung, -auswertung und -verarbeitung im Rahmen des Portfoliomanagements, analysiert. Im Fall der Ergebnisoptimierung findet hingegen ein Vergleich auf der Basis von quantitativen Indikatoren statt. Es dominiert die anlagezielorientierte Erfolgsbeurteilung, bei der die Marktpositionierung des eigenen Unternehmens rein unter Rendite- und Risikoaspekten vorgenommen wird. Gerade in diesem Kontext kommt der Festlegung einer Benchmark zur Performancemessung eine große Bedeutung zu.

III. Benchmarks im Kapitalanlagemanagement

1. Funktion einer Benchmark

a. Strukturierung von Vermögen

Unter Berücksichtigung der ansteigenden Komplexität von verfügbaren Anlageinstrumenten ist die Benchmark für den Investor eine wesentliche Orientierungsgröße zur Strukturierung von Vermögen im Sinne der Unternehmensziele (strategische Asset-Allokation) und zur Formulierung seines Anlageziels. Durch die Vorgabe einer oder mehrerer Benchmarks kann der Anleger so die Grobstruktur seines Vermögens kontrollieren und langfristig ein zieladäquates Rendite-/Risikoprofil festlegen.

b. Basis für das Portfoliomanagement

Die Integration von Benchmarks im Rahmen eines Anlagemanagements ermöglicht die Festlegung einer sachgerechten Anlagestrategie und dient dem Portfoliomanager als Richtschnur für die strategische Ausrichtung der Vermögensanlagen. Die Aufgabe des Portfoliomanagements ist es, die Benchmark unter Berücksichtigung von Kapitalmarktanalysen und Prognosen in ein konkretes Portefeuille umzusetzen und einen aktiven Beitrag zum Vermögenszuwachs (Performancebeitrag) zu leisten.

Je enger allerdings die Vorgaben für die Anlagerichtlinien getroffen werden, desto weniger Spielraum verbleibt dem Portfoliomanager bei der Vermögensanlage und desto benchmarknäher werden die in der Praxis umgesetzten Portefeuilles ausfallen. Der Manager wird je nach vorgegebener Anlagerichtlinie versuchen, durch Über- und Untergewichtungen der Märkte in der Benchmark und/oder durch Investitionen in anderen Marktsegmenten eine Überschußrendite zu erzielen. Dabei wird der Anlageerfolg eines Managers entscheidend durch seine Allokations- (Ausnutzung von Gewinnchancen aufgrund veränderter Renditestrukturen am Kapitalmarkt), Selektions- (Auswahl chancenreicher Titel) und Timingfähigkeit (Steuerung des Investitionsgrades) bestimmt.

c. Erfolgsmessung

Die Benchmark kann als zentrales Element zur sachgerechten Beurteilung eines Anlageerfolges herangezogen werden und stellt dadurch einen wichtigen Bestandteil des Controllings im Anlagemanagement dar.

Unter Erfolg oder Ergebnis wird hierbei Performance, d. h. Ertrag, Wertentwicklung oder Rendite einer Wertpapieranlage bezogen auf eine Anlageperiode, verstanden. Anders ausgedrückt ist Performance die Abweichung des tatsächlichen Ergebnisses (Ist-Ergebnis) von dem geplanten Ergebnis (Soll-Ergebnis, Ergebnis des Benchmarkportefeuilles) bezogen auf eine Anlageperiode. Orientiert sich die Erfolgsmessung nicht nur an der Zielgröße »Rendite«, sondern fließen auch Überlegungen hinsichtlich des Risikos von Anlagealternativen in die Betrachtung ein, wird von einer zweidimensionalen Performancemessung im Vergleich zu einer Benchmark (Referenzportefeuille) gesprochen. Performance kann dann als risikoadjustierte, d. h. durch ein geeignetes Risikomaß standardisierte, Rendite aufgefaßt werden.

Die Performancemessung kann grundsätzlich absolut oder relativ erfolgen. Durch die Vorgabe einer Benchmark wird der Portfoliomanager allerdings dazu verleitet, die relative und nicht die absolute Performance zu optimieren. Dies ist darauf zurückzuführen, daß selbst ein Wertverlust von beispielsweise minus 30 Prozent positiv beurteilt wird, sofern die Benchmark um mehr als 30 Prozent verloren hat. Diese Tatsache birgt die Gefahr, daß durch die Vorgabe einer Benchmark der Investitionsgrad auch dann nicht deutlich reduziert wird, wenn das Risiko in diesem Marktsegment zugenommen hat.

Grundsätzlich können durch unterschiedliche Vorgehensweisen bei der Messung eines Ergebnisses, der Quantifizierung von Performancebeiträgen sowie der Normierung von Risiko verschiedene Resultate und Interpretationen hervorgerufen werden. Daher wäre eine Standardisierung unterschiedlicher Vorgehensweisen wünschenswert. Vor zehn Jahren wurden hierzu erstmals in den USA die Performancestandards der Association for Investment Management and Research (AIMR-Performance-Standards) formuliert. Die AIMR-Performance-Standards umfassen einen Katalog von Mindestanforderungen zur sachgerechten Gruppierung von Assets, zur Berechnung von Rendite und Risiko, zur Präsentation der relevanten Kennzahlen sowie zur Offenlegung performancerelevanter Informationen inklusive der Angaben zum Controlling im Dienstleistungsbereich des Portfoliomanagements.
Die wesentlichen Vorschriften und Empfehlungen dieser Standards beziehen sich auf:

*   die vollständige Darstellung der Anlageschwerpunkte, -ziele und -strategien mit den jeweiligen Risikocharakteristika der Portefeuilles, der Managementspielräume sowie -restriktionen und der relevanten Benchmarks,
*   die Angaben über die Vergütungsregelungen sowie die Gebührenstruktur,
*   die Ermittlung einer sachgerechten Rendite,
*   den Inhalt einer Performancepräsentation,
*   die Offenlegung von Methoden zur Beurteilung von Risiko (risiko-adjustierte Rendite) und
*   die Verifizierung der Regelkonformität durch einen unabhängigen Gutachter (Testat).

Zu den Zielen, die mit den Standardisierungsbemühungen erreicht werden sollen, gehören die Erhöhung der Professionalität sowie der Markttransparenz im Portfoliomanagement und damit die Förderung der Selbstregulierung der Investmentbranche.

d. Anreizsystem

Mit der Institutionalisierung des Anlagemanagements ist auch verstärkt die Diskussion einer leistungsorientierten Verwaltungsvergütung in den Vordergrund getreten. Zur Schaffung eines Anreizes für das (externe) Portfoliomanagement kann z. B. eine performanceabhängige Vergütung, die auf eine Benchmark abstellt, vereinbart werden.

Insbesondere für Institutionen, die mit verschiedenen Vermögensverwaltern zusammenarbeiten, bieten sich die performanceabhängigen Verwaltungsvergütungen als Anreizsystem für das Portfoliomanagement an. Die Benchmark dient dann sowohl als Maßstab für die Güte der Dienstleistung Vermögensverwaltung als auch für die Entlohnung des Portfoliomanagements.

Für die spezifische Ausgestaltung leistungsorientierter Anreizsysteme stehen verschiedene Varianten zur Verfügung. Beispielsweise kann eine Verwaltungsvergütung, die relativ zu einer Benchmark vereinbart ist, folgendes Aussehen annehmen: Ab einer Outperformance (Übertreffen der relevanten Benchmark) von 1 %-Punkt wird ein Incentive von 20 %, bezogen auf die über diese Grenze hinausgehende Performance, fällig. Ferner kann es sich anbieten, die Entlohnung in Form der Vergabe von Neudotierungen aufgrund einer Outperformance in einer bestimmten Höhe zu gewähren. Alternativ besteht auch die Möglichkeit, den Portfoliomanager im Falle einer Underperformance mit einer anteilsmäßigen Verlustbeteiligung oder sogar mit dem Entzug seines Mandates zu konfrontieren.

Ein solches Anreizsystem setzt zunächst voraus, daß der Portfoliomanager durch relativ flexible Anlagerichtlinien von der Benchmark bewußt und kontrolliert abweichen und seine eigenen Markteinschätzungen in das reale Portefeuille einfließen lassen kann (aktiver Managementstil).

Bei einem aktiven Managementstil werden tendenziell risikobehaftetere Anlageentscheidungen getroffen. Denn es gilt der kapitalmarkttheoretische Grundsatz, daß höhere Ertragschancen mit einem höheren Risiko einhergehen und somit nur durch Inkaufnahme zusätzlicher Risiken die erwartete Anlagerendite gesteigert werden kann. Entsprechend größere Volatilitäten des realen Portefeuilles sind somit einzukalkulieren.

Im Gegensatz dazu wird bei einem passiven Stil die Benchmark oder das Referenzportefeuille möglichst exakt nachgebildet. Eine Benchmark kann somit als passives Portefeuille aufgefaßt werden. Das Ziel des Portfoliomanagers ist es in diesem Fall, die Benchmark möglichst genau abzubilden (Indexreplizierung) und die Transaktionskosten so gering wie möglich zu halten.

Entspricht das Anlageergebnis weitgehend der Performance der relevanten Benchmark, stellt sich die Frage, aufgrund welcher Dienstleistung die Höhe der Verwaltungsvergütung zu rechtfertigen ist. Denn mit Indexzertifikaten z. B., die mittlerweile für eine Vielzahl von Märkten zur Verfügung stehen, kann das betreffende Marktsegment exakt abgebildet werden.

Der Zeithorizont spielt bei der Beurteilung einer Managementleistung und damit bei der performanceabhängigen Vergütung eine wesentliche Rolle. Bei einer performanceabhängigen Vergütung ist zu bedenken, daß eine objektive Leistungsbeurteilung eines Portfoliomanagers über einen längeren Zeitraum erfolgen und nicht auf ein Quartal oder ein Jahr bezogen sein sollte. Der Grund ist darin zu sehen, daß gerade Trendwechsel im Markt zu kurzfristig starken Kursausschlägen führen können, so daß ein Portfoliomanager unter der Prämisse kurzfristiger Leistungsbeurteilung kaum gewillt wäre, im Rahmen eines aktiven

Managementstils eine von der Benchmark stark abweichende Position zu beziehen. In Fachkreisen hält man einen Zeitraum von 25 Jahren für notwendig, um überhaupt mit 95 %iger Sicherheit die Qualität eines Portfoliomanagers ausreichend beurteilen zu können (»Most of the apparent differences in performance stem from good luck or bad luck«). Diese Zeitspanne erscheint einem Investor aber zu langfristig, um nach Performancegesichtspunkten über die Vergabe von Mandaten zu entscheiden. Nach einer Einstiegsphase von mehreren Jahren sollte eine eindeutige Outperformance der Benchmark kontinuierlich nachgewiesen werden, um dem Investor die Sicherheit der richtigen Entscheidung zu geben. Konkurrenz belebt auch hier die Qualität der Leistung, und die Abwendung eines drohenden Mandatsverlustes dient durchaus auch als wirkungsvolles Anreizsystem.

Die Funktion der Benchmark als Maßstab für die Entlohnung des Portfoliomanagements kann dazu führen, daß eine einfach zu schlagende Benchmark vom Portfoliomanagement vorgeschlagen und umgesetzt wird.

Zwischen Investor oder Sponsor eines Anlagemandates und dem (externen) Experten des Portfoliomanagements liegt eine typische Agency-Problematik vor. Unter einer Principal-Agent-Beziehung wird das Verhältnis zwischen einem Investor oder Sponsor (Principal) eines Portfolios und einem Portfoliomanager (Agent) verstanden. Der Sponsor kann in der Regel aufgrund der kaum zu bewältigenden Informationsflut zur volkswirtschaftlichen Entwicklung von Ländern, fundamentalen Daten zu Einzelunternehmen, quantitativen Analyseergebnissen zu Kapitalmarktindizes und neuen Finanzinstrumenten sowie der zufälligen Schwankungen an Kapitalmärkten nicht zweifelsfrei feststellen, ob der Portfoliomanager ausschließlich im Sinne des Sponsors handelt. Daraus ergibt sich ein Handlungsspielraum für einen Agent.

Aus der asymmetrischen Informationsverteilung zwischen Principal und Agent erwächst der Wunsch nach detaillierten Kapitalmarktanalysen, einer detaillierten Analyse und Dokumentation des Anlageerfolges. Auf der Basis einer detaillierten Erfolgsanalyse wird das Informationsdefizit des Sponsors relativiert und die Kommunikation mit dem Portfoliomanager objektiviert und effizienter gestaltet. Damit wird die Transparenz und die Zuverlässigkeit im Portfoliomanagement erhöht und das Vertrauen in die Investmentbranche gefördert.

2.   Anforderungen an die Festlegung einer Benchmark

Die Vorgabe einer Benchmark hat maßgeblichen Einfluß auf die Zusammensetzung des realen Portefeuilles und bestimmt damit entscheidend den Anlageerfolg. Daher sollten bei der Festlegung einer Benchmark wesentliche Anforderungen beachtet werden.

*   *Klarheit und Eindeutigkeit der Anlagestrategie:* Die Benchmark muß im voraus eindeutig festgelegt werden, um eine faire und objektive Leistungsbeurteilung des Portfoliomanagers zu gewährleisten. Dabei sollten der Anlagehorizont präzisiert und die Anlageziele bezüglich der zu erreichenden Mindestrendite sowie der Risikotoleranz bestimmbar und quantifizierbar sein.
*   *Bedürfnisgerechtigkeit:* Die Benchmark sollte individuell auf die Bedürfnisse und Anforderungen des Anlegers zugeschnitten sein. Insbesondere gilt es, vorab festzule-

gen, ob dem Portfoliomanager durch flexible Anlagerichtlinien eine mehr oder weniger restriktive Orientierung an der Benchmark vorgegeben ist und somit ein aktiver oder aber passiver Managementstil forciert werden soll.

- *Meßbarkeit:* Die Rendite einer Benchmark muß meßbar sein, damit sie die Funktion der Leistungsbeurteilung erfüllen kann. Daher sollten auch die Rendite der Benchmark und die in der Benchmark enthaltenen Indizes oder Referenzportefeuilles (öffentlich) zugänglich sein.
- *Umsetzbarkeit*: Bei der Benchmark sollte es sich um eine real und möglichst kostengünstig umsetzbare Anlagealternative handeln. Sie sollte nur solche Anlagemöglichkeiten abbilden, die dem Portfoliomanager unter rechtlichen oder tatsächlichen Gegebenheiten auch offenstehen.

IV. Strategische Benchmarkwahl in der Versicherungswirtschaft

1. Benchmarks im Kontext wettbewerbspolitischer Herausforderungen

Die Notwendigkeit zur Integration von Instrumenten des modernen Anlagemanagements in die Kapitalanlagepolitik von Versicherungsunternehmen wird in jüngster Zeit insbesondere durch die zunehmende Wettbewerbsverschärfung hervorgerufen.

Sinkende Gewinnmargen im versicherungstechnischen Geschäft der Kompositversicherung, insbesondere ausgelöst durch Prämienabsenkungen, zwingen die Unternehmen zu einer permanenten Optimierung ihrer Kapitalanlagerendite unter Berücksichtigung eines angemessenen Rendite-/Risikoprofils. Immer häufiger werden zum Ausgleich von versicherungstechnischen Verlusten die positiven Ergebnisse aus dem Kapitalanlagegeschäft benötigt.

Darüber hinaus sichert und fördert eine hohe Rentabilität der Kapitalanlagen die Absatzpotentiale von Versicherungsprodukten, indem durch hohe Gewinnbeteiligungen der Versicherungsnehmer die Preis-Leistungs-Relationen der Angebote verbessert werden. Insbesondere die Wettbewerbsposition von Lebensversicherungsprodukten – hier vor allem der Kapital- und Rentenversicherung – kann durch eine gute Performance der angelegten Vermögenswerte entscheidend verbessert werden.

Ferner finden sich die Kapitalanlageergebnisse von Versicherern immer häufiger in diversen Veröffentlichungen von Rating- und Rankingergebnissen wieder, die insbesondere von kognitiven und aktiven Versicherungsnachfragern zunehmend stärker als Informationsinstrumente akzeptiert und für die Kaufentscheidung herangezogen werden.

Versicherungsunternehmen sind somit unabdingbar auf Instrumente zur Optimierung ihrer Asset-Allokation angewiesen. Die Festlegung einer Benchmark kann zur Strukturierung von Vermögen einen wesentlichen Erfolgsbeitrag leisten.

2.   Benchmarks im Kontext aufsichtsrechtlicher Vorschriften

Die Kapitalanlagepolitik eines Versicherungsunternehmens kann nicht losgelöst vom aufsichtsrechtlichen Datenkranz betrachtet werden. Für Versicherungsunternehmen ergeben sich insbesondere durch die aufsichtsrechtlichen Vorschriften der §§ 54–54 c VAG zwingende Einschränkungen für das Kapitalanlageprogramm und damit auch für die Benchmarkwahl. Denn die Festlegung einer Benchmark sollte unter der Prämisse einer praktikablen Umsetzung zweckmäßigerweise nur solche Anlagemöglichkeiten abbilden, die dem Portfoliomanager unter Beachtung rechtlicher Restriktionen auch offenstehen.

Nach § 54 (1) VAG ist das *gebundene Vermögen* eines Versicherungsunternehmens »unter Berücksichtigung der Art der betriebenen Versicherungsgeschäfte sowie der Unternehmensstruktur so anzulegen, daß möglichst große *Sicherheit* und *Rentabilität* bei jederzeitiger *Liquidität* des Versicherungsunternehmens unter Wahrung angemessener *Mischung und Streuung* erreicht wird.«

Die bedürfnisgerechte Benchmarkwahl im Anlagemanagement eines Versicherungsunternehmens steht somit im klassischen Spannungsfeld zwischen *Rentabilität* und *Kapitalerhaltung (Sicherheit).* Zum einen muß es Ziel der Kapitalanlagepolitik sein, eine möglichst hohe Rendite zu erwirtschaften. Dieses Rentabilitätsziel ergibt sich immer dann zwingend aus dem Versicherungsgeschäft, wenn die versicherungstechnischen Verpflichtungen vom Versicherer verzinst werden müssen. Beispielsweise muß im Fall der Lebensversicherung eine Mindestrentabilität in Höhe der rechnungsmäßigen Zinsen (in der Regel 4 %) erwirtschaftet werden. Zum anderen ist es Aufgabe der Kapitalanlagepolitik, die dauernde Erfüllbarkeit der Versicherungsverpflichtungen (Kapitalerhaltung) zu gewährleisten, worin die »dienende« Funktion des Kapitalanlagegeschäfts für das Versicherungsgeschäft zum Ausdruck kommt. Die Festlegung einer Benchmark sollte daher nicht nur die Zahlungsströme aus der Kapitalanlage, sondern auch die aus dem Versicherungsgeschäft (Asset-Liability-Management) berücksichtigen. Darüber hinaus stellt das aufsichtsrechtliche Kapitalanlageziel der *Mischung und Streuung* eine weitere Restriktion für die Benchmarkwahl dar. So schreibt es den Versicherungsunternehmen eine begrenzte Konzentration der Kapitalanlagen auf einzelne Vermögenswerte, auf einzelne Kapitalnehmer sowie in regionaler Hinsicht vor.

Insbesondere durch den § 54 a Abs. (2) VAG wird durch die Vorgabe eines konkreten Anlagekatalogs die Anwendung ökonomisch fundierter Kapitalanlagekonzeptionen beeinflußt. Weitere Einschränkungen für die Kapitalanlagepolitik ergeben sich aus dem *Grundsatz der Belegenheit,* nach dem maximal 5 % des Deckungsstocks und 20 % des übrigen gebundenen Vermögens außerhalb der Europäischen Union belegen sein dürfen. Der *Grundsatz der Währungskongruenz* hingegen sieht vor, daß die Kapitalanlagen in den Währungen bestehen müssen, in denen die Verpflichtungen aus den Versicherungsverträgen zu erfüllen sind. Währungsinkongruent dürfen lediglich 20 % des Deckungsstocks und des übrigen gebundenen Vermögens angelegt sein.

Trotz dieser bestehenden aufsichtsrechtlichen Normsetzungen muß für das Kapitalanlagegeschäft von Versicherungsunternehmen konstatiert werden, daß sich gerade in den letzten Jahren in Deutschland eine Deregulierung der Kapitalanlagebestimmungen vollzogen hat. So ist das frühere Prinzip der Inlandsbelegenheit durch Belegenheit in der Europäischen Union abgelöst, und die Höchstgrenzen für die einzelnen Anlagearten, besonders Grundbesitz und Aktien, sind erweitert worden. Darüber hinaus sieht die sogenannte Öffnungsklausel (§ 54 a II Nr. 14 VAG) vor, daß bis zu 5 % des gebundenen Vermögens in Anlagen zulässig sind, die im Katalog der zulässigen Anlagearten nicht genannt sind, die bestimmte Voraussetzungen des Katalogs nicht erfüllen oder vorgeschriebene Höchstgrenzen überschreiten.

Somit ist festzuhalten, daß die Versicherungsunternehmen in Deutschland trotz der aufsichtsrechtlichen Reglementierungen de facto zahlreiche Spielräume bei der Gestaltung ihres Kapitalanlageprogramms besitzen – und diese Spielräume sind auch nur bei sehr wenigen Unternehmen schon voll ausgeschöpft. Die Möglichkeiten einer individuellen sowie einer bedarfsgerechten Gestaltung der Benchmarks sind somit gegeben.

3. Benchmarks in der Unternehmenspraxis

In der Unternehmenspraxis existieren drei wesentliche Ansätze zur Bildung einer Benchmark:

- Benchmarkbildung auf der Basis klassischer Renditekennzahlen
- Benchmarkbildung auf der Basis von Kapitalanlagearten
- Benchmarkbildung auf der Basis eines Schattenportefeuilles

a. Benchmarkbildung auf der Basis klassischer Renditekennzahlen

Schon seit je her und lange bevor der Begriff des Benchmarks sich in Deutschland überhaupt verbreitet hat, vergleichen deutsche Versicherer den Erfolg ihrer Kapitalanlagepolitik anhand der sogenannten *Rendite nach Verbandsformel*, bei der die ordentlichen Erträge aus Kapitalanlagen abzüglich der ordentlichen Aufwendungen aus Kapitalanlagen zum mittleren Bestand der Kapitalanlagen in Beziehung gesetzt werden. Besteht das Ziel der Kapitalanlagepolitik darin, mindestens so erfolgreich zu sein wie die Mitbewerber, so ist dieses Ziel erreicht, wenn die unternehmensindividuelle Rendite nach Verbandsformel nicht geringer ist als die des Gesamtmarktes. Dieses Vorgehen hat jedoch einige gravierende Nachteile:

- Die Rendite nach Verbandsformel bezieht sich auf den gesamten Kapitalanlagenbestand. Demnach haben Versicherer, die in ihrer Kapitalanlagepolitik Restriktionen unterworfen sind, Nachteile gegenüber Unternehmen, die in der Auswahl ihrer Kapitalanlagen außer den rechtlichen Rahmenbedingungen keinen Beschränkungen unterworfen sind (z. B. dergestalt, daß Versicherer zur Absatzförderung in der Lebensversicherung überdurchschnittlich Hypotheken vergeben, die eine geringere Rendite aufweisen als andere Kapitalanlagen, oder daß sie aus unternehmenspolitischen Aspekten gering rentierliche Beteiligungen halten müssen).
- In die Rendite nach Verbandsformel fließen nur ordentliche, nicht aber außerordentliche Kapitalerträge ein. Dies hat den Nachteil, daß Anlagearten wie Aktien, die in der Regel nur geringe ordentliche Erträge (Dividenden), jedoch darüber hinaus hohe außerordentliche Erträge (realisierte Kursgewinne) erwirtschaften, benachteiligt sind. Die Tatsache, daß viele Unternehmen in der Vergangenheit sich anhand der Rendite nach Verbandsformel gemessen haben, ist sicherlich ein Grund für den im internationalen Vergleich

geringen Anteil an Aktien in Deutschland. Dieser Nachteil wird jedoch hinsichtlich der realisierten Kursgewinne dann vermieden, wenn die Steuerungsgröße nicht die Rendite nach Verbandsformel, sondern die laufende Kapitalanlagerendite ist, in die auch außerordentliche Erträge einfließen.

- Weiterhin ist es problematisch, daß in die Aufwendungen für Kapitalanlagen auch die Verwaltungskosten einfließen. Viele dieser Kosten sind hinsichtlich der Kapitalanlagenverwaltung nämlich Gemeinkosten und unterliegen insofern aufgrund der notwendigen Schlüsselungen einem bilanzpolitischen Gestaltungsspielraum.
- Die Rendite nach Verbandsformel bewertet die Kapitalanlagen mit Buchwerten. Dies bevorzugt Unternehmen, deren Kapitalanlagenbestände relativ alt sind und die viele stille Reserven in ihren Kapitalanlagen halten. So ist die Rendite einer Immobilie, die im Extremfall bis auf 1,00 DM abgeschrieben ist, extrem hoch. Es bleibt abzuwarten, inwieweit, nachdem im Rahmen der neuen Rechnungslegungsvorschriften stille Reserven in Kapitalanlagen publiziert werden müssen (für Wertpapiere gilt dies ab dem Geschäftsjahr 1997 und für Immobilien ab dem Geschäftsjahr 1999), eine allgemein akzeptierte Renditeformel entwickelt wird, bei der die Bewertung der Kapitalanlagen zu Marktwerten erfolgt.
- Schließlich ist es eine reine Fiktion, daß die Rendite zum mittleren Bestand der Kapitalanlagen in Beziehung gesetzt wird. Unternehmen, die Kapitalanlagen überwiegend zu Beginn eines Geschäftsjahres tätigen, haben somit gegenüber den Unternehmen einen Vorteil, die überwiegend in den letzten Monaten eines Jahres Kapitalanlagen bilden.

Unter Berücksichtigung all dieser Schwachpunkte ergibt sich als Fazit, daß die Rendite nach Verbandsformel (aber auch die laufende Kapitalanlagerendite) bei aller Akzeptanz der Marktteilnehmer als Benchmark für die Kapitalanlagen nur sehr bedingt geeignet ist.

b. Benchmarkbildung auf der Basis von Kapitalanlagearten

Zur Vermeidung des o. g. Nachteils, daß sich die Rendite nach Verbandsformel auf den Gesamtkapitalanlagenbestand bezieht, ist es auch denkbar, *Benchmarks für einzelne Kapitalanlagearten* zu bilden. Wünschenswert wäre es, um Versicherungsunternehmen untereinander vergleichen zu können, wenn dies anhand von externen verfügbaren Informationen möglich wäre. Hier sind aber starke Beschränkungen durch die Rechnungslegungsvorschriften gegeben, da im externen Jahresabschluß nur die Erträge auf Grundbesitz und auf Beteiligungen einzeln ausgewiesen werden, während die Erträge der anderen Kapitalanlagen in einer Sammelposition angegeben werden. Denkbar ist es jedoch, z. B. die Rendite aus Aktien oder aus festverzinslichen Wertpapieren mit entsprechenden Marktindizes (z. B. dem DAX oder dem REX) intern zu vergleichen. Problematisch hierbei ist es jedoch, daß in der Regel in diesen Index Titel einfließen, die man selbst nie erwerben würde oder teilweise auch nicht dürfte. So läßt sich beispielsweise der DAX (als 100-Prozent-Benchmark) im Rahmen des Gesetzes über Kapitalanlagegesellschaften (Anlagebeschränkung des § 8 a KAGG) aufgrund des Gewichtes der Allianz-Aktie von aktuell rund 11,2 Prozent direkt nicht ohne weiteres in einem Fonds darstellen. Ebenso kann der REX-Performance-Index nicht ohne weiteres abgebildet werden, da dieser Index aufgrund seiner synthetischen Konstruktion im Gegensatz zum Portfolio keine Restlaufzeitverkürzung kennt.

c. Benchmarkbildung auf der Basis eines Schattenportefeuilles

Die Nachteile, die eine Benchmark in der Form eines Rentenindex aufweist, können jedoch dadurch verhindert werden, daß man als Benchmark für das (externe) Portfoliomanagement die Rendite wählt, die in der Direktanlage erwirtschaftet worden wäre. Die in der Direktanlage umgesetzte Anlagestrategie, die eine vorab definierte Anlagepolitik verfolgt, soll im folgenden als »Schattenportefeuille« (fiktives Referenz- oder Benchmarkportefeuille) bezeichnet werden.

Grundsätzlich ist die Zielsetzung des Schattenportefeuilles als Benchmark, nachvollziehbar für den Investor darzustellen, ob durch externes professionelles Portfoliomanagement eine bessere Performance erzielt wird als durch die Kapitalanlagestrategie der Direktanlage.

Voraussetzung für die Anwendung einer solchen Benchmark ist allerdings, daß diese auch den allgemeinen Benchmarkkriterien genügt. So ist es im Sinne der Klarheit und Eindeutigkeit notwendig, daß vorab eine Anlagestrategie im einzelnen festgelegt und im Schattenportefeuille auch stets durchgehalten wird.

Im Rentenbereich kann z. B. die Rendite als Vergleichsmaßstab herangezogen werden, die erwirtschaftet wird, wenn Langläufer (10 Jahre) gekauft und bis zur Endfälligkeit gehalten werden. In diesem Fall ist das (externe) Portfoliomanagement gezwungen, aktives Management zu betreiben, da es im Rahmen einer Buy-and-Hold-Strategie in der Regel nicht möglich ist, nur durch die Wahl kürzerer Laufzeiten eine bessere Rendite als die des Schattenportefeuilles zu erzielen.

Im Rahmen der Vorgaben für einen externen Portfoliomanager kann auch ein »balanced Portfolio« (die Beimischung von Aktien in einem Rentenportefeuille) zum »Schlagen« des Schattenportefeuilles zugelassen sein. Damit könnte die These »Aktien schlagen Renten«, wie es in der Literatur immer wieder im längerfristigen Vergleich aufgezeigt wird, nachgewiesen werden. Auf diese Weise läßt sich der ergebnisorientierte Vergleich und die Ausrichtung an Benchmarks in der Praxis umsetzen.

V. Ausblick

Benchmarks spielen eine wesentliche Rolle im Kapitalanlagemanagement. Sie dienen zur Strukturierung und Optimierung von Assets und tragen durch entsprechende Definition aufsichtsrechtlichen und kapitalmarkttheoretischen Aspekten Rechnung. Ferner ist die Benchmark Maßstab für die Performancemessung und für das Controlling in der Kapitalanlage. Darüber hinaus kann die Benchmark zur Bemessung der Verwaltungsvergütung herangezogen werden und dient somit als Anreizsystem für das (externe) Portfoliomanagement. Unterstellt wird dabei, daß durch das Einschalten professionellen (externen) Portfoliomanagements eine Outperformance der Direktanlage erzielt wird.

Speziell in der Versicherungswirtschaft gewinnt die Rendite der Kapitalanlagen aufgrund immer enger werdender Spannen im versicherungstechnischen Ergebnis an zunehmender Bedeutung – einmal zur Deckung der eingegangenen Verpflichtungen und zum anderen zur Erwirtschaftung einer akzeptablen Eigenkapitalrendite. Ferner sind die Ergebnisse aus der Kapitalanlage, insbesondere in der Lebensversicherung, ein entscheidender Aspekt bei der Kalkulation von Versicherungsprodukten.

Die langfristig angelegten Verpflichtungen der Lebensversicherer z. B. erfordern eine Anlagerendite, die sowohl den eingerechneten Rechnungszins von 4 % erwirtschaftet als auch den überrechnungsmäßigen Zins erzielt, der ebenfalls in die – auf Vergangenheitswerten basierende – Beispielrechnung für die zu erwartende Ablaufleistung an den Kunden eingerechnet ist.

Der wachsende Wettbewerb, unter anderem forciert durch das Zusammenwachsen von Versicherungs- und Kapitalmärkten sowie die Öffnung des deutschen Marktes für ausländische Anbieter, zwingt die deutsche Versicherungsbranche zur Optimierung ihrer Wertschöpfungsaktivitäten. Für die Strukturierungsbestrebungen in der Kapitalanlage bedeutet das die verstärkte Anwendung von Methoden und Instrumenten des professionellen Portfoliomanagements zur Erzielung einer verbesserten Performance unter Wahrung der zu berücksichtigenden Risikoaspekte. Damit wird die Chance eröffnet, die Kapitalanlage im Sinne der Unternehmensziele und aufsichtsrechtlichen Rahmenbedingungen zu optimieren und Wettbewerbsvorteile zu erreichen.

Literatur

Böhmer, G.: Warum arbeiten Versicherungen mit Fonds?, in: Börsen-Zeitung, 25. November 1995

Etzel, T.: Benchmarking in Versicherungsunternehmen: Chance oder Risiko?, in: Versicherungswirtschaft, Heft 12, 1995, S. 772–776

Farny, D.: Versicherungsbetriebslehre, 2. Aufl., Karlsruhe 1995

Groffmann, T.: Marktorientierte Steuerung von Schaden- und Unfallversicherungsunternehmen, Berlin 1995

Hockmann, H. J.: Performance-Messung von Wertpapier-Portfolios, in: Die Bank, Heft 3, 1987, S. 132–137

Kreitling, J.: Den Primus im Blick, Benchmarking im Versicherungsunternehmen – ein empirischer Befund, in: Versicherungsbetriebe, Heft 5, 1996, S. 8–16

Nowak, T./Wittrock, C.: Empirische Ergebnisse zur Messung der Performance von Investmentfonds, 2. Aufl., Münster 1994

Pilger, J.: Kapitalanlage-Controlling, ein Entwicklungsprozeß zur Erzielung von Wettbewerbsvorteilen, in: Versicherungswirtschaft, Heft 12, 1995, S. 782–790

Rappaport, A.: Shareholder Value, Wertsteigerung als Maßstab für die Unternehmensführung, Stuttgart 1995

Rohweder, H. C.: Bestimmung anlegespezifischer Benchmark-Portfolios, in: Die Bank, Heft 1, 1997, S. 23–29

Saxinger, R.: Aspekte einer strategischen Benchmarkwahl, in: Die Bank, Heft 5, 1996, S. 302–306

Schlenger, C.: Neue AIMR-Performance-Standards, in: Die Bank 3/1997, Seite 175–179

Steiner, M./Bruns C.: Wertpapiermanagement, 5. Aufl., Stuttgart 1996

Stucki, T.: Die Rolle der Benchmarks im Portfolio Management, in Finanzmarkt und Portfoliomanagement, hrsg. v. Schweizerische Gesellschaft für Finanzmarktforschung, 10 Jg. 1996, S. 181–196

Ziemer, N.: Die Deutsche Performancemessungs-Gesellschaft – ein Service für institutionelle Anleger, in: Handbuch Finanzdienstleistungen, hrsg. v. *Brunner* u. a., Stuttgart 1993

Jürgen Förterer*

Asset Management von Versicherungen

---

*   Dr. *Jürgen Förterer*, Vorsitzender des Vorstandes der R + V Versicherungsgruppe

I. Umfeld

Mit dem durch Deregulierungsmaßnahmen und Aufhebung traditioneller Branchengrenzen ausgelösten Strukturwandel auf den Versicherungsmärkten hat sich in den letzten Jahren das Wettbewerbsumfeld für die deutsche Assekuranz deutlich verändert. Der verschärfte Preiswettbewerb innerhalb der Versicherungsbranche und die wachsende Konkurrenz von Banken und anderen Finanzdienstleistern im Rahmen der Altersvorsorge haben dazu geführt, daß zunehmend die Bedeutung des Kapitalanlageergebnisses für die Attraktivität der eigenen Produktpalette und des Unternehmens insgesamt wahrgenommen wird. Die Rendite der Kapitalanlagen hat nachhaltige Auswirkungen auf den Markterfolg der Produkte, da sich der Anlageerfolg z. B. bei Kapitallebensversicherungen mittelbar in der den Kunden in Aussicht gestellten Ablaufleistung niederschlägt. Bei Sachversicherungsprodukten bestimmt er die Spielräume bei der Gestaltung der Prämienhöhe oder des Leistungsumfangs. Trotz der wettbewerbsbedingt stärkeren Betonung des Renditeaspektes sollte nicht vernachlässigt werden, daß sich die eigentliche Bedeutung und Funktion der Kapitalanlagen in der Assekuranz aus den Charakteristika des Versicherungsgeschäftes ableitet.

Primäre Aufgabe von Versicherungsunternehmen ist die Produktion von Risikoschutz für die Versicherungsnehmer. Im Rahmen des Produktionsprozesses übernimmt die Kapitalanlage eine dienende Funktion – sie ist ein wesentliches Instrument zur Erbringung der den Kunden vertraglich zugesicherten Leistungen.[1] Daher ist die Anlagetätigkeit der Versicherer u. a. darauf ausgerichtet, die zur Verfügung stehenden Mittel so zu investieren, daß die jederzeitige Erfüllbarkeit der eingegangenen Verpflichtungen gewährleistet ist. Strategien und Maßnahmen zur Maximierung des Anlageergebnisses sind also nur insoweit zulässig, als sie die jederzeitige Erfüllung der Leistungsgarantien sicherstellen. Dementsprechend stellt sich dem Asset Management von Versicherern eine Optimierungsaufgabe, nämlich das Anlageportfolio unter Berücksichtigung der versicherungsspezifischen Anforderungen zu strukturieren.

II. Rahmenbedingungen der Kapitalanlagepolitik von Versicherungen

1. Gesetzliche Vorgaben für das Anlagenmanagement

Der Gesetzgeber hat in § 54 des Versicherungsaufsichtsgesetzes (VAG) die Anlageziele, die zulässigen Anlagearten sowie Grenzen für den Anteil einzelner Anlagearten am Gesamtportfolio festgelegt und damit den Handlungsrahmen des Asset Managements definiert. Die Einhaltung der gesetzlichen Vorschriften und der ergänzenden aufsichtsrechtlichen Verordnungen und Hinweise wird durch das Bundesaufsichtsamt für das Versicherungswesen (BAV) überwacht.

---

1   Vgl. etwa *Albrecht* (1995, S. 35ff.).

Die Ziele der Kapitalanlage bestimmen sich aus den in § 54 Abs. 1 VAG verankerten allgemeinen Anlagegrundsätzen. Mit dem Grundsatz der *Sicherheit* wird die Wertbeständigkeit des einzelnen Investments sowie der Gesamtheit der Kapitalanlagen als dominierendes Anlageziel formuliert. Die Forderung nach der *Rentabilität der Anlagen* ist dem Sicherheitsziel nachgeordnet und verlangt, daß mit Investitionen ein laufender Ertrag verbunden ist. Der Grundsatz der *Mischung und Streuung* verpflichtet das Versicherungsunternehmen, seine Anlagen auf verschiedene Anlagearten und darüber hinaus auf unterschiedliche Schuldner und Objekte zu verteilen – eine gesetzliche Auflage, deren Sinnhaftigkeit im nachhinein durch portfoliotheoretische Erkenntnisse untermauert wurde. Das *Liquiditätsziel* beinhaltet, daß der Versicherer jederzeit in der Lage sein muß, seine aus dem Versicherungsgeschäft resultierenden Leistungszusagen zu erfüllen.

Zur Bedeckung der versicherungstechnischen Verpflichtungen gegenüber den Kunden dient das *gebundene Vermögen*, das sich entsprechend der Schutzbedürftigkeit der Ansprüche der Versicherten in einen *Deckungsstock* und das *übrige gebundene* Vermögen aufteilt.

Die Finanzinstrumente, die als Anlagen des gebundenen Vermögens zugelassen sind, ergeben sich aus dem in § 54 a Abs. 2 Nr. 1–14 VAG dargestellten Anlagekatalog. Eine Erweiterung der Anlagepalette ermöglicht die sogenannte ›*Öffnungsklausel*‹, nach der bis zu 5 % des Deckungsstocks und des übrigen gebundenen Vermögens in Anlagen investiert werden dürfen, die nicht im Anlagekatalog genannt sind bzw. dessen Voraussetzungen nicht erfüllen oder die genannten Bemessungsgrenzen überschreiten. Der zusätzliche Anlagespielraum darf jedoch nur unter der Maßgabe genutzt werden, daß die Erfüllung der Anlageziele gewährleistet bleibt.

Der Anlagegrundsatz der Mischung und Streuung erfordert die Einhaltung der nachfolgenden Höchstgrenzen:

Mischung:
- max. 30 % in Aktien und anderen Beteiligungen
- max. 25 % in Grundstücken und Immobilienfonds
- max. 2,5 % in nicht in einen organisierten Markt einbezogene Inhaberschuldverschreibungen
- max. 5 % in Vermögensgegenstände gemäß der ›Öffnungsklausel‹ des § 54 a Abs. 2 Nr. 14 VAG
- max. 10 % des Deckungsstockvermögens bei EU-Gebietskörperschaften ohne Konkursvorrecht der Deckungsstockgläubiger.

Für Anlagen im EU-Ausland gelten besondere Mischungsquoten:

- max. 5 % des gebundenen Vermögens in Inhaberschuldverschreibungen, wenn der Aussteller seinen Sitz nicht in der EU hat
- max. 6 % des Deckungsstocks und des übrigen gebundenen Vermögens in Aktien von Gesellschaften mit Sitz außerhalb der EU.

Streuung:
- Aktienengagements: max. 10 % des Grundkapitals einer Gesellschaft
- Objektrisiko: max. 10 % des gebundenen Vermögens in einem Grundstück oder einem Grundstückskomplex
- Adressenrisiko: max. 5 % des gebundenen Vermögens in Anlagen bei einem Schuldner.

Wegen des relativ geringen Volumens, das pro Schuldner zulässig ist, hat der Gesetzgeber Anlagen bei Kreditinstituten (gesichert mit besonderer Deckungsmasse), der öffentlichen Hand und geeigneten Kreditinstituten (mit tatsächlicher Instituts- bzw. Einlagensicherung) von dieser Streuungsvorschrift ausgenommen und für sie eine erhöhte Streuungsquote von max. 30 % festgesetzt.

Um das *Währungsrisiko* auszuschalten, muß die Vermögensanlage in der Währung erfolgen, in der die Verbindlichkeiten zu erfüllen sind. Als Ausnahme davon dürfen 20 % des Deckungsstocks und 20 % des übrigen gebundenen Vermögens nicht kongruent angelegt sein. Statt einer kongruenten Bedeckung in der Währung eines EU-Mitgliedsstaates kann die Anlage des übrigen gebundenen Vermögens bis zu 50 % in auf ECU lautenden Vermögenswerten erfolgen. Um Risiken bei der Verwertung von außerhalb der EU belegenen Werten zu vermeiden, müssen die Anlagen innerhalb der EU erfolgen. Als Ausnahme dürfen 5 % des Deckungsstocks und 20 % des übrigen gebundenen Vermögens außerhalb der EU belegen sein.

Für das *freie (restliche) Vermögen* der Versicherungsunternehmen gelten zwar die Anlagevorschriften des VAG nicht, es unterliegt jedoch ebenfalls der grundsätzlichen Finanzaufsicht des BAV.

Um dem Grundsatz der Sicherheit als wichtigstem Anlageziel auch in einem sich wandelnden Finanzmarktumfeld die erforderliche Geltung zu verleihen, hat der Gesetzgeber im Jahr 1991 Vorschriften in das VAG aufgenommen, die dem Einsatz derivativer Finanzinstrumente enge Grenzen setzen. § 7 Abs. 2 VAG gestattet Versicherern den Einsatz von Derivaten, wenn sie zur Absicherung vorhandener Vermögenswerte gegen Kurs- oder Zinsänderungsrisiken oder zur Vorbereitung von Wertpapierkäufen dienen. Darüber hinaus können Derivate zur Erzielung von Zusatzerträgen aus vorhandenen Wertpapieren eingesetzt werden, sofern bei der Erfüllung von Lieferverpflichtungen eine Unterdeckung des gebundenen Vermögens nicht eintreten kann.

Die Versicherungswirtschaft formulierte in der Folge »Grundsätze für den Einsatz derivativer Finanzinstrumente« sowie »innerbetriebliche Richtlinien« im Sinne einer Selbstregulierung, welche die Grundlagen für das vom Bundesaufsichtsamt Ende 1995 veröffentlichte Rundschreiben R 7/95 bildeten. Dieses Rundschreiben konkretisiert die zulässigen Instrumente und Geschäftsarten, schreibt Volumengrenzen für Absicherungs-, Erwerbsvorbereitungs- und Ertragsvermehrungsgeschäfte vor, bestimmt die Anforderungen an die Mitarbeiterqualifikation und erlegt den Versicherern umfangreiche Dokumentations- und Meldepflichten auf. Die Vorschriften sollen sicherstellen, daß durch den Einsatz von Derivaten kein zusätzliches, über dem von Kassainstrumenten liegendes Risiko eingegangen wird.

2. Sonstige Rahmenbedingungen

In der Praxis wird die Anlagepolitik des Versicherers oftmals stärker durch die Art des betriebenen Versicherungsgeschäftes als durch gesetzliche Anlagevorschriften bestimmt. Restriktionen ergeben sich für das Kapitalanlagemanagement eher aus der zeitlich und quantitativ eingeschränkten Planbarkeit der Leistungsverpflichtungen in einzelnen Versicherungssparten sowie aus der Kapitalmarktsituation und den Aktivitäten der Wettbewerber. Die erheblichen Schwankungen in den Ein- und Auszahlungsströmen von Komposit-

und Rückversicherern erfordern eine angemessene Liquiditätsreserve und eine hohe Fungibilität der Vermögenswerte, um die jederzeitige Zahlungsbereitschaft auch bei einer unvorhersehbaren Häufung von Großschäden zu gewährleisten. Demgegenüber ist es für Lebensversicherer in der Regel nicht erforderlich, in größerem Umfang liquide Mittel zu halten, da die Kundenverbindung durch langfristig vereinbarte Liquiditätsströme gekennzeichnet ist und die Beitrags- und Leistungszahlungen – statistischen Wahrscheinlichkeiten entsprechend -vergleichsweise stetig erfolgen. Die den Versicherungsnehmern unabhängig von Kapitalmarktschwankungen zum Teil für Jahrzehnte garantierte jährliche Mindestverzinsung bedingt eine langfristig ausgerichtete Anlagestrategie, die weniger auf die schnelle Liquidierbarkeit von Anlagewerten als auf eine stabile Wertentwicklung des Vermögens und kontinuierlich hohe Erträge ausgerichtet ist.

III. Asset Management und Anlageergebnis von Versicherungen

1. Struktur der Kapitalanlagen von Versicherungen

Die Assekuranzunternehmen tragen der im Grundsatz der Anlagenmischung (§ 54 Abs. 1 VAG) formulierten Forderung nach Diversifikation durch Investition der liquiden Mittel in eine breite Palette von Anlagearten Rechnung. Die Anlagen erstrecken sich auf Nominal- und Sachwertanlagen, deren Kombination im Rahmen eines Portfolios aufgrund der unterschiedlichen Ertrags- und Risikocharakteristika der betreffenden Investments sinnvoll erscheint. Nominalwerte, also Zinsanlagen wie z. B. Darlehen, Hypotheken und festverzinsliche Wertpapiere, sind durch hohe laufende Erträge und eine sichere Rückzahlung des Nominalbetrages gekennzeichnet, bieten jedoch keine Sicherung gegen Realwertverluste bei unerwartet hohen Inflationsraten. Demgegenüber ist mit Substanzwerten, d. h. Aktien, Beteiligungen und Immobilien, ein besserer Inflationsschutz verbunden, der aber in der Regel mit einer niedrigeren laufenden Verzinsung und hohen Wertschwankungen einhergeht.

Die Entwicklung der Kapitalanlagen der deutschen Versicherungsunternehmen zeigt die nachfolgende Übersicht:

Traditionell dominieren die Zinsanlagen – im wesentlichen Hypotheken, Namensschuldverschreibungen und Darlehen sowie festverzinsliche Wertpapiere – mit einem Anteil von zusammen über 70 % die Struktur der Kapitalanlagen. Bei Kompositversicherern liegt der entsprechende Strukturanteil mit rund 62 % niedriger als bei Krankenversicherern (ca. 78 %) oder Lebensversicherern (rd. 77 %).[2] Dieser Investitionsschwerpunkt beruht auf der Erkenntnis, daß Zinsanlagen in den vergangenen Jahrzehnten trotz Schwankungen der Kapitalmarktzinsen und Phasen hoher Inflationsraten die besten Voraussetzungen boten, um die spezifischen Anlageziele der Versicherer zu erreichen. Dividendenwerte können aufgrund der fehlenden Stetigkeit ihrer Wert- und Ertragsentwicklung zinstragende

---

2 Vgl. Bundesaufsichtsamt für das Versicherungswesen (1997).

Asset Managements der deutschen Versicherungswirtschaft (Bilanzwerte)										
Position	1980		1990		1994		1995		1996	
	Mrd. DM	%	Mrd. DM	%	Mrd. DM	%	Mrd. DM	%	Mrd. DM	%
Grundstücke	28	9,9	45	6,3	55	5,5	56	5,0	54	4,4
Hypotheken	43	15,4	85	11,8	113	11,4	119	10,7	123	10,1
Namensschuldverschrei-bungen und Darlehen*	124	44,3	333	46,5	438	44,0	505	45,2	560	45,8
Festverzinsliche Wertpapiere	54	19,3	120	16,7	162	16,3	175	15,7	175	14,4
Aktien	9	3,2	20	2,8	30	3,0	32	2,9	37	3,0
Investmentzertifikate	8	3,0	58	8,1	111	11,2	130	11,7	159	13,0
Beteiligungen	6	2,1	38	5,3	60	6,0	70	6,3	81	6,6
Darlehen und Voraus-zahlungen auf Versicherungsscheine	3	1,2	10	1,3	10	1,0	10	0,9	10	0,8
Festgelder, Termingelder, Spareinlagen	3	1,1	7	1,0	9	0,9	11	1,0	13	1,0
Sonstige Kapitalanlagen	2	0,5	1	0,2	6	0,7	8	0,7	10	0,8
Gesamt	280	100,0	716	100,0	996	100,0	1.117	100,0	1.221	100,0

*inkl. Schuldbuchforderungen (Quelle: GVD/BAV)

Tab. 1: Entwicklung der Kapitalanlagen der deutschen Versicherungswirtschaft

Anlagen nicht ersetzen. Dennoch war die deutsche Versicherungswirtschaft mit einem Aktienbestand von über 200 Mrd. DM zum Jahresende 1995[3] der mit deutlichem Abstand größte institutionelle Anleger am deutschen Aktienmarkt. Aktien und Beteiligungen erreichten per Jahresultimo 1996 insgesamt einen Anteil von rund 10 % des Bilanzwertes der Kapitalanlagen der Assekuranz. Der Strukturanteil der Immobilien an den gesamten Kapitalanlagen hat sich seit den 80er Jahren infolge der Reaktion der Versicherer auf Überhitzungserscheinungen am Immobilienmarkt und aufgrund der wirtschaftspolitischen Erfolge bei der Inflationsbekämpfung zurückgebildet.

2.   Besonderheiten des Asset Managements

Der Charakter der Verbindlichkeiten determiniert in hohem Maße das Anlageverhalten des Asset Managements von Finanzdienstleistern. Die Unterschiede zwischen den Verbind-lichkeiten von Versicherern und denen anderer Finanzinstitutionen führen auch zu spezi-fischen Anforderungen an das Management der Kapitalanlagen. Dies wird besonders deutlich, wenn das in der Regel viel kurzfristiger ausgerichtete Bankgeschäft und das Lebensversicherungsgeschäft miteinander verglichen werden.

---

3   Vgl. Deutsche Bundesbank (1997, S. 38).

Die Aufgabenstellung der Banken besteht in ihrer Grundform darin, aufgenommene Mittel mit fixen Restlaufzeiten und Zinsverpflichtungen so anzulegen, daß eine möglichst hohe Marge zwischen der Verzinsung der Aktiva und der Passiva erwirtschaftet wird. Bei der in Deutschland dominierenden kapitalbildenden Lebensversicherung besteht dagegen dem Kunden gegenüber zunächst die langfristige Verpflichtung, eine jährliche Mindestverzinsung zu erzielen. Statt eines bereits zum jeweiligen Einzahlungszeitpunkt der Prämie vereinbarten Festzinssatzes hat der Kunde einen gesetzlichen Anspruch auf 90 % der von den Lebensversicherern erzielten Kapitalerträge – in der Realität liegt der Prozentsatz aus Wettbewerbsgründen sogar deutlich höher. Die Aufgabe des Kapitalanlagenmanagements der Versicherer besteht darin, mit den zur Verfügung stehenden und bereits vertraglich vereinbarten, jedoch erst zukünftig zufließenden Mitteln einen möglichst hohen Ertrag zu erwirtschaften. Als Nebenbedingung hat das Asset Management zu berücksichtigen, daß das Versicherungsunternehmen in jedem Jahr in der Gewinn- und Verlustrechnung ein Ergebnis ausweisen muß, das zumindest die garantierte Verzinsung der Ansprüche der Versicherten ermöglicht.

In der Regel wird der Versicherer aus Image- und Wettbewerbsgründen bestrebt sein, kontinuierlich eine Anlagerendite zu erwirtschaften, die deutlich über der gesetzlich geforderten Mindestverzinsung liegt. Es verwundert daher nicht, daß Zinsanlagen mit hohen und sicheren laufenden Erträgen die Aktivseite der Versicherungsbilanz prägen.

Um die Kapitalanlagepolitik unter den gegebenen Zielsetzungen und Restriktionen effizient gestalten zu können, darf sich die Steuerung des Anlageportfolios der Versicherer nicht allein an den traditionellen Ertrags- und Volatilitätsparametern orientieren, sondern sollte im Rahmen eines integrierten Asset-Liability-Managements die bestehenden und erwarteten zukünftigen Verbindlichkeiten in die anlagestrategischen Überlegungen einbeziehen. Aufgrund der unterschiedlichen Aufgabenstellungen in Banken und Versicherungen lassen sich daher auch die für bankspezifische Anforderungen entwickelten Risikokennzahlen und -meßsysteme, die vor allem auf kurzfristige Steuerungsaspekte ausgerichtet sind, nicht ohne Modifikationen in der Assekuranz einsetzen.[4] Das Asset Management von Versicherungen muß bei der Formulierung der Anlagestrategie zusätzlich Bewertungs- und Bilanzierungsrisiken, Cash Flow – Risiken sowie Wettbewerbsrisiken als relevante Steuerungsgrößen berücksichtigen.[5]

Unter dem Begriff ›Bewertungsrisiko‹ werden in diesem Zusammenhang Schwankungen verstanden, denen der Marktwert einer Anlageart im Zeitablauf ausgesetzt ist. Das aus Bewertungsrisiken resultierende Bilanzierungsrisiko betrifft diejenigen Kapitalanlagen, die bei Wertrückgängen auf den niedrigeren Markt- bzw. Verkehrswert abgeschrieben werden müssen. Bei Versicherungsunternehmen sind Immobilien, Aktien, Beteiligungen sowie Inhabertitel betroffen. Demgegenüber besteht nach deutscher Rechnungslegung für Darlehen und Hypotheken auch bei Schwankungen des Marktwertes kein Bilanzierungsrisiko, da der Gesetzgeber davon ausgeht, daß diese Anlagen bis zu ihrer Rückzahlung zu pari im Bestand des Versicherers verbleiben. Diese an der Risikoschutzfunktion der Versicherer orientierte Rechnungslegungsvorschrift trägt insbesondere in der Lebensversicherung dazu bei, daß die im Interesse der Versicherungsnehmer liegende Stabilität und

---

4 Vgl. hierzu etwa *Albrecht* (1997, S. 93ff.).
5 Vgl. *Förterer* (1996, S. 210ff.).

Kontinuität der Anlageergebnisse auch tatsächlich gewährleistet werden kann. Das geltende Nominalwertprinzip sowie hohe und sichere laufende Erträge haben daher Darlehen und Hypotheken zu besonders geeigneten Anlageinstrumenten für Versicherungsunternehmen werden lassen.

Die Unsicherheit, die sich mit dem Zeitpunkt und der Höhe der durch eine Investitionsart induzierten Zahlungen verbindet, wird als ›Cash Flow-Risiko‹ bezeichnet. Während bei Zinsanlagen mit festem Nominalzinssatz die jährlichen Zinszahlungen und der Rückzahlungsbetrag im voraus bekannt sind, ist das ›Cash Flow-Risiko‹ bei Aktien, Beteiligungen und Grundvermögen relativ hoch anzusetzen.

Unter ›Wettbewerbsrisiko‹ wird die Gefahr verstanden, eine Rendite zu erwirtschaften bzw. ausweisen zu müssen, die unter der konkurrierender Versicherungsunternehmen liegt. Da Versicherungskunden zunehmend Renditeüberlegungen in ihre Produktentscheidungen einfließen lassen, muß das Asset Management bei der Gestaltung der Anlagestrategie auch das Anlageverhalten der Konkurrenten berücksichtigen, um mögliche Wettbewerbsnachteile aufgrund unterdurchschnittlicher Anlagerenditen zu vermeiden.

Die nachfolgende Matrix zeigt im Überblick, welchen Risiken die einzelnen Anlageklassen ausgesetzt sind:

	Bewertungs-/ Bilanzierungsrisiko	Cash Flow- Risiko	Wettbewerbsrisiko
kurzfristige Fest- und Termingelder	0	0	hoch
festverzinsliche Wertpapiere	mittel	0	mittel
Darlehen/Hypotheken	mittel/0	0	mittel
Aktien/Beteiligungen	hoch	hoch	mittel
Grundvermögen	hoch/mittel	hoch	hoch

Abb. 1: Anlagerisiken

Das Kapitalanlagemanagement hat bei der Gestaltung der Anlagestrategie zu berücksichtigen, daß für Versicherer aufgrund des Wettbewerbsrisikos grundsätzlich keine risikolose Anlage besteht. Darüber hinaus existiert infolge des unbegrenzten, offenen Anlagehorizonts kein fest vorgegebener Zeitraum, für den ein Risiko-Ertragsprofil zu optimieren ist. Für Lebensversicherer ergeben sich aus der dauerhaften Mindestverzinsungsgarantie erhebliche Reinvestitionsrisiken, da bei Zinsanlagen unabhängig von ihrer Laufzeit die Wiederanlage von Tilgungsbeträgen infolge veränderter Kapitalmarktverhältnisse unter Umständen mit einer Rendite erfolgen muß, die deutlich unter den bislang mit diesen Anlagemitteln erzielten Konditionen liegt. Daher bestimmt die geschäftspolitische Philosophie des Unternehmens den Anlagehorizont, dem das Asset Management im Rahmen der Formulierung seiner Anlagestrategie eine besondere Bedeutung beizumessen hat.

3.   Aspekte der Anlagetätigkeit

Der Gedanke der Risikoreduzierung durch Diversifikation, d. h. Verteilung des Vermögens auf verschiedene Anlagen und Anlageklassen, ist nicht nur durch die in § 54 Abs.1 VAG verankerte Forderung nach Mischung und Streuung der Kapitalanlagen, sondern auch aus unternehmerischen Gründen ein fundamentaler Grundsatz der Anlagepolitik jedes Versicherers. Die Portfolios enthalten daher mit Anlagen in Immobilien, Darlehen, festverzinslichen Wertpapieren sowie Aktien und Beteiligungen eine Fülle unterschiedlicher Investmentkategorien, die in ihrer Gesamtheit auch bei hoher Volatilität der Kapitalmärkte Schutz vor starken Wertschwankungen bieten.

Die Mittelverteilung auf die Hauptanlagekategorien – auch als Strategische Asset Allocation bezeichnet – bestimmt weitgehend den Erfolg der Kapitalanlage. Bei der Ermittlung der Kapitalanlagenstruktur sind sowohl die aus den übergeordneten Unternehmenszielen abgeleiteten Sollvorgaben für den Kapitalanlagebereich (Mindestrenditen etc.) als auch die den jeweiligen Anlagearten eigenen Ertrags- und Risikocharakteristika zu berücksichtigen. Sie werden ergänzt durch eine Analyse und Prognose makroökonomischer Größen sowie deren Auswirkung auf die Entwicklung der verschiedenen Anlagearten.

Die planvolle, transparente, möglichst auf quantitativen Größen beruhende Ermittlung der Vermögensstruktur ersetzt in zunehmendem Maße das in früheren Jahren eher intuitiv ausgerichtete Anlageverhalten. Die Entwicklung einer Strategischen Asset Allocation kann hierbei unter Verwendung der aus portfoliotheoretischer Sicht wesentlichen Größen (erwartete) Rendite, Risiko sowie der Korrelationen zwischen den zugelassenen Anlagearten erfolgen.[6] Mit Hilfe mathematischer Optimierungsverfahren lassen sich – unter Berücksichtigung der konkreten aufsichtsrechtlichen Restriktionen der §§ 54 a – d VAG – Vermögensstrukturen ermitteln, die im Hinblick auf ihre Rendite/Risiko-Relationen effizient sind und bei der Entscheidung über die der Risikoneigung des Versicherers entsprechende optimale Mittelverteilung in Betracht gezogen werden. Zunehmend finden in diesem Zusammenhang auch auf dem Konzept der Ausfallwahrscheinlichkeit basierende Optimierungsansätze Beachtung, die es erlauben, Mindestergebnisanforderungen zu berücksichtigen und den Einsatz von Finanzinnovationen mit asymmetrischem Risikoprofil in das Entscheidungskalkül einzubeziehen.[7]

Neben den beschriebenen aufsichtsrechtlichen und ergebnisseitigen Restriktionen spielen auch vertriebspolitische Nebenbedingungen – z. B. die Unterstützung des Lebenversicherungsgeschäftes durch Gewährung von Hypothekendarlehen – oder unternehmenspolitische Vorgaben – z. B. der Erwerb strategischer Beteiligungen – bei der Verteilung der Mittel auf die Anlageklassen eine bedeutende Rolle.

Bei der Auswahl der einzelnen Anlagen stellen die Versicherer im Interesse ihrer Kunden hohe Anforderungen an die Qualität des jeweiligen Investments. Sowohl bei Wertpapieremissionen als auch bei der Vergabe von Darlehen an staatliche, gewerbliche

---

6   Weitergehende Ansätze verfolgen das Ziel, die Bestände von Aktiv- und Passivseite unter Berücksichtigung bestehender Korrelationen zwischen den Vermögensteilen und den Verpflichtungen simultan zu optimieren.

7   Vgl. *Stephan* (1996).

oder private Kreditnehmer besitzt daher die Bonität des Schuldners als Entscheidungskriterium Priorität.

Im Rahmen des Anlagemanagements setzt die Versicherungsbranche derivative Finanzinstrumente ein, um sich gegen die Auswirkungen von Marktpreis-, Zins- oder Bonitätsrisiken zu sichern. Die Verwendung von Derivaten erfolgt hierbei mit der Zielsetzung, die Anlagegrundsätze des VAG effektiver umzusetzen. Vorteile ergeben sich unter anderem bei der Erwerbsvorbereitung durch den Einsatz von Optionen, da sie Investitionen in günstigen Kapitalmarktphasen unabhängig von saisonalen Liquiditätsschwankungen ermöglichen. Darüber hinaus bieten sich Optionen auch zur Begrenzung von Abschreibungsrisiken an. Zur kurzfristigen Absicherung von Kurs- und Zinsrisiken können Futures eingesetzt werden, während Swaps insbesondere zur Strukturierung der zukünftigen Kapitalrückflüsse geeignet sind. Eine wesentliche Voraussetzung für den zielgerechten Einsatz derivativer Finanzinstrumente stellt der Aufbau eines leistungsfähigen Risikocontrollings dar, das eine integrierte Betrachtung der Wirkungszusammenhänge von Kassa- und Terminmarktinstrumenten ermöglichen soll.

Zur Steuerung des Gesamtportfolios bedienen sich Versicherungsunternehmen unterschiedlicher Instrumente, mit deren Hilfe die Chancen und Risiken bezüglich der künftigen Vermögensentwicklung dargestellt werden können. Die Beurteilung kurzfristiger Bewertungs- und Bilanzierungsrisiken auf der Aktivseite erfolgt hierbei anhand von Durations- und Volatilitätsanalysen sowie einperiodigen Szenariorechnungen. Gerade im Hinblick auf den verstärkten Einsatz derivativer Instrumente gewinnen auch Value at Risk – Ansätze an Bedeutung.

Um die Risiken des Kapitalanlagenbestandes auch im Hinblick auf die bestehenden und erwarteten Verbindlichkeiten sachgerecht beurteilen zu können, ist es erforderlich, durch mehrperiodige Simulationsrechnungen die Einflüsse unterschiedlicher Anlagestrategien und Kapitalmarktszenarien auf die Entwicklung von Bilanz, Gewinn- und Verlustrechnung, Marktwerten und Liquidität darzustellen. Ein Versicherungsunternehmen muß auch bei extremen Kapitalmarktschwankungen jederzeit in der Lage sein, allen seinen Verpflichtungen nachzukommen.

Die für zeitstrukturierte Analysen erforderliche Datenbasis umfaßt u. a.

- die erwarteten Zahlungsströme aus dem Versicherungs- und Nichtversicherungsbereich,
- die prognostizierten Preis- und Ertragsentwicklungen auf den Anlagemärkten sowie
- die erwarteten Anforderungen der Passivseite (z. B. die erforderliche Höhe der Rückstellungen für Leistungen, die den Versicherten geschuldet werden). Darüber hinaus läßt sich an dieser Stelle auch die erwartete Entwicklung entsprechender Kenngrößen von Wettbewerbern in die Analyse integrieren.

4. Bedeutung des Anlageergebnisses

Ein wesentliches Qualitätsmerkmal der deutschen Assekuranz, insbesondere der Lebensversicherungsbranche, ist die kontinuierlich hohe Verzinsung ihrer Kapitalanlagen. Der Vergleich mit der durchschnittlichen Wertentwicklung der deutschen Aktien- und Rentenfonds mit Anlageschwerpunkt Deutschland zeigt, daß die Nettorendite der Kapitalanlagen der Lebensversicherungsbranche in den vergangenen Jahrzehnten nahezu unbeeinflußt von erheblichen Kapitalmarktschwankungen ein stabiles und attraktives Niveau aufgewiesen hat.

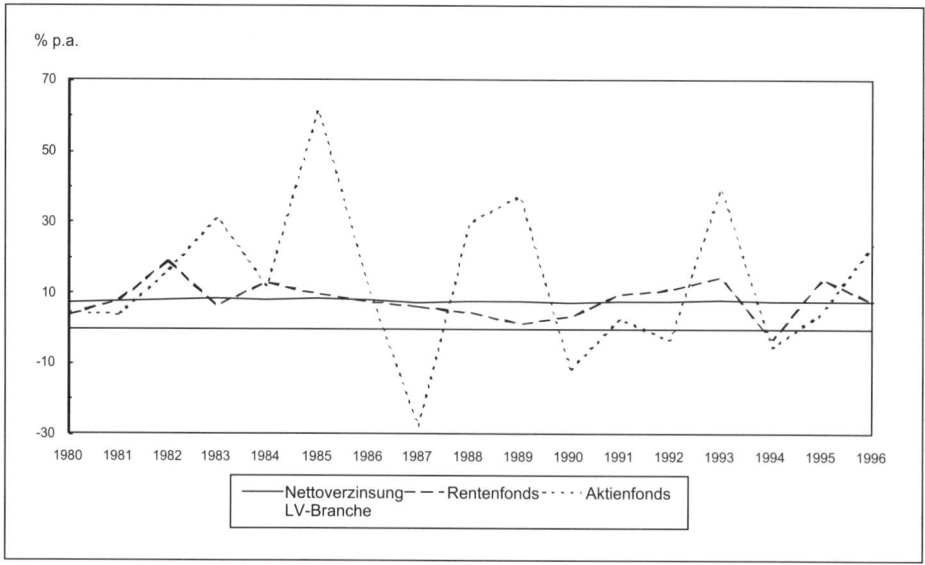

Abb. 2: Wertentwicklung der deutschen Aktien- und Rentenfonds (Quelle: BVI/GDV)

Die beeindruckende Ergebnisstabilität der Kapitalanlagen von Versicherern wurde u. a. durch stille Reserven gewährleistet, deren Mobilisierung in schwierigen Kapitalmarktsituationen zur Glättung und Verstetigung der Anlageergebnisse beigetragen hat. Die Bildung stiller Reserven in günstigen Kapitalmarktphasen erlaubt den Versicherern, auch in schlechten Börsenjahren eine gleichbleibend hohe Verzinsung zu erzielen, da renditemindernde Abschreibungen auf Anlagen durch die gewinnbringende Veräußerung anderer Vermögenswerte ausgeglichen werden können.

Unterstützend werden im Rahmen des intertemporalen Ertragsausgleichs zunehmend auch Spezialfonds eingesetzt, die darüber hinaus insbesondere bei Aktieninvestments gegenüber der Direktanlage Management- und Organisationsvorteile besitzen.[8]

---

8   GDV (1995, S. 106).

IV. Auswirkungen der Europäischen Währungsunion auf die Kapitalanlage von Versicherungen

1. Chancen und Risiken der Europäischen Währungsunion für die deutsche Versicherungswirtschaft

Die Verschmelzung der nationalen Teilmärkte zu einem europäischen Kapitalmarkt stellt auch für die Versicherungswirtschaft als bedeutendem institutionellen Anleger eine tiefgreifende Veränderung der Rahmenbedingungen der Kapitalanlage dar. Gerade Versicherungsunternehmen bieten jedoch aufgrund ihrer breit diversifizierten Anlageportfolios mit Engagements in Nominal- und Substanzwerten auch in Phasen gravierender Strukturveränderungen, die mit ausgeprägten Volatilitäten an den Kapitalmärkten verbunden sein können, naturgemäß eine hohe Vermögenssicherheit. Die Entwicklung der Nettorenditen der Lebensversicherer zeigt, daß die sicherheitsorientierte Anlagepolitik den Versicherungsnehmern auch bei hohen Inflationsraten, Aktiencrashs oder Ölkrisen kontinuierlich eine attraktive Verzinsung ihrer Ansprüche gewährleistet hat.

Das Entstehen eines gemeinsamen Kapitalmarktes bietet den Anlegern generell den Vorteil neuer Investitions- und Diversifikationsmöglichkeiten, ohne daß mit der Nutzung der erweiterten Anlagepalette Währungsrisiken verbunden sind. Rein national ausgerichtete Kapitalanlagenportfolios werden daher künftig keine optimale Risiko-/Ertragsstruktur mehr aufweisen können. Die für Versicherer relevanten Veränderungen in den einzelnen Anlagemärkten sollen nachfolgend grob skizziert werden.

2. Veränderungen in einzelnen Anlagemärkten

Der europäische Rentenmarkt wird aufgrund seiner zu erwartenden Größe und Differenzierung den deutschen Versicherern neue Spielräume zur Portfoliodiversifikation bieten. Im künftigen gemeinsamen Währungsraum erweitert sich für die deutschen Versicherer vor allem die Palette der unter Bonitätsaspekten attraktiven Schuldner sowie das Laufzeitenspektrum der angebotenen Titel. Dies erlaubt eine länderübergreifende Streuung der Anlagemittel innerhalb des Rentensegmentes, die bislang ohne zusätzliche Währungsrisiken nicht möglich ist. Einhergehend mit der größeren Vielfalt der Anlagealternativen wird allerdings auch der Aufwand zur Beurteilung der unterschiedlichen Schuldner und Finanzinstrumente wachsen.

Das Aktienengagement der Versicherer wurde bislang durch die Marktenge und geringe Liquidität des deutschen Aktienmarktes eingeschränkt. In einem gemeinsamen europäischen Markt wird das Management des Aktienportfolios daher von der erheblich größeren Auswahl an Dividendentiteln profitieren, die ohne währungsbedingte Risiken erworben werden können. Damit sind die Voraussetzungen für eine stärkere Internationalisierung der Aktienanlage deutscher Versicherer gegeben.

Im Rahmen der Strukturierung von international ausgerichteten Aktienportfolios steht bislang üblicherweise die Auswahl und Gewichtung der Anlageländer auf der Basis von

Prognosen zur jeweiligen Wirtschafts- und Währungsentwicklung im Vordergrund. An diese Entscheidung schließt sich die Bestimmung der Branchen und Einzeltitel an, in die investiert werden soll. Mit dem Eintritt in die 3. Stufe der Währungsunion und dem Wegfall der Währungsrisiken wird die strategische Allokation auf der Basis des Länderansatzes zugunsten der Entscheidung über die Branchengewichte innerhalb des Portfolios an Bedeutung verlieren. Die Attraktivität der einzelnen Branche in Relation zur prognostizierten Entwicklung des gesamten europäischen Aktienmarktes sowie die relative Position von Unternehmen innerhalb der nunmehr europäischen Branchengrenzen werden in den Mittelpunkt der Entscheidungen zur Aktienanlage rücken.

Die Einführung eines gemeinsamen Währungsraumes wird allein noch nicht zu einem Zusammenwachsen der europäischen Immobilienmärkte führen. Die zum Teil gravierenden Unterschiede in den gesetzlichen Rahmenbedingungen, z. B. des Miet-, Steuer- und Baurechtes, lassen eher den Schluß zu, daß die Immobilienlandschaft auch künftig durch weitgehend voneinander unabhängige regionale Teilmärkte geprägt sein wird.

Unter ökonomischen Gesichtspunkten erscheint eine auf nationale Engagements in Immobilienobjekten begrenzte Anlagetätigkeit der Versicherer durchaus rational. Das erforderliche zusätzliche Know How sowie der höhere administrative Aufwand lassen bei gleichen Ertragserwartungen eine internationale Diversifizierung des Immobilienportefeuilles unter Renditegesichtspunkten weniger sinnvoll erscheinen. Auch die mit einer Internationalisierung von Anlagen erwarteten wertstabilisierenden Effekte werden aufgrund des gemeinsamen Währungsraumes kaum höher ausfallen als bei einer Streuung der Anlagen im Sitzland, da die Konvergenz der Inflations- und Zinsraten der Teilnehmerländer zu einer eher gleichgerichteten Entwicklung der nationalen Immobilienmärkte führen wird.

Das Hauptmotiv für den Erwerb von Immobilien besteht für Versicherungsunternehmen nicht in den laufenden Mieterträgen – sie sind im Vergleich zu Zinsanlagen zumeist nur wenig attraktiv –, sondern in ihrer Bedeutung für den Erhalt des Realwertes des gesamten Anlagevermögens in Phasen hoher Inflationsraten. Bei der Erwartung eines stabilen Euros sollten sich daher für deutsche Versicherer auch zukünftig keine Gründe für eine höhere Gewichtung des Immobilienanteils am Gesamtportfolio ergeben.

V. Zusammenfassung

Die Kapitalanlage der deutschen Versicherungswirtschaft hat sich in den vergangenen Jahrzehnten als Garant für die Erfüllbarkeit der den Versicherungskunden zugesicherten Leistungen erwiesen. Die auf die geschäftsspezifischen Zielsetzungen von Versicherern ausgerichtete Investmentstrategie wird auch zukünftig gerade in Zeiten gestiegener Volatilitäten und anstehender Strukturveränderungen ihre Leistungsfähigkeit unter Beweis stellen. Der dynamische Wandel der Finanzmärkte stellt das Asset Management vor Herausforderungen, die sich nur mit hochqualifizierten Mitarbeitern und leistungsfähigen DV-Systemen bewältigen lassen. Die deutschen Versicherungsunternehmen werden die sich ergebenden Chancen zur Portfoliooptimierung nutzen – eine grundsätzliche Änderung der bewährten sicherheitsorientierten Anlagepolitik wird damit jedoch nicht verbunden sein.

Literatur

Albrecht, P.: Ansätze eines finanzwirtschaftlichen Portfeuille-Managements und ihre Bedeutung für die Kapitalanlage- und Risikopolitik von Versicherungsunternehmen. Karlsruhe 1995

Albrecht, P.: Grundlagen des Risikomanagements von derivativen Finanzinstrumenten, Zeitschrift für Versicherungswesen 1997, S. 84–91

Bundesaufsichtsamt für das Versicherungswesen (Hrsg.): Veröffentlichungen des Bundesaufsichtsamtes für das Versicherungswesen, 46. Jg. 1997, Nr. 7

Deutsche Bundesbank (Hrsg.): Monatsbericht Januar, 49. Jg. 1997, Nr. 1

Förterer, J.: Anmerkungen zur Risikosteuerung von Kapitalanlagen von Lebensversicherungsunternehmen, Zeitschrift für die gesamte Versicherungswissenschaft 1996, S. 209–220

Förterer, J.: Asset Management im Zeichen der Währungsunion. (Vortrag gehalten am 5. Juni 1996 am Institut für Kapitalmarktforschung der Johann-Wolfgang-von-Goethe-Universität, Frankfurt/Main, im Rahmen der Veranstaltungsreihe »Globale Finanzmärkte und Europäische Währungsunion«); in: Krahnen, J. P./Rudolph, B. (Hrsg.): Globale Finanzmärkte und Europäische Währungsunion, Frankfurt 1998 (in Vorbereitung)

Förterer, J. : Stichwort »Versicherungen: Kapitalanlagepraxis«; erscheint in: Knapp Enzyklopädie des Geld-, Bank- und Börsenwesens; Frankfurt/Main

Gesamtverband der deutschen Versicherungswirtschaft e. V. (Hrsg.): Die deutsche Versicherungswirtschaft. Jahrbuch 1995

Schwebler, R., (Hrsg.): Vermögensanlagepraxis in der Versicherungswirtschaft. 2. Aufl., Karlsruhe 1991

Schwebler, R./Knauth, K.-W./Simmert, D. B. (Hrsg.): Einsatz von Finanzinnovationen in der Versicherungswirtschaft. Karlsruhe 1993

*Schwebler, R./Knauth, K.-W./Simmert, D. B. (H*rsg.): Kapitalanlagepolitik im Versicherungsbinnenmarkt, Karlsruhe 1994

Stephan, T. G.: Strategische Asset Allocation in Lebensversicherungsunternehmen, Karlsruhe 1995

Bernd Meißner*

Neue Dispositionsansätze durch europäische Performancepostulate in der deutschen Lebensversicherung

---

*   *Bernd Meißner*, Mitglied des Vorstandes der Hannoversche Lebensversicherung a.G.

I. Vorbemerkung

Die Deregulierung auf dem Lebensversicherungsmarkt wird nicht von deutscher, sondern von europäischer Seite angetrieben. Der Anstoß der EU-Kommission stellt dabei nicht auf die Produktlinie Lebensversicherung, sondern auf die Altersversorgung außerhalb der staatlichen Verpflichtungen ganz allgemein ab. Es geht nicht nur um die Konkurrenz innerhalb der Versicherungsbranche, sondern um den Wettbewerb rund um die Altersvorsorge.

Gegenstand dieses Aufsatzes ist nicht der Vergleich von diversen Altersversorgungssystemen, sondern die Darstellung der Ansatzpunkte der von der EU-Kommission beeinflußten performanceorientierten Anlagepolitik von deutschen Lebensversicherern im Sinne der Entwicklung neuer Dispositionsziele und damit neuer Dispositionsstile. Diese Ansätze einer performanceorientierten Anlagestrategie fußen auf Transparenzkriterien wie der Aufdeckung stiller Reserven. Das deutsche Bilanzierungsverständnis, die Ausrichtung der Anlagerichtlinien des Bundesaufsichtsamtes für das Versicherungswesen (BAV) auf z. B. einzelnen Anlageinstrumenten und damit die Betrachtung von Einzelrisiken, muß durch die Betrachtung des Gesamtrisikos eines Versicherungsunternehmens ersetzt werden. Dabei wird auch das Rating von Versicherungen einbezogen.

Im folgenden werden die Auswirkungen von Performancepostulaten anhand von Renditekennziffern, Bilanzierungs- sowie Hedgingmethoden aufgezeigt. Es soll dabei herausgearbeitet werden, daß es beispielsweise nicht um die absolute Höhe der stillen Reserven zu einem bestimmten Zeitpunkt gehen kann, sondern um die dispositiven Möglichkeiten, die vorhandenen stillen Reserven zu erhalten. Dieser Ansatz beeinflußt ganz wesentlich den Portfoliomix und wirkt über die Frage der ständigen Hedgebarkeit von Teilen eines Portefeuilles diverser Assetklassen auf die Asset Allokation, so daß sich ein dynamischer Dispositionsstil ergibt.

II. Renditekennziffern und Dispositionsstil

1. Gewinnbeteiligung und Deregulierung

Die drei wichtigsten Gewinnquellen einer Lebensversicherung zur Darstellung der jährlichen Gewinnbeteiligung für den Kunden sind Risikogewinne (aus der Sterblichkeitsentwicklung), sogenannte Kostengewinne (= niedrigere Kosten als tarifiert) aus dem Versicherungsbestand und drittens die Kapitalerträge aus der Vermögensmasse.

Durch die EU-Harmonisierung ist seit Juli 1994 die Tarifgestaltung in der Lebensversicherung dereguliert worden und somit sind die Spannen, die für Risiko- und Kostengewinne in die Tarife branchenweit einheitlich eingerechnet waren, für den Wettbewerb freigegeben worden, so daß sich diese Ertragsbeiträge bis auf strukturelle Unterschiede innerhalb der Branche (z. B. Außendienst/Direktvertrieb) mehr und mehr nivellieren werden. Als veritable Variabel der Gewinnbeteiligung werden die Kapitalerträge bleiben, die schon in diesem Szenario, also vor einer weiteren europäischen Deregulierung, deshalb wachsenden Einfluß auf die Wettbewerbsfähigkeit der Lebensversicherer erhalten werden.

Die immer stärker von den Vermögenserträgen abhängige Gewinnbeteiligung wird auch für die Kunden der Lebensversicherer mehr und mehr als Wettbewerbsfaktor ins Bewußtsein treten, so daß auch die Qualität der Kapitalerträge zunehmend Bedeutung gewinnen wird. Es wird in Zukunft durch die historischen Zinstiefstände häufiger die Frage gestellt werden, ob die Gewinnbeteiligung aus erwirtschafteten Kapitalerträgen oder aus der Substanz stammt. Mit der 4. EU-Richtlinie wird diese Problematik durch die Offenlegung der stillen Reserven transparent gemacht, so daß sich die Qualität der Kapitalerträge von dem Dispositionsstil der Kapitalanlagen ableiten lassen wird. In diesem Kontext muß auch bedacht werden, daß zumindest à la longue die Gewinnbeteiligung durch echte positive wirtschaftliche Nettovermögenserträge realisiert werden muß und nicht durch die Nutzung von Bilanzierungsspielräumen überbrückt werden können.

2. Verbandsformel als Grundlage einer Buy-and-Hold-Strategie

Mit der Verbandsformel werden grundsätzlich alle laufenden Erträge wie Zinserträge aus Inhaber- und Namenspapieren, Schuldscheindarlehen (SSD) sowie Erträge aus Immobilien oder Hypotheken bzw. Dividenden sowie Ausschüttungen aus Beteiligungen erfaßt. Vernachlässigt werden außerordentliche Erträge, es sei denn, sie sind als laufende Erträge eines Spezialfonds deklariert worden, obwohl sie innerhalb des Fonds als Kursgewinne und damit außerordentliche Erträge entstanden sind. Hiermit zeigt sich ein erheblicher Darstellungsspielraum bei der Anwendung der Verbandsformel. Mit Hilfe solcher Maßnahmen können laufende Erträge generiert und Kursrückgänge in den Rentenanlagen kompensiert werden.

So wurde im letzten Rentenmarkt-Crash 1994 die Vinkulierung von Hypothekenbank-Inhaberpapieren von einigen Gesellschaften zur Vermeidung von Abschreibungen extensiv genutzt. Vinkulierung bedeutet die Gattungsumwandlung eines Inhabertitels mit Bewertungspflicht gemäß Niederstwertprinzip in eine Forderung, die dem Nominalwertprinzip folgt. Durch die Eintragung von Bundes- oder Länderanleihen in die Schuldenbücher kann das gleiche Ergebnis erzielt werden, so daß man mit diesen beiden Bilanzierungsmaßnahmen börsenmäßige Kursverluste eliminieren kann. Einer Buy-and-Hold-Strategie, die keine Zu- und Abschreibungen berücksichtigt, liegt eine dispositive Asymmetrie zugrunde. Durch Verkäufe können einerseits stille Reserven realisiert werden und andererseits durch unterlassene Abschreibungen die Bildung stiller Verluste vermieden werden.

Diese Asymmetrie macht deutlich, daß eine Disposition des Gesamtbestandes z. B. zur Veränderung der Duration nur in einer Hausse des Rentenmarktes empfehlenswert sein konnte. In einer andauernden Baisse sind durch eine implizit vorgegebene Buy-and-Hold-Strategie der wirtschaftlich vernünftigen Disposition »bilanzautomatisch« Grenzen gesetzt, weil die aufgelaufenen und nicht durch Abschreibungen geminderten Buchwerte eine Verlustrealisierung aufgrund der Verwerfungen der G/V-Rechnung nicht mehr erlaubte.

Als Königsweg im Umgang mit der durch die Verbandsformel abgesegneten Buy-and-Hold-Strategie wurde sogar empfohlen, einerseits bei Renditen über dem langjährigen Durchschnitt des Rentenmarktes von 7 % Inhaberpapiere zu kaufen, während andererseits wegen der Abschreibungsgefahr bei Renditen unter diesem langjährigen Durchschnittszins zum Kauf von Namenstiteln geraten wurde. Damit wurde gleichzeitig die gesetzliche

Forderung nach einer »Mischung und Streuung« im Vermögensbestand erfüllt. Von dieser Sichtweise sind aber viele Lebensversicherer durch die Veröffentlichung ihrer Nettoverzinsung abgerückt.

3. Nettoverzinsung als Basis einer modifizierten Buy-and-Hold-Strategie

Erweitert man die Verbandsformel um das außerordentlich Ergebnis, d. h., im wesentlichen um Kursgewinne und Abschreibungen, so erhält man die Nettoverzinsung der Kapitalanlagen. Die Einbeziehung des außerordentlich Ergebnisses wirkt sich bei den Aktiva positiv aus, deren laufender Ertrag normalerweise deutlich unter dem der zinstragenden Beständen liegt, aber durch den potentiellen außerordentlichen Ertrag klar outperformt (Aktienversus Dividendenrendite).

Die Kehrseite dieses Verfahrens waren die Abschreibungen auf Wertpapiere, so daß man weiterhin versucht, bei Zinsträgern diese Abschreibungen durch Kauf von Namenspapieren oder Schuldscheindarlehen (SSD) zu vermeiden und somit durch die Hintertür der Buy-and-Hold-Strategie die Treue hält. Dies erklärt auch die weiterhin hohen, im Extrem über 80 % liegenden Anteile von Namenspapieren oder SSD in den Bilanzen einiger Lebensversicherer, die teilweise sogar überdurchschnittliche Renditen gemäß Verbandsformel bzw. Nettoverzinsung ausweisen.

a. Vorbehalte gegen eine Buy-and-Hold-Strategie

Wo liegen die Vorbehalte gegen eine Buy-and-Hold-Strategie? Es gibt viele Untersuchungen, die bei gegebenem Portfoliomix die automatische Neu- und Wiederanlage anhand von zumeist Cost-Average-Effekten für genauso erfolgreich wie oder sogar besser als eine aktive Strategie halten. Diese Analysen beruhen auf langen Zeitreihen, bei denen der zwischenzeitliche Zusammenbruch eines Unternehmens durch einen Crash am Kapitalmarkt als singuläres Ereignis mit Bezugspunkt Geschäftsjahresschnitt nicht stattfinden kann. Dem Beobachter des ständigen Wandels auch an den Kapitalmärkten fehlt in diesen Untersuchungsszenarien ebenfalls die Chance, den Portfoliomix ändern zu können. Es erscheint deshalb hilfreich, die Vorteile einer aktiven Anlagepolitik an einem Beispiel der jüngsten Vergangenheit zu demonstrieren. Es sei kurz angemerkt, daß mit aktiver Anlagepolitik nicht der Gegensatz zum passiven Indextracking gemeint ist, sondern eine Disposition mit variablem Portfoliomix.

b. Buy-and-Hold-Strategie im Rentenmarkt-Crash 1994

Der Rentenmarkt-Crash 1994 war für viele Lebensversicherer in Deutschland eine unerfreuliche Überraschung. Aufgrund des weltweiten Zinstiefs waren die meisten Marktteilnehmer in langfristigen Titeln engagiert und mußten den Zinssteigerungen im Laufe des Jahres 1994, die in der Weihnachtszeit Ende 1994 noch durch die Mexikokrise eskalierten, fast hilflos zusehen. Verkaufen konnte und wollte man im Jahresverlauf wegen der schwer verkraftbaren Verluste nicht, so daß zum Jahreswechsel 1994 auch kaum neue Mittel zur Verfügung standen, um das zu diesem Zeitpunkt für die Gewinnbeteiligung endlich auskömmliche Zinsniveau hinreichend nutzen zu können.

Wie schlug sich dies in den 1994er Bilanzen nieder? In einer Konkurrenzanalyse wurde festgestellt, daß der 1994er Crash zu größeren Bilanzierungsmaßnahmen wie Vinkulierung oder Eintragung ins Schuldenbuch geführt hatte, als es die gravierenderen Rückgänge der Rentenmärkte 1980–82 bzw. 1990–1991 hervorgerufen hatten. Die Auswirkungen der 1994er Bilanzierungsmaßnahmen zur Vermeidung von Abschreibungen wurden auf bis zu 1 % bezogen auf die Nettorendite geschätzt, so daß dies für einige Lebensversicherer die Rücknahme der Gewinnbeteiligung schon damals bedeutet hätte.

Dagegen gibt aber auch Fälle, bei denen die Abschreibungen zu Lasten des Ausweises einer Nettoverzinsung bewußt in Kauf genommen worden sind, um dem Postulat der Bilanzwahrheit gerecht zu werden. Die Hannoversche Leben legte in ihrem Geschäftsbericht 1994 ausführlicher als branchenüblich dar, daß sie mehr als die Hälfte ihrer Abschreibungen durch den Nettoertrag aus Hedging mit Derivaten finanziert habe, wodurch sich das Spektrum von den Bilanzierungsfragen zu den diesbezüglichen Dispositionsansätzen für die Öffentlichkeit erweiterte. Der Vorlage der 1994er Bilanzen kam jedoch zeitlich der Zusammenbruch der englischen Bank Barings zuvor, so daß die Problematik des deutschen Bilanzierungsrechtes in der 1994er Krise durch das aktuelle Thema Barings und Derivate so verdrängt wurde, daß das Bundesaufsichtsamt für das Versicherungswesen (BAV) Schutz gegen Derivate aber nicht gegen »Abschreibungsvermeidungspraktiken« suchte, obwohl sich die Finanzstärke der betroffenen Lebensversicherer durch letztere Praktiken später als wesentlich gefährdeter herausstellte.

4. Performance als Ausgangspunkt für aktives Portfoliomanagement

Während die Nettoverzinsung einerseits die Aufwertung von Aktiva mit niedrigeren laufenden Erträgen im Portefeuille eines Lebensversicherers unterlegt, erlaubt andererseits der Zugriff auf unterschiedliche Bilanzierungsmethoden keine eindeutige Aussage. Erst durch eine Performancemessung kann Klarheit über die Finanzstärke der Aktivseite eines Lebensversicherers gewonnen werden, wenn nämlich alle Ertragskomponenten wie laufender Ertrag plus außerordentlicher Ertrag plus Veränderung der stillen Reserven offen gelegt werden und in einen Performanceindikator einfließen.

Dieser Performanceindikator würde es auch erlauben, zwischen Ausschüttungen in der Form von Gewinnbeteiligungen aus verdienten Erträgen oder Substanzminderungen zu unterscheiden. Ferner kann durch die Erhöhung der Transparenz zur »Fairness im Portfolio« beigetragen werden. Die Verbandsformel generierte eine Präferenz für Aktiva mit laufenden Erträgen und sicherte diese durch Bilanzierungsmethoden. Die Nettoverzinsung stellt einen Schritt zwischen der Öffnung des Portfoliomixes durch Performanceträger und potentiellem Schutz durch althergebrachte Bilanzierungspraktiken dar. Eine stärkere Ausrichtung an der Performance bedingt jedoch eine wachsende Transparenz und einen größeren Gestaltungsspielraum im Anlagemanagement. Damit verliert eine stringente Buy-and-Hold-Strategie an Bedeutung und es werden performanceorientierte Ziele in den Vordergrund gestellt.

a.   Benchmarking und Performance der Lebensversicherer

Stellt deshalb das Benchmarking eine adäquate performanceorientierte Meßlatte des Anlageerfolges eines Lebensversicherers dar?

Benchmarking beinhaltet die Auswahl eines Anlageuniversums mit den jeweiligen Benchmarks durch den Kunden sowie die Bewertung eines Erfolges (Performancemessung). Während es dem »Benchmarker« schon genügt, die relevante Benchmark zu schlagen, muß in der Lebensversicherung ein absolut positiver und ausschüttungsfähiger Ertrag (Gewinnbeteiligung) erwirtschaftet werden.

Das Portfolio eines Lebensversicherers setzt sich aus vielen verschiedenen Assetklassen zusammen, so daß Benchmarks pro Assetklasse und Portefeuilles betrachtet werden. Während der Disponent in der Aktienanlage beispielsweise die Benchmark DAX deshalb problemlos definieren kann, weil er sie »abbilden« und tatsächlich kaufen kann, ist die Benchmark »Portfolio-deutscher-Lebensversicherer« nicht abbildbar.

Das Versicherungsaufsichtsgesetz (VAG) läßt für verschiedene Anlagearten jeweils Anlagespielräume zu, die sich auf deutlich mehr als 100 % für ein Portefeuille addieren und somit keine eindeutige Definition einer Benchmark wie »Portfolio-deutscher-Lebensversicherer« erlaubt. In der Konsequenz bedeutet dies aber nicht, daß man die reine Lehre des Benchmarkings auf jeden Lebensversicherer insoweit anwendet, daß jeder seine Benchmark und den diesbezüglichen Erfolg seinem Kunden bekannt gibt und ihm die Wertung dieses Ergebnisses überläßt, sondern es kann nur eine Benchmark zwingend bedeuten, aus dem der Kunde erkennen kann, wie gut letztendlich mit seinem Geld bei dem jeweiligen Lebensversicherer gearbeitet wurde. Klar ist aber schon bei diesen Überlegungen, daß sich ein »Portfolio-deutscher-Lebensversicherer« deutlich von den Portfolien anderer Europäer unterscheiden kann, so daß auch von dieser Seite das noch zu erläuternde Thema – Anlagerichtlinien sind Wettbewerbsbedingungen – schon tangiert ist. Bedeutsam ist die Feststellung, daß es nach den VAG-Anlagerichtlinien kein ideales Portfolio geben kann, so daß sich der Anlageerfolg durch den unterschiedlichen Portfoliomix ableiten läßt und somit auch aus diesem Blickwinkel eine Buy-and-Hold-Strategie in Frage gestellt wird.

Hilfsweise kann deshalb das Benchmarkkonzept nur teilweise auf die folgende Punkte angewendet werden.

Erstens gilt die Benchmark »Firmen- und Produktrating« als Wettbewerbsfaktor, wobei der regionale Bezug nur noch kurzfristig Deutschland, dann aber Europa sein wird. Zweitens wird der Portfoliomix auf eine Performanceorientierung angelegt werden müssen, dessen Benchmark das Aggregat der liquidesten europäischen Kapitalmärkte mit Beimischungseffekten anderer Weltmärkte sein wird – z. B. in Analogie wie US-Investoren ihr Auslandsengagement steuern. Drittens wird jede im oben genannten Portfoliomix gewählte Assetklasse gemäß Ihrer spezifischen Benchmark bewertet werden.

b.   Stabile Performance via aktivem Portfoliomix und Performance-
sicherungsstrategie

Die Garantieverzinsung von 4 % zwingt deutsche Lebensversicherer zu einer positiven Performance, die nicht durch die Abhängigkeit von einer Assetklasse, die gemäß einer auf sie bezogenen Benchmarkmethode bewertet wird, gefährdet werden darf. Diese Konstellation verbietet einerseits den Kommentar, man habe mit nur 10 % Verlust den besten Fonds im Rentenmarkt-Crash und erzwingt somit andererseits eine ständige Anpassung des Portfoliomixes an die veränderten Marktbedingungen.

Zu berücksichtigen ist die wesentliche Tatsache, daß nicht nur durch den Portfoliomix, sondern auch durch die Absicherung positive Performance erreicht und eine Garantieverzinsung gegeben werden muß. Es ist selbstverständlich, daß nicht jeder Portfoliomix eine vollständige Absicherungstrategie unter Diversifikationsgesichtspunkten zulassen kann, so daß eine Orientierung an Absicherungsmöglichkeiten gleichsam interaktiv den Portfoliomix mitbestimmen muß.

An dieser Stelle läßt sich aber schon festhalten, daß ein performanceorientiertes Portfoliomanagement zu einem von einer nicht zufällig marktbezogenen, sondern statischen Buy-and-Hold-Strategie abweichenden Dispositionsstil führen muß, der auch von der EU-Kommission vorgegeben wird.

III. Performanceorientierung durch die EU-Kommission

1. EU-Kommission Grünbuch: Performance für die Altersvorsorge

Der Performanceausweis ist durch die 4. EU-Richtlinie mittels Aufdeckung der stillen Reserven auch für die deutschen Lebensversicherer verbindlich geworden. Die gespaltene Debatte, auf welche Aktiva sich dieses Performancepostulat bezieht und beziehen sollte, wird noch bewertet werden. Eine wichtige Zielsetzung dieser Bilanzierungsvorschrift wird durch das Grünbuch der EU-Kommission unter dem Titel »Zusätzliche Altersversorgung im Binnenmarkt« (Juni 1997) verdeutlicht. Anhand der unterschiedlichen Performancebeiträge der verschiedenen nicht öffentlichen Altersversorgungssysteme der EU-Mitgliedsländer, stellt die EU-Kommission folgende Zusammenhänge her. Sie vergleicht das Postulat der europaweiten Mobilität der Arbeitskräfte mit der Mobilität der Kapitalanlagen in den Altersversorgungssystemen verschiedener EU-Länder und entwickelt auf diesem Wege klare Kritikpunkte an den national geprägten Kapitalanlagerichtlinien. Wenn man bislang immer gewohnt war, zu denken, daß die Mobilität des Kapitals höher ist als die von Arbeitskräften, so dreht die EU-Kommission den Spieß um und stellt unumwunden fest, daß der Arbeitnehmer wesentlich flexibler im Grenzübergang wäre, wenn sein Kapitalanleger in den jeweiligen nationalen Altersversorgungssystemen ebenso elegant die Grenzen überwinden könnte. Und die EU-Kommission setzt noch mit einem für die Beschäftigungspolitik kritischen Argument für ihren Standpunkt nach, indem sie mit dem Prinzip freier Kapitalmarkt gleich höhere Rendite im Altersversorgungssystem gleich erhöhtes Beschäftigungspotential wirbt.

Und damit dies auch grenzüberschreitend funktionieren kann, kritisiert die EU-Kommission einige zu restriktive aufsichtsrechtliche Anlagevorschriften der Mitgliedsstaaten, die nicht nur über nachvollziehbare Sicherungsmaßnahmen hinausgehen, sondern insbesondere den freien Kapitalverkehr behindern und somit durch nationales Aufsichtsrecht

154

den Zielsetzungen des Binnenmarktes entgegenwirken. Die von der EU-Kommission eindeutig in Verbindung gebrachten Begriffe Performance und Mobilität der Arbeitnehmer, stellen einen wesentlichen Gedanken für die schrittweisen Harmonisierungsbestrebungen aus Brüssel dar. So bereitete die EU-Kommission durch die 4. EU-Richtlinie den Einzug des Begriffes Performance in die deutsche Versicherungswirtschaft vor, indem sie die Offenlegung der stillen Reserven verlangte und allgemein gültige Wettbewerbsbedingungen für die Anbieter von Altersvorsorge in der EU schaffen will. Daß hiermit bezüglich der Ausrichtung der Anlagerichtlinien ein weiterer Gedanke der EU-Kommission virulent wird, zeigt der Wunsch nach einer Abwendung von den auf die Staatsfinanzierung (Anleihen; hier insbesondere Frankreich und Deutschland) ausgelegten nationalen Anlagerichtlinien, hin zu der Unternehmensfinanzierung durch Aktien wie es in Großbritannien und den Niederlanden praktiziert wird. Brüssel will also einerseits die Unternehmen stärken und außerhalb der europäischen Grenzen fit machen und ihnen andererseits auch die dazu notwendigen Finanzierungsquellen via Altersvorsorgesysteme weiter öffnen. Welchen Stellenwert hierbei Aktienengagements gewinnen können, hängt auch von der Art der Aufdeckung der stillen Reserven ab.

2. Aufdeckung stiller Reserven nach Art und Umfang

a. Aufdeckung pro Assetklasse: Fairness im Portfolio

Grundsätzlich kann die Aufdeckung der stillen Reserven auf die börsengängigen Aktiva beschränkt sein und in einer Summe ausgewiesen werden. Darüber hinaus kann auch die Offenlegung und der Ausweis der stillen Reserven je Assetklasse erfolgen.

In der Diskussion stehen zur Zeit zwei Varianten. Die eine Fraktion (a) möchte die Aufdeckung der stillen Reserven auf die börsengängigen Aktiva beschränken (also z. B. ohne Namenspapiere und SSD) und die stillen Reserven in einer Summe ausweisen.

Die andere Partei (b) plädiert für die Offenlegung der stillen Reserven über alle Assetklassen hinweg und will zusätzlich die stillen Reserven pro Assetklasse ausweisen.

Die Vertreter der Position (b) sind sich wohl bewußt, daß eine Anpassungsperiode für die mit der Ausweismethode verbundene Änderung des Dispositionsstils von modifiziertem Buy-and-Hold (Typ (a)) zu diesem aktiven Portfoliomanagement (Typ (b)) schon aus Umstellungskostengründen wünschenswert wäre. Es muß jedoch auch an dieser Stelle wiederholt werden, daß die Zeitspanne dieser Anpassungsperiode nicht mehr von der deutschen Lebensversicherungsbranche allein bestimmt werden kann, sondern von allen Facetten des Wettbewerbs, angefangen bei der EU-Kommission, den Folgen der M&A-Aktivitäten zwischen Banken und Versicherungen und den potentiellen Änderungen durch die jederzeit parallel publizierbare internationale Bilanzierungspraxis. All diese Faktoren können das Produkt deutsche Kapitalleben beim Verharren im status quo durchaus ins deutsche und internationale Ratingabseits führen, eine Gefahr, die trotz der massiven Auswirkungen populärer deutscher Ratings auf das Neugeschäft der topgerateten Gesellschaften noch nicht ernst genug genommen wird.

Bei dem Vergleich der Auswirkungen von einem Ausweis der Erträge gemäß Verbandsformel bzw. Nettoverzinsung ist schon auf die Problematik der Vinkulierung in bezug auf das potentielle Abschreibungsvolumen und die daraus abgeleitete Präferenz für Inhaber- oder Namenspapiere als Vorbeugungsstrategie hingewiesen worden.

Würden nämlich z. B. Namenspapiere, SSD und Schuldbuchforderungen gemäß Bilanzwert und nicht gemäß Marktwert bewertet werden, so stünde der mit den höchsten Anteilen von nicht abschreibungspflichtigen Aktiva in seinem Portfolio in Situationen eines Crashs optisch besser da, als der tatsächlich wirtschaftlich Solidere, der seine marktbedingten Abschreibungen umgesetzt hat. Damit würden gleichartige Zinsrisiken einer 10-jährigen Inhaberschuldverschreibung und eines 10-jährigen Namenspapiers durch die Bilanzierungspraxis unterschiedlich behandelt.

Für die Vermögensdisponenten bedeutet deshalb die Aufdeckung stiller Reserven in erster Linie nicht die Preisgabe von unternehmensspezifischen Fakten, sondern die Ausrichtung der Ertragsziele der Kapitalanlage an einem Performanceindikator, der die Nettoverzinsung um die Änderung der stillen Reserven ergänzt. Jede Assetklasse kann nur anhand von Performancekennzahlen angemessen bewertet werden, so daß der Wert eines Portefeuilles nicht von Bilanzierungspraktiken abhängt. Daraus läßt sich eine »Fairness im Portfolio« ableiten.

b.   Disponibilität stiller Reserven

Besitzt beispielsweise ein Versicherer hohe stille Reserven in seinem Immobilienbestand, so stellt sich die Frage nach der möglichen Disposition dieser Reserven in der Form einer Selbst- oder Fremdnutzung. Oder betrachtet man unter der Rubrik Beteiligungen die Verflechtung der Versicherer untereinander. Weder für die Allianz noch für die Münchener Rück, um die Großen zu nennen, können zur Zeit die gegenseitigen Beteiligungen als disponibel gelten, so daß deren stille Reserven nicht einem aktiven Portfoliomanagement unterworfen werden können.

Strategische und somit meist indisponible Beteiligungen gibt es in allen Branchen, so daß hierbei jeder Einzelfall untersucht werden muß. Bei den durch Aktien unterlegten strategischen Beteiligungen, auch in der Form von Vorschaltgesellschaften, kann also nicht wie bei den Namenspapieren gefordert werden, den Marktwert als entscheidene Größe zu reklamieren, so daß weiterhin Interpretationsspielräume zwischen Markt- und Bilanzwert bezüglich der Disponibilität der stillen Reserven bleiben.

Aufgelöst werden könnte diese Diskrepanz bei mit Aktienbesitz repräsentierten Beteiligungen, wenn diese einem klaren und eindeutigen Shareholder-Value-Managementprinzip unterlägen. Ein Ausweis der stillen Reserven pro Assetklasse kann nur dann zur Dispositionsfreiheit im Assetmix führen, wenn die Disponierbarkeit dieser stillen Reserven gegeben ist. Der Umkehrschluß, daß die Disponierbarkeit von stillen Verlusten durch Vinkulierung z. B. zu eben denselben Freiheiten führt, ist leider falsch, da diesem Verfahren die Auflösung der verdeckten Verluste meistens im Wege stehen dürfte.

IV. Hedging stiller Reserven

Ein performanceorientierter Dispositionsstil durch die Aufdeckung stiller Reserven muß Zusatznutzen stiften können.

Eine hieraus resultierende aktive Reservepolitik benötigt zwei primäre Vorgaben. Erstens, welche Aktiva sind grundsätzlich hedgebar und zweitens, wie hoch kann der Grad eines Hedges in Abhängigkeit von der Risikotoleranz bzw. des Risikobedürfnisses des jeweiligen Unternehmens sein. Ob als Nebenbedingung die Versicherungsgesellschaft überhaupt Zugang zu den Märkten von Hedginginstrumenten hat, soll unter dem Thema Rating noch angesprochen werden. Ob z. B. eine Aktie überhaupt hedgebar ist, hängt davon ab, ob der Wert einem Futuresindex angehört und/oder ob es einen OTC-Markt (Over-the-Counter, d. h. außerbörslichen Bankenhandel) für den Titel gibt.

1. Hedging ohne Derivate

Im Bereich der zinstragenden Bestände ist die Fälligkeitsstruktur das kriegsentscheidende Element, so daß die Teile der Zinskurve hedgebar sein müssen. So stellte sich im Rentenmarkt-Crash Anfang 1994 die Frage eines Hedgings in der folgenden Form: Wie lassen sich die stillen Reserven in den Langläufern erhalten, ohne sie durch den Verkauf dieser Papiere gemäß des Szenarios in der G/V-Berichtsperiode zu realisieren?

Zur Verschmelzung der Bayerischen Vereinsbank (BV) mit der Bayerischen Hypotheken- und Wechselbank (Hypo) tauscht die BV Hypo-Aktien gegen ihren Allianz-Aktienbestand auf der Basis des sogenannten Tauschgutachtens des Bundesfinanzhofes vom 16.12.1958 (Bundessteuerblatt III 59/30). Diese Transaktion wird von den zuständigen bayerischen Finanzbehörden überraschend anerkannt, überraschend deshalb, weil in anderen Bundesländern der Tausch mit Aktien als ausgeschlossen gilt, während er im Zinsbereich durchaus gängig war und ist.

Im Bereich der zinstragenden Bestände funktioniert der Tausch von Fälligkeiten zur Veränderung der Duration wie folgt. Ein 10-jähriges Zinspapier mit einem Buchwert von DM 100,— wird zum Buchwert von DM 100,— verkauft, obwohl der Marktpreis DM 110,— beträgt. Die Preisdifferenz von DM 10,— wird vergütet, indem dafür eine Floating-Rate-Note mit einem Marktwert von DM 100,— zu DM 90,— gekauft wird.

Ablauf	Aktion	Buchkurs	Marktkurs	Abrechnungskurs	Differenz
1. Schritt	Verkauf	100,—	110,—	100,—	./. 10,—
2. Schritt	Kauf	90,—	100,—	90,—	+ 10,—

Tab. 1: Erhaltung stiller Reserven durch Hedging ohne Derivate »Agio-/-Disagio-Tausch«

Es wird ein Agio gegen ein Disagio getauscht, so daß dieses Tauschverfahren bei der Hannoverschen Leben Agio-/Disagio-Tausch genannt wird. Die Abrechnungs- und Marktkurse für beide Geschäfte werden auf einer Abrechnung bestätigt und somit voll dokumentiert. Dieses Verfahren verändert die Duration eines Portefeuilles und hat den Vorteil, daß zur Erhaltung der stillen Reserven erst gar keine Abschreibungen bzw. kein Abbau der stillen Reserven entstehen. Anwendbar ist dieser Agio-/Disagio-Tausch bei gattungsgleichen Papieren. Die Hannoversche Leben benutzt diesen Agio-/Disagio-Tausch als Instrument für G/V-neutrale Disposition der Duration.

2. Hedging mit Derivaten

Die folgende Tabelle zeigt Hedgingmöglichkeiten mit Derivaten auf, wobei in der Darstellung auf strukturierte Derivate verzichtet wurde.

	Futures (incl. Optionen)	Swaps (incl. Optionen)	OTC-Optionen
Zinsträger	X	X	X
Aktien	X	X	X

Tab. 2: Hedging mit Derivaten

Bei einem erfolgreichen Hedging mit Futures entstehen bei einem rückläufigen Markt durch den Future positive außerordentliche Erträge, die den Verlust an stillen Reserven ausgleichen. Ob Abschreibungen beim Underlying entstehen, hängt von den Einstandskursen des Underlyings ab.

	Kursgewinne[1] (+)	Abschreibungen[2] (+)	Stille Reserven[1]
Future	+ 100	-----	-----
Underlying	-----	$+^2$	./. 100

1) Zeitpunkt ab Hedge, 2) Unabhängig vom Hedging-Zeitpunkt

Tab. 3: G/V-Wirkung bei Hedging-Erfolg

Bilanzneutral ist ein Hedging mit Swaps, da mit diesem Hedge-Instrument eine Bewertungseinheit mit dem Underlying gebildet werden kann.

Der Einsatz von Hedgederivaten zur Erhaltung von stillen Reserven begünstigt außerdem ein antizyklisches Hedgeverhalten, da sich normalerweise vor der »Krise« günstigere Preisbildungsfaktoren insbesondere bei Optionen ergeben, so daß ein geübter Umgang mit Hedginginstrumenten eine erhebliche Hedgingeffizienz bewirkt. Diese Hedgingeffizienz wird auch dadurch gestärkt, daß das Hedginginstrument durch seinen individuellen Markt selbst weitere Liquidität für das Hedgingvolumen bereitstellt, so daß die Hedgeidee an Realisierbarkeit gewinnt.

3.   Bilanzmäßiger »Über-Hedge«

Zunächst stellt sich die Frage, welche Aktiva überhaupt gehedged werden können.

Eine Aktie, die unter der Position Wertpapiere verbucht ist, kann unter bilanziellen Gesichtspunkten abgesichert werden und die entsprechenden Bilanzpositionen können gegenübergestellt werden.

Diese Gegenüberstellung von Ertrag und Aufwand ist rechnungsmäßig nicht möglich, wenn die Aktie z. B. als Beteiligung ausgewiesen wird. Kompliziert wird diese Ausgangslage noch durch folgende Betrachtung. Bei einer 100 %-Beteiligung würde die Hedgeentscheidung einzig beim Unternehmen selbst liegen, so daß es auch Hedgeausgleichsmaßnahmen in eigener Regie beschließen könnte. Würde es sich aber um eine Vorschaltgesellschaft handeln, wäre eine Bewertungsänderung des Investments bis hin zum Verkauf von so vielen Dritten abhängig, daß ein direkter sogenannter Mikro-Hedge nicht möglich sein dürfte. Es bleibt der Ausweg, derartige Risiken durch einen Hedge in den eigenen Büchern abzusichern, einen sogenannten Makro-Hedge, der aber gemäß der G/V zu folgenden Überzeichnungen führen kann.

Hätte im Rentenmarkt-Crash 1994 ein Versicherer alle Zinsrisiken abgesichert, wären dem Gewinn aus der Hedgeposition keine Abschreibungen aus den Namenspapieren und SSD entgegengestanden, so daß in der Berichtsperiode die G/V quasi »explodiert« wäre.

	Abschrei-bungspflicht	hedgebar	Ausweis stiller Reserven	Erfolgreicher Hedge (Future)		
				G/V		Δ stille Reserven
				Ertrag	Abschrei-bungen	
Inhaberpapiere	ja	ja	ja	+ 100	+ [1]	./.100
Namenspapiere	nein	ja	?	+ 100	-----	?

1) Unabhängig vom Hedging-Zeitpunkt

Tab. 4: Über-Hedging

Im umgekehrten Fall eines fehlgeschlagenen Hedges, also Hedgekosten ohne bilanziell wirksamen Aufbau von stillen Reserven, wäre das Bild durch die assymmetrische wirtschaftliche Notwendigkeit und die bilanzielle Abbildung verzerrt.

Dieses Spannungsfeld kann im Sinne der wirtschaftlichen Transparenz und der sachlich adäquaten Entscheidungsfindung nur durch die Offenlegung der stillen Reserven grundsätzlich aller Aktiva, unabhängig von ihrem Bilanzstatus, aufgelöst werden.

4.   Hedging via Diversifikation

Zur Vermeidung von Mißverständissen sei an diesem Punkt »Hedging vor stillen Reserven« kurz angemerkt, daß mit den hier vorgetragenen Überlegungen die Diversifikationsrisikomodelle nicht außer Kraft gesetzt sondern eindeutig ergänzt werden sollen.

159

Hervorgehoben werden soll hiermit die wachsende Chance durch effektives Hedging von stillen Reserven nicht nur Diversifikationsschutz durch Engagement in diversen Märkten zu erlangen, sondern auch zusätzliche Performanceabsicherungsstrategien verfolgen zu können. Da erst die wenigsten deutschen Lebensversicherer in globalen Dimensionen aus Kapazitätsgründen disponieren können oder wollen ist ein schrittweiser Einstieg in diese Perspektive durch Nutzung der Hedgingmöglichkeiten von stillen Reserven in den »Heimat«- bzw. vertrauten Märkten ein absolut notwendiger, auch sicherer und von Benchmarks unabhängiger Weg in den EU-Wettbewerb. Je größer die Portfolien insbesondere internationaler Versicherer sind, um so schlüssiger ist die Verbindung von Risikostrategien aus Diversifikation und hedgebaren Assetklassen.

V. Neuausrichtung des Portfoliomixes durch Aufdeckung stiller Reserven

1. Portfoliomix und die Wirkung auf die Bilanz

Unter Punkt II.4. ist die Bedeutung einer Performanceorientierung für den Dispositionsstil in der Vermögensanlage dargelegt worden. Unter Berücksichtigung der Performance einzelner Assetklassen und dem Ausweis der relevanten stillen Reserven, gelangt man zu dem adäquaten Assetmix durch einen aktiven Portfoliomanagementstil.

Nur durch die Aufdeckung der stillen Reserven kann auch buchhalterisch der Performancebegriff vollständig ausgefüllt werden, und die Performancekonkurrenz der einzelnen Assetklassen unter sich kann nur durch den Ausweis der stillen Reserven pro Assetklasse nachhaltig wirksam werden, um so zu dem gewünschten performanceorientierten Assetmix via aktivem Portfoliomanagementstil zu gelangen. Solange nicht in Performancekategorien gedacht und berichtet wird, lassen sich die Vorzüge von Assetklassen mit hohem Wertsteigerungspotential bei allerdings geringeren laufenden Erträgen nicht in höhere Portfolioanteile umsetzen.

Die Aktienquote ist deshalb beispielsweise nicht allein wegen des höheren Risikos bei Lebensversicherern unterrepräsentiert, sondern auch, weil stille Reserven bislang nicht dokumentiert und nicht als Performancebeitrag angesehen wurden. Die populäre Frage nach der Höhe der Aktienquote und den stillen Reserven ist nach einer jahrelangen Aktienhausse nicht überraschend. Es zeigt sich die Notwendigkeit, daß der Portfoliomix aus performanceorientierten Gründen ständig verändert werden muß und deshalb eine Buy-and-Hold-Strategie nur situationsbezogen anwendbar ist. Unter diesen Postulaten des Portfoliomix, Performance plus Hedgebarkeit, wird es aber auch aus diesen systematischen Gründen Verlierer geben.

Nachdem durch die EU-Gesetzgebung diese zentrale Anlageregion Bundesrepublik Deutschland für einen deutschen Lebensversicherer bereits auf das EU-Europa (Prinzip der Belegenheit) ausgedehnt wurde, gilt es im ersten Schritt, sich dieses neue Territorium dispositiv zu erschließen. Je mehr Mitglieder die europäische Währungsunion zum Starttermin 1999 haben wird, um so größer wird die Notwendigkeit, sich im neuen »Heimatmarkt« zurechtzufinden.

Dieser neue »Heimatmarkt« wird im Zinsbereich keine attraktiven Diversifikationspotentiale sondern »nur« noch Differenzierungen im Kreditrating bieten können, so daß auch für die Wiedergewinnung von Risikogewichtung via Diversifikation die anderen Weltregionen stärker als bislang in Betracht gezogen werden müssen.

2.   Portfoliomix gemäß des Denkens in Risikopositionen

Bekannt sind diese Überlegungen aus dem Wunsch heraus, z. B. im Ausland im Aktien- oder Rentenmarkt zu investieren, ohne auch das Währungsrisiko tragen zu müssen. Durch die fortschreitende Entwicklung von Märkten für Zinsderivate ist es heute möglich, Zinsrisiken zu definieren und zu transferieren, ohne Positionen in der Kasse auf- oder abzubauen. Da aber kein Lebensversicherer ohne Kassamärkte seine Anlageziele erreichen kann, gilt es eine Kombination von Engagements in Kassa- und Derivatemärkten zu finden, die einem optimalen Verhältnis zwischen Performance- und Risikoerwartungen Rechnung trägt. Diese Kombination soll hier Risikoposition genannt werden, die sich allerdings jeweils auf eine Assetklasse beschränkt, so daß ein Portfolio immer aus diversen Risikopositionen bestehen wird. Wie man ein Zinsengagement bei Beachtung der Fälligkeitsstruktur anhand des Denkens in Risikopositionen und somit Gesamtrisiken aufbauen kann, soll mit folgendem Beispiel strukturell umrissen werden. Jede Zinsdisposition beginnt mit der Feststellung des Marktzinses (Abb. 1) und endet mit der Beschreibung des erwarteten Zinses innerhalb eines Zinstrendkanales mit entsprechender Zinsstruktur (Abb. 2).

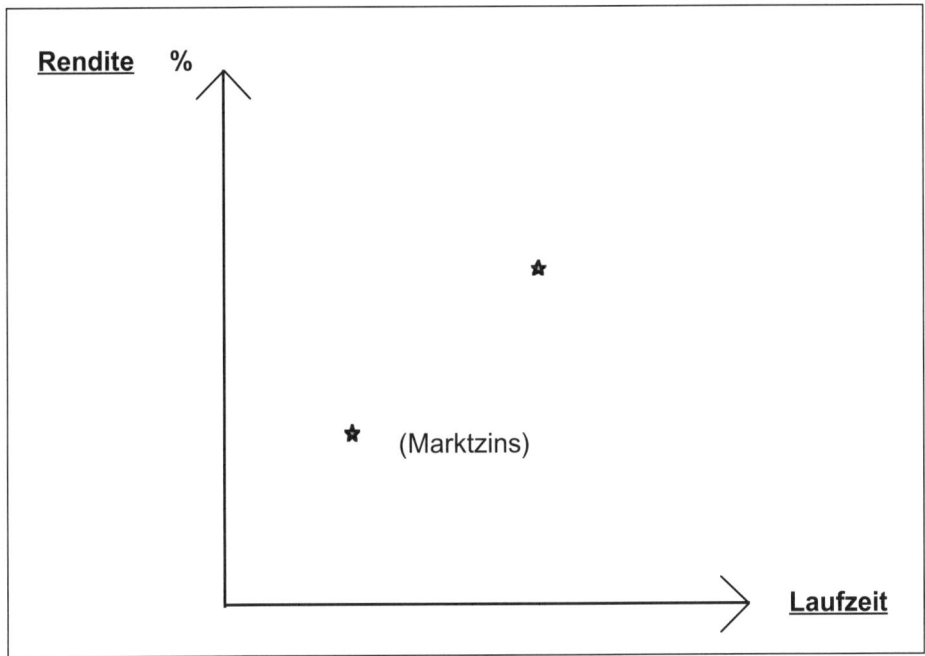

Abb. 1: Marktzins

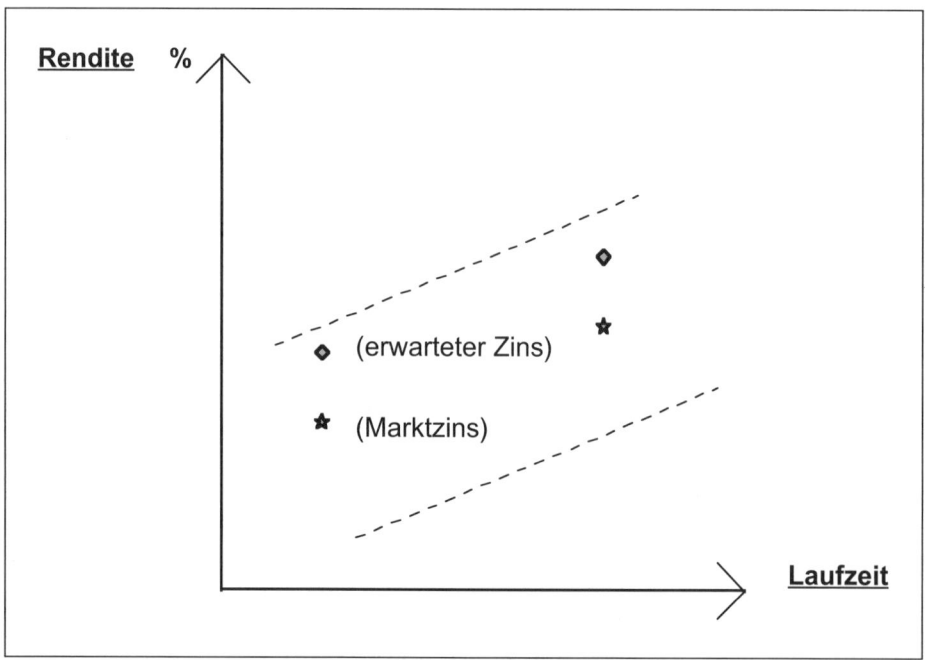

Abb. 2: Marktzins und erwarteter Zins

Anhand der Zinsstruktur (= Zinsdifferenz zwischen Geld- und Kapitalmarkt) kann entschieden werden, ob es günstiger ist, sofort zu investieren oder ob es ertragsversprechender
ist, auf einen besseren Kapitalmarktzins trotz der Finanzierungskosten (= Zinsdifferenz) zu
warten. Falls es sich in diesem Beispiel um zukünftigen Anlagebedarf handelt, kann man
sich durch Vorkäufe diese Zinsdifferenz zu nutzen machen. Geht es jedoch um aktuelle
Anlagemittel, so entspricht das Vorteilskalkül der Vorkäufe dem Kostenkalkül der Liqui-
ditätshaltung.

Wie Abbildung 3 darlegt, gibt es sowohl für den aktuellen Anlagebedarf in der Kasse
(Bundesanleihen, Pfandbriefe etc.) als auch für den zukünftigen Anlagebedarf (Short Put,
Swaption) erhebliche Zinsdifferenzen, die für die Darstellung einer Zinsrisikoposition,
unter Berücksichtigung einer Gesamtrisikobetrachtung nutzbar sein sollten, da diese
Zinsdifferenzen wie eine Ziehharmonika auseinandergehen oder auch zusammenschrump-
fen können.

Dies bedeutet aber auch im Gegensatz zu der Auffassung des BAV (siehe Punkt VII.),
daß eine nur instrumentenbezogene Disposition nicht markt- und somit renditegerecht sein
kann. Diese Ziehharmonika kommt nicht nur durch direkte Marktkräfte in Bewegung,
sondern auch durch instrumentenspezifische Preiskomponenten, so daß ein Wechsel zwischen ihnen so normal sein müßte, wie der Tausch innerhalb des Kassamarktes zwischen
verschiedenen Bundesanleihen oder Bundesanleihen und Pfandbriefen. Bringt man in diese
Disposition gemäß Risikopositionen noch die Marktbedingungen, Liquidität und Hedgebarkeit ein, zeigt sich deutlich, daß die EU-Postulate den Zwang zu mehr Flexibilität im
Portfoliomix, abseits von bilanzorientierten Buy-and-Hold-Ansätzen verstärken.

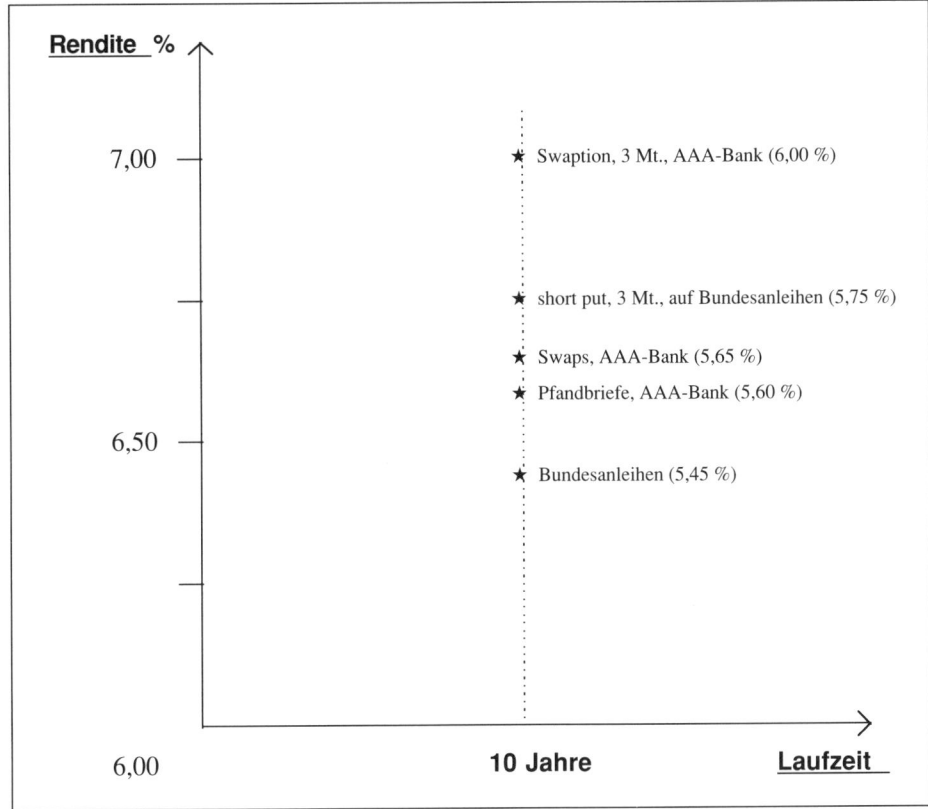

Abb. 3: Zinsdifferenzen

Daß hiermit natürlich auch der ertragsmäßige Wirkungsbereich dieser Risikopositionen innerhalb der G/V-Perioden verkürzt bzw. erheblich verlängert werden kann, läßt sich nicht nur anhand der in Abbildung 3 genannten Instrumente, sondern auch mittels der weiter in die Zukunft reichenden Forwards (wie z. B. Forward-Swaps) leicht belegen. Gleichfalls erlaubt eine derartig gegliederte Risikoposition auch ihren flexiblen Auf- und Abbau im Marktgeschehen, so daß sich die entsprechenden Risiko- und G/V-Parameter wesentlich leichter anpassen lassen, als wenn nur ein Zinsinstrument zur Verfügung stünde.

VI. Rating zur Bewertung von Lebensversicherern

Zur Überbrückung der bilanziellen und G/V-mäßigen Intransparenzen einerseits und der interessentenorientierten (claims-paying ability rating/interactive financial security rating) Bewertung der Geschäftsberichte andererseits wird das Produkt- und Unternehmensrating weiterhin stark wachsende Bedeutung erlangen.

Nicht nur durch die EU-Kommission wird dieser Prozeß angetrieben, sondern auch durch die angelsächsische Erfahrung, daß der Markt à la longue einem schlechten Rating einer Situation ohne Rating den Vorzug geben wird.

Ratings fallen um so besser aus, je transparenter die Unternehmenskennzahlen auf die Unternehmensziele abgestellt sind und bestimmen damit die Qualität eines Lebensversicherers. Dabei spielt die Offenlegung von stillen Reserven eine wesentliche Rolle. Damit kann die Aufdeckung stiller Reserven als ein Qualitätskriterium der deutschen Lebensversicherungsprodukte im europäischen Wettbewerbsumfeld angesehen werden. Wer also wegen mangelnder Offenlegung der stillen Reserven kein Rating bekäme oder es nicht anstreben würde, hätte zukünftig erhebliche Probleme, seine Dispositionsziele am Markt durchzusetzen.

Wie zwischen den Banken wird auch das Unternehmensrating zukünftig die Beziehungen zwischen den am Kapitalmarkt agierenden Banken und Versicherungen als Kontrahent mitbestimmen.

Mit dem Dispositionsziel »Erhaltung von stillen Reserven« ist analog ein hohes Hedgingbedürfnis definiert. Zum Hedgen stehen aber nicht nur börsengängige Derivate zur Verfügung wie Futures und Options on Futures sondern viele außerbörsliche Instrumente, die wie Swaps, Swaptions und OTC-Optionsmärkte, insbesondere für die Risikodisposition von Zins- und Währungsrisiken, außerordentliche Bedeutung erlangt haben. Letztere werden aber direkt zwischen einer Bank und einem Lebensversicherer abgeschlossen. Für jede der Parteien stellt die Gegenseite ein Kontrahentenrisiko dar, das höchste Beachtung finden muß, einerseits weil ein Ausfallrisiko entstehen kann und das andererseits als Bonitätskriterium, die Anschaffungskosten der Hedgegeschäfte mitbestimmt. Im Extremfall wird wegen mangelnder Bonität der Marktzugang gänzlich verweigert oder die Kosten sind so hoch, daß das Hedgeziel stark beeinträchtigt wird. Dies könnte also im Zweifel bedeuten, daß ein Disponent einer Lebensversicherung via Derivate sein Risiko im Portefeuille verringern möchte und dadurch auch eine höhere Bonität erreichen will, dies aber gar nicht mehr kann, weil seine Gesellschaft bereits ein zu hohes Kontrahentenrisiko darstellt.

Diese Darstellung ist sicherlich keine Übertreibung, wenn man die Geschäftsbedingungen im Interbankengeschäft betrachtet, und es ist deshalb nur eine Frage der Zeit, wenn dieses Procedere auch auf die Geschäftsbeziehung Bank-Versicherung et vice versa stringenter angewendet wird. Die Bonitätsmessung erfolgt überlicherweise mit Hilfe von Ratings, die selbst einer Bonitätskontrolle unterliegen.

VII. Wettbewerbsdruck der EU-Kommission auf die nationalen Versicherungsaufsichtsämter

Nicht nur Verbraucherschützer und Professoren von Versicherungslehrstühlen treiben die Diskussion voran, inwieweit die Intentionen des europäischen Gesetzgebers nicht adäquat von den jeweiligen nationalen Legislativen und insbesondere den um Partikularinteressen kämpfenden Aufsichtsämtern umgesetzt werden. Die Konkurrenz zwischen EU-Recht (z. B. Niederlassungsfreiheit) und nationalen Steuerhoheiten verheißt zumindest einen temporären Anpassungsschutz, der aber unter Rating- und Performanceaspekten nicht überschätzt werden sollte. Verzögerte Anpassungsprozesse erhöhen nicht nur die betriebswirtschaftlichen Adjustierungskosten, sondern strapazieren auch die Glaubwürdigkeit einer Produktlinie. Der Bilanzstandard wird entscheidend werden für das Produkt deutsche Lebensversicherung.

Die Bereitschaft vieler deutscher Unternehmen auf die Bedürfnisse institutioneller internationaler Anleger und ihren heimischen Börsen- und Bilanzierungsgepflogenheiten einzugehen verdeutlicht eine gestiegene Akzeptanz.

Es ist deshalb nicht nachvollziehbar, warum gerade das durch seine Anlagerichtlinien streng regulierte Produkt deutsche Lebensversicherung mit seinem tendenziellen Renditenachteil gegenüber z. B. englischen, niederländischen oder sogar spanischen Konkurrenten benachteiligt bleiben sollte.

Analog zu den sich in Deutschland durchsetzenden internationalen Bilanzierungsmethoden, werden sich auch die Anlagerichtlinien an europäische Standards anpassen. Die EU-Kommission sieht zwischen ihren Zielen und der Umsetzung durch die nationalen Gesetzgeber und Aufsichtsämter eine immer größere Kluft entstehen und könnte deshalb den Versicherern freistellen, zwischen europäischem Recht und noch nicht umgesetzten nationalen Bestimmungen zu wählen.

Ein performanceorientierter und risikogesteuerter Portfoliomix als Dispositionsziel ist unter der Bedingung einer aktiven Reservepolitik definiert. Viele wird diese auf die Disposition eines Gesamtrisikos abgestellte Ausrichtung ihrer Vermögensanlagen abschrecken, da das Bundesaufsichtsamt für das Versicherungswesen keine derartige Sichtweise vorgibt, sondern ihre Regularien nur auf einzelne Instrumente der Vermögensanlage bezieht und dadurch einige Asymmetrien des deutschen Bilanzierungsrechtes gelegentlich noch potenziert (siehe z. B. Rundschreiben R7/95). Auch werden hier alte Kaufmannsregeln auf den Kopf gestellt, indem man zwar Geschäfte eingehen, aber sie nur mit Verlust, jedoch nicht mit Gewinn schließen darf (short put). Darüber hinaus endet die Vorstellung des BAV über das inhärente Risiko eines Portefeuilles genau am Geschäftsjahresende, so daß Risikodispositionen über diesen Stichtag hinaus mit Derivaten sehr stark reglementiert sind. Dies ist auch ein Rückschritt für das BAV selbst, das z. B. bei Vorkäufen eine Disposition mit 12-Monatshorizont zuließ, wenn dieses Procedere von einer ordentlichen fortlaufenden analogen Finanzplanung begleitet wurde. Auch wurden teilweise geschlossene Positionen auf den Spielraum des aktuellen Dispositionsrahmens angerechnet, als wenn sich die Risiken bei einem Lebensversicherer wegen des ständigen Liquiditätszuflusses abbauen würden. Den wirtschaftlichen Zwängen kann sich zwar ein Aufsichtsamt entgegenstellen aber auch nur retardierend, wenn eine übergeordnete Instanz bzw. der Markt andere Ziele vorgibt. Deshalb ist eine gute Vorbereitung und Übung im Vorfeld immens wichtig, insbesondere wenn man bedenkt, daß das BAV mit Einschränkungen schon einen Teil der neuen Bedingungen freigegeben hat.

Der Weg zu europäischen Standards in der Versicherungswirtschaft bedeutet viel Entwicklungsarbeit am Dispositionsstil, der Erfassung und Auswertung der Risiken bis hin zur Anwendung einer Value-at-Risk-Methode, die auch hohe Kosten bei Personal (Disposition, Back Office und Risikomanagement) und EDV verursacht, so daß auch für die Umsetzung und die Umlage des Investitionsaufwandes viel Zeit à priori gebraucht wird.

Es ist dadurch zur Zeit unvermeidbar, daß neben den Erfordernissen des Berichtswesens für die deutsche Bilanzierung einschließlich des BAV-Meldewesens, eine betriebswirtschaftliche Dokumentation aufgebaut wird, die für alle Dispositions- und Controllingsparten umsetzbare Anwendung finden kann. Nur auf diesem Wege ist z. B. durch die Aufdeckung der stillen Reserven eine Neubewertung des außerordentlich Ergebnisses mit seinen unterschiedlichen Quellen möglich, die eine adäquate Reflexion eines umfassenden Risikomanagements darstellen muß.

Als Orientierung für die Dispositionsbedingungen und ihre Umsetzung in Unternehmensgremien, Risikosteuerung, Controlling, Rechnungswesen und EDV ist unbedingt der Bericht der Gruppe der 30 (1994) zu empfehlen, da hier Vertreter von Notenbanken, Regierungen, Aufsichtsämtern, Universitäten und Banken für alle Belange koordinierte Vorschläge erarbeitet haben, die praxisnah auch Schritt für Schritt erfüllt werden können. Welche Autorität dieser Bericht hat, zeigt sich an den Namen der Teilnehmer auf deutscher Seite: Professor Fels (Institut der Deutschen Wirtschaft), Dr. Guth (Deutsche Bank) und Dr. Pöhl (Bundesbank). Pragmatisch werden thesenartig Empfehlungen ausgesprochen, die die Einbindung von Einzelrisiken der Aktivseite in das Gesamtrisiko des Unternehmens einerseits und die Information darüber andererseits auf die Vorstandsebene verlagert. Die Bewertung der Risiken soll z. B. auf einer market-to-market-Basis stattfinden, die sowohl im Abschluß und in der Abwicklung als auch im Controlling sauber getrennt gegenübergestellt werden können. Die Qualität von dem dazu gehörigen Personal und der EDV mit einem adäquaten Berichtswesen für die Unternehmensgremien, ist entsprechend zu entwickkeln.

Dieser Bericht zeigt die Richtung für die internationalen Standards auf, ein guter Wegweiser für die Vorbereitungspflichten auf den erst einmal europäischen Wettbewerb für die deutsche Lebensversicherung.

VIII. Ausblick

Der Druck auf die deutschen Lebensversicherer zur Änderung des bisher vorherrschenden Buy-and-Hold-Anlageverhaltens erhöht sich nicht nur durch die Renditeerfolge international gebräuchlicher Dispositionsstile, sondern auch durch den von der EU-Kommission geforderten höheren Performancebeitrag der Altersversorgungssysteme sowie den Anpassungsdruck aus dem 3. Finanzmarkt-Förderungsgesetz (z. B. KAGG).

Die wohl immer wahrscheinlicher herannahende europäische Währungsunion verschärft den Wettbewerb via Anlagerichtlinien durch den Wegfall von Währungsvorteilen und der auch hiermit verbundenen Abgrenzung von nationalen Märkten innerhalb Europas.

Die notwendige Umstellung des Dispositionsstils verlangt nicht nur Anpassungsfristen beim Personal in Disposition, Back-Office, Risikomanagement und Controlling, sondern auch erhebliche Investitionen in Personal und EDV, die sorgfältig geplant und gemäß der G/V verteilt werden müssen.

Daß dieser Anpassungsprozeß durch die Zusammenschlüsse schon bislang riesiger Finanzinstitutionen zu einer »globalen Liga« von »global playern« massiv beschleunigt wird, läßt sich mit folgender Perspektive von Kurt F. Viermetz, Vice Chairman von J. P. Morgan anläßlich der Handelsblatt-Tagung vom 12.09.97 in Frankfurt gut zusammenfassen: »The Winners will be those who get the future first«.

Erwin W. Heri/Patrick Frost*

Versicherungsrisiken an den Finanzmärkten. Die erste kotierte »CAT«-Anleihe

---

*   Prof. Dr. *Erwin W. Heri*, Finanzvorstand des Winterthur Versicherungskonzerns in Winterthur,
     Lehrbeauftragter für Finanztheorie an der Universität Basel
     Patrick Frost, wissenschaftlicher Assistent im Finanzdepartement der Winterthur Versiche-
     rungsgruppe

I. Einleitung

Wieso werden Versicherungsrisiken am Kapitalmarkt verbrieft? Wer nimmt an diesem Prozeß des alternativen Risikotransfers (ART) überhaupt teil? Die Käufer des verbrieften Risikos sind die Investoren; sie bieten den Versicherungsgesellschaften für einen bestimmten Teil ihrer Versicherungsrisiken – ähnlich wie ein Rückversicherer – einen Schutz gegen Verluste. Auf der anderen Seite kaufen die Versicherer den Schutz und entschädigen die Investoren mit einem zusätzlichen Ertrag. Um den Grund für die Verbriefung besser zu verstehen, wird kurz die Sicht der beiden Parteien dargestellt.

Die weltweit zunehmende Verflechtung der Volkswirtschaften und die geringen Transaktions- und Kommunikationskosten haben in den letzten Jahrzehnten zu einer zunehmenden Korrelation der Finanzmarktbewegungen geführt. Dies impliziert eine Abnahme echter Diversifikationsmöglichkeiten für die global aktiven Investoren an den traditionellen Börsen. Auf der Suche nach neuen Märkten sind in diesem Zusammenhang in den letzten Jahren immer wieder Anlagen in Wertpapieren der Emerging Markets ins Feld geführt worden, deren Entwicklungen mit den Titeln der westlichen Welt wenig korrelieren. Allerdings sind viele Investoren weiterhin auf der Suche nach Möglichkeiten, ihren Portefeuilles durch eine Erweiterung des Anlageuniversums und durch eine geeignete Streuung der Investitionen den »Risk/Return-Tradeoff« zu verbessern. Und genau hier kommen Versicherungsrisiken ins Spiel. Die Tatsache, daß Versicherungsschäden und die Entwicklungen an den Finanzmärkten kaum korrelieren, ermöglicht den Investoren attraktive Diversifikationseffekte mittels Anlagen in Form verbriefter Versicherungsrisiken. Die Verbriefung ermöglicht die Handelbarkeit der Anlagen und macht sie somit einem breiteren Publikum zugänglich.

Auf der anderen Seite suchen die Erstversicherer nach Alternativen zur traditionellen Rückversicherung, um sich bei einer Verhärtung des Rückversicherungsmarktes kostengünstig über den Kapitalmarkt zu schützen. Die Verbriefung von Versicherungsrisiken ermöglicht langfristig die Erweiterung des Marktangebots an rückversicherungsäquivalenten Produkten, da mehr risikotragendes Kapital für solche Zwecke mobilisiert werden kann. Dies bedeutet nichts anderes als ein steigendes Angebot an Katastrophendeckung, wovon sich der Erstversicherer langfristig einen gewissen Preisdruck und neue Vertragsvarianten auf dem Rückversicherungsmarkt erhoffen kann. Das Potential dieser Angebotssteigerung läßt sich erahnen, wenn man sich vor Augen hält, daß die für die Versicherungen bisher teuerste Naturkatastrophe – Hurrikane Andrew – Schäden von weniger als 0.2 % der Marktkapitalisierung der amerikanischen Aktienbörsen verursachte.

Überlegungen dieser Art veranlaßten vermutlich die Chicago Board of Trade (CBOT) 1992 dazu, Futures und Optionen auf einen »Katastrophenindex« der Insurance Service Office (ISO) aufzulegen, der auf US-Dollar lautet. Dieser Index erfaßte damals die gemeldeten Versicherungsschäden von rund einem Viertel des amerikanischen Marktes. Erstversicherer können Optionen kaufen und risikofreudige Investoren können sie anbieten, um so einen rückversicherungsäquivalenten Schutz zu ermöglichen. Eine Longposition (Kauf einer Option) eines Versicherers bei einem tiefen Ausübungspreis und eine entsprechende Shortposition (Verkauf einer Option) bei einem höheren Ausübungspreis (Spread) ermöglichen somit den Transfer des Risikos eines Rückversicherungslayers dieses Katastrophenindexes an die Investoren, die die entsprechenden Gegenpositionen einnehmen. Der Handel kam nur zögernd zustande, und der Index wurde 1995 auf einen ähnlichen Index des Property Claims Service (PCS) umgestellt, was seither zu einer gewissen Stimulierung der Umsätze geführt hat.

Da Positionen an der CBOT für die Investoren sehr risikoreich sein können und einiges an Verständnis für das Zusammenspiel von Versicherungsrisiken und derivativen Märkten voraussetzen, versuchten verschiedene Marktteilnehmer, das Verlustrisiko der Anleger zu begrenzen. Dies führte zu der Verbriefung von Risiken, bei der dem Anleger die volle Rückzahlung des investierten Kapitals garantiert wird. Im Schadenfall muß also nur mit dem Ausfall des Coupons gerechnet werden. So entstand der Begriff des CAT-Bonds. Dadurch, daß das Verlustrisiko überschaubarer geworden ist, erhoffte man sich, die Attraktivität der Produkte zu steigern. In den USA erfolgten denn auch verschiedene Privatplazierungen, deren Erfolg allerdings sehr unterschiedlich ausgefallen ist.

II. Interessen und Interessenskonflikte bei der »Securitization« von Versicherungsrisiken

Daß die Verbriefung (Securitization) von Versicherungsrisiken erst in aller jüngster Zeit stattgefunden hat, deutet daraufhin, daß die Sache nicht ganz so einfach ist. Insbesondere bestehen wie bei allen Anlageformen einige Interessenskonflikte zwischen Käufer und Verkäufer. Diese Konflikte müssen gelöst oder zumindest gemildert werden, damit die Securitization von Risiken der Versicherungsbranche in Form einer CAT-Anlage erfolgreich durchgeführt werden kann. Die Problemstellung ist grundsätzlich nicht neu, doch muß man berücksichtigen, daß die Erweiterung der Risikoübernahme über die traditionelle Zurverfügungstellung von Eigenkapital oder über die traditionelle Rückversicherung hinaus, einen besonders sorgfältigen Umgang mit solchen Fragen erfordert.

1. Die Interessen der Investoren

An effizienten Aktien- und Obligationenmärkten können die Investoren damit rechnen, daß sie für ein erhöhtes eingegangenes Risiko in Form einer höheren Rendite entschädigt werden. Nach der zur Zeit unter Praktikern dominierenden Kapitalmarkttheorie, dem Capital Asset Pricing Modell, kann eine solche Entschädigung aber nur erwartet werden, falls es sich beim Risiko des Anlegers um sogenannt »systematisches« Risiko handelt. Systematisches Risiko ist derjenige Teil des Risikos eines Portefeuilles der verbleibt, wenn dieses optimal diversifiziert ist. Das Ausmaß der Verminderung des Risikos durch dessen Streuung läßt sich anhand einer Korrelations- bzw. Kovarianzmatrix der berücksichtigten Anlageformen abschätzen. Je geringer die Korrelation zweier Anlagen ist, desto höher ist der potentielle Diversifikationseffekt. Sind zwei Anlagen fast vollständig korreliert (wie etwa eine zweijährige Dollarobligation der Weltbank und eine entsprechende Obligation mit derselben Restlaufzeit des amerikanischen Staates), so ist das Risiko der Kombination dieser beiden Anlagen gleich hoch, wie dasjenige der einzelnen Obligation, womit der Investor keine Reduktion seines Risikos erfährt. Zwei vollständig negativ korrelierte

»Anlagen« wie bspw. die Kombination einer Short- (Kauf) und einer Longposition (Verkauf) eines bestimmten Kontrakts führen logischerweise zu einem Risiko von null. Je geringer die Korrelation einer Anlage zu einem bestehenden Portefeuille ist, desto attraktiver ist ceteris paribus diese Anlage.

Die Korrelationen der verschiedenen Aktienmärkte sind in den letzten Jahren gestiegen und liegen nun in der Gegend von 50 %, wobei die Währungsschwankungen einen Großteil der Diversifikation ausmachen. Letzteres ist insofern problematisch, als daß bezweifelt werden muß, ob das Eingehen eines Währungsrisikos am Markt mit einer höheren Rendite überhaupt systematisch entschädigt wird. Da das Währungsrisiko isoliert betrachtet tendenziell unsystematisch ist, d. h. die Investoren überflüssige Risiken eingehen, und da es bei volatilen Märkten schwierig ist, eine vollständige Währungsabsicherung vorzunehmen, ist es sinnvoll, sich nach währungsunabhängigen Diversifikationsmöglichkeiten umzusehen. Dazu bieten sich verbriefte Versicherungsrisiken an.

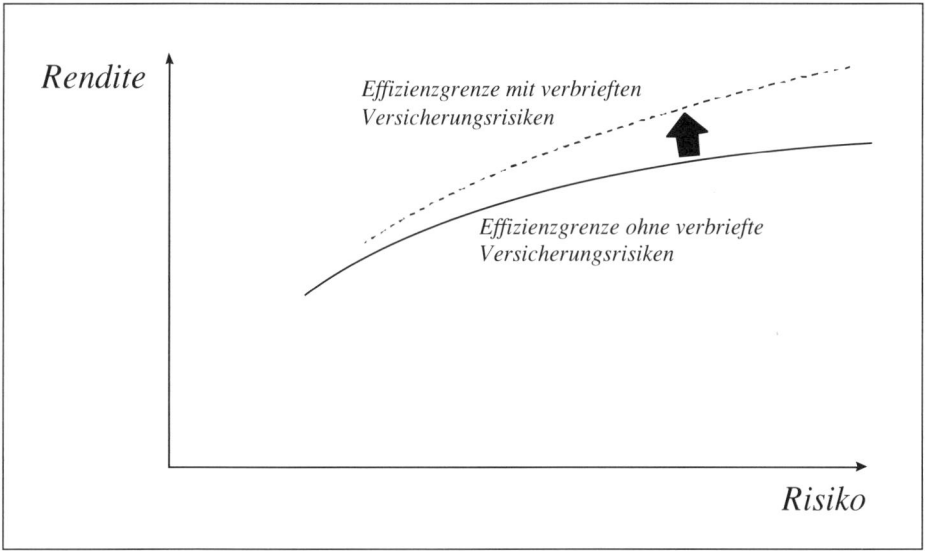

Abb. 1: Tendenzielle Entwicklung der Effizienzgrenze eines Portefeuilles bei Berücksichtigung von verbrieften Versicherungsrisiken

Da davon ausgegangen werden kann, daß Versicherungsschäden und die Entwicklungen an den Finanzmärkten kaum korrelieren, also näherungsweise eine Korrelation von null angenommen werden kann, ermöglichen verbriefte Versicherungsrisiken unter einem Portfoliogesichtspunkt – ohne das Eingehen von Währungsrisiken (!) – eine markante Reduktion des Risikos für den Anleger. Doch die Möglichkeit zur Reduktion des Risikos macht in der Regel nur Sinn, wenn die betreffende Anlage auch eine attraktive erwartete Rendite aufweist. Erst dann kann die portfoliotheoretische »Effizienzgrenze« verbessert werden.

Eine attraktive erwartete Rendite bedeutet in aller Regel, daß die Emittentin von Versicherungsrisiken (die Versicherungsgesellschaft) bereit sein muß, einen erwarteten

Netto-Cash-Outflow zu Gunsten der Investoren zu leisten. Dieser Cash-Outflow wird bewirken, daß die erwartete Verzinsung eines CAT-Bonds über derjenigen einer normalen Obligation liegt.

Für eine erfolgreiche Verbriefung von Versicherungsrisiken ist eine Reihe weiterer Punkten zu beachten:

- Es sollten historische Daten vorliegen, die den Investoren die Möglichkeit geben, ihr Risiko abzuschätzen. Diese historischen Daten müssen so vorliegen, daß sie über die Jahre hinweg vergleichbar sind und daß sie eine Abschätzung der verbrieften Risiken auch wirklich erlauben. Es muß natürlich insbesondere vermieden werden, daß im Rahmen der adversen Selektion nur das Risiko von Teilen eines Versicherungsportefeuilles an den Kapitalmarkt gebracht wird, ohne daß dies den Investoren kommuniziert würde.
- Ferner müssen die Investoren über ein Kontrollinstrument verfügen, das gewährleistet, daß die von der Gesellschaft gemeldeten Schäden auch der Wahrheit entsprechen und nicht manipulierbar sind. Dies wird insbesondere dadurch erleichtert, daß ein Risiko gewählt wird, über dessen Schäden durch die Medien berichtet wird, wie etwa Naturkatastrophen oder zumindest Naturereignisse wie Hagelstürme. Die Überprüfung der Meldungen durch eine unabhängige Revisionsgesellschaft verbessert die Glaubwürdigkeit noch mehr.
- Die Transparenz muß nicht nur bei den Schadenmeldungen gewährleistet sein, sondern auch bei der Preisbildung des Wertpapiers. Dies bedeutet insbesondere auch, daß die Höhe der Risikoprämie einigermaßen quantifiziert werden kann.
- Will man ein größeres Publikum erreichen, so muß das Verlustrisiko klar begrenzt werden.

2. Die Interessen des Versicherers

Bei all den genannten Forderungen der Investoren mag sich der Leser fragen, ob nicht die Interessen der Versicherungsgesellschaft zu kurz kommen. Die Gesellschaft hat mit einem erhöhten Cash-Outflow zu rechnen, muß sich transparent zeigen und Risiken finden, die obigen Anforderungen genügen (Kontrollmöglichkeiten, Eignung bzgl. Augenfälligkeit der Schäden etc.). Ferner besteht die Gefahr eines erheblichen Basisrisikos zwischen dem, was die Investoren leisten und dem Schaden, den die Gesellschaft effektiv zu tragen hat. Auch die auf den ersten Blick unproblematische Begrenzung des Verlustrisikos für den Anleger stellt für den Versicherer ein nicht zu unterschätzendes Hindernis dar: Es ergibt sich nämlich ein Volumenproblem. Bei einem »principal protected cat bond« garantiert die Emittentin die Rückzahlung des Kapitals zu 100 %. Lediglich die Coupons sind also »at risk«. Will ein Versicherer einen Layer von CHF 100 Mio. bei einem Zinsniveau von 3 % abdecken, so müßten CHF 3,3 Mrd. am Markt plaziert werden können.

Um diese Schwierigkeiten sinnvoll zu beurteilen, muß man sich im klaren sein, welches die Vorteile der Verbriefung für den Versicherer sind. Wie bereits angetönt, bieten solche Produkte für den Erstversicherer einen rückversicherungsähnlichen Schutz. Deswegen müssen sie mit der Deckung durch Rückversicherer verglichen werden. Bei zwei ähnlichen Produkten ist es naheliegend, den Preis zu vergleichen. In einem »weichen« Rückversicherungsmarkt (wie er derzeit herrscht) ist die Deckung durch einen Rückversicherer günstiger als unmittelbar nach einer Angebotsverengung – bspw. nach einer großen Naturkatastrophe, die viele Anbieter aus dem Rennen wirft. Die Fähigkeit, in solchen Momenten am Kapitalmarkt weiteres risikotragendes Kapital zu mobilisieren, kann einer Gesellschaft einen komparativen Vorteil verschaffen. Die Nutzung des Kapitalmarkts als Alternative zur Rückversicherung wird dann funktionieren, wenn die Preisentwicklung für Rückversicherung am Rückversicherungsmarkt mit derjenigen am Kapitalmarkt nicht oder nur wenig korreliert. Und dies ist zu erwarten. In einem »harten« Rückversicherungsmarkt lohnt es sich für die Erstversicherer eher, den Kapitalmarkt direkt in Anspruch zu nehmen, um traditionelle Rückversicherung zu substituieren.

Ein weiterer Vorteil der Nutzung des Kapitalmarkts besteht darin, daß der Schutz über die Verbriefung des Risikos keinen »Kreditliniencharakter« hat, d. h., daß ein einmal in Anspruch genommener Schutz nicht wie bei einem gängigen Rückversicherungsvertrag faktisch über Jahre hinweg wieder zurückbezahlt werden muß. Ferner muß der Preis der Deckung nicht jährlich neu ausgehandelt werden, sondern kann über Jahre hinweg konstant gehalten werden, was der Kalkulierbarkeit der Kosten zuträglich ist.

III. Die Winterthurer Wandelanleihe mit WinCAT-Coupons »Hagel«

In den USA haben erste Privatplazierungen verbriefter Versicherungsrisiken stattgefunden. Doch auch für europäische Versicherer ist die aktive Teilnahme an diesen neuen Entwicklungen interessant. Ziel der Winterthur Schweizerische Versicherungs-Gesellschaft (Winterthur) war eine Schweizer Emission mit Schweizer Risiken. Dafür kommen im Naturkatastrophenbereich Hagel- und Überschwemmungsrisiken in Frage. Analysen haben gezeigt, daß sich erstere für solche Produkte besser eignen als Überschwemmungsrisiken.

Die Winterthur wollte mit der vorliegenden Emission u. a. die Aufnahmefähigkeit des Marktes für solche Risiken ausloten und in der Strukturierung solcher Produkte Erfahrungen sammeln. Diese Emission erfolgte also keineswegs aus Gründen der mangelnden Risikofähigkeit des Konzerns, sondern im Hinblick auf die Optimierung von traditioneller und nichttraditioneller Rückversicherung.

Die Winterthur konnte Anfang 1997 via Credit Suisse First Boston (CSFB) mit großem Erfolg die weltweit bisher größte und erste öffentlich gehandelte CAT-Anleihe plazieren.

1.   Kontraktspezifikation

Die Winterthur Versicherungen haben eine Wandelanleihe mit einer Laufzeit von drei Jahren und einem Coupon von 2.25 % emittiert. Die Auszahlung des jährlichen Coupons entfällt, wenn an einem Tag während der Zinsperiode (1 Jahr) mehr als 6000 bei der Winterthur versicherte Fahrzeuge anläßlich von äußerst heftigen Hagel- oder Sturmereignissen beschädigt werden.

Bei großen quantitativen Änderungen des Versicherungsbestandes der bei der Winterthur versicherten Fahrzeuge wird die Limite von 6000 Fahrzeugen entsprechend angepaßt.

Die Gesellschaft verpflichtet sich, spätestens zehn Kalendertage nach Feststellung eines relevanten Schadenereignisses den Obligationären den Wegfall des Coupons bekanntzugeben.

Die Anleihe wird an der Schweizer Börse gehandelt.

2. Das Erfolgsrezept: Die Investoren im Mittelpunkt

Nach einigen Mißerfolgen in den USA bei der Plazierung von ähnlichen Produkten wurde klar, daß das Ernstnehmen der Interessen der Investoren ausschlaggebend für den Erfolg einer solchen Emission ist.

Die Winterthur legte infolgedessen sehr großen Wert auf die Transparenz. Der allfällige Eintritt eines Hagelschlags oder eines so heftigen Sturmwindes, daß mehr als 6000 bei der Winterthur versicherte Fahrzeuge beschädigt werden, ist so spektakulär, daß von den nationalen Medien darüber berichtet wird. Zudem richtet die Winterthur nach solchen Ereignissen in der Regel ein sog. Drive-in ein, an dem die betroffenen Fahrzeughalter an einem bestimmten Termin und Ort ihren Schaden geltend machen können und publiziert auch kurz nach kleineren Ereignissen Schätzungen der Anzahl der beschädigten Fahrzeuge im Internet (http://www.winterthur.com) Die Beobachtung von Ereignissen, von denen die Couponzahlung abhängt, ist objektiv, kann einfach nachvollzogen werden und wird auch noch von einer unabhängigen Revisionsstelle überprüft. Letzteres wird dadurch ermöglicht, daß die formulierten Bedingungen in Form eines physikalisch erfaßbaren Schadens (Anzahl Fahrzeuge) vorliegen und nicht in Form einer monetären Größe (bspw. Schadensumme). Generell verfügt die Gesellschaft zudem über ein umfassendes Qualitätssicherungssystem, welches die strengen Anforderungen der international anerkannten ISO-Norm 9001 erfüllt. Damit ist u. a. auch die korrekte Registrierung der Schadenfälle sichergestellt.

Die Bedingungen sind so ausgestaltet, daß die Couponzahlung in der Regel erfolgt. Die Investoren profitieren dann von der Couponzahlung von 2.25 %. Neben dem überdurchschnittlichen Coupon ist auch die erwartete Rendite der Anlage höher als diejenige einer normalen Wandelanleihe, da die Winterthur für den bereitgestellten Schutz eine Risikoprämie zahlt. Die Gesellschaft rechnet also mit einem Netto-Cash-Outflow. Nur so kann gewährleistet werden, daß der Investor für sein zusätzlich eingegangenes Risiko auch entschädigt wird.

Ferner hat die Winterthur historische Daten publiziert, und die CSFB hat in einer analytischen Kurzfassung den Weg zur Berechnung des Risikos dargestellt. Für den Investor ist es somit nachvollziehbar, wie seine Risikoprämie quantifiziert werden kann. Die Investoren haben den Vorteil, daß der von den Naturereignissen abhängende Teil der Rendite unabhängig ist von Entwicklungen des Finanzmarkts. Damit eröffnen sich neue Diversifikationsmöglichkeiten, die das Gesamtrisiko eines Portfolios positiv beeinflussen können. Der Anleger kann maximal sein jährliches Coupon verlieren. Das eingesetzte Kapital bleibt somit erhalten und wird vorbehaltlich der Wandlung zu 100 % zurückgezahlt. Das Verlustrisiko ist also klar begrenzt. Das Problem der adversen Selektion wurde dadurch beseitigt, daß das gesamte Portefeuille der Winterthur Gesellschaften in der Schweiz Basis ist für die historischen Daten und für die Zählung der Anzahl der beschädigten Fahrzeuge. Der Winterthurer Marktanteil von ca. 25 % mildert dieses Problem noch zusätzlich. Die Anleihe kann jederzeit an der Börse gehandelt werden. Die Investoren erhalten eine Transparenz in der Preisbildung.

3. Das Pricing der Anleihe

Die wichtigste Größe für die Bewertung des hagelspezifischen Teils der Anleihe ist die Ausfallwahrscheinlichkeit des Coupons p_{CAT}. Damit der Erwartungswert der Rendite der Anleihe mit Hagelrisiko gleich hoch ist wie derjenige einer normalen Wandelanleihe, müßte die Couponzahlung C_{WinCAT} gleich $C_{normal}/(1 - p_{CAT})$ sein, wobei C_{normal} der Coupon einer »normalen« Wandelanleihe wäre. Da der Investor aber für das zusätzlich eingegangene Risiko entschädigt werden möchte, muß C_{WinCAT} größer als $C_{normal}/(1 - p_{CAT})$ sein. Die maximal für den Versicherer sinnvolle Höhe dieses Zuschlags ergibt sich aus dem Wert der rückversicherungsäquivalenten Deckung, die durch die Anleihe ermöglicht wird.

Zur Berechnung der Ausfallwahrscheinlichkeit gibt es verschiedene Ansätze. Eine Schwierigkeit bei der Verbriefung von Versicherungsrisiken liegt in der Bestimmung von p_{CAT}, mit der sowohl die Versicherungsmathematiker, die Finanzanalysten und die Investoren leben können. Für alle Methoden braucht es aber zuverlässige historische Daten.

Jahr	Datum	Ereignis	Zahl der Leistungen	Index	Adjustierte Zahl der Leistungen
1987	–	–		1.248	–
1988	–	–		1.204	–
1989	–	–		1.161	–
1990	27.02.	Sturm	1646	1.127	1855
	30.06.	Hagel	1395		1572
1991	23.06.	Hagel	1333	1.104	1472
	06.07.	Hagel	1114		1230
1992	21.07.	Hagel	8798	1.098	*9660*
	31.07.	Hagel	1085		1191
	20.08.	Hagel	1253		1376
	21.08.	Hagel	1733		1903
1993	05.07.	Hagel	6589	1.099	*7241*
1994	02.07.	Hagel	4802	1.086	5215
	24.06.	Hagel	940		1021
	18.07.	Hagel	992		1077
	06.08.	Hagel	2460		2672
	10.08.	Hagel	2820		3063
1995	26.01.	Sturm	1167	1.067	1245
	02.07.	Hagel	1290		1376
1996	20.06.	Hagel	1262	1.000	1262

Tab. 1: Die historischen Daten für die Berechnung der Ausfallwahrscheinlichkeit des Coupons. Die Adjustierung der Zahl der Leistungen mittels Indexierung erfolgt wegen Änderungen des Bestandes der bei der Winterthur versicherten Fahrzeuge

In Tabelle 1 sind die relevanten historischen Daten für die Berechnung von p_{CAT} der WinCAT-Anleihe dargestellt. Eine »naive« Betrachtungsweise führt dazu, daß man von einer Ausfallwahrscheinlichkeit von 20 % ausgeht, da der Coupon in zwei (1992 und 1993) von zehn Jahren ausgefallen wäre. Da somit aber nur 2 der vorliegenden 17 Datensätze verwendet werden und diese Größe statistisch kaum signifikant ist, ist ein solches Vorgehen aus versicherungsmathematischer Sicht jedoch unbefriedigend. Um alle vorliegenden Information auszunutzen, wird der Schadenprozesses mittels einer zusammengesetzten Poissonverteilung modelliert. Die Schadengröße wird mit einer Paretoverteilung und die Schadenhäufigkeit mittels einer Poissonverteilung geschätzt. Durchschnittlich sind gemäß Tabelle 1 1.7 mal pro Jahr mehr als 1000 Fahrzeuge beschädigt worden. Die Schätzung des Poissonparameters λ_{1000} dieser Schadenereignisse beträgt daher 1.7. Es besteht somit eine Wahrscheinlichkeit von $p_{1.7} = e^{-\lambda} (n!)^{-1}$, daß pro Jahr genau n Schadenereignisse auftreten, die einen Schaden an mehr als 1000 Fahrzeugen verursachen. Die erwartungstreue Maximum-Likelihood-Schätzung der Paretoverteilung ihrerseits ergibt, daß mit einer Wahrscheinlichkeit von 8.57 % mehr als 6000 Fahrzeuge beschädigt werden, wenn ein Ereignis auftritt, bei dem mehr als 1000 Fahrzeuge beschädigt werden, womit sich der Poissonparameter $\lambda_{6000} = 1.7 * 8.57 \% = 14.6 \%$ berechnen läßt. Diese 14.6 % geben uns an, wie häufig im Jahr durchschnittlich Ereignisse auftreten, bei denen mehr als 6000 Fahrzeuge beschädigt werden. Die Wahrscheinlichkeit, daß in einem Jahr kein solches Ereignis auftritt beträgt $e^{-0.146} * 0.146^0 * (1!)^{-1} = 86.4 \%$. Daher beträgt die Ausfallwahrscheinlichkeit des Coupons p_{CAT} nach diesem Modell 13.6 %.

Der Bewertung der Anleihe bei Emission erfolgte mit einem p_{CAT} von über 30 %, womit den Investoren sowohl nach der naiven Betrachtungsweise als auch nach der versicherungsmathematischen Schätzung eine attraktive Risikoprämie verbleibt.

IV. Weitere Entwicklungen

Die verschiedenen Versuche der Verbriefung von Versicherungsrisiken sind bisher im Stile des »trial and error« erfolgt. Die Teilnehmer des Finanzmarktes müssen sich mit dieser Anlageform vertraut machen, und es ist verständlich, daß nicht alle Produkte »Marktreife« erlangt haben. Doch eins ist klar: Wenn künftige Emittenten solcher Risiken die Interessen der Investoren nicht klar vor Auge haben, wird ihr Versuch als »error« enden.

Es besteht eine Vielzahl von Kombinationen von kapitalmarktgeeigneten Versicherungsrisiken und der Form, in die sie gegossen werden können. Je nach Risikofähigkeit kann vom CAT-Bond bis zur CAT-Option für die verschiedensten Risiken alles konstruiert werden. Ein sehr interessanter Vorschlag ist zudem die Erweiterung des Konzeptes eines »equity calls«. Dies ist das Recht des Versicherers, im Falle einer Katastrophe sofort neues Eigenkapital zu einem im Voraus definierten Preis zu emittieren. Damit könnte die Ruinwahrscheinlichkeit gesenkt werden, nicht aber eine effiziente Resultatsglättung bzw. ein »Bilanzschutz« erwirkt werden.

Die Möglichkeiten zur Innovation auf diesem Gebiet sind intakt; sie können genutzt werden.

V. Zusammenfassung

Der alternative Risikotransfer (ART) in Form der Verbriefung von Versicherungsrisiken kann beiden Seiten – den Investoren und der Versicherungsgesellschaft – Vorteile verschaffen. Diese Instrumente ermöglichen in Zeiten zunehmender Korrelationen an den Finanzmärkten währungsunabhängige Diversifikationsmöglichkeiten für die Anleger. Den Erstversicherern ihrerseits bringen sie potentielle Alternativen zur Rückversicherung. Für die erfolgreiche Emission solcher Wertpapiere muß der Versicherer den Bedürfnissen der Investoren nach Transparenz und attraktiver Rendite Rechnung tragen. Ein erfolgreiches Beispiel dafür ist die Winterthurer Wandelanleihe mit WinCAT-Coupons »Hagel«, der größten und ersten öffentlich gehandelten Anleihe in diesem Markt.

Teil 2
Asset Management aus der Sicht von Kapitalanlagegesellschaften

Jürgen Baur*

Die Europäische Investmentrichtlinie und das Investmentrecht in den Staaten der Europäischen Union

---

* Rechtsanwalt Dr. iur. *Jürgen Baur*, Geschäftsführer der AACHENER GRUNDVERMÖGEN Kapitalanlagegesellschaft mbH, Köln

I. Einführung

Abgesehen von Großbritannien mit in den traditionellen Formen als Investment Trust oder Investment Company verwalteten Investmentvermögen – seit den 30er Jahren auch als Unit Trusts – haben sich in den anderen Staaten der Europäischen Union die speziellen Rechtsformen für die Investmentanlage erst nach dem 2. Weltkrieg herausgebildet. Die Entwicklung in den einzelnen Staaten ist unterschiedlich verlaufen. Von einem echten Interesse für die Investmentanteile kann man allgemein erst ab der zweiten Hälfte der 60er Jahre sprechen. Die Ursachen liegen in den wachsenden Privatvermögen in einzelnen Staaten der Europäischen Union, in, insbesondere in Frankreich, den steuerlichen Anreizen zur Vermögensbildung in privater Hand, in einer äußerst aktiven oder mehr noch aggressiven Vertriebspolitik ursprünglich der US-amerikanischen Investmentfonds oder der mit ihnen in Verbindung stehenden Off-shore-Fonds und in den geschäftspolitischen Überlegungen von Banken und Sparkassen, breitere Bevölkerungsschichten für die Wertpapieranlage über die Beteiligung an Investmentfonds zu gewinnen. Gerade für das Massengeschäft hat sich die Investmentanlage als besonders geeignet herausgestellt, da die Führung von Wertpapierdepots bei Banken spürbar entlastet wird, die zeitaufwendigen Einzelberatungen und nicht kostendeckende Kleinaufträge des Direkterwerbs u. a. von Aktien entfallen.

Eine Anlage in Investmentanteilen, seien es Anteile eines Investmentfonds, Anteile/ Aktien einer Investmentgesellschaft oder Anteile eines Investment Trust ist heute ebenso selbstverständlich wie der Abschluß von Versicherungs- oder Bausparverträgen. Weder eine private, eine betriebliche noch eine institutionelle Vermögensverwaltung sind heute ohne die Investmentanlage denkbar. Dies drückt sich allgemein auch in den Zahlen der weltweit von Investmentfonds, Investmentgesellschaften oder Investmenttrusts verwalteten Vermögen aus. Zum Ende des Jahres 1997 betrug das von Publikumsfonds in den USA verwaltete Vermögen 4,5 Billionen US-$ (8,1 Billionen DM). Faßt man das Vermögen der Publikumsfonds in den Staaten der Europäischen Union zusammen, so ergab sich zum 30.9.1997 ein Investmentvermögen von 1,7 Billionen. ECU (3,3 Billionen DM); der gesamte statistisch erfaßte Weltmarkt für Investmentfonds belief sich auf 6,6 Billionen ECU (12,9 Billionen DM).

Bezogen auf die absolute Größe der Investmentvermögen von Publikumsfonds nimmt Frankreich in der EU die Spitzenstellung ein. Pro Kopf der Bevölkerung hat, bedingt durch die hohe Präsenz von Fonds ausländischer Provenienz und die niedrige Zahl der Wohnbevölkerung, Luxemburg die Spitzenstellung. Bei der Größe der Investmentvermögen nimmt Deutschland, wenn ausschließlich die im Inland verwalteten Vermögen der Wertpapier- und Geldmarkt-Publikumsfonds der Rangordnung zugrunde gelegt werden, mit 7,7 % den 5. Rang nach Frankreich (26,5 %), Luxemburg (18,5 %), Großbritannien (12,3 %), und Spanien (8,8 %) ein. Werden jedoch die in den Ländern der Europäischen Union, vornehmlich in Luxemburg aber auch in Irland verwalteten Investmentfonds deutscher Provenienz in die Berechnung mit einbezogen, so landet Deutschland auf den 3. Rang nach Frankreich und Großbritannien. Einschließlich der Spezialfonds steht Deutschland in der EU sogar auf Rang 1.[1]

---

1 Angaben unter Berücksichtigung von BVI, Investment 97, S. 10 ff.; *Matthias*, Süden und Norden holen auf, Investmentfonds weiter auf Wachstumskurs, aber hauptsächlich in Nord- und Südeuropa, in: Hoppenstedt, Fondsführer 1997, S. XVI ff. sowie EIV zum 30.9.1997.

Die ersten Ansätze einer Investmentanlage von praktischer Bedeutung gibt es in den 60er Jahren des vergangen Jahrhunderts in England und Schottland, später auch in den USA. Die 20er Jahre sehen eine Boomphase in den USA und auch in England. Die leidvollen Erfahrungen des Börsenkrachs Anfang der 30er Jahre hatten in den USA ein strenge Börsengesetzgebung aber auch ein spezielle Investmentgesetzgebung zur Folge, das Investment Company Act von 1940. Dieses Gesetz ist kein Organisationsgesetz, wie sie häufig in den Mitgliedstaaten der Europäischen Union anzutreffen sind, sondern ein Katalog von Verhaltensregeln für die US-amerikanischen Investmentgesellschaften. In den USA folgt die Organisation der Investmentgesellschaften den Gesetzen oder dem Recht der einzelnen US-Staaten. In den EU-Staaten ist die Rechtssituation ebenfalls nicht einheitlich. Unter Berücksichtigung der Europäischen Investmentrichtlinie von 1985 gibt es teils Rahmengesetze, teils ausführliche Organisationsgesetze, die zugleich die Fondsstruktur regeln. Es besteht jedoch inzwischen die Tendenz, möglichst viele Fondsstrukturen zu gestatten und es dem Markt zu überlassen, welcher Fondsstruktur der Vorzug gegeben wird. Ein Beispiel ist dafür in Deutschland das 3. Finanzmarktförderungsgesetz, das erstmals Investmentunternehmen in der Form einer Investmentaktiengesellschaft neben den derzeit nur zulässigen rechtlich unselbständigen Investmentfonds, die von einer KAG verwaltet werden, vorsieht.

II. Die Europäische Investmentrichtlinie (OGAW-Richtlinie)

1. Zielsetzung der OGAW-Richtlinie

Die Internationalisierung der Investmentidee in den 60er Jahren durch das Angebot von US-Fonds und Off-shore-Fonds hatte für die privaten Anleger nicht nur positive Seiten. Unseriöse Vertriebsmethoden und Fondszusammenbrüche, die sich insbesondere in dem IOS-Debakel von 1970 manifestierten,[2] führten zu Vertriebsregelungen in einzelnen europäischen Staaten.[3] Die Notwendigkeit, Investmentsparer in den EU-Staaten vor unseriösen Angeboten aus anderen Staaten zu schützen, andererseits Wettbewerbsverzerrungen beim grenzüberschreitenden Vertrieb zu beseitigen und den freien Verkehr des Kapitals zu gewährleisten, waren Mitte der 70er Jahre für die Kommission der Europäischen Gemeinschaften Anlaß, sich der Frage der Harmonisierung der einzelstaatlichen Regelungen für Investmentfonds, Investmentgesellschaften oder Investment Trusts in der seinerzeitigen Neunergemeinschaft anzunehmen. Da die Bestandsaufnahme unterschied-

---

2   *Birkholz/Saller,* IOS – Senkrechtstart und Absturz einer Erfolgsidee. Die Insiderstory einer Investmentgesellschaft (1970); *Baur* (1997), Vor § 1 AuslInvestmG, Rdn. 5.
3   In der Bundesrepublik Deutschland das Gesetz über den Vertrieb ausländischer Investmentanteile und über die Besteuerung der Erträge aus ausländischen Investmentanteilen vom 28.7.1968 (BGBl. I S. 986); in Österreich die Investmentfondsgesetznovelle vom 20.6.1968 (BGBl. Nr. 243/1968); dazu *Baur* (1997), Einl. III, Rdn. 253.

liche Rechtsvorschriften und auch unterschiedliche Regelungen über die Kontrolle in den einzelnen Mitgliedstaaten zu Tage förderte, verständigte man sich auf eine Rechtsangleichung/Harmonisierung entsprechend Art. 100 EG-Vertrag für das Angebot ausschließlich der offenen Wertpapier-Publikumsfonds. Insbesondere die Anteile an Investmentgesellschaften, bei denen keine Rücknahmeverpflichtungen bestehen, an Spezialfonds und an anderen Fonds als Wertpapierfonds wie Immobilienfonds, Risikokapitalfonds, Beteiligungsfonds, Hypothekarkreditfonds und Warenfonds, blieben von der Rechtsharmonisierung ausgeschlossen. Das Ergebnis der langjährigen Beratungen waren die vom Ministerrat der Europäischen Gemeinschaften am 20. Dezember 1985 erlassenen Richtlinien 85/611/ EWG zur Koordinierung der Rechts- und Verwaltungsvorschrift betreffend bestimmte Organismen für gemeinsame Anlagen in Wertpapieren (OGAW)[4] und 85/583/EWG zur Änderung der 1. Richtlinie vom 11.5.1960 zur Durchführung des Artikels 67 des EWG-Vertrages.[5] Die darin postulierte Liberalisierung des Kapitalverkehrs ist im übrigen durch die Richtlinie 88/361/EWG vom 8.7.1988[6] weitgehend abgeschlossen worden.

Erklärtes Ziel der Europäischen Investmentrichtlinie ist die Koordinierung der Rechtsvorschriften für die als Organismen für gemeinsame Anlage in Wertpapieren (OGAW) bezeichneten Wertpapierfonds, um auf Gemeinschaftsebene die Wettbewerbsbedingungen dieser Organismen anzugleichen und einen wirksamen und einheitlichen Schutz der Anteilinhaber zu gewährleisten. Des weiteren soll der freie Vertrieb der Fondsanteile in der Gemeinschaft sichergestellt werden. Dies bedeutet, daß die in einem Mitgliedstaat ansässigen Organismen ihre Anteile in den anderen Mitgliedstaaten vertreiben können, ohne daß die letztgenannten Staaten diese Organismen oder ihre Anteile irgendeiner Bestimmung unterwerfen können. Bei der Vorbereitung der Richtlinie hatten die meisten Mitgliedstaaten zu verstehen gegeben, daß eine Öffnung der Grenzen unmöglich sei, solange die wesentlichen Bestimmungen betreffend die Organismen nicht weitgehend angeglichen sind.[7]

2.   Wesentlicher Inhalt der OGAW-Richtlinie

Die OGAW-Richtlinie wendet sich an Organismen für gemeinsame Anlagen in Wertpapieren (OGAW), deren ausschließlicher Zweck darin besteht, beim Publikum beschaffte Gelder für gemeinsame Rechnung nach dem Grundsatz der Risikostreuung in Wertpapieren anzulegen und deren Anteile auf Verlangen der Anteilinhaber unmittelbar oder mittelbar zu Lasten des Vermögens dieser Organismen zurückgenommen oder ausgezahlt

---

4   ABl. EG Nr. L 375 vom 31.12.1985, S. 3; Wortlaut Baur (1997), Anhang Nr. 15.
5   ABl. EG Nr. L 372 vom 31.12.1985, S. 39.
6   ABl. EG Nr. L 178 S. 5.
7   DoK. *EG/Vandamme* (1988), S. III; Näheres zur OGAW-Richtlinie auch *Carl/Förster* (1994), S. 51; *Grundmann*, Europäisches und deutsches Investmentrecht, ZBB 1991, S. 242; *Hoffmann*, Banken- und Börsenrecht der EWG, 1990, S. 111; *Laux*, Europäisches Investment-Recht setzt neue Maßstäbe, Die Bank 1986, S. 389; *Laux/Wagner*, Binnenmarkt für Investmentunternehmen, in: Bertelsmann-Stiftung (Hrsg.), Binnenmarkt '92: Perspektiven aus deutscher Sicht, 1988, S. 112.

werden. Diesen Rücknahmen oder Auszahlungen sind Handlungen gleichgestellt, mit denen ein OGAW sicherstellen will, daß der Kurs seiner Anteile nicht erheblich von deren Nettoinventarwert abweicht. Nach dem einzelstaatlichen Recht können diese Organismen die Vertragsform (von einer Verwaltungsgesellschaft verwaltete Investmentfonds), die Form des Trust (»unit-trust«) oder die Satzungsform (Investmentgesellschaft) haben (Artikel 1 Abs. 1 OGAW-Richtlinie). Ein OGAW im Sinne der Richtlinie bedarf zur Ausübung seiner Geschäftstätigkeit der Zulassung durch die dafür zuständigen Stellen des Mitgliedstaates, in dem der OGAW ansässig ist. Diese Zulassung gilt für alle Mitgliedstaaten (Artikel 4 Abs. 1 OGAW-Richtlinie). Die Richtlinie enthält Mindestregelungen hinsichtlich der Struktur der Fonds, der Investmentgesellschaft und der Verwahrstelle (Depotbank) (Artikel 5 ff. OGAW-Richtlinie). Der Aufgabenbereich der Depotbank wird genau umrissen (Artikel 7 und 14 OGAW-Richtlinie). Außer dem Erfordernis, daß der Verwahrstelle die Verwahrung des Vermögens des Investmentfonds obliegt, hat sie dafür zu sorgen, daß der Verkauf, die Ausgabe, die Rücknahme, die Auszahlung und die Aufhebung der Anteile und die Berechnung des Wertes der Anteile den gesetzlichen Vorschriften, der Satzung der Investmentgesellschaft oder den Vertragsbedingungen des Investmentfonds gemäß erfolgen, daß den Weisungen der Verwaltungsgesellschaft Folge zu leisten ist, es sei denn, daß sie gegen die gesetzlichen Vorschriften oder die Vertragsbedingungen des Investmentfonds verstoßen; dafür zu sorgen, daß ihr bei Geschäften, die sich auf das Vermögen des Investmentfonds beziehen, der Gegenwert innerhalb der üblichen Frist übertragen wird; dafür zu sorgen, daß die Erträge des Investmentfonds gemäß den gesetzlichen Vorschriften und den Vertragsbedingungen des Investmentfonds verwendet werden. Bei der Zusammensetzung des Fondsvermögens sind bestimmte Anforderungen der OGAW-Richtlinie zu beachten. Die Anlage ist dabei vor allem auf börsennotierte Wertpapiere und nur unter bestimmten Voraussetzungen auf Wertpapiere aus Neuemissionen oder nicht notierte Wertpapiere beschränkt (Artikel 19 OGAW-Richtlinie). Für die einzelnen Wertpapiere gelten Anlagegrenzen. Diese Anlagegrenzen können für Staatsanleihen unter bestimmten Voraussetzungen aufgehoben sein (Artikel 22 und 23 OGAW-Richtlinie). Weiter sind geregelt die Publizitätspflichten (Artikel 27 ff. OGAW-Richtlinie). Für den Verkaufsprospekt sind die Mindestangaben in einem der Richtlinie beigefügten Schema A näher genannt (Artikel 28 OGAW-Richtlinie). In dem Schema B als Anhang zur Richtlinie sind die Anforderungen geregelt, die in den periodischen Berichten (Jahresbericht und Halbjahresbericht) enthalten sein müssen. Die OGAW-Richtlinie regelt außerdem eine Reihe von speziellen Verpflichtungen wie das Verbot der Kreditaufnahme oder der Kreditvergabe, das Verbot von Leerverkäufen, die Rücknahme von Anteilen, die Bewertung des Sondervermögens sowie das Erfordernis, daß Regeln für die Bewertung des Sondervermögens in den gesetzlichen Vorschriften, in den Vertragsbedingungen oder in der Satzung angegeben sein müssen (Artikel 36 ff OGAW-Richtlinie).

Es sind weiter geregelt die Anforderungen an den öffentlichen Vertrieb von Wertpapier-Investmentanteilen in einem anderem EU/EWR-Staat (Artikel 44 ff OGAW-Richtlinie). Sofern ein OGAW seine Anteile in einem anderen als dem EU/EWR-Staat, in dem er ansässig ist, zu vertreiben beabsichtigt, muß er dies den inländischen Stellen des Sitzstaates und jeweils den zuständigen Stellen des Vertriebsstaates vorher anzeigen und diesen bestimmte Unterlagen vorlegen. Er kann mit dem Vertrieb seiner Anteile in dem anderen EU/EWR-Staat zwei Monate nach Vorlage der Unterlagen beginnen, es sei denn, daß die Stellen des betreffenden EU/EWR-Staates durch begründeten Beschluß vor Ablauf von zwei Monaten feststellen, daß die Vertriebsmodalitäten nicht den Anforderungen der Richtlinie entsprechen (Artikel 46 OGAW-Richtlinie). Durch die OGAW-Richtlinie wird nicht das Recht des jeweiligen EU/EWR-Staates eingeschränkt, Vorschriften für die Werbung für OGAW zu erlassen. Jeder OGAW, der in einem anderen EU/EWR-Staat Werbung betreibt, hat die in diesem Staat geltenden Bestimmungen zu beachten. Es gilt jedoch ein Diskriminierungsverbot. Der Vertrieb aus anderen EU/EWR-Staaten darf im jeweiligen Vertriebsstaat keinen strengeren Vorschriften unterliegen als sie für die in diesem Staat ansässigen OGAW gelten (Artikel 44 OGAW-Richtlinie). Ein Kontaktausschuß soll bei der EU-Kommission die im Zusammenhang mit der Anwendung der Richtlinie entstehenden Probleme prüfen (Artikel 53 OGAW-Richtlinie).

3. Umsetzung der OGAW-Richtlinie in den Mitgliedsstaaten der Europäischen Union (EU) und in den Vertragsstaaten des Europäischen Wirtschaftsraums (EWR)

Die Mitgliedstaaten der EG waren zur Umsetzung der OGAW-Richtlinie bis zum 1.10.1989 (Griechenland und Portugal bis 1.4.1992) verpflichtet. Soweit es sich um EWR-Staaten handelt, zählt die OGAW-Richtlinie zu den Rechtsakten, die ebenfalls in innerstaatliches Recht umzusetzen waren. Dies galt mit der Maßgabe, daß eine Anpassung der bestehenden OGAW binnen zwölf Monaten ab Inkrafttreten des EWR-Abkommens, d. h. ab 1.1.1994, zu erfolgen hatte.[8] Sowohl in den EU- als auch EWR-Staaten ist die Umsetzung der OGAW-Richtlinie nicht immer fristgerecht erfolgt (zuletzt 1994 in Portugal und 1996 in Finnland; die Umsetzung erfolgte in Finnland zunächst noch nicht vollständig).[9] In Deutschland ist die OGAW-Richtlinie durch das 1. Finanzmarktförderungsgesetz umgesetzt worden. Dieses Gesetz änderte und ergänzte das Gesetz über Kapitalanlagegesellschaften (KAGG) und auch das Auslandinvestment-Gesetz (dort wurde neu der Zweite Abschnitt mit den Vorschriften über den Vertrieb von EG-Investmentanteilen eingefügt).

4. Beabsichtigte Änderungen der OGAW-Richtlinie

Die OGAW-Richtlinie wurde erstmals 1988 geändert.[10] Hierdurch kann die Anlagegrenze für gedeckte Schuldverschreibungen (insbesondere Pfandbriefe und Kommunalobligationen) von 10 auf 25 % angehoben werden. Eine weitere Änderung der OGAW-Richtlinie ergab sich durch die BCCI-Richtlinie.[11] Dies betrifft den Informationsaustausch zwischen den zuständigen Behörden der einzelnen Mitgliedstaaten und die Verpflichtung des Abschlußprüfers, den zuständigen Behörden unverzüglich bestimmte Tatsachen oder

---

8 *Baur* (1997), Vor § 1 KAGG, Rdn. 51.
9 EU Commission, DG XV, Dokument no. XV/530/95.
10 Richtlinie 88/220/EWG, ABl. EG Nr. L 100 vom 19.4.1988, S. 31.
11 dazu *Baur* (1997), Einl. II Rdn. 16; Richtlinie 95/26/EG, ABl. EG Nr. L 168 vom 18.7.1995, S. 7.

Entscheidungen zu melden. Seitens der zuständigen Abteilung (Abteilung XV) der EU-Kommission werden seit geraumer Zeit Vorschläge zur Erweiterung der OGAW-Richtlinie erörtert. Ein erster Vorschlag für eine OGAW II-Richtlinie mit 18 Änderungspunkten wurde von der EU-Kommission Anfang 1993 vorgelegt.[12] Im Mittelpunkt der Überlegungen der EU-Kommission stand die Einbeziehung der Geldmarktfonds in die OGAW-Richtlinie, eine Streuung der Bankguthaben der Investmentfonds ab einem Anteil von 20 % des Fondsvermögens auf mehrere Kreditinstitute und die Zulassung von Dachfonds (Funds of Funds). Im Juli 1994 hat die EU-Kommission, da die Beratungen nicht von Erfolg gekrönt waren, einen geänderten Richtlinien-Vorschlag vorgelegt.[13] Kernpunkte dieses Vorschlages waren die Zulassung von Cash-Fonds als besondere Fondsgruppe, maximal 25 % des Fondsvermögens dürfen bei dem gleichen Kreditinstitut/der gleichen Gruppe angelegt werden, Erweiterungen der Anlagemöglichkeiten von Wertpapierfonds auf Geldmarktinstrumente, Zulassung der Dachfonds als besondere Fondskonstruktion, Zulassung der Master-Feeder-Fonds-Konstruktion auf optionaler Grundlage, allgemeine Begrenzung der Bankguthaben für Investmentfonds auf maximal 25 % des Fondsvermögens außer im Fall der Cash-Fonds, außer in Bankguthaben dürfen die Wertpapierfonds die Liquidität auch in Geldmarktinstrumenten halten, ausdrückliche Zulassung von Finanztermingeschäften und Optionsgeschäften, sofern die Risiken aus diesen Geschäften ausreichend abgesichert sind. Die grenzüberschreitende Wahl der Depotbank soll zulässig werden, sofern die Depotbank u. a. erklärt, daß sie umfassend über die für ihre Tätigkeit als Verwahrstelle im Rahmen des grenzüberschreitenden Dienstleistungsverkehrs anwendbaren Rechtsvorschriften informiert ist und ein Kooperationsabkommen zwischen den Aufsichtsbehörden besteht. Da der Richtlinienvorschlag vom Juli 1994 sich wegen verschiedener Bedenken als nicht mehrheitsfähig erwies, wurde anschließend seitens der EU-Kommission diskutiert, die OGAW-Richtlinie von einer produktorientierten Richtlinie zu einer anbieterorientierten Richtlinie umzuwandeln. Hiernach würde die Aufsicht über die anbietenden Unternehmen verstärkt; für die angebotenen Produkte würden jedoch nur noch einige wenige Grundprinzipien vorgeschrieben werden, wie z. B. das Prinzip der Risikostreuung, der Veröffentlichung und der staatlichen Aufsicht.[14] Im November 1997 hat die EU-Kommission der Europäischen Investmentvereinigung (EIV – FEFSI) zwei neue Richtlinienvorschläge vorgelegt. Beide Vorschläge enthalten Änderungen der OGAW-Richtlinie. Künftig soll es insbesondere möglich sein, daß Verwaltungsgesellschaften aus EU-Staaten in anderen EU-Staaten Investmentfonds nach dem jeweils dort geltenden Recht verwalten. Außerdem soll eine neue OGA-Richtlinie geschaffen werden, deren Gegenstand die Zulassung von Dachfonds, Risikokapitalfonds, Derivatefonds (Terminkontrakt- und Options-OGA) und Bankguthabenfonds, die bis zu 50 % ihres Vermögens in Einlagen bei Kreditinstituten investieren dürfen, sein wird.

---

12 Kom (93) 37 endg.-SYN 453, ABl. EG Nr. C 59 vom 2.3.1993, S. 14; Rats-Dok. 4901/93.
13 Richtlinien-Vorschlag 94/329/EG vom 20.7.1994, ABl. EG Nr. C 242 vom 30.8.1994, S. 5.
14 BVI Investment 97, S. 26; dort auch Vorbehalte gegen den anbieterorientierten Ansatz.

III. Übersicht über die Struktur der Investment-gesellschaften, Investmentfonds und Investment Trusts in den einzelnen Mitgliedstaaten der Europäischen Union, die Aufsicht und die Rechtsvorschriften

1. Belgien

a. Wirtschaftliche Bedeutung

Ende 1996 belief sich das von in Belgien domizilierenden 340 Wertpapier- und Geldmarktfonds verwaltete Vermögen auf 876 Mrd. bfrs. (43 Mrd. DM).[15] Von dem Vermögen der Investmentfonds entfielen zu diesem Zeitpunkt auf Aktienfonds 34,2 %, Gemischte Fonds 31,3 %, Rentenfonds 24,8 % und Geldmarktfonds 9,7 %. Zum 30.9.1996 wurde das Vermögen der in Belgien domizilierenden Investmentfonds mit 872 Mrd. bfrs. (42 Mrd. DM) und das der in Luxemburg domizilierenden Investmentfonds belgischer Provenienz mit 1.715 Mrd. bfrs. (83 Mrd. DM) genannt.[16] Die Zahl der Investmentvermögen (Investmentfonds) mit Domizil Belgien betrug zu diesem Zeitpunkt 298, mit Domizil Luxemburg 406. Von dem Vermögen der Investmentfonds einschließlich solcher belgischer Provenienz mit Domizil Luxemburg entfielen auf Aktienfonds 11,7 %, Geldmarktfonds 27,4 %, Gemischte Fonds 10,9 %, Rentenfonds 44,2 % und Sonstige 5,8 %.[17] Bei Aktienfonds überwiegen die in Belgien domizilierenden Fonds, da ihnen die auf inländische Aktien erhobene Kapitalertragsteuer erstattet wird und sie in den Genuß der vom belgischen Staat abgeschlossenen Doppelbesteuerungsabkommen gelangen.[18] In jüngster Zeit waren ebenso wie in Spanien (s. 15. a.) die Garantiefonds von besonderem Interesse.[19]

b. Fondsstruktur

Bis zum Gesetz vom 4.12.1990, das die Europäische Investmentrichtlinie (OGAW-Richtlinie) umsetzte, gab es Belgien, vergleichbar der Situation nach dem deutschen KAGG, nur von einer Verwaltungsgesellschaft verwaltete Investmentfonds, die BF/FP (»beleggingsfonds/fonds des placement«). Investmentfonds in der Gesellschaftsform waren nicht gestattet. 1991 wurden mit Ausnahme der Fonds d'épargne-pension und von 4 Fonds BF/FP alle bestehenden Investmentfonds in Bevek/Sicav[20] umgewandelt. Die

---

15 BVI, Investment 97, S. 16.
16 European Fund Industry Directory '97, S. 8.3.
17 European Fund Industry Directory '97, S. 8.3.
18 European Fund Industry Directory '97, S. 8.7.
19 Matthias, in: Hoppenstedt, Fondsführer 1997, S. XVI f; Anteil am Fondsmarkt Ende 1996: 16,3 %.
20 Bevek = beleggingsvennootschap met veranderlijk kapitaal/Sicav = société d'investissement à capital variable.

Struktur der Bevek/Sicav entspricht der der Luxemburger oder der französischen Sicav. Das Vermögen dieser Investmentgesellschaften wird von einem Verwaltungsrat verwaltet, der mindestens zwei geschäftsführende Verwalter bestellt. Es ist ebenfalls möglich, das Vermögen extern durch die Verwaltungsgesellschaft von BF/FP verwalten zu lassen. Das Vermögen einer Bevek/Sicav ist bei einer Depotbank mit Sitz in Belgien in Verwahrung zu geben. Eine Bevek/Sicav kann auch als Umbrella Fonds konstruiert sein. In diesem Fall besteht die Investmentgesellschaft aus mehreren Unterfonds, von denen jeder ein anderes Anlageziel verfolgt.

Neben den offenen Investmentgesellschaften, den Bevek/Sicav gibt es die geschlossenen Investmentgesellschaften, die Bevak/Sicaf.[21] Sie entsprechen ebenfalls den Luxemburger oder französischen Sicaf. Derartige geschlossene Investmentgesellschaften, deren Anteile an einer Börse notiert sein müssen, sind bisher noch nicht aufgelegt worden. Durch Erlaß vom 10.4.1995 wurde die Auflegung von Vastgoed Bevak/Sicaf immobilière gestattet. Ein erster geschlossener Immobilienfonds wurde Ende 1995 aufgelegt.[22] Durch eine Gesetzesänderung sollen künftig Risikokapitalfonds als geschlossene Fonds zugelassen werden.

Die dritte Form der Investmentanlage ist die der BF/FP. Diese Investmentfonds entsprechen den Luxemburger oder den französischen FCP. Eine Verwaltungsgesellschaft in der Rechtsform der AG und mit Sitz in Belgien verwaltet einen oder mehrere Fonds, den oder die BF/FP. Der Fonds ist selbst keine juristische Person. Der Struktur nach handelt es sich um offene Fonds, da ständig neue Anteilscheine ausgegeben werden und die Anleger jederzeit die Rücknahme ihrer Anteilscheine verlangen können. Ebenso wie bei einer Bevek/Sicav sind die Wertpapiere des Fonds einer Verwahrstelle, der Depotbank (»dépositaire«), einem Kreditinstitut mit Sitz in Belgien, in Verwahrung zu geben.

c. Aufsicht

Zulassungs- und Aufsichtsbehörde für belgische Investmentunternehmen ist die CBF.[23] Die Zulassung wird belgischen Investmentgesellschaften oder Investmentfonds nur erteilt, wenn die Investmentgesellschaft oder die Verwaltungsgesellschaft bestimmte gesetzliche Anforderungen erfüllen und die Vertragsbedingungen, der Verkaufsprospekt und die Depotbank durch die CBF genehmigt wurden. Der öffentliche Vertrieb von Fondsanteilen ist nur Banken, Wertpapierhändlern und den Investment- und Verwaltungsgesellschaften gestattet. Für den öffentlichen Vertrieb von EG-Investmentanteilen bestehen erleichterte Vertriebsanforderungen. Für den Direktvertrieb ergibt sich ein Hindernis aus der Vorschrift, daß ein Anleger vor dem Kaufantrag den Verkaufsprospekt erhalten haben und den diesem beigefügten Kaufantrag ausgefüllt haben muß.[24] Die CBF veröffentlicht jährlich eine Liste der zum öffentlichen Vertrieb zugelassenen in- und ausländischen Fonds im

---

21 Bevak = beleggingsvennootschap met vast kapitaal/Sicaf = société d'investissement à capital fixe.

22 European Fund Industry Directory '97, S. 8.6.

23 CBF = De Commissie voor het Bank- en Financiewezen/La Commission Bancaire et Financière, Av. Louise 99, B-1050 Brussel-Bruxelles, Telefon (32) 2 535 22 11, Telefax (32) 2535 23 23.

24 European Fund Industry Directory '97, S. 8.16.

belgischen Staatsblatt. Die CBF kann Vorschriften für die Tätigkeit der Investmentgesellschaften, der Verwaltungsgesellschaften und der Verwahrstellen erlassen.

d.   Rechtsvorschriften

Das Gesetz vom 4.12.1990[25] und der Ausführungserlaß vom 4.3.1991[26] setzten die OGAW-Richtlinie in belgisches Recht um. Das Gesetz vom 4.12.1990 befaßt sich mit den Investmentunternehmen in seinem III. Buch, Art. 105 ff. Der Ausführungserlaß vom 4.3.1991 enthält die speziellen Vorschriften für belgische Wertpapier- und Geldmarktfonds (Titel I), für Fonds, die der OGAW-Richtlinie entsprechen (Titel II) und für Umbrella-Fonds, die in Wertpapieren und am Geldmarkt anlegen (Titel III). Er enthält ferner die Schemata zur Information über den Investmentfonds, die Verwaltungsgesellschaft und ggf. die Investmentgesellschaft (Schema A), zu den periodischen Berichten (Schema B) und zu ergänzenden Informationen über u. a. die Depotbank, Zahlstelle, Rücknahme und Kosten (Schema C).

Weitere zu beachtende Vorschriften sind der Erlaß Nr. 71 vom November 1939, der den Haustürverkauf außer durch Banken oder Wertpapierhändler untersagt, und der Erlaß vom 9.1.1991,[27] der den Begriff des öffentlichen Angebots definiert. Das öffentliche Angebot oder der öffentliche Vertrieb erfordern die Genehmigung des Finanzministers und eine vorherige Vertriebsanzeige bei der CBF. Zu beachten sind weiter der Erlaß vom 13.10.1991,[28] der den Vertrieb von nicht EG-Investmentfonds regelt, das Gesetz vom 5.8.1992[29] zur Einführung von Bankforderungenfonds (beleggingsfonds in schuldvorderingen/fonds de placement en créances), der Erlaß vom 12.8.1994,[30] der sich mit der fondsgebundenen Lebensversicherung befaßt, und der Erlaß vom 10.4.1995,[31] der die Auflegung von geschlossenen Immobilienfonds gestattet. In Vorbereitung ist ein Gesetz, das Spezialfonds für institutionelle Anleger gestattet.

2.   Dänemark

a.   Wirtschaftliche Bedeutung

Ende 1996 belief sich das von dänischen Investmentvereinen in 189 Wertpapier- und Geldmarktfonds verwaltete Vermögen auf 55 Mrd. dkr. (14 Mrd. DM). Hiervon entfielen zu diesem Zeitpunkt auf Aktienfonds 46,7 %, Gemischte Fonds 3,6 % und Rentenfonds 49,7.[32]

---

25 Loi relative aux opérations financières et aux marchés financiers, Moniteur belge (M.b.) vom 22.12.1990, S. 23800.
26 A.R. relatif à certains organismes de placement collectif, M.b. vom 9.3.1991, S. 4539.
27 M.b. vom 21.1.1991.
28 M.b. vom 7.11.1991, S. 24971.
29 M.b. vom 9.9.1992.
30 M.b. vom 16.9.1994.
31 M.b. vom 23.5.1995.
32 BVI, Investment 97, S. 16; *Matthias,* in: *Hoppenstedt,* Fondsführer 1997, S. XVI f.

b. Fondsstruktur

Die Investmentvermögen werden von Investmentvereinen (»investeringsforeninger«), auch Investmentinstitute (»investeringsinstituter«) genannt, verwaltet. Der Investmentverein lehnt sich an das dänische Aktienrecht an, so daß man ihn im weiteren Sinne als Investmentgesellschaft bezeichnen kann. Der Investmentverein kann ähnlich einem Umbrellafonds, in einzelne Teilfonds (»afdelinger«) geteilt sein, die jeweils ein eigenes Vermögen haben, für das eine eigenständige Anlagepolitik betrieben wird. Die Anleger sind Vereinsmitglieder, die ihre Entscheidung in einer Hauptversammlung treffen, die von den Anlegern oder von diesen gewählten Delegierten gebildet wird. Die Verwaltung obliegt dem Verwaltungsrat (»bestyrelse«) und der von diesem bestellten Geschäftsführung (»direktion«). Statt der Geschäftsführung kann auch eine auf die Fondsverwaltung spezialisierte Verwaltungsgesellschaft (»administrationsselskab«) mit Sitz in Dänemark und zugelassen von der Aufsichtsbehörde mit der laufenden Verwaltung beauftragt werden. Die Wertpapiere und die Bankguthaben sind einer Verwahrgesellschaft (»depotselskab«), bei der es sich um eine Bank, eine Sparkasse oder eine speziell zur Verwahrtätigkeit zugelassene Gesellschaft handeln muß, anzuvertrauen.

c. Aufsicht

Zulassungs- und Aufsichtsbehörde für die dänischen Investmentvereine ist die Finanstilsynet[33] Diese berichtet jährlich an den dänischen Wirtschaftsminister. Die Satzung des Investmentvereins ist vor Aufnahme der Geschäftstätigkeit durch die Finanstylsynet zu genehmigen. Der Investmentverein muß in das Handelsregister (»Erhvervs- og Selskabstyrelsen«) eingetragen sein. Die Mindestzahl der Anleger ist bei einem Mindestfondsvermögen von 2 Mio. dkr. mit 200 und je einem Mindestanteil von 1.000 dkr. vorgeschrieben; ansonsten ist ein Mindestfondsvermögen von 10 Mio. dkr. erforderlich.

d. Rechtsvorschriften

Die Rechtsgrundlage für das Investmentgeschäft in Dänemark bildet das Gesetz Nr. 157 über die Investmentvereine vom 15.3.1989 in der Fassung des Gesetzes Nr. 85 vom 12.2.1990 (»Lov om Investeringsforeninger«). Dieses Gesetz , das die OGAW-Richtlinie umsetzte, wird ergänzt durch die Rechtsverordnungen der Aufsichtsbehörde Nr. 618 betreffend den Inhalt des Verkaufsprospekte, Nr. 619 betreffend die ausländischen Investmentgesellschaften, die ihre Anteile in Dänemark vertreiben wollen, Nr. 620 betreffend die Anlagen der Investmentvereine in Bodenanleihen, Staatsanleihen usw. und Nr. 445 betreffend die Anlage der Investmentvereine in Finanzinstrumenten (Derivaten) und Terminkontrakten. Eine Änderung des Gesetzes über die Investmentvereine wird vorbereitet. Hierdurch sollen vier neue Fondstypen (»Specialforeninger«), i.e. Geldmarktfonds

---

33 Finanstilsynet, G 1 Kongevej 74A, DK-1850 Frediksberg C, Telefon (45) 33 55 82 82, Telefax (45) 33 23 04 41.

(»Pengemarkedsforeninger«), Dachfonds (»Investeringsinstitutforeninger«), halbgeschlossene Fonds für nicht notierte Werte (»Erhvervsudviklingsforeninger« [= Small Cap associations]) und Plazierungsfonds für einen begrenzten Anlegerkreis oder mit erweiterten Anlagemöglichkeiten (»Placeringsforeninger«) zulässig werden.

3. Deutschland

a. Wirtschaftliche Bedeutung

Ende 1997 beliefen sich die von deutschen Kapitalanlagegesellschaften verwalteten Fondsvermögen auf 900 Mrd. DM, davon Publikumsfonds 345 Mrd. DM und Spezialfonds 555 Mrd. DM. Das verwaltete Vermögen der Luxemburger und sonstiger ausländischer Publikumsfonds deutscher Provenienz erreichte 149 Mrd. DM. Die Zahl der Publikumsfonds mit Domizil Deutschland betrug 732, die der Publikumsfonds deutscher Provenienz mit insbesondere Domizil Luxemburg 456. Von dem Vermögen der Publikumsfonds einschließlich der ausländischen Publikumsfonds deutscher Provenienz entfielen auf Aktienfonds 23,9 %, Geldmarktfonds 8,8 %, Gemischte Fonds 2,4 %, Rentenfonds 48,9 % und Offene Immobilienfonds 16,1 %.[34]

b. Fondsstruktur

Die deutschen Kapitalanlagegegellschaften, auch als Investmentgesellschaften bezeichnet, verwalten ein oder mehrere rechtlich unselbständige Sondervermögen, die Investmentfonds. Hierbei kann es sich um Wertpapier-Sondervermögen, Geldmarkt-Sondervermögen, Beteiligungs-Sondervermögen (bisher nicht aufgelegt) und um Grundstücks-Sondervermögen, letztere auch als offene Immobilienfonds bezeichnet, handeln. Zusätzlich gibt es nach dem 3. Finanzmarktförderungsgesetz Investmentfondsanteil-Sondervermögen, Gemischte Wertpapier- und Grundstücks-Sondervermögen sowie Altersvorsorge-Sondervermögen. Investmentvermögen in der Gesellschaftsform waren vom Gesetz über Kapitalanlagegesellschaften (KAGG) bisher nicht vorgesehen. Das 3. Finanzmarktförderungsgesetz erweitert das KAGG um Investmentvermögen in der Form von Aktiengesellschaften (Investmentaktiengesellschaften), ohne ihnen jedoch den gleichen steuerlichen Status wie den Investmentfonds zu geben. Die Wertpapiere und Bankguthaben eines Sondervermögens sind von einer Depotbank, einem inländischen Kreditinstitut oder inländischen Zweigstelle eines EG/EWR-Kreditinstituts, zu verwahren. Bankguthaben können mit Zustimmung der Depotbank auch bei einem anderen Kreditinstitut unterhalten werden, wenn sie im vollem Umfang durch eine Sicherungseinrichtung geschützt sind. Bei Grundstücks-Sondervermögen bedarf die Verfügung über die Grundstückswerte der Zustimmung der Depotbank. Bei inländischen Grundstücken ist die Verfügungsbeschränkung im Grundbuch einzutragen, bei ausländischen Grundstücken ist die Wirksamkeit der Verfügungsbeschränkung in einer anderen geeigneten Weise sicherzustellen.

---

34 Statistik Deutsche Bundesbank und BVI.

c.   Aufsicht

Zulassungs- und Aufsichtsbehörde für deutsche Kapitalanlagegesellschaften ist das Bundesaufsichtsamt für das Kreditwesen (BAK)[35] Die Zulassung wird deutschen Kapitalanlagegesellschaften nur erteilt, wenn sie bestimmte gesetzliche Anforderungen erfüllen. Die Vertragsbedingungen von Publikumsfonds müssen durch das BAK genehmigt werden ebenso die Auswahl oder ein Wechsel der Depotbank. Bei Spezialfonds kann die Auswahl der Depotbank vom BAK allgemein genehmigt werden. Der bei Publikumsfonds vorgeschriebene Verkaufsprospekt ist dem BAK und der Deutschen Bundesbank unverzüglicher nach erster Verwendung einzureichen. Das gilt in gleicher Weise für den Rechenschaftsbericht und den Halbjahresbericht des Sondervermögens. Das BAK ist zuständig für die Anzeige des öffentlichen Vertriebs ausländischer Investmentanteile. Hierunter fallen als EG-Investmentanteile ebenfalls die Luxemburger und sonstige ausländischen Publikumsfonds deutscher Provenienz. Für den öffentlichen Vertrieb von EG-Investmentanteilen bestehen erleichterte Vertriebsanforderungen.

d.   Rechtsvorschriften

Die für deutsche KAG und ihre Sondervermögen grundlegenden Rechtsvorschriften enthält das Gesetz über Kapitalanlagegesellschaften (KAGG). Das KAGG ist ein Organisations-, Aufsichts- und Vertriebsgesetz. Es ist hinsichtlich der Besteuerung der deutschen Investmentanteile Spezialgesetz. Das KAGG gilt derzeit in der Bekanntmachung der Neufassung vom 14.1.1970.[36] Es ist zwischenzeitlich mehrfach geändert worden.[37] Die Umsetzung der OGAW-Richtlinie erfolgte durch das Finanzmarktförderungsgesetz (1. FMFG) vom 22.2.1990.[38] Wesentliche Änderungen mit neuen Anlagemöglichkeiten im Bereich der Derivate und an den Terminmärkten und mit der Einführung der Geldmarktfonds brachte das Zweite Finanzmarktförderungsgesetz (2. FMFG) vom 26.7.1994.[39] Weitere Änderungen enthält das Begleitgesetz zur 6. KWG-Novelle vom 22.10.1997.[40] Hierdurch werden den deutschen KAG neue Geschäftsmöglichkeiten im Rahmen ihrer Nebentätigkeiten eröffnet. Das Dritte Finanzmarktförderungsgesetz sieht eine Anpassung des KAGG an internationalen Standards vor, um die Attraktivität des deutschen Investmentplatzes zu verbessern.[41] Für die KAG als Spezialkreditinstitute gilt zusätzlich als

---

35 Bundesaufsichtsamt für das Kreditwesen, Gardeschützenweg 71–101, 12203 Berlin, Telefon (49) 30 84 36–0, Telefax (49) 30 84 36–15 50.
36 BGBl. 1970 I S. 127.
37 Näheres *Baur* (1997), Vor § 1 KAGG, Rdn. 23 ff.
38 BGBl. 1990 I S. 266; *Laux,* Zur Umsetzung der Richtlinie zur Harmonisierung des europäischen Investmentrechts in das deutsche Investmentrecht, Wertpapier-Mitteilungen 1990, S. 1093; eingehende kritische Untersuchung im Auftrag der EG-Kommission von *Grundmann*, Europäisches und deutsches Investmentrecht, Zeitschrift für Bankrecht und Betriebswirtschaft 1991 S. 242 ff.
39 BGBl. 1994 I S. 1749.
40 BGBl. 1997 I S. 2567.
41 Näheres *Laux,* Investmentplatz Deutschland: Aufbruch zu neuen Ufern, in: *Hoppenstedt,* Fondsführer 1997, S. VIII (S. XII ff.); BT-Drucksache 13/8933.

Aufsichtsgesetz das Gesetz über das Kreditwesen (KWG).[42] Das KAGG ist im Verhältnis zum KWG Spezialgesetz. Außer diesen Gesetzen gibt es eine Reihe weiterer Vorschriften, die von den KAG bei der Organisation und Durchführung des Investmentgeschäftes zu berücksichtigen sind.[43]

Für ausländische Investmentanteile gilt in Deutschland das Gesetz über den Vertrieb ausländischer Investmentanteile und über die Besteuerung der Erträge aus ausländischen Investmentanteilen (Auslandinvestment-Gesetz – AuslInvestmG) vom 28.7.1969.[44] Wie bereits der Bezeichnung zu entnehmen ist, handelt es sich um ein Vertriebsgesetz und um steuerrechtliche Vorschriften für die Erträge aus ausländischen Investmentanteilen. Auch dieses Gesetz ist inzwischen mehrfach geändert worden. Die Umsetzung der OGAW-Richtlinie mit den erleichterten Zugangsmöglichkeiten für EG-Investmentanteile zum deutschen Markt erfolgte durch das 1. FMFG.[45] Durch Änderungen im Rahmen des 2. FMFG wurde das Auslandinvestment-Gesetz in seiner bisherigen Anwendung auf ausländische Wertpapier- und Immobilienfonds auch auf Geldmarkt-/Cash-Fonds erweitert. Durch das 3. Finanzmarktförderungsgesetz werden künftig ausländische Wertpapier-Investmentaktiengesellschaften zum öffentlichen Vertrieb zugelassen.

4.   Finnland

a.   Wirtschaftliche Bedeutung

1987 ist in Finnland erstmals ein Investmentfonds aufgelegt worden. Ende 1996 belief sich das von finnischen Investmentgesellschaften in 62 Wertpapier- und Geldmarktfonds verwaltete Vermögen auf 12 Mrd. FMK (4 Mrd. DM). Hiervon entfielen zu diesem Zeitpunkt auf Aktienfonds 31,5 %, Geldmarktfonds 40,6 %, Gemischte Fonds 11,9 % und Rentenfonds 16,0 %.[46]

b.   Fondsstruktur

Vergleichbar der deutschen Investmentgesetzgebung sind in Finnland nur die von einer Investment- oder Verwaltungsgesellschaft verwalteten Investmentfonds zulässig. Es sind nur solche Investmentfonds gestattet, die den Anforderungen der OGAW-Richtlinie entsprechen, m.a.W. nur Publikums-Wertpapierfonds. Die Investmentfonds sind rechtlich unselbständig. Die Verwaltungsgesellschaft (»Rahasta Oy«[(finnische Bezeichnung]) ist in ihrer Tätigkeit auf die Verwaltung von Investmentfonds (»Sijoitusrahasto« [finnische

---

42 Kreditwesengesetz geändert durch Gesetz vom 22.10.1997 (BGBl. I S. 2518).

43 Zusammenstellung bei Hdb. KapitalanlageR/Baur (1997), S. 712 ff; Baur (1997), § 2 KAGG, Rdn. 96 ff.

44 BGBl. 1969 I S. 986.

45 Näheres *Grundmann*, Europäisches und deutsches Investmentrecht, Zeitschrift für Bankrecht und Betriebswirtschaft 1991 S. 242, 258 mit Kritik, daß die Systematik der OGAW-Richtlinie umgeschrieben wurde.

46 BVI, Investment 97, S. 16; *Matthias,* in: *Hoppenstedt,* Fondsführer 1997, S. XVI f.

Bezeichnung], »Placeringfond« [schwedische Bezeichnung]) beschränkt. Das Fondsvermögen ist bei einer Depotbank zu verwahren. Dabei muß es sich um ein Kreditinstitut, einen Wertpapierhändler oder die Zweigstelle eines Kreditinstituts mit Sitz in einem EU/EWR-Staat handeln.

c.   Aufsicht

Zulassungs- und Aufsichtsbehörde für finnische Investmentunternehmen ist der Rahoitustarkastus[47] in Verbindung mit dem Finanzministerium. Die Aufsichtsbehörde erteilt der Verwaltungsgesellschaft die Geschäftserlaubnis. Sie ist weiter zuständig für die Genehmigung der Vertragsbedingungen eines Fonds und der Vergütungsregelungen, für die vorherige Zustimmung zu einem Verkaufsprospekt, ferner für die Vertriebsanzeige eines Investmentunternehmens aus einem EG/EWR-Staat, ebenso für die Genehmigung des öffentlichen Vertriebs von Investmentanteilen aus anderen Staaten.

d.   Rechtsvorschriften

Das ursprünglich aus 1987 stammende Investmentfondsgesetz (»Sijoitusrahastolaki«), Gesetz Nr. 480/87, nunmehr das Gesetz Nr. 748/93 vom 9.8.1993, wurde durch das Gesetz Nr. 751/93 vom 13.8.1993 den Erfordernissen der OGAW-Richtlinie angepaßt. Weitere Anpassungen waren nach Ansicht der EU-Kommission noch erforderlich. Ein neues Investmentfondsgesetz ist zum 1.8.1996 in Kraft getreten. Dieses Gesetz schafft eine größere Flexibilität in den Fondstypen mit Zulassung u. a. von Geldmarktfonds und Immobilienfonds. Geregelt werden auch die Ausschüttungspolitik, verschiedene Arten von Anteilen und Anteilbruchteile. Zu beachten sind ferner das Gesetz Nr. 943 betr. die Prüfung der Rechnungslegung vom 28.10.1994 und das Einkommensteuergesetz Abschnitt 1 § 20 Nr. 2 und Abschnitt 3 § 33.[48]

5.   Frankreich

a.   Wirtschaftliche Bedeutung

Bei der Verwaltung von Publikumsfonds nimmt Frankreich unter den Mitgliedstaaten der EU seit vielen Jahren den 1. Rang ein. Dies hat seine Ursache in staatlichen Förderungsprogrammen u. a. die Lex Monory von 1978 und zuletzt der Aktiensparplan von 1992 mit steuerlichen Freibeträgen vor allem für die Geldmarktfonds. Ende 1996 belief sich das in 5.379 Wertpapier- und Geldmarktfonds von französischen Publikums-Investmentgesellschaften und Publikums-Investmentfonds verwaltete Vermögen auf 2.772 Mrd. FF (822

---

47 Rahoitustarkastus, PO Box 159 Kluuvikatu 5, FIN-00101 Helsinki, Telefon (358) 0 160 1, Telefax (358) 0 1604 770.
48 European Fund Industry Directory '97, S. 11.6.

Mrd. DM). Hiervon entfielen zu diesem Zeitpunkt auf Aktienfonds 10,9 %, Geldmarkt-fonds 45,3 %, Gemischte Fonds 14,4 % und Rentenfonds 29,4 %.[49]

b. Fondsstruktur

Für die Publikumsfonds gibt es in Frankreich zwei Anlagekonstruktionen, die Sicav (»Société d'investissement à capital variable«) und die FCP (»Fonds communs de place-ment«). Beide Konstruktionen entsprechen, da es sich um offene Fonds handelt, der OGAW-Richtlinie. Daneben gibt es als geschlossenen Fonds die auf dem Aktienrecht beruhende Investmentgesellschaft mit festem Kapital, die S.I. (»Société d'investissement«). Statt des Begriffes S.I. wird auch der der Sicaf (»Société d'investissement à capital fixe«) verwandt. Zu den geschlossenen Fonds zählen ebenfalls die Immobilien-Aktiengesell-schaften (»Sociétés immobilières«), deren Aktien an der Börse gehandelt werden.

Die Sicav sind Aktiengesellschaften. Die Aktien der Sicav können jederzeit ausgegeben werden. Sie werden auf Verlangen der Anleger jederzeit zurückgenommen. Die Aktien können auch an der Börse gehandelt werden. Das Vermögen der Sicav ist von einer von der Sicav unabhängigen Verwahrstelle (»dépositaire«) zu verwahren, die aus einer vom Wirtschaftsminister erstellten Liste, die Kreditinstute, Wertpapierhändler, Versicherungs-gesellschaften und auf die Verwahrung von Fonds spezialisierte Institutionen umfaßt, zu wählen ist. Die Sicav wird i. d. R. von dem Verwaltungsrat verwaltet. Eine Sicav kann ebenso wie der FCP und die S.I. von einer eigenständigen Verwaltungsgesellschaft (»société de gestion«) verwaltet werden. Der Anleger einer Sicav kann an der Hauptver-sammlung teilnehmen und die Zusammensetzung des Verwaltungsrates bestimmen. Da die Auflegung einer Sicav aufwendiger ist als die Auflegung eines FCP, wurden Sicav vor allem von den großen Bankgruppen errichtet.[50] Das Anfangskapital einer Sicav muß 50 Mio. FF betragen.

Ein FCP ist keine juristische Person sondern ein unselbständiges Sondervermögen, das im Miteigentum der Anleger steht und von einer Verwaltungsgesellschaft aufgelegt wird. Der ausschließliche Geschäftszweck der Verwaltungsgesellschaft muß die Verwaltung von FCP, Sicav oder S.I. sein. Es gibt keine Hauptversammlung der Anleger. Das Anfangska-pital eines FCP muß 2,5 Mio. FF betragen. Anteile eines FCP werden jederzeit zuzüglich oder abzüglich einer Kommission ausgegeben oder zurückgenommen. Sie können auch zum Börsenhandel zugelassen werden. Das Fondsvermögen ist bei einer von der Verwal-tungsgesellschaft unabhängigen Verwahrstelle zu verwahren. Die Vertragsbedingungen des FCP (»règlement du fonds«) werden von der Verwaltungsgesellschaft und der Ver-wahrstelle vereinbart. Wegen der einfacheren Auflegung von FCP werden sie zunehmend für Spezialfonds (»fonds dedié«), die für einen beschränkten Anlegerkreis aufgelegt werden, genutzt. Die beim Publikum beliebten garantierten Fonds, die den Rücknahme-preis zu einem festgelegten Zeitpunkt garantieren oder eine an einen Index gebundene Wertentwicklung, werden als FCP aufgelegt.[51]

---

49 BVI, Investment 97, S. 16; *Matthias,* in: *Hoppenstedt,* Fondsführer 1997, S. XVI f.
50 European Fund Industry Directory '97, S. 12.7.
51 European Fund Industry Directory '97, S. 12.7.

c.   Aufsicht

Zulassungs- und Aufsichtsbehörde für französische Investmentunternehmen ist die COB.[52] In die Zuständigkeit der COB fällt die Zustimmung zur Gründung, Umwandlung, Fusion, Teilung oder Liquidation einer Sicav oder eines FCP. Die COB legt die Bedingungen für die Unterrichtung der Anleger, die Werbung und den öffentlichen Vertrieb fest. Sie ist auch zuständig für die Vertriebsanzeige von EG-Investmentanteilen.

d.   Rechtsvorschriften

Maßgebende Rechtsvorschrift sowohl für Sicav als auch FCP, durch die zugleich die OGAW-Richtlinie in französisches Recht umgesetzt wurde, ist das Gesetz Nr. 88–1201 vom 23.12.1988.[53] Dieses als Rahmenwerk konzipierte Gesetz wird durch Ausführungsbestimmungen, einfache Dekrete, Entscheidungen des Wirtschaftsministers und Regelungen der COB ergänzt. Das Gesetz Nr. 88–1201 ist zwischenzeitlich wiederholt geändert und ergänzt worden. Dieses Gesetz gilt außer für Investmentfonds, die den Anforderungen der OGAW-Richtlinie entsprechen und als koordinierte OPCVM (»organismes de placement collectif en valeurs mobilières«) bezeichnet werden, auch für sonstige OPCVM sowie für FCP d'entreprise (Arbeitnehmerfonds), FCP à risques (FCPR oder Wagniskapitalfonds), FCIMT (»Fonds communs d'intervention sur les marchés à terme«, d. h. Futures Fonds) und Fonds communs de créances (Bankforderungenfonds, die in nicht handelbaren Bankforderungen anlegen). Futures Fonds müssen 50 % ihrer Anlagen in Bankguthaben oder kurzfristigen Anlagen halten. Sie dürfen nicht öffentlich angeboten werden. Eine Änderung des Gesetzes vom 23.12.1988 zum 2.4.1996 betraf die FCP à risques. Ihnen ist unter bestimmten Voraussetzungen die Werbung und der Vertrieb gestattet. Durch das Gesetz Nr. 96–597 vom 2.7.1996 wurde die Wertpapierdienstleistungs-Richtlinie umgesetzt. Das Gesetz vom 20.2.1997 hat die Rechtsgrundlage für die Pensionsfonds (»fonds d'épargne retraite«) geschaffen.

6.   Griechenland

a.   Wirtschaftliche Bedeutung

Obwohl ein erster Investmentfonds bereits 1972 aufgelegt worden ist, gibt es nennenswerte Fondsvermögen erst seit 1989. Ende 1996 belief sich das in 148 Wertpapier- und Geldmarktfonds in Griechenland verwaltete Vermögen auf 3.870 Mrd. Dr. (24 Mrd. DM). Hiervon entfielen zu diesem Stichtag auf Aktienfonds 2,0 %, Geldmarktfonds 59,4 %, Gemischte Fonds 1,5 % und Rentenfonds 37,1 %.[54]

---

52 COB = Commission des Opérations de Bourse, 39–43 quai André Citroën, F-75739 Paris Cedex 15, Telefon: (33) 1 40 58 65 65, Telefax: (33) 1 40 58 65 00.
53 Loi relative aux organismes de placement collectife en valeurs mobilières et portant création des fonds communs de créances, J.O. vom 31.12.1988, S. 16736.
54 BVI, Investment 97, S. 16; *Matthias,* in: *Hoppenstedt,* Fondsführer 1997, S. XVI f.

b. Fondsstruktur

Griechenland kennt vergleichbar der Situation in Deutschland nur die von einer Verwaltungsgesellschaft verwalteten rechtlich unselbständigen Investmentfonds. Die zu diesem Zweck gegründete Verwaltungsgesellschaft, eine Art GmbH, die AEDAK (A.E.D.A.K. »Anonimi Eteria Diachiriseos Amiveon Kefaleon«) verwaltet einen oder mehrere Investmentfonds (»Amivea Kefalea«). Der Investmentfonds entsteht durch einen Vertrag, der der Genehmigung durch die CMC (»Capital Market Commission«) bedarf. Dies setzt u. a. voraus die Erklärung einer in Griechenland tätigen Bank, daß sie die Funktion der Depotbank übernimmt, außerdem die Vorlage der Vertragsbedingungen des Fonds, die von der Verwaltungsgesellschaft und der Depotbank zu unterzeichnen sind. Die AEDAK muß über ein Mindestkapital von 50 Mio. Dr. verfügen. Sie kann durch eine Bank oder eine Versicherungsgesellschaft als selbständige juristische Person mit einer von ihren Gründern unabhängigen Geschäftsleitung gegründet werden. Die Gründung der Verwaltungsgesellschaft bedarf einer ministeriellen Entscheidung, die die Erlaubnis der CMC voraussetzt. Anteile an Investmentfonds dürfen nur von Banken, von Versicherungsgesellschaften oder von durch die Verwaltungsgesellschaft beauftragte Wertpapierhändler vertrieben werden.

c. Aufsicht

Zulassungs- und Aufsichtsbehörde für griechische AEDAK ist die CMC (»Epitropi Kefaleagoras«).[55] Die CMC besteht aus einem 7-köpfigen Direktorium, das für 6 Jahre vom Wirtschaftsminister ernannt wird.

d. Rechtsvorschriften

Die Rechtsgrundlage für die Investmentfonds und ihre Verwaltungsgesellschaft bildet das Gesetz Nr. 1969 von 1991 über Investmentgesellschaften, Investmentfonds und die Modernisierung und Wiederherstellung des Kapitalmarktes.[56] Da dieses Gesetz nach Ansicht der Europäischen Kommission die OGAW-Richtlinie nicht ausreichend umsetzte, wurde dieses Gesetz geändert u. a. durch das Gesetz Nr. 2166 von 1993 und durch den Erlaß des Präsidenten Nr. 433 vom 15.10.1993.[57]

---

55 CMC = Capital Market Commission, Ministry of National Economy, Constitution Square, GR-10180 Athens, Telefon (301) 333 2772, Telefax (301) 322 1511.
56 Gesetzblatt Nr. 167 vom 10.10.1991.
57 Gesetzblatt Nr. 183 vom 17.10.1993, S. 4639.

7.   Großbritannien

a.   Wirtschaftliche Bedeutung

Ende 1996 belief sich das von 1.532 Wertpapier- und Geldmarktfonds in Großbritannien verwaltete Vermögen auf 118 Mrd. ((309 Mrd. DM). Hiervon entfielen zu diesem Zeitpunkt auf Aktienfonds 88,4 %, Geldmarktfonds 0,5 %, Gemischte Fonds 6,4 % und Rentenfonds 4,7 %.[58]

b.   Fondsstruktur

In den EU-Staaten ist Großbritannien das einzige Land, in dem die Struktur des Investmentfonds auf der im Common Law entwickelten Rechtsfigur des Trust beruht. Sie werden als Unit Trusts bezeichnet. Es handelt sich dabei um offene Investmentfonds. Es gibt daneben noch die Investment Trusts in der Form der Limited Companies. Für sie gilt das allgemeine Gesellschaftsrecht, vor allem der Company Act 1948. Da das englische Gesellschaftsrecht den Gesellschaften den Kauf eigener Gesellschaftsanteile untersagt, handelt es sich bei diesen Investment Trusts um geschlossene Investmentfonds. Von der englischen Investmentgesetzgebung im Sinne der OGAW-Richtlinie werden sie nicht erfaßt. Der Unit Trust wird durch einen Trustvertrag (»trust deed«) zwischen einem Verwalter und einem rechtlich selbständigen und unabhängigen Trustee begründet. Beide müssen nach dem Finanzdienstleistungsgesetz von 1986 zugelassen sein, ihren Geschäftssitz in Großbritannien haben und in einem EU-Staat gegründet sein. Der Trustee besitzt eine beträchtliche Rechtsmacht. Er überwacht die Verwaltungsgesellschaft. Die Anleger erwerben mit ihren Anteilen an dem Unit Trust eine »beneficiary ownership«. Der Trustee besitzt die »legal ownership«. Neben den Unit Trusts sind seit Januar 1997 nach dem Vorbild der französischen Sicav Investmentgesellschaften des Open-end-Typs (OEICs = »open-end investment companies«) zulässig. Die OEICs sollen nur zum Anteilwert verkauft werden (»single pricing«). Sie sollen als Umbrella-Fonds möglich sein und unterschiedliche Anteilsklassen mit unterschiedlichen Kostenstrukturen haben können.

c.   Aufsicht

Als Aufsichtsstelle fungiert als staatliche Stelle der SIB,[59] der seine Befugnisse stellvertretend für das Finanzministerium, das Schatzamt, wahrnimmt. Der SIB hat selbst eigene Regelungen erlassen, sie jedoch teilweise an Selbstkontrolleinrichtungen (Self Regulating Organisations [SROs]) der Finanzdienstleister abgegeben. Verschiedene Probleme der Investmentgesellschaften veranlaßten die neue Regierung, eine erweiterte Aufsicht, eine Super-SIB, anzukündigen. Für das Investmentgeschäft sind als SROs tätig die IMRO[60] und

---

58 BVI, Investment 97, S. 16; *Matthias,* in: *Hoppenstedt,* Fondsführer 1997, S. XVI f.
59 SIB = The Securities and Investments Board, Lloyds Chambers, 1 Portsoken Street, GB-London
      E 1 8BT, Telefon (44) 171 360 4000, Telefax (44) 171 390 5720.
60 IMRO = Investment Management Regulatory Organisation.

die PIA.[61] Die IMRO ist die Vereinigung der Investmentmanager, Berater sowie Treuhänder von Investmentunternehmen und der Verwalter von Pensionsfonds. Die PIA ist die Vereinigung von Personen und Institutionen, die Lebensversicherungsverträge und Investmentfonds vermitteln. Obwohl es möglich ist die Geschäftserlaubnis direkt von der SIB zu erhalten, sind die zuvor genannten Personen überwiegend bereits durch ihre Mitgliedschaft in einer SRO im Besitz dieser Geschäftserlaubnis. Die Erlaubnis, einen Investmentfonds allgemein an das Publikum in Großbritannien zu verkaufen, erteilt nur die SIB. Die Auflegung und Verwaltung eines Unit Trust regeln deshalb neben den individuellen Bestimmungen des Trustvertrages die von der SIB unter Berücksichtigung des Finanzdienstleistungsgesetzes von 1986 erlassenen Regeln (»SIB Regulations«).

d.   Rechtsvorschriften

Die auch für Investmentfonds maßgebende Vorschrift, die zugleich die OGAW-Richtlinie umsetzte, ist das Finanzdienstleistungsgesetz von 1986, der »Financial Services Act 1986« (FSA 1986). Es handelt sich um ein Rahmengesetz, durch das zugleich wesentliche Kompetenzen den SRO zum Erlaß eigener Regeln übertragen wurden. Weiter sind zu berücksichtigen die von der SIB 1991 erlassenen »The Financial Services (Regulated Schemes) Regulations 1991« (FSR 1991). Die FSR regeln u. a. die Zuständigkeit und Verantwortung der Verwalter und Trustees, die Anteilvermittlung und den Vertrieb von Fondsanteilen, die Zulässigkeit von Anlagen, die Publizität, die Anforderungen an den Inhalt der Vertragsbedingungen (»trust deed«) und die Anforderungen an die Rechnungslegung. Für die Investmentgesellschaften gelten »The Financial Services (Open-Ended Investment Companies) Regulations 1997«.

8.   Irland

a.   Wirtschaftliche Bedeutung

In Irland bestehen zwei verschiedene Investmentmärkte. Dies ist zum einen der Markt der inländischen Investmentfonds (»domestic investment funds«), zum anderen der Markt der Investmentfonds, die aus Gründen der Arbeitsbeschaffung in Irland in steuerlich begünstigten Gebieten für nicht in Irland ansässige Personen aufgelegt werden. Ein i.d.S. steuerlich begünstigtes Gebiet ist heute praktisch nur noch das Internationale Finanz-Dienstleistungs-Zentrum (IFSC)[62] in Dublin. Die Teilung des Marktes hat zur Folge, daß derzeit keine verläßlichen Zahlen über den Gesamtmarkt in Irland vorliegen. Nach den Angaben der Europäischen Investmentvereinigung (EIV) belief sich zum 30.9.1996 das Vermögen der für Irland angegebenen 260 Wertpapier- und Geldmarktfonds auf 4,6 Mrd. Ir£ (11,5 Mrd. DM).[63] Von dem Vermögen der Investmentfonds entfielen zu diesem Zeitpunkt auf Aktien-

---

61 PIA = Personal Investment Authority.
62 IFSC = International Financial Services Centre.
63 *Matthias,* in: *Hoppenstedt,* Fondsführer 1997, S. XVI f.

fonds 37,1 %, Geldmarktfonds 2,3 %, Gemischte Fonds 52,9 % und Rentenfonds 7,7 %. Nach den Angaben im European Fund Industry Directory (EFID) belief sich zum 30.9.1996 das Vermögen der inländischen Investmentfonds auf 0,3 Mrd. Ir((0,7 Mrd. DM)[64] und das der Fonds im Dublin IFSC auf den Gegenwert von 39 Mrd. DM.[65] Die Zahl der inländischen Investmentfonds ist dort mit 26 genannt und die Zahl der Verwaltungsgesellschaften mit 4. Von dem Vermögen der inländischen Investmentfonds entfielen zum 30.9.1996 auf Aktienfonds 60,3 %, Geldmarktfonds 5,7 %, Gemischte Fonds 22,0 % und Rentenfonds 12,0 %.[66] Die Zahl der Dublin IFSC-Investmentfonds ist im EFID mit 470 und die Zahl der Verwaltungsgesellschaften mit 81 genannt. Von dem Vermögen der Dublin IFSC-Investmentfonds entfielen zu diesem Stichtag auf Aktienfonds 51,8 %, Dachfonds 0,3 %, Geldmarktfonds 10,2 %, Gemischte Fonds 0,5 %, Rentenfonds 35,7 % und Andere 1,5 %.[67]

b.　　Fondsstruktur

Mit der Umsetzung der OGAW-Richtlinie im Jahre 1989 wurden in Irland drei Arten von inländischen Investmentunternehmen zulässig. Dies ist ebenso wie in Großbritannien der Unit Trust, der durch einen Trustvertrag (»trust deed«) zwischen einem Verwalter und einem rechtlich selbständigen und unabhängigen Trustee begründet wird, dann, vergleichbar der französischen Sicav, die Investmentgesellschaft mit variablen Kapital, die VCIC (»Variable Capital Collective Investment Company«/«ciudeachta infheistíochta le caipiteal athraitheach«), und die Investmentgesellschaft mit festem Kapital, die FCIC (»Fixed Capital Collective Investment Company«/«ciudeachta infheistíochta«), die der französischen Sicaf vergleichbar ist. Der verschiedenen Fondskonstruktionen können sich auch Fonds bedienen, die nicht unter die OGAW-Richtlinie fallen. Letztere Fonds werden, da für sie der Companies Act 1990, Teil XIII, Geltung hat, auch als »Part XIII companies« bezeichnet.[68] Die Dublin IFSC-Investmentfonds können eine gleiche Fondsstruktur wie die inländischen Investmentunternehmen besitzen. Als weitere Rechtsform ist im Dublin IFSC die ILP (»Investment Limited Partnership«) zugelassen. Ihre Anteile dürfen nur nicht natürlichen Personen angeboten werden. Seit Mai 1996 können aufgrund der Anordnung (NU 24.1) der Irischen Zentralbank Fonds für professionelle Anleger mit höherem Risikogehalt aufgelegt werden, die »Qualifying Investor Funds (QIF)«.[69]

c.　　Aufsicht

Sämtliche Investmentunternehmen werden von der Irischen Zentralbank (»Central Bank of Ireland«)[70] beaufsichtigt. Diese hat eine Reihe von Anordnungen (»notices«) erlassen, die sich mit den Erfordernissen der Genehmigung eines Fonds und mit dem Berichtswesen

---

64　European Fund Industry Directory '97, S. 17.3.
65　European Fund Industry Directory '97, S. 10.3.
66　European Fund Industry Directory '97, S. 17.3.
67　European Fund Industry Directory '97, S. 10.3.
68　European Fund Industry Directory '97, S. 17.6.
69　European Fund Industry Directory '97, S. 10.7.
70　The Central Bank of Ireland, PO Box 559, Dame Street, EIR-Dublin 2, Telefon (353) 1 671 6666, Telefax (353) 1 671 6561.

befassen. In diesen Anordnungen wird insbesondere unterschieden zwischen Investmentfonds, die den Anforderungen der OGAW-Richtlinie entsprechen und sonstigen Investmentfonds. Investmentfonds, die an der Irischen Börse zugelassen werden, müssen deren
Anforderungen erfüllen.

d. Rechtsvorschriften

Für die inländischen Investmentfonds und die Dublin IFCS-Investmentfonds gelten diesel-
ben Rechtsvorschriften. Die OGAW-Richtlinie wurde in Irland durch die »European
Communities (Undertakings for Collective Investment in Transferable Securities) Regulations, 1989« umgesetzt. Für die nicht mit der OGAW-Richtlinie konformen geschlossenen
Fonds gilt der »Companies Act 1990, Part XIII«. Bei Unit Trusts ist der »Unit Trusts Act
1990« zu beachten. Für die IFSC-Fonds in der Form der Limited Partnership gilt der
»Investment Limited Partnership Act 1994«. Geschlossene IFSC-Fonds erhalten ihre
Erlaubnis nach § 80 des Investment-Zwischenhändler-Gesetzes (»Investment Intermedia-
ries Act 1995«). Die steuerlichen Vorschriften enthält das aktualisierte Finanzgesetz 1980.
Durch das »1993 Finance Act« wurde die Besteuerung von Unit Trusts und fondsgebundenen Versicherungen (»unit-linked funds«) vereinheitlicht.[71] Wesentliche Anforderungen
an die Werbung, den Inhalt des Verkaufsprospektes, die Bestimmungen des Trustvertrages
oder des Gesellschaftsvertrages enthalten die von der Irischen Zentralbank sowohl für die
mit der OGAW-Richtlinie konformen als auch nicht konformen Investmentfonds erlassenen Anordnungen (»notices«).

9. Italien

a. Wirtschaftliche Bedeutung

Ende 1996 belief sich das von 531 Wertpapier- und Geldmarktfonds in Italien verwaltete
Vermögen auf 196.957 Mrd. Lit. (200 Mrd. DM). Hiervon entfielen zu diesem Zeitpunkt
auf Aktienfonds 16,7 %, Geldmarktfonds 36,4 %, Gemischte Fonds 6,5 %, Rentenfonds
39,3 % und Sonstige 1,1 %.[72]

b. Fondsstruktur

In Italien sind drei Arten von Investmentfonds zulässig, die Fonds der Vertragsform,
vergleichbar den französischen FCP, die FCI (»Fondi Communi di Investimento«), die seit
1992 zulässigen Sicav (»societá di investimento a capitale variabile«) und die seit 1993
zulässigen geschlossenen Wertpapierinvestmentfonds, die FCMC (»fondi comuni di

---

71 European Fund Industry Directory '97, S. 17.6.
72 BVI, Investment 97, S. 16; *Matthias*, in: *Hoppenstedt*, Fondsführer 1997, S. XVI f.

investimento mobiliare chiusi«). Ein FCI wird als rechtlich unselbständiges Sondervermögen von einer Verwaltungsgesellschaft (»societá di gestione«) in der Rechtsform der AG verwaltet. Die Verwaltungsgesellschaft kann mehrere FCI und seit 1995 auch Pensionsfonds verwalten. Die Verwaltungsgesellschaft erhält ihre Genehmigung durch das Finanzministerium nach vorheriger Konsultation der Bank von Italien (»Banca d'Italia«). Für die Verwahrung des Fondsvermögens ist die Depotbank (»banca depositaria«) zuständig. Sie überwacht die Geschäftstätigkeit der Verwaltungstätigkeit unter Beachtung der Gesetze, der Verordnungen der Bank von Italien und der Vertragsbedingungen (»il regolamento del fondo commune«). Die Sicav sind Aktiengesellschaften, die nur in Wertpapieren anlegen dürfen. Die Geschäftserlaubnis wird vom Finanzministerium erteilt. Das Mindestkapital beträgt 10.000 Mrd. Lit. Die geschlossenen Fonds, die FCIMC, die erstmals 1995 aufgelegt wurden, sind ebenfalls solche der Vertragsform. Sie werden von einer Verwaltungsgesellschaft verwaltet, die nur geschlossene und offene Fonds verwaltet. Zielgruppe der FCIMC sind institutionelle Investoren und vermögende Privatanleger. Seit 1994 sind geschlossene Immobilien-Investmentfonds zulässig.

c.   Aufsicht

In die Aufsicht der Investmentunternehmen teilen sich das Finanzministerium, die Bank von Italien (»Banca d'Italia«) und die nationale Gesellschafts- und Börsenkommission, die Consob.[73] Das Finanzministerium ist zuständig für die Geschäftserlaubnis der Verwaltungsgesellschaften, die FCI und FCIMC verwalten, ferner für die Geschäftserlaubnis der Sicav. Die Bank von Italien genehmigt die Vertragsbedingungen und überwacht die Geschäftsführer. Sie erhält monatliche alle wesentlichen Daten der Fonds über Magnetbänder. Die Vertriebskontrolle einschließlich der Kontrolle des Verkaufsprospektes obliegt der Consob. Sie ist auch zuständig für die Vertriebsanzeige von EG-Investmentfonds; sonstige ausländische Fonds müssen eine Vertriebsgenehmigung beim Finanzministerium beantragen.

d.   Rechtsvorschriften

Die Rechtsgrundlage für die FCP bildet das Gesetz Nr. 77 vom 23.3.1983.[74] Die Umsetzung der OGAW-Richtlinie und zugleich die Einführung der Sicav, ferner die Regelungen für ausländische Fonds, die nicht der OGAW-Richtlinie entsprechen, erfolgten durch die Gesetzesdekrete Nr. 83, 84 und 86 vom 25.1.1992. Durch das Gesetz Nr. 1 vom Januar 1992 wurde die Wertpapierhandelsgesellschaft (»societá di intermediazione mobiliare« [SIM]) eingeführt. Das Gesetz sah vor, daß Investmentanteile nur noch über Banken und SIMs vertrieben werden dürfen. Dieses Gesetz wurde durch das Gesetzesdekret 415/96 (das »Eurosim« Gesetz) vom 23.7.1996 mit Rücksicht auf die Wertpapierdienstleistungs-

---

73 Consob = Commissione Nazionale per le Società e la Borsa (Consob), Via Isonzo 19, I-00198 Roma, Telefon (39) 6 84771, Telefax (39) 6 8416073.

74 Instituzione e disciplina dei fondi comuni d'investimento mobiliare, Gazetta Ufficiale Nr. 85 vom 28.3.1983, inzwischen mehrfach geändert.

Richtlinie für Finanzdienstleister mit Sitz in einem anderen EU/EWR-Staat aufgehoben, so daß letztere bei der Consob registriert werden können. Durch Gesetz Nr. 344 vom 14.8.1993 wurden geschlossene Investmentfonds gestattet. Dazu ist der Ausführungserlaß der Bank von Italien vom 14.3.1994 ergangen. Verwaltungsgesellschaften mit einem Mindestkapital von 7 Mrd. Lire können sowohl geschlossene als auch offene Fonds verwalten. Durch Gesetz Nr. 86 vom 25.1.1994 wurden geschlossene Immobilien-Investmentfonds eingeführt.

10. Luxemburg

a. Wirtschaftliche Bedeutung

Unter den europäischen Staaten nimmt Luxemburg eine Schlüsselposition beim Angebot von Publikumsfonds ein. Führend sind solche Fonds, deren Promoter aus benachbarten Ländern, insbesondere aus Deutschland, aus Belgien und aus der Schweiz kommen. Die Gründe liegen in einer unkomplizierteren Handhabung der Gesetze durch die Luxemburger Aufsicht bei der Zulassung von Fonds und bei neuen Geschäften u. a. im Bereich der Derivate. Der wesentliche Pluspunkt ist eine günstigere Steuersituation für die privaten Anleger. Deutsche Anleger sind vor allem durch die 1989 vorübergehend eingeführte Kapitalertragsteuer, durch den 1993 eingeführten Zinsabschlag und durch den ab 1994 steuerpflichtigen Zwischengewinn veranlaßt worden, nach Luxemburg abzuwandern. Der dem deutschen Fiskus durch eine wenig sensible Gesetzgebung entstandene Einnahmeausfall wird auf jährlich 10 Mrd. DM geschätzt.[75] Ende Juli 1996 belief sich das von 3.380 Wertpapier- und Geldmarktfonds in Luxemburg verwaltete Vermögen auf 10.761 Mrd. lfr. (522 Mrd. DM). Hiervon entfielen zu diesem Zeitpunkt auf Aktienfonds 18,4 %, Geldmarktfonds 25,0 %, Gemischte Fonds 4,9 % und Rentenfonds 51,7 %.[76]

b. Fondsstruktur

Das für Luxemburger Investmentfonds heute maßgebende Gesetz vom 30.3.1988[77] orientiert sich ganz an der OGAW-Richtlinie. Es befaßt sich in Teil I mit den inländischen Organismen für gemeinsame Anlage in Wertpapieren (OGAW), die dieser Richtlinie entsprechen, in Teil II mit den anderen inländischen Organismen für gemeinsame Anlagen (OGA) sowie in Teil III mit den ausländischen OGA. Als zulässige Organisationsform für OGAW kennt das Gesetz von 1988 den Wertpapier-Investmentfonds der Vertragsform, den FCP (»fonds commun de placement«), vergleichbar dem FCP/FP in Belgien, Frankreich und Italien, die ebenfalls in Belgien und Frankreich anzutreffende Investmentgesellschaft mit variablen Kapital, die Sicav (»société d'investissement à capital variable«), und die

---

75 European Fund Industry Directory '97, S. 21.7.
76 BVI, Investment 97, S. 16; *Matthias,* in: *Hoppenstedt,* Fondsführer 1997, S. XVI f.
77 Mémorial A Nr. 13 vom 31.3.1988, S. 140.

Investmentgesellschaft mit einem festem Kapital, die Sicaf (»société d'investissement à capital fixe«). Der FCP hat keine Rechtspersönlichkeit. Die Verwaltung liegt in den Händen einer Verwaltungsgesellschaft (»société de gestion«), die i. d. R. als Aktiengesellschaft mit vorgeschriebenem Sitz in Luxemburg gegründet wird. Ein u. U. in die Verwaltung eingeschalteter Berater (»investment adviser«) kann seinen Sitz auch außerhalb Luxemburgs haben. Die Verwaltungsgesellschaft erstellt die Vertragsbedingungen. Diese sind im Mémorial zu veröffentlichen und beim Bezirksgericht zu hinterlegen. Die Verwahrung des Fondsvermögens ist einem Verwahrer (»dépositaire«) mit Sitz oder, sofern sich der Sitz in einem anderen EU-Staat befindet, mit Niederlassung in Luxemburg zu übertragen

Die Sicav sind Aktiengesellschaften Luxemburger Rechts. Der Anleger ist in diesem Fall Aktionär mit Stimmrecht in der Gesellschafterversammlung. Die Geschäftsführung obliegt dem Verwaltungsrat. Das Gesellschaftskapital entspricht dem Nettofondsvermögen. Ebenso wie bei den FCP ist die Verwahrung einem Verwahrer zu übertragen. Dieser ist auch für die Ausgabe und Rücknahme der Anteile zuständig. Auf einen Verwahrer kann verzichtet werden, wenn die Anteile zur amtlichen Notierung an eine Börse in einem EU-Staat zugelassen sind. Die Sicav kann sich ebenfalls eines Beraters bedienen. Für die Investmentgesellschaften mit festem Kapital, die Sicaf, gelten weitgehend die gleichen Vorschriften wie für Sicav. Im Unterschied zu den französischen Sicaf kann nach Luxemburger Recht eine Sicaf auch als offener Fonds geführt werden. Sowohl FCP als auch Sicav und Sicaf lassen sich als Umbrella-Fonds mit verschiedenen Abteilungen/Unterfonds (»compartiments multiples«) gründen.

c. Aufsicht

Die Aufsicht über Luxemburger Investmentfonds/Investmentgesellschaften führt das Institut Monétaire Luxembourgeois (IML).[78] Es überwacht die Gründung, die Geschäftstätigkeit und die Vertriebstätigkeit aller Investmentunternehmen. Die Auflegung eines Investmentfonds/einer Investmentgesellschaft bedarf seiner Erlaubnis. Die zugelassenen OPC[79] werden von der Aufsichtsbehörde in eine Liste eingetragen. Die Eintragung gilt als Zulassung. Die Liste und ihre Änderungen werden im Mémorial veröffentlicht. An das IML sind der Verkaufsprospekt, dessen Änderungen sowie die Jahres- und Halbjahresberichte zu übermitteln.

d. Rechtsvorschriften

Unter Berücksichtigung der OGAW-Richtlinie wurde in Abänderung eines Gesetzes von 1983 das Gesetz vom 30.3.1988[80] betr. die Organismen für gemeinsame Anlagen erlassen. Es handelt sich um ein Rahmengesetz, das durch Anwendungsvorschriften des IML auszufüllen ist. Maßgebend ist das Rundschreiben IML 91/75 vom 21.1.1991 betr. die

---

78 Institut Monétaire Luxembourgeois, 63 avenue de la Liberté, L-2983 Luxemburg, Telefon (352) 40 29 29 250, Telefax (352) 49 21 80.
79 OPC = »organismes de placement collectif«.
80 Mémorial A Nr. 13 vom 31.3.1988, S. 140.

Überarbeitung und Neufassung der Vorschriften über die Luxemburger Organismen, die dem Gesetz vom 30.3.1988 unterliegen. Durch das Gesetz vom 19.7.1991 über OPC, deren Anteile nicht für den öffentlichen Vertrieb bestimmt sind,[81] wurde die Auflegung von Spezialfonds (»fonds spéciaux«) für ausschließlich institutionelle Anleger gestattet. Dieses Gesetz verweist weitgehend auf das Gesetz vom 30.3.1988.

11. Niederlande

a. Wirtschaftliche Bedeutung

Das Investmentgeschäft in den Niederlanden ist geprägt durch das 1933 gegründete Robeco (»Rotterdamsch Beleggingconsortium«) – heute Robeco Group –, früher der größte unabhängige europäische Fondsverwalter (heute befinden sich 50 % der Anteile im Bankbesitz). Zum 30. 9.1996 lag der Marktanteil in den Niederlanden noch bei 41 %.[82] Anteile an Robeco wurden bereits frühzeitig in den anderen EU-Staaten i. d. R. in Verbindung mit einer Notierung an der örtlichen Börse verkauft. Ende 1996 belief sich das von 179 Wertpapier- und Geldmarktfonds in den Niederlanden verwaltete Vermögen auf 117 Mrd. hfl. (104 Mrd. DM). Hiervon entfielen zu diesem Zeitpunkt auf Aktienfonds 53,9 %, Geldmarktfonds 10,1 %, Gemischte Fonds 5,7 % und Rentenfonds 30,3 %.[83]

b. Fondsstruktur

Die Fondsstruktur ist überwiegend die einer offenen Investmentgesellschaft (»beleggings-maatschappij«). Es handelt sich um eine Publikumsgesellschaft in der Rechtsform einer Aktiengesellschaft niederländischen Rechts (»Naamloze Vennootschap« [N.V.]). Die Anleger sind an der Gesellschaft als Aktionäre beteiligt. Nach niederländischem Recht bestehen Erleichterungen bei der Ausgabe weiterer Aktien und beim Rückkauf eigener Aktien, so daß auch von einem variablen Kapital gesprochen werden kann. Eine Verpflichtung der Investmentgesellschaft, eigene Aktien zurückzunehmen, wird regelmäßig nicht übernommen. Die Gesellschaft beschränkt sich darauf, den Kurs der Aktien durch Intervention an der Börse zu stützen. Eine Gesellschaft entspricht dem open-end Prinzip der OGAW-Richtlinie, wenn sichergestellt ist, daß der Börsenkurs der Aktien nicht erheblich von dem Inventarwert des Vermögens der Investmentgesellschaft abweicht. Auf eine ansonsten für Investmentinstitutionen vorgeschriebene rechtlich selbständige Verwahr-stelle für das Fondsvermögen kann verzichtet werden, wenn mindestens 80 % der Fonds-anteile über eine in der Satzung genannten Börse vertrieben werden.

Das niederländische Recht kennt auch den rechtlich unselbständigen Investmentfonds (»beleggingsfonds«), der von einer Verwaltungsgesellschaft mit eigener Rechtspersön-

---

81 Mémorial A Nr. 49 vom 2.8.1991, S. 996.
82 European Fund Industry Directory '97, S. 22.10.
83 BVI, Investment 97, S. 16; *Matthias,* in: *Hoppenstedt,* Fondsführer 1997, S. XVI f.

lichkeit, die auf die Verwaltung von Investmentfonds spezialisiert ist, verwaltet wird. Sowohl der Sitz der Verwaltungsgesellschaft als auch die Hauptverwaltung müssen sich in den Niederlanden befinden. Dies gilt bereits für die zuvor genannten Investmentgesellschaften.

c.   Aufsicht

Die Aufsicht über die Investmentinstitutionen ist auf die Niederländische Bank (»De Nederlandsche Bank NV«)[84] übertragen worden. Sie beschränkt sich dabei auf Investmentinstitutionen, die dem Publikum angeboten werden, einschließlich der ausländischen Investmentinstitutionen. Die Aufsicht gilt nicht für das Angebot an einen begrenzten Kreis gewerblicher Anleger oder bei Angeboten ausländischer Fonds an einen begrenzten Anlegerkreis. Die Niederländische Bank führt ein Register aller öffentlich in den Niederlanden angebotenen Investmentgesellschaften und Investmentfonds. Die Liste der registrierten Investmentinstitutionen wird jeweils zum Jahresende im niederländischen Staatsanzeiger veröffentlicht. Die Zulassung zum öffentlichen Vertrieb wird einer Investmentinstitution von der Niederländischen Bank erteilt, wenn ihr der Antragsteller nachweist, daß die Investmentinstitution und die mit ihr verbundene Verwahrstelle die Anforderungen an Sachkenntnis, an Zuverlässigkeit, an Finanzmitteln, an die Verwaltung und an die an die Anleger und an das Publikum zu liefernden Informationen erfüllt. Dies gilt in gleicher Weise für die bei der Niederländischen Bank einzureichende Vertriebsanzeige ausländischer Investmentinstitutionen.

d.   Rechtsvorschriften

Die für niederländische Investmentinstitutionen und ebenfalls ausländische Investmentinstitutionen, die ihre Anteile dem Publikum öffentlich anbieten, maßgebende Vorschrift ist das Gesetz über die Beaufsichtigung der Investmentinstitutionen vom 27.6.1990 (»Wet toezicht beleggingsinstellingen« [WTB]).[85] Dieses Gesetz setzte zugleich die OGAW-Richtlinie in niederländisches Recht um. Das WTB stellt ein Rahmen- und Ermächtigungsgesetz dar, das durch Dekrete auszufüllen ist. Die Ausführungsbestimmungen enthält gegenwärtig das Dekret über die Beaufsichtigung von Investmentinstitutionen nebst Anhang A und B von 1995[86]. Durch Dekret vom 14.8.1990 ist die Aufsicht über Investmentinstitutionen der Niederländischen Bank übertragen worden. Zu beachten ist ebenfalls das zum 1.1.1996 in Kraft getretene Gesetz über die Beaufsichtigung des Wertpapierhandels (»Wet toezicht Effectenverkeer«) von 1995. Dieses Gesetz befaßt sich mit dem Angebot von Wertpapieren einschließlich Investmentanteilen. Es regelt die Dienstleistungen von Wertpapierhändlern, die Tätigkeit von Portfolio Managern und die Anerkennung der niederländischen Wertpapierbörsen.

---

84 De Nederlandsche Bank NV, Westeinde 1, NL-1017 ZN Amsterdam, Telefon (31) 20 524 9111, Telefax (31) 20 524 2500.
85 Staatsblad 1990 S. 380.
86 Staatsblad 1995, S. 504.

208

12. Österreich

a. Wirtschaftliche Bedeutung

Ende 1996 belief sich das von 517 Wertpapier- und geldmarktnahen Rentenfonds in Österreich verwalteten Vermögen auf 431 Mrd. ÖS. (61 Mrd. DM). Reine Geldmarktfonds sind nicht gestattet. Von dem Vermögen der Investmentfonds entfielen zum 31.12.1996 auf Aktienfonds 5,8 %, Gemischte Fonds 22,3 % und Rentenfonds 71,9 %.[87] Es gibt keine Immobilienfonds, sondern nur Veranlagungsgemeinschaften in Immobilien, für die die Vorschriften des Kapitalmarktgesetzes gelten.[88]

b. Fondsstruktur

Ebenso wie bis 1998 das deutsche KAGG kennt das österreichische Bundesgesetz über Kapitalanlagefonds (Investmentfondsgesetz – InvFG 1993)[89] nur die Vertragsformlösung. Die österreichischen Kapitalanlagegesellschaften, auch als Investmentgesellschaften bezeichnet, verwalten gemäß den Fondsbestimmungen ein oder mehrere rechtlich unselbständige Wertpapier-Sondervermögen, die Kapitalanlage-/Investmentfonds. Das Sondervermögen steht im Miteigentum der Anleger. Die Wertpapiere und Bankguthaben eines Sondervermögens sind von einer Depotbank, einem inländischen Kreditinstitut oder inländischen Zweigstelle eines EU/EWR-Kreditinstituts, zu verwahren. Die Geschäftsmöglichkeiten waren für österreichische KAG breiter angelegt als bis 1998 nach dem deutschen KAGG. So waren bereits Wertpapier-Pensionsgeschäfte, Zinsswaps und Devisenswaps gestattet.

c. Aufsicht

Zulassungs- und Aufsichtsbehörde für österreichische Kapitalanlagegesellschaften ist das Bundesministerium für Finanzen (BMF).[90] Die österreichischen KAG sind ebenso wie die deutschen KAG Kreditinstitute im Sinne des Bankwesengesetzes (BWG). Zu den Bankgeschäften gehört u. a. die Verwaltung von Kapitalanlagefonds nach dem Investmentfondsgesetz (Investmentgeschäft). Das BMF hat bei jeder KAG einen Staatskommissär und dessen Stellvertreter zu bestellen. Die Bestellung und ein Wechsel der Depotbank bedürfen der Bewilligung des BMF. Für den Verkaufsprospekt oder dessen Änderungen ist vorgeschrieben, daß sie der Österreichischen Kontrollbank AG spätestens am Tag der Veröffentlichung vorliegen müssen. Die Vertriebsanzeige bei Vertrieb von ausländischen Investmentanteilen ist an das BMF zu richten.

---

87 BVI, Investment 97, S. 16; *Matthias,* in: *Hoppenstedt,* Fondsführer 1997, S. XVI f.
88 Näheres Baur (1997), Einl. III Rdn. 152.
89 = Art. II des Finanzmarktanpassungsgesetzes (BGBl. Nr. 532/1993 vom 30.7.1993, S. 3903, 3962).
90 Bundesministerium für Finanzen, Abteilung V/13, Himmelpfortgasse 4–8, Postfach 2, A-1015 Wien, Telefon (43) 1 51 433 2534, Telefax (43) 1 51 433 22 11.

d.   Rechtsvorschriften

Die Umsetzung der OGAW-Richtlinie erfolgte bereits im Hinblick auf den Beitritt Österreichs 1994 zum EWR, dem 1995 der Beitritt zur EU nachgefolgt ist, durch das Bundesgesetz über Kapitalanlagefonds (Investmentfondsgesetz – InvFG 1993).[91] Dieses Gesetz ersetzte das frühere InvFG. Dieses wies bereits viele Gemeinsamkeiten mit dem deutschen KAGG auf. Die steuerlichen Vorschriften des InvFG 1993 wurden geändert durch Art. VI des Gesetzes vom 30.11.1993.[92] Das InvFG 1993 regelt in seinem I. Abschnitt (§§ 1 bis 23) die Kapitalanlagefonds und die KAG, in seinem II. Abschnitt (§§ 24 bis 32) den Vertrieb von Anteilen ausländischer Kapitalanlagefonds, in seinem III. Abschnitt (§§ 33 bis 39) den Vertrieb von EWR(EU)-Kapitalanlagefonds, in seinem IV. Abschnitt (§§ 40 bis 42) die Steuern und in seinem V. Abschnitt (§§ 43 bis 46) die Werbung und Strafen. Die Besteuerung der in- und ausländischen Investmentfondsanteile wird außerdem geregelt durch den Investmentfondserlaß (InvF-Erl.) des BMF vom 20.1.1993 und durch den Auslandsinvestmentfondserlaß (AuslInv-Erl.) des BMF vom 27.4.1994, veröffentlicht 12.12.1994. Für die KAG als Kreditinstitute gilt das Bundesgesetz über das Bankwesen (Bankwesengesetz – BWG).[93] Durch die Novelle 98 zum InvFG 1993 wurden neu ermöglicht Spezialfonds für nichtnatürliche Personen, Dachfonds, thesaurierende Kapitalanlagefonds und Pensionsinvestmentfonds.

13.   Portugal

a.   Wirtschaftliche Bedeutung

Ende 1996 belief sich das von 182 Wertpapier- und Geldmarktfonds in Portugal verwaltete Vermögen auf 2.440 Mrd. Esc. (24 Mrd. DM). Hiervon entfielen zu diesem Zeitpunkt auf Aktienfonds 5,5 %, Geldmarktfonds 32,7 %, Gemischte Fonds 0,4 %, Rentenfonds 57,6 % und Sonstige 3,8 %.[94] Zum 30.9.1996 hatten die Immobilienfonds am Vermögen aller Fonds einen Anteil von 11,0 %.[95]

b.   Fondsstruktur

Portugal kennt nur die Vertragsform. Es werden unterschieden die Fim (»fundos de investimento mobiliário«) und die von Hypothekenbanken aufgelegten Immobilienfonds, die FII (»fundos de investimento imobiliário«). Die Fim sind im allgemeinen offene Fonds,

---

91 Art. II des Finanzmarktanpassungsgesetzes 1993 (BGBl. Nr. 532/1993 vom 30.7.1993, S. 3903, 3962), zuletzt geändert durch Bundesgesetz BGBl. Nr. 753/1996.
92 BGBl. Nr. 818/1993 S. 6930; s. auch *Hardenberg,* Das neue Auslandsinvestment-Gesetz in Österreich (Investmentfondsgesetz 1993), RIW 1994, S. 70; *Heilmaier/Wetzel,* Österreich gestaltet Investmentrecht EG-konform, RIW 1993, S. 151.
93 Art. I des Finanzmarktanpassungsgesetzes 1993 (BGBl. Nr. 532/1993 vom 30.7.1993, S. 3903).
94 BVI, Investment 97, S. 16; *Matthias,* in: *Hoppenstedt,* Fondsführer 1997, S. XVI f.
95 European Fund Industry Directory '97, S. 24.3.

die FII können als offene und auch als geschlossene Fonds aufgelegt werden. Geschlossene Fim sind die Risikokapitalfonds, die FCR (»fundos de investimento de capital de risco«). Die Fim und FII werden von einer Verwaltungsgesellschaft (»sociedad gestora dos fundos de investimento mobiliário« [SGFIM]) verwaltet. Bei geschlossenen Fonds können außer den eigentlichen Fondsverwaltungsgesellschaften auch Geschäftsbanken, Investmentbanken oder Investmentgesellschaften und, mit spezieller Genehmigung, bestimmte Finanzinstitutionen als Verwalter tätig sein. Für jeden Fonds sind die Vertragsbedingungen (»Regulamento da Gestão do Fundo«) im Börsenblatt zu veröffentlichen. Eine Sonderform der Fim bilden die für Sparpläne und die Altersvorsorge aufgelegten FPR (»fundos poupança-reforma«). Seit 1995 gibt es Dachfonds und PEP's (Personal Equity Plans) und seit 1996 Umbrella-Fonds.

c.   Aufsicht

Aufsichtsbehörde für die Investmentunternehmen ist die CMVM (»Comissão do Mercado de Valores Mobiliários«).[96] 1993 wurde von der berufsständischen Vereinigung der Investmentunternehmen, der ASGFIM, ein Verhaltenskodex entsprechend Art. 655 des Wertpapierhandelsgesetzes beschlossen. Ausländische Investmentfonds mit Ausnahme der EG-OGAW bedürfen bei Vertrieb an Inländer der Genehmigung der Bank von Portugal (»Banco do Portugal«). Für die Vertriebsanzeige von EG-OGAW ist die CMVM zuständig. Bei ausländischen Geldmarktfonds ist eine Genehmigung der Bank von Portugal auch dann erforderlich, wenn kein öffentlicher Vertrieb stattfindet.

d.   Rechtsvorschriften

Die Umsetzung der OGAW-Richtlinie für die FIM erfolgte durch das Gesetzesdekret 276/ 94 vom 2.11.1994 (»Estabelece o novo regime jurídico dos fundos de investimento mobiliário«). Dieses Gesetzesdekret erfaßte noch nicht die Immobilienfonds, die FII, für die zunächst die älteren Rechtsvorschriften von 1988[97] fortbestanden. Die neue Regelung für FII ergibt sich aus dem Gesetzesdekret 294/95 vom 17.11.1995. Die Regelungen für die Altersvorsorge und Sparpläne mit Fonds enthalten das Gesetzesdekret 205/89 vom Juni 1989 betr. die »Planos de poupança reforma« und das Gesetzesdekret 204/95 vom August 1995 betr. die »Planos de Poupança em Acções«.[98] Die Bestellung der CMVM zur Aufsicht über die Investmentfonds erfolgte im Rahmen der Börsenreform durch das Gesetzesdekret 417/91 vom 26.10.1991. Gesetzesänderungen im März 1996 schufen den Rahmen für Umbrella-Fonds, weitere Gesetzesänderungen gestatteten den Investmentfonds die Anlage in Derivaten.

---

96 Comissão do Mercado de Valores Mobiliários (CMVM), Avenida Fontes Pereira de Melo 21, P-1050 Lisboa, Telefon (351) 1 350 30 00, Telefax (351) 1 353 70 77/353 70 78.
97 Gesetzesdekret 229-B/88 und 229-C/88 vom 4.7.1988; Regierungserlaß 422-B/88 und 422-C/88 vom 4.7.1988.
98 European Fund Industry Directory '97, S. 24.6.

14. Schweden

a. Wirtschaftliche Bedeutung

Ende 1996 belief sich das von 316 Wertpapierfonds in Schweden verwaltete Vermögen auf 241 Mrd. Kr. (55 Mrd. DM). Von dem Vermögen der Wertpapierfonds entfielen zu diesem Zeitpunkt auf Aktienfonds 74,6 %, Gemischte und Sonstige Fonds 11,1 % und Rentenfonds 14,3 %.[99] Von besonderer Bedeutung für das Wachstum der Investmentfonds sind die staatlichen Sparpläne. Im Rahmen des nationalen Sparplanes »Allemansparande« kann statt in Sparkonten auch in Investmentfonds, den »Allemansfonder«, angelegt werden. Ihr Anteil an den schwedischen Fonds betrug zum 30.9.1996 57,8 %.[100] Seit dem 1.1.1997 sind die bisherigen Steuervorteile jedoch entfallen. Seit Anfang 1994 wird der Erwerb von Fondsanteilen auch durch das steuerbegünstigte Individuelle Pensions-Sparen IP (»Individuellt pensionsparande«) gefördert. Von der Statistik sind nicht getrennt erfaßt die Geldmarktfonds. Ihr Anteil lag zum 30.9.1996 bei 5,7 %.[101] Ein schnelles Wachstum verzeichnet die 1990 eingeführte fondsgebundene Lebensversicherung (»Försäkringssparande« – Unit-linked insurance).[102]

b. Fondsstruktur

In Schweden gibt es sowohl den Fonds in der Vertragsform, den von einer Verwaltungsgesellschaft (»Kapitalförvaltning«) verwalteten Wertpapierinvestmentfonds (»Värdepappersfond«), als auch die Investmentgesellschaft (»Investmentbolag«). Die gebräuchliche Form ist der rechtlich unselbständige Investmentfonds. Die Verwaltungsgesellschaft ist in ihrer Tätigkeit auf die Fondsverwaltung und andere verwandte Tätigkeiten beschränkt. Die Verwaltungsgesellschaft hat die Vertragsbedingungen festzulegen. Sie bedürfen der Genehmigung durch die Aufsichtsbehörde. Für den Investmentfonds ist eine Verwahrstelle (Depotbank) vorgeschrieben. Hierbei muß es sich um eine Bank oder ein anderes Kreditinstitut handeln. Die Verwaltungsgesellschaft führt ein Register aller Anteilinhaber. Jeder Anleger erhält von der Verwaltungsgesellschaft eine Registrierungsbestätigung. Seit dem 1.4.1996 ist das Registrierungsverfahren erleichtert worden. In das Register kann auch ein Verwalter als Nominee eingetragen werden, sofern er die Verwaltungsgesellschaft über den Anleger und die Zahl der Anteile unterrichtet. Auf die Investmentgesellschaft sind die gleichen Vorschriften wie für Investmentfonds anzuwenden. Für die Investmentgesellschaft selbst gilt außerdem das Gesellschaftsgesetz von 1975.

---

99   BVI, Investment 97, S. 16; *Matthias,* in: *Hoppenstedt,* Fondsführer 1997, S. XVI f.
100 European Fund Industry Directory '97, S. 26.7.
101 European Fund Industry Directory '97, S. 26.3.
102 European Fund Industry Directory '97, S. 26.6.

c. Aufsicht

Aufsichtsbehörde in Schweden für die Investmentunternehmen ist die »Finansinspektionen«.[103] Sie erteilt der Verwaltungsgesellschaft die Geschäftserlaubnis. Die Zulassung eines Investmentfonds setzt voraus, daß die Vertragsbedingungen von der Aufsichtsbehörde genehmigt wurden. Die Investmentgesellschaften bedürfen einer besonderen Genehmigung der Regierung oder der Aufsichtsbehörde.

d. Rechtsvorschriften

Für Investmentfonds gilt das Wertpapierfondsgesetz, das »Lag (1990: 1114) om Värdepappersfonder«. Dieses Gesetz ist zwischenzeitlich mehrfach geändert worden. Die Anpassung an die OGAW-Richtlinie erfolgte durch das »Lag (1993: 1646)« zum 1.1.1994 im Hinblick auf den Beitritt Schwedens zum EWR. Seit dem 1.1.1995 ist Schweden Mitglied der EU. Die Vorschriften des Wertpapierfondsgesetzes sind auch auf die Investmentgesellschaften anzuwenden. Für diese gilt zusätzlich das Gesellschaftsgesetz von 1975. Zu beachten sind weiter die Verordnung betr. die Wertpapierfonds (»Förordning 1990: 1123«, inzwischen mehrfach geändert) und die Anordnungen der Aufsichtsbehörde (Finansinspektionens förskrifter FFFS 1994: 31, 1995: 22).

15. Spanien

a. Wirtschaftliche Bedeutung

Ende 1996 belief sich das von 958 (inzwischen 1.332) Wertpapier- und Geldmarktfonds in Spanien verwaltete Vermögen auf 18.694 Mrd. pts. (222 Mrd. DM).[104] Mitte 1997 sind die Gesamteinlagen aller Fonds bereits auf umgerechnet 280 Mrd. DM gestiegen.[105] Von dem Vermögen der Investmentfonds entfielen Ende 1996 auf Aktienfonds 2,7 %, Geldmarktfonds 50,8 %, Gemischte Fonds 5,9 % und Rentenfonds 40,6 %.[106] Zum 30.9.1996 wird der Anteil der Immobilienfonds mit 0,03 % angegeben.[107] Von besondere Bedeutung für das Wachstum der Investmentfonds nach 1990 waren günstige steuerliche Rahmenbedingungen durch das Haushaltsgesetz von 1991 (»Ley de Presupuestos«) und das »Ley de Impuesto Sobre la Renta de Personas Físicas (IRPF)«, durch die langfristige Anlagen begünstigt werden.[108] Die seit 1995 aufgelegten Garantiefonds, bei denen der Anleger am

---

103 Finansinspektionen, Box 7831, S-10398 Stockholm, Telefon (46) 8 787 80 00, Telefax (46) 8 24 13 35.
104 BVI, Investment 97, S. 16; *Matthias,* in: *Hoppenstedt* Fondsführer 1997, S. XVI.
105 FAZ v. 15.7.1997, S. 23.
106 BVI, Investment 97, S. 16; *Matthias,* in: *Hoppenstedt,* Fondsführer 1997, S. XVII.
107 European Fund Industry Directory '97, S. 25.3.
108 European Fund Industry Directory '97, S. 25.6.

Ende der Laufzeit das Ursprungskapital und eine kleine Mindestverzinsung zurückerhält, stehen derzeit in der besonderen Gunst der Anleger.

b.   Fondsstruktur

Die Spanische Investmentlandschaft kennt sowohl Fonds der Vertragsform als auch der Gesellschaftsform. Letztere sind weniger zahlreich. Der Struktur nach haben die spanischen Fonds der Vertragsform vieles mit den französischen FCP gemeinsam. Neben Wertpapierfonds der Vertragsform gibt es Geldmarktfonds und Immobilienfonds der Vertragsform. Der FIM (»Fondo de Inversión Mobiliaria«) ist ein Wertpapierfonds, der von einer Verwaltungsgesellschaft (»Sociedad Gestora«) in der Rechtsform der Aktiengesellschaft mit Unterstützung durch eine unabhängige Verwahrstelle (»Depositario«) verwaltet und kontrolliert wird. Die Verwaltungsgesellschaft und die Verwahrstelle müssen ihren Sitz und ihre Hauptverwaltung in Spanien haben. Der Verwaltungsgesellschaft ist es untersagt, Anteile ihrer Fonds zu vertreiben. Sie kann jedoch Zeichnungsaufträge entgegennehmen.[109] Verwahrstellen sind in der Regel Banken aber auch Wertpapiermakler und -händler. Das Eigentum an dem FIM steht den Anlegern zu, die an ihm mit Anteilen (»participaciones«), die durch Anteilscheine repräsentiert werden, beteiligt sind. Ein Geldmarktfonds der Vertragsform ist der FIAMM (»Fondo de Inversión en Activos del Mercado Monetario«). Ein Fondtesoro FIM oder FIAMM investiert ausschließlich in Staatsschulden. Ein Immobilienfonds der Vertragsform ist der FII (»Fondo de Inversión Immobiliaria«).

Eine Wertpapier-Investmentgesellschaft wird als SIM (»Sociedad de Inversión Mobiliaria«) bezeichnet. Sie besitzt ein Wertpapiervermögen, ohne darin eine Mehrheit an Aktien oder Stimmrechten an einer anderen Gesellschaft zu halten. Es gibt SIM mit festem Kapital, die SIMCAF, und solche mit variablem Kapital, die SIMCAV. Die Immobilien-Investmentgesellschaft, deren Kapital nur fest sein darf, wird als SII (»Sociedad de Inversión Immobiliaria«) bezeichnet. Die SIM, SIMCAV und SII haben die Rechtsform einer Aktiengesellschaft.

c.   Aufsicht

Sämtliche Organismen für gemeinsame Anlagen (OGA) mit Geld- und Wertpapieranlagen (OGA mit Finanzcharakter), ferner die OGA ohne Finanzcharakter (dazu gehören die Immobilienfonds) und im Fall der FIM, der FIAMM und der FII auch die Verwaltungsgesellschaften unterstehen der Aufsicht durch die nationale Wertpapier- und Börsenkommission CNMV (»Comisión Nacional del Mercado de Valores«).[110] Die CNMV führt getrennte Register für alle Fondsgruppen, für die Verwaltungsgesellschaften und die Verwahrstellen, ferner für die zum Vertrieb in Spanien zugelassenen ausländischen OGA (»Instituciones de Inversión Colectiva Extranjeras Comercializades en España«).

---

109 European Fund Industry Directory '97, S. 25.17.
110 Comisión Nacional del Mercado de Valores, Paseo de la Castellana 19, E-28046 Madrid, Telefon (34) 1 585 15 00, Telefax (34) 1 319 33 73.

## d.	Rechtsvorschriften

Nach früheren Gesetzen, darunter bereits ein solches von 1952, das sich mit den Investmentgesellschaften mit festem Kapital befaßte,[111] wurde das für Investmentfonds und Investmentgesellschaften maßgebende Gesetz 46/1984 vom 26.12.1984 erlassen.[112] Dieses Investmentgesetz regelt allgemein die OGA oder I.I.C. (»Instituciones des Inversión Colectiva«). Änderungen des Investmentgesetzes brachten u. a. das Königl. Dekret 1393/1990 vom 2.11.1990,[113] das die OGAW-Richtlinie abschließend umsetzte, und das Königl. Dekret 686/1993 vom 7.5.1993,[114] das die Vorschriften über die Immobilien-Investmentgesellschaften und die Immobilien-Investmentfonds einfügte. Letzteres wird ergänzt durch das Rundschreiben der CNMV vom 30.11.1994 betr. die Immobilienfonds. Für 1997 wird ein neues Gesetz erwartet, das die Wertpapierdienstleistungs-Richtlinie umsetzt und u. a. die Dachfonds und die Master-Feeder-Fonds zulassen wird.[115]

IV. Ausblick auf den künftigen Investmentmarkt in Europa

Verfolgt man die Entwicklung der Vermögen der Wertpapier- und Geldmarktfonds in den Mitgliedstaaten der EU in den letzten 10 Jahren, so kann, unterbrochen nur im Jahr 1994, von einem insgesamt kontinuierlichen Wachstum gesprochen werden. Dies gilt auch für die in der Statistik der Europäischen Investmentvereinigung zusätzlich erfaßten Länder Norwegen und Schweiz. Einschließlich dieser Länder ist das gesamte Fondsvermögen von 316 Mrd. ECU (653 Mrd. DM) Ende 1987 auf 1.411 Mrd. ECU (2.720 Mrd. DM) Ende 1996 gestiegen. Es sprechen keine Gründe dagegen, daß sich dieser Trend nicht auch in der Zukunft fortsetzt. Verglichen mit den USA weist das Investmentvermögen pro Kopf der Bevölkerung in den EU-Staaten einschl. Norwegen und Schweiz zum Jahresende 1996 einen wesentlich geringeren Anteil auf (z. B. in Deutschland unter Einbezug der Luxemburger und sonstigen Fonds ausländischer Provenienz 5.242 DM, in den USA 21.130 DM).[116] Während in den USA die Investmentanlage schon heute im Rahmen der Altersvorsorge intensiv genutzt wird, steht z. B. die Entwicklung in Deutschland erst am Anfang. Diese kann sich verstärken, da künftig die Altersvorsorge-Sondervermögen als Anlageinstrument zur Verfügung stehen. Ähnliches gilt für andere europäische Staaten. In einer Studie der Europäischen Investmentvereinigung von 1994 war bereits ein Wachstum der Investmentvermögen in den 15 EU-Mitgliedstaaten sowie in Norwegen und in der Schweiz auf 2 Bio. ECU im Jahr 2000 vorhergesagt worden.[117] Dies dürfte aus heutiger Sicht realistisch sein.

---

111 Näheres López-Casero in: Investmenthandbuch (1971), S. 379 f.
112 B.O.E. (Boletín Oficial del Estado) Nr. 310 de 27.12.1984.
113 B.O.E. Nr. 275 vom 16.11.1990, S. 33885.
114 B.O.E. Nr. 124 vom 25.5.1993, S. 15672.
115 European Fund Industry Directory '97, S. 25.6.
116 BVI, Investment 97, S. 17 f.
117 *Matthias,* in: EFID '96 S. 2.10 f.

Vor den Toren der EU stehen vor allem die Staaten aus Osteuropa, die dort eine Mitgliedschaft anstreben. In diesen Staaten entwickelt sich mit wachsender Wirtschaftskraft ein Kapitalmarkt, der sich einem breiten Publikum zur Beteiligung anbietet. Hier stellt die Investmentanlage ein geeignetes Instrument dar, die Anlegerinteressen zu bündeln. Investmentfonds gibt es bereits in Tschechien, in Rumänien, in der Slowakei und in Ungarn[118]. Da für die EU-Staaten festgestellt wird, daß seit Ende 1989 das Wachstum der europäischen Investmentfondsindustrie im wesentlichen in den »jungen« Fondsländern stattfindet (genannt sind Finnland, Griechenland und Portugal),[119] ist für die Zukunft anzunehmen, daß die Investmentindustrie in den osteuropäischen Staaten ebenfalls eine ähnlich positive Entwicklung nehmen wird. Dazu kann auch beitragen die Übernahme von Standards beim Anlegerschutz, wie sie heute die OGAW-Richtlinie für die EU-Staaten repräsentiert.

Literatur

*Baur, Jürgen: Investmentgese*tze, Gesetz über Kapitalanlagegesellschaften (KAGG) und Gesetz über den Vertrieb ausländischer Investmentanteile und über die Besteuerung der Erträge aus ausländischen Investmentanteilen (Auslandinvestment-Gesetz – AuslInvestmG –), Kommentar. 2. Aufl., Berlin/New York 1997

Baur, Jürgen: Investmentgeschäfte. In: Handbuch des Kapitalanlagerechts, hrsg. von *Assmann, Heinz-Dieter/Schütze, Rolf A.,* München 1997, S. 701–874

BVI Bundesverband Deutscher Investment-Gesellschaften e. V.: Investment 97, Daten, Fakten, Entwicklungen. Frankfurt am Main 1997

Carl, Dieter/Förster, Wolfgang: Das Recht der Investmentfonds. Europarechtlicher Rahmen und nationale Gesetzgebung, 2. Aufl., Neuwied/Kriftel/Berlin 1994

European Fund Industry Directory '97: Rintoul, Fiona (Hrsg.), European Fund Industry Directory 1997, Lipper Analytical Services – International Corp., 6. Aufl., Summit, New Jersey, NY 1997

Grundmann, Stefan: Europäisches und deutsches Investmentrecht. In: Zeitschrift für Bankrecht und Bankwirtschaft 1991, S. 242–259

Laux, Manfred: Zur Umsetzung der Richtlinie zur Harmonisierung des europäischen Investmentrechts in das deutsche Investmentrecht. In: Wertpapier-Mitteilungen Teil IV, Zeitschrift für Wirtschafts- und Bankrecht 1990, S. 1093–1099

Matthias, Steffen: The European fund industry – Important issues to be faced, in: European Fund Industry Directory '96, London/Summit, New Jersey 1996, S. 2.7–2.12

Matthias, Steffen: Süden und Norden holen auf. Investmentfonds weiter auf Wachstumskurs, aber hauptsächlich in Nord- und Südeuropa, in: Hoppenstedt Fondsführer 1997, Darmstadt 1997, S. XVI–XVIII

Pflaum, Rainer: Wertpapier-Investmentfonds in Lebensversicherungsunternehmen. Ein Leitfaden für Praktiker. Wiesbaden 1993

---

118 *Matthias,* in: *Hoppenstedt,* Fondsführer 1997, S. XVI f. verzeichnet ohne Vermögensangaben 121 Fonds für Tschechien; lt. UNIS (»Union of Investment Companies of the Czech Republic«) Gesamtvermögen Mitte 1996 5 Mrd. US $; 1992 wurde noch in der Tschechoslowakei das Gesetz für Investmentgesellschaften und Investmentfonds verabschiedet; letzte Änderungen in Tschechien zum 1.7.1996; Der Jahresbericht 1995 der ungarischen SEC, S. 14 f verzeichnet bereits 27 Verwaltungsgesellschaften und 51 Investmentfonds (12 offene und 33 geschlossene Wertpapierfonds, 5 Publikums- und 1 Spezial-Immobilienfonds).

119 *Matthias,* in: *Hoppenstedt,* Fondsführer 1997, S. XVI f.

Schuster, Leo (Hrsg.): Investmenthandbuch, Stuttgart 1971

Stadler, Ralph A.: Europäisches Investmentrecht und das schweizerische Anlagefondsgesetz. Zürich 1990

Vandamme, Roger: Auf dem Wege zu einem Europäischen Markt für die Organismen für gemeinsame Anlagen in Wertpapieren, Bemerkungen zu den Bestimmungen der Richtlinie 85/611/EWG des Rates vom 20. Dezember 1985. Hrsg. von der Kommission der Europäischen Gemeinschaften, Brüssel/Luxemburg 1988

Hanns-Jürgen Weigel*

Die Leistungsfähigkeit von Kapital-
anlagegesellschaften für die
Kapitalanlage der Versicherer

---

*   Dr. *Hanns-Jürgen Weigel* ist Vorsitzender der Vorstände der Alte Leipziger Lebensversicherung
     a.G., Hallesche-Nationale Krankenversicherung a.G., Alte Leipziger Versicherung AG, Alte
     Leipziger Holding AG, Zenith Versicherung AG, Alte Leipziger Rückversicherungs AG

I. Einführung

1. Allgemeine Bedeutung von Investmentfonds im europäischen Vergleich

Die Akzeptanz der Investmentanlage bei institutionellen und privaten Anlegern wächst international stetig. Die deutsche Investmentbranche verwaltete zum Jahresende 1996 ein Fondsvermögen von insgesamt 822,4 Mrd. DM, im dritten Quartal 1997 waren es zusammen mit ihren Tochtergesellschaften bereits über eine Billion DM.[1]

Das Fondsvermögen der deutschen Publikumsfonds betrug im Jahr 1996 284,7 Mrd. DM (144,1 Mrd. DM in ausländischen Publikumsfonds), womit Deutschland im europäischen Vergleich mit deutlichem Abstand nach Frankreich (822 Mrd. DM) und Luxemburg (522 Mrd. DM) den dritten Rang einnimmt (Abb. 1). Im Vergleich mit den USA (umgerechnet etwa 5,5 Billionen DM Fondsvermögen zum Jahresende 1996) nimmt sich dies bescheiden aus.

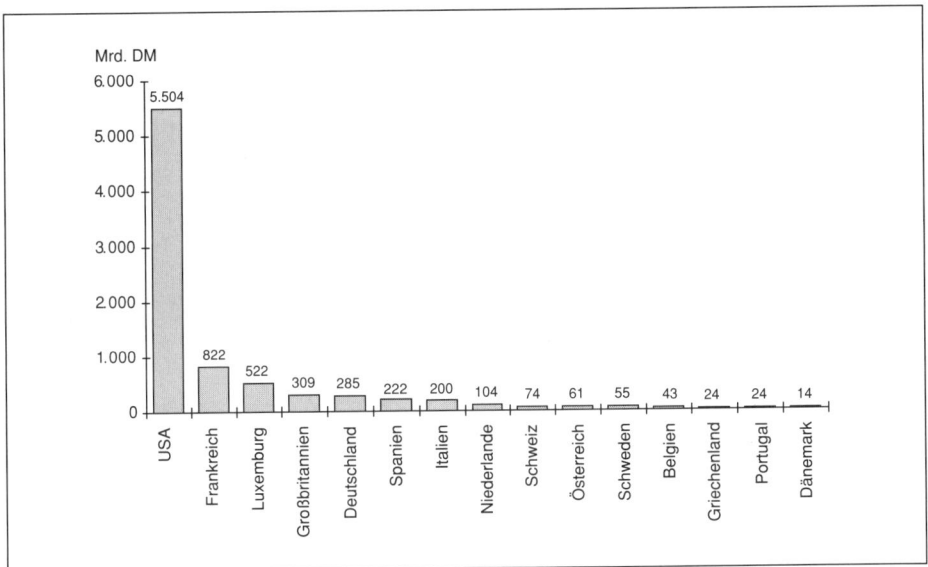

Abb. 1: Fondsvermögen 1996 in Mrd. DM

Gab es Ende 1984 »lediglich« 650 Spezialfonds mit einem Anlagevolumen von 34 Mrd. DM, so waren es Ende 1996 2.952 (Wertpapier-/Geldmarkt-)Spezialfonds mit einem Gesamtvermögen von 393 Mrd. DM (+ 28 % gegenüber 1995). Auf Versicherungsunter-

---

1 Investment 97, Jahrbuch des BVI, Seite 9; vgl. auch *Laux,* Erweiterte investmentrechtliche Vorschriften, Börsen-Zeitung vom 15. November 1997, Sonderbeilage Investmentfonds, Seite 1B.

nehmen entfielen 36,7 % und auf Pensions-, Unterstützungs- und Sterbekassen sowie berufsständische Versorgungswerke 14,7 %.[2]

Betrachtet man das Investmentvermögen in DM pro Kopf der Bevölkerung, so nimmt Deutschland (allerdings) – gemessen am Jahr 1996 – weit abgeschlagen mit 3.480 DM nur den neunten Rang ein. Spitzenreiter in Europa ist Frankreich mit 14.238 DM vor der Schweiz mit 10.600 DM (Abb. 2). Ende 1996 belief sich der französische Anteil am gesamten EU-Investmentmarkt nach Angaben der Europäischen Investmentvereinigung FEFSI auf fast 1/3, hinter Luxemburg mit fast 21 %.[3]

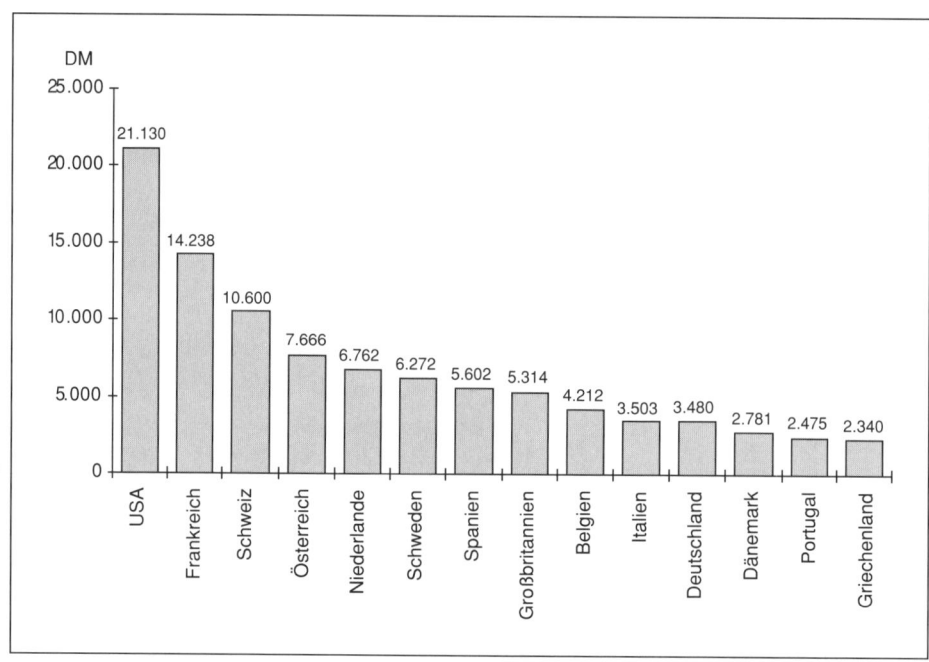

Abb. 2: Investmentvermögen in DM pro Kopf 1996

2. Die Bedeutung von Investmentfonds für die Kapitalanlage der Versicherungsunternehmen

Die Bedeutung von Investmentfonds für die Kapitalanlage der Versicherungsunternehmen ist in den vergangenen Jahren stetig gestiegen. Mit einem Betrag von 159,2 Mrd. DM waren zum Jahresende 1996 13,0 % des Gesamtanlagebestandes der deutschen Assekuranz in

---

2   Vgl. Kandlbinder, Der Boom der Spezialfonds,: Kreditwesen 97, 756 (Tabelle 4).
3   Vgl. Investmentfonds in Europa weiter auf Wachstumskurs, FAZ vom 5. August 1997, Seite 17.

Investmentanteilen angelegt[4] (+ 22 % im Vergleich zum Vorjahr). Im Jahr 1980 hatte dieser Anteil erst 3 % betragen. Der ganz überwiegende Teil entfällt mit 11,7 % auf Wertpapier-Spezialfonds.[5]

Jahr	Alle Versicherungen			Lebens-VU		
	Fonds	Kapitalanlagen	Anteil in %	Fonds	Kapitalanlagen	Anteil in %
1980	8,441.4	278,752.4	3.0	3,568.8	173,103.1	2.1
1981	10,142.1	315,578.0	3.2	4,176.7	194,209.7	2.2
1982	13,190.0	351,238.4	3.8	5,506.5	216,446.9	2.5
1983	15,882.4	388,125.4	4.1	6,680.3	238,897.0	2.8
1984	19,206.5	427,058.2	4.5	8,270.0	262,272.4	3.2
1985	24,729.2	465,290.5	5.3	10,927.8	288,959.4	3.8
1986	33,553.4	513,450.6	6.5	15,943.1	317,851.0	5.0
1987	39,688.5	559,390.8	7.1	19,590.2	347,471.6	5.6
1988	47,938.2	610,166.7	7.9	24,035.7	380,186.8	6.3
1989	57,284.8	662,508.4	8.6	29,030.3	414,462.6	7.0
1990	63,177.0	712,845.0	8.9	32,539.0	447,240.0	7.3
1991	73,495.0	782,192.0	9.4	38,881.0	493,565.0	7.9
1992	83,818.0	836,915.0	10.0	45,324.0	537,971.0	8.4
1993	101,402.0	921,491.0	11.0	56,571.0	591,595.0	9.6
1994	113,200.0	1,011,400.0	11.2	63,080.0	645,610.0	9.8
1995	130,517.0	1,116,646.0	11.7	71,628.0	703,534.0	10.2
1996	159,263.0	1,221,186.0	13.0	86,886.0	768,003.0	11.3

Quelle: BAV-Geschäftsberichte, für 1996 BAV-Veröffentlichungen 4/97, eigene Berechnungen; Angaben in Mio. DM

Tab. 1: Entwicklung der Fondsanlage in Deutschland: Alle Versicherungen/Lebensversicherungsunternehmen 1980–1996

3. Grundlagen des Investmentgeschäfts

a. Rechtliche Ausgestaltung

Das Investmentgeschäft ist dadurch gekennzeichnet, daß eine Kapitalanlagegesellschaft (KAG) bei ihr eingelegtes Geld im eigenen Namen für gemeinschaftliche Rechnung der Einleger (Anteilinhaber) nach dem Grundsatz der Risikomischung in bestimmte Vermögensgegenstände – gesondert vom eigenen Vermögen – anlegt und über die sich hieraus ergebenden Rechte der Anteilinhaber Urkunden (Anteilscheine) ausstellt.[6]

Das Gesetz über die Kapitalanlagegesellschaften (KAGG) sieht hierfür in § 6 Abs. Abs. 1 Satz 2 zwei unterschiedliche Rechtskonstruktionen vor. Zum einen kann dem Investor

---

4 Geschäftsbericht Teil A 1996, zitiert nach VerBAV 97, 160; bis zum 3. Quartal 1997 stieg dieser Anteil nochmals auf 186,5 Mrd. DM oder 14,1 % (VerBAV 98, 19).

5 *Kandlbinder*, a. a. O., Kreditwesen 97, 754 (763).

6 § 1 Abs. 1 KAGG.

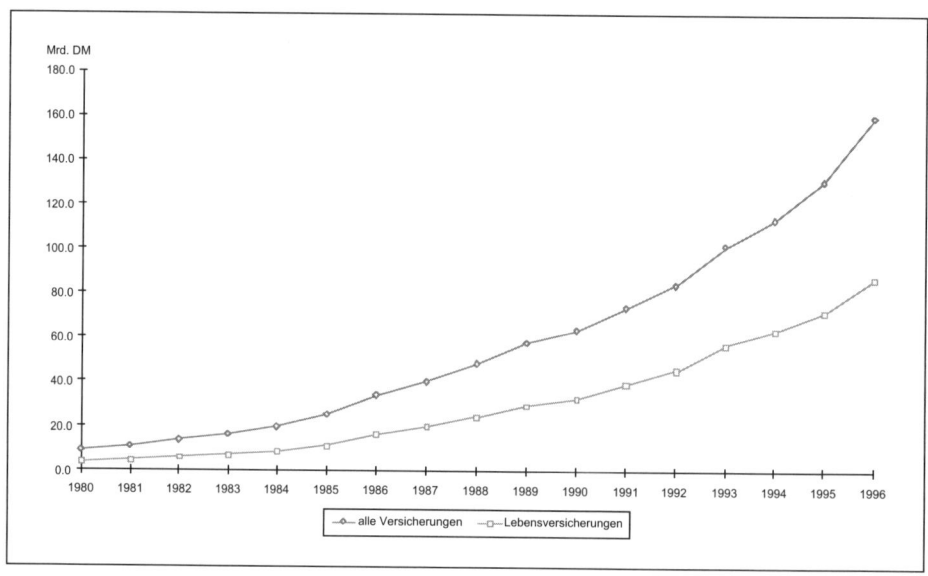

Abb. 3: Entwicklung der Investmentanteile in Mrd. DM

Miteigentum an den Anteilen eines Sondervermögens eingeräumt werden; zum anderen ist es möglich, daß er lediglich schuldrechtliche Ansprüche auf ein Sondervermögen erhält, das im Eigentum der KAG steht. Die Praxis verwendet überwiegend die Miteigentumslö-

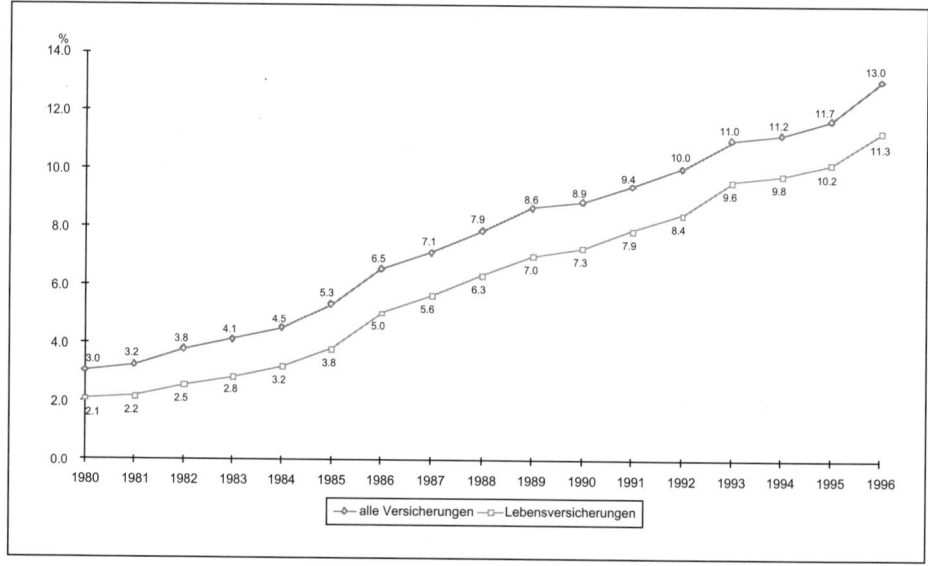

Abb.4: Fondsanlage der Versicherungen in % der Kapitalanlage

224

sung,[7] da sie in den Musterbedingungen des Bundesaufsichtsamtes für das Kreditwesen (BAKred)[8] empfohlen wird. In den zwischen dem Gesamtverband der Deutschen Versicherungswirtschaft (GDV) und dem Bundesaufsichtsamt für das Versicherungswesen (BAV) abgestimmten Mustervertragsbedingungen für Spezial- bzw. Publikumsfonds sind beide Varianten vorgesehen.[9] Auch bei der Miteigentumslösung ist die Kapitalanlagegesellschaft zur Verfügung über die Gegenstände des Sondervermögens befugt (§ 9 Abs. 1 KAGG). Diese unterliegen allerdings einer Reihe von Schutzbestimmungen; sie dürfen insbesondere nicht verpfändet oder sonst belastet, zur Sicherung übereignet oder ab getreten werden (§ 9 Abs. 3 KAGG). Forderungen gegen die KAG und Forderungen, die zu einem Sondervermögen gehören, können nicht gegeneinander aufgerechnet werden (§ 9 Abs. 6 KAGG). Wird gegen die KAG vollstreckt oder gerät sie in Konkurs, so hat die Depotbank Drittwiderspruchsklage zu erheben (§ 771 ZPO) und die Aussonderung des Fondsvermögens aus der Konkursmasse der KAG zu verlangen (§§ 12c Abs. 2, 14 KAGG).

Während sich der deutsche Gesetzgeber für die beschriebene Vertragslösung entschieden hat, sind im Ausland Formen anzutreffen, bei denen der Anteilinhaber rechtlich als Gesellschafter der Investmentgesellschaft auftritt; dies wird als sogenannte Satzungsform[10] der Investmentanlage oder auch als »Gesellschaftstyp« bezeichnet. Solche Formen der Investmentanlage sind bei den in Deutschland ansässigen Kapitalanlagegesellschaften nicht zulässig.[11] Für Kapitalanlagegesellschaften außerhalb Deutschlands mit Sitz innerhalb der EU ergibt sich die Zulässigkeit hierfür aus der sogenannten OGAW-Richtlinie.[12] Nach Öffnung des europäischen Binnenmarktes für Versicherungen sieht das Versicherungsaufsichtsgesetz (VAG) dementsprechend auch die Möglichkeit vor, in derartige Fonds zu investieren.[13] Der »Gesellschaftstyp« ist im übrigen insbesondere für US-amerikanische Investmentgesellschaften typisch.[14]

Ein wesentliches Grundprinzip des Investmentgeschäfts ist im übrigen die Trennung der Funktionen zwischen KAG und Depotbank durch Abschluß eines Depotbankvertrages. Während der Investmentgesellschaft schwerpunktmäßig die den Anlagebestimmungen gemäße optimale Anlage der eingezahlten Geldmittel obliegt, ist Aufgabe der Depotbank

---

7 *Häuselmann,* Zur Bilanzierung von Investmentanteilen, insbesondere von Anteilen an Spezialfonds, BB 1992, 312.

8 Darauf verweist *Kümpel,* Bank- und Kapitalmarktrecht, Köln, 1995, Rdnr. 10.27.

9 Vgl. z. B. § 1 Nr. 3 der Allgemeinen Vertragsbedingungen für Spezialfonds für das gebundene Vermögen von Versicherungsgesellschaften (Stand: 23. März 1995): Die Anteilinhaber sind an den jeweiligen Vermögensgegenständen des Sondervermögens in Höhe ihrer Anteile als Miteigentümer bzw. Gläubiger nach Bruchteilen beteiligt.

10 *Lipowsky,* in: *Prölss,* Versicherungsaufsichtsgesetz, 11. Aufl. 1997, § 54a Rdnr. 26.

11 Beim Gesellschaftstyp werden von den als Einlage in die Gesellschaft geflossenen Geldern Wertpapiere im eigenen Namen und auf Rechnung der Gesellschaft gekauft. Es fehlt an einem Handeln »für gemeinschaftliche Rechnung« der Anleger (vgl. § 1 Abs. 1 KAGG). Die nach § 6 Abs. 1 KAGG vorgesehene Bildung eines Sondervermögens unterbleibt. Die Anleger erhalten keine Anteilscheine am Sondervermögen, sondern Aktienurkunden über ihre gesellschaftsrechtliche Beteiligung. Vgl. *Kümpel,* a. a. O., Rdnr. 10.20.

12 Richtlinie 85/611/EWG des Rates vom 20. Dezember 1985 zur Koordinierung der Rechts- und Verwaltungsvorschriften betreffend bestimmte Organismen für gemeinsame Anlage in Wertpapieren, ABl. EG Nr. L 375, S. 3.

13 Vgl. § 54a Abs. 2 Nr. 6 Satz 4 VAG, der hierfür besondere Voraussetzungen vorsieht.

14 *Kümpel,* a. a. O., Rdnr. 10.19.

die technische Abwicklung der laufenden Geschäfte. Dies ermöglicht eine Überwachung der KAG zum Schutz der Anleger.[15]

b.   Zulässige Geschäftsarten

Wird auf die Zusammensetzung des Sondervermögens abgestellt, kann zwischen

- Wertpapierfonds,
- Immobilienfonds,
- Beteiligungsfonds und
- Geldmarktfonds
- Mischfonds

unterschieden werden. Bei Wertpapierfonds kann weiter differenziert werden in Investmentfonds, die nur Aktien (Aktienfonds), nur festverzinsliche Wertpapiere (Rentenfonds) oder beides (gemischte Fonds) enthalten. Inzwischen ist auch die Allokation von Anlagemitteln in Wertpapieren, Immobilien und stillen Beteiligungen in einem Fonds möglich.

Daneben sind viele weitere Spezialarten der Fondszusammensetzung möglich, so z. B. Investitionen nur im Ausland oder ausschließlich im Inland, Beschränkung auf Wertpapiere bestimmter Ausstellergruppen/Emittentengruppen (z. B. nur Aktien des Technologiebereichs), Dachfonds, Indexfonds, Laufzeitenfonds bei Renten, um nur einige Beispiele anzuführen. Letztlich hängt die Fondstruktur von den Zielen ab, die der Anleger mit dem Fonds bzw. mit der erwarteten Wertentwicklung und Ausschüttung verfolgt.

c.   Publikumsfonds- und Spezialfonds

Sondervermögen können nach den Anlegern unterschieden werden in Publikumsfonds, bei denen die Anteile öffentlich angeboten und von jedermann erworben werden können, oder Spezialfonds, deren Anteilscheine aufgrund schriftlicher Vereinbarung mit der KAG von höchstens 10 juristischen Personen gehalten werden dürfen.[16] Bei Publikumsfonds müssen die Vertragsbedingungen vom BaKred genehmigt werden.[17]

Nach der Ausgabe von Anteilscheinen ist eine Unterteilung in offene und geschlossene Fonds möglich. Bei den offenen Investmentfonds ist die Zahl der auszugebenden Investmentzertifikate unbegrenzt, bei geschlossenen – in der Regel Immobilienfonds – begrenzt. Geschlossene Wertpapierfonds gibt es – noch – nicht. Die Errichtung geschlossener Fonds soll allerdings durch das Dritte Finanzmarktförderungsgesetz (zu diesem sogleich im Text) im KAGG verankert werden (vgl. §§ 51 ff. des Regierungsentwurfs zur Novellierung des KAGG).

---

15 *Kümpel,* a. a. O., Rdnr. 10.25.
16 § 1 Abs. 2 KAGG.
17 § 15 Abs. 2 KAGG.

4. Novellen des Gesetzes über Kapitalanlagegesellschaften

a. Zweites Finanzmarktförderungsgesetz

Mit dem am 1. August 1994 in Kraft getretenen Zweiten Finanzmarktförderungsgesetz wurde auch das KAGG novelliert und der »Investmentplatz Deutschland erheblich aufgewertet«[18]. Der BVI hatte sich seit langem für die mit diesem Gesetz in Kraft getretenen neuen Geschäftsmöglichkeiten eingesetzt, um das Spektrum der Fondsanlage zugunsten der Fondsanleger zu erweitern und Wettbewerbsnachteile gegenüber Fonds aus Mitgliedstaaten der Europäischen Union und im internationalen Vergleich zu beseitigen.[19]

Mit der Zulassung von Geldmarktfonds[20] verschaffte der Gesetzgeber dem deutschen Anleger Zugang zu einem Anlageinstrument, das sich in anderen Ländern bereits großer Beliebtheit erfreute. Bei diesem Fondstyp wird das Sondervermögen in einlagengesicherten Bankguthaben und/oder Geldmarktinstrumenten mit einer Rest-/Laufzeit von höchstens einem Jahr investiert.

Im Rahmen der Liquiditätsanlage können Investmentfonds seither u. a. auch unverzinsliche Schatzanweisungen und Schatzwechsel der Sondervermögen des Bundes und der Europäischen Gemeinschaften mit der Folge eines flexibleren Cash-Managements erwerben.[21]

Seit der Novellierung des KAGG durch das Zweite Finanzmarktförderungsgesetz können Investment-Gesellschaften auch Optionen[22] auf Devisen-[23] und Finanzterminkontrakte[24] sowie Optionen auf Devisenfutures und Wertpapier-Indizes – zum Beispiel auf den DAX oder den REX – nutzen.

b. Drittes Finanzmarktförderungsgesetz

Der Entwurf für ein Drittes Finanzmarktförderungsgesetz sieht erneut eine sehr weitgehende Novellierung des KAGG durch erweiterte Anlagemöglichkeiten und neue Fondsprodukte vor.

Ermöglicht werden soll die Auflegung sogenannter Aktienindexfonds, bei denen unter gewissen Voraussetzungen eine Überschreitung der 10 %-Streuungsquote des § 8a Abs. 1 Satz 1 KAGG erlaubt wird, um anerkannte Aktienindizes exakt nachzubilden.[25]

Mit einer neuen Fassung des § 15 Abs. 3 Buchstabe k KAGG-E soll es Kapitalanlagegesellschaften zukünftig ermöglicht werden, auch sogenannte »Aktienlaufzeitfonds« aufzulegen, die in anderen Ländern bereits zulässig sind. Bislang dürfen nur solche Sondervermögen mit begrenzter Laufzeit (Laufzeitfonds) aufgelegt werden, die überwiegend in Schuld-

---

18 *Laux,* Erweiterte investmentrechtliche Vorschriften, Börsen-Zeitung vom 15. November 1997, Seite B1.

19 Investment 95, Jahrbuch des BVI, S. 25/26.

20 §§ 7a–7d KAGG.

21 § 8 Abs. 3 KAGG.

22 Vgl. § 8d KAGG. Optionen räumen das Recht ein, bestimmte Wertpapiere zu einem festen Preis innerhalb eines gewissen Zeitraums zu kaufen oder zu verkaufen.

23 § 8e KAGG.

24 § 8f KAGG.

25 § 8c Abs. 3 KAGG-E.

verschreibungen und Schuldscheindarlehen anlegen. Aktienlaufzeitfonds eröffnen die Möglichkeit, dem Anleger den vollen Kapitalerhalt zum Laufzeitende in Aussicht zu stellen.[26]

Weiterhin sollen zukünftig »Investmentfondsanteil-Sondervermögen«, sogenannte Dachfonds, zulässig sein, die es ermöglichen sollen, das spezielle Fachwissen anderer Fonds zu nutzen und (auch) ausländische Investmentanteile zu erwerben.[27]

Kapitalanlagegesellschaften können zukünftig auch gemischte Wertpapier- und Grundstücks-Sondervermögen auflegen.[28] Für diese Sondervermögen können Wertpapiere, Schuldscheindarlehen, Grundstücke, Erbbaurechte, Wohnungseigentum und Beteiligungen an Grundstücks-Gesellschaften erworben werden. Bis zu 30 % des Vermögens können in Grundstücken, Beteiligungen an Grundstückgesellschaften oder Anteilen an Grundstücks-Sondervermögen investiert werden.

Der Regierungsentwurf sieht zudem die Aufnahme von sogenannten »Pensions-Sondervermögen« in das KAGG vor (§§ 37 h ff. KAGG-E).[29] Dieser Fondstyp soll erstmalig einen sogenannten »Zielfonds« darstellen und ein zusätzliches Instrument für das langfristige Ziel der Altersvorsorge bieten. Mindestens 51 % sind in Substanzwerten zu investieren (Aktien, Immobilien), maximal 75 % in Aktien und stillen Beteiligungen.

Nach der Ausgestaltung des Fonds handelt es sich allerdings um ein reines Kapitalanlageprodukt, das die Voraussetzungen, die an ein langfristiges Versorgungsprodukt zu stellen sind, nicht bietet (Todesfallschutz, garantierte Summe am Vertragsende, Langlebigkeitsschutz).[30]

Letztlich ist auch der in diesem Zusammenhang in der Gesetzesbegründung eingeführte Begriff Zielfonds irreführend, da sich Maßnahmen der Altersversorgung, so wie sie dieser neue Fondstyp im Auge hat, auch mit allen anderen Fondsvarianten erreichen lassen. Fonds dienen immer einem anlegerischen Ziel, sind also stets »Zielfonds«.

Zum anderen verwundert, daß gerade die in §§ 37h ff. KAGG vorgesehene Fondsvariante für die Altersversorgung besonders geeignet sein soll, unterscheidet sie sich hinsichtlich der möglichen Inventarwerte von allen anderen Fonds lediglich dadurch, daß sie auch stille Beteiligungen – also ein Anlagesegment, das schwer bewertbar und ohne liquiden Markt ist – und die Verknüpfung mit Immobilienfonds vorsieht. Hier hat der Gesetzgeber das Problem der erweiterten Investitionsfinanzierung (Standortfrage Deutschland) mit der Frage der Altersversorgungsfinanzierung vermischt, was aufgrund der erwähnten Risikoerhöhung für die Leistungsempfänger als unsachgemäß abgelehnt werden muß.[31]

---

26 Vgl. auch *Laux*, Erweiterte investmentrechtliche Vorschriften, Bösen-Zeitung vom 15. November 1997, Seite B1.

27 §§ 25 k-m KAGG-E.

28 § 37b KAGG-E.

29 Nach einem Beschluß des Bundestages vom 13. Februar 1998 sollen diese Sondervermögen jetzt »Altersvorsorge-Sondervermögen« heißen.

30 Der Anleger muß vor Vertragsschluß ausdrücklich darauf hingewiesen werden, daß sich die Kapitalanlagegesellschaft im Pensionssparplan nicht zur Auszahlung eines bestimmten Geldbetrags verpflichten kann und daß dies auch für den Fall der Arbeitslosigkeit, der völligen Erwerbsunfähigkeit oder des Todes des Anteilschein-Sparers gilt (§ 37m Abs. 1 KAGG-E). Der Gesetzgeber erkennt damit selber an, daß ein Pensions-Sondervermögen keines der Qualitätsmerkmale aufweist, die ein Altersversorgungsprodukt auszeichnen.

31 Zur Kritik vgl. auch *Hanau/Arteaga*, Pensions-Sondervermögen und betriebliche Altersversorgung, BB, Sonderbeilage 17 zu Heft 47/1997.

II. Investmentprodukte für Versicherungen

1. Überblick über die zulässigen Möglichkeiten nach VAG

a. § 54a Abs. 2 Nrn. 6, 11, 13 VAG

Das gebundene Vermögen eines Versicherungsunternehmens (§ 54 Abs. 1 VAG) darf gemäß § 54 a Abs. 2 VAG nur in bestimmten Anlagearten angelegt werden.

Für die Anlage in Investmentanteilen bietet das VAG die Möglichkeit des Erwerbs von Anteilen an Wertpapier-Sondervermögen, wobei sich die qualitativen Anforderungen aus § 54a Abs. 2 Nr. 6 VAG ergeben. Möglich ist ferner der Erwerb von Beteiligungs-Sondervermögen gemäß § 54a Abs. 2 Nr. 13 VAG. Schließlich sieht der Anlagekatalog des § 54a Abs. 2 des VAG in Nr. 11 noch die Möglichkeit vor, Anteile an Grundstücks-Sondervermögen zu erwerben. Im Anlagekatalog nicht vorgesehen ist die Anlage in Geldmarkt-Sondervermögen, die daher nur in beschränktem Umfang im Rahmen der Öffnungsklausel gemäß § 54a Abs. 2 Nr. 14 VAG zulässig ist.[32]

Zwischen Publikumsfonds und Spezialfonds unterscheidet das Gesetz generell nicht, wenn man von der Bestimmung des § 54 Abs. 2 Buchstabe d VAG, absieht, die eine besondere Anzeigepflicht für die Investition in Spezialfonds festlegt.[33]

Das BAV hat sowohl für Publikums- als auch für Spezialfonds mit dem GDV Mustervertragsbedingungen abgestimmt.[34] Durch die Zugrundelegung der Mustervertragsbedingungen können in der Praxis auftretende Zweifelsfragen vermieden werden, ob ein Fonds den gesetzlichen Anforderungen des § 54a Abs. 2 Nr. 6 VAG entspricht.[35]

---

32 Vgl. *Angermayer,* Investmentfonds als Instrument der Kapitalanlagepolitik von Versicherungsunternehmen, VW 96, 683 (685/686).

33 Hintergrund dieser Anzeigepflicht ist Art. 22 Abs. 3, 2. Spiegelstrich, Dritte Richtlinie Leben bzw. Dritte Richtlinie Schaden. Diese europarechtlichen Vorgaben enthalten die Verpflichtungen, diejenigen Fonds einschränkender zu behandeln, die nicht durch die OGAW-Richtlinie koordiniert sind. Da Spezialfonds gemäß Art. 2 Abs. 1, 2. Spiegelstrich der OGAW-Richtlinie von dieser nicht erfaßt werden, hat der deutsche Gesetzgeber durch Einfügung von § 54 Abs. 2 Buchstabe d VAG eine einschränkende Regelung für Spezialfonds erlassen (vgl. BT-Drucksache 12/6959, Seite 71). Die Aufsichtsbehörde wird dadurch in die Lage versetzt, zu prüfen, ob für die jeweiligen Spezialfonds vergleichbare Regelungen wie für Publikumsfonds bestehen (dies verlangt R 4/95 des BAV »Hinweise zur Anlage des gebundenen Vermögens von Versicherungsunternehmen«, VerBAV 95, S. 358 ff.). Vgl. auch *Angermayer,* a.a.O., Seite 683 (684).

34 Für Spezialfonds vgl. GB BAV 95 Teil A, Seite 55, für Publikumsfonds GB BAV 96 Teil A, Seite 60. Die Mustervertragsbedingungen für Publikumsfonds sind vom Bundesverband Deutscher Investmentgesellschaften (BVI) entworfen und beruhen auf der Grundlage der mit dem BAV abgestimmten Mustervertragsbedingungen für Spezialfonds. Die Abweichungen gegenüber den Vertragsbedingungen für Spezialfonds betreffen nicht die Zusammensetzung des Sondervermögens, sondern resultieren fast ausschließlich aus deren Natur als Publikumsfonds.

35 So ausdrücklich für Spezialfonds GB 95 Teil A, Seite 55.

b. § 54a Abs. 4 VAG

Das VAG regelt nicht nur die zulässigen Anlagearten für Versicherer, sondern begrenzt auch die einzelnen Anlagearten auf eine maximale Höhe. Diese Überlegungen sind zum Teil umstritten, sie sind aber Folge des Grundsatzes der Mischung. Dieser dient der Schaffung ausgewogener Portefeuilles und ist seinerseits Ausfluß des Grundsatzes der Sicherheit der Kapitalanlagen. Es ist zu beachten, daß für die Vermögensanlage der Versicherer die Sicherheit vor der Rentabilität rangiert. Daraus folgt auch die inhaltliche Rechtfertigung, chancenreiche Anlagen zu begrenzen, da sie auf der anderen Seite auch erhöhte Risiken beinhalten. Der Grundsatz der Sicherheit hat deshalb vorrangigen Stellenwert bei der Vermögensanlage, weil die Versicherer gehalten sind, ihre gesamte Geschäftstätigkeit danach auszurichten, daß sie in der Lage sind, die Verpflichtungen aus den Versicherungsverträgen dauernd erfüllen zu können. Diese permanente Erfüllungsfähigkeit erfordert auch ein Investmentverhalten, das Situationen ausschließt, temporär die nicht variablen Erfüllungsverpflichtungen wegen Kapitalmarktvolatilitäten nicht erfüllen zu können. Dieser Aspekt ist deshalb besonders wichtig, da das Eintreten der Versicherungsfälle zwar seiner Häufigkeit nach mit statistischer Wahrscheinlichkeit näherungsweise ermittelt werden kann, der Zeitpunkt des Eintritts aber ungewiß ist.

Für die Investmentanlage enthält insbesondere § 54a Abs. 4 VAG quantitative Begrenzungen. Danach darf der Anteil an Wertpapier-Sondervermögen zusammen mit den Anlagen in Aktien, anderen Beteiligungswerten, Genußrechten, nachrangigen Darlehen und Anteilen an Beteiligungs-Sondervermögen jeweils 30 % des Deckungsstockvermögens sowie des übrigen gebundenen Vermögens nicht übersteigen (Anhebung auf 35 % durch Ausschöpfung der Öffnungsklausel ist möglich).

Soweit es sich um Anlagen in Wertpapiersondervermögen handelt, die in voll eingezahlten Aktien außerhalb der Mitgliedstaaten der Europäischen Gemeinschaft amtlich börsennotiert sind, ist die Anlage auf 6 % des Deckungsstockvermögens und 6 % des übrigen gebundenen Vermögens begrenzt (§ 54a Abs. 2 Nr. 6 Satz 3 i. V. m. Abs. 4, Satz 1 VAG). Weitere Einzelheiten werden bei der Behandlung der einzelnen Investmentarten vorgestellt.

Wichtig ist die Behandlung reiner Rentenfonds. Diese werden der 30 %-Aktienquote nicht zugerechnet, sondern den notierten Inhaberschuldverschreibungen gemäß § 54a Abs. 2 Nr. 3 Buchstaben a und b VAG sowie den notierten Schuldverschreibungen gemäß § 54a Abs. 2 Nr. 3 Buchstabe c VAG zugeordnet.[36]

Dies bedeutet im Ergebnis, daß die Anlageart Fonds über 50 % des Gesamtanlagebestandes ausmachen kann, nämlich dann, wenn 50 % in reine Rentenfonds investiert werden und im übrigen über die 30 %-Klausel Aktien- oder gemischte Spezialfonds gehalten werden.[37] Die Streuungsvorschriften des § 54a Abs. 4 b VAG, wonach alle auf ein- und denselben

---

36 Rundschreiben R 4/95 des BAV, Abschnitt II Ziffer 4 Buchstabe c, VerBAV 95, 358 (359).

37 Vgl. *Frank,* Spezialfonds von Interesse für Versicherer, Börsen-Zeitung vom 15. November 1997, Seite B13; *Kandlbinder,* Der Boom der Spezialfonds, Kreditwesen 97, 754 (763/764). Zu beachten war bislang auch GB BAV 78, 40. Dort hat das BAV für Pensionskassen ausgeführt, daß sie die überwiegende Anlage in Investmentfonds zugleich als überwiegende Fremdverwaltung der Vermögensanlagen durch die Kapitalanlagegesellschaft ansehen würde. Eine solch weitgehende Delegation sei mit der Verantwortung des Vorstands nicht vereinbar. Vor dem Hintergrund der Ausführungen in VerBAV 95, 359 ist davon auszugehen, daß das BAV an diesen Vorgaben nicht mehr festhält.

Aussteller entfallenden Anlagen die Summe aus 2 % des gebundenen Vermögens und 25 % der Eigenmittel des Versicherungsunternehmens nicht übersteigen dürfen, gelten für Investmentanteile bzw. für die im Fonds befindlichen Einzelwerte nicht. Das ist ein besonderer Vorteil für die Kapitalanlage in Investmentanteilen. Es erfolgt keine Anrechnung auf das gebundene Vermögen und die Eigenmittel des Versicherungsunternehmens, wenn die Anlagen des Fonds ausreichend gestreut sind.

2. Aktienfonds

Nach der monatlichen Statistik der Deutschen Bundesbank,[38] bewegt sich die Aktienquote bei Spezialfonds allgemein bei 30 %. Nach einer Erhebung des GDV beläuft sich in 1997 die Aktienquote bei deutschen Lebensversicherern auf etwa 48 %, nachdem sie lange Zeit mit rund 1/3 angegeben wurde.[39] Unter reiner Renditebetrachtung haben deutsche Aktienfonds in den letzten 30 Jahren – bezogen auf den Stichtagsvergleich 31.12.1965 mit 31.12.1995 – mit einer durchschnittlichen Performance von 8,27 % p. a. um genau 0,67 % p. a. besser abgeschnitten als die Rentabilität der kapitalbildenden Lebensversicherung, was allerdings auch kaum verwundert, da es sich beim Aktienfonds um ein reines Kapitalanlageprodukt handelt, während die kapitalbildende Lebensversicherung als Vorsorgeprodukt hinsichtlich ihrer Kapitalanlage sehr viel stärker durch das produktprägende Merkmal der Sicherheit gekennzeichnet ist als der Aktienfonds, dessen Hauptziel es ist, auch unter Inkaufnahme bestimmter Risiken hohe Erträge zu erzielen.[40]

Retrospektiv ist eine um 0,67 % verbesserte Verzinsung über 30 Jahre positiv zu bewerten; wenn man allerdings die Schwankungsbreite sieht, stellt sich durchaus die Frage, ob 0,67 % Mehrverzinsung gegenüber weniger volatilen Anlagen ein ausreichender Lohn der Angst sind. Wenn man die Ermittlung eines angemessenen Zinses in Wertgutachten zur Bewertung von Unternehmen betrachtet, so hat jedenfalls nur bei als sehr sicher geltenden Unternehmen der Risikozinsfuß kaum mehr als 0,5 % über dem langfristig erzielbaren Zins von Bankschuldverschreibungen und Staatsanleihen gelegen. In anderen Fällen ist es nicht ungewöhnlich, 400 Basispunkte auf diesen Ausgangszins »aufzuladen«.

Eine besondere Konzeption – insbesondere von Aktienfonds – liegt in sogenannten Tradingfonds. Hierbei handelt es sich um Fonds, deren Hauptziel es ist, kurzfristige Marktchancen zu nutzen, insbesondere zur Erzielung außerordentlicher Erträge.

a.   Anforderungen von § 54a Abs. 2 Nr. 6 VAG

Die Anlagemöglichkeit ist gemäß § 54 a Abs. 2 Nr. 6 VAG an folgende Voraussetzungen geknüpft:

Die Kapitalanlagegesellschaft (KAG) muß ihren Sitz in einem Mitgliedstaat der europäischen Gemeinschaft haben; das von der KAG verwaltete Sondervermögen muß bei

---

38 Vgl. Deutsche Bundesbank, Kapitalmarktstatistik November 1997 (Statistisches Beiheft zum Monatsbericht), Seite 54.
39 Vgl. Statistisches Rundschreiben Nr. 14/97 des GDV vom 12. Mai 1997, Seite 6.
40 Vgl. *Weigel,* Elemente einer privaten Versorgung für Alter, Invalidität und Hinterbliebene aus Sicht der Arbeitnehmer, VW 96, 1108 (1110).

Aktienfonds entsprechend den Vertragsbedingungen in voll eingezahlten in einem Mitgliedstaat an einer Börse zum amtlichen Handel zugelassenen[41] oder in einen organisierten Markt[42] einbezogenen Aktien- oder Genußrechten angelegt werden.

b.   Anlage außerhalb der EU bzw. des EWR

Nur im sogenannten übrigen gebundenen Vermögen, das die versicherungstechnische Rückstellungen ohne die Deckungsrückstellung umfaßt, kann das Sondervermögen auch überwiegend in voll eingezahlten Aktien oder Genußrechten, die *außerhalb* eines Mitgliedstaates der europäischen Gemeinschaft amtlich börsennotiert sind, angelegt werden (§ 54a Abs. 2 Nr. 6 Satz 2 VAG). Aktien oder Genußrechte, die lediglich an einem organisierten Markt gehandelt werden, sind in diesem Fall nicht für die Anlage des Sondervermögens geeignet.[43]

c.   Indexfonds

Indexfonds folgen in ihrer Zusammensetzung – soweit möglich – Aktienindizes. Die Performance der Fonds weicht dabei kaum von der des Indexes ab (Indextracking). Indexfonds weisen nur eine sehr geringfügige Kostenquote auf.

Indexfonds sind als passive Fonds einzustufen; sie folgen – einer Achterbahn gleich – dem Marktdurchschnitt. Wenn man bedenkt, daß es in Börsenaufschwungphasen den Anlagemangern oft nicht leicht fällt, den jeweiligen Index zu schlagen, machen Indexfonds durchaus Sinn. Allerdings zeigt sich in Baissetrends, daß derjenige die Kurve nach unten nicht voll mitfahren mußte, der durch aktives Mangement (Hedging oder rechtzeitig hohe Cash Quote) die Zusammensetzung des Fonds deutlich positiv abweichend vom Index gestaltet hat.

d.   Gemischte Aktien- und Rentenfonds

Bei gemischten Aktien- und Rentenfonds kann – je nach Markteinschätzung des Mangements – der Anlageschwerpunkt auf Renten zur Verstetigung der Entwicklung oder auf Aktien, um an einer günstigen Kursentwicklung teilzuhaben, konzentriert werden.

---

41 Amtlich notiert werden nur diejenigen Wertpapiere, die Gegenstand eines Zulassungsverfahrens vor der Zulasungstelle der Börse gewesen sind.

42 Die Legaldefinition dieses Begriffes findet sich in § 54a Abs. 2 Nr. 3a VAG. Wertpapiere müsssen danach in einen organisierten Markt einbezogen sein, der anerkannt und für das Publikum offen und dessen Funktionsweise ordnungsgemäß ist. Die Regelung orientiert sich an § 8 Abs. 1 Nr. 1 KAGG und § 10 Abs. 4a Nr. 4 Buchstabe b Doppelbuchstabe aa KWG. Anstelle des in Art. 1 Buchstabe j Dritte Versicherungsrichtlinie Schaden und Art. 1 Buchstabe k Dritte Versicherungsrichtlinie Leben gewählten Begriffs »geregelter Markt« (vgl. § 71 BörsenG sowie auch noch § 54a Abs. 2 Nr. 5 Satz 1, Nr. 6 VAG in der vor dem 29. Juli 1994 geltenden Fassung; wo zusätzlich auch noch der geregelte Freiverkehr (§ 78 BörsenG) genannt ist) wird – wie in § 8 Abs. 1 Nr. 1 KAGG – der Begriff des organisierten Markts eingeführt, der allgemeiner gehalten ist als die §§ 71, 78 BörsenG und den Vorgaben der Richtlinien Rechnung trägt. Zum Begriff des »organisierten Marktes« i. S. v. § 8 Abs. 1 Nr. 1 KAGG vgl. auch *Potthoff/Stuhlfauth,* WM-Sonderbeilage Nr. 3 zu Heft 26/1997, Seite 7.

43 Vgl. R 4/95 unter Punkt III 6 Buchstaben b und c, VerBAV 95, 358 (362).

Bei Spezialfonds sind Mischfonds eher üblich als bei Publikumsfonds. Ziel ist die Optimierung der Rendite bei gleichzeitigem Risikoausgleich. So wird z. B. das Risiko einer Aktienanlage durch die Beimischung von Zinsanlagen reduziert. Entsprechend der Portfoliotheorie und den persönlichen Risikoparamtern des Anlegers bestimmen sich die Mischungsverhältnisse. Der Risikograd liegt daher zwischen Aktien- und Rentenfonds. Als Fazit kann festgestellt werden: Gemischte Fonds sind für Anleger geeignet, die sowohl die Kurschancen am Aktienmarkt als auch den laufenden Zinsertrag von Renten nutzen möchten.

3. Rentenfonds

a. Anforderungen von § 54a Abs. 2 Nr. 6 VAG

Bei Rentenfonds ist Voraussetzung die – in den Vertragsbedingungen vorgesehene – überwiegende Anlage in Schuldverschreibungen gemäß den Nummern 3a und 3b des Anlagekatalogs. Hierbei handelt es sich um Inhaberschuldverschreibungen, die in einem Mitgliedstaat der Europäischen Gemeinschaft ausgestellt und in einem Mitgliedstaat an einer Börse zum amtlichen Handel zugelassen bzw. in einen anderen organisierten Markt einbezogen sind, Pfandbriefe, Kommunalobligationen und andere in einem Mitgliedstaat der Europäischen Gemeinschaft ausgestellte Inhaber- und Namensschuldverschreibungen, die die Voraussetzungen nach § 8a Abs. 1 Satz 3 KAGG erfüllen (kraft Gesetzes bestehende besondere Deckungsmasse[44]).

Wie bereits erwähnt, werden reine Rentenfonds, also Wertpapierfonds, die – ihren Vertragsbedingungen entsprechend – auschließlich Schuldverschreibungen gemäß den Nummern 3a und 3b des Anlagekatalogs enthalten –, von der 30 %-Grenze des § 54a Abs. 4 Satz 1 VAG ausgenommen,[45] werden also wie Inhaberschuldverschreibungen behandelt. Bis zu 50 % des gebundenen Vermögens eines Versicherungsunternehmens können in diesem Anlagesegment plaziert werden. Dies ist nur konsequent; jede andere Regelung würde die Fondsanlage gegenüber der Direktanlage benachteiligen.

b. Anlage außerhalb der EU bzw. des EWR

Nicht nur im Deckungsstockvermögen, sondern auch im übrigen gebundenen Vermögen, erlaubt der Anlagekatalog nicht, einen Rentenfonds aufzulegen, der sich überwiegend aus Schuldverschreibungen zusammensetzt, die außerhalb der EU ausgestellt bzw. börsennotiert sind. Dies ergibt sich aus einem Umkehrschluß aus § 54a Abs. 2 Nr. 6 Satz 2 VAG, der die Anlage von Aktien und Genußrechten für das übrige gebundene Vermögen bis zu einer Höhe

---

44 Gemäß Art. 20 Abs. 2 OGAW-Richtlinie teilt die Kommission den Mitgliedstaaten mit, welche Schuldverschreibungen eine besondere gesetzliche Deckungsmasse i. S. v. Art. 22 Abs. 4 OGAW-RL aufweisen. Vgl. *Lipowsky,* in: *Prölss,* VAG, 11. Aufl. 1997, § 54a Rdnr. 18.
45 § 54a Abs. 4 Satz 1, 2.Hs. VAG.

von 6 % auch dann für zulässig erklärt, wenn diese Papiere an einer Börse außerhalb der EU zum amtlichen Handel zugelassen sind. Damit kann ein deckungsstockfähiger Rentenfonds maximal 49 % seiner Anlagen in Schuldverschreibungen außerhalb der EU investieren.

c. Kurzläufer-Rentenfonds

Sogenannte Kurzläufer-Rentenfonds legen in Schuldverschreibungen mit kurzen Restlaufzeiten an, die sich in der Regel zwischen einem und maximal fünf Jahren bewegen. Von ihrer Charakteristika ähneln sie Geldmarktfonds, sind aber im Vergleich zu diesen ohne weiteres deckungsstockfähig.

Papiere mit kurzen Laufzeiten haben den Vorzug, daß sie in Zinsänderungsphasen weniger ausgeprägten Kursschwankungen unterliegen als solche mit längeren Laufzeiten. Darüber hinaus investieren diese Fonds in Anleihen mit variabler Verzinsung – sogenannte Floating-Rate-Notes –, deren Zinssätze halb- oder vierteljährlich dem aktuellen Geldmarktsatz angepaßt werden. Die Kursrisiken dieser Titel sind deshalb stark begrenzt.[46]

4. Beteiligungs-Sondervermögen

a. Anforderungen von § 54a Abs. 2 Nr. 13 VAG

Die Anlage in Beteiligungs-Sondervermögen ist gemäß § 54a Abs. 2 Nr. 13 VAG – im wesentlichen analog zu den Vorschriften über Wertpapier-Sondervermögen – zulässig:

Das Sondervermögen muß von einer Kapitalanlagegesellschaft mit Sitz in einem EU-Mitgliedstaat verwaltet werden; entsprechend den Vertragsbedingungen – neben stillen Beteiligungen – überwiegend voll eingezahlte Aktien und Genußrechte enthalten, die an einer Börse oder einem organisierten Markt innerhalb der EU notiert sind.

Der Anteilserwerb ist dem BAV stets gemäß § 54 Absatz 2 Buchstabe d VAG anzuzeigen, da die Anlage in Beteiligungs-Sondervermögen und den entsprechenden Investmentgesellschaften nicht durch die OGAW-Richtlinie, die sich nur auf Wertpapier-Sondervermögen bezieht, nicht koordiniert ist.[47]

Die Bedeutung von Beteiligungs-Sondervermögen ist derzeit als gering einzuschätzen.

b. Anlagegrenzen

Auch die Anlagegrenzen sind im wesentlichen analog der Regelung über Wertpapier-Sondervermögen festgelegt. Hinzuweisen ist darauf, daß der Anteil an Beteiligungs-Sondervermögen – zusammen mit Beteiligungen, Genußrechten und nachrangigen Verbindlichkeiten – jeweils höchstens 10 % des Deckungsstocks und des übrigen gebundenen Vermögens betragen darf (§ 54a Abs. 4 Satz 1 VAG).

---

46 BVI-Jahrbuch 1991, Neue Rentenfonds für sicherheitsorientierte Anleger, Seite 56.
47 *Lipowsky,* a. a. O., § 54a Rdnr. 69.

5. Immobilienfonds

a. Anforderungen von § 54a Abs. 2 Nr. 11 VAG

Anteile an Grundstücks-Sondervermögen, die von einer KAG mit Sitz in einem Mitgliedstaat der EU verwaltet werden, können nur unter den Voraussetzungen des § 54a Abs. 2 Nr. 11 VAG erworben werden.[48] Das VAG verweist insoweit insbesondere auf die Vorschriften der §§ 27 Abs. 1 Nr. 3, 28 KAGG. Das Sondervermögen muß danach aus mindestens 10 Grundstücken bestehen, von denen keines mehr als 15 % des Sondervermögens umfassen darf. Der Anteil der unbebauten, zur alsbaldigen Bebauung bestimmten Grundstücke darf 20 % des Wertes des Sondervermögens nicht übersteigen.

Für Anteile an Investmentgesellschaften, die dem Recht eines anderen EU-Mitgliedstaats unterliegen, gilt sinngemäß dasselbe. Da auch Immobilien-Fonds nicht durch die OGAW-Richtlinie koordiniert sind, muß eine äquivalente Regelung zu den Wertpapier-Publikumsfonds vorliegen. Dies ist bei ausländischen Gesellschaften, die nicht dem KAGG unterliegen, jeweils im einzelnen zu prüfen und im Rahmen der Anzeigepflichten gemäß § 54 Abs. 2 Buchstabe d VAG dem BAV anzuzeigen.

Nicht unter § 54a Abs. 2 Nr. 11 VAG fallen sogenannte geschlossene Immobilienfonds. Diese werden in der Regel in Form von Bruchteilsgemeinschaften oder in Form von Personengesellschaften (Kommanditgesellschaft oder BGB-Gesellschaft) geführt und fallen damit nicht unter das KAGG. Solche »unechten« Fonds sind gemäß § 54a Abs. 2 Nr. 5a VAG als Beteiligungen zulässig.

b. Anlagegrenzen

Anteile an Grundstücks-Sondervermögen dürfen – zusammen mit Grundstücken, grundstücksgleichen Rechten und Anteilen an Grundstücksbeteiligungsgesellschaften – höchstens 25 % des Deckungsstockvermögens bzw. des übrigen gebundenen Vermögens betragen.[49]

6. Anteile an Geldmarkt-Sondervermögen

Kapitalanlagegesellschaften können seit der KAGG-Novelle des Jahres 1994 das bei ihnen eingelegte Geld auch in Geldmarktinstrumenten und Bankguthaben (Geldmarkt-Sondervermögen) anlegen.[50] Ende 1994 existierten bereits 24 Geldmarktfonds, denen insgesamt bereits 31,2 Mrd. DM zugeflossen waren.

Geldmarktinstrumente sind verzinsliche Wertpapiere und Schuldscheindarlehen, die im Zeitpunkt ihres Erwerbs für das Sondervermögen eine restliche Laufzeit von höchstens

---

48 Zur Bedeutung von Immobilien-Spezialfonds für Versicherungsunternehmen vgl. *Kandlbinder*, Moderate Zuwächse beim Immobilien-Spezialfonds im Jahr 1996, Der langfristige Kredit 97, 14 (16 ff.).
49 § 54a Abs. 4 Satz 4 VAG.
50 Vgl. §§ 7a-d KAGG.

zwölf Monaten haben oder deren Verzinsung nach den Ausgabebedingungen während ihrer gesamten Laufzeit regelmäßig, mindestens aber einmal in zwölf Monaten, marktgerecht angepaßt wird.[51]

Der Anlagekatalog des § 54a Abs. 2 VAG sieht zumindest bislang[52] die Anlage in Geldmarkt-Sondervermögen nicht vor. Sie sind daher nur im Rahmen der Öffnungsklausel gemäß § 54a Abs. 2 Nr. 14 VAG bis zu einer Höhe von maximal 5 % des Deckungsstocks bzw. des übrigen gebundenen Vermögens zulässig. Die oben bereits erwähnte Anlage in Kurzläufer-Rentenfonds ist demgegenüber auch im Rahmen des § 54a Abs. 2 Nr. 6 VAG möglich.

7. Das Prinzip der kongruenten Bedeckung

Gemäß § 54a Abs. 3 Satz 1 VAG ist das gebundene Vermögen eines Versicherungsunternehmens in Vermögenswerten anzulegen, die auf die gleiche Währung lauten, in der die Versicherungen erfüllt werden müssen (Prinzip der kongruenten Bedeckung). Das gebundene Vermögen darf zu maximal 20 % inkongruent gedeckt sein. Mindestens 80 % der Vermögensanlagen müssen auf die Währung lauten, in der die Verpflichtungen erfüllt werden müssen.[53] Nach Einführung des Euro erweitern sich somit die Anlagemärkte für deutsche Versicherer.

Bei der Investmentanlage, bei der ebenso wie bei der Direktanlage in Aktien und in Immobilien keine Währung in Nominalwerten zugrunde liegt und daher ein anderer Bezugspunkt festgelegt werden muß, schreibt das für die Kapitalanlage maßgebliche Rundschreiben R 4/95 des BAV vor, daß diese Kongruenz nur dann gegeben ist, wenn die Währung der Vermögenswerte im Fonds mit der Währung der Fondsanteile und der Währung der zu bedeckenden Verpflichtungen übereinstimmt. Die Währung der Fondsanteile sei für sich allein genommen nicht entscheident.[54] Nach R 4/95 muß für die Feststellung kongruenter Bedeckung vielmehr stets zunächst untersucht werden, inwieweit die Währung der Fondsanteile mit der Währung des Fondsvermögens übereinstimmt. Im einzelnen wird dabei danach diferenziert, inwieweit vertragliche Vereinbarungen über die Fondszusammensetzung bestehen und welchen Inhalt diese ggf. haben.[55]

Die vertraglich oder tatsächlich festgelegte Zusammensetzung der Vermögenswerte im Fonds ist Richtschnur dafür, inwieweit die Anteilscheine zur kongruenten Bedeckung herangezogen werden können.[56]

---

51 § 7a Abs. 2 KAGG.
52 Zu Reformüberlegungen vgl. *Lipowsky,* a. a. O., § 54a Rdnr. 31.
53 Anlage Teil C zum VAG Nr. 6 Buchstabe b.
54 Die Bestimmung des § 54a Abs. 3 Satz 2 VAG, wonach bei nicht an einer Börse zum amtlichen Handel zugelassenen Aktien und Anteilen, die Fondsanteile als in der Währung des Landes als angelegt gelten, in dem der Aussteller der Anteile seinen Sitz hat, kann nach R 4/95 nicht dahingehend ausgelegt werden, daß allein die Währung der Fondsanteile ausschlaggebend ist.
55 Hierzu ausführlich *Angermayer,* VW 96, 683 (686). Nach dem ursprünglichen Regierungsentwurf sollte darauf abgestellt werden, welche Währungen sich in dem betreffenden Fonds befinden, d.h., es sollte »durchgerechnet« werden. Diese Regelung war dann in der endgültigen Gesetzesfassung nicht mehr enthalten.
56 Vgl. im einzelnen R 4/95, VerBAV 95, 358 (365); zur Kritik an der Auffassung des BAV vgl. *Lipowsky,* a. a. O., § 54a Rdnr. 78.

8. Bilanzrechtliche Fragen

a. Ausweis

Der Ausweis der in den Fondsanteilen verbrieften Rechte in der Handelsbilanz bestimmt sich grundsätzlich nicht nach dem Inhalt des Fondsvermögens. Anteile an Grundstücks-Sondervermögen werden nicht unter dem Posten »Grundstücke, grundstücksgleiche Rechte und Bauten« ausgewiesen, Anteile an Beteiligungs-Sondervermögen nicht unter dem Posten »Beteiligungen«. Ein Wertpapierfonds, in dem ausschließlich festverzinsliche Wertpapiere enthalten sind, wird dennoch nicht unter dem Posten »festverzinsliche Wertpapiere« ausgewiesen.

Gemäß dem Charakter des Fondsgeschäfts können Anteile an einem Sondervermögen im Sinne des KAGG grundsätzlich als nicht festverzinsliche Wertpapiere angesehen werden. Dementsprechend sieht Formblatt 1[57] den Ausweis von Fondsanteilen unter der Position »Aktien, Investmentanteile und andere nicht festverzinsliche Wertpapiere« vor.[58]

b. Bewertung

Zu bewerten sind grundsätzlich die Fondsanteile und nicht das Fondsvermögen, da der Anleger auf das Fondsvermögen an sich keinerlei Anspruch hat. Der Anteilinhaber kann lediglich verlangen, daß ihm gegen Rückgabe des Anteilscheins sein Anteil an dem Sondervermögen aus diesem ausgezahlt wird.[59] Dies gilt auch dann, wenn ein Versicherungsunternehmen bei einem Spezialfonds über den alleinigen Anteilbesitz verfügt.[60]

Die Fondsanteile sind grundsätzlich mit ihren Anschaffungskosten zu aktivieren. Bei Erwerb der Anteilscheine über die die Anteilscheine ausgebende Depotbank liegen Anschaffungskosten in Höhe des Ausgabepreises vor, der auch einen Ausgabeaufschlag enthält, der die Ausgabe-, Verkaufs- und Betriebskosten der Kapitalanlagegesellschaft abgelten soll. Bei Erwerb der Anteilscheine über den Markt sind für die Bestimmung der Anschaffungskosten allein der gezahlte Kaufpreis sowie eventuell angefallene Provisionen und Spesen maßgeblich.[61]

Da Fondsanteile im Sinne des KAGG als Wertpapiere ausgewiesen werden, sind für die Bewertung der Anteile die für das Umlaufvermögen geltenden Vorschriften anzuwenden.[62] Es gilt das strenge Niederstwertprinzip.

Gemäß § 253 Abs. 1 Satz 1 HGB sind von den Anschaffungskosten Abschreibungen vorzunehmen, um diese mit einem niedrigeren Wert anzusetzen, der sich aus einem Börsen- oder Marktpreis am Abschlußstichtag ergibt. Bei Fondsanteilen tritt an die Stelle des

---

57 Formblatt 1 der Verordnung über die Rechnungslegung von Versicherungsunternehmen – RechVersV – vom 8. November 1994, BGBl. I, S. 3378.

58 Zur streitigen Frage des Ausweises geschlossener Immobilienfonds vgl. *Angermayer,* VW 96, 683 (686).

59 § 11 Abs. 2 KAGG.

60 *Angermayer,* VW 96, 683 (688).

61 Zur Behandlung von Zwischengewinnen vgl. *Angermayer,* VW 96, 683 (688).

62 § 341b Abs. 2 HGB verweist auf §§ 253 Abs. 1 Satz 1, Abs. 3, §§ 254, 256, 279 Abs. 1 Satz 1, Abs. 2, 280 HGB.

Börsen- oder Marktpreises der von der Depotbank festzusetzende Rücknahmepreis. Bei offenen Fonds werden die Ausgabe- bzw. Rücknahmepreise börsentäglich aus dem Tageswert des gesamten Fondsvermögens ermittelt.

Durch das Niederstwertprinzip werden stille Reserven gebildet, da der niedrigere anzusetzende Wert bis zur Auflösung der Anlage beibehalten wird. Eine Wertsteigerung des Anteilscheins wirkt sich damit erst dann erfolgswirksam aus, wenn er veräußert oder zurückgegeben wird. Die Erhöhung der Reserven auf den Anteilscheinen erlauben aber höhere Ausschüttungen, da dann bei nachgebenden Märkten nicht sogleich mit Abschreibungen auf die Anteilscheine zu rechnen ist.

c. Erfolgswirksame Vereinnahmung der Fondsausschüttungen

Ausschüttungen der Fonds sind in der Gewinn- und Verlustrechnung unter dem Posten »Erträge aus anderen Kapitalanlagen« auszuweisen. Soweit ein Versicherungsunternehmen zugleich eine Beteiligung an der KAG hält, ist in der Gewinn- und Verlustrechnung zu unterscheiden zwischen den Ausschüttungen, die aus den Fondsanteilen resultieren, und den Zuflüssen, die auf der Stellung als Aktionär oder GmbH-Gesellschafter gründen. In letzterem Fall sind die Zuflüsse unter dem Posten »Erträge aus Beteiligungen« auszuweisen.

Bei thesaurierenden Fonds erhöhen die thesaurierten Ergebnisse den Wert des Sondervermögens und schlagen sich im Anteilswert nieder. Mangels Zuflusses findet in diesem Fall handelsrechtlich eine ergebniswirksame Vereinnahmung gemäß dem Realisationsprinzip erst zum Zeitpunkt des Verkaufs oder der Rückgabe der Anteilscheine statt.[63]

9. Fondsgebundene Lebensversicherung

Ein mit dem Investmentgeschäft eng verwandtes Produkt stellt die fondsgebundene Lebensversicherung dar. Die fondsgebundene Lebensversicherung gehört nicht zu den Standardprodukten der Lebensversicherungsbranche. Sie wird zwar bereits seit Anfang der siebziger Jahre in Deutschland angeboten; ihr Marktanteil blieb aber bislang beschränkt und hat die 5 %-Grenze bisher nicht überschritten. Charakteristisch für die fondsgebundene Lebensversicherung ist, daß Versicherungsschutz unter unmittelbarer Beteiligung an der Wertentwicklung eines Sondervermögens geboten wird. Der Versicherer legt dieses Sondervermögen aus den Beitragsteilen, die nicht für das Todesfallrisiko und die Kosten des Vertrages verbraucht werden, in Investmentzertifikaten an.

---

63 *Angermayer,* VW 96, 683 (688). Steuerrechtlich erfolgt beim Anteilscheininhaber bereits eine Besteuerung der thesaurierten Erträge. Sie gelten mit dem Ablauf des Geschäftsjahres, in dem sie von der KAG vereinnahmt worden sind, bei dem Anteilscheininhaber als zugeflossen (§ 39 Abs. 1 Satz 2 KAGG) und sind damit in dem Wirtschaftsjahr, in dem das Geschäftsjahr des Sondervermögens endet, als Ertrag auszuweisen, in der Regel durch die Aktivierung der thesaurierten Erträge in einem Ausgleichsposten. Durch die buchmäßige Erfassung der thesaurierten Erträge wird dabei sichergestellt, daß sie bei Veräußerung der Anteile nicht ein zweites Mal versteuert werden. Zur steuerlichen Behandlung des Wertpapier-Sondervermögens vgl. allgemein §§ 38–43 KAGG.

Die Ablaufleistung besteht aus den Investmentanteilen, die im Laufe der Versicherungs-dauer für den Versicherungsnehmer erworben wurden. Der Kunde hat somit die Chance auf bessere Erträge als in der »normalen« kapitalbildenden Lebensversicherung, er trägt aber auch das Verlustrisiko bei einer ungünstigen Kursentwicklung des Fonds. Am Ende der Versicherungsdauer kann der Kunde zwischen einer Geldleistung in Höhe des DM-Wertes seiner Fondsanteile oder einer Wertpapierleistung in Form der auf seinem Konto angesam-melten Fondsanteile wählen.

Eine garantierte Mindestleistung gab es in der Vergangenheit bei diesen Produkten nicht. Mittlerweile werden auch fondsgebundene Lebensversicherungen mit Garantien für Beitragsrückzahlung und Mindestverzinsungen angeboten. Bei diesen ist das Risiko vermindert, besteht aber im Grundsatz fort. Die Risikominimierung kappt natürlich auch die Ertragschancen.

a.   Aktienanlage für Versicherungsnehmer

Da die Kapitalanlagevorschriften des VAG gemäß § 54b VAG für die fondsgebundene Lebensversicherung keine Anwendung finden, ist die Möglichkeit einer Aktienanlage auch über die 30 %-Grenze des § 54a Absatz 4 VAG hinaus ohne weiteres möglich. Das Renditepotential einer Aktienanlage kann daher ungeschmälert vom Grundsatz der Mi-schung voll zur Entfaltung kommen, was in Phasen steigender Aktienkurse zu Ablauflei-stungen führen kann, die deutlich höher sind als bei der kapitalbildenden Lebensversiche-rung. Allerdings liegt bei den herkömmlichen Varianten das gesamte Kapitalanlagerisiko beim Versicherungsnehmer, was für ein Altersversorgungsprodukt einen bedeutenden Nachteil darstellt, da bei ungünstiger Wertentwicklung auch schlechtere Ablaufleistungen entstehen können.

b.   Indexgebundene Lebensversicherung

Bei der indexgebundenen Lebensversicherung nimmt der Kunde an der Entwicklung eines Aktienindexes teil. Vereinfachend dargestellt handelt es sich um eine kapitalbildende Lebensversicherung, bei der sich die Überschußbeteiligung an der Entwicklung eines Aktienindexes ausrichtet. Zu einer garantierten Summe wird im Erlebensfall ein Überschuß ausbezahlt, dessen Höhe durch die Performance – z. B. des DAX – bestimmt ist.[64] Bei der ersten in Deutschland eingeführten Index-Police werden die Beiträge der Kunden nicht direkt in Aktien angelegt, sondern fließen in normale festverzinsliche Anlagen. Die Zinskupons dieser Anlage werden zum Kauf einer Serie von Kaufoptionen auf den DAX verwendet, um sicherzustellen, daß keine Verluste auftreten.[65] Die aufsichtsrechtliche Zulässigkeit richtet sich ebenfalls nach § 54b VAG.

---

64 Vgl. *Hipp,* Aktienindexgebundene Lebensversicherung mit garantierter Verzinsung, ZVersWiss 1996, 195 (197/198).

65 »Eine Versicherung mit Aktien: Wie ist das möglich, Herr Baleer ?«, Das Wertpapier 97, 86.

III. Asset Management für Versicherungen

1. Rechtliche Vorgaben

Die Strategie der Vermögensanlage für Versicherungsunternehmen wird auch im Rahmen des Fonds-Managements durch rechtliche Vorgaben determiniert. Durch § 54 VAG werden die Anlagebedürfnisse von Versicherungen in allgemeiner Form vorgegeben: ausreichende Sicherheit, Rentabilität, Liquidität und Mischung und Streuung der Vermögensanlage unter Berücksichtigung der Art der betriebenen Versicherungsgeschäfte[66] und der Unternehmensstruktur. Die Grundsätze der Belegenheit und Kongruenz begrenzen die Möglichkeit der Kapitalanlage und müssen im Rahmen der Vertragsbedingungen des Fonds Berücksichtigung finden. In diesem Zusammenhang steht die Frage der internationalen Ausrichtung der Anlagepolitik. Der Grundsatz der Mischung wurde bereits mehrfach angesprochen.

Den Fondsmanagern muß bewußt sein, daß es Aufgabe des Versicherungsunternehmens ist, den Finanzierungsvorgang der Versicherungsprodukte sicherzustellen. »Benchmark« für die ausreichende Qualität der Anlageleistung einer Kapitalanlagegesellschaft aus Versicherersicht ist es daher, daß ihr Ergebnis den Zinsannahmen der Produktgestaltung (z. B. Lebensversicherung) zumindest langfristig entspricht.

2. Allgemeine Gründe für ein Asset Management durch Kapitalanlagegesellschaften

Die Anlage in Fonds ermöglicht in verschiedener Hinsicht eine Diversifizierung des Kapitalanlagerisikos, wobei auch Management- und Organisationsvorteile genutzt werden können. Die Ertrags- und Risikomischung der im Fonds angelegten Vermögenswerte führt zu einer Verstetigung von Erträgen und Risiken

Manager mit unterschiedlichem Know how führen Wettbewerb innerhalb der Vermögensanlage herbei und können das Anlageergebnis optimieren helfen. Engagiert werden können etwa Asset Allocater, Länderspezialisten, Stock-Picker. Märkte, von deren Ertragschancen der Versicherer überzeugt ist, für die aber kein internes Spezialwissen existiert, können berücksichtigt werden (z. B. emerging markets).

Durch die Anlage in Spezialfonds können unterschiedliche Investmentstile eingekauft werden, z. B. value, growth, top down, bottom-up, small cap, um nur einige zu nennen.

Möglich ist auch ein Outsourcing von Buchhaltungs- und Berichtsaufgaben. Detaillierte Analysen zu den Gründen für gute oder weniger gute Peformance geben wichtige Impulse für ein entsprechendes eigenes Reporting.[67]

---

66 Die Langfristigkeit der Verpflichtungen mit dem daraus folgenden Zeithorizont ist daher schon aufgrund gesetzlicher Vorgabe bei der Steuerung der Kapitalanlage zu berücksichtigen.
67 *Frank,* Spezialfonds von Interesse für Versicherer, Börsen-Zeitung vom 15. November 1997, Seite B13.

Mit dem externen Manager sind performanceabhängige Vergütungen vorstellbar. Diese schützen zwar nicht vor einer schlechten (relativen) Wertentwicklung, können dann aber zumindestens die Managementkosten in Grenzen halten. Für den Fall guter Performance beteiligt das Versicherungsunternehmen den Manager an einem Ergebnis, das ihn aller Voraussicht nach ohnehin vor die Konkurrenz bringt.

Die Verwaltungsvergütungen der KAGs dürften im Durchschnitt den Kosten der Direktanlage entsprechen. Mit externem Management können – gerade für kleinere Versicherungsunternehmen – sonstige administrative Kosten wie etwa für Personal, EDV-Bestandsführung, Research etc. geringer gehalten werden.

3. Ausgestaltung

a. Spezialfonds

Der weitaus größte Teil der von den Versicherungsunternehmen gehaltenen Investmentanteilen betrifft Wertpapier-Spezialfonds. Betrachtet man allgemein die Anlegerstruktur der deutschen Spezialfonds, so fällt auf, daß 50 % dieser Anleger Versicherungsunternehmen sind.[68]

Hinzuweisen ist zunächst auf § 4 Nr. 3 der Allgemeinen Vertragsbedingungen für Spezialfonds: hiernach kann sich die KAG bei der Auswahl der für das Sondervermögen anzuschaffenden oder zu veräußernden Vermögensgegenstände des Rates eines Anlageausschusses bedienen. Richtlinien für den Anlageausschuß hat das Versicherungsunternehmen dem BAV einzureichen.[69] Das Amt verlangt, daß Versicherungsunternehmen in gebildeten Ausschüssen mitwirken und dort nicht überstimmt werden dürfen[70] Über die Mitwirkung in diesen Anlageausschüssen können die Versicherungsunternehmen somit direkten Einfluß auf die Anlagepolitik ausüben. Umgekehrt ist zu berücksichtigen, daß der Versicherer die unmittelbare Führung der Anlageentscheidungen aus der Hand gibt.

Die im Fonds erwirtschafteten Erträge können je nach Bedarf des Versicherungsunternehmens ganz oder auch nur teilweise ausgeschüttet werden. Dies ist insbesondere für Schaden- und Unfallversicherungsunternehmen von großer Bedeutung, für die sich in Jahren eines unterdurchschnittlichen Schadenverlaufes eine Gewinnthesaurierung empfiehlt, um in Jahren größerer Schadenbelastung durch Gewinnausschüttungen eine Stabilisierung der Ertragslage zu erreichen.

Wichtig ist, daß auch die Ausschüttung innerhalb des Fonds realisierter Kursgewinne laufende Ausschüttung ist und somit nach der Verzinsungsformel der Lebensversicherer zur laufenden Verzinsung und nicht zum a. o. Ergebnis gezählt wird. Bei hohen Ausschüttungen in guten Jahren droht in anschließenden schlechteren Börsenjahren ein deutliches Nachgeben der Durchschnittsverzinsung. Werden Fonds geplündert, entsteht durch die hohen Ausschüttungen die Gefahr von Abschreibungen in den nachfolgenden Geschäftsjahren, wenn dann weiterhin zumindest eine marktkonforme Ausschüttung erzielt werden soll. Eine relativ stetige Ausschüttungspolitik kann dies verhindern.

---

68 BVI-Jahrbuch, Investment 97, Seite 54.
69 GB BAV 95 Teil A, Seite 55.
70 *Angermayer*, VW 96, 683.

Zur Messung der Rendite von Vermögensanlagen der Versicherungsunternehmen hat der GDV eine sogenannte »Verbandsformel«[71] erarbeitet, die das laufende Ergebnis der Kapitalanlage ausweist.[72] Nach dieser werden realisierte Kursgewinne bei der Rendite der Vermögensanlagen nicht berücksichtigt. Werden die Gelder aber in einem Spezialfonds investiert, dann gehen ausgeschüttete realisierte Kursgewinne in die Verbandsformel ein. Durch professionelles Portfolio-Management innerhalb des Spezialfonds und entsprechende Auschüttung kann somit das laufende Renditeergebnis des Versicherungsunternehmens nachhaltig verbessert bzw. verstetigt werden.

Da im handelsrechtlichen Jahresabschluß nicht die im Fonds gehaltenen Wertpapiere, sondern die Investmentanteile bewertet werden, kann ein Abschreibungsbedarf gegenüber der Direktanlage vermieden werden. Während bei der Direktanlage Wertpapiere einzeln nach dem strengen Niederstwertprinzip zu bewerten sind und damit zu Abschreibungen führen, werden negative und positive Kursentwicklungen der im Spezialfonds enthaltenen Wertpapiere saldiert.

Ein Spezialfonds wird also bilanziell wie ein einzelnes Wertpapier mit seinem Einstandskurs auf der Aktivseite verbucht. Der Spezialfonds bietet daher bei guter Performance die Möglichkeit, Kursreserven aufzubauen, ohne diese bilanziellen Erfordernissen unterordnen zu müssen.

Ein weiterer Vorteil liegt darin, daß der Anleger eine erhöhte Flexibilität hinsichtlich der Entscheidung hat, zu welchem Zeitpunkt er Gewinne in seiner Ergebnisrechnung zeigen will. Durch Festlegung von Gewinnvorträgen können Ausschüttungen dauerhaft in spätere Jahre verlagert werden, ohne daß diese durch Wertpapierverkäufe zunächst realisiert werden müssen.

Eintretende Werterhöhungen erfordern keine Wertzuschreibung. Eine Wertsteigerung des Anteilscheins ist bilanziell erst dann zu berücksichtigen, wenn er veräußert oder zurückgegeben wird.[73] Es können stille Reserven gelegt werden, solange die Kurssteigerungen im Sondervermögen Kursverluste anderer im Fonds gehaltener Papiere übersteigen.

Der Aufbau von Know-how auf fremden Märkten kann ein weiteres wichtiges Argument für die Auflegung eines Spezialfonds sein. Erst seit der VAG-Novellierung des Jahres 1994 mit der Schaffung von Kapitalanlagevorschriften, die mit der europaweiten Ausdehnung des Belegenheitsgrundsatzes und der Lockerung der Kongruenzvorschriften ein erweitertes Engagement im Ausland ermöglichen, werden in den Versicherungsunternehmen Kenntnisse bezüglich internationaler Märkte – insbesondere der internationalen Aktienmärkte – deutlich ausgebaut. Dies stößt allerdings an betriebswirtschaftliche Grenzen. Hier ist der Einkauf externer Know hows durch Fondsmanager hilfreich.

---

71 Zu dieser ausführlich und mit kritischen Anmerkungen Schwebler, Vermögensanlage und Anlagevorschriften der Versicherungsunternehmen, in: Schwebler (Hrsg.), Vermögensanlagepraxis in der Versicherungswirtschaft, 2. Auflage Karlsruhe 1991, S. 40. Mit der sogenannten Nettoverzinsung wird darüberhinaus das gesamte Ergebnis aus Kapitalanlagen erfaßt, wobei im Rahmen der Verbandskennzahlen seit 1992 sowohl der Jahreswert als auch – zwecks Glättung der Ergebnisse – der 3 Jahresdurchschnitt ausgewiesen werden.

72 Laufende Vermögenserträge abzüglich laufende Aufwendungen, aber ohne Veräußerungsgewinne und Abschreibungen.

73 *Häuselmann,* Zur Bilanzierung von Investmentanteilen, insbesondere von Anteilen an Spezialfonds, BB 92, 312 (318).

IV. Zusammenfassung

Betrachtet man den Bestand der Kapitalanlagen der deutschen Versicherungswirtschaft, so ist deutlich zu erkennen, daß das Anlagesegment Investmentzertifikate einen kontinuierlich höheren Anteil auf sich vereinigen konnte. Dieser schraubte sich von 3 % im Jahr 1980 auf 13 % im Jahr 1996. Dieser Trend wird weiter anhalten. Im dritten Quartal 1997 lag der Anteil schon bei 14,1 %. Im Vergleich zum Vorjahreszeitraum erhöhte sich der Bestand um 5 % auf 186,5 Mrd. DM. Wenn man bedenkt, daß bei einer Pro-Kopf-Betrachtung des Investmentvermögens Deutschland Ende 1996 mit 3.480 DM weltweit nach wie vor nur den 14. Platz einnahm, läßt sich das nach wie vor noch beträchtliche Steigerungspotential ermessen.[74] Die im Rahmen der Steuerreform 1999 geplante Besteuerung der innerhalb von 12 Monaten in den Fonds realisierten Veräußerungsgewinnen, die als »drohende schwarze Wolke .. für den Investment-Standort Deutschland«[75] über der Branche schwebte, ist nach dem endgültigen Scheitern des Projekts im Vermittlungsausschuß von Bundestag und Bundesrat derzeit kein Störfaktor mehr. Die Assekuranz als wichtigste Gruppe der Spezialfondsanleger wird somit auch in Zukunft von den administrativen und strategischen Vorzügen der Fondsanlage profitieren können.

---

74 BVI-Jahrbuch, Investment 97, Seite 18.
75 *Kandlbinder*, Kreditwesen 97, Seite 754 (771).

Ernst-Ludwig Drayß*

Externes Asset Management für Versicherungen und Versorgungsträger

* *Ernst-Ludwig Drayß*, Geschäftsführer der Deutsche Gesellschaft für Fondsverwaltung und der Deutsche Asset Management

I. Einleitung

Die Vergabe von Vermögensverwaltungsmandaten an Kapitalanlagegesellschaften durch Kapitalsammelstellen wie Versicherungen und Versorgungsträger kann im Hinblick auf die Diversifizierung von Managementstilen oder die Kosten vorteilhaft sein. In diesem Zusammenhang spielt die Benchmark als Richtschnur im Asset Management, welche die Anlageziele, Ertragserwartungen und die Risikoeigenschaft eines Anlegers widerspiegelt, eine zentrale Rolle.

II. Externes Management zur Effizienzsteigerung

Portfolio Management kann von einem hausinternen Portfolio Management-Bereich als auch von externen Managern betrieben werden. Externe Manager sind Vermögensverwalter, welche im Namen und im Auftrag des Investors agieren. Natürlich wird jede große Kapitalsammelstelle, wie z. B. eine Versicherung, zunächst einmal das Portfolio Management hausintern betreiben. Daneben kann jedoch, unabhängig von der Ausnutzung der Vorteile eines Spezialfonds, die Verpflichtung eines externen Managers verschiedene Vorteile bringen: Zunächst kann deren Leistung als Meßlatte für das interne Portfolio Management dienen. Die Anlageergebnisse sind vergleichbar und geben einen Hinweis darauf, wie gut die interne Performance ist. Damit ist auch ein Diversifikationseffekt für die Vermögensanlage verbunden. Werden die Assets nur von einigen wenigen Managern intern verwaltet, so ist es sehr schwierig, für bestimmte Anlagekategorien den optimalen Manager mit dem bestmöglichen Stil und der richtigen Philosophie zu finden. Wird hier nicht diversifiziert, so wird das Management einseitig, weniger wettbewerbsfähig und risikoreicher. Zudem stellen sich ganz praktische Erwägungen: Sollen für alle Anlagemöglichkeiten die entsprechenden Spezialisten hausintern angestellt werden? Ist z. B. die Versicherung selbst in der Lage, neuere Produkte im Asset Management abzudecken? Unter diesen Gesichtspunkten kann die Vergabe von externen Portfolios an Spezialisten auch eine spürbare Effizienz- und Ertragssteigerung zur Folge haben.

Schließlich dient der Erfahrungsaustausch mit externen Managern dazu, die Expertise insgesamt zu verbessern. Der Erfahrungsaustausch sollte sich dabei nicht nur auf Diskussionen über Marktbewegungen beziehen, sondern beispielsweise auch auf Abwicklungssysteme, EDV-Systeme und auf Probleme des Portfolio Managements ganz allgemein.

1. Die Auswahl der Manager

Wenn der Bedarf für externe Manager offensichtlich geworden ist, stellt sich die Frage, wie die externen Portfolio Manager ausgewählt werden sollen. Die Auswahl kann dabei wiederum von dem Investor selbst oder auch extern, z. B. von einem Consultant, getroffen werden. Der Auswahl-Prozeß insgesamt wird in beiden Fällen ähnlich sein, wobei Consultants normalerweise den Vorteil der Erfahrung und einer umfangreichen Datenbank über potentielle Portfolio Manager besitzen.

Ausgangspunkt des Selektionsprozesses für externe Manager ist zunächst die Asset Allokation. Welche Manager werden für welche Produkte gebraucht? Welche Rahmenbedingungen bestehen, wie lange ist der Anlagehorizont? Sind die Rahmenbedingungen genau definiert, kann an die Auswahl der bestmöglichen Manager gegangen werden. Die Bedeutung der Aufgabenstellung und des Anforderungsprofils kann dabei nicht oft genug unterstrichen werden. Wird ein externer Manager als Spezialist für einen bestimmten Teilbereich gesucht oder soll er auch Asset Allokation-Aufgaben übernehmen? Welcher Anlagestil, welche Anlage-Philosophie wird gesucht? Welche Verantwortung hat der externe Portfolio Manager?

Fünf entscheidende Fehler gilt es bei der Auswahl eines externen Managers zu vermeiden:

- Hausbankverbindung: Diese ist kein Kriterium für die Wahl eines externen Managers, weil sie über die Güte und die Erfüllung des Anforderungsprofils wenig aussagt.
- Marketing: Marketing allein blendet oft.
- Kosten: entscheidend ist der Ertrag nach Kosten. »Billiges« Portfolio Management ist oft nicht erfolgreich.
- Unklare Philosophie, keine Zielsetzung: Die Auswahl eines Portfolio Managers nur deswegen, weil man ihn möglicherweise gut kennt, kann letztlich zu großen Mißverständnissen führen.
- Ausrichtung allein an historischer Performance: Die historische Performance ist möglicherweise mit einem überproportionalen Risiko erkauft worden.

Um die o. g. Fehler zu vermeiden, sollte der Selektionsprozeß klar strukturiert sein. Am Anfang steht eine genau definierte Aufgabenbeschreibung einschließlich der Beschreibung des Mandates. Üblicherweise werden hierzu Fragebögen verfaßt, die an potentielle Kandidaten verschickt werden. Je nach Auswertung wird sich dann eine sogenannte »short-list« ergeben. Diese Manager werden dann zu einer Angebotsabgabe gebeten werden. Der danach in Frage kommende Kreis von externen Managern wird schließlich zu einer Präsentation gebeten, welche letztlich den Ausschlag geben wird.

Kriterien für die Auswahl des externen Managers sind zusammenfassend:

- Definition des extern zu vergebenden Mandates und Anforderungsprofil,
- Anlage-Philosophie und Stil des Managers,
- Einholung von Basisinformationen über Kandidaten,
- Historische Performance und historische Volatilität gleich strukturierter Portfolios des externen Kandidaten,
- Reporting-Kapazitäten,
- Kosten.

Entscheidend ist, daß für ein gegebenes Mandat der bestmögliche Manager gefunden wird, nicht umgekehrt. Oft wird nämlich der Fehler gemacht, daß man versucht, einem Manager, mit dem man an anderer Stelle gute Erfahrung gemacht hat, ein bestimmtes Mandat aufzuzwingen, ohne daß dieser Manager hierin ein Spezialist ist bzw. die Voraussetzungen mitbringt. Jedes der o. g. Kriterien ist wichtig. Ein Kriterium allein für sich ist wenig aussagefähig.

2. Die Managerauswahl als dynamischer Prozeß

Die Auswahl des externen Managers ist ein dynamischer Prozeß. Deswegen sollte auch gleich bei der Verpflichtung eines externen Managers festgelegt werden, wie die Beurteilungskriterien für Erfolg oder Mißerfolg definiert werden. In der Regel ist die Meßlatte hierfür die dem Manager vorgegebene Benchmark. Allerdings ist auch das eingegangene Risiko zu beurteilen; erst die gleichzeitige Betrachtung von Performance und Risiko, die sogenannte Informations-Ratio, sagt etwas verläßliches über die Güte eines Portfolio Managers aus.

Sind mehrere externe Portfolio Manager für das gleiche Mandat verpflichtet worden, gilt es festzulegen, wie die Zusammensetzung der externen Manager möglichst optimal gestaltet werden kann. Beispielsweise könnten nach einem bestimmten Zeitraum (welcher z. B. gleitend errechnet werden kann) die Anlagen zugunsten der besten Manager umgeschichtet werden bzw. beim schlechtesten Manager reduziert bzw. abgezogen werden. Die Regeln hierfür sollten definiert und möglichst transparent gemacht werden. Insofern ist die Bestimmung der bestmöglichen externen Manager ein ständiger Prozeß, der gute Systeme der Performance- und Risiko-Analyse voraussetzt.

3. Assetmanagement-Ansätze: Aktiv- versus Passivmanagement

Die strategische Anlagenverteilung wird normalerweise auch mit Entscheidungen verbunden sein, wie das Anlagemanagement betrieben werden soll. Eine Diversifikation kann beispielsweise nach Anlagestil und -philosophie betrieben werden. Mögliche Anlagestile sind fundamental-orientiert oder quantitativ oder ausgerichtet an technischen Modellen. Beispiele für Anlagephilosophien sind aktives und passives Management. Dabei wird als aktives Management die Art von Vermögensverwaltung definiert, die mit Hilfe von aktiven Prognosen Extraerträge erzielen will. Ziel ist, eine über dem Marktdurchschnitt liegende Wertentwicklung zu erzielen, ohne gleichzeitig das Risiko zu erhöhen.

Aktives Management unterstellt, daß der Portfolio Manager die zukünftige Marktentwicklung besser prognostiziert als der Durchschnitt des Marktes. Ob dies grundsätzlich möglich ist, darüber streitet sich die Theorie schon sehr lange. Die vorherrschende Meinung ist, daß die andauernden strukturellen Veränderungen des Marktes ein aktives Management ermöglichen. Zwar mögen alle wichtigen Informationen den Analysten und Portfolio Managern gleichzeitig zur Verfügung stehen, doch werden diese Informationen unterschiedlich beurteilt. Der aktive Manager versucht, von dem sogenannten Konsensus, d. h. der Durchschnittsmeinung des Marktes, abzuweichen. Er versucht somit, »Überraschungen« für den Markt richtig zu prognostizieren. Die Abweichungen von einem Marktdurchschnitt müssen allerdings kontrollierbar sein. Insofern erfordert aktives Management auch ein aktives Risiko-Management.

Passiv-Management glaubt nicht an aktive Prognosen und versucht deshalb, die Marktbewegungen nachzubilden. Hat ein Investor seine strategische Anlageverteilung festgelegt, so kann er versuchen, diese so zu implementieren, daß keine weiteren aktiven »Wetten« eingegangen werden. Ein Passiv-Manager in deutschen Renten würde demgemäß immer genau versuchen, den deutschen Rentenmarkt in seinem Portfolio abzubilden. Dahinter steht die Meinung, daß aktives Management auf Dauer lediglich Kosten, jedoch keine zusätzlichen Erträge bei gleichem Risiko bringen kann. In den USA liegt der Anteil des Passiv-Managements bei über 10 %.

Passiv-Management kann aber auch in einem Umfeld von aktiver Vermögensverwaltung sowie in Kombination damit sinnvoll sein. Es tritt beispielsweise dann in den Vordergrund, wenn keine Kapazitäten bzw. keine Resourcen für aktives Management zur Verfügung stehen. Ein Beispiel: Investoren, die infolge einer fundamentalen Analyse zu dem Schluß kommen, in bestimmten Märkten, z. B. Emerging Markets, zu investieren, jedoch hier keine Kapazitäten für eine Aktienselektion haben, werden versuchen, den Markt insgesamt zu kaufen. Sie könnten in Fonds investieren, die versuchen, den Markt abzubilden, oder sie verpflichten einen Passiv-Manager, welcher diesen Markt dupliziert.

Eine Kombination von Aktiv- und Passiv Management wäre beispielsweise die aktive Allokation hinsichtlich Märkten und Währungen, während innerhalb eines Marktes kein »Aktien-Picking« betrieben wird. Oder umgekehrt: Die Anlagenverteilung wird langfristig strategisch festgelegt; innerhalb der Kategorien sollen aktive Manager bessere Ergebnisse als der Marktdurchschnitt erzielen.

Passiv Management wird meist mit Hilfe von quantitativen Techniken, z. B. einer Portfolio Optimierung, betrieben. Der Ausdruck »Passiv« ist hierbei insofern irreführend, als diese Marktduplizierung meist größere handwerkliche Fähigkeiten (z. B. Risikoanalyse) eines Portfolio Managers verlangt als aktives Management.

III. Benchmarks

Rahmenbedingungen, Erwartungen und Erfolgsmessung werden meist mit Hilfe einer sogenannten »Benchmark« definiert. Der Begriff spielt heute eine zentrale Rolle im Portfolio Management. Dabei führt jedoch die Rolle und die Definition der Benchmark oft zu Mißverständnissen. Die Wichtigkeit des Benchmark-Konzeptes im Portfolio Management ergibt sich aus der grundlegenden Funktion der Benchmark als Spiegel des Anlagemandates, als Erfolgsmaßstab und als Ertragskontrolle. »Benchmark«, wörtlich »Nivellierzeichen« oder »Abrißpunkt«, kommt aus dem Ingenieurbereich und ist ursprünglich als ein Zeichen zu verstehen, das auf einem beliebigen Gegenstand dauerhaft angebracht wird, um Höhenmessungen im topographischen Sinne vorzunehmen. Im Portfolio Management wird folgende Definition der Benchmark gewählt: Die dem Portfolio Manager vom Anleger vorgegebene Benchmark ist eine Richtschnur zur Portfolio-Verwaltung, die die Anlageziele, Ertragserwartungen und Risikobereitschaft des Anlegers widerspiegelt und als Richtschnur für die Messung des Anlageerfolges dient.

1.   Die Benchmark als strategische Anlagenverteilung

Die Benchmark sollte als Beschreibung der »neutralen« Anlageverteilung verstanden werden (= Benchmark-Portfolio). Das aktive Portfolio Management hat das Ziel, durch bewußte und kontrollierte Abweichungen von diesem neutralen Portfolio einen zusätzlichen Gewinn möglichst ohne zusätzliches Risiko zu erzielen. Voraussetzung für erfolgreiches aktives Management ist, daß der aktive Manager zusätzliche oder bessere Informationen bzw. Fähigkeiten hat (oder zu haben glaubt), als die anderen Marktteilnehmer. Der aktive Manager vertraut daher weitgehend auf seine Prognosefähigkeit. Wäre das nicht der Fall, so müßte er sich auf eine strategische Anlageverteilung, die langfristig als »vernünftig« erachtet wird, zurückziehen. Der Passiv Manager möchte die Benchmark genau duplizieren. Je nach Anlagevorstellungen hinsichtlich Ertragszielen, Risikobereitschaft, steuerlichen und rechtlichen Gegebenheiten, Zu- und Abflußstruktur sowie Zeithorizont wird somit die »Benchmark« festgelegt werden müssen. Diese kann beispielsweise der risikofreie Zins (z. B. Depositen-Satz) sein, sie kann ein zusammengesetztes Portefeuille aus Aktien und Renten reflektieren oder sie kann auch nur Aktienanlagen widerspiegeln. In jedem Fall sollte jede Benchmark (oder Benchmark-Portfolio) maßgeschneidert für eine individuelle Vermögensverwaltung sein.

2. Die Bedeutung von Benchmarks für das Portfolio Management

Diskussionen im Portfolio Management um die Begriffe »Benchmark-orientiertes Management«, »Balanced Accounts«, »Absolutes Ertragsziel« sind oft Ausdruck einer falsch verstandenen »Benchmark«, eines unklaren Rollenverständnisses zwischen Investor und Portfolio Manager oder eines Mißverständnisses des Portfolio Managers über seine Aufgabe. Die folgenden Anmerkungen versuchen, die Rolle des Portfolio Managers im Zusammenhang mit dem Benchmark-Begriff richtig einzuordnen.

Jeder Investor im Finanzmarkt verlangt einen Wertzuwachs mindestens in der Höhe des risikolosen Zinses. Wieviel mehr er als nachhaltigen Wertzuwachs erzielt, hängt von seinem Anlagehorizont und seiner Risikobereitschaft ab. Anleger mit sehr geringer Risikobereitschaft bewegen sich im Geldmarkt, eher langfristig orientierte Investoren werden Anlagekategorien mit zwar höherer Volatilität, jedoch langfristig höheren Ertragserwartungen (z. B. Renten oder Aktien) bevorzugen. Anlagehorizont und Risikobereitschaft bestimmen die strategische Anlagenverteilung. Die taktische Anlagenverteilung richtet sich nach aktuellen, eher kurzfristigen Marktperspektiven, ohne die strategische Richtschnur aus den Augen zu verlieren.

Bei Finanzinvestitionen müssen, entweder auf der gleichen oder auf verschiedenen Ebenen, drei Entscheidungen getroffen werden:

a. der Investitionsgrad,
b. die Verteilung der Mittel auf verschiedene Anlagekategorien, Märkte und Währungen (Asset Allokation),
c. die Verteilung der Mittel innerhalb eines Marktes und einer Anlagekategorie.

Alle drei Entscheidungen beeinflussen die Erzielung eines nachhaltig erwarteten absoluten Ertrages.

a.   Der Investitionsgrad

Der ideale Investitionsgrad bestimmt sich aus der Wertentwicklung an den Kapitalmärkten. Bei steigenden Kurse soll er hoch, bei fallenden Kursen sollte er niedrig (d. h. risikolose Anlage) sein. Im Durchschnitt wird der Investitionsgrad in wachsenden Wirtschaften hoch sein. Ausschließlich das absolute Ertragsziel bestimmt den Investitionsgrad (100 % top-down). Bei einem längerfristig-orientierten Anleger wie z. B. einer Versicherung wird der Investitionsgrad in der Regel 100 % sein.

b.   Die Verteilung der Mittel auf verschiedene Anlagekategorien, Märkte und Währungen (Asset Allokation)

Die strategische Anlagenverteilung sowie die relative Attraktivität von Anlagekategorien (z. B. Aktien versus Renten), Märkten und Währungen bestimmen die aktuelle Asset Allokation. Bei dieser Entscheidung stehen die relativen Ertragserwartungen der verschiedenen Anlagemöglichkeiten im Vordergrund. Wird hier eine »neutrale« Anlagenverteilung vorgegeben, gilt es im aktiven Management diesen »Benchmark« zu schlagen.

c.   Die Verteilung der Mittel innerhalb eines Marktes und einer Anlagekategorie

Ist die Entscheidung über Investitionsgrad und Asset Allokation gefallen, gilt es, die Mittel innerhalb einer Anlagekategorie und eines Marktes so zu verteilen, daß das Ergebnis besser wird als das durchschnittliche Marktergebnis, meist ausgedrückt durch einen Index. Hier steht allein die relative Performance im Vordergrund.

3.   Die Benchmark und das Mandat eines Managers

Ist die strategische Richtschnur festgelegt, wird das Rollenverständnis und das Mandat eines Portfolio Managers entscheidend durch die Beantwortung der folgenden Frage bestimmt: Welche von den drei dargestellten Entscheidungen wird von wem auf welcher Stufe getroffen?

*   Obliegen dem Portfolio Manager alle drei Entscheidungen, handelt es sich um ein sogenanntes »Balanced« Mandat mit einem nachhaltig zu erzielenden, absoluten, Ertragsziel. Beispiel: 6,5 % p. a.
*   Wird die Entscheidung über den Investitionsgrad (Liquiditätsmanagement) separat getroffen, so ist es die Aufgabe des Portfolio Managers, eine bessere Performance als die »normale« Verteilung der investierten Mittel (= Benchmark) zu erzielen. Sind verschiedene Anlagekategorien möglich, so wird dieses Mandat auch als »Balanced« bezeichnet, allerdings mit einer »Benchmark-Orientierung« und relativem Ertragsziel. Beispiel: Benchmark 80 % Renten, 20 % Aktien; es handelt sich um einen »maßgeschneiderten« Benchmark (Benchmark-Portfolio).

- Ist die Entscheidung über Investitionsgrad und Asset Allokation gefallen, bleibt die Verteilung der Mittel innerhalb eines Marktes und Anlagekategorie. Der mit dieser Aufgabe betreute Portfolio Manager wird allein die relative Performance seiner Anlagenverteilung im Vergleich zum Markt im Auge haben (»Index-orientiert«). Beispiel: Benchmark DAX.

In der Praxis werden oft alle drei Entscheidungen, bewußt oder unbewußt, dem Portfolio Manager überlassen. Hier steht das absolute Ertragsziel im Vordergrund. Nur dann, wenn eine Asset Allokation oder ein Marktindex als eindeutige Benchmark für den Portfolio Manager bestimmt ist, ist das Anlageziel die Erzielung eines relativ guten Ergebnisses (Benchmark-orientiert).

Eine Benchmark wird somit in der Regel mindestens auf zwei Ebenen eingesetzt: Einmal auf seiten des Sponsors bei der globalen Verteilung der Anlagemittel für sein Gesamtportefeuille auf verschiedene Anlageinstrumente wie festverzinsliche Wertpapiere, Aktien, Grundstücke, Kredite usw. Beispielsweise könnte eine Versicherung aufgrund ihrer spezifischen Anlageüberlegungen zu dem Schluß kommen, daß auf Dauer ein bestimmter Prozentsatz der Anlagemittel in Aktien angelegt sein sollte. Dem mit der Anlage dieser Mittel beauftragten Portfolio Manager wird dann in der zweiten Ebene als Benchmark beispielsweise »inländische Aktien« und/oder »in- und ausländische Aktien« vorgegeben.

4. Die Benchmark als effizientes Portfolio

In der Praxis wird als Benchmark meist ein Marktindex herangezogen, welcher bestimmte Anforderungen erfüllen muß. Der als Benchmark herangezogene Marktindex sollte beispielsweise nachvollziehbar sein, nicht manipulierbar sein, täglich berechnet und veröffentlicht werden, er sollte den Markt vollständig widerspiegeln und möglichst effizient sein, er sollte theoretisch im Portefeuille duplizierbar sein und von neutraler Stelle berechnet werden. Auf die Problematik der Auswahl von geeigneten Indices als Benchmarks soll an dieser Stelle nicht weiter eingegangen werden. Nur so viel: Es kann nachgewiesen werden, daß die Beurteilung von Portfolio Managern von der Wahl der Benchmark abhängt. Ist der als Benchmark ausgewählte Marktindex selbst nicht effizient, dann gibt es für jede festgestellte Rangordnung der Portfolio Manager einen anderen Index, welcher die vorhergehende Einstufung möglicherweise umkehrt.

5. Die Benchmark und Risiko

Die Messung des Erfolgs oder Mißerfolgs des Portfolio Managers wird, wie bereits erwähnt, in der Regel nicht nur absolut, sondern auch in Relation zum Benchmark vorgenommen (darüber hinaus wird heute oft auch die Messung des Anlageerfolges in Relation zu dem Universum der konkurrierenden Anlagemanager mit vergleichbaren Mandaten vorgenommen). Ist die Betrachtung und Anwendung des Benchmark-Konzeptes allerdings zu einseitig auf Performance-Messung ausgerichtet, kann dies zu einer verfälschten Anlagetendenz in Richtung Index-Replizierung und passivem Management führen. Zudem kann der Blick für das absolute Risiko verloren gehen. Beispiel: Bei einem Rentenportefeuille, für das als Benchmark ein Marktindex definiert ist, liegt die Benchmark-Duration bei 4,7 Jahren. Vertraut der Manager nicht auf seine Prognosefähigkeit, so müßte er sich auf die Benchmark zurückziehen und Anlagen mit einer durchschnittlichen Duration von 4,7 Jahren tätigen. Relativ zur Benchmark wäre diese Strategie »risikoneutral«. Intuitiv würde der Portfolio Manager jedoch in sehr kurzfristige Anlagen gehen, wenn er jedes »Risiko« vermeiden wollte. Was zeigt das Beispiel? Das Benchmark-Konzept verschleiert oft den Blick für das absolute Risiko. Die genaue Definition über die Aufgabenstellung und über die Verantwortung ist deswegen umso wichtiger.

6.   Fallstudie: Die Konstruktion einer Benchmark

Da die Benchmark das Mandat für den Portfolio Manager widerspiegeln sollte, ist eine enge Wechselbeziehung zwischen Investor und Portfolio Manager notwendig. Die Bestimmung einer strategischen Anlagenverteilung (Benchmark), welche Renditeerwartung und Risikoakzeptanz widerspiegeln soll, soll an einem Fallbeispiel erläutert werden: Eine Kapitalsammelstelle hat folgende Vorstellung über ihr Ertragsziel: Im Durchschnitt sollte der Portfolio-Ertrag um mindestens einen Prozentpunkt über dem durchschnittlichen Anlageergebnis für deutsche Renten liegen. Die Anlagedauer ist unbestimmt, wird eher als langfristig angesehen. Gleichzeitig soll in keinem Anlagejahr ein Verlust erzielt werden. Die Kapitalerhaltung ist das minimale Anlageziel für die Jahresperiode. Ertragserwartungen, Risikoakzeptanz (in diesem Fall ist das »Risiko« die Verlustwahrscheinlichkeit) und Anlagehorizont sind damit vorgegeben.

Anlageziel: Durchschnittlicher Ertrag deutscher Renten plus mindestens 1,5 % p. a.
Zeithorizont: unbestimmt, eher langfristig
Risikobereitschaft: Kapitalerhaltung p. a. ist Minimum

Welche strategische Anlageverteilung bzw. welche Benchmark für den Portfolio Manager leitet sich hieraus ab? Erste Überlegungen deuten darauf hin, daß das Anlageziel nur mit Anlagen in deutschen Renten kaum zu erreichen sein wird. Andererseits erhöht die Beimischung von Aktien wahrscheinlich die Volatilität (Schwankungsintensität), was wiederum der Risikoakzeptanz des Anlegers widersprechen könnte.

IV. Historische Ertragsanalyse: Aktien versus Renten

Zur Bestimmung einer angemessenen strategischen Anlagenverteilung wird im ersten Schritt eine Analyse historischer Erträge für verschiedene Anlagekategorien durchgeführt. Hierfür werden für den Zeitraum Dezember 1981 bis Juni 1997 aus DM-Sicht die Durchschnittserträge und Streuungen für alle 1-, 2-, 3-, 5-, 7- und 10-Jahres-Anlageperioden ermittelt. Beispiel 5-Jahres-Anlagezeitraum: Für den genannten Zeitraum ergeben sich, in monatlichen Schritten, insgesamt 127 5-Jahreszeiträume. Mit dieser Methode wird vermieden, daß nur ein Anlagezeitraum zufällig ausgewählt wird. Die Ergebnisse sind in Tabelle 1 zusammengefaßt.

Anlageperiode in Jahren		1	2	3	5	7	10
DM 3-Monats-Geld	Minimaler Ertrag	3,19	3,55	4,04	4,87	5,24	6,35
(Euro-Währung)	Maximaler Ertrag	10,01	9,72	9,37	8,52	7,56	6,68
	Mittlerer Ertrag	6,24	6,30	6,38	6,52	6,56	6,53
	Standardabweichung	2,01	1,85	1,69	1,28	0,81	0,11
Deutsche Renten	Minimaler Ertrag	−1,84	−0,06	1,66	4,26	5,95	6,94
(Salomon Brothers	Maximaler Ertrag	20,84	13,94	13,34	11,88	9,84	8,61
Germany)	Mittlerer Ertrag	8,60	8,34	8,14	7,82	7,39	7,67
	Standardabweichung	4,95	3,55	3,01	2,01	0,99	0,49
Globale Renten	Minimaler Ertrag	−12,75	−4,29	−2,47	0,24	3,12	4,16
(Salomon Brothers	Maximaler Ertrag	30,78	24,76	23,49	12,49	11,12	9,22
World)	Mittlerer Ertrag	9,10	8,12	7,49	6,92	6,77	6,88
	Standardabweichung	10,93	7,11	5,46	2,75	2,03	1,39
Deutsche Aktien	Minimaler Ertrag	−38,41	−21,85	−6,11	−0,58	0,40	4,34
(MSCI Germany)	Maximaler Ertrag	85,25	51,69	42,93	29,24	20,78	15,09
	Mittlerer Ertrag	16,62	13,98	12,82	10,52	10,36	10,10
	Standardabweichung	24,89	16,36	11,69	6,61	5,02	3,05
Globale Aktien	Minimaler Ertrag	−33,97	−12,22	−9,81	−2,25	3,37	5,74
(MSCI World)	Maximaler Ertrag	59,54	35,64	33,34	27,44	22,52	13,50
	Mittlerer Ertrag	14,56	12,25	11,23	9,93	9,04	9,41
	Standardabweichung	18,41	10,93	9,16	6,70	5,09	2,03
Anzahl der Einzelperioden		175	163	151	127	103	67

Tab. 1: Annualisierte rollierende Erträge und Standardabweichungen in %
Historische Analyse in DEM 31.12.1981–30.06.1997 (monatliche Daten)

Der deutsche Rentenmarkt brachte in den genannten Zeiträumen relativ stabile Durchschnittserträge zwischen 7,5 und 8,5 % p. a., wobei die Standardabweichung bereits bei 3-Jahresperioden vergleichsweise gering waren. Beispiel: Für 5-Jahresanlagezeiträume lag der durchschnittliche Ertrag deutscher Renten bei 7,82 % p. a., die Standardabweichung bei 2,01 % p. a., der niedrigste 5-Jahresertrag im Betrachtungszeitraum bei 4,26 % p. a., der höchste bei 11,88 % p. a. Eine Kapitalerhaltungsgarantie für jeden Einjahres-Zeitraum ist allerdings nicht gegeben, es gab Jahre, in denen der Ertrag negativ war.

Die durchschnittlichen Erträge der marktbreiten deutschen Aktien waren für alle Anlagezeiträume deutlich höher als die der Rentenerträge. Der mittlere Ertrag für 5-Jahreszeiträume lag bei 10,52 %. Die Risikoprämie bei Aktien lag im Bereich 2 bis 4 %. Diese Aussage gilt auch für den Betrachtungszeitraum ab Dezember 1969. Vor allem kommt hier der starke Aktienkursanstieg in den 80er Jahren zum Ausdruck. Naturgemäß lag auch die Volatilität wesentlich höher, ab einem Fünfjahres Zeitraum wird ihr Wert p. a. allerdings erträglich. Internationale Aktien, ausgedrückt durch den Weltindex, brachten rückblickend kaum einen zusätzlichen Ertrag gegenüber deutschen Aktien.

1. Die Beimischung von Aktien zahlt sich aus

Was zeigt die historische Betrachtung? Eine Beimischung von Aktien zu einem deutschen Rentenportefeuille ist naheliegend, um das dargestellte Ertragsziel zu erreichen. Tabelle 2 zeigt die historischen Ergebnisse für ein Portfolio, in dem zu deutschen Renten auch deutsche Aktien beigemischt wurden. Ein 20 %iger Anteil deutscher Aktien brachte beispielsweise für einen 5-Jahreszeitraum durchschnittlich einen um fast 1 %-Punkt höheren Ertrag, wobei die Standardabweichung unwesentlich höher lag. Eine 30 %ige Beimischung deutscher Aktien zu einem deutschen Rentenportfolio zeigt historisch für einen 5-Jahreszeitraum einen Durchschnittsertrag von über 9 % (im Vergleich zu deutschen Renten von 7,8 %), wobei die Standardabweichung von 2,85 % p. a. akzeptabel ist. Für einen mittel- bis längerfristig orientierten Investor ist somit, zumindest aus historischer Sicht, die Ausweitung des Anlageuniversums auf Aktien vernünftig. Ein erfolgreiches aktives Management sollte zu diesen Durchschnittserträgen noch ca. 1 %-punkt p. a. hinzufügen

Tabellen 2, 3 und 4 zeigen die gleichen Ergebnisse für internationale Renten und internationale Aktien. Untersucht wurde jeweils, inwiefern eine Beimischung internationaler Anlagen die historischen Ergebnisse verändert hätte. Im Ergebnis zeigt sich, daß die Einbeziehung internationaler Renten in das Anlageuniversum historisch die Ertrags-Risiko-Relation verbessert hätte, während die internationalen Aktien kaum einen Vorteil gebracht hätten. Das mag im Ausblick aus heutiger Sicht anders aussehen.

Anlageperiode in Jahren		1	2	3	5	7	10
100 % Deutsche	Minimaler Ertrag	−1,84	−0,06	1,66	4,26	5,95	6,94
Renten (Salomon	Standardabweichung	20,84	13,94	13,34	11,88	9,84	8,61
Brothers Germany)	Mittlerer Ertrag	8,60	8,34	8,14	7,82	7,39	7,67
	Standardabweichung	4,95	3,55	3,01	2,01	0,99	0,49
80 % Deutsche Renten	Minimaler Ertrag	−4,01	−0,34	2,50	4,11	5,67	6,79
20 % Deutsche Aktien	Maximaler Ertrag	27,95	21,03	17,05	15,30	11,68	10,18
(MSCI Germany)	Mittlerer Ertrag	10,10	9,62	9,34	8,71	8,35	8,53
	Standardabweichung	6,71	4,72	3,81	2,45	1,35	0,94
70 % Deutsche Renten	Minimaler Ertrag	−8,75	−2,92	1,63	3,89	5,19	6,64
30 % Deutsche Aktien	Maximaler Ertrag	34,30	24,67	19,61	17,08	12,55	10,96
(MSCI Germany)	Mittlerer Ertrag	10,86	10,23	9,89	9,10	8,77	8,90
	Standardabweichung	8,47	5,84	4,54	2,85	1,73	1,20
Anzahl der Einzelperioden		175	163	151	127	103	67

Tab. 2: Annualisierte rollierende Erträge und Standardabweichungen in %
  Historische Analyse in DEM 31.12.1981–30.06.1997 (monatliche Daten)

Anlageperiode in Jahren		1	2	3	5	7	10
100 % Deutsche Renten	Minimaler Ertrag	−1,84	−0,06	1,66	4,26	5,95	6,94
(Salomon Brothers	Maximaler Ertrag	17,26	13,91	13,07	10,53	9,79	7,53
Germany)	Mittlerer Ertrag	7,75	7,47	7,24	7,35	7,39	7,26
	Standardabweichung	4,75	3,47	2,85	2,01	0,98	0,18
70 % Deutsche Renten	Minimaler Ertrag	−2,09	0,71	1,95	4,61	6,72	7,31
30 % Globale Renten	Maximaler Ertrag	17,70	14,83	13,98	11,01	10,13	8,01
Hedged in DM	Mittlerer Ertrag	8,16	7,88	7,70	7,92	7,97	7,68
	Standardabweichung	4,98	3,63	3,00	2,06	0,92	0,21
50 % Deutsche Renten	Minimaler Ertrag	−2,26	1,23	2,14	4,76	7,24	7,55
50 % Globale Renten	Maximaler Ertrag	18,06	15,53	14,82	11,33	10,36	8,33
Hedged in DM	Mittlerer Ertrag	8,44	8,16	8,00	8,29	8,36	7,97
	Standardabweichung	5,19	3,78	3,13	2,11	0,89	0,24
30 % Deutsche Renten	Minimaler Ertrag	−2,43	1,74	2,33	4,90	7,64	7,78
70 % Globale Renten	Maximaler Ertrag	18,93	16,40	15,70	11,81	10,61	8,65
Hedged in DM	Mittlerer Ertrag	8,71	8,43	8,30	8,67	8,75	8,25
	Standardabweichung	5,43	3,96	3,29	2,18	0,86	0,27
100 % Globale Renten	Minimaler Ertrag	−2,69	2,02	2,62	5,13	8,13	8,11
Hedged in DM	Maximaler Ertrag	20,23	17,69	17,03	12,53	11,03	9,14
(Salomon Brothers	Mittlerer Ertrag	9,12	8,85	8,76	9,24	9,33	8,67
(World)	Standardabweichung	5,87	4,28	3,57	2,30	0,83	0,34
Anzahl der Einzelperioden		139	127	115	91	67	31

Tab. 3: Annualisierte rollierende Erträge und Standardabweichungen in %
Historische Analyse in DEM 31.12.1984–30.06.1997 (monatliche Daten)

Anlageperiode in Jahren		1	2	3	5	7	10
100 % Deutsche Aktien	Minimaler Ertrag	−38,41	−21,85	−6,11	−0,58	0,40	4,34
(MSCI Germany)	Maximaler Ertrag	85,25	51,69	42,93	29,24	20,78	15,09
	Mittlerer Ertrag	16,62	13,98	12,82	10,52	10,36	10,10
	Standardabweichung	24,89	16,36	11,69	6,61	5,02	3,05
70 % Deutsche Aktien	Minimaler Ertrag	−28,30	−12,68	−4,49	−0,38	2,17	5,48
30 % Globale Aktien	Maximaler Ertrag	64,06	42,14	39,72	27,37	20,65	14,61
	Mittlerer Ertrag	16,00	13,46	12,35	10,35	9,96	9,89
	Standardabweichung	20,67	13,51	10,16	6,39	4,80	2,65
50 % Deutsche Aktien	Minimaler Ertrag	−23,66	−7,54	−5,79	−0,91	3,35	5,92
50 % Globale Aktien	Maximaler Ertrag	54,34	37,89	33,31	27,39	21,04	14,29
	Mittlerer Ertrag	15,59	13,12	12,03	10,23	9,70	9,75
	Standardabweichung	18,72	12,05	9,45	6,35	4,76	2,42
30 % Deutsche Aktien	Minimaler Ertrag	−27,78	−6,43	−7,24	−1,45	4,03	6,28
70 % Globale Aktien	Maximaler Ertrag	56,42	34,58	33,32	27,41	21,63	13,98
	Mittlerer Ertrag	15,18	12,77	11,71	10,11	9,43	9,62
	Standardabweichung	17,74	11,11	9,06	6,42	4,82	2,22
100 % Globale Aktien	Minimaler Ertrag	−33,97	−12,22	−9,81	−2,25	3,37	5,74
(MSCI World)	Maximaler Ertrag	59,54	35,64	33,34	27,45	22,52	13,50
	Mittlerer Ertrag	14,56	12,25	11,23	9,93	9,04	9,41
	Standardabweichung	18,41	10,93	9,16	6,70	5,09	2,03
Anzahl der Einzelperioden		175	163	151	127	103	67

Tab. 4: Annualisierte rollierende Erträge und Standardabweichungen in %
Historische Analyse in DEM 31.12.1981–30.06.1997 (monatliche Daten)

Um einen aus der historischen Analyse abgeleitete »vernünftige« Benchmark zu konstruieren, welche die gewünschten Anlagekriterien gut erfüllt, wird eine Portfolio-Optimierung durchgeführt. Die Optimierung wurde mit den historischen 5-Jahreserträgen durchgeführt. Das Ergebnis deutet, je nach Ertrags-Risiko-Struktur, derzeit auf eine Kombination europäischer Renten mit europäischen Aktien hin. Je nach Kombination lag, historisch gesehen, der Ertrag hier zwischen 8 und 10 % p. a. bei einer Standardabweichung von knapp 3 % für einen 5-Jahreszeitraum. Was im Rückblick gesehen richtig war, muß jedoch nicht für die Zukunft gelten. Die Benchmark-Konstruktion ist von daher nicht mechanisch durchführbar, sondern beinhaltet auch qualitative, subjektive Komponenten.

2.　Die Benchmark und Erwartungen

Wie sehen die zukünftigen Anlageperspektiven für verschiedene Instrumente aus? Welche Tendenzen sind erkennbar? Durch das Zusammenführen der historischen Analyse mit den zukünftigen Erwartungen wird schließlich eine Benchmark konstruiert. Diese könnte sich im genannten Fall wie folgt darstellen: 70 % DM bzw. Euro Renten, 30 % deutsche und internationale Aktien. Die genannten Kriterien für das Portefeuille dürften demnach mit der so definierten Benchmark gut erfüllt werden.

Die strategische Anlageverteilung »70 % Renten, 30 % Aktien«, nicht währungsgesichert, sollte den deutschen Rentenmarkt bei einer Anlageperiode von mindestens 5 Jahren in der Performance deutlich übertreffen. Der aktive Portfolio Manager kann von dieser Richtschnur je nach Markteinschätzung abweichen. Die Abweichung sollte allerdings nicht zu stark sein, ansonsten könnte das Mandat mit der aktuellen Anlagestrategie unverträglich sein. Zu diesem Zweck werden in der Praxis meist Minimum- und Maximumgewichte festgelegt. In jedem Fall setzt die Benchmark-Konstruktion einen engen Dialog zwischen Manager und Investor voraus.

Zusammenfassend sei nochmals festgehalten: Jeder Anleger und/oder Investor hat, bewußt oder unbewußt, eine Benchmark, mit der er seinen Anlageerfolg vergleicht. Die Benchmark kann ein Index sein, kann der durchschnittliche Ertrag des Marktes oder von Märkten sein, er kann auch ein absoluter Zinssatz sein. Die Diskussion und die Übereinstimmung sowie die sich ergebenden Konsequenzen hinsichtlich Ertragserwartung, Risikoakzeptanz und Anlagedauer sind Voraussetzung für erfolgreiches Portfolio Management.

V.　Management-Kosten

1.　Pauschalvergütung versus separate Vergütungsstruktur

Das Thema Kosten einer Vermögensverwaltung verdient ein besonderes Kapitel. Insbesondere in Deutschland wird hierzu oft sehr mißverständlich argumentiert. Das Thema soll am Beispiel eines externen Managers beleuchtet werden. Die Kosten des Portfolio Managements können grundsätzlich in drei Teile separiert werden:

- die Verwaltungsgebühr (Management Fee), welche die Leistungen des Managers belohnt,
- die Gebühren (Kommissionen) bei Umsatztätigkeit (Handelskosten) und
- die Gebühren für die Depotbank (Custody Fee für Verwaltung und Verwahrung).

Grundsätzlich sollten die Kosten separat betrachtet werden und transparent sein. Mit der Management Fee wird die Leistung des Portfolio Managers bezahlt. Diese Management Fee kann entweder eine feste Gebühr sein oder auch zusätzlich abhängig gemacht werden von der Wertentwicklung im Vergleich zu einer Benchmark (Performance-abhängige Gebühr). Bei einer erfolgsabhängigen Management Fee ist jedoch darauf zu achten, daß eine denkbare Minderperformance entsprechend berücksichtigt wird. Eine Performance-abhängige Gebühr sollte also nur dann bezahlt werden, wenn tatsächlich seit Beginn des Mandates auch eine über der Benchmark liegende Wertentwicklung des Portfolios stattgefunden hat.

Handelskosten werden an das Handelshaus (Broker) entrichtet und sollten nicht dem Portfolio Manager vergütet werden. In vielen Märkten ist es Gesetz, daß der Portfolio Manager nicht an den Handelskosten partizipiert. Wäre dies der Fall, so würde ein Interessenkonflikt entstehen (es gibt zwar sogenannte »Soft Commission«-Vereinbarungen; doch wird hier überwacht, daß kein Interessenkonflikt entsteht). Der Portfolio Manager sollte ein Interesse daran haben, daß die Handelskosten möglichst gering sind. Deswegen sollte die sogenannte »best execution«-Regel zur Anwendung kommen. Nach dieser Regelung verpflichtet sich der Manager, für einen bestimmten Umsatz den bestmöglichen Handelspartner mit dem bestmöglichen Preis zu finden. Das bedeutet nicht, daß dieser Preis immer der niedrigste Preis sein muß, denn auch qualitative Aspekte wie z. B. die Bereitstellung von sehr gutem Research oder Abwicklungskapazitäten spielen eine Rolle. Bei der Anwendung der »best execution«-Regel entsteht kein Interessenkonflikt zwischen Manager und Händler. Der Manager ist nur an der Performance interessiert und wird nur für seine Management-Leistung, nicht für Umsätze, bezahlt.

Die Depotbank-Vergütung (Custody Fee) wird an die Depotbank als Gegenleistung für die Abwicklung, Verwahrung und Verwaltung der Portfolios gezahlt. Die Bedeutung der Depotbank-Funktion ist stetig gewachsen. Viele Investoren benutzen heute sogenannte »Master-Custodians«. Hierbei werden alle Portfolios bei einem Depotbank-Spezialisten konzentriert. Dies hat den Vorteil, daß für alle Portfolios einheitliche Berichterstattung, Fondsbuchhaltung, Analysen und Performance-Messungen stattfinden.

2. Kostentransparenz

Traditionell wurden in Deutschland alle drei Funktionen von dem gleichen Haus angeboten, das heißt, Portfolio Manager, Händler und die Depotbank waren eine Einheit. Das Management wurde meist in Verbindung mit einer Handelsstelle angesiedelt. Die Vergütung des Portfolio Managements bestand hier vor allem aus Umsatzprovisionen. Eine Management Fee war bis vor wenigen Jahren fast unbekannt, zumindest aber sehr gering. Als Ergebnis wurde dann oft eine sogenannte Pauschalvergütung vereinbart, welche sowohl Management-Leistung als auch Handelskosten sowie Depotbanktätigkeit beinhaltete. Erst in den letzten Jahren, als sich eine eigenständige Portfolio Management-Industrie in Deutschland allmählich etablierte und Begriffe wie »Interessenkonflikt«, »best execution« und »Kostentransparenz« zunehmend in den Vordergrund traten, hat sich die Struktur verschoben. Hierzu ein Beispiel: Betrachtet wird ein Portfolio in deutschen Aktien. Die typische Vergütungsstruktur für einen externen Manager sah historisch wie folgt aus: Die Verwaltungsgebühr betrug 0,1 % p. a. des Portfoliovolumens, die Kosten pro Aktienumsatz 0,5 % und die Custody Fee (Depotbankgebühr) spielte praktisch keine Rolle. Wurde das Portfolio im Jahr zu 50 % umgeschichtet, d. h. die Hälfte der Aktien verkauft und wieder gekauft, ergab sich übers Jahr gesehen eine Gesamtkostenbelastung von 1,1 % (Verwaltungsgebühr 0,1 % + 1 % Handelskosten). Über 90 % der Kompensation entfiel auf den Händler und nur ein kleiner Teil auf den Portfolio Manager.

Eine kostentransparente Struktur unter Beachtung der »best execution«-Regel würde beispielsweise wie folgt aussehen: Management-Gebühr 0,3 % p. a., Handelskosten »best execution«, d. h. ca. 0,25 % pro Umsatz und eine Depotbankvergütung von 0,04 %. Bei dem gleichen Umsatzvolumen würde sich eine Gesamtkostenbelastung von 0,84 % ergeben, wobei hiervon 35 % auf den Portfolio Manager entfällt. Insgesamt ist das Management nach dieser Art kostengünstiger und kostentransparenter, ein Interessenkonflikt wäre vermieden und die Anreize für eine gute Performance wären richtiger gesetzt worden.

VI. Zusammenfassung

Portfolio Manager, welche extern verpflichtet werden, können spürbar zur Effizienzsteigerung beitragen. Die Rahmenbedingungen ergeben sich hierfür aus der strategischen Anlagenverteilung. Richtig verstandene Benchmarks spielen eine zentrale Rolle, nicht nur bei der Messung des Anlageerfolges, sondern auch bei der Beschreibung des Mandates. Die bei einer Benchmark-Konstruktion analysierten historischen Erträge zeigen, daß die Beimischung von Aktien spürbar die erzielten Erträge, jedoch kaum das Risiko erhöht hat.

Die Festsetzung der Kosten der Vermögensverwaltung ist oft durch historische Strukturen bestimmt. Die drei Kostenquellen – Vergütung des Portfolio Managers, Handelskosten und Vergütung der Depotbank – sollten separiert betrachtet werden. Die sogenannte »Pauschalvergütung« stellt sich dabei ungünstiger als eine separate Vergütungsstruktur dar.

Herbert Lohneiß*

Die Bedeutung des Risikomanagements im Fondsgeschäft

*   Dr. *Herbert Lohneiß*, Siemens Kapitalanlagegesellschaft mbH, München

I. Einleitung

Unter Risikomanagement versteht man heute meist das Value-at-Risk-Konzept (VaR). Dahinter verbirgt sich eine enorme Vereinfachung, nämlich die Reduzierung des gesamten Risikos im Wertpapier- und Derivatehandel auf eine einzige Zahl (VaR). Ähnliche Risikoberechnungen existieren auch für Investmentportfolios (vgl. Bankers Trust (1997)).

Im Bankenhandel dominiert Null-Risiko als Benchmark und oft beschränkt sich der Anlagehorizont auf intra-day, overnight oder wenige Tage. Das Fondsgeschäft unterscheidet sich hier ganz wesentlich: das anlagepolitisch definierte Portfoliorisiko ist, erstens deutlich unterschiedlich von null und, zweitens langfristig. Der Anlagezeitraum bleibt jedoch unbestimmt und die zugehörige Wahrscheinlichkeits-Dichteverteilungen der Renditen unsicher. VaR hat sich bei Investmentportfolios deshalb noch nicht durchsetzen können.

Im Portfoliomanagement ist zwischen der Rolle des Investors und Portfoliomanagers zu unterscheiden. Risikopräferenz und Anlagepolitik des Anlegers ist eindeutig definiert, während der Portfoliomanager als Treuhänder diese Vorgaben im Portfolio strategisch und taktisch umsetzt. Je nach Markteinschätzung wird sich die Risikotoleranz des Portfoliomanagers deshalb ändern. Das führt zu entsprechenden Anpassungen im Investmentportfolio, mit der Erwartung damit einen positiven Renditebeitrag zu erwirtschaften.

Risikotoleranz nimmt bei abnehmender Ungewißheit zu und umgekehrt. Risikomanagement im Fondsgeschäft zielt darauf ab diese Ungewißheit auf systematische Art und Weise einzugrenzen. Das erhöht die Risikotoleranz und Chance auf bessere Renditen. In diesem Zusammenhang heißt Risikomanagement:

a. erkennbare Risikoparameter des Portfolios messen und genau verfolgen
b. diese Portfoliorisiken einzeln und unabhängig voneinander managen, je nach Vermögen und Risikotoleranz
c. aktive und passive Investmentstile im Overlay-Management mit Hilfe von Derivaten umsetzen und aus der Mischung neuer Stile zusätzliche positive Diversifikationseffekte nutzen
d. auch über kürzere Zeiträume disponieren; dabei opportunistisch vorgehen, aber anlagepolitische Ziele nicht aus dem Auge verlieren (z. B. Wechsel von pro-zyklischem zu kontra-zyklischem Verhalten, oder sporadischer Einsatz von Wertsicherungsprogrammen).

II. Risikomanagement als eigenständige Portfolio-Aktivität

Wir haben uns daran gewöhnt Rendite und Risiko als gekoppelt zu betrachten. Wer einmal in Aktien investiert hat, muß demnach das damit verbundene höhere Risiko akzeptieren, i. Vgl. zur deutlich geringeren Schwankungsbreite der zu erwartenden Renditen in einem Rentenportfolio mittlerer Laufzeit. Diese Sichtweise charakterisiert das traditionelle Wertpapier-Portfolio-Management, daß sich auf Titelselektion, Allokationsentscheidungen und

Market-Timing beschränkt. Risiko ist hier kein unabhängiger Faktor, sondern eine mit dem Investment gegebene Eigenschaft.

Wer heute international diversifizierte Wertpapier-Portfolios managt und nach Möglichkeiten sucht, allgemein anerkannte Marktindizes zu schlagen, wird jedoch eigenständige Risikosteuerung immer weniger außer Acht lassen können. Sie erfolgt effizient und kostengünstig, weil losgelöst von kassewirksamen Wertpapierkäufen oder -verkäufen. Beispiele dafür sind diverse Strategien und Makro-Hedges, wie marktneutrale Portfolios, synthetische Aktienfonds oder Währungs-Overlay-Management.

Die genannten Beispiele erläutern zwei wesentliche Merkmale des Riskomanagements im Wertpapier-Portfolio:

a. im Portfolio vorhandene gebündelte Risiken lassen sich in Faktoren zerlegen und separat managen, eine Vorgehensweise, die auf der Mikroebene bei Wandelanleihen, Optionsanleihen, oder Anleihen mit Tilgungs- und Einlösungsrechten schon lange bekannt ist

b. es gibt Operatoren, sog. Derivate, die bestehende Risiken im Portfolio transformieren, d. h. die ursprünglichen Risikoeigenschaften der Investments verlieren an Bedeutung. Der Portfoliomanager entscheidet über Risiken und Optionen, die sich viel präziser managen lassen, als die dahinter stehenden Wertpapiere selbst.

Die Technik des Risikomanagements ermöglicht höhere Transparenz im Wertpapier-Portfolio, um Renditeerwartungen den anlagepolitischen Vorgaben genauer anzugleichen, um eine bessere Steuerung des Einflusses erratischer Marktschwankungen zu erreichen und präziseres Asset-Liability-Management anzustreben.

Voraussetzung ist die intensive Nutzung von Derivaten. Umgekehrt gilt: der Portfoliomanager kann sich bei zunehmender Konkurrenz immer weniger den dadurch geschaffenen neuen Möglichkeiten entziehen, je mehr Derivate ihm zur Verfügung stehen.

1.   Bedenken gegen Derivate im Wertpapier-Portfolio

Die negativen Eigenschaften von Derivaten sind jedem Portfoliomanager vertraut. Insbesondere der langfristig orientierte Investor stört sich an der kurzen Lebensdauer dieser Produkte und dem damit verbundenen hohen Kontrollaufwand im Portfolio. Starker und wechselnder Einfluß der Derivate auf die Portfoliostruktur erfordern ständige Anpassung, d. h. ein aktives Management dieser Produkte.

Die Bewertung der Derivate ist oft schwierig und Marktpreise sind nicht immer effizient, insbesondere bei maßgeschneiderten OTC-Produkten. Liquidität ist mitunter mangelhaft und im OTC-Bereich fehlt das börsenmäßige Clearing.

Nicht selten erschien es daher dem Portfoliomanager sinnvoll, die Komplexität von Derivaten als Risiko gänzlich zu vermeiden, auch mit der Überzeugung nicht alles verstanden zu haben. Einen Beitrag hierzu liefert auch heute noch laxer Sprachgebrauch als ein eigenständiges Risiko (erinnert sei hier an schlichtweg irreführende Begriffe wie Zero-Cost-Collar, Zusatzertrag aus Optionsprämien, oder die überbordende Namensvielfalt bei kombinierten Derivaten, oft mit geringer Anwendungsbreite).

Mitarbeiter in Berichtswesen und Kontrolle werden den Portfoliomanager in seiner skeptischen Einstellung eher noch unterstützen. Der Mangel an Standardisierung und begrifflicher Klarheit für Produkte und Märkte überfordert viele Sachbearbeiter. Kontrolle dieser Produkte ist schwierig, wo wenig historische Preisdaten existieren. Kreditrisiko bei OTC-Derivaten erinnert häufig an den gordischen Knoten. Auch Value-at-Risk hilft nicht bei der Beantwortung einfachster Fragen, z. B. wo liegt das Kreditrisiko: beim Broker, der AAA-Tochter, oder der dahinter stehenden Mutter? Wer entscheidet im Ernstfall?

Buchung, Performancemessung und traditionelle Statistik versagen in Hinblick auf das asymmetrische Risiko bei Optionen und dem Finanzleverage bei Futures.

Niemand wird die hier angesprochenen Bedenken leicht nehmen wollen. Aber die Folgerung daraus kann nur sein, daß sinnvolle Regularien notwendig sind. Es geht nicht darum Derivate zu verhindern, sondern Risiken um ihrer selbst willen. Konstruktive Innovationen verdienen Belohnung, solange der Grenznutzen positiv ist.

Für das Risikomanagement sind daher Fachkenntnis mit Derivaten und umfangreiche Kontrollen beim Portfoliomanager einzufordern (vgl. Hehn (1997)).

III. Begründung und Voraussetzung für das Risikomanagement

1. Risiko und Ungewißheit

Risiko ist ein schillernder Begriff und entzieht sich eindeutiger Definition. Theoretiker sehen darin meist Renditevarianz und Krümmung der Nutzenfunktion, so als ob Risiko stationär und quantifizierbar sei. Portfoliomanager spüren vor allem die Wahrscheinlichkeit eine Zielrendite zu unterschreiten. Der Investor dagegen sieht Risiko als etwas was er nicht will, nämlich Anlageverluste im Gegensatz zu Renditegarantien.

Wo Risiko unberechenbar ist wird es zur Ungewißheit. Das steht zwar im Widerspruch zum effizienten Markt und der Kapitalmarkttheorie, aber Unberechenbarkeit kennzeichnet Kapitalmärkte schon immer (vgl. Bernstein (1995)). Heute lassen sich dafür strukturelle Veränderungen anführen, sei es im Rahmen der EWWU und einer Neubewertung der Geld- und Fiskalpolitik, oder sonstiger Veränderungen des Anlegerverhaltens. Ungewißheit findet seine Ausprägung in Modellunsicherheit, also die Unfähigkeit des Portfoliomanagers Preisbewegungen fundamental nachzuvollziehen, was auch als strukturelle Ignoranz bezeichnet wird (vgl. Brock (1995)).

Strukturelle Ignoranz, oder Omega-Risiko ist meßbar als das Verhältnis von beobachteter Preisvarianz zur theoretischen, unter Zugrundelegung des Erklärungsmodells. In Abb. 1 ist der Zusammenhang von Modellsicherheit auf der horizontalen Achse und Omega-Risiko auf der vertikalen Achse aufgezeigt.

Das Ergebnis stimmt mit Markterfahrung gut überein. Man beobachtet recht häufig längere oder kürzere Phasen im Markt, wo Omega über eins liegt, dargestellt durch unerklärlich hohe Standardabweichung und ausgeprägtes Trendverhalten, wie im oberen Zweig des Schaubildes dargestellt. Umgekehrt gilt für den unteren Zweig ein Omega von kleiner als eins und unerklärlich geringe Sensitivität des Marktes in Bezug auf neue

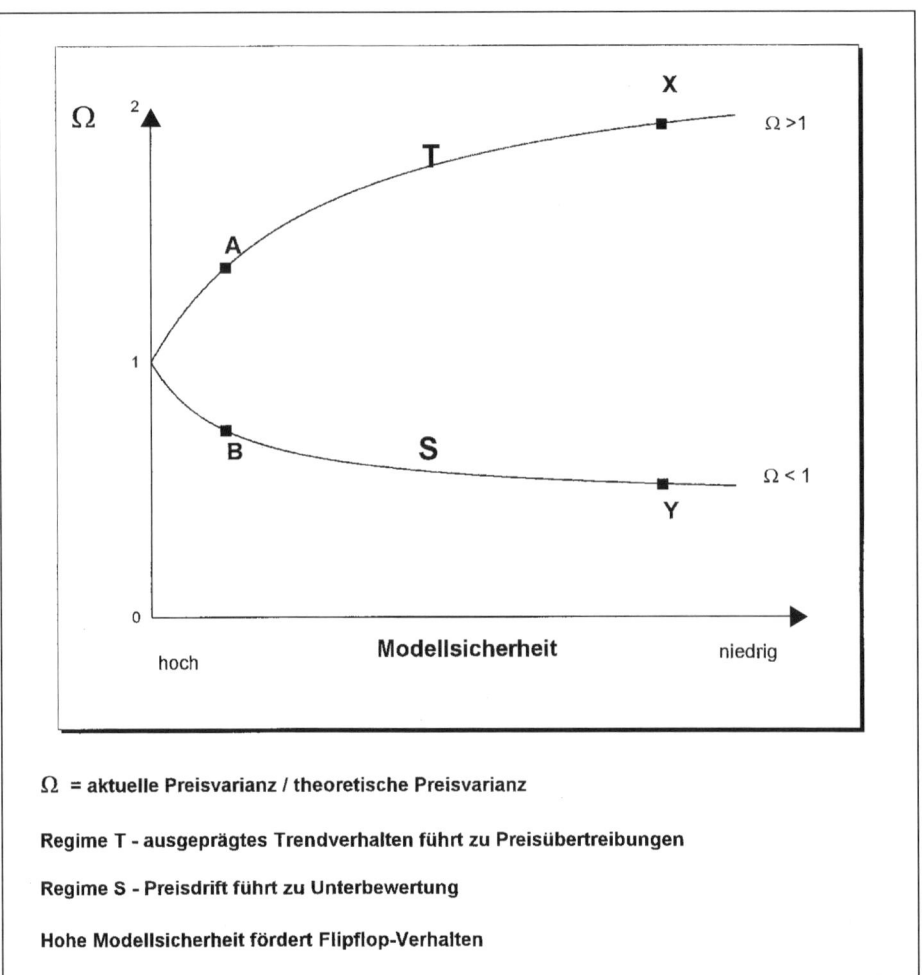

Ω = aktuelle Preisvarianz / theoretische Preisvarianz

Regime T - ausgeprägtes Trendverhalten führt zu Preisübertreibungen

Regime S - Preisdrift führt zu Unterbewertung

Hohe Modellsicherheit fördert Flipflop-Verhalten

Abb. 1: Regimewechsel im Markt

Information; der Markt driftet seitwärts. Je größer die Unsicherheit aller Marktteilnehmer bzgl. der Preisentwicklung im Markt, desto ausgeprägter sowohl die zu beobachtenden Trends, als auch die Seitwärtsphasen. Entscheidend ist, daß der Übergang zwischen beiden Phasen unberechenbar ist. Darin liegt die Ungewißheit.

Wo Unberechenbarkeit dominiert, ist die Standardabweichung als Risikomaß realitätsfern. Gegen diese rein statistische Größe sprechen jedoch in der Praxis noch weitere Gründe. So liegt eine Mischung aus gut und schlecht vor und die Standardabweichung ist wenig hilfreich bei Optionen.

Abb. 2 zeigt zwei Renditeverteilungen (vgl. Rappoport (1993)). Beim Protective-Put sind negative Abweichungen vom Basispreis ausgeschlossen, beim Covered-Call sind es die positiven Abweichungen. Trotz dieser offensichtlich unterschiedlichen Risikoprofile sind beide Standardabweichungen gleich.

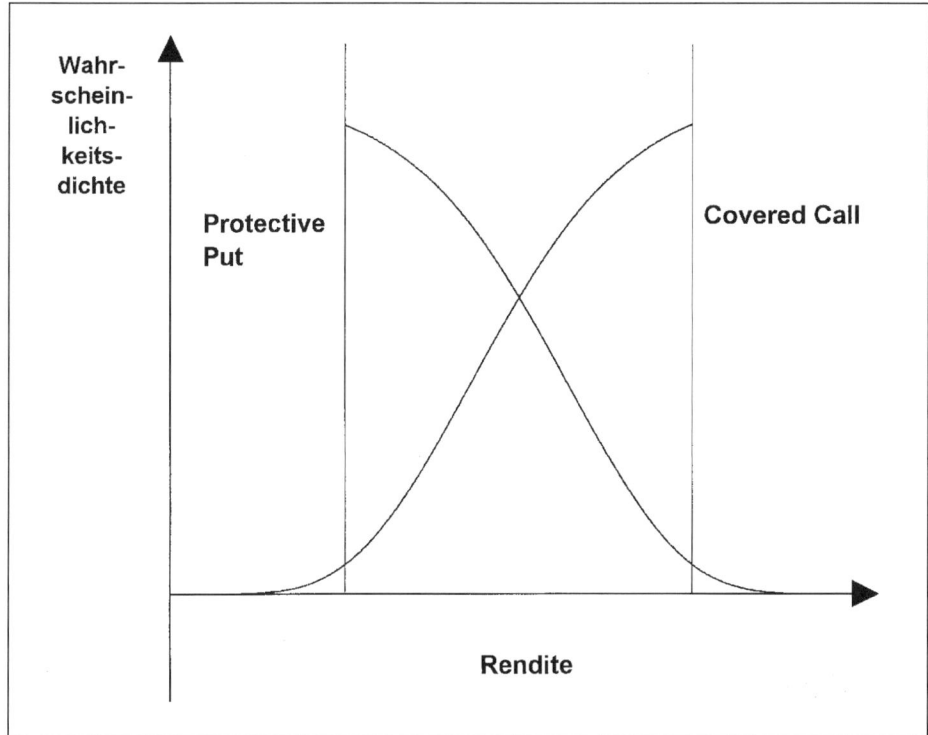

Abb. 2: Renditeverteilung für Optionsstrategien

Was der Portfoliomanager mit Risiko meint, ist daher selten die Volatilität oder Standardabweichung sondern eher das Shortfall-Risk, also die Wahrscheinlichkeit, daß eine Zielrendite, z. B. die Benchmark, unterschritten wird. Daraus kann eine Risikoprämie errechnet werden, Average-Shortfall, d. h. der durchschnittliche Betrag pro Periode um den die Zielrendite unterschritten wird. Die Form der Renditeverteilung spielt bei dieser Berechnung keine Rolle.

Selbst wenn man, wie bei der Portfoliooptimierung, an der Standardabweichung als Risikomaß festhält, erweist sich Average-Shortfall als recht nützlich.

Abb. 3 (Quelle wie Abb. 2) zeigt links die traditionelle Effizienzkurve zusammen mit zwei Nutzenfunktionen, die sich dadurch auszeichnen, daß entlang der jeweiligen Kurve Average-Shortfall konstant ist. Betrachtet man nur die Standardabweichung, dann erhöht sich das Risiko, wenn man sich von A nach B bewegt. Average-Shortfall verhält sich dagegen genau umgekehrt, wie in Abb. 3 rechts dargestellt. Kombination beider Betrachtungen liefert daher dem Investor sowohl Maximierung der langfristigen Rendite, als auch Minimierung des Average-Shortfalls.

Man könnte meinen, daß Ungewißheit und Unberechenbarkeit – wo fundamentale Erklärungen versagen – den langfristig orientierten Investor nicht weiter interessieren, da sich über größere Zeiträume unerklärliche Schwankungen schon ausgleichen werden. Wer allerdings in Zeiträumen von drei bis fünf Jahren denkt – und das gilt für die meisten

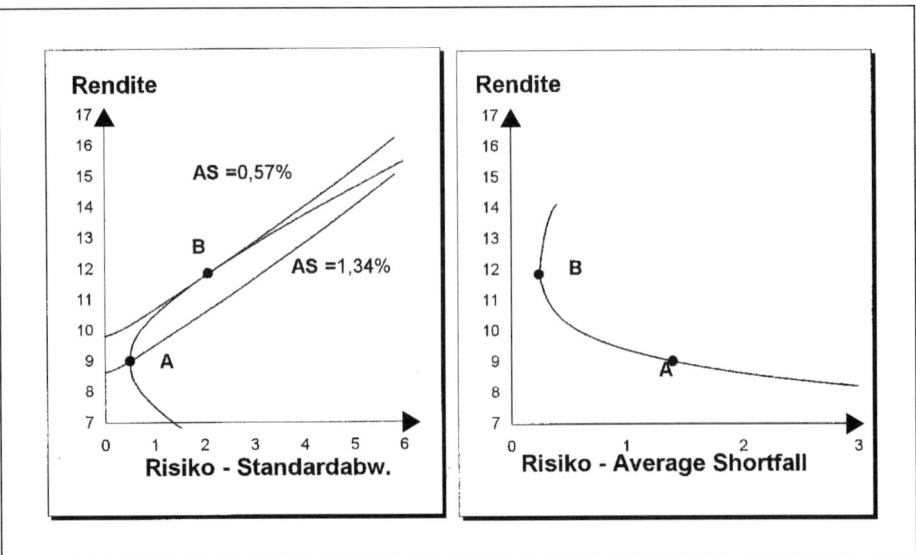

Abb. 3: Effizienzgrenze

Portfoliomanager – muß akzeptieren, daß Risiko sich keineswegs stationär verhält, d. h. ein Gleichgewichtszustand – und rasche Konvergenz kurzfristiger Abweichungen davon – wird nur schwer auszumachen sein.

2. Risiko und Zeit

Daß es einen Zusammenhang zwischen Marktrisiko und Zeit gibt, verdeutlichen folgende Fragen:

Welchen Anlagehorizont sollte ein Investor haben?
Sind Aktien langfristig weniger riskant, als über kurze Zeiträume?
Kann der Portfoliomanager auf Risikomanagement verzichten, weil der Anlagehorizont des Investors normalerweise sechs Monate überschreitet, über die hinaus es z. Zt. kaum effiziente Märkte für Derivate gibt?

Die Black-Scholes-Formel für Optionspreise erlaubt recht eindeutige Antworten auf diese Fragen voraussetzt, daß der Random-Walk das Preisverhalten der dahinter stehenden Instrumente in korrekter Art und Weise beschreibt.

Dann ist ein langer Anlagehorizont vorteilhaft, denn die Optionsprämien wachsen zwar mit Länge der Versicherungsperiode, aber die Versicherungskosten pro Zeiteinheit nehmen ab, gemessen an der Beteiligung der Optionen am Markterfolg.

Abb. 4 (vgl. Merrill, Thorley (1996)) geht von einer risikofreien Rate von 4 % aus. Wer keinerlei negative Abweichung davon akzeptiert, kann natürlich auch die Chancen auf höhere Renditen nicht in Anspruch nehmen, was in der Abbildung durch eine horizontale

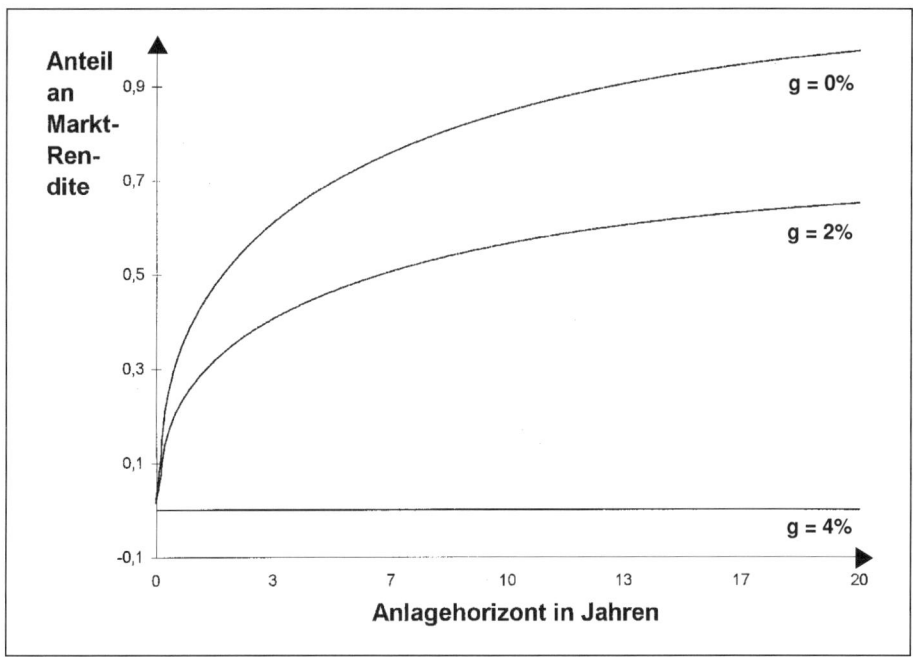

Abb. 4: Anteil am Marktzuwachs in Abhängigkeit vom Anlagehorizont für drei
garantierte Renditen

Linie über der Zeitachse dargestellt wird, d. h. null Partizipation am möglichen Markterfolg. Optionen dagegen, die Renditen von weniger als 4 % garantieren, partizipieren am
Markterfolg der dahinter stehenden Anlage, und zwar um so mehr, je niedriger die
geforderte Mindestrendite. Da die Partizipationsrate mit dem Anlagehorizont zunimmt,
lohnt es sich offenbar langfristig investiert zu sein.

Vorteilhaftigkeit eines langen Anlagehorizontes wird auch durch den Random-Walk
bestätigt, da die unkorrelierten Renditen über die Zeitachse schneller akkumulieren, als die
damit verbundene Schwankungsbreite. Deshalb nimmt das Shortfall-Risk mit der Zeit ab
(vgl. Kritzmann (1994)).

Der Random-Walk für Marktpreise von Aktien oder Renten bestätigt sich aber in der
Praxis oft nicht. So nimmt die Verlustwahrscheinlichkeit im Aktienmarkt zwar mit der Zeit
ab, aber über die durchschnittliche Höhe zukünftiger Verluste kann man wenig sagen, da
die historisch zu beobachtenden Renditeverteilungen komplizierte Muster aufweisen, auch
wenn in der Praxis fast immer eine Normalverteilung unterstellt wird. Diese Ungewißheit
bringt wieder die Nutzenfunktion des Investors ins Spiel, die in der Black-Scholes-Formel
nicht auftaucht (vgl. Thorley (1995)).

Abb. 5 (vgl. Holton (1992)) veranschaulicht Abweichungen vom Random-Walk anhand
dreier konstruierter Zeitreihen. Investment A ist kurzzeitig sehr riskant, auf lange Sicht
dagegen weniger, ganz im Gegensatz zu Investment C. Investment B hat i. Vgl. dazu
zeitlich konstante Volatilität.

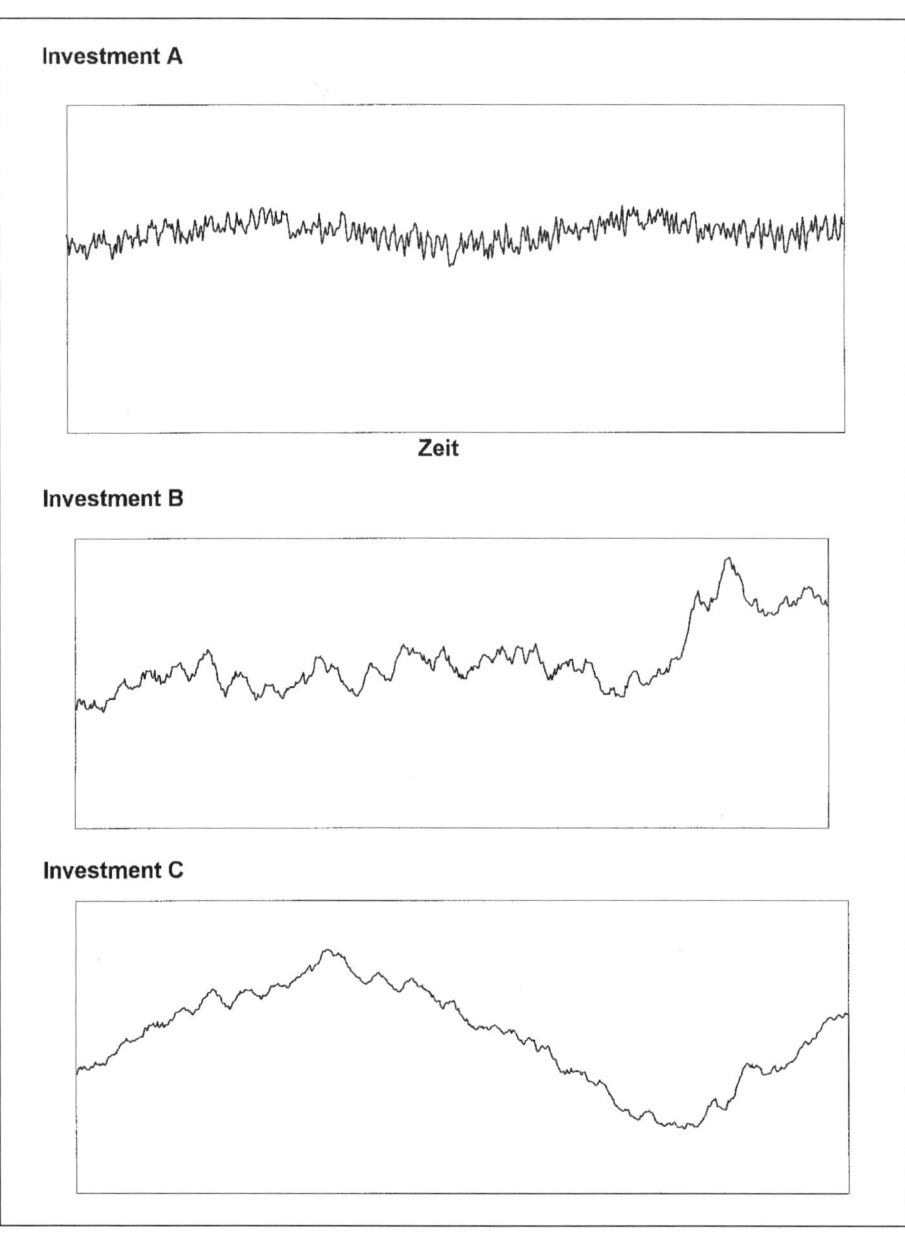

Abb. 5: Risiko und Volatilität

Abb. 6 (Quelle wie Abb. 5) beruht auf empirisch ermittelten Daten. Sie zeigen, daß die annualisierte Volatilität von Zeitreihen verschiedener Marktpreise, entgegen den Erfordernissen des Random-Walks, zeitlich instationär ist. Das ist bei Aktien, Währungen und Renten in den USA deutlich zu erkennen.

270

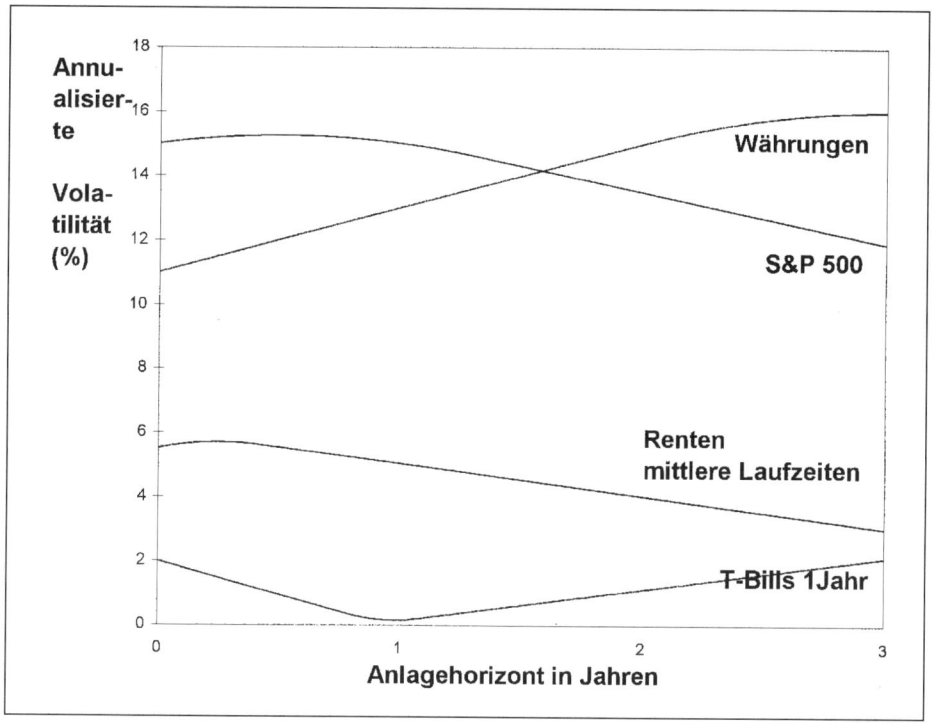

Abb. 6: Zeitabhängigkeit der Volatilität

Vielleicht gibt es gar keinen eindeutigen Zusammenhang zwischen Anlagehorizont und Risiko. Vor diesem Hintergrund (vgl. Brock (1997)) muß letztlich jeder Portfoliomanager seine eigene Risikotoleranz finden. So mag es für den einzelnen durchaus vernünftig sein, rein langfristig zu denken und einen passiven Investmentstil zu pflegen, was kurzfristig orientiertes Risikomanagement entbehrlich erscheinen läßt. Ob dieser Investmentstil in Zukunft ähnlich belohnt werden wird, wie in der Vergangenheit, wissen wir nicht. Das aktive Risikomanagement bietet jedenfalls die Möglichkeit, Wertpapieranlagen nicht nur auf einen einzigen – meist langen Anlagehorizont auszurichten – sondern ganz bewußt auch über kürzere Zeiträume Absicherungen einzugehen, oder umgekehrt zusätzliche Risiken zu nehmen.

Heute beobachten wir unzählige Hedge-Funds, die mit den unterschiedlichsten Trading-Strategien umfangreiches Riskomanagement betreiben. Hinter dieser Vielfalt verbirgt sich im Einzelfall meist Spezialisierung auf wenige Risikofaktoren. Da eröffnet sich eine neue Möglichkeit für das Portfoliomanagement, nämlich Diversifikation der Investmentstile, zusätzlich und unabhängig von der allgemein üblichen Streuung über Investment-Kategorien und Einzeltitel.

Der dafür erforderliche Markt für Risiko in Form von Derivaten existiert schon.

3.   Markt für Risiko

Der Markt für Risiko lebt von Marktteilnehmern mit unterschiedlichem Risikoprofil.

Abb. 7 (vgl. Gastineau (1993)) erläutert den Markt für Risiko bei Wertpapieren ausgehend von drei typischen Marktteilnehmern: Market-Maker, Emittent und Investor, deren Risikopräferenzen sich deutlich unterscheiden.

Das Risiko des Market-Makers sind starke Preisveränderungen in beide Richtungen. Der Emittent fürchtet Preisauftrieb unmittelbar nach seiner Emission, während der Käufer deutliche Steigerungen sehen möchte.

Risikomanagement bedeutet: der Market-Maker kauft Optionen, der Emittent kauft Calls aber verkauft Puts, während der Investor genau die gegenteilige Position bezieht, er kauft Puts und verkauft Calls. Die Marktteilnehmer tauschen also Renditepotential und Preisrisiko und so entsteht aus unterschiedlicher Risikoaversion ein Markt für finanzielle Risikoprodukte.

Dieser Markt für Risiko lebt von den Finanzintermediären – den Investmentbanken – deren Rolle man aber als Portfoliomanager richtig einschätzen sollte. Diese Intermediäre sind keine Portfoliomanager und Risikonehmer, sondern Agenten für Risikoprodukte, sie verteilen Risiko unter den Marktteilnehmern, dabei wird es weder absorbiert noch entsteht neues. In dieser Betrachtung bleibt Risiko erhalten im Finanzmarkt, aber Erfindungskraft schafft Liquidität für Rendite und Risiko.

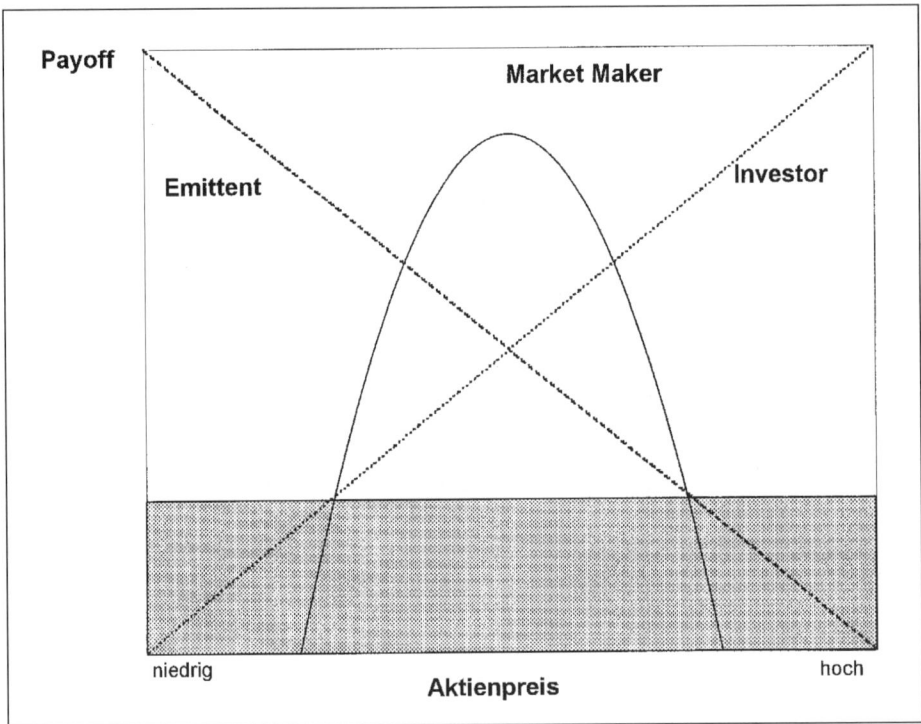

Abb. 7: Marktrisiko aus Sicht unterschiedlicher Teilnehmer

Bedauerlich, daß viele Hindernisse einen effizienten Markt in Risikoprodukten erschweren. Gesetzliche Restriktionen für institutionelle Anleger, insbesondere in Deutschland, behindern einen liquiden Markt in Risikoprodukten. Das fördert unvorhersehbare und plötzliche Preissprünge im Markt und dieses Diskontinuitätsrisiko verteuert die Risikoversicherung.

Markt für Risiko mit handelbaren Derivaten ermöglicht jedem Marktteilnehmer Risiko oder Versicherung zu kaufen bzw. verkaufen. Selbstverständlich sind nicht alle Risiken, die ein Portfoliomanager bewältigen muß, handelbar. Beim Adressenrisiko z. B. hängt effizientes Risikomanagement eher von verläßlichen Vertragsgestaltungen ab, sei es für Netting, Garantien, oder dingliche Sicherungen, sowie einer korrekten Einschätzung der Risikospreads. Oft gilt es Risiken überhaupt erst zu erkennen, z. B. rechtliche Risiken bei mangelhaften aufsichtsrechtlichen Strukturen (siehe S & L-Krise in den USA), Steuerrisiken, oder Risiken aus der Rechnungslegung und Abwicklung von Handelsgeschäften.

IV. Möglichkeiten des Risikomanagements

1. Hedge mit symmetrischen Instrumenten

Risikomanagement in der Praxis hängt davon ab, welche Derivate verfügbar sind und welche Ziele der Portfoliomanager verfolgt.

Am häufigsten benutzt man heute Terminkontrakte als Hedgeinstrumente, um vorhandene Portfoliorisiken zu neutralisieren. Neben dem Risiko verschwinden dann aber auch die Chancen, daher der Name symmetrische Hedgeinstrumente.

Besonders erwähnenswert sind hier die Futures, also börsennotierte Terminkontrakte, die hauptsächlich im Overlay-Management als kostengünstiger Macro-Hedge für das Gesamtportfolio verwendet werden, sei es um bei Aktien systematische Risiken, oder bei Renten die Zinsrisiken zu immunisieren. Geht es um die Steuerung der Sensitivität des Portfolios auch gegenüber Währungen, so ist man dagegen auf Forwards angewiesen, d. h. Terminkontrakte die kaum börsenmäßig sondern überwiegend unter Banken gehandelt werden. Wichtig hierbei, daß der Währungs-Hedge nicht ungewollt zur Entstehung von Kreditrisiken führt.

Das ursprüngliche Portfolio wird durch das Hedgeportfolio überhaupt nicht beeinflußt. D.h. den Bewertungsgewinnen und -verlusten im ursprünglichen Portfolio stehen, mit umgekehrten Vorzeichen, die realisierten Gewinne und Verluste aus den Derivaten im Hedgeportfolio gegenüber, entweder am Ende der Laufzeit dieser Produkte, oder bei zwischenzeitlichem Verkauf bzw. Kauf.

Sog. Hedgekosten, z. B. beim Terminverkauf, ergeben sich aus den Abschlägen des Terminkurses auf den Kassakurs; umgekehrt führen Aufschläge zu einem Gewinn. Diese Betrachtung ist aber eher theoretisch. Nur wenn der Portfoliomanager keine besondere Marktmeinung hat, wird er die Auf- und Abschläge fraglos hinnehmen. Aktives Risikomanagement beginnt damit, Risikoaversion und sog. Hedgekosten gegeneinander abzuwägen. Was die Hedge-Entscheidung dann wirklich kostet, ergibt sich aber erst aus dem Gewinn und Verlust bei Auflösung des Hedgeportfolios.

Die große Bedeutung des Futures im Portfoliomanagement bezieht auch die Asset-Allocation und das Duration-Management mit ein. Ob man alle diese Aktivitäten als Risikomanagement auffaßt, hängt von der Absicht ab, die man damit verbindet, insbesondere was die Langfristigkeit der Entscheidungen angeht. Opportunistisches, kurzfristig orientiertes Handeln zählt eindeutig als Risikomanagement.

Beispiel für die Asset-Allocation wäre ein Tausch von Aktien in Renten ohne die Wertpapiere des Portfolios selbst anzurühren. Dafür gibt es zwei Möglichkeiten, z. B. den Verkauf von DAX-Futures und der diesem Volumen entsprechende Kauf von Bund-Futures, oder die gleiche Umschichtung mit Hilfe eines Asset-Swaps.

Beispiel für das Duration-Management ist die Veränderung des Zinsrisikos im Rentenportfolio überwiegend durch Kauf oder Verkauf von Futures, statt der entsprechenden Kassageschäfte. Bei Einstellung der Duration ist aber auch zusätzlich auf die Gewichtung der Laufzeitbänder des Portfolios zu achten, um das sog. Yield-Curve-Risk gegenüber einem Vergleichsindex zu kontrollieren. Dafür benötigt der Portfoliomanager verschiedene Zinsderivate, um alle Laufzeiten abdecken zu können. Das als Beispiel dafür, daß eine Vielfalt von Derivaten und deren Nutzung durchaus sinnvoll sein kann. Jedenfalls schaffen gesetzliche Verbote gängiger Finanzprodukte für bestimmte Anlegerkreise nur Konkurrenznachteile und unnötige Konzentrationsrisiken i. Vgl. zu weniger restriktiven Vorgaben (man denke nur an die vielfältigen Einschränkungen der Nutzung von Derivaten in den Gesetzen für Kapitalanlagegesellschaften (KAGG) und Versicherungsunternehmen (VAG) in Deutschland).

Neben den Futures und Forwards gibt es eine weitere außerordentlich vielfältige Gruppe von symmetrischen Hedgeinstrumenten, die Swaps.

In Abb. 8 (vgl. Dresdner Bank (1996)) werden einem ursprünglichen Rentenportfolio durch einen Swap zwei neue Positionen hinzugefügt, eine Zahlerposition für 9-Jahreszins und eine Empfängerposition für 3-Jahreszins. Auf diese Weise kann man die Portfoliosen-

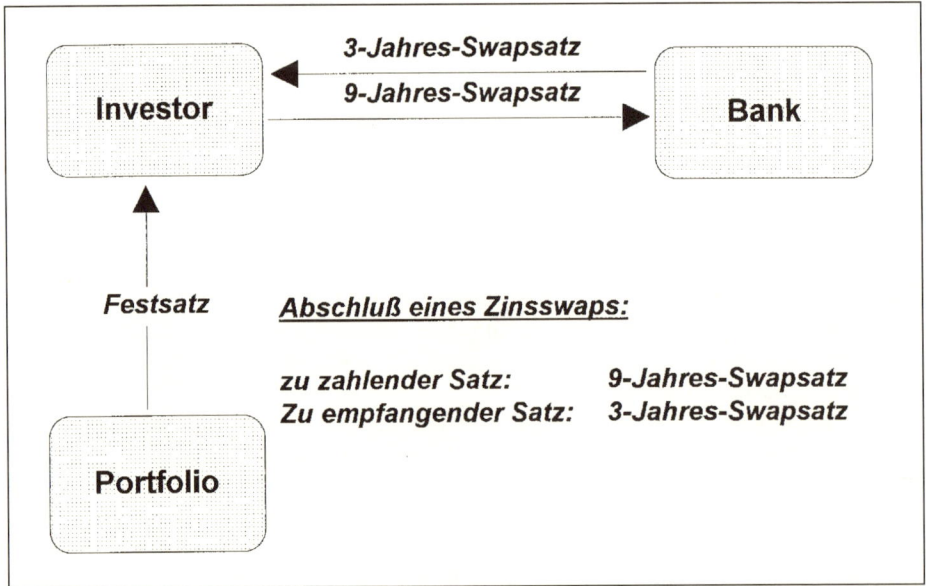

Abb. 8: Swap als symmetrisches Hedgeinstrument

sitivität gegenüber Veränderungen der Renditestrukturkurve im Rentenportfolio sehr gezielt anpassen, da die heute im Markt verfügbaren Swaps alle gängigen Laufzeiten abdecken. Häufiges Rollieren (auslaufende Kontrakte verkaufen, neue Kontrakte kaufen) entfällt, da man nicht mehr auf die begrenzte Lebensdauer börsenmäßig gehandelter Rentenfutures angewiesen ist, sondern das Hedgeportfolio nahezu beliebig auf längere Anlagehorizonte hin ausrichten kann.

Swaps gehören zu den entscheidenden Neuerungen der Finanzindustrie seit Beginn der 80iger Jahre und sie sind heute im Kredit- und Emissionsgeschäft der Banken nicht mehr wegzudenken. Die zukünftige Bedeutung der Swaps für den Portfoliomanager besteht darin, daß völlig unterschiedliche Märkte miteinander verknüpft werden können, solange die auszutauschenden Cash-Flows ähnlichen Barwert haben.

Dahinter verbirgt sich ein revolutionäres Prinzip im Portfoliomanagement. Der aktive Beitrag eines bestimmten Segmentes wird durch geeignete Swaps auf ein beliebiges andere passive Segment übertragen. Risiko-Diversifikation erfordert daher nur wenige aktive Manager, was zu einer Konzentration auf gute Manager führt.

2.   Hedge mit Optionen

Wer Optionen nutzt transferiert Risiko, anders als beim Hedge mit Terminkontrakten und Swaps, wo Risiko neutralisiert wird. Kauf der Option schützt vor negativen Preisverände-rungen, während der Vorteil positiver Preisbewegungen erhalten bleibt. So überträgt eine Call-Option Aufwertungspotential und eine Put-Option gibt Abschreibungspotential ab. Optionen bieten daher Versicherung gegen Event-Risk, Preisdiskontinuitäten, extreme Marktbewertungen, d. h. Ungewissheit. Der Wert der durch Optionen erworbenen Versi-cherung hängt von der Volatilität des Basisinstrumentes ab. Je größer die Schwankungs-breite des Instrumentes, je wertvoller die Option, denn die höhere Verlustmöglichkeit ist bedeutungslos, da sich der Verlust für den Käufer auf die Prämie beschränkt.

Optionen sind im Risikomanagement für Wertpapier-Portfolios schwieriger zu handha-ben als symmetrische Hedgeinstrumente. Maßgeblich dafür sind zwei Gründe. Einmal sind Optionsprämien, d. h. die sog. Hedgekosten höchst variabel; beim Put z. B. hoch in fallenden Märkten mit zunehmender Volatilität und niedrig in Märkten, die seitwärts gehen oder leicht steigen. Zum anderen ist eine ständige und genaue Positionskontrolle im Portfolio zwingend notwendig, da Zeitwert der Option und Änderung der Volatilität des Basisinstrumentes die Bewertung des Hedges stark beeinflussen.

Abb. 9 (Quelle Abb. 8 und eigene Angaben) zeigt das Beispiel einer Put-Option für Zinsprodukte. Der Bondwert fällt bei steigenden Zinsen in Kasten 1 oben links. Kasten 2 stellt den Payoff eines Puts dar. Der Käufer erwirbt das Recht einen Swap zum Strikesatz anzudienen. Sobald der Marktsatz darüber liegt – dargestellt durch den Knick – kann er somit einen Hedge-Profit erzielen, abzüglich der aufgewandten Prämie. Sollten die Zinsen dagegen fallen, wird auf eine Ausübung des Optionsrechtes verzichtet, was den Verlust der Prämie bedeutet. Kästen 3 und 4 zeigen die Kombination von Bond und Put.

Bei Swaps spricht man übrigens nicht von einem Put, sondern einer Payers-Swaption, während sich im Geldmarkt dafür der Begriff Cap eingebürgert hat. Bei Renten zahlt man keinen Strikesatz sondern einen Strikepreis. Das nur als Beispiel für den bei Derivaten

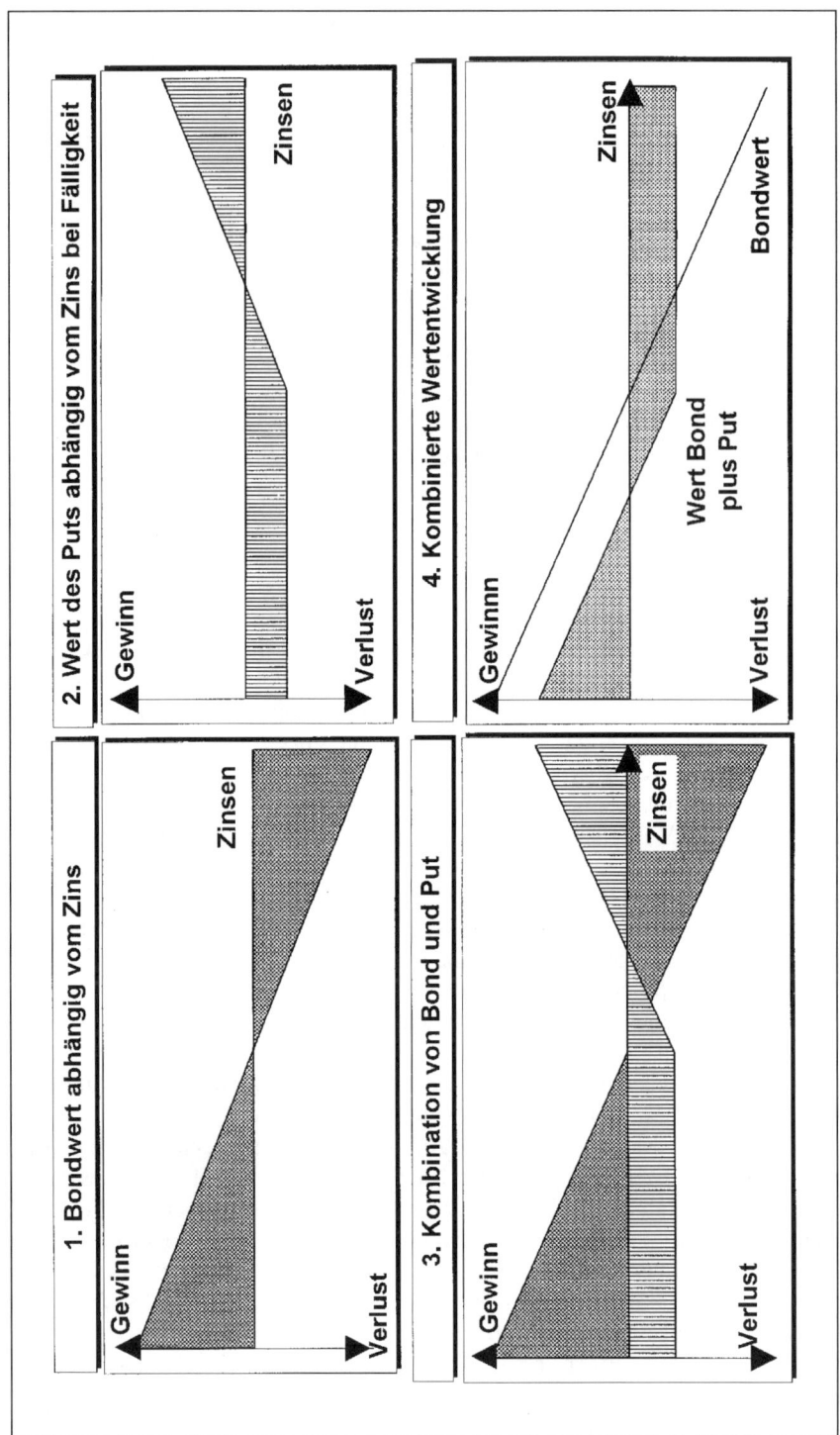

Abb. 9: Put-Option als asymmetrisches Hedgeinstrument

vorherrschenden Mangel an Standardisierung und die damit verbundene Begriffsverwirrung.

Wie beim Future erfordert auch der Hedge mit Optionen richtige Einschätzung zukünftiger Marktbewegungen. Wer keinen Preisverfall erwartet, kann auf den Hedge verzichten, wenn ja, sollte man Futures verkaufen, ansonsten wären Optionen angebracht. Der aktive Manager findet daher im Risikomanagement eine Erweiterung seiner Möglichkeiten. Dabei geht es keineswegs nur um die Vermeidung schon bestehender Risiken. Man kann das Risiko des ursprünglichen Portfolios selbstverständlich auch erhöhen, wenn es Risikopräferenz und Marktausblick opportun erscheinen lassen.

Neben dem Hedge gibt es eine ganze Reihe von anderen wesentlichen Gründen für den Portfoliomanager Optionen zu nutzen, die zumindest teilweise dem Risikomanagement zuzuordnen sind. So mag asymmetrische Risikopräferenz den Kauf eines Calls angeraten erscheinen lassen, statt unmittelbar das Risiko im Underlying zu akzeptieren. Insbesondere in der Versicherungsindustrie treten Verbindlichkeiten mit Optionscharakter auf, die ein entsprechendes optionales Management der Aktivseite erfordern. Wer dagegen Prämieneinnahmen als Stillhalter und Versicherungsgeber schätzt sollte Optionen verläßlich bewerten können. Dabei spielen Renditeerwartung und Nutzenfunktion eine wichtige Rolle, um sicherzustellen, daß Risikobereitschaft tatsächlich der eines Versicherungsgebers entspricht.

Zu erwähnen sind noch taktische Anwendungen von Optionen aufgrund steuerlicher und regulatorischer Gegebenheiten (Dividenden, Quellensteuern, Anlagegrenzen), sowie Optionen i.Zshg. mit Wertsicherung für Wertpapier-Portfolios.

3.   Wertsicherung für Wertpapier-Portfolios

Risikomanagement im Wertpapier-Portfolio existiert auch als präferenzfreier Mechanismus, unabhängig von der subjektiven Markteinschätzung, ähnlich einem Indexportfolio. Hier geht es um Wertsicherungsmodelle, die nach genauen Regeln arbeiten (vgl. SBC Brinson (1996)). Händler sprechen i. d. Zshg. von Dynamic-Hedging.

Eine einfache Klassifizierung von Wertsicherungsstrategien ist aus Abb. 10 ersichtlich (vgl. Fromme (1996)).

Stop-Loss, links in der Abb., bezeichnet das Preisniveau, bei dem ein Switch in die risikofreie Anlage erfolgt. Insbesondere bei oszillierenden Märkten führt das zu diskontinuierlichem Anlageverhalten mit entsprechend hohem Turnover. Eine rein statische Sicherung mit gekauften Puts ist im Vergleich dazu viel zuverlässiger, vorausgesetzt man ist bereit die dafür notwendigen Prämien aufzuwenden. Beim Put-Long stimmt Kontraktdauer mit dem Sicherungshorizont überein. Ist die gewünschte Kontraktdauer kürzer als der Sicherungshorizont, wird der Rollierende Put-Long angewandt.

Synthetischer Put heißt, daß die Gewichtungsfaktoren der beiden Komponenten, aus denen sich die Option zusammensetzt – Kasse und Basisinstrument – mit Hilfe eines geeigneten Rechenverfahrens zu jedem Zeitpunkt neu ermittelt werden (vgl. Rubinstein, Leland (1981)). Diese dynamische Replikation erfolgt normalerweise täglich und funktioniert nur bei kontinuierlicher Preisbildung im Markt. Dabei fällt explizit keine Optionsprämie an. Die Gesamtkosten der Wertsicherung ergeben sich dann erst im nachhinein,

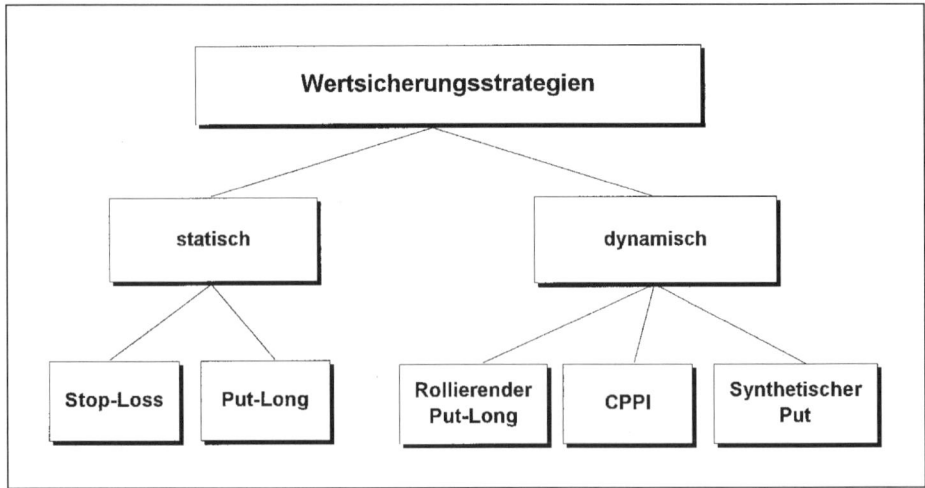

Abb. 10: Klassifizierung der Wertsicherungsstrategien

einschließlich der erzielten Opportunitätsgewinne und -verluste. Es ist unwahrscheinlich, daß Portfoliomanager den synthetischen Put immer günstiger konstruieren können, als zahlreiche auf Derivate spezialisierte Investmentbanken. Insofern dürfte der synthetische Put von geringer praktischer Bedeutung im Portfoliomanagement bleiben.

Wichtiger für den Portfoliomanager sind dagegen CPPI-Programme. Dahinter verbergen sich relativ einfach umzusetzende Kombinationen von Risiko und Festgeld, so daß der Zinsertrag aus der risikofreien Anlage potentielle Verlustrisiken abdeckt. Constant-Proportion-Portfolio-Insurance läßt sich recht gut an die praktischen Möglichkeiten jedes einzelnen Managers anpassen und schließt im Grenzfall den synthetischen Put mit ein (vgl. Perold, Sharpe (1988)). Dabei ist zwischen trendfolgenden, pro-zyklischen und kontra-zyklischen Sicherungsstrategien zu unterscheiden. Bei Trends sollte man pro-zyklisch agieren, bei oszillierenden Märkten dagegen kontra-zyklisch.

Die hier angesprochenen Möglichkeiten der Wertsicherung verdeutlichen das Dilemma aller passiven Strategien, es gilt sich zu entscheiden, welche der vielen Ausprägungen am besten anzuwenden sei. Außerdem muß man sich auf einen bestimmten Zeitpunkt festlegen. Also doch wieder aktive Entscheidungen, denen man gerade aus dem Wege gehen möchte! Ein Ausweg sind Mischstrategien, die aber Komplexität und Kosten der Wertsicherung deutlich erhöhen.

V. Instrumente des Risikomanagements

1. Futures

Dem Portfoliomanager genügt meist ein intuitives Verständnis für die Derivate in seinem Wertpapier-Portfolio, solange allgemeine Markterwartungen bei der Auswahl der Instrumente dominieren und weniger die quantitativen Details der Preisbildung, oder ausgefeilte Arbitrageüberlegungen.

Entscheidend für den Future ist der damit verbundene reine Finanzleverage. D.h. Kauf eines Wertpapiers auf Kredit, mit Rückzahlung bei Kontraktfälligkeit aus dem Erlös des Wertpapiers zu diesem zukünftigen Zeitpunkt. Der faire Futurepreis ist demnach Kassapreis plus die Finanzierungskosten des Kredits minus der Kapitaleinkünfte aus dem Wertpapier, gerechnet über die Laufzeit des Kontrakts.

Es kommt aber regelmäßig zu Unterschieden zwischen dem aktuellen Futurepreis und dem fairen Preis. Begründung dafür liefert das sog. Basisrisiko. Der Portfoliomanager wird es meist hinnehmen, sollte aber die verschiedenen Einflußfaktoren dennoch kennen. Bei Rentenfutures wäre der unvorhersehbare Wechsel in den lieferbaren Anleihen anzuführen. Beim Aktienfuture dagegen sind jene Perioden zu berücksichtigen, wo sich Dividendenzahlungen häufen.

Basisrisiko und Preisungleichgewichte mit der Kasse sind auch auf die niedrigen Handelskosten und hohe Liquidität der Futures zurückzuführen, was zu einer Konzentration des Handels im Terminmarkt führt.

Zu erwähnen ist auch Cost-of-Rolling bei Fälligkeit des nächstliegenden Kontraktes und erneuten Kauf des folgenden.

Hedging mit Futures fixiert den heute gültigen Future-Preis, nicht den Spot-Preis. Die Anzahl der zu verkaufenden Kontrakte folgt rein rechnerisch aus dem Verhältnis zweier Preissensitivitäten, die des ursprünglichen Portfolios (ohne Hedge) und des Hedgeportfolios (Spiegelbild zum ursprünglichen Portfolio). Bezugspunkt für die relative Preisveränderungen des ursprünglichen Portfolios und des Hedgeportfolios ist eine beiden gemeinsame Referenzgröße, sei es ein Marktindex bei Aktien, oder eine Benchmarkanleihe bei Renten.

2. Swaps

Institutionelle Anleger werden Swaps zunehmend nutzen. Von 1998 an wird es dafür in Deutschland bessere Voraussetzungen geben, wenn Swaps neu im Katalog der erlaubten Instrumente gemäß KAGG (Kapitalanlagegesellschaftsgesetz) erscheinen werden.

Zinsswaps sind einem Zinsfuture sehr ähnlich. Entscheidend auch hier der Finanzleverage, d. h. die Trennung von Liquidität und Zinsbindung.

Swap-Vereinbarungen richten sich meist nach den bei Renten üblichen Laufzeiten. Während der Laufzeit des Vertrages werden regelmäßig Zinszahlungen zwischen beiden Swap-Parteien ausgetauscht. Ähnlich wie beim Future fließt kein Kapital, der tägliche Gewinn- und Verlustausgleich unterbleibt jedoch und daraus resultiert bilaterales Kreditrisiko. Wer z. B. in einem Swapvertrag 10 Jahre lang einen fest vereinbarten Zins zahlt, würde den Gewinn, der sich aus einer Zinssteigerung nach Abschluß des Vertrages ergäbe, nur zeitanteilig realisieren aber nicht zu einem bestimmten Zeitpunkt, es sei denn er verkauft den Swap. Der Swappartner realisiert einen entsprechenden Verlust, solange er den Vertrag einhält.

Ganz entscheidend bei Swaps daher, die Bonität des Swappartners korrekt einzuschätzen, heute überwiegend internationale Banken. Swaps gehören daher, anders als Futures, zu den Derivaten, die das Systemrisiko erhöhen, d. h. Ausfall einer wichtigen Adresse kann sehr wohl zu einer Krise im Bankensystem beitragen.

Auch beim Swap besteht die Möglichkeit, Rechte zu erwerben, also nicht unmittelbar in den Vertrag einzutreten. Gemeint sind Put- oder Call-Optionen auf einen Swap, die schon erwähnten Payer's-Swaptions oder Receiver's-Swaptions.

3.   Optionen

Optionen gehören zu den schwierigsten und interessantesten Derivaten im Portfolio-Management. Denn im Gegensatz zum reinen Termingeschäft liegt eine Kombination von Terminkontrakt und Versicherungspolice vor.

Call-Optionen entsprechen daher einem Wertpapierkauf auf Kredit mit gleichzeitiger Versicherung gegen Wertverfall. Der Kauf eines Calls ist also weniger riskant, als der Kauf eines Futures. Der Verkauf eines Calls ist dagegen riskanter, als der Verkauf des Futures, da der Käufer das Basisinstrument, bei für ihn ungünstiger Preisentwicklung, in Zukunft nicht übernehmen muß.

Die Versicherungseigenschaft der Option führt zu einer asymmetrischen Wahrscheinlichkeitsdichteverteilung der Renditen im Portfolio. Daher wirkt das Risiko aus Optionen nicht mehr additiv im Portfolio, wie wir es von Beta (systematisches Risiko bei Aktien), oder Duration (Risiko aus Zinsniveauverschiebung) gewöhnt sind. Es kommt zu sprunghaftem Verhalten und nicht-linearen Effekten im Portfolio und neben Beta und Duration treten neue Risikofaktoren in Erscheinung, die bei den ursprünglichen Wertpapieren und den daraus abgeleiteten Futures oder Swaps keine Rolle spielen.

Im Vergleich zum Future ist das Preisverhalten von Optionen intuitiv nur schwer erfaßbar. Interpretationshilfe liefern eine Reihe partieller Ableitungen aus dem Black-Scholes Modell: Delta, Gamma, Omega, Theta und Vega.

Delta entspricht dem Hedge Ratio, gibt also an wie sich der Optionspreis bei einer Kursschwankung des Basiswertes um eine Einheit verändert. Delta unterschätzt den Preisanstieg der Optionen und überschätzt den Preisverfall.

Gamma schätzt die Veränderung des Hedge-Ratios bei einer Kursschwankung des Basiswertes um eine Einheit; wichtig insbesondere für den Fall diskontinuierlicher Preissprünge im Markt. Gamma ist für Käufer von Optionen grundsätzlich positiv. Omega, ein Maß für Leverage, gibt die Veränderung der Margin-Position an, wenn sich der Kurs des Basiswertes ändert.

Theta zeigt die Veränderung des Optionspreises in Abhängigkeit von kleinen Änderungen in der Laufzeit an. Theta ist positiv, da jede Optionsform mit verlängerter Laufzeit an Wert gewinnt.

Vega, der Optionspreis in Abhängigkeit von Volatilität, auch Kappa, Sigma oder Tau genannt, ist der wichtigste und präziseste Indikator, da sich Optionspreise bereichsweise linear zu Volatilitätsänderungen verhalten. Bei Optionen werden daher Volatilitäten gehandelt und man spricht von impliziter Volatitität. Implizite Volatilität ist übrigens ein schlechter Indikator für zukünftige Volatilität. Die Korrelation zwischen beiden ist negativ und die implizite Volatilität ist oft höher als die historische. Das bringt einen Vorteil für Verkäufer von Optionen oder für die dynamische Replikation.

OTC-gehandelte Optionen führen zu Kreditrisiko, ähnlich wie andere nicht börsengehandelte Derivate. Allerdings besteht im Vergleich zum Future unilaterales Kreditrisiko. D. h. der Verkäufer ist unabhängig von der Gegenpartei, sobald er die Prämie erhalten hat.

4.   Optionsstrategien

Optionen werden häufig kombiniert eingesetzt, in verwirrend vielen Optionsstrategien. Üblicherweise verändern diese das Delta des Gesamtportfolios stark, also die Preissensitivität gegenüber Veränderungen des Basisinstrumentes, was beim Hedging im Portfolio ja durchaus gewollt ist. Zusätzlich beobachtet man aber, je nach Komplexität der Strategie, nur schwer nachvollziehbare Abhängigkeiten des Portfoliowertes von Gamma, Theta und Vega. Sobald unterschiedliche Laufzeiten und Basiswerte vorliegen, je nach Anzahl der verwendeten Optionen, ist z. B. auch die Abhängigkeit der Optionsvolatilität vom Basispreis, sowie der Laufzeit zu berücksichtigen.

Der Portfoliomanager muß daher den Einfluß, der von ihm ausgewählten Optionsstrategie auf das Portfolio, nicht nur zum heutigen Marktpreis sondern über einen plausiblen Preisbereich kennen und täglich überprüfen, insbesonders wo zukünftig Sprungstellen erreicht werden, d. h. wenn Marktpreis und Basispreis zusammenfallen sollten. Eine umfassende Methode dafür liefert die Monte Carlo Simulation, mit der Preisverhalten, Volatilitäten und Korrelationen vorher festgelegt werden, was erhebliche Modellrisiken mit sich bringt. Dann simuliert man fiktive Preispfade in einer sehr großen Anzahl. (vgl. Klaus (1997)).

Erfahrungsgemäß fällt es dem Portfoliomanager viel leichter, eine Optionsstrategie einzugehen, als sie durchzuhalten. Das hängt mit seiner notwendigerweise unscharfen Risikopräferenz zusammen, die zumindest teilweise von der Marktbewegung abhängt, insbesondere wenn Sprungstellen der Renditeverteilung erreicht werden, wo sich die Risiken des Portfolios auf einmal dramatisch ändern.

Hier existiert ein wesentlicher Unterschied zu einer einfachen Option am Geld, da die kurzfristig zu erwartenden Preisveränderungen um die Sprungstelle herum verlaufen und evtl. auftretende Diskontinuitäten durchaus der augenblicklichen Intention und Risikotoleranz des Anlegers entsprechen.

Bei Optionsstrategien dagegen liegen Strikepreise oft deutlich aus dem Geld. Der Portfoliomanager muß daher zukünftige Risikobereitschaft ins Kalkül einbeziehen, wenn die heute festgelegten Strikepreise dann tatsächlich realisiert und erhebliche Änderungen der Portfoliorisiken eintreten werden, in einem heute unbekannten Umfeld. Denn bei Kombinationen, die meist auf OTC-Optionen beruhen, ist es oft schwierig, diese Positionen zwischenzeitlich glatt zu stellen.

Der Portfoliomanager wird daher Optionsstrategien auswählen und häufig hoffen, daß die entsprechenden Strikepreise nicht erreicht werden. Das stellt entsprechend hohe Anforderungen an seine Markteinschätzung.

Eine der gängigsten Optionsstrategien ist der Collar (auch Cylinder, Range-Forward, Zero-Premium-Risk-Reversal, oder Kinky-Forward genannt).

Abb. 11 (vgl. Hill (1993)) zeigt im unteren Teil den Zero-Premium-Collar und Zero-Premium-Put-Spread-Collar. Entscheidend hierbei der fixierte Preis der Gesamtposition außerhalb eines Strike-Preis-Intervalls. Beim Put-Spread wird dieses Prinzip teilweise verletzt, weil man – aus heutiger Sicht – attraktive Kaufgelegenheit bei deutlichem Preisverfall erwartet.

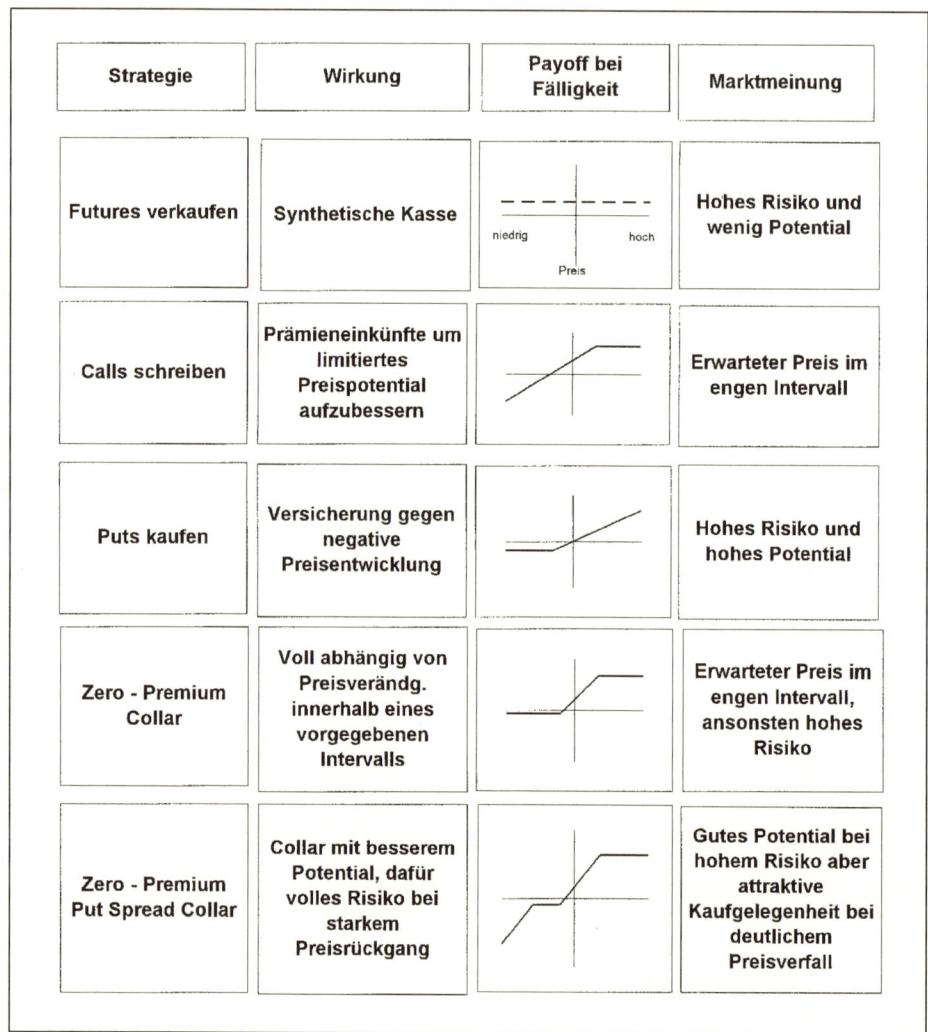

Abb. 11: Übliche Hedging-Strategien

Das Spiegelbild zum Collar ist der Directional-Spread (auch Vertical-Spread), wo der Preis der Gesamtposition innerhalb des Strike-Preis-Intervalls fixiert wird.

Volatility-Spreads haben einen etwas geringeren Einfluß auf das Portfolio, da primär eine Meinung über zukünftige Volatilitäten zum Ausdruck kommt und weniger über Directional-Returns.

Abb. 12 (Quelle wie Abb. 8) zeigt das Beispiel des Long-Straddle. Das optierte Instrument, ein Bond, wird als gestrichelte Linie dargestellt. Gekauft wird ein Call, zum höheren Strikepreis und ein Put zum niedrigeren, in Erwartung höherer Volatilitäten (dünne ausgezogene Linien).

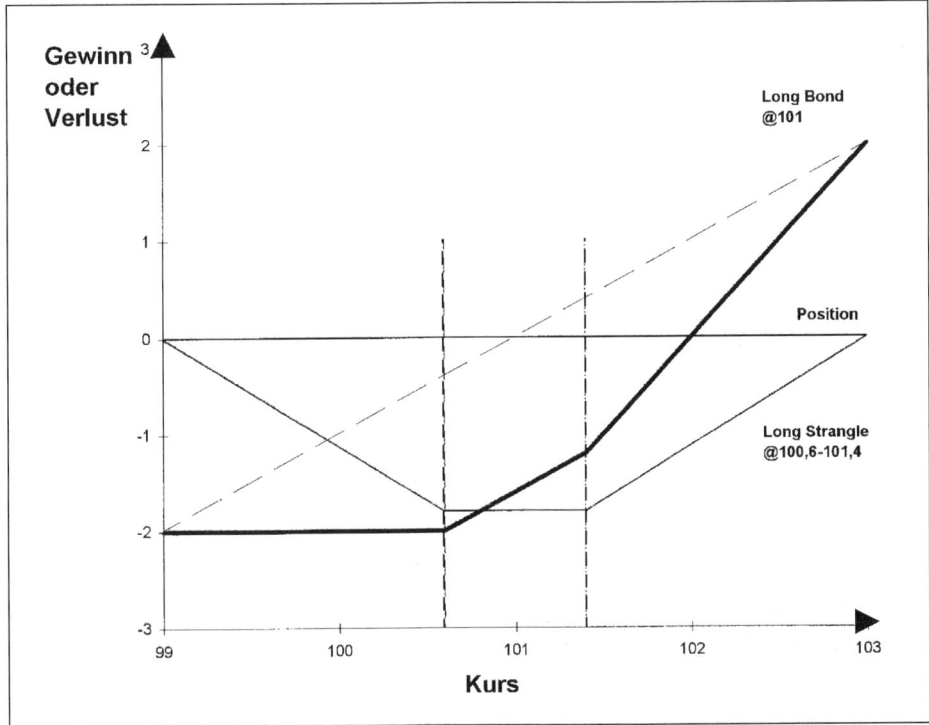

Abb. 12: Beispiel Long Straddle

Innerhalb des Strikepreisintervalls haben beide Optionen keinen Einfluß auf das Delta der Gesamtposition, aber dafür besteht ein starker Einfluß außerhalb des Intervalls. Ratio-Spreads, Calendar-Spreads, oder Butterfly-Spreads sollen hier nur namentlich erwähnt werden.

Options-Kombinationen gibt es auch als handelbare Produkte, dann nennt man sie exotische Derivate. Hier unterscheidet man z. B. Derivate auf ein einziges Basisinstrument, aber mit unterschiedlichen Ausübungszeitpunkten (pfadabhängige Kontrakte wie Compound-Option, Barrier-Option, Down-and-Out-Call, Lookback-Option, Average-Rate-Option) und Optionen, die sich auf mehrere Basisinstrumente beziehen (Outperformance-Options, Chooser-Options oder Basket-Options) (vgl. Reiner (1993)).

Exotische Derivate bieten dem institutionellen Anleger relativ wenig. Die Produkte sind häufig illiquide, die Preisgestaltung ist intransparent und die Risikoeigenschaften des Pakets sind schwer zu fassen. Der professionelle Anleger wird daher eher versuchen, die wesentlichen Eigenschaften dieser Produkte durch den Kauf der Komponenten selbst darzustellen.

Es gibt auch die Möglichkeit, Optionen und Futures delta-neutral miteinander zu kombinieren, um daraus sog. Non-Directional-Returns zu erzielen (vgl. Stedman (1996)). Das sind beileibe keine gehedgten oder risikofreien Positionen, wie sie bei der Kombination von Wertpapieren und Futures auftreten. Erforderlich ist vielmehr strenge Kontrolle aller noch verbleibenden Risikofaktoren der Optionen.

Non-Directional-Returns sind daher wohl eher eine Domäne der Investmentbanken und deren spezialisierte Handelstätigkeit und weniger des Portfoliomanagers. In einem Handelsbuch wird das Gesamt-Delta kaum von null abweichen, während sich der Portfoliomanager üblicherweise mit Deltas in der Gegend von eins befaßt – im Vergleich zu Aktienindizes oder Benchmarkanleihen – und es geht darum dieses hohe Risiko und persönliche Risikobereitschaft ständig miteinander zu vereinbaren; andere Risikoaspekte sind im Vergleich dazu von erheblich geringerer Bedeutung.

VI. Zusammenfassung

Risikomanagement ist wichtig für den Portfoliomanager, weil er sich mit persönlicher Risikobereitschaft und den optimalen Anlagehorizont seines Portfolios ständig auseinander setzen muß, da es dafür keine zufriedenstellende systematische Lösung gibt. Man mag es durchaus bedauern, daß Performance heute oft in Quartalen gemessen wird, obwohl sich an der langfristigen Zielorientierung, z. B. von Pensionsfonds, kaum etwas ändert. Allerdings sind strukturelle Verwerfungen in den Volkswirtschaften, auffällige Preisdiskontinuitäten in den Kapitalmärkten und Zeitabhängigkeit des Schwankungsrisikos unverkennbar. Das Vertrauen in effiziente Kapitalmärkte und rationale Marktteilnehmer, kennzeichnend für die 60iger und 70iger Jahre, ist heute weniger vorhanden und Risikomanagement schafft die für den Portfoliomanager notwendige Flexibilität, um die damit einhergehende Ungewißheit auch zu bewältigen.

Risikomanagement erfolgt opportunistisch und kurzfristig. Aus praktischen Gründen kommen deshalb für die Umsetzung nur Derivate in Frage, einmal um teure und umständliche Transaktionen im Kassamarkt zu vermeiden und zum anderen, weil nur mit Optionen überhaupt ein problemloser Handel von Risikoversicherung für das Wertpapier-Portfolio möglich ist. Bedenken gegen Derivate gilt es daher zu überwinden. Verbote und umfängliche Anlagegrenzen in Deutschland, wie z. B. im KAGG (auch nach dem 3. Finanzmarktförderungsgesetz) oder VAG, sind ein denkbar schlechter Weg dafür. Entscheidend sind vielmehr Fachkenntnisse, die sich rasch entwickeln sobald man Derivate zwanglos nutzen kann, lückenlose Erfassung aller Geschäfte, und ein sinnvolles Berichts- und Rechnungswesen. Letzteres vor allem, um den Finanzleverage, den man mit diesen Produkten gewollt oder ungewollt erzielt, jedermann zu verdeutlichen.

Der Markt für Derivate und Wertpapierrisiken entwickelt sich rasch, was sich u. a. am rasanten Wachstum der Terminbörsen in Europa ablesen läßt. Markttiefe ist hervorragend bei Futures, oft besser als im Kassamarkt. Daher läßt sich der Makro-Hedge mit Futures im Wertpapier-Portfolio auch ohne Schwierigkeiten umsetzen und bringt z. Zt. den größten Nutzen für das Risikomanagement. Swaps sind als symmetrische Risikoinstrumente bestens geeignet, da sie noch flexibler als Futures zu handhaben sind. Das zeigt die Dringlichkeit von geplanten Gesetzesänderungen (3. Finanzmarktförderungsgesetz), um in Deutschland einem größeren Kreis von institutionellen Anlegern auch Swaps verfügbar zu machen.

Bei Optionen begegnet man einer erstaunlichen Produktvielfalt, insbesondere im außerbörslichen Markt (OTC-Produkte), aber Liquidität ist nicht immer zufriedenstellend. Hier wird deutlich erkennbar, daß Portfoliomanager dieses Instrument z. Zt. noch wenig nutzen und das gilt nicht nur in Deutschland, solange traditionelle Risikodiversifikation noch ausreichend Schutz bietet.

Risiko wird jedoch zur Ungewißheit, wenn die Erfahrungen aus der Vergangenheit in einem Umfeld struktureller Veränderungen sich als immer weniger tragfähig erweisen. Denn Globalisierung und Vereinheitlichung der Märkte fördern Trendverhalten der Anleger und daraus entsteht erhöhtes Diskontinuitätsrisiko, also abrupte Veränderungen im Markt, wie z. B. 1994 und Anfang 1996 im Rentenmarkt. Dann erhöht sich die Korrelation zwischen den internationalen Rentenmärkte sprunghaft und der Diversifikationseffekt verschwindet. Erfahrungen dieser Art werden Optionen als Versicherung gegen Ungewißheit immer wichtiger erscheinen lassen.

Im Risikomanagement setzt der Portfoliomanager Derivate ein, als Overlay-Strategie für das dahinter stehende Wertpapier-Portfolio; daraus ergibt sich die Gesamtposition aus Wertpapier-Portfolio und Hedgeportfolio. Wesentlich beim Hedgeportfolio sind die Annahmen über zukünftige Marktbewegungen und der erwartete Beitrag zum Directional-Return der Gesamtposition. Arbitrage-Überlegungen sowie Non-Directional-Returns sind im Vergleich dazu eher zweitrangig und bleiben eine Domäne der Investmentbanken. Hier wird nochmals deutlich: der Portfoliomanager managt das vorhandene Risiko gemäß seiner Risikopräferenz, die Investmentbank vermeidet Risiko.

Literatur

Bankers Trust: Investment Decision Support/RAROC 2020. New York/NY/USA. Interne Presentation. May 1997

Bernstein, P.L.: Risk as a History of Ideas. Financial Analysts Journal. January-February 1995

Brock, H.W.: Strategic Economic Decisions. Menlo Park/California/USA. May 1995, S. I–15

Brock, H.W.: Strategic Economic Decisions. Menlo Park/California/USA. May 1997, S. III–1

Dresdner Bank: GB Treasury/Eigenhandel Markt-Risiko-Management. Frankfurt. Interne Presentation. April 1996

Fromme S.: Wertsicherungskonzepte für deutsche Aktien. Schröder Münchmeyer Hengst-Research, Frankfurt. Interne Veröffentlichung. April 1996

Gastinean, G.L.: The Essentials of Financial Risk Management. Financial Analysts Journal. September-October 1993

Hehn, E.: Derivative Instrumente im Risikomanagement. Zeitschrift für das gesamte Kreditwesen. Heft 9, Mai 1997

Hill, J.M.: Adding Value with Equity Derivates: Part II. AIMR Publication: Derivative Strategies for Managing Portfolio Risk, Charlottesville/VA/USA. April 1993, S. 70

Holton, G.A.: Time: The Second Dimension of Risk. Financial Analysts Journal. November-December 1992

Klaus, M.: Die Value-at-Risk-Berechnung für Optionen – praktische Probleme nicht-linearer Produkte. Zeitschrift für das gesamte Kreditwesen. Heft 8, April 97

Kritzman, M.: About Time Diversification. Financial Analysts Journal. January-February 1994

Merrill, C./Thorley S.: Time Diversification: Perspectives from Option Pricing Theory. Financial Analysts Journal. May-June 1996

Perold, A.F./Sharpe W.F.: Dynamic Strategies for Asset Allocation. Financial Analysts Journal. January-February 1988

Rappoport, P.: A new approach: Average Shortfall. Fixed Income Research. J.P. Morgan Securities Ltd., London. Interne Veröffentlichung. October 1993

Reiner, E.S.: Using Nonstandard (Exotic) Derivatives in Managing Portfolio Risk. AIMR Publication: Derivative Strategies for Managing Portfolio Risk. Charlottesville/VA/USA. April 1993, S. 106

Rubinstein, M./Leland, H.E.: Replicating Options with Positions in Stock and Cash. Financial Analysts Journal. July-August 1981

SBC Brinson: Global Institutional Asset Management. Basel. Interne Presentation Portfolio Insurance. März 1996

Stedmann, J.: A hedge strategy with options. LIFFE Administration and Management, Cannon Bridge, London EC4R 3XX. Bond Review 2nd Quarter 1996

Thorley, S.R.: The Time-Diversification Controversing. Financial Analysts Journal. May-June 1995

Gerhard Lenschow*

Der Dachfonds – Ein ideales Produkt für den Versicherungsvertrieb

---

*   *Gerhard Lenschow*, Geschäftsführer der Hansainvest Hanseatische Investment-Gesellschaft mbH

I. Einführung

Die Ankündigung eines neuen Fonds oder gar Fondstyps wirft beim Versicherungsaußendienst regelmäßig zunächst skeptische Fragen auf. »Meine Kunden sind mit dem bestehenden Angebot vollauf zufrieden«, so der Außendienstmitarbeiter. Doch die Präferenzen der Kunden können sich ändern. Damit steht eine Kapitalanlagegesellschaft (KAG) aus dem Versicherungsbereich nicht selten vor einem Dilemma. Sie sieht sich einer Gratwanderung ausgesetzt: Legt sie einen neuartigen Fonds nicht auf, fehlt ihr ein Produkt, das sich – wie beispielsweise der Offene Immobilienfonds – als Marktrenner entwickelt. Entscheidet sich die Gesellschaft hingegen zur Auflegung, können die Vertriebserfolge auf sich warten lassen. So waren Rentenfonds mit begrenzter Laufzeit durch den Versicherungsaußendienst nicht zu plazieren, obwohl außerhalb dieses Kundensegments durchaus rege Nachfrage für dieses Produkt bestand.

Durch das Dritte Finanzmarktförderungsgesetz kommen zahlreiche Neuerungen auf die KAGs zu; u. a. wird ihnen die Möglichkeit eröffnet, neben den bereits zugelassenen Geldmarkt-, Wertpapier- und Grundstücks-Sondervermögen auch Investmentfondsanteil-Sondervermögen, kurz Dachfonds aufzulegen.[1] Während bestehende Fonds die ihnen zufließenden Mittel direkt in Aktien, festverzinsliche Wertpapiere, Geldmarktinstrumente, Immobilien oder Bankguthaben investieren, erwerben Dachfonds andere Fonds (Unterfonds). Mit dem Instrument kann privaten Anlegern durch Nutzung des Fachwissens des Unterfondsmanagements eine standardisierte Vermögensverwaltung angeboten werden. Der Erfolg zahlreicher Fondspicking-Modelle dokumentiert die bereits vorhandene Nachfrage für diese Art der Vermögensverwaltung. Im folgenden soll dargelegt werden, ob und inwieweit sich dieser Fondstyp für den Versicherungsvertrieb eignet. Da es sich um eine neue Fondskategorie handelt, sind zunächst die rechtlichen Rahmenbedingungen zu erläutern. Anschließend werden einige grundsätzliche Überlegungen zur Asset-Allocation angestellt, um im vierten Abschnitt die Grundzüge eines idealen Dachfonds für den Versicherungsvertrieb zu entwickeln. Beschäftigen wir uns also zunächst mit den wesentlichen Vorschriften, die der Gesetzgeber beschlossen hat.

II. Rechtliche Rahmenbedingungen

Die Zulassung der Auflegung von Dachfonds wird zum einen durch die Neufassung des § 1 Abs. 1 des Gesetzes über Kapitalanlagegesellschaften (KAGG) geregelt. Hiernach erweitert sich der Geschäftsbereich der KAG dahingehend, Investmentfondsanteil-Sondervermögen aufzulegen und zu verwalten. Zum anderen wird in das Gesetz ein Fünfter Abschnitt eingefügt, der in den §§ 25 h bis 25 m besondere Vorschriften für diesen Fondstyp enthält. Geregelt werden sowohl zu beachtende Anlagegrenzen und -grundsätze als auch Vergütungs- bzw. Kostenfragen.

---

1   Darüber hinaus können mit Inkrafttreten des Dritten Finanzmarktförderungsgesetzes auch gemischte Wertpapier- und Grundstücks- sowie Altersvorsorge-Sondervermögen aufgelegt werden.

1. Anlagegrenzen und Anlagegrundsätze

Die Anlagegrenzen der Dachfonds hinsichtlich der erwerbbaren Fondsarten sind weit gefaßt, denn die KAG darf die Mittel in Anteilen an Geldmarkt-, Wertpapier-, Grundstücks-, gemischten Wertpapier- und Grundstücks- sowie Altersvorsorge-Sondervermögen anlegen, sofern es sich nicht um Spezialfonds handelt. Zulässig sind ebenfalls Auslandsfonds, deren Anteile nach dem Auslands-Investmentgesetz im Inland öffentlich vertrieben werden dürfen. Nicht erlaubt ist allerdings der Erwerb anderer Dachfonds, da die Entstehung wenig transparenter Kaskadenfonds verhindert werden soll. Weitere Anlagegrenzen hat der Gesetzgeber hinsichtlich des Anteils des einzelnen Unterfonds am Dachfonds gezogen, der wiederum nur eine bestimmte Quote der von einem Unterfonds insgesamt ausgegebenen Anteile erwerben darf. Erstere Grenze liegt bei 20 % und letztere bei 10 %. Das Fondsvermögen eines Dachfonds muß sich mithin aus mindestens fünf, in der Praxis sicherlich sechs Unterfonds zusammensetzen. Dabei darf der erworbene Anteil am Gesamtvolumen des Unterfonds jeweils 10 % nicht übersteigen. Die Vorschrift soll an einem Beispiel verdeutlicht werden. Angenommen, der Dachfonds investiert sein Volumen von DM 100 Mio. in sechs Fonds. Gehalten werden jeweils DM 20 Mio. in vier Fonds und jeweils DM 10 Mio. in zwei Fonds. Die 10 %-Grenze erfordert nun ein Fondsvolumen der vier bzw. zwei Fonds von jeweils mindestens DM 200 Mio. bzw. mindestens DM 100 Mio. Vor allem über diese Einschränkung fand während des Gesetzgebungsverfahrens ein reger Austausch der Pro- und Contra-Argumente statt, die im Punkt 3 erörtert werden.

Mit der Formulierung der Besonderen Vertragsbedingungen eines Dachfonds legt die KAG zugleich die Anlagegrundsätze fest. So sind die erwerbbaren Sondervermögen mit der Quote anzugeben, die höchstens in Anteilen der jeweiligen Kategorie gehalten werden darf. Damit wird geregelt, wie stark der Dachfonds beispielsweise in Immobilienfonds-Anteilen anlegen kann. Anlagegrundsätze sind auch darüber zu treffen, ob und in welchem Umfang ausländische Fondsanteile erworben werden dürfen. Des weiteren verpflichtet sich die KAG zur Angabe der Kriterien für die Auswahl der Anteile. Vorstellbar ist etwa, nur Fonds aus ähnlichen oder unterschiedlichen Risikoklassen der jeweiligen Kategorie auszuwählen. Die Grundsätze könnten sich ferner danach richten, inwieweit der Dachfonds Unterfonds erwirbt, die im starken Maße entweder ordentliche Erträge oder Kursgewinne zu erzielen beabsichtigen. Die Fondsauswahl kann aber auch darauf ausgerichtet sein, ein ausgewogenes Fonds-Mischungsverhältnis aus unterschiedlichen Risikoklassen anzustreben. Entscheidend wird letztlich sein, die Anlagegrundsätze so zu formulieren, daß eine ausreichende Transparenz für den Anleger sichergestellt ist. So lassen sich mögliche Gefahren größerer Unübersichtlichkeit vermeiden.

2. Vergütungsregelungen

Eine deutsche KAG wird in 1999 ihr 50-jähriges Jubiläum feiern, mehrere verfügen über eine 40-jährige und viele über eine mehr als 25-jährige Erfahrung auf dem Gebiet der Auflegung und Verwaltung von Sondervermögen. Dabei galt es stets, das Dachfondsverbot zu beachten, wenn man einmal von der seit 1990 bestehenden Erlaubnis absieht, bis zu 5 % des Sondervermögens in Fonds der gleichen Kategorie und mit vergleichbarem Anlageschwerpunkt anzulegen. Bedarf nach Bildung von Dachfonds war offenbar nicht vorhanden; sie galten als wenig transparent für den Anleger, vor allem wegen der Fragen zur Vergütungsregelung. Mit der erfolgten Zulassung der Auflegung von Dachfonds wurde dieses Thema geregelt, und zwar auf eine einfache Weise. Welche Probleme galt es zu lösen? Für die Verwaltung eines Sondervermögens erhält die KAG eine Vergütung, die mit der Formulierung der Vertragsbedingungen festgelegt wird. Erwirbt der Dachfonds nun KAG-eigene Fonds, würde sie einen doppelten Ertrag erzielen. Deshalb darf die KAG dem Dachfonds keine Verwaltungsvergütung für diejenigen gehaltenen Fonds berechnen, die von ihr verwaltet werden. Dasselbe gilt für Fonds einer Gesellschaft, mit der die KAG durch eine wesentliche unmittelbare oder mittelbare Beteiligung verbunden ist. Für den Anleger fallen in diesen Fällen also keine weiteren Verwaltungskosten an. Ferner dürfen bei Anschaffungen und Umschichtungen KAG-eigener Fonds keine Ausgabeaufschläge oder Rücknahmeabschläge in Rechnung gestellt werden. Der Dachfonds erwirbt und veräußert die Unterfonds der eigenen bzw. verbundenen Gesellschaft folglich zum Rücknahmepreis.

Eine andere Regelung gilt beim Erwerb und der Veräußerung von Sondervermögen fremder Gesellschaften. Fallen Ausgabeaufschläge oder Rücknahmeabschläge an, gehen sie zu Lasten des Dachfonds. Ferner erhält die KAG für den Anteil, der in Anteilen fremder Fonds gehalten wird, die vertraglich festgelegte Verwaltungsvergütung. Die verschiedenen Kostenbelastungen sind im Rechenschafts- und Halbjahresbericht zu veröffentlichen, wobei neben den gezahlten Anschaffungs- und Rückgabeaufwendungen die Vergütung anzugeben ist, die dem Dachfonds insgesamt von einer fremden KAG und der anbietenden KAG für die im Sondervermögen gehaltenden »Fremd«- Anteile berechnet wurde. Vorab ist auf diese Zusammenhänge im Verkaufsprospekt hinzuweisen.

3.   Kritische Anmerkungen

Eine kritische Würdigung der rechtlichen Rahmenbedingungen konzentriert sich im wesentlichen auf die Anlagegrenze, wonach der Dachfonds nicht mehr als 10 % der ausgebenen Anteile des Unterfonds erwerben darf. Die Befürworter dieser Regelung argumentieren, daß Anlageentscheidungen des Dachfondsmanagements die Dispositionsfähigkeit des Unterfondsmanagement nicht behindern dürfen. Es gehe darum, das Entstehen einer beherrschenden Stellung des Dachfonds bei den Unterfonds zu vermeiden. Anderenfalls drohe eine nachteilige Auswirkung für die übrigen Anteilinhaber, sobald das Dachfondsmanagement umfangreiche Umschichtungsoperationen vornimmt. Die Kritiker sehen in der 10 %-Grenze eine starke Einengung für den Dachfonds hinsichtlich der Auswahlmöglichkeiten in der KAG-eigenen Fondspalette. Dies gelte, wenn die in Betracht kommenden Fonds stark voneinander abweichende Volumina aufwiesen. Erfreue sich der Dachfonds beispielsweise lebhafter Nachfrage, würden kleinere Fonds als Möglichkeit der Diversifikation nur in einem geringen Umfang genutzt werden können. Sei ferner beabsichtigt, Länder- oder Spezialitätenfonds aufzulegen, so müßten diese zunächst ein bestimmtes Fondsvermögen erzielt haben, bevor sie in die Anlageüberlegungen des Dachfondsmanagements einbezogen werden könnten. Insofern verbleibe nur die Möglichkeit, auf KAG-fremde Fonds auszuweichen. Nun ist dies besonders geeignet, den Vorteil des Fremdfondserwerbes darzulegen. Eine kleine oder mittelgroße KAG trifft sicherlich eine sinnvolle Entscheidung, wenn sie sich mit Blick auf ihre Angebotspalette nicht in sämtlichen Marktsegmenten positioniert. Vielmehr erscheint eine Konzentration der Vertriebs- und Fondsmanagement-Kapazität auf die Hauptmärkte angebracht. Im Ergebnis können aber dennoch die erzielten Fondsvolumina stark abweichen, was wiederum das mögliche Dachfondsengagement rasch begrenzt. Insofern spricht einiges für eine Ausweitung der 10 %-Grenze auf 20 %, womit den Kritikern zwar nicht vollends Rechnung getragen wird, die Befürworter dagegen noch keine unerwünschte Einflußnahme des Dachfondsmanagements auf die jeweiligen Unterfonds befürchten müssen. Abgesehen von der 10 %-Grenze eröffnen die gesetzlichen Rahmenbedingungen einen weiten Spielraum. Immerhin ist der Erwerb von Fonds der unterschiedlichsten Arten möglich, so daß sich der KAG ein umfassendes Betätigungsfeld bietet. Von welchen grundsätzlichen Überlegungen hinsichtlich der Asset-Allocation sollte sie sich leiten lassen, wenn sie den Versicherungsvertrieb im Auge hat? Davon handelt der nächste Abschnitt.

III. Grundsätzliche Überlegungen zur Asset-Allocation

Unter Asset-Allocation wird die strukturierte Kombination von Kapitalanlagemöglichkeiten verstanden; bezogen auf den Dachfonds geht es um die systematische Auswahl von Unterfonds einschließlich der gegebenenfalls erforderlichen Veränderung in der jeweiligen Gewichtung.

1. Stetigkeit, Wachstum und Chance als Kriterien der Asset-Allocation

Im Mittelpunkt der Erörterung der Asset-Allocation steht stets die Frage nach den Schwankungen, unter denen ein Vermögensaufbau stattfindet. Erfolgt er stetig oder diskontinuierlich in dem Sinne, daß die Anlageperioden durch zweistellige Wertzuwächse oder -minderungen gekennzeichnet sind. Offenbar sind die diversen Anlagemöglichkeiten in verschiedene Risikoklassen einzuordnen. Diese sollen im folgenden mit »Stetigkeit«, »Wachstum« und »Chance« bezeichnet werden. Erfahrungsgemäß korrespondieren über einen längeren Zeitraum höhere Erträge mit einer Zunahme der Anlagerisiken, wobei als Ertrag die durchschnittliche Wertentwicklung eines Fonds im Beobachtungszeitraum gemeint ist. Als Meßzahl für das Risiko dient die pro Jahr festgestellte Standardabweichung der Wertentwicklung vom errechneten Durchschnittsertrag (Volatilität). Dazu zwei Beispiele: Ein bestimmter von einer deutschen KAG angebotene im Inland anlegende Aktienfonds erzielte im Zeitraum von Juli '87 bis Juni '97 eine durchschnittliche Wertentwicklung von + 13,8 %[2]. Die Standardabweichung betrug 16 %, d. h. mit einer knapp 70 %igen

---

2 Alle Rendite- und Risikokennziffern sind annualisiert.

Wahrscheinlichkeit lag der Ertrag in den letzten 10 Jahren zwischen + 29,8 % (13,8 % + 16 %) und – 2,2 % (13,8 %–16 %). Mit einer gut 30 %igen Wahrscheinlichkeit bewegte sich die erzielte Performance außerhalb dieser Marken. Anders verhalten sich die Zusammenhänge bei einem Immobilienfonds. So erzielte ein von einer deutschen Gesellschaft angebotener Offener Immobilienfonds im gleichen Zeitraum einen Durchschnittsertrag von 7,1 %; das Risiko lag bei 1,1 %. Folglich bewegte sich der Ertrag mit knapp 70 %iger Wahrscheinlichkeit zwischen + 6 % und + 8,2 %. Ein Immobilienfonds gilt daher als eine stetige-risikoarme und ein Aktienfonds als chancenreiche-risikobehaftete Kapitalanlage. Andere Fonds weisen dazwischen liegende Ertrags-/Risikokonstellationen auf.

Für die Asset-Allocation eines Dachfonds sind zwei grundsätzliche Ansätze denkbar: Zum einen kann ausschließlich eine Auswahl von Fonds ähnlich hoher Risikokategorien vorgenommen werden. Zum anderen besteht die Möglichkeit, Fonds unterschiedlicher Risikoklassen in das Portefeuille aufzunehmen. Im ersten Ansatz würde sich ein Dachfonds »Stetigkeit« aus Anteilen von Geldmarkt- und Immobilien- und/oder Rentenfonds mit kurzlaufenden Anleihen zusammensetzen. Ein Dachfonds »Wachstum« könnte aus Rentenfonds bestehen, die in D-Mark-Titeln bzw. Fremdwährungs- oder Wandelanleihen anlegen. Als Richtlinie der Anlagepolitik wären vorgegebene Maximalwerte der Volatilität denkbar. Ein Dachfonds »Chance« konzentriert sich weitgehend auf die Aktienfonds, wobei ein breites Spektrum der Anlagemöglichkeiten genutzt werden kann. Vorstellbar ist eine Konzentration auf Länder- oder Regionenfonds, auf Themenfonds (Pharma, Biotechnologie, Kommunikationstechnologie, Rohstoffe) oder auf solche Fonds, die ausschließlich in aufstrebende Märkte investieren.

Im zweiten Ansatz setzt sich der Dachfonds aus einem oder mehreren Offenen Immobilienfonds, Geldmarkt- sowie deutschen und internationalen Rentenfonds und Aktienfonds zusammen, die jeweils an den deutschen, europäischen, asiatischen, amerikanischen und u. U. sogar an den aufstrebenden Märkten anlegen. Es sind mithin die unterschiedlichsten Risikokategorien vertreten. Die Differenzierung nach den Kriterien »Stetigkeit«, »Wachstum« und »Chance« erfolgt in der Weise, daß der Risikograd durch Hinzumischen von Aktienfonds kontinuierlich – gewissermaßen von 0 auf 100 % – gesteigert wird. Zu bevorzugen ist stets derjenige Ansatz, der eine effiziente Asset-Allocation sicherstellt. Worum es dabei geht, soll im nächsten Abschnitt geklärt werden.

2. Effizienz durch Mischung

Zur Erläuterung des Themas Effizienz ist zunächst davon auszugehen, daß eine Vielzahl von Anlagealternativen besteht. Offenbar gilt es diejenige Anlage zu bevorzugen, die

- bei gleichem Ertrag ein geringeres Risiko oder
- bei gleichem Risiko einen höheren Ertrag oder
- sowohl einen höheren Ertrag als auch gleichzeitig ein geringeres Risiko aufweist[3.]

Derartige Anlagen nennt man »effizient«, sie sind optimal. Unterstellt man nun, daß nur eine risiko-/ertragsarme sowie eine risiko-/ertragreiche Alternative besteht, so sind beide

---

3 *Steiner, Manfred/Bruns, Christoph,* Wertpapier-Management, 4. Auflage, Stuttgart 1995, S. 3.

effizient. Der konservative Anleger wird die erste, der mutige die zweite Variante bevorzugen. Welche Effekte werden wirksam, wenn man die beiden Möglichkeiten miteinander mischt? Zur Klärung dieser Frage wird unterstellt, daß es sich bei den Anlagealternativen um die zwei Märkte inländische festverzinsliche Wertpapiere (REX Index) sowie deutsche Aktien (DAX 30-Index) handelt. Für die Untersuchung wurde der Zeitraum Juni '87 bis Juni '97 herangezogen.

Aktien	Renten	Risiko	Ertrag
100	0	19,33	10,60
95	5	18,39	10,44
90	10	17,46	10,27
85	15	16,52	10,11
80	20	15,59	9,94
75	25	14,67	9,78
70	30	13,74	9,62
65	35	12,82	9,45
60	40	11,91	9,29
55	45	11,01	9,12
50	50	10,11	8,96
45	55	9,22	8,80
40	60	8,35	8,63
35	65	7,50	8,47
30	70	6,68	8,30
25	75	5,90	8,14
20	80	5,18	7,98
15	85	4,54	7,81
10	90	4,03	7,65
5	95	3,71	7,48
0	100	3,61	7,32

Tab. 1: Ertrags-/Risikoverhältnis: Anlage-Mix aus deutschen Aktien und Festverzinslichen (alle Angaben in %)

Die Punkte A und B der Abbildung 1 kennzeichnen eine ausschließliche Investition entweder in festverzinsliche Wertpapiere (A) oder deutsche Aktien (B). Die Kurve zwischen A und B spiegelt die Ertrags-/Risikokonstellation einer Mischung aus beiden Anlagealternativen. Dazu ein Beispiel: Die Konstellation A (100 % Renten) ist durch einen Ertrag von 7,32 % und ein Risiko von 3,61 % gekennzeichnet. Zu Punkt C (95 % Renten,

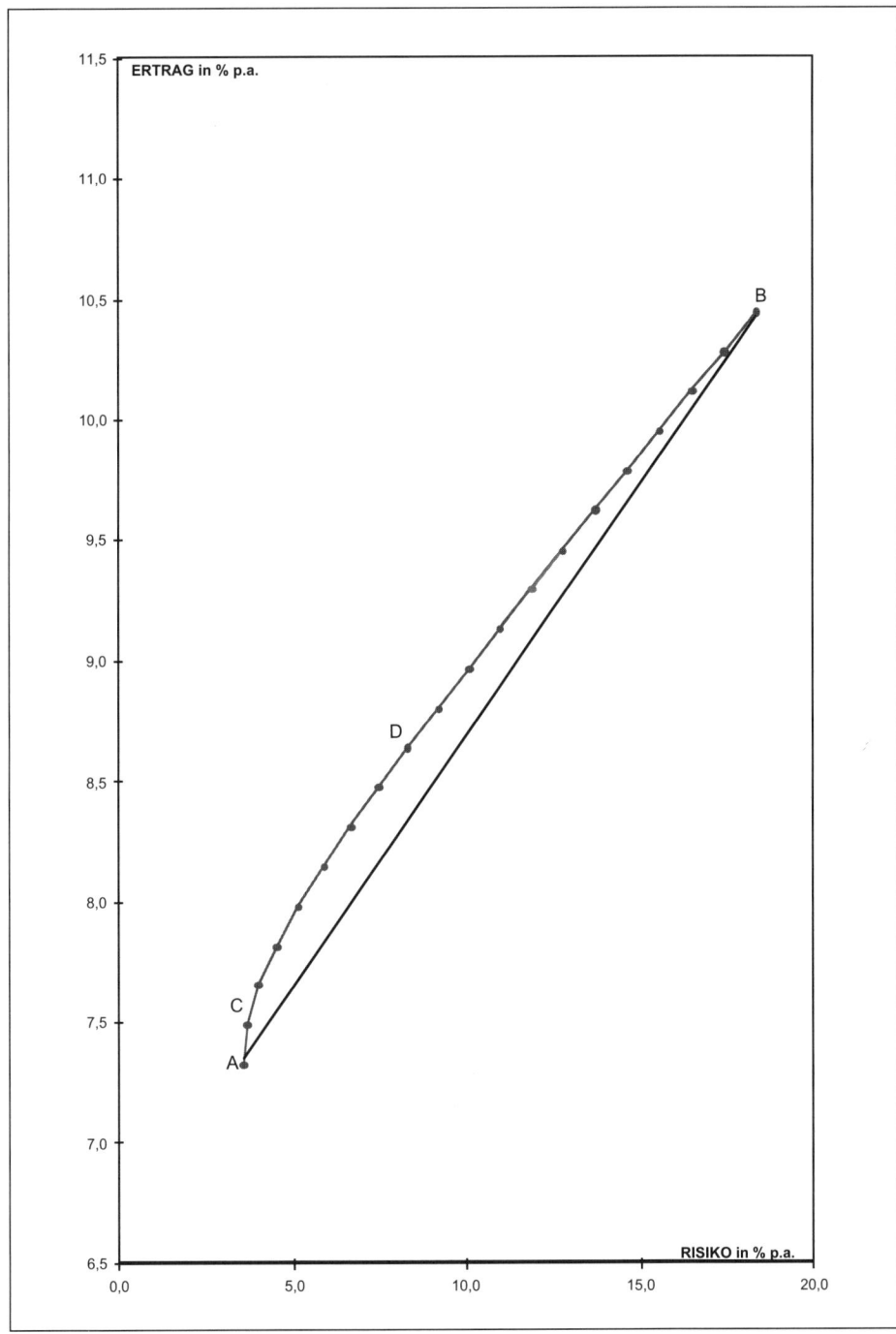

Abb. 1: Effizienz durch Mischung: Ertrags-/Risikoverhältnis: Anlage-Mix aus
deutschen Aktien und Festverzinslichen

5 % Aktien) gilt die Ertrags-/Risikokombination 7,48 %/3,71 %. Der Ertrag steigt somit stärker als das Risiko, nämlich um 0,16 % gegenüber 0,10 % Risikozuwachs, statt 0,79 %, wie vielleicht vordergründig durch Addition anzunehmen wäre. Die Beobachtung, durch Hinzumischen der risikoreichen Aktienanlage zu Lasten der Rentenanlage einen überproportionalen Ertrag zu erzielen, mutet auf den ersten Blick wenig realistisch an. Vielmehr würde die Vermutung naheliegen, daß höhere Erträge nur durch die gleichzeitige Inkaufnahme zumindest gleicher Risikozuwächse winken, also eine proportionale Beziehung existiere sollte, wie es die Linie zwischen A und B zum Ausdruck bringt. Ob eine Effizienzkurve oder – gerade existiert, hängt nicht von der Betrachtung der Ertrags-/Risikokonstellation zweier Anlagealternativen ab, sondern von der Klärung der Frage, inwieweit zwischen den Schwankungen, unter denen sich der Ertrag verändert, eine Wechselbeziehung (Korrelation) besteht. Sie kann eher eng (positiv), neutral oder gar gegenläufig (negativ) sein. Eine sehr enge Wechselbeziehung zwischen der Wertentwicklung von Renten- und Aktienanlagen würde besagen, daß die beiden Anlagekategorien in einer bestimmten Betrachtungsperiode stets ihre jeweiligen Durchschnittserträge bzw. positiven oder negative Abweichungen vom Durchschnitt erzielen. Eine eher neutrale Beziehung besteht, wenn die Festverzinslichen Durchschnittserträge erbringen, sich die Aktien hingegen über- oder unterdurchschnittlich verändern. Ferner kann gelten, daß in Perioden unterdurchschnittlicher Entwicklung der Festverzinslichen die Aktien mit durchschnittlichen Erträgen abschließen. Bei gegenläufiger Wechselbeziehung korrespondiert ein sehr gutes Jahr der Festverzinslichen regelmäßig mit einer sehr schlechten Wertentwicklung der Aktien und umgekehrt.

Die Messung der Wechselbeziehung im zugrundeliegenden Fall kommt zu dem Ergebnis, daß zwischen den beiden Anlagekategorien ein schwacher positiver Zusammenhang in dem beschriebenen Sinne besteht, mithin werden diese Faktoren wirksam: Vollzieht der Rentenmarkt eine unterdurchschnittliche Entwicklung, trägt der Aktienmarkt mit seinen Normalerträgen zur Stabilisierung des Ertrags im Kombinationsportefeuille bei. In einem »normalen« Jahr des Rentenmarktes wirkt ein überdurchschnittliches Aktienjahr ertragssteigernd. Die Mischung bringt somit Zusatzerträge – sie schafft Effizienz. Zurück zur Ausgangssituation: Ein Dachfonds »Stetigkeit« strukturiert sein Portefeuille offenbar dann optimal, wenn er nicht nur schwankungsarme Unterfonds erwirbt, sondern einen bestimmten Anteil in einen risikoreichen höhere Erträge erzielenden Aktienfonds investiert, der einen anderen Schwankungsrhythmus aufweist.

Die Feststellung, unter Beimischung von Aktien in ein Rentenportefeuille einen überproportionalen Ertrag im Verhältnis zur Risikoausweitung zu erzielen, gilt bei weiterer Erhöhung der Aktienquote nicht, vielmehr wächst das Risiko stärker als der Ertrag. Es verbleibt die Beantwortung der Frage nach dem optimalen Mischungsverhältnis. Da sämtliche Punkte auf der Kurve eine effiziente Kombination darstellen, ist letztlich die Risikotoleranz des einzelnen Anlegers maßgebend; der konservative und sicherheitsorientierte wird Punkt A anstreben; der mutige und chancenorientierte Punkt B. Die Mehrheit dürfte mit großer Wahrscheinlichkeit zwischen diesen Extremen disponieren. Für verschiedene Investoren hat sich die Regel als sinnvoll erwiesen, gerade soviel Risiko zu akzeptieren, daß der Ertrag mit einer Wahrscheinlichkeit von etwa 84 % nicht aufgezehrt wird[4]. Oder

4 *Steiner, Manfred/Bruns, Christoph* a. a. O. S. 57 f., S. 166.

anders ausgedrückt: Nur in jedem 6. Jahr ist man im Durchschnitt bereit, Vermögensmin-
derungen zu akzeptieren. Die Mischung 40 % Aktien und 60 % Festverzinsliche (Punkt D)
erfüllt diese Bedingung, denn sie entspricht einem Risiko-/Ertragsverhältnis von 8,35 % zu
8,63 %. Andere Anleger dürften ein solches Risiko kaum akzeptieren, ihnen geht es darum,
größtmögliche Aussagen zur Stabilität des Vermögens zu erhalten, denn sie denken in
Sparbuch- oder Festgeldkategorien. Sie erheben den Anspruch, daß der Ertrag zumindest
doppelt so hoch wie das Risiko sein muß. Das zweifache Risiko (die doppelte Standardabweichung) macht Aussagen mit einer 97,725 %igen, d. h. mit einer 1 zu 44 Wahrscheinlichkeit. Dieses Kriterium wird durch die Kombination 5 % Aktien und 95 % Festverzinsliche
(Punkt C) erfüllt, denn das zweifache Risiko (2 x 3,71 = 7,42) ist noch geringer als der Etrag
von 7,48 %; hier gilt die statistische Aussage: Nur einmal in 44 Jahren sollte dem Anleger
eine Vermögensminderung drohen. Freilich mußte er sich in den letzten 10 Jahren mit
einem Ertrag von unter 7,50 % begnügen. Vermutlich wird die Mehrheit der Anleger eine
Risikotoleranz zwischen diesen beiden Extremwerten haben.

Anhand des Zwei-Wertpapier-Beispiels wurden die Auswirkungen der Mischung
verschiedener Risikokategorien auf den Ertrag des Portefeuilles verdeutlicht. Welche
Mischungseffekte werden durch die Einbeziehung weiterer Anlagekategorien wirksam?

IV. Grundzüge eines idealen Dachfonds für den Versicherungsvertrieb

Wie oben dargelegt, sind diverse effiziente Zusammenstellungen eines Portefeuilles
möglich. Damit eine bestimmte Allocation auch nachgefragt wird, muß sie offenbar genau
den Kundenwünschen – der Risikotoleranz des Anlegers – entsprechen. Angesichts der
Vielzahl möglicher Risikopräferenzen gelangt man rasch zu der Auffassung, mindestens
drei Dachfonds auflegen zu müssen: »Stetigkeit« für den konservativen und »Chance« für
den risikobewußten Anleger, während »Wachstum« alle anderen anspricht. Doch – sind
tatsächlich drei unterschiedliche Risikokategorien erforderlich? Welche Erfahrung hat der
Versicherung-Fondsvertrieb gesammelt?

1. Erfahrungen aus dem Versicherungs-Fondsvertrieb

Auf dem deutschen Investmentmarkt für Publikumsfonds zählen KAGs, deren Gesellschafter teilweise oder überwiegend Versicherungsunternehmen sind, zwar nicht zu den
ältesten Gesellschaften der Branche, dennoch können einige von ihnen auch schon auf eine
mehr als 25-jährige Vertriebserfahrung zurückblicken. Vergleicht man die Produktpalette
mit derjenigen solcher KAGs, die Tochtergesellschaften eines Kreditinstitutes sind, fällt
sofort die geringere Anzahl der Fonds auf, die die Versicherungstöchter am Markt
plazieren. Die Begründung liegt in der unterschiedlichen Vertriebsstruktur. Während der
Versicherungsvertrieb zunächst eine breite Produktpalette an Versicherungen abdeckt und
Investmentfonds nur ergänzend vertreibt, gehen die Banken genau umgekehrt vor: Im

Vordergrund stehen die Bankprodukte wie u. a. Investmentfonds, wohingegen der Verkauf von Versicherungen eher eine untergeordnete Rolle spielt. Es mag sein, daß der Versicherungsvertrieb angesichts des eingeschränkten Produktangebots bestimmte Marktsegmente nicht anspricht, allerdings ist es sehr wahrscheinlich, daß er die Masse der Versicherungskundschaft erreicht. Ein weiteres gilt es zu bedenken: Die Zeitspanne zwischen Produkteinführung und erfolgreichem Vertreiben ist im Versicherungsvertrieb ungleich länger, da umfassende Produktschulungen in das Schulungs-, aber auch Marketing-Konzept sowie in die Vertriebsplanungsaktivität der Versicherung zu integrieren sind. Diese gründlichen Vorarbeiten kosten Zeit, zweifellos zum Vorteil der längerfristigen Entwicklung, denn Vertriebserfolge eines Produktes pflegen über einen längeren Zeitraum anzuhalten. Die Übersetzungsmechanismen sind nur langsam in Gang zu setzen; ist dies geschehen, laufen sie mit erhöhter Tourenzahl. So wird deutlich, weshalb Versicherungs-KAGs keine Rentenlaufzeitenfonds auflegten, obwohl diese Produkte Anfang der 90er Jahre stark nachgefragt waren. Doch innerhalb der kurzen Verkaufsfrist konnten die Schulungs- und Planungsaktivitäten nicht umgesetzt werden.

Bei Betrachtung der Vertriebsergebnisse der Versicherungen fällt ein weiteres auf: Die Erfolge verteilen sich nicht gleichmäßig auf die gesamte Produktpalette, vielmehr ragt stets ein Absatzfavorit heraus. In den 70er Jahren lag das Augenmerk auf den deutschen Rentenfonds. Mitte bis Ende der 80er Jahre änderte sich das Bild zugunsten des internationalen Rentenfonds, danach entwickelte sich der Offene Immobilienfonds zum Favorit. In jüngster Zeit findet eine Verlagerung der Vertriebsaktivitäten in Richtung Fonds-Picking-Produkte statt. In allen Beobachtungszeiträumen trug stets nur ein Produkt das Geschäft. Mit Blick auf diese Regelmäßigkeiten liegt die Vermutung nahe, daß eine Versicherungs-KAG offenbar auch lediglich einen Dachfonds auflegen sollte, dies gilt vor allem, wenn der Risikotoleranz der Anlegermehrheit entsprochen werden kann.

2. Tabellen und Diagramme

Im Abschnitt III. Punkt 2. wurde erläutert, welche zusätzlichen Erträge ein Portefeuille abwerfen kann, wenn die Quote festverzinslicher Wertpapiere sukzessiv durch die Aufnahme von Aktien reduziert wird. Der Kritiker könnte einwenden, daß dieses Ziel auch mit einem Mischfonds, der sich aus Aktien und festverzinslichen Wertpapieren zusammensetzt, zu realisieren ist. Doch ein Dachfonds kann mehr leisten, denn ihm ist es erlaubt, nicht nur Renten- und Aktienfonds, sondern auch Immobilienfonds zu erwerben. Die Tabelle 2 bringt die wirksam werdenden Effekte zum Ausdruck.

In diesem Beispiel wird unterstellt, daß sich die Portefeuilles aus deutschen Aktien, deutschen Festverzinslichen und inländischen Offenen Immobilienfonds zusammensetzen.[5]

---

5 Risiko- und Ertragskennziffern wurden dem S-Rundschreiben Nr. 32/97 des BVI Bundesverband Deutscher Investmentgesellschaften e. V. vom 20. August 1997 über Wertentwicklung und Volatilität für den Zeitraum Juni 1987 bis Juni 1997 entnommen. Maßgebend sind der DAX-30 Index, der REX Index sowie Durchschnittswerte aller Offenen Immoblilienfonds. Die Korrelationskoeffizienten sind von der HANSAINVEST Hanseatische Investment-GmbH anhand der zur Verfügung stehenden Daten ermittelt worden.

Aktien	Renten	Immobilien	Risiko	Ertrag
100	0	0	19,33	10,60
89	11	0	17,27	10,24
82	18	0	15,97	10,01
74	26	0	14,48	9,75
66	34	0	13,01	9,48
59	41	0	11,73	9,26
44	56	0	9,05	8,76
36	64	0	7,67	8,50
28	72	0	6,36	8,24
21	79	0	5,32	8,01
15	76	9	4,35	7,76
15	70	15	4,22	7,72
13	63	24	3,77	7,60
12	61	27	3,60	7,55
11	50	39	3,23	7,45
9	41	50	2,76	7,32
8	35	57	2,51	7,25
5	30	65	2,06	7,17
5	13	82	1,70	7,00
3	0	97	1,27	6,85
0	0	100	1,15	6,73

Tab. 2: Ertrags-/Risikoverhältnis: Anlage-Mix deutsche Aktien, Festverzinsliche und Offene Immobilienfonds (alle Angaben in %)

Im Vergleich zum Anlage-Mix Aktien und Festverzinsliche Wertpapiere verläuft die Ertragskurve jetzt von 6,73 % bis 10,60 % bei einem Risiko von 1,15 % bis 19,33 %. Während der Endpunkt wiederum einem 100 %igen Investitionsgrad in deutschen Aktien entspricht, korrespondiert der Anfangspunkt mit einer vollständigen Anlage in Immobilienfonds, die durch ein extrem niedriges Risiko von 1,15 % gekennzeichnet sind. Zwei Beispiele verdeutlichen die Überlegenheit einer Anlagekombination, die auch Immobilienfonds einbezieht. So erbrachten 9 % Aktien, 41 % Festverzinsliche und 50 % Immobilienfonds einen Ertrag von 7,32 % bei einem Risiko von 2,76 %. Ohne Immobilienfonds war dieser Ertrag ebenfalls ausschließlich mit Festverzinslichen zu erzielen, allerdings bei einem Risiko von 3,61 % (s. Tabelle 1). Diese Risikoneigung verschaffte dem Anleger unter Einbeziehung der Immobilienquote von 27 % (61 % Festverzinsliche, 12 % Aktien) einen Ertrag von 7,55 %. Als Ergebnis ist festzuhalten: Bis zum Ertrags-/Risikopunkt 7,76 %/4,35 % schaffen Offene Immobilienfonds Effizienz. Erträge über 8 % waren nur durch Verzicht auf Immobilienanlagen möglich. Insofern nimmt die Effizienzkurve dann einen identischen Verlauf zum Anlage-Mix Aktien/Festverzinsliche.

Eine zusätzliche Ertragssteigerung bei vorgegebenem Risiko wird durch das Einbeziehen weiterer Anlagekategorien ermöglicht. In Tabelle 3 ist das Musterportfolio um internationale Festverzinsliche sowie Europäische Aktien ergänzt. Die Ertrags/Risiko-kennziffern betragen 8,37 %/7,55 % für die erst- und 11,37 %/16,29 % für die letztgenannte Anlagekategorie[6]. Im Vergleich zum DAX-Index erweist sich die Anlage in europäische Aktien als effizient. Internationale Festverzinsliche sind zwar spürbar risikoreicher als vergleichbare D-Mark-Titel, allerdings ist die Wechselbeziehung gering. Die Erträge steigen also in einem anderen Schwankungsrhythmus.

Die Risiko-/Ertragskurve (Effizienzlinie) beginnt jetzt bei 1,14 %/6,77 % (99 % Immobilien, 1 % europäische Aktien) und endet bei 16,29 %/11,37 % (100 % europäische Aktien). Durch das Hinzumischen weiterer Anlagekategorien gelingt erneut eine Effizienzsteigerung, was bei Betrachtung einiger markanter Punkte deutlich wird. Ein Ertrag von 7,32 % konnte jetzt unter Inkaufnahme eines Risikos von nur noch 2,23 % erzielt werden. Eine Risikotoleranz von 3,61 % ermöglichte einen Ertrag von 7,80 %. Der Anlage-Mix aus Offenen Immobilienfonds, deutschen und internationalen Festverzinslichen sowie europäischen Aktien erwies sich gegenüber einer reinen deutschen Rentenanlage als wesentlich ertragreicher. Darüber hinaus schlägt das Musterportfolio auch die internationalen Renten, denn der Ertrag von 8,37 % korrespondiert mit einem Risiko von 5,27 % statt 7,55 %. Der entsprechende Anlage-Mix geht aus der Tabelle hervor.

Aus Gründen der Datenverfügbarkeit sind hinsichtlich der Aktien- und Rentenauswahl Indizes als Basis gewählt worden. Es dürfte erlaubt sein, die ermittelten Ergebnisse in dem Sinne zu übertragen, daß statt der Indizes Fonds für das Portefeuille erworben werden. Aus dem Musterportfolio wird dann eine ideale Dachfondskombination.

Die Abbildung verdeutlicht die Überlegenheit des Musterportfolios sowohl gegenüber deutschen als auch internationalen Rentenanlagen.

3. Optimale Asset-Allocation

Die dargelegten Tabellen und Abbildungen machen deutlich: Ein Dachfonds schafft Effizienz, weil das gesamte Spektrum der Anlagemöglichkeiten – vor allem Immobilienfonds – genutzt werden kann. Zu klären ist, welche der zahlreichen Optimalkombinationen als diejenigen gewählt werden sollten, die den Belangen des Versicherungsvertriebes am

---

6 S-Rundschreiben Nr. 32/97 BVI Bundesverband Deutscher Investment-Gesellschaften e. V. vom 14. August 1997, Kennziffer für die Rentenfonds mit internationalem Anlageschwerpunkt ist der S.B. Bondindex (auf D-Mark Basis), Kennziffer für die Aktienfonds mit Anlageschwerpunkt Europa ist der MSCI-Europe Index (auf D-Mark Basis). Die Korrelationskoeffizienten sind von der HANSAINVEST Hanseatische Investment-GmbH ermittelt worden.

Immobilien	dt. Renten	intern. Renten	europ. Aktien	Risiko	Ertrag
–	–	–	100,0	16,29	11,37
–	–	25,7	74,3	13,06	10,60
–	–	36,7	63,3	11,78	10,27
–	16,2	36,4	47,4	9,42	9,62
–	33,4	31,3	35,3	7,54	9,08
–	35,9	30,5	33,6	7,27	9,00
–	43,9	28,1	28,0	6,44	8,75
3,2	52,6	24,0	20,2	5,27	8,37
12,7	46,7	21,5	19,1	4,89	8,24
19,4	42,6	19,8	18,2	4,63	8,15
37,7	31,4	14,9	16,0	3,90	7,90
45,1	26,9	13,0	15,0	3,61	7,80
56,1	20,1	10,1	13,7	3,17	7,65
63,4	15,6	8,2	12,8	2,88	7,55
70,8	11,1	6,2	11,9	2,60	7,45
80,3	5,2	3,7	10,8	2,23	7,32
90,0	–	0,8	9,2	1,81	7,17
94,2	–	–	5,8	1,40	7,00
97,4	–	–	2,6	1,17	6,85
99,0	–	–	1,0	1,14	6,77

Tab. 3: Ertrags-/Risikoverhältnis: Anlage-Mix Offene Immobilienfonds, deutsche
Festverzinsliche, internationale Festverzinsliche, europäische Aktien
(alle Angaben in %)

ehesten entsprechen. Zahlreiche Gespräche mit Kunden, die u. a. durch fällig gewordene
Lebensversicherungen über ansehnliche Ersparnisse verfügen, führen regelmäßig zu dem
Ergebnis: Im Vordergrund steht der Erhalt des Vermögens. Insofern dürfte eine möglichst
sichere Aussage zu den voraussichtlichen Erträgen einer Geldanlage genau den Vorstellun-
gen der weit überwiegenden Mehrheit der Kundschaft entsprechen. Erfahrungsgemäß ist
aber auch eine Bereitschaft vorhanden, gewisse Risiken einzugehen. Die Kombination
4,63 % Risiko, 8,15 % Ertrag (Punkt A in Abbildung 3) dürfte als optimal gelten. Ein
Quotient von 1,76 (8,15:4,63) macht Aussagen mit 96 %iger Wahrscheinlichkeit[7], folglich
beträgt das Risiko 4 %, in einem Jahr eine Vermögensstagnation oder -minderung hinneh-

---

7   *Steiner, Manfred/Bruns, Christoph*, a. a. O. S. 166.

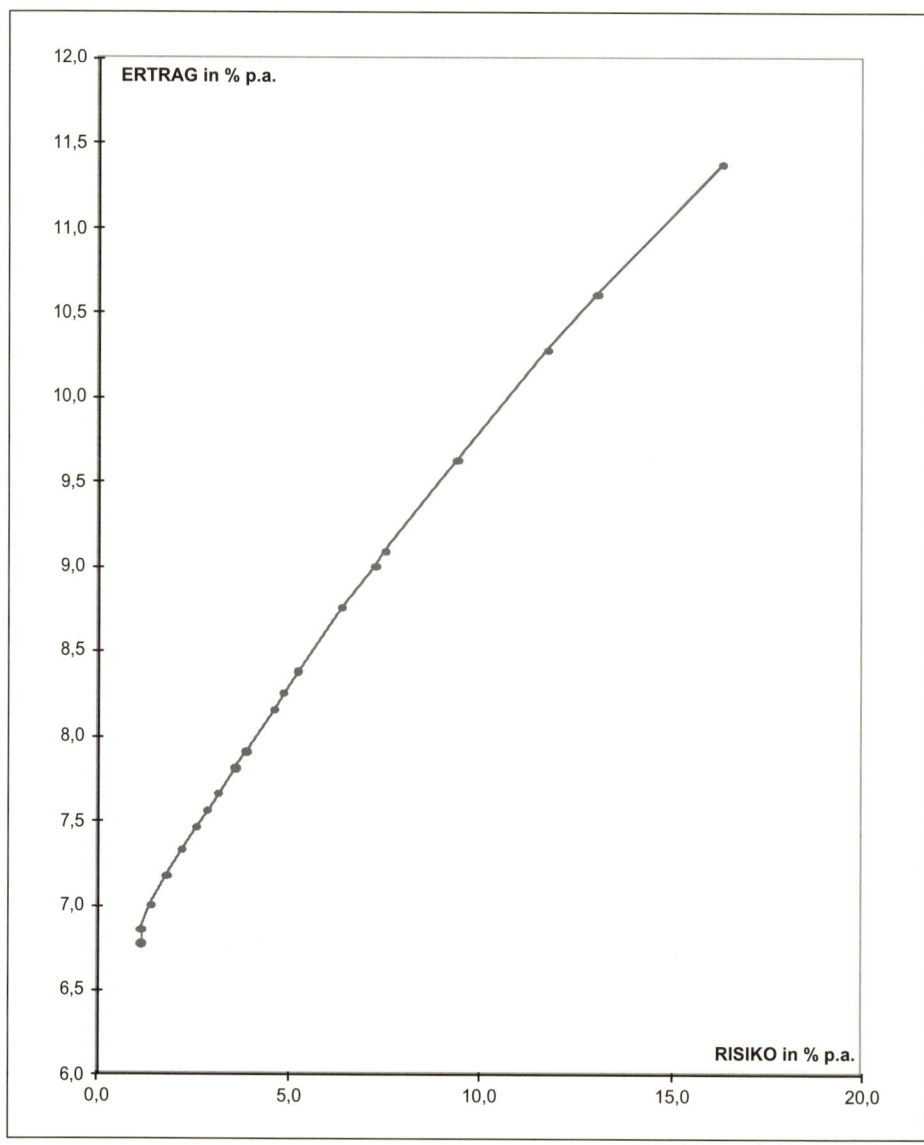

Abb. 2: Effizienz durch Mischung: Ertrags-/Risikoverhältnis: Anlage-Mix Offene
Immobilienfonds, deutsche Festverzinsliche, internationale Festverzinsliche,
europäische Aktien

men zu müssen, d. h. statistisch alle 25 Jahre. Um diesen Ertrag zu erzielen, mußte der
Dachfonds zu 42,6 % in deutschen und 19,8 % in internationalen Rentenfonds sowie zu
19,4 % in Offenen Immobilienfonds und zu 18,2 % in Aktienfonds mit Anlageschwerpunkt
Europa investiert sein.

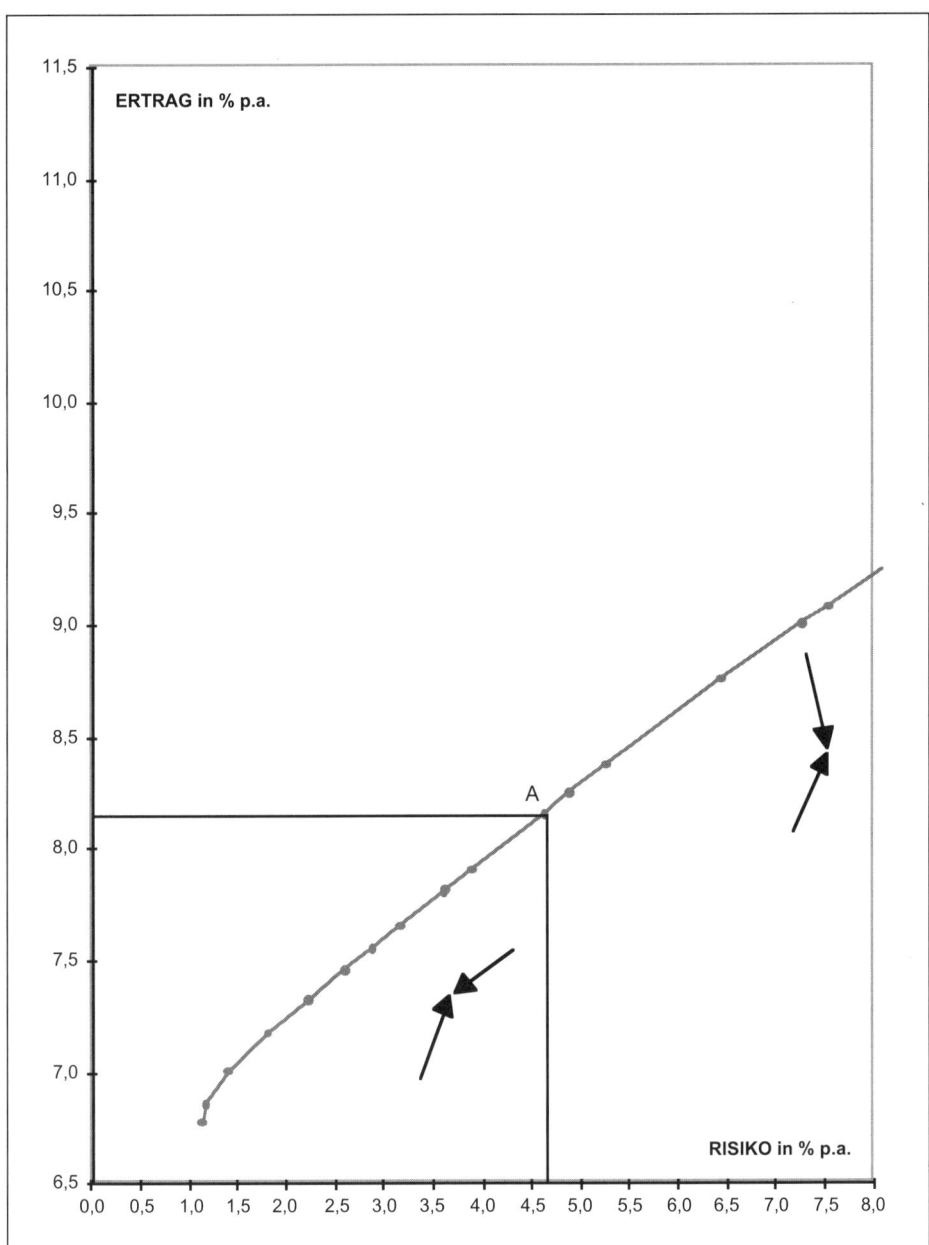

Abb. 3: Ausschnitt aus Abb. 2

4. Aktives und balanciertes Portfoliomanagement zur Performanceoptimierung

Nach Festlegung des Mischungsverhältnisses stellt sich für das Dachfondsmanagement die Frage der erforderlichen Aktivitäten. Wann, wie oft und in welcher Hinsicht ergeben sich Notwendigkeiten zum Handeln? Die letzte Frage will u. a. geklärt wissen, inwieweit der Dachfondsmanager beispielsweise regelmäßig individuelle Einschätzungen der Aktienmärkte vornimmt und bei Erreichen bestimmter Kursziele Dispositionen trifft. Die folgende Überlegung spricht für Passivität in diesem Zusammenhang: Ausgehend von der Annahme, daß der Unterfondsmanager zwecks Erzielung einer überdurchschnittlichen Performance den Liquiditätsgrad häufig ändert, verstärken oder neutralisieren zusätzliche Aktivitäten im Dachfonds die Wirkung auf das Portefeuille.

Eine Erhöhung der Liquiditätsquote im Unterfonds um 10 % sowie zudem eine Verringerung des Aktienfondsanteils am Dachfonds um den gleichen Prozentsatz reduziert das Gesamtengagement in Aktien um 20 %, entfernt so das Gesamtportefeuille vom optimalen Mischungsverhältnis mit entsprechender Auswirkung auf die Ergebnisse. Insofern mögen die Ansätze, durch Liquiditätssteuerung oder Branchengewichtung eine überdurchschnittliche Wertentwicklung zu erzielen, den Einzelfondsmanagern überlassen bleiben. Sie sind Spezialisten und handeln aktiv. Dies heißt jedoch wiederum nicht, daß der Dachfonds inaktiv und passiv verwaltet werden sollte. Die Aktivitäten konzentrieren sich auf die Auswahl der Einzelfonds. Es gilt solche auszuwählen, die nicht nur sporadisch, sondern dauerhaft mit überdurchschnittlichen Ergebnissen aufwarten. Hinzu kommt, daß die Prüfung effizienter Portefeuilles selten abgeschlossen ist. Das Gesetz läßt einen weiten Spielraum hinsichtlich der Fondsauswahl zu und erzwingt eine intensive Beschäftigung mit Risiko-/Ertragsbeiträgen der Einzelfonds sowie der bestehenden Wechselbeziehungen untereinander.

Wenn die Ausnutzung kurzfristiger Marktschwankungen zugunsten des Dachfonds aus den genannten Gründen möglichst unterbleiben sollte und unterstellt wird, daß das Portefeuille optimal strukturiert ist, rücken Überlegungen zur Erhaltung des Gleichgewichtszustandes in den Vordergrund. Da sich der Dachfonds aus den verschiedensten Fondsarten zusammensetzen kann, tragen die jeweiligen Quoten regelmäßig in einem unterschiedlichen Ausmaß zur Gesamtperformance bei. Vor allem die chancenreichen Fonds werden bei ständiger Passivität des Dachfondsmanagements deutlich von ihrem optimalen Anteil abweichen, natürlich in beide Richtungen. Der Dachfonds ist dadurch nicht mehr effizient angelegt, er ist aus der Gleichgewichtskombination geraten und es gilt, ihn wieder ins Lot zu bringen, das Portefeuille zu balancieren. Dies bedeutet schlicht: Anteile von Fonds mit Überperformance werden veräußert, wohingegen diejenigen Fonds aufzustocken sind, die zunächst einen unterdurchschnittlichen Beitrag erbracht haben, und zwar in dem Umfang, bis die Optimalkombination wieder erreicht ist. Es bleibt die Frage nach den Kriterien, die den Balancierungsprozeß auslösen. Sie können zeitlich fixiert, aber auch erst dann wirksam werden, wenn ein Unterfonds eine bestimmte Über- oder Unterperformance erzielt, mithin droht, eine festgesetzte Toleranzgrenze zu durchbrechen. Gerade in diesem Punkt wird das jeweilige Dachfondsmanagement vermutlich einen unterschiedlichen Ansatz wählen.

5.   Aktuelle Einsatzmöglichkeiten im Versicherungsvertrieb

Die Diskussion hat gezeigt, welche Auswirkungen auf Ertrag und Risiko einer Anlage durch Mischung von Wertpapierfonds mit Offenen Immobilienfonds entstehen. Die Kombination aus 42,6 % D-Mark Renten-, 19,4 % Offene Immobilien-, 19,8 % internationale Renten und 18,2 % Aktienfonds mit Anlageschwerpunkt Europa übertrifft die Anlage sowohl in reinen deutschen als auch reinen internationalen Rentenfonds. Damit darf allerdings keineswegs eine Aussage über die Rendite gemacht werden, da der ermittelte Ertrag von 8,15 % auf Vergangenheitsdaten beruht und künftig höher, aber auch niedriger ausfallen kann. Für den Vertriebspartner geht es darum, dem Kunden anhand aussagekräftiger Tabellen und Diagramme die im Verhältnis zur Einzelfondsanlage günstigere Ertrags-Risiko-Konstellation darzustellen. Die Anlage bewegt sich auf einer ertragreicheren Ebene, der Nutzen der Kapitalanlage wird gesteigert. Sicherlich sind die Ansichten der Kunden zu mannigfaltig, als daß sie auf einen Punkt konzentriert werden könnten. Aus den genannten Gründen trifft der gewählte Anlage-Mix aber die Bedürfnisse der Mehrheit der Anleger. Der mutige/risikobewußte Sparer sollte sich unmittelbar ein oder zwei Aktienfonds zuwenden, wohingegen der konservative risikoscheue Anleger weiterhin auf Offene Immobilienfonds oder auf Fonds mit vergleichbar niedrigem Risikoprofil setzen dürfte.

Die Einsatzmöglichkeiten eines Dachfonds, der sich aus dem beschriebenen Anlage-Mix zusammensetzt, liegen in zwei Bereichen, der Wiederanlage fälliger Lebensversicherungen sowie dem Zielsparen zwecks Tilgung eines Darlehens. Erhält ein Kunde eine Lebensversicherung ausgezahlt, so steht bei der Wiederanlage des Betrages stets die Frage »Sicherheit« im Vordergrund der Überlegungen. Gleichzeitig soll das angesparte Kapital aber auch Erträge zur Bestreitung des Lebensunterhaltes erwirtschaften. Es geht also um eine möglichst schwankungsfreie, aber dennoch rentable Kapitalanlage, Eigenschaften, die der Dachfonds mit der gewählten Kombination aus Unterfonds geradezu in idealer Weise erfüllt. Die Gefahr eines Substanzverzehrs ist gering, gleichzeitig werden die sich bietenden Chancen an den Immobilien-, Renten- und Aktienmärkten optimal genutzt.

Das zweite Einsatzgebiet betrifft die fondsgebundene Darlehenstilgung. Gerade weil der konzipierte Dachfonds ein ausgewogenes Verhältnis zwischen Ertrag und Risiko anstrebt, stellt er einen möglichst stetig wachsenden Vermögensaufbau sicher. Mit hohem Wahrscheinlichkeitsgrad können Aussagen darüber gemacht werden, wann der Betrag angespart ist, der zur Tilgung des Darlehens dienen soll. Hinzu kommt, daß sich die Entwicklung für den Sparer jederzeit transparent darstellt, ein klassischer Vorteil der Fondsanlage. Wenn an diesem Beispiel neue Geschäftsarten für KAGs umrissen werden, so ist ergänzend auf mögliche Produktkombinationen unter Einbeziehung der Versicherungsproduktpalette einzugehen. Unterstellt man eine Darlehensgewährung durch die Versicherung und Tilgung über einen Fonds, gilt es, den denkbaren Todesfall sowie etwaige Berufsunfähigkeit abzusichern. Risiken, die durch eine Risikolebens- und Berufsunfähigkeitsversicherung bestens abgedeckt werden. Eine derartige Produktkombination dürfte sich rasch als eine Lösung erweisen, von der alle Partner profitieren.

6.   Offene Fragen

Der Dachfonds in der dargelegten Kombination aus Wertpapier- und Immobilienfonds beruht auf einer Modellrechnung, in die zum Zwecke der Demonstration Indizes als Grundlage für die Wertentwicklung der Wertpapierfonds eingegangen sind. Sinnvollerweise sollten die Ertrags-Risikopunkte der in Betracht kommenden Fonds unmittelbar berücksichtigt werden. Dies setzt die Berechnung der jeweiligen Korrelationskoeffizienten voraus. Die Aktienquote beschränkt sich in dem Modell auf europäische Standardwerte. Ratsam erscheint es, die Auswahl zusätzlich aus deutschen Aktienfonds für Standard- und/oder Spezialwerte sowie aus Fonds auszuwählen, die Aktien außerhalb Europas erwerben. Durch eine solche Auswahl dürfte eine Verbesserung der Ertrags-/Risikokonstellation der Aktienfonds mit entsprechender Auswirkung der Gewichtung im Dachfonds erreicht werden. Zu klären ist ferner die anzusetzende Ertragskennziffer. Das Modell verwendet den Durchschnitt der letzten 10 Jahre. Bei der konkreten Umsetzung geht es letztlich jedoch um realistische Ertragserwartungen. Die Frage ist erlaubt, inwieweit diese tatsächlich dem Durchschnittswert der Vergangenheit gleichzusetzen sind. Vermutlich entspricht es eher der Realität, wenn Kapitalmarkttendenzen der kürzer zurückliegenden Zeit stärker in die Überlegungen einbezogen werden. Dagegen erweist es sich hinsichtlich der Wahl der Schwankungs- und Korrelationskennziffern durchaus als sinnvoll, an langjährigen Durchschnittswerten festzuhalten. Schließlich verbleibt die Frage, inwieweit steuerliche Faktoren zu berücksichtigen sind. Mit Blick auf die diesbezüglich sehr unterschiedlichen Belange der einzelnen Anleger nimmt das Modell bewußt Abstand von steuerlichen Überlegungen. Sie können je nach Grenzsteuersatz jederzeit einbezogen werden. Im Ergebnis wird sich die Quote der Immobilien- und vor allem Aktienfonds zu Lasten der Rentenfonds erhöhen.

Die aufgeworfenen Fragen stellen eine Auswahl der Themen dar, die erörterungsbedürftig bleiben. Bei alledem wird eine Grundaussage allerdings erhalten bleiben: Der balancierte Dachfonds schafft Effizienz und erweist sich in der Mehrheit der Risikozonen im Vergleich zu Einzelfonds als die bessere Alternative.

V.   Zusammenfassung

1. Mit der Neufassung des § 1 Abs. 1 des Gesetzes über Kapitalanlagegesellschaften wird den Kapitalanlagegesellschaften die Möglichkeit eröffnet, neben den bereits zugelassenen Geldmarkt-, Wertpapier-, Beteiligungs- und Grundstücks-Sondervermögen auch Investmentfondsanteil-Sondervermögen aufzulegen, so daß Dachfonds gebildet werden können.
2. Dieser Fondskategorie ist es erlaubt, in sämtliche der zugelassenen Fondsarten zu investieren. Ausgeschlossen ist lediglich der Erwerb von Anteilen an anderen Dachfonds. Die Regelung, nach der ein Dachfonds nicht mehr als 10 % der von einem anderen Fonds insgesamt ausgegeben Anteile erwerben darf, verhindert zwar das Entstehen einer beherrschenden Stellung des Dachfonds an Unterfonds, bedeutet andererseits eine starke Eingrenzung der KAG-eigenen Fondspalette. Wünschenswert ist eine Ausweitung der Grenze auf 20 %.

3. Durch die ermöglichte Mischung aus Immobilien-, Renten- und Aktienfonds wird Effizienz geschaffen, d. h. gleiche Erträge sind bei einem geringeren Risiko bzw. bei vorgegebenem Risiko sind höhere Erträge zu erzielen.

4. Der Versicherungs-Fondsvertrieb hat in der Vergangenheit stets ein Produkt erfolgreich verkauft. Dabei stand das Ziel »Vermögenserhalt bei angemessener Verzinsung« regelmäßig im Vordergrund. Ein Dachfonds, bestehend aus 43 % deutschen und 20 % internationalen Rentenfonds, 19 % Immobilien- sowie 18 % Aktienfonds mit Anlageschwerpunkt Europa weist ein Risiko-/Ertragsverhältnis auf, das der Mehrheit der Kundenwünsche entsprechen dürfte.

5. Ein Dachfonds in dieser Konzeption sollte sich im Versicherungs-Fondsvertrieb rasch als Absatzrenner etablieren. Dies gilt vor allem für die Anlage fällig gewordener Lebensversicherungen sowie im Zusammenhang mit der Tilgung von Darlehen, die von Versicherungsunternehmen gewährt wurden.

6. Die Aktivitäten des Portfoliomanagements konzentrieren sich auf die Auswahl von Unterfonds mit zu erwartender überdurchschnittlichen Wertentwicklung sowie auf die Balancierung des Dachfonds.

Literatur

Steiner, Manfred/Bruns, Christoph: Wertpapier-Management, 4. Aufl. Stuttgart 1995

BVI Bundesverband Deutscher Investment-Gesellschaft e. V. S-Rundschreiben Nr. 32/97 vom 14. August 1997

Gesetz über Kapitalanlagegesellschaften (KAGG) BGBl. 1970 I S. 127

Walter Capellmann*

Die fondsgebundene Lebensversicherung als Alternative zu bestehenden Spar- und Anlageprodukten

* *Walter Capellmann*, Vorsitzender des Vorstandes der Aegon Versicherungen

I. Einleitung

Der Markt für Finanzdienstleistungen und Versicherungen hat sich in den 90er Jahren gewandelt. Drei Veränderungen sind dabei in erster Linie zu nennen.

1. Die Deregulierung des Finanzmarktes von 1994

Lange Zeit galt der deutsche Markt für Geldanlage- und Versicherungsprodukte fast schon als eine geschlossene Gesellschaft. Die großen Unternehmen teilten sich die wesentlichen Marktanteile; neue Anbieter hatten es schwer, sich auf Dauer zu etablieren. Dies hat sich seit 1994 im Zuge der europäischen Wirtschafts- und Währungsunion geändert. Die Branche wird internationaler. Immer mehr ausländische Versicherer und Banken drängen auf den deutschen Markt. Die Folgen: Die Zahl der Anbieter steigt, neue Produkte machen traditionellen Sparformen Konkurrenz, der Wettbewerb verschärft sich.

2. Die Aufwertung der privaten Altersvorsorge

Die Krise des gesetzlichen Rentenversicherungssystems hat dazu geführt, daß die private Altersvorsorge als Motiv für langfristiges Sparen weiter an Bedeutung gewinnt. Nach den Prognosen des Verbandes der Rentenversicherungsträger (VDR) kommen im Jahr 2030 auf 100 Beitragszahler schon 96 Rentenbezieher. Zehn Jahre später »dreht« sich das Verhältnis: 100 Beitragszahler müssen 102 Rentner finanzieren. Die Deckungslücke bei den Lebenshaltungskosten im Alter wird künftig größer werden. Wer den gewohnten Lebensstandard auch im letzten Lebensabschnitt nicht herunterschrauben will, ist daher auf die private Vorsorge angewiesen.

3. Veränderungen im Verbraucherverhalten

Bei den Verbrauchern ist ein zunehmendes Bewußtsein für renditestarke Geldanlageprodukte und für eine konsequente Serviceorientierung der Finanzdienstleister zu beobachten. Das veränderte Verbraucherverhalten korrespondiert mit den beiden schon genannten Trends. Durch die verstärkte Konkurrenz der Finanzdienstleister untereinander wird der Service zu einem wichtigen Element der Marketing- und Vertriebsstrategie; die Notwendigkeit der privaten Vorsorge lenkt das Augenmerk des Verbrauchers verstärkt auf die Renditechancen der jeweiligen Geldanlage.

Vor diesem Hintergrund muß auch die fondsgebundene Lebensversicherung (FLV) im Vergleich zu anderen Sparformen neu bewertet werden. Die Marktanforderungen haben sich in fast allen Bereichen grundlegend verändert. Im folgenden sollen die Besonderheiten der FLV dargelegt und mit den wichtigsten konkurrierenden Geldanlageformen verglichen werden.

II. Das Produkt FLV: Aktiensparen plus Lebensversicherung

Die FLV verbindet Vermögensbildung durch Investmentsparen (überwiegend in Aktienfonds) mit dem Schutz einer Lebensversicherung. Mit den Monatsbeiträgen des Versicherungsnehmers werden Anteile aus einem oder mehreren Fonds erworben. Diese nehmen dann an der Wertentwicklung des Fonds teil. Gewinne werden sofort in den Kauf neuer Anteile investiert. Die FLV ermöglicht so eine renditestarke, langfristige Geldanlage bei gleichzeitiger Risikoabsicherung für die Hinterbliebenen im Todesfall des Versicherungsnehmers.

Die fondsgebundene Lebensversicherung kann in Ein-Fonds-Policen und Mehr-Fonds-Policen unterschieden werden. Bei der Ein-Fonds-Police werden die Beiträge des Versicherungsnehmers ausschließlich in einen Fonds eingezahlt. Über die richtige Anlagestrategie entscheidet ein professionelles Fondsmanagement, das auch die gerade für eine Lebensversicherung notwendige Minimierung der Anlagerisiken gewährleistet. Bei den Mehr-Fonds-Policen hat der Verbraucher eine begrenzte Auswahl zwischen verschiedenen Fonds.

Unter dem Gesichtspunkt Kosten ist die Ein-Fonds-Police die günstigere Variante. Gebühren für das ›Switchen‹ zwischen verschiedenen Fonds und Beratungskosten für die richtige Anlageentscheidung, die bei der Mehr-Fonds-Police in der Regel erhoben werden, fallen hier weg. Ein weiterer Vorteil der Ein-Fonds-Police: Sie ist auch für Kunden, die sich nicht als Börsenexperten verstehen, einfach zu handhaben (s. Kapitel V.3.). Wer dagegen selber im kleinen Rahmen über Anlagestrategie und Risikominimierung entscheiden will, ist mit der Mehr-Fonds-Police besser beraten.

III. Der Markt: Fondsgebundene Lebensversicherungen in Deutschland

Im Vergleich zu den Vereinigten Staaten, Großbritannien oder den Niederlanden ist der Markt für fondsgebundene Lebensversicherungen in Deutschland noch relativ klein. In den genannten Ländern liegt der Marktanteil – gemessen am Neugeschäft – jeweils über 20 % (USA: 60 %, GB: 65 %, NL: 20–25 %; s. Abb. 1), in Deutschland dagegen knapp unter 5 %. Nach einem Zuwachs zwischen 1993 und 1995 von 3 % auf 5 % ist der Marktanteil 1996 mit ungefähr 5 % konstant geblieben.

Die Entwicklung auf dem Markt für fondsgebundene Lebensversicherungen spiegelt die deutsche Geldanlagementalität und die schwierige wirtschaftliche Gesamtlage wider. Bei der Wahl des Sparmodells zeigen die meisten Bundesbürger ein ausgeprägtes Sicherheitsbedürfnis – Sparbuch und festverzinsliche Wertpapiere haben einen traditionell hohen Anteil an der Sparquote. Die Vorteile sachorientierter Anlagen dringen in Deutschland erst langsam in das Bewußtsein. Nur jeder 20. Bundesbürger ist Aktionär. In den Vereinigten Staaten sind es dagegen knapp über 20 % der Gesamtbevölkerung, in Schweden sogar um die 35 % (s. Abb. 2).

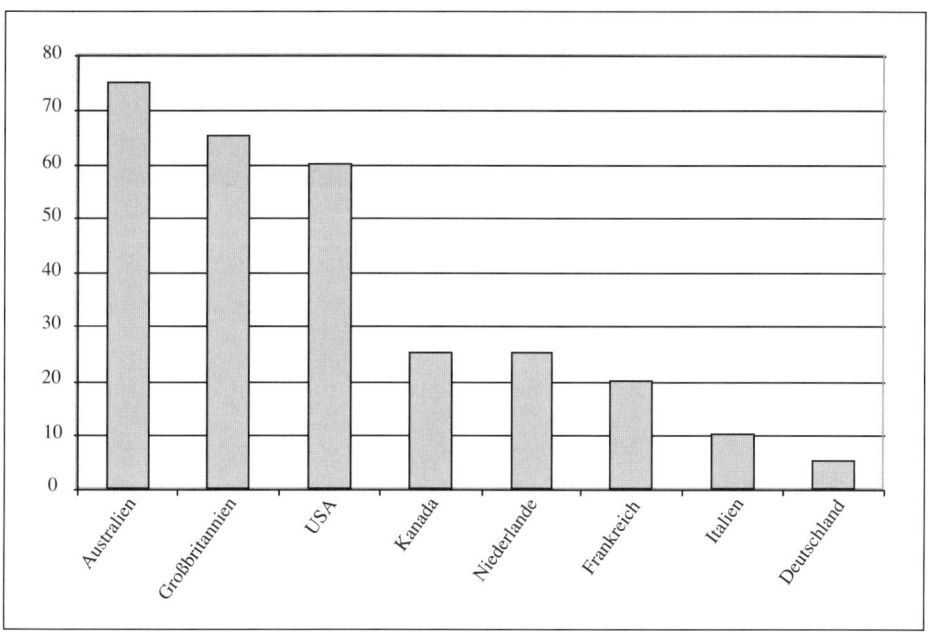

Abb. 1: Anteile FLV am Lebensversicherungsmarkt 1995/1996 in Prozent

Die verschärfte Arbeitsmarktlage, steigende Abgaben und die Unsicherheit in der gesetz-lichen Rentenversicherung unterstützen kurzfristig eher das Sicherheitsdenken. Geldanla-geformen mit einem gewissen Risikofaktor wie die fondsgebundene Lebensversicherung haben deswegen zur Zeit mit erschwerten Rahmenbedingungen zu kämpfen.

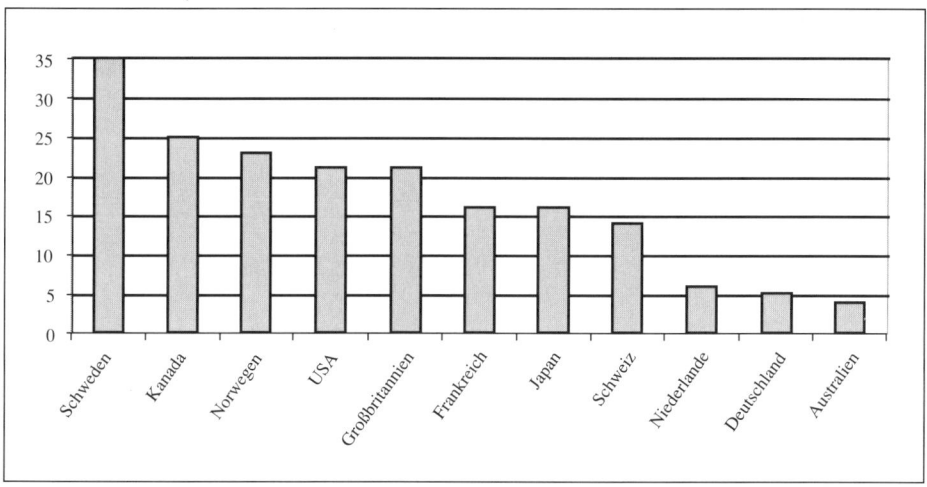

Abb. 2: Anteil der Aktionäre an der Gesamtbevölkerung in Prozent

IV. Der Trend: Renditeerwartung und Serviceanspruch

Die schwierige gesamtwirtschaftliche Situation darf jedoch nicht über langfristige Trends im Verbraucherverhalten hinwegtäuschen. Diese betreffen vor allem zwei Bereiche: Rendite und Service.

1. Zunehmendes Renditebewußtsein

Grundsätzlich lassen sich – sozusagen idealtypisch – folgende ›Mentalitäten‹ bei der Geldanlage unterscheiden.

Der konservative Anleger
Er achtet auf gesicherte Erträge und verzichtet dafür im Zweifelsfall auf hohe Renditechancen seiner Geldanlage. Das Sparbuch, Bausparen, Bank-Sparpläne, festverzinsliche Wertpapiere und die Kapitallebensversicherung werden von ihm bevorzugt.

Der ertragsorientierte Anleger
Auch für ihn hat die Sicherheit der Anlage einen hohen Stellenwert. Auf der anderen Seite legt er Wert auf eine hohe Rendite und geht dafür ein gewisses Risiko ein – solange dieses kalkulierbar und überschaubar bleibt. Für ihn sind unter anderem Aktienfonds und die fondsgebundene Lebensversicherung interessante Formen der Geldanlage.

Der risikobereite Anleger
Ihm geht es ausschließlich um eine hohe Rendite seiner Geldanlage. Dafür nimmt er ein entsprechend hohes Risiko mit der Gefahr in Kauf, sein angelegtes Geld auch verlieren zu können. Er konzentriert sich vor allem auf Aktien und Optionen.

Anlageverhalten	Prioritäten	bevorzugte Anlageformen
Der konservative Anleger	Gesicherte Erträge, notfalls Verzicht auf hohe Renditechancen	Sparbuch Bausparen Bank-Sparpläne festverzinsliche Wertpapiere Kapitallebensversicherung
Der ertragsorientierte Anleger	hohe Rendite nur bei kalkulierbarem Risiko	Aktienfonds fondsgebundene Lebens- versicherung , gemanagte Fonds
Der risikobereite Anleger	hohe Rendite auch bei hohem Risikoeinsatz	Aktien Optionen Währungsgeschäfte

Abb. 3: Anlageverhalten

314

Lange Jahre war der konservative Anleger repräsentativ für das Geldanlageverhalten der Deutschen. In letzter Zeit ist aber eine Verschiebung zu beobachten. Der ertragsorientierte Anleger gewinnt deutlich an Boden. Beim Verbraucher ist ein zunehmendes Bewußtsein für renditestarke Anlageprodukte festzustellen, ohne daß der Sicherheitsaspekt außer Acht gelassen wird.

Drei Gründe sind für die Veränderungen im Verbraucherverhalten ausschlaggebend.

- Der Verbraucher ist insgesamt kritischer geworden – das gilt nicht nur für Versicherungs- und Finanzprodukte. Kaufentscheidungen werden zunehmend vom Nutzennachweis des Produkts beeinflußt. Und das heißt bei der Geldanlage: von den Renditechancen.
- Die Aktie gerät zunehmend als renditestarkes Investment in das Blickfeld der Öffentlichkeit. Dazu beigetragen hat unter anderem die anhaltende weltweite Hausse an den Börsen. Die Entwicklung des DAX, Dow Jones und anderer Börsenindices demonstriert eindrucksvoll, daß eine langfristige Anlage in Aktien nicht nur ertragreich, sondern auch relativ sicher ist. Der Versuch der Telekom, den Aktienerwerb durch eine breit angelegte Werbe- und Marketingkampagne zu popularisieren, hat diesen Trend weiter gestärkt. Davon profitieren auch verwandte Geldanlageformen, die bisher aufgrund ihres Risikopotentials weniger beachtet wurden.
- Auch wenn die Krise der staatlichen Rentenversicherung und stagnierende bzw. verringerte Nettoeinkommen kurzfristig das Sicherheitsdenken der Verbraucher stärken, beschleunigen diese Faktoren gleichzeitig den Paradigmenwechsel im Verbraucherbewußtsein: Rendite ist wichtiger als Sicherheit. Die Süddeutsche Zeitung vom 9. Juli 1997 brachte das auf den Punkt: »Je weniger die staatliche Rentenversicherung künftig auszahlt, desto bedeutsamer werden Alterseinkünfte aus renditestarker Geldanlage. Und je weniger Arbeitsplätze und Einkommen aus Arbeit zur Verfügung stehen, desto wichtiger werden Kapitaleinkommen für möglichst viele Menschen.«

Verteilung zum Ende des Jahres	1970	1980	1990	1995
Sparkonten	60 %	60 %	49 %	44 %
Lebensversicherungen	15 %	17 %	20 %	21 %
Anleihen	7 %	10 %	14 %	16 %
Aktien	10 %	4 %	6 %	5 %
Investmentfonds	2 %	2 %	4 %	8 %
Andere	6 %	7 %	7 %	6 %

Abb. 4: Der deutsche Markt – Anlageformen der Privathaushalte (Quelle: Monatsbericht der Deutschen Bundesbank, Januar 1997).

2. Serviceorientierung

Auch an den Service, der mit seiner Geldanlage verbunden ist, stellt der Verbraucher erhöhte Anforderungen. Der Interessent für Versicherungs- und Finanzprodukte orientiert sich immer häufiger an Leistungsvergleichen in Fachzeitschriften und an Veröffentlichungen der Verbraucherverbände. Er ist kritisch und verlangt nach maßgeschneiderten Produkten mit nachvollziehbaren Leistungen. Transparenz und Flexibilität werden zu Leitkriterien für die Wahl der Geldanlage. Der Verbraucher erwartet über die gesamte Vertragslaufzeit verständliche und dialogfähige Informationen über die Entwicklung seiner Geldanlage. Gleichzeitig soll das Investment auf seine Lebensumstände und Finanzsituation zugeschnitten sein.

V. Im Vergleich: Die FLV mit bestehenden Spar- und Anlageprodukten

Die FLV empfiehlt sich durch ihren Produktaufbau und aufgrund der veränderten Kundenbedürfnisse als Alternative für ganz unterschiedliche traditionelle Formen der Geldanlage. Im folgenden sollen ihre Vorteile im Vergleich mit der Kapitallebensversicherung, mit Spareinlagen und festverzinslichen Wertpapieren sowie mit Aktien und Aktienfonds vorgestellt werden.

1. Kapitallebensversicherung

Betrachtet man die FLV in erster Linie unter dem Aspekt der Lebensversicherung, so muß sie sich vor allem gegenüber der Kapitallebensversicherung behaupten. Als traditionelle Form der Lebensversicherung liegt deren Marktanteil – legt man das Neugeschäft zugrunde – bei ca. 50 %. Nach zum Teil dramatischen Einbußen Anfang und Mitte der 90er Jahre verzeichnete die Kapitallebensversicherung 1996 erstmals wieder einen Zuwachs beim Neugeschäft gegenüber dem Vorjahr: Die Neuzugänge konnten um über 7 % gesteigert werden (s. Abb. 5).

	1996	1995	1994
Anzahl Verträge (in Mio.)	7,24	6,75	7,18
Veränderung in %	+ 7,2	– 5,9	– 6,8
Versicherungssumme (Mio. DM)	358,0	329,5	371,9
Veränderung in %	+ 8,7	– 11,4	+5,9
laufender Beitrag für ein Jahr (in Mio. DM)	11,1	9,9	12,0
Veränderung in %	+ 12,6	– 17,5	–

Abb. 5: Neugeschäftsentwicklung KLV

Ein Grund für diese Entwicklung liegt sicherlich in der Rentendiskussion. Der Aufschwung 1996 kann aber nicht von den Schwierigkeiten ablenken, mit denen die Kapitallebensversicherung in den letzten Jahren zu kämpfen hatte. Sie ist vor allem unter zwei Gesichtspunkten in das Kreuzfeuer der Kritik geraten.

316

a. Mangelnde Renditechancen

Lange Zeit war die garantierte Verzinsung für die Kapitallebensversicherung auf 3,5 % maximiert. Die Liberalisierung des europäischen Versicherungsmarktes hat inzwischen zu einer Anhebung der durchschnittlichen garantierten Verzinsung auf vier Prozent geführt. Überschußbeteiligungen, die nicht garantiert sind, können die Zinserträge zwar um weitere zwei bis drei Prozent steigern, doch bleibt die Gesamtrendite der Kapitallebensversicherung unter den gestiegenen Verbrauchererwartungen. Außerdem ist die Aufrechterhaltung der langfristigen Garantie von vier Prozent aufgrund des niedrigen Kapitalmarktniveaus zu bezweifeln.

b. Mangelnde Verbraucherfreundlichkeit

Die Kapitallebensversicherung bleibt für die meisten Verbraucher ein undurchsichtiges und höchst erklärungsbedürftiges Produkt. Das beginnt bei der Vertragsgestaltung, betrifft aber vor allem das Gebührensystem und die Anlage der eingezahlten Beiträge. Der Verbraucher wird nur selten darüber informiert, wieviel von seinen eingezahlten Beiträgen wirklich in den Anlagestock wandert. Dessen Wertentwicklung ist für den Verbraucher nicht nachvollziehbar. Er erfährt weder, wo seine Gelder genau angelegt werden, noch, welche Renditen der Anlagemix erzielt. Die fehlende Transparenz wurde von der Stiftung Warentest Anfang 1996 in einem – in der Versicherungsbranche heftig umstrittenen – Vergleichstest von Kapitallebensversicherungen stark kritisiert.

Den Schwachstellen der Kapitallebensversicherung setzt die FLV zwei Produkteigenschaften entgegen, die auch den veränderten Kundenbedürfnissen entsprechen: ihr Renditepotential und ihr Transparenzpotential.

Langfristige Netto-Jahresrenditen können bei der FLV acht Prozent und mehr betragen, womit die Zinserwartungen der Kapitallebensversicherung deutlich übertroffen werden. Allerdings handelt es sich bei der FLV nicht um garantierte Renditen. Die Geldanlagepolitik beider Versicherungsformen läßt sich deswegen auf die Formel bringen: Hohes Renditepotential mit kalkulierbarem Risikoeinsatz bei der fondsgebundenen Lebensversicherung – garantierte, aber niedrige Zinserträge ohne Risikoeinsatz bei der Kapitallebensversicherung.

Das von der Öffentlichkeit zunehmend eingeklagte Transparenzgebot für Lebensversicherungen läßt sich bei der FLV strikt umsetzen. Gerade unter dem Aspekt der Kapitalentwicklung besitzt die FLV ein hohes Transparenzpotential, das sie deutlich von der Kapitallebensversicherung abhebt. Denn die Wertentwicklung des oder der in der FLV enthaltenen Fonds ermöglicht die Nachvollziehbarkeit der Renditeentwicklung über die gesamte Vertragslaufzeit. Voraussetzung dafür ist Transparenz auch im Gebührensystem. Die – genau festgesetzten – Gebühren sollten von den Monatsbeiträgen abgezogen und sollten – wegen der mangelnden Transparenz – nicht dem Fondsguthaben entnommen werden. Durch regelmäßige Kontoauszüge, die detailliert über die aktuelle Höhe des Guthabens, über die voraussichtliche Ablaufleistung und über die Leistung im Todesfall Auskunft geben, kann der Verbraucher dann jederzeit über den Stand seiner Vermögensentwicklung informiert werden (Beispiel s. Abb. 6).

 **MONEY MAXX**®

Kontoauszug Nr.

Herrn
Max Mustermann
Musterstraße 11

12345 Musterhausen

Düsseldorf, 20.05.1997

Sehr geehrter Herr Mustermann,

Ihr persönlicher Kontoauszug beinhaltet alle relevanten Informationen zu Ihrem MONEYMAXX Vertrag. Bitte verwahren Sie diesen Kontoauszug in Ihrer MONEYMAXX Mappe. Für Fragen stehen wir Ihnen gerne zur Verfügung. Telefon 0180 - 2 58 58.

Ihre Versicherungsart	fondsgebundene Lebensversicherung		
Ihre Versicherungsschein-Nr.	3241234	Ihr monatlicher Beitrag	DM
Ihr Eintrittsdatum	01.04.1997	Ihre Vertragsdauer	20 Jahre
Ihr aktuelles Guthaben	DM	Ihr erwartetes Guthaben bei Vertragsende	DM
Ihre aktuelle Versicherungssumme im Todesfall	DM DM 76.800	Ihre erwartete Nettorendite	%

Datum	Beiträge	Abschluß-gebühren	Risiko-beiträge	Verwaltungs-gebühren	Spareinlage	Kurswert eines Fondsanteils	Gekaufte Anteile	Summe der Anteile	Summe des Guthabens
	DM	DM	DM	DM	DM	DM			DM
	DM	DM	DM	DM	DM	DM			DM
	DM	DM	DM	DM	DM	DM			DM
	DM	DM	DM	DM	DM	DM			DM
	DM	DM	DM	DM	DM	DM			DM
	DM	DM	DM	DM	DM	DM			DM
	DM	DM	DM	DM	DM	DM			DM
	DM	DM	DM	DM	DM	DM			DM

Weitere Erläuterungen finden Sie auf der Rückseite.

KONTO

Abb. 6: Kontoauszug MONEYMAXX

318

Fondsgebundene Lebensversicherung	Kapitalebensversicherung
hohes Renditepotential mit kalkulierbarem Risiko	niedrige Zinserträge ohne Risikoeinsatz
Netto-Jahresrenditen von acht Prozent und mehr (nicht garantiert)	durchschnittliche, garantierte Verzinsung von ca. vier Prozent plus ein bis zwei Prozent Überschußbeteiligung (nicht garantiert)
hohes Transparenzpotential bei Renditeentwicklung und Gebührensystem	geringe Transparenz bei Vertragsgestaltung, Gebührensystem und Wertentwicklung

Abb. 7: Vergleich FLV – KLV

2. Spareinlagen und festverzinsliche Wertpapiere

Die fondsgebundene Lebensversicherung kann auch als langfristiges Sparmodell betrachtet werden, das zusätzlich eine Versicherungskomponente enthält. Aus diesem Blickwinkel konkurriert sie mit Sparkonzepten und Sparmodellen, die vor allem von Banken und Sparkassen angeboten werden. Zu nennen sind in erster Linie das Sparbuch, Banksparpläne, Anleihen und festverzinsliche Wertpapiere – die klassischen Geldanlagen der Deutschen. Allein die Spareinlagen umfaßten 1996 ein Anlagevolumen von über 1.100 Milliarden DM, festverzinsliche Wertpapiere noch einmal 768 Milliarden DM. Dazu im Vergleich: In Aktien wurden 296 Milliarden DM angelegt.

Die Attraktivität von Spareinlagen und festverzinslichen Wertpapieren resultiert aus ihrem Sicherheitsaspekt. Der Sparer geht kein Risiko ein, wenn er sein Geld hier anlegt. Dabei sind die Zinserträge minimal. Das Sparbuch, Symbol für die Anlagementalität der Deutschen, bietet kaum mehr als einen dürftigen Inflationsausgleich. Steigende Lebenshaltungskosten verzehren die ohnehin geringen Zinserträge. Ein wirklicher Sparanteil bleibt da kaum übrig. Ein Vergleich des Sparbuch-Index mit dem deutschen Lebenshaltungsindex macht das deutlich: In den letzten 20 Jahren haben sich beide Indices fast identisch entwickelt (s. Abb. 8).

Ähnliches gilt in abgeschwächter Form auch für die anderen genannten Sparformen. Hier liegen die Zinserträge im Bereich der Kapitallebensversicherung. Selbst die Umlaufrendite öffentlicher Anleihen, vor fünf Jahren noch bei über acht Prozent gelegen, ist inzwischen auf knapp unter fünf Prozent abgesunken. Im gleichen Zeitraum stieg der DAX um ca. 100 %.

Die mangelnden Renditechancen von Spareinlagen und festverzinslichen Wertpapieren rücken zunehmend in das Bewußtsein der Verbraucher. Die Gründe dafür wurden schon genannt. Für die fondsgebundene Lebensversicherung liegt darin eine Chance, sich gegenüber den klassischen Sparmodellen durch ihr Renditepotential zu profilieren. Allerdings ist hinsichtlich des Marktsegments ›langfristiges Sparen‹ noch viel an Aufklärungs-

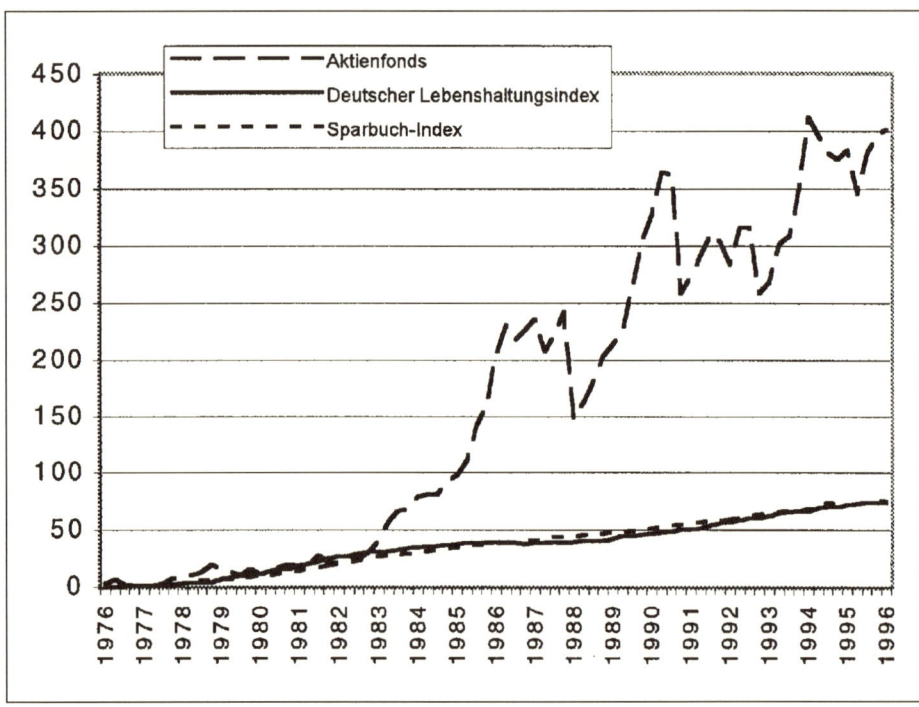

Abb. 8: Die Entwicklung deutscher Aktienfonds, des deutschen Lebendshaltungsindex und Sparbuch-Index 1976-1996

arbeit dahingehend zu leisten, daß Sicherheit auch durch eine langfristige Aktienanlage gewährleistet ist. Wenn dies glückt, wird die fondsgebundene Lebensversicherung auch auf diesem Marktsegment eine attraktive Alternative darstellen – zumal sie einen zusätzlichen Todesfallschutz enthält.

Fondsgebundene Lebensversicherung	Spareinlagen
hohe Renditeerwartungen	geringe Renditechancen: kaum reale Sparanteile
kalkulierbares Risiko	starker Sicherheitsaspekt
langfristiges Sparmodell mit zusätzlichem Todesfallschutz	langfristige Sparmodelle ohne Todesfallschutz

Abb. 9: Vergleich FLV – Spareinlagen

320

3. Aktien und Aktienfonds

Der fondsgebundenen Lebensversicherung wird regelmäßig vorgeworfen, daß sie als Kombination von Lebensversicherung und Aktiensparen unrentabel sei. Sinnvoller sei es, beides getrennt voneinander in Angriff zu nehmen: eine Risikolebensversicherung einerseits, andererseits die Geldanlage in Aktien oder Aktienfonds.

Der Vorwurf wird den speziellen Verbraucherbedürfnissen nicht gerecht. Die Geldanlage in Aktien und Aktienfonds gilt nach wie vor als Sache von Spezialisten und Börsenkennern. In der breiten Öffentlichkeit ist die Hemmschwelle noch groß, sich mit dem Aktiensparen intensiv auseinanderzusetzen. Die Börse gilt als Ort der Spekulation und der undurchsichtigen Finanzzusammenhänge.

In der Tat ist bei der reinen Aktienanlage ein entsprechendes Finanzwissen notwendig, um Kursrisiken zu vermeiden. Hinzu kommt, daß für die Risikostreuung ein höherer Anlagebetrag erforderlich ist. Auch die richtige Auswahl von Aktienfonds setzt einen gewissen Einblick in das Börsengeschehen voraus. Der Einstieg in einen oder mehrere Aktienfonds ist dann in der Regel nur mit einem für viele Verbraucher zu hohen Mindestanlagebetrag möglich.

Die Tür zu den weltweiten Aktienmärkten und zu einer langfristig sicheren und renditestarken Geldanlage bleibt so vielen Verbrauchern mangels Spezialwissens und/oder verfügbaren Anlagevolumens verschlossen. Die fondsgebundene Lebensversicherung öffnet sie, wenn zwei Produkteigenschaften gegeben sind.

a. Einfacher und verständlicher Produktaufbau

Bei der fondgebundenen Lebensversicherung ist kein Finanzwissen notwendig, wenn sie möglichst einfach aufgebaut ist, gleichzeitig aber die Risikominimierung gewährleistet. Diese Voraussetzungen erfüllt vor allem die Ein-Fonds-Police. Die Risikostreuung wird hier durch das Fondsmanagement innerhalb eines Aktienfonds übernommen, der Verbraucher damit von jeglicher Verantwortung für die Risikominimierung seiner Geldanlage entbunden. Die Anforderungen an die Vorkenntnisse des Verbrauchers bleiben auch bei der Mehr-Fonds-Police beschränkt. Im Prinzip ist das Auswahlkriterium der Fonds, die in der FLV enthalten sind, durch den Produktzweck ›Langfristiges Sparen und Altersvorsorge‹ schon vorgegeben. Es finden vornehmlich solche Fonds Aufnahme, deren Risikopotential bei hohen Renditechancen genau kalkulierbar ist. Der Verbraucher hat dann in der Regel ›nur‹ die Wahl zwischen Fonds aus diesem Segment. Das Fondsangebot bleibt überschaubar und einheitlich. Fehlende Kenntnisse können schneller vermittelt und ergänzt werden.

b. Maßgeschneiderter Zahlungsmodus

Ein höherer Mindestanlagebetrag in Form einer Einmalzahlung ist bei der FLV nicht erforderlich. Das Geld wird sukzessive über die Monatsbeiträge in den oder die Fonds eingezahlt. So kann der Verbraucher mit einem geringen finanziellen Einsatz – z. B. 50 DM im Monat – an der Entwicklung der internationalen Aktienmärkte partizipieren.

Unter diesen beiden Voraussetzungen stellt die fondsgebundene Lebensversicherung – sozusagen als ›Volkswagen des Aktiensparens‹ – eine Alternative zur langfristigen Geldanlage in Aktien und Aktienfonds dar, die gerade für breite Schichten der Bevölkerung besonders attraktiv ist. Daß sie zusätzlich noch einen Todesfallschutz umfaßt, steigert ihren Wert weiter.

Fondsgebundene Lebensversicherung	Aktienfonds	Aktienanlage
Risikominimierung schon bei geringen Beiträgen	Risikominimierung bei höherem Mindestanlagebetrag	Risikominimierung erst bei hohem Anlagevolumen
Risikosteuerung durch Fondsmanagement	Risikosteuerung durch Fondsmanagement	Risikosteuerung durch Anleger
Aktienanlage ist ohne Spezialwissen möglich	Aktienanlage setzt gewisses Finanzwissen voraus	Aktienanlage ist nur mit großer Börsenkenntnis möglich
einfacher und verständlicher Produktaufbau	eher komplexe Anlageform	komplexe und komplizierte Anlageform
zusätzlicher Todesfallschutz	kein Todesfallschutz	kein Todesfallschutz

Abb. 10: Vergleich FLV – Aktienanlage – Aktienfonds

VI. Zusammenfassung

1. Die Deregulierung des Finanz- und Versicherungsmarktes 1994, die Aufwertung der privaten Altersvorsorge und ein verändertes Verbraucherverhalten bilden den Rahmen für einen Vergleich der fondsgebundenen Lebensversicherung mit anderen Spar- und Anlageformen.
2. Die Anbieter von Finanz- und Versicherungsprodukten müssen sich mit veränderten Verbaucherbedürfnissen auseinandersetzen. Renditebewußtsein und Serviceorientierung prägen zunehmend die Anlageentscheidungen der Verbraucher.
3. Von diesen Trends profitiert die fondsgebundene Lebensversicherung. Sie bietet sich als Alternative zu bestehenden Spar- und Anlageprodukten an durch
   • ihre Renditestärke
   • ihr Transparenzpotential
   • ihren einfachen Produktaufbau.
4. Die Kapitallebensversicherung ist durch mangelnde Renditechancen und mangelnde Verbraucherfreundlichkeit in die Kritik geraten. Dem setzt die fondsgebundene Lebensversicherung ihr Rendite- und Transparenzpotential entgegen.

5. Spareinlagen und festverzinsliche Wertpapiere beinhalten zwar ein Höchstmaß an Sicherheit, jedoch kaum einen nennenswerten Spareffekt. Als langfristiges Sparmodell mit zusätzlichem Todesfallschutz bietet die fondsgebundene Lebensversicherung beides: Renditechancen und Sicherheit.

6. Die Tür zu den weltweiten Aktienmärkten bleibt vielen Verbrauchern mangels Finanzwissens und verfügbaren hohen Anlagevolumens zur Risikostreuung verschlossen. Die fondsgebundene Lebensversicherung öffnet sie auch für Verbraucher, die sich nicht als Börsenexperten verstehen. Geringes Spezialwissen ist nur bei der Mehr-Fonds-Police notwendig, bei der Ein-Fonds-Police gar nicht. Der Einstieg in die internationalen Aktienmärkte erfolgt über Monatsbeiträge, die individuell gewählt werden können.

7. Der Erfolg der fondsgebundenen Lebensversicherung hängt von zwei wesentlichen Faktoren ab: Zum einen müssen die Vorteile der FLV gegenüber konkurrierenden Spar- und Anlageformen durch entsprechende Marketing- und Werbemaßnahmen konsequent kommuniziert werden. Dazu gehört zum anderen, daß Vorbehalte gegenüber dem Aktiensparen – gerade was den Aspekt der langfristigen Sicherheit anbetrifft – weiter abgebaut werden. Wenn dies gelingt, wird die fondsgebundene Lebensversicherung ihre Marktanteile ausbauen und sich auch als wichtiger Baustein der privaten Altersvorsorge etablieren können.

Manfred Laux*

Altersvorsorge-Sondervermögen – Ein ergänzendes Instrument für die private und betriebliche Altersvorsorge

*   Dr. *Manfred Laux*, Hauptgeschäftsführer des BVI Bundesverband Deutscher Investment-Gesell-
    schaften e. V.

I. Einleitung

Der Bericht der Regierungskommission zur Fortentwicklung der Rentenversicherung, der Ende Januar 1997 vorgelegt wurde, verdeutlicht die Probleme, der sich die gesetzliche Rentenversicherung gegenübersieht: Künftig werden die Beiträge zur gesetzlichen Rentenversicherung weiter steigen, die Leistungen hingegen müssen reduziert werden.

Es besteht deshalb allgemein Einigkeit darüber, daß die erste Säule des traditionellen Altersvorsorgesystems, die gesetzliche Rentenversicherung, nicht mehr ausreicht, um den gewohnten Lebensstandard im Alter – erst recht nicht den während des Berufslebens – beizubehalten. Ein zusätzliches Alterseinkommen, sei es aus der zweiten Säule »Betriebliche Altersvorsorge« oder aus der dritten Säule »Private Altersvorsorge«, ist deshalb für die heute Erwerbstätigen unverzichtbar.

Entsprechend rät auch die Rentenreformkommission zu mehr Eigenvorsorge. Reine Ratschläge reichen jedoch nicht mehr aus, vielmehr bedarf es massiver Appelle auch der Politik, um insbesondere die junge Generation aufzurütteln. Denn wer heute allein auf die gesetzliche Rentenversicherung vertraut, kann für sich nicht ausschließen, im Alter auf Sozialhilfeniveau leben zu müssen, wenn er nicht jede entbehrliche Mark für Altersvorsorgezwecke zurücklegt.

Der BVI hat angesichts dieser zu erwartenden Situation im Frühjahr 1995 damit begonnen zu überlegen, wie der Einsatz von Investmentfonds für die Altersvorsorge optimiert werden kann. Ausgangspunkt war die Frage, wie ein angemessenes Altersversorgungsniveau mit geringem Aufwand für alle Beteiligten, d. h. Arbeitnehmer, Unternehmen und Staat, erreicht werden kann.

II. Wesensmerkmale eines optimalen privaten Altersvorsorgeinstruments

In einem weiteren Schritt haben wir überlegt, welche Wesensmerkmale ein optimales privates Altersvorsorgeinstrument aufweist. Das Ergebnis: Sein Kennzeichen ist die Kombination von hoher ökonomischer und rechtlicher Effizienz in bezug auf das Ziel Altersvorsorge, ohne andererseits die individuellen Risiken während des Kapitalbildungsprozesses zu vernachlässigen.

Bei sehr langfristigen Kapitalbildungsprozessen erreicht man ein ökonomisches Optimum über eine substanzwertorientierte Anlagepolitik, kombiniert mit einer optimalen Nutzung des Zinseszinseffekts (Ertragsthesaurierung) und des Cost Average Effects durch z. B. monatliche Einzahlungen gleichbleibender Beträge. Der Zinseszinseffekt läßt sich nur maximieren, wenn primär in Beteiligungstiteln, insbesondere in Aktien investiert wird, weil hier zusätzlich zum ordentlichen Ertrag noch eine Risikoprämie zu vereinnahmen ist. Diese These wird bestätigt nicht nur durch die langfristigen Anlageergebnisse deutscher Aktienfonds, sondern auch die effiziente Anlagepolitik anglo-amerikanischer pension funds, aber auch durch die Kapitalmarkttheorie.

Wie erreicht man nun eine größtmögliche rechtliche Effizienz, d. h. einen größtmöglichen rechtlichen Schutz für das für Altersvorsorgezwecke angesammelte Kapital? – Durch die Integration eines Altersvorsorgeinstruments in das Gesetz über Kapitalanlagegesellschaften. Denn dieses Gesetz weist im Rahmen unseres Rechtssystems ohne Zweifel das höchste Anlegerschutzniveau auf. So sind z. B. Kapitalanlagegesellschaften als einzige Kapitalsammelstelle kraft Gesetzes verpflichtet, im ausschließlichen Interesse der Anleger zu handeln und damit auch im ausschließlichen Altersvorsorgeinteresse bei einem speziell für die Zwecke der Altersvorsorge aufgelegten Investmentfonds. Damit werden Interessenkonflikte vermieden, die immer dann auftreten können, wenn die Interessenwahrung für die Altersvorsorge mit anderen Zielen kollidieren kann.

Letztlich führten unsere Überlegungen zu dem Vorschlag, ergänzend zu den traditionellen Instrumenten für Zwecke der betrieblichen und privaten Altersvorsorge sogenannte »Pensions-Sondervermögen« in das Gesetz über Kapitalanlagegesellschaften (KAGG) zu integrieren. Hierbei handelt es sich materiell um nichts anderes als das »moderne Pensionsfondssystem für jedermann«. Das Pension Institute in London hat Anfang Dezember 1997 in seiner Stellungnahme zum Grünbuch der EG-Kommission über ergänzende Altersvorsorgesysteme festgestellt, daß dieses System der Altersvorsorge einem idealen Pensionsfondssystem viel näher kommt als das traditionelle britische pension funds system (Special Report Supplementary Pensions in the Single Market, A submission in response to the June 1997 European Commission Green Paper by David Blake, Dezember 1997, S. 5f., 11). Dieses System hat – so Blake – Leitbildcharakter für Europa (FAZ 12.11.1997 »Pensions-Sondervermögen – Modell für Europa«).

III. Was sind Altersvorsorge-Sondervermögen konkret?

1. Zielfonds

Es handelt sich um einen neuen Investmentfondstyp speziell für Zwecke der Altersvorsorge, d. h. um sogenannte Zielfonds. Wegen des Ziels auch der Name: »Pensions«-Sondervermögen.

Sie sind ein standardisiertes und damit kostengünstiges Altersvorsorgeinstrument; sie kombinieren eine hohe ökonomische mit einer hohen rechtlichen Effizienz. Ihre rechtliche Ausgestaltung wird nicht durch traditionelle Rechtsstrukturen behindert. Der Gesetzgeber ist deshalb frei bei der Ausgestaltung ihrer rechtlichen Rahmenbedingungen. Aus dem Ziel – angemessenes Altersversorgungsniveau mit geringem Aufwand für alle – werden die Anlageformen und Anlagegrenzen abgeleitet.

2. Substanzwertorientierte Anlagepolitik

Von herkömmlichen Wertpapierfonds unterscheiden sich Altersvorsorge-Sondervermögen im wesentlichen dadurch, daß

- sie stets überwiegend in Substanzwerten angelegt sind,
- der Aktienanteil maximal 75 Prozent des Fondsvermögens betragen darf,
- derivative Instrumente nur für Absicherungszwecke eingesetzt werden,
- Optionsscheine nur 10 Prozent des Fondsvermögens betragen dürfen und
- Anteile an Offenen Immobilienfonds bis maximal 30 Prozent des Fondsvermögen erworben werden dürfen,
- stille Beteiligungen bis 10 Prozent erworben werden können und
- Fremdwährungsrisiken auf maximal 30 Prozent des Fondsvermögen zu begrenzen sind.

Diese Anlagevorschriften schließen die Fähigkeit von Altersvorsorge-Sondervermögen nicht aus, angemessen auf Ausnahmesituationen am Aktienmarkt zu reagieren; denn sie können das Fondsvermögen bis zu 79 Prozent außerhalb des Aktienmarkts anlegen z. B. bis zu 49 Prozent in Renten und bis zu 30 Prozent in Anteilen an Grundstücks-Sondervermögen. Auch in einer solchen Situation besteht das Fondsvermögen überwiegend aus Substanzwerten, nämlich zu 21 Prozent aus Aktien und zu 30 Prozent aus Anteilen an Grundstücks-Sondervermögen. Im übrigen können Pensions-Sondervermögen in solchen Ausnahmesituationen auch derivative Instrumente zu Absicherungszwecken einsetzen.

3.   Pflicht zum Angebot von Pensionssparplänen

Kapitalanlagegesellschaften, die Altersvorsorge-Sondervermögen auflegen, haben nach unserem Vorschlag kraft Gesetzes zugleich Pensionssparpläne anzubieten. Denn durch regelmäßige Einzahlungen gleicher Beträge umgeht ein Arbeitnehmer das Timingproblem am Aktienmarkt und nutzt zugleich den Cost Average Effect d. h. ein Anleger/Arbeitnehmer erwirbt bei hohem Aktienkursniveau weniger und bei niedrigem Niveau mehr Anteilscheine mit der Folge eines günstigen durchschnittlichen Einstandspreises.

4.   Optionales Angebot von individuellem Versicherungsschutz

Mit dem Angebot von Altersvorsorge-Sparplänen können die verschiedenen Vertriebswege den Abschluß von Versicherungsverträgen z. B. in Form einer Berufsunfähigkeits- und/oder Hinterbliebenenversicherung anbieten, um für die notwendige Risikoabsicherung während des Kapitalbildungsprozesses zu sorgen. Eine Abschlußpflicht besteht jedoch nicht. Auch dies ist ein wesentliches Charaktermerkmal: »Angebotsmöglichkeit, jedoch keine Abschlußpflicht für Versicherungsschutz«. Dadurch soll vermieden werden, daß z. B. ein Alleinstehender Beträge von seinen Einzahlungen für einen Versicherungsschutz abzweigen muß, den er selbst nicht benötigt. Sofern Versicherungsschutz erforderlich ist, werden die erforderlichen Beträge über eine Kapitalanlagegesellschaft oder deren Vertriebsstellen an ein Versicherungsunternehmen weitergeleitet.

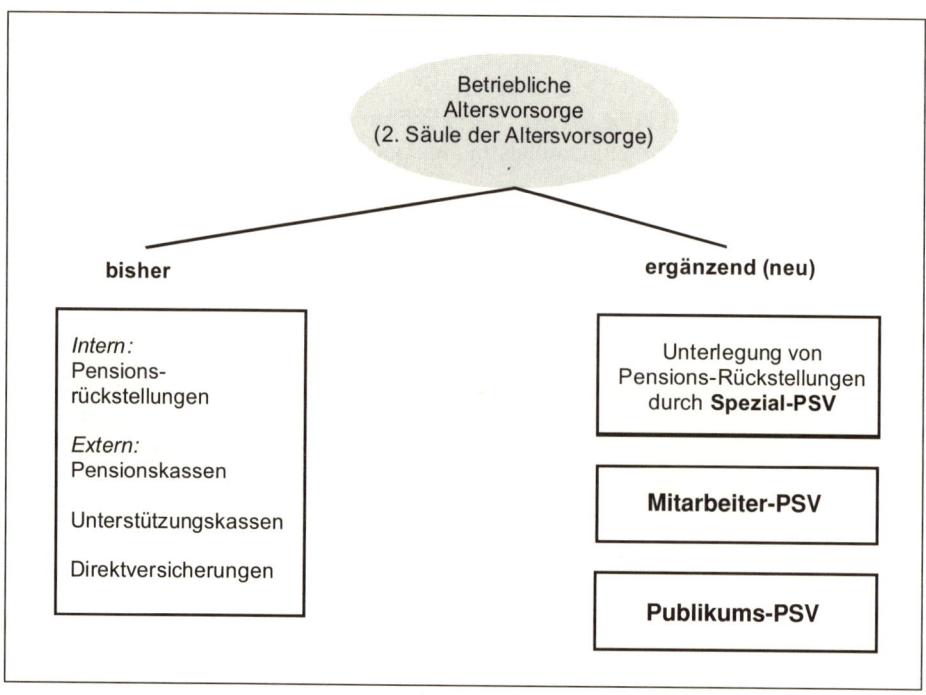

Abb. 1: Betriebliche Altersvorsorge mit Pensions-Sondervermögen

IV. Gestaltungsformen von Altersvorsorge-Sondervermögen

Der neue Fondstyp für Zwecke der Altersvorsorge ist in einer Vielzahl von Gestaltungsformen realisierbar. Publikums-Altersvorsorge-Sondervermögen mit öffentlichem Vertrieb kommen für das breite Publikum als Altersvorsorge-Sondervermögen sowohl mit unbegrenzter als auch mit begrenzter Laufzeit in Frage. So würden in der Praxis Fonds aufgelegt werden, die in 20, 25, 30 oder 35 Jahren aufgelöst werden und das angesammelte Altersvorsorgekapital an ihre Anleger auszahlen(»Laufzeit-PS«). Ein heute 40jähriger, der mit 65 Jahren in den Ruhestand tritt, kann sich dann für ein Altersvorsorge-Sondervermögen mit der adäquaten Laufzeit von 25 Jahren entscheiden. Bei Laufzeit-Altersvorsorge-Sondervermögen sind Investment-Gesellschaften in der Lage, die Anlagestrategie des Fonds auf den geplanten Auflösungszeitpunkt hin zu optimieren. So kann beispielsweise eine gezielte Absicherung gegen Kursrückgänge aufgrund der im voraus bekannten Endfälligkeit erfolgen.

Bei einer Anlage in einem Publikums-Altersvorsorge-Sondervermögen mit unbegrenzter Laufzeit sollte ein Anleger die Möglichkeit haben, von einem bestimmten Zeitpunkt an vor Erreichen der Altersgrenze seine Anteile in Anteile an weniger volatilen Investmentfonds umzutauschen.

Bei Publikums-Altersvorsorge-Sondervermögen mit nichtöffentlichem Vertrieb ist insbesondere an sogegenannten »Mitarbeiter-Altersvorsorge-Sondervermögen« zu denken, die für Großunternehmen als klassische Investmentfonds aufgelegt werden. Für kleinere und mittelständische Unternehmen sind die normalen Publikums-Altersvorsorge-Sondervermögen geeignet. Hat sich beispielsweise ein Handwerksbetrieb für die Einführung einer betrieblichen Altersvorsorge entschieden, kann er Altersvorsorge-Sondervermögen im Zusammenhang mit dem (im folgenden noch näher erläuterten) defined contribution-System einsetzen. Dazu braucht er letztlich nur zu seinem Kreditinstitut zu gehen und für jeden seiner Mitarbeiter Einzahlungen in ein Altersvorsorge-Sondervermögen zu vereinbaren.

Demgegenüber eignen sich »Spezial-Altersvorsorge-Sondervermögen« für die Auslagerung von Pensionsrückstellungen.

Zur Zeit werden diese Mittel aus den Pensionsrückstellungen überwiegend in den Unternehmen selbst und somit nicht am Kapitalmarkt angelegt. Das Instrument der Altersvorsorge-Sondervermögen bietet die Möglichkeit, diese Mittel auf ein Spezial-Altersvorsorge-Sondervermögen auszulagern, damit von der Entwicklung des Unternehmens unabhängig zu machen und zugleich die an den Aktienmärkten langfristig erzielbaren überdurchschnittlichen Renditen zu erwirtschaften. Darüber hinaus eignen sich auch Anteile an Publikums-Altersvorsorge-Sondervermögen als Deckungsmasse für Pensionsrückstellungen. In beiden Fällen befinden sich die Anteile im Eigentum des Unternehmens.

V. Altersvorsorge-Sondervermögen und US-pension funds

Altersvorsorge-Sondervermögen können eine Anlagepolitik betreiben wie ausländische pension funds, die bei einem weltweiten Vergleich über Jahrzehnte Spitzenergebnisse erzielten. Sie sind jedoch z. B. US-pension funds wegen ihres höheren Anlegerschutzniveaus (Depotbankprinzip, Risikostreuungsvorschriften, höherer persönlicher Anforderungen an die Geschäftsführer von Kapitalanlagegesellschaften), wegen ihrer größeren Transparenz und ihrer umfassenderen Einsatzmöglichkeiten überlegen. So sind Altersvorsorge-Sondervermögen – anders als US-pension funds – z. B. nicht nur im Bereich der betrieblichen, sondern auch im Bereich der privaten Altersvorsorge einsetzbar.

VI. Welche Vorteile bietet das Instrument Altersvorsorge-Sondervermögen?

Altersvorsorge-Sondervermögen können von Arbeitnehmern und Selbständigen sowohl in Eigeninitiative für Zwecke der privaten Altersvorsorge als auch von Arbeitgebern und Arbeitnehmern aufgrund von Individual-, Betriebs- oder Tarifvertragsvereinbarungen für Zwecke der betrieblichen oder tarifvertraglichen Altersvorsorge (über Publikums-Altersvorsorge-Sondervermögen) oder für die Auslagerung von Pensionsrückstellungen (in Spezial-Altersvorsorge-Sondervermögen) genutzt werden.

1. Altersvorsorge-Sondervermögen aus der Sicht der Arbeitnehmer

a. Name als Signal

Zunächst führt der Begriff »Altersvorsorge-Sondervermögen« zu einem Signal für Arbeitnehmer, bei welchem Investmentfondstyp sie für Zwecke der Altersvorsorge am besten aufgehoben sind. Damit wird zugleich dem Bedenken von Gewerkschaftsseite Rechnung getragen, daß Arbeitnehmer überfordert seien, aus der Vielzahl von Investmentfonds den für sie zweckmäßigsten Fondstyp auszusuchen.

Wir tragen damit auch den Beobachtungen der Verbraucherzentrale Berlin Rechnung, die Anfang 1997 publiziert wurden. Demnach werden die Sorgen und Ängste der Anleger im Zusammenhang mit der Rentendiskussion von Anbietern dubioser Geldanlagen ausgenutzt. Die Verbraucherzentrale bezifferte den jährlichen Schaden der dubiosen Geldangebote mit rund 40 Milliarden DM. Hier kann ein gesetzlich geschützter Begriff »Altersvorsorge-Sondervermögen« viele Anleger vor Schaden bewahren.

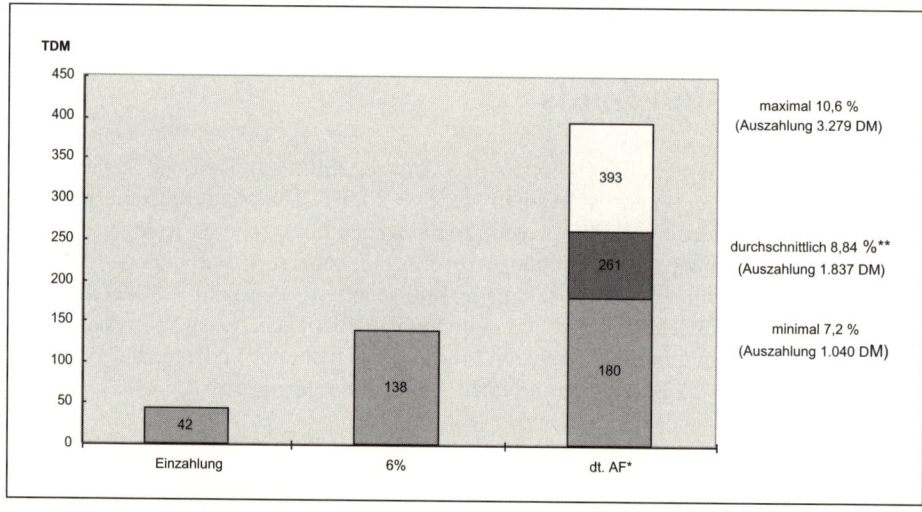

Abb. 2: Ergebnis von Sparplänen

Anmerkungen zu Abb. 2:

Die Abbildung zeigt das Ergebnis von Sparplänen bei einer monatlichen Einzahlung von 100 DM über 35 Jahre und monatliche Auszahlungen ohne Kapitalverkehr. Faustregel: Wer bereit ist, 35 Jahre lang 100 DM monatlich statt in einer mit 6 % rentierlichen Anlageform in einer fast 3 % höher rentierlichen Anlageform anzulegen (Deutsche Aktienfonds), kann im Rentenalter eine fast dreimal höhere monatliche Auszahlung erwarten (ohne seine Kapitalsubstanz anzugreifen).

* Bei Anlage in Deutsche Aktienfonds (Ausgabeaufschlag berücksichtigt).

** 8,84 % entspricht der durchschnittlichen jährlichen Wertsteigerung (Berechnungsgrundlage: Durchschnitt aller Quartalsergebnisse aller bis Ende 1996 seit 35 Jahren existierenden Aktienfonds mit Anlageschwerpunkt Deutschland).

b.   Ökonomische Effizienz

Die Erfahrungen im Ausland sowie die Wertentwicklungszahlen des BVI bei regelmäßigen Einzahlungen in deutsche Aktienfonds über lange Anlagezeiträume zeigen, daß das Ziel – angemessenes Altersversorgungsniveau mit geringstmöglichem Aufwand – über eine substanzwertorientierte Anlagepolitik erreicht wird (Einzahlungen von 100 DM monatlich über 35 Jahre in deutsche Aktienfonds).

c.   Institutionelle Sicherheit

Investmentfonds unterliegen dem Gesetz über Kapitalanlagegesellschaften (KAGG), das als Anlegerschutzgesetz konzipiert ist. Zusätzlich haben im Laufe der letzten 40 Jahre das Bundesaufsichtsamt für das Kreditwesen durch Verlautbarungen sowie die deutschen Investment-Gesellschaften durch innerbetriebliche Anweisungen ein dichtes Regelungsnetz unterhalb des Gesetzes zum Schutz ihrer Anleger entwickelt. Zur Konkretisierung des gesetzlichen Anlegerschutzes hat das Bundesaufsichtsamt für das Kreditwesen (BAKred) u. a. Anforderungen an die Ausgestaltung der Innenrevision aufgestellt, seine Unterrichtung über wesentliche Vorgänge bei Sondervermögen vorgeschrieben und Regelungen für Mitarbeitergeschäfte und Mindestanforderungen an das Betreiben von Handelsgeschäften für Kreditinstitute, die auch von Investment-Gesellschaften anzuwenden sind, erlassen. Die Begriffe »Investment« und »Investment-Gesellschaft« sind deshalb – anders als im angloamerikanischen Raum – heute in Deutschland Qualitätsbegriffe.

Eine Investment-Gesellschaft erhält die Erlaubnis zum Geschäftsbetrieb vom Bundesaufsichtsamt für das Kreditwesen nur, wenn das eingezahlte Nennkapital mindestens 5 Millionen DM beträgt, die Geschäftsleiter der Kapitalanlagegesellschaft zuverlässig sind und die zur Leitung erforderliche fachliche Eignung aufweisen. Ebenfalls im KAGG ist z. B. geregelt, daß das bei der Gesellschaft gegen Ausgabe von Anteilscheinen eingelegte Geld und die damit angeschafften Vermögensgegenstände ein sogenanntes Sondervermögen bilden. Dieses ist von dem eigenen Vermögen der Kapitalanlagegesellschaft getrennt zu halten. Deshalb ist auch ein (bislang nicht aufgetretener) eventueller Konkurs einer Kapitalanlagegesellschaft für das in einem Altersvorsorge-Sondervermögen angesammelte Altersvorsorgekapital ohne Bedeutung.

Ebenfalls kraft Gesetzes ist die Kapitalanlagegesellschaft verpflichtet, unabhängig von der Depotbank und ausschließlich im Interesse der Anteilinhaber zu handeln.

Wesentlicher Bestandteil der institutionellen Sicherheit ist das Depotbankprinzip. Danach hat eine Kapitalanlagegesellschaft kraft Gesetzes einer Depotbank die Verwahrung des Sondervermögens und die Ausgabe und Rücknahme von Anteilscheinen zu übertragen.

Eine Depotbank muß stets ein Kreditinstitut im Sinne des Kreditwesengesetz (KWG) sein und ein haftendes Eigenkapital von mindestens 10 Millionen DM aufweisen (Ausnahme: Wertpapiersammelbank). Auch die Depotbank hat kraft Gesetzes bei der Wahrnehmung ihrer Aufgaben unabhängig von der Kapitalanlagegesellschaft und ausschließlich im Interesse der Anteilinhaber zu handeln.

d. Wirtschaftliche Sicherheit

Vorschriften des KAGG stellen darüber hinaus sicher, daß Investmentfonds keine unvertretbaren Risiken eingehen können. Sie sind dem Grundsatz der Risikostreuung unterworfen. Bei der Auswahl der Wertpapiere ist eine Kapitalanlagegesellschaft grundsätzlich auf solche beschränkt, die an einer Börse oder einem organisierten Markt gehandelt werden. Maximal 10 Prozent des Sondervermögens dürfen in Wertpapieren angelegt werden, die nicht zum amtlichen Handel an einer Börse zugelassen oder in einen anderen organisierten Markt einbezogen sind.

Außer den allgemein geltenden Risikobegrenzungsvorschriften für Wertpapierfonds haben Altersvorsorge-Sondervermögen zusätzliche Anlagevorschriften zu beachten, die sich aus dem speziellen Ziel »Altersvorsorge« ableiten, wie z. B. Anlagegrenzen zum Schutz gegen überhöhte Währungsrisiken.

Kursrückgänge zu Beginn oder in der Mitte des Kapitalbildungsprozesses sind aus der Sicht des Anlegers/Arbeitnehmers irrelevant. Der Gefahr von Kursverlusten kurz vor Eintritt in den Ruhestand sollte jedoch begegnet werden.

Deshalb kann ein Anleger nach unserem Vorschlag bereits bei Vereinbarung eines Pensions-Sparplanes die jeweilige KAG ermächtigen, von einem bestimmten Zeitpunkt an vor Erreichen der Altersgrenze seine Anteile an Altersvorsorge-Sondervermögen in Anteile an weniger volatilen Fonds umzutauschen. Um der Gefahr von Kursverlusten unmittelbar vor Beginn des Rentenalters zu begegnen, kann ein Anleger/Arbeitnehmer auch in Laufzeit-Altersvorsorge-Sondervermögen anlegen, deren Laufzeitende mit Beginn des Rentenalters zusammenfällt. In diesem Fall sorgt die KAG gegen Ende des Kapitalbildungsprozesses im Rahmen ihrer Anlagepolitik für die notwendige Risikoabsicherung gegen Kursverluste z. B. durch den Erwerb von Put-Optionen.

Je länger der Anlagezeitraum, um so geringere Bedeutung hat die Volatilität der Aktienmärkte auf die Effizienz des Kapitalbildungsprozesses und um so sicherer werden Anlageergebnisse erzielt, die über den Ergebnissen traditioneller Altersvorsorgeinstrumente liegen.

e. Einfacher Zugang

Anteilscheine an Altersvorsorge-Sondervermögen können an jedem Bank- oder Sparkassenschalter, über Versicherungsaußendienste und freie Vermögensberater erworben werden.

334

f.   Flexible Einzahlung

Vereinbarte regelmäßige Einzahlungen können erhöht und gegebenenfalls auch verringert werden sowie vorübergehend ruhen. Ein Anleger/Arbeitnehmer kann darüber hinaus jederzeit von einem Altersvorsorge-Sondervermögen in ein anderes wechseln.

g.   Transparenz

Für den Anleger besteht ein unmittelbar erkennbarer Zusammenhang zwischen Einzahlung und der Vermögensbildung für Zwecke der Altersvorsorge. Denn der jeweilige Vermögensstand läßt sich durch die börsentägliche Preisveröffentlichung jederzeit einfach ermitteln (Muliplikation der jeweiligen Zahl der Anteile mit dem aktuellen Rücknahmepreis). Darüber hinaus erhält er jährlich und halbjährlich einen Rechenschaftsbericht sowie einen jährlichen Depotauszug.

h.   Freie Verwendung

Mit Beginn des Rentenalters kann er den angesammelten Kapitalstock auch in eine Altersrentenversicherung einzahlen (mit festen monatlichen Auszahlungen bis zum Lebensende) oder einen Auszahlplan mit einer KAG vereinbaren.

i.   Liquidität

Im übrigen kann ein Anteilschein an einem Altersvorsorge-Sondervermögen in Folge der gesetzlichen Rücknahmeverpflichtung einer KAG ohne vorherige Kündigung über jede Bank- oder Sparkassenverbindung verkauft und somit in Bargeld umgewandelt werden. Damit ist in wirtschaftlichen Notlagen ein jederzeitiger Rückgriff auf das angesammelte Kapital sichergestellt.

Aus der Sicht der Arbeitnehmer/Unternehmen stellen sich somit Altersvorsorge-Sondervermögen als ein sehr flexibles und z. B. über die nächstgelegene Bankfiliale einfach zugängliches Altersvorsorgeinstrument dar.

2.   Altersvorsorge-Sondervermögen aus der Sicht der Unternehmen

a.   Defined benefits

Ein Unternehmen kann – wie bisher – bestimmte Versorgungszusagen mit monatlichen Auszahlungen im Rentenalter garantieren (defined benefit); in diesem Fall hat es nach versicherungsmathematischen Grundsätzen zu berechnen, ob der Kapitalstock für die Erfüllung der Zusagen ausreicht. In der Praxis wird ein Unternehmen in diesem Fall ein Spezial-Altersvorsorge-Sondervermögen auflegen lassen, dessen Anteile sich in seinem

Eigentum befinden. Denkbar ist auch, daß lediglich ein bestimmter Kapitalstock garantiert wird. So kann es z. B. bei monatlichen Einzahlungen von 100 DM über 35 Jahre (Gesamteinzahlung: DM 42.000) einen Kapitalstock von z. B. 180.000 DM zusagen, ohne nach den bisherigen Erfahrungen damit rechnen zu müssen, daß das angesammelte Kapital zur Erfüllung der Versorgungszusage nicht ausreicht.

b.   Defined contributions

Es kann aber auch – entsprechend einem sich verstärkenden Trend in den USA – das System der defined contribution einführen, wonach lediglich feste monatliche Einzahlungen zugunsten des jeweiligen Arbeitnehmers vereinbart werden. In diesem Fall entfällt für die Unternehmen das wirtschaftliche Risiko einer festen Pensionszusage. Das Risiko trägt in diesem Fall – entsprechend dem Prinzip der Eigenverantwortung – der Arbeitnehmer. Dieses sogenannte Risiko ist jedoch unter der Voraussetzung einer sehr langen Anlagedauer kein echtes Risiko, wie folgende Untersuchung des BVI belegt: Zahlte ein Anleger in der Vergangenheit 35 Jahre lang regelmäßig monatlich 100 DM in Aktienfonds mit Anlageschwerpunkt Deutschland ein, so erzielte ein Anleger in 83 Prozent der Fälle ein Endvermögen von mehr 200.000 DM, in den verbleibenden 17 Prozent lagen die Ergebnisse stets über 180.000 DM. Über dieses System werden somit Unternehmen von den mit festen Versorgungszusagen verbundenen wirtschaftlichen Risiken entlastet, ohne andererseits Arbeitnehmer – unter der Voraussetzung eines langfristigen Ansparprozesses – mit zusätzlichen Risiken zu belasten.

Dieses System der defined contribution wird das betriebliche Altersvorsorgesystem der Zukunft in den USA und auch in Europa werden.

Seitdem das System der defined contribution in den USA als Altersvorsorgesystem anerkannt ist, kommt es dort zu einer Zunahme der betrieblichen Altersvorsorge auch im Bereich der mittelständischen Unternehmen:

Während vor 10 Jahren nur wenige große Unternehmen das System der defined contribution einsetzten, wenden heute die meisten Großunternehmen, nämlich 96 Prozent der Unternehmen mit mehr als 5.000 Angestellten, dieses betriebliche Altersvorsorgesystem an, im wesentlichen ergänzend zu dem traditionellen System der defined benefits.

Bis heute haben ein Drittel der mittelständischen Unternehmen mit weniger als 500 Mitarbeitern ein betriebliches Altersvorsorgesystem eingeführt. Für diese Unternehmen ist das System der defined contribution das Hauptelement der betrieblichen Altersvorsorge. Hierbei ist von Interesse, daß in den USA Investment-Gesellschaften existieren, die sich insbesondere mit der betrieblichen Altersvorsorge mittelständischer Unternehmen befassen. Dies macht deutlich: Die Stärke traditioneller Altersvorsorgeinstrumente liegt im Bereich der defined benefit, die von Altersvorsorge-Sondervermögen im Bereich eines reinen defined contribution-Systems.

Als Gründe dafür, warum in den USA in zunehmendem Maße Investmentfonds für Zwecke der Altersvorsorge eingesetzt werden, führt das Investment Company Institute in seinem Jahresbericht 1995 an: Die professionelle Verwaltung des Altersvorsorgevermögens, die Risikostreuung, klare Definition der Anlageziele und -politik, nachgewiesene Performance, Möglichkeit des jederzeitigen Zugriffs auf das angesammelte Kapital, auch wenn dies mit Steuernachteilen verbunden ist, sowie die Bequemlichkeit der Investmentanlage.

336

3. Altersvorsorge-Sondervermögen aus der Sicht von Staat und Politik

a. Beseitigung struktureller Defizite

Mit der Einführung von Altersvorsorge-Sondervermögen wird ein struktureller Nachteil des deutschen Altersvorsorgesystems beseitigt, weil es bisher an einem vom Gesetzgeber anerkannten substanzwertorientierten Altersvorsorgeinstrument fehlt, das von breiten Bevölkerungskreisen auf einfache und unkomplizierte Weise genutzt werden kann.

b. Stärkung des deutschen Aktienmarktes

Altersvorsorge-Sondervermögen werden einen erheblichen Beitrag zur Stärkung des deutschen Aktienmarktes leisten können, wie das Beispiel der US-pension funds beweist. Dies wiederum hat positive gesamtwirtschaftliche Auswirkungen; denn der deutsche Aktienmarkt hat für die Gesamtwirtschaft eine zentrale Bedeutung.

c. Stärkung der Vermögensbildung

Von Altersvorsorge-Sondervermögen sind längerfristig auch erhebliche positive verteilungspolitische Auswirkungen zu erwarten. Denn über sie wird bei entsprechend langer Anlagedauer auch eine langfristige bzw. lebenslange Beteiligung der Arbeitnehmer an Erträgen und Substanz des Produktivkapitals erreicht.

d. Trendumkehr im Bereich der betrieblichen Altersvorsorge

Wer am Status Quo festhalten will, muß mit einem weiteren Bedeutungsverlust der betrieblichen Altersvorsorge rechnen. Will man diesen Trend umkehren, muß den Unternehmen die Möglichkeit zur Anwendung eines »defined contribution-Modells« gegeben werden, um sie stärker von den wirtschaftlichen Risiken fester Pensionszusagen zu entlasten. Aufgrund der Erfahrungen in den USA ist davon auszugehen, daß eine Trendumkehr über eine Kombination des defined contribution-Modells mit Altersvorsorge-Sondervermögen prinzipiell erreicht werden kann.

VII. Altersvorsorge-Sondervermögen: Eine Konsequenz der Investmentfonds-Philosophie

Entsprechend ihrer Philosophie ist es Aufgabe der Investmentbranche, durch Abbau von Chancenungleichgewichten die Chancengleichheit für alle an allen Anlagemärkten herzustellen. Diese Aufgabe stellt sich nicht nur im Bereich der Vermögenspolitik, sondern auch im Bereich der Altersvorsorge. Mit Altersvorsorge-Sondervermögen werden bestehende Chancenungleichgewichte zwischen normalen Arbeitnehmern und vermögenden Familien beseitigt, die für ihr Alter über verschiedene Industriebeteiligungen und daneben Immobilienbesitz vorsorgen. Zugleich ergibt sich die große Chance, die gravierende Benachteiligung von Arbeitnehmern und Unternehmen des Mittelstandes im Verhältnis zu Großunternehmen und deren Arbeitnehmer im Rahmen des traditionellen betrieblichen Altersvorsorgesystems abzubauen. Der Aufbau eines derartigen Systems scheitert nach Aussage mittelständischer Unternehmen häufig deshalb, weil sie auch bei einer schwierigen Ertragslage mit betrieblichen Altersvorsorgeleistungen belastet sind, seine Nutzung einen nicht unerheblichen Zeit- und Verwaltungsmehraufwand mit sich bringen würde bzw. Kosten und Nutzen aus ihrer Sicht in keinem vernünftigen Verhältnis stehen.

VIII. Renditesicherheit

Gelegentlich wurde an unserem Vorschlag eine fehlende Renditesicherheit kritisiert. Hinsichtlich der Sicherheit bei Altersvorsorgeinstrumenten sollte man zwischen zwei Ebenen unterscheiden, der Sicherheit eines Altersversorgungssystems als solchem und der Garantie eines künftigen Altersversorgungsniveaus. Hätte dies die Politik von Anfang an beachtet, hätte man die Bevölkerung vor dem Irrtum bewahrt, die Sicherheit des Systems der gesetzlichen Rentenversicherung mit der Garantie eines künftigen Versorgungsniveaus zu verwechseln. Denn eine derartige Garantie kann kein Altersversorgungssystem bieten.

Wie sind nun unter dem Kriterium »Sicherheit« Altersvorsorge-Sondervermögen zu beurteilen?

1. Systemsicherheit

Die Sicherheit eines jeden Altersvorsorge-Systems hängt von der Fortdauer der wirtschaftlichen Faktoren ab, auf denen es aufbaut. Bei der gesetzlichen Rentenversicherung in Deutschland beispielsweise davon, daß in Zukunft noch in ausreichender Zahl Erwerbstätige existieren, die die Rentenzahlungen finanzieren. Die Sicherheit des Systems von Altersvorsorge-Sondervermögen wiederum hängt insbesondere davon ab, daß in Zukunft in Deutschland oder weltweit Unternehmen existieren, die Erträge erwirtschaften. Damit ist aber die Altersvorsorge über Altersvorsorge-Sondervermögen zumindest von vergleichbarer Sicherheit wie das System der gesetzlichen Rentenversicherung. Denn niemand zweifelt daran, daß auch in 30 oder 100 Jahren in Deutschland noch ertragsbringende Unternehmen existieren. Besonders deutlich wird dies an dem sog. worst case-Fall, wenn man also einmal den sicherlich theoretischen Extremfall unterstellt, daß in 30 oder 40 Jahren in Deutschland zwar keine Unternehmen, jedoch noch eine Vielzahl von Rentnern existieren. Wer soll dann die Leistungen aus der gesetzlichen Rentenversicherung noch finanzieren? Leistungen aus Altersvorsorge-Sondervermögen sind demgegenüber jedoch auch in einem solchen Extremfall aufgrund der für sie vorgesehenen Anlagevorschriften sicher.

2. Garantie eines bestimmten künftigen Versorgungsniveaus?

Die genaue Höhe künftiger Altersvorsorgeleistungen ist bei Altersvorsorge-Sondervermögen natürlich nicht mit Sicherheit vorhersehbar. Dies ist aber nichts anderes als ein Wesensmerkmal von reinen defined contribution-Modellen. Gleichzeitig gilt: Niemand weiß heute, was er in 35 Jahren aus der gesetzlichen Rentenversicherung bzw. als Beamtenpension ausgezahlt erhält. Auch kann keine Versicherung die erwartete Überschußbeteiligung garantieren. Entscheidend ist daher die Wahrscheinlichkeit, mit der ein Altersvorsorgesystem ein angemessenes Versorgungsniveau mit möglichst geringem Aufwand für alle erwarten läßt.

Und hier gilt: Die Wahrscheinlichkeit, daß die Vergangenheitsergebnisse deutscher Aktienfonds auch in Zukunft erreicht werden, ist sehr hoch, wenn man davon ausgeht, daß auch in Zukunft ertragsbringende, börsennotierte Unternehmen existieren.

Deshalb auch der Appell des Vertreters der EG-Kommission, Herr Fèvre, anläßlich des European pension fund round table Gesprächs Ende 1996 in Wiesbaden: »Wenn Pensionsfonds ihre Effizienz im Ertrag um ein Prozent anheben, können dadurch die gesamten Arbeitskosten um zwei bis drei Prozent reduziert werden. Wenn Manager gezwungen werden, in sicheren Anlagegegenständen für längere Zeit zu investieren, ist der potentielle Verlust am Ertrag enorm.« Auch durch eine Diversifizierung der Anlage z. B. in Aktien lasse sich – so Févre weiter – dem Sicherheitsbedürfnis Rechnung tragen.

IX. Zur Begriffsdiskussion

Die Diskussion über die Bezeichnung dieses neuen Altersvorsorgeinstrumentes war geprägt von verschiedenen Vorschlägen, insbesondere »Vorsorge-Sondervermögen«, wie von der Versicherungswirtschaft präferiert, »Altersvorsorge-Sondervermögen« (Bundesrat), »Pensions-Sondervermögen« (Bundesregierung) und als Kompromiß »Pensions-Investment-Sondervermögen«. Die Bundesregierung hat in ihrem Regierungsentwurf den Begriff »Pensions-Sondervermögen« vorgesehen. Gegen diese Namensgebung wurde während des parlamentarischen Verfahrens das Bedenken geäußert, dieser Begriff könne zu einer Irreführung führen. Denn der Begriff »Pension« beinhalte traditionell eine verbindliche regelmäßige Auszahlung im Alter. Hierbei handelt es sich jedoch um eine deutsche Besonderheit. Denn diese Assoziation steht nicht im Einklang mit anderen europäischen Ländern und auch nicht mit der Terminologie des angloamerikanischen Raumes.

Der Vorwurf der Irreführung wurde durch das »Gutachten zur wettbewerbsrechtlichen Zulässigkeit der Bezeichnung »Pensions-Investmentfonds« unter Berücksichtigung europa-rechtlicher Kriterien« von Frau Dr. Brunhilde Ackermann, Lehrbeauftragte der Universität Heidelberg, zurückgewiesen. Zumindest hätte man sich wie in Österreich durch das neu geschaffene Investmentfondsgesetz (InvFG) für den Begriff »Pensions-Investmentfonds« entscheiden können (§§ 23 a ff. InvFG).

Durch die Bezeichnung »Altersvorsorge-Sondervermögen« wurde die Chance verspielt, *mit einer international üblichen Bezeichnung* bei der sich anbahnenden Diskussion über die Optimierung der Pensionsfonds-Systeme in Europa deutlich zu machen, über welche Rechtsmaterie ein ideales, ausschließlich an den Interessen der Bevölkerung orientiertes Pensionsfonds-System realisiert werden kann.

X. Zusammenfassung

Mit der Verabschiedung des neuen Altersvorsorge-Instrumentes »Altersvorsorge-Sondervermögen" besitzt Deutschland sowohl im Bereich der betrieblichen wie auch der privaten Altersvorsorge ein – vom Gesetzgeber anerkanntes – substanzwertorientiertes Altersvorsorge-Instrument. Mit Einführung dieses Instruments wurden folgende Schwächen des traditionellen Altersvorsorge-Systems beseitigt:

1. In Deutschland fehlt es an einem reinen defined contributions-System im Bereich der betrieblichen Altersvorsorge, wie es in den USA insbesondere auch im Bereich des Mittelstandes so erfolgreich angewandt wird.
2. In Deutschland bedarf es deshalb bereits aus strukturellen Gründen einer größeren Modellvielfalt, die über die Einführung von Pensions-Sondervermögen realisiert werden kann.
3. Pensions-Sondervermögen beachten auch das Prinzip der Entscheidungsfreiheit für alle. Wenn jemand möchte, kann er also wie bisher betriebliche oder private Altersvorsorge betreiben.
4. Alle Altersvorsorgesysteme insbesondere in Europa weisen strukturelle Schwächen auf; sie leiden entweder unter Effizienz-, Transparenz- oder Flexibilitätsdefiziten. Wegen seiner hohen Anpassungsfähigkeit an die jeweiligen individuellen Gegebenheiten kommt deshalb das System der Pensions-Sondervermögen nicht nur zur Beseitigung struktureller Schwächen des deutschen Altersvorsorgesystems in Betracht. Die Europäische Investmentvereinigung hat sich deshalb dafür ausgesprochen, diesen neuen Investmentfondstyp in die Richtlinie zur Harmonisierung des Investmentrechts von 1985 aufzunehmen.

Angesichts dieser Eigenschaften verwundert es nicht, daß sich immer mehr Institutionen und Verbände für die Realisierung dieses Altersvorsorgeinstruments aussprechen. Selbst manche Vertreter aus dem anglo-amerikanischen Bereich erkennen seine Vorzüge in der Zwischenzeit an; sie halten es für effizienter, die Altersvorsorgebeträge über ein spezielles, substanzwertorientiertes Instrument einzusammeln, als generell alle möglichen Anlageformen als für die Altersvorsorge geeignet anzusehen, wie dies bei den 401 K-Plänen in den USA der Fall ist. Zugleich wird mit einem speziellen, unter staatlicher Aufsicht stehenden Instrument mit Bezeichnungsschutz erschwert, daß der graue Kapitalmarkt in den Bereich der Altersvorsorge eindringen kann.

Auch der Gesetzgeber ist bereit, Pensions-Sondervermögen einzuführen. Im Diskussionsentwurf zum 3. Finanzmarktförderungsgesetz wurde das BVI-Konzept der Pensions-Sondervermögen im wesentlichen unverändert aufgegriffen. Da die gesetzlichen Weichen gestellt sind, kann in Deutschland die Altersvorsorge effizient, transparent und flexibel gestaltet werden.

Teil 3
Asset Management aus der Sicht von Banken

Rainer Süßmann*

Überwachung des börslichen und außerbörslichen Wertpapierhandels.

Verhinderung und Aufdeckung von Insiderhandel

* *Rainer Süßmann*, Leiter der Abteilung Überwachung des Verbotes von Insidergeschäften unter Auswertung von Marktdaten des Bundesaufsichtsamtes für den Wertpapierhandel

I.   Neues Recht seit August 1994

Seit August 1994 ist nach langen und widersprüchlichen Diskussionen[1] verbotener Insiderhandel in Deutschland strafbar; bedroht mit Geldstrafe oder Freiheitsstrafe bis zu 5 Jahren
(§ 38 Wertpapierhandelsgesetz – WpHG[2]). Zu dem Wandel – zuvor freiwillige Regeln ohne
ausreichende Ermittlungsbefugnisse der bei den Börsen fallweise gebildeten Insiderprü-
fungskommissionen – trugen sowohl die Einsicht bei, daß ein funktionierender, fairer[3] und
international anerkannter Kapitalmarkt ohne staatliche Insiderregelungen nicht anerkannt
würde, als auch die notwendige Umsetzung der Insiderrichtlinie der EU.[4] Zu schützendes
Rechtsgut ist die Funktionsfähigkeit des Kapitalmarktes.[5] Dies wird auch daraus deutlich,
daß das Insiderhandelsverbot als abstraktes Gefährdungsdelikt ausgestaltet ist; für die
Strafbarkeit kommt es nicht darauf an, daß der Täter einen Vermögensvorteil erlangt oder
auf seiten eines Anlegers ein Vermögensnachteil eintritt.[6] In aller Regel wird durch
Insidergeschäfte kein Anleger geschädigt, da die Anleger auf jeden Fall ge- oder verkauft
hätten. Geschädigter von Insidergeschäften in Form von Rufschäden kann jedoch das
Unternehmen werden, dessen Informationen für Insidergeschäfte ausgenutzt worden sind.[7]

Am 1. Januar 1995 nahm das Bundesaufsichtsamt für den Wertpapierhandel (im
folgenden BAWe genannt) seine Arbeit auf. Dem BAWe obliegt neben anderen Aufgaben
zum einen die Entdeckung verbotenen Insiderhandels und zum anderen die vorsorgliche
Verhinderung von Insiderhandel mit der Überwachung der Ad hoc-Publizität (§ 15 WpHG).
Mehr Transparenz und unter Umständen auch der Verhinderung unlauterer Geschäfte dient
die seit dem 1. Januar 1995 erstmals geltende Pflicht, Stimmrechtsanteile an börsennotierten Unternehmen (Amtliche Notierung) ab Erreichen, Überschreiten und Unterschreiten
von 5, 10, 25, 50 und 75 % offenzulegen.

Auch Versicherungsunternehmen sind von den neuen Regelungen des WpHG betroffen, entweder als börsennotiertes Unternehmen, bei den Anlageentscheidungen oder aber
auch bei Beteiligungen an börsennotierten Unternehmen. Versicherungsunternehmen
können auf verschiedene Weise mit Insiderinformationen in Berührung kommen, sei es bei
Übernahmen, bei Gesprächen mit börsennotierten Gesellschaften oder durch Informationen seitens börsennotierter Tochtergesellschaften oder Beteiligungen. In vielen Fällen
stellt sich aufgrund der neuen Rechtsmaterie, die bislang nur wissenschaftlich durchdrun-
gen ist,[8] einschlägige Urteile stehen noch aus,[9] und der nicht zu vermeidenden Benutzung
unbestimmter Rechtsbegriffe in den entsprechenden Normen des WpHG den Beteiligten
die Frage, wie sie ihr Verhalten ausrichten müssen, um nicht der Gefahr strafrechtlicher
Ermittlungen ausgesetzt zu sein. Das WpHG mit dem Insiderhandelsverbot und den

---

1   Zur Vorgeschichte *Weber*, NJW 1994, 2849 f.
2   V. 26.7.1994, BGBl I S. 1749, geändert durch Art. 2 UmsetzungsG v. 22.10.1997, BGBl I S. 2518.
3   *Mennicke*, Sanktionen gegen Insiderhandel, S. 58 ff.
4   AmtsBl. EG Nr. L 334/30 v. 13.11.1989.
5   BT-Drs. 12/6679 S. 33.
6   *Mennicke*, a. a. O., S. 476, Otto in: Madrid-Symposium, S. 453.
7   *Hopt*, in: Insiderrecht und Ad-hoc-Publizität, S. 4.
8   Aktuelle Nachweise bei Assmann, AG 1997, 50 ff.
9   Bislang wurden die Insiderfälle im Strafbefehlsverfahren (§§ 407 ff. StPO) abgeschlossen.

Pflichten zur Veröffentlichung neuer kursrelevanter Tatsachen und von Stimmrechtsanteilen bringt jedoch nicht nur Belastungen mit sich, sondern Emittenten und Anleger profitieren von der höheren Attraktivität des deutschen Finanzplatzes.

II. Ad hoc-Publizität und Meldung von Stimmrechtsanteilen

1. Veröffentlichung kursrelevanter Tatsachen

Mit zu den Kernbereichen des WpHG gehört die Pflicht zur Ad hoc-Publizität (§ 15). Die Aufnahme des § 15 in den 3. Abschnitt des WpHG mit der Überschrift »Insiderüberwachung« bringt deutlich zum Ausdruck, daß die Ad hoc-Publizität in erster Linie die Funktion der Prävention von Insidergeschäften zukommt. Hieran muß sich auch die Auslegung der Norm orientieren. § 15 WpHG verpflichtet die Emittenten von Wertpapieren, die im Inland an einer Börse zum Handel mit amtlicher Notierung oder zum geregelten Markt zugelassen sind, zur Ad hoc-Publizität. Verstöße können vom BAWe mit einem Bußgeld in Höhe von bis DM 3 Mio. geahndet werden.In 1995 und 1996 sind rund 2000 Ad hoc-Mitteilungen inländischer Emittenten veröffentlicht worden sind. Diese offene Informationspolitik der Unternehmen wird zudem belohnt, da sie generell zur Vertrauensbildung bei den Anlegern beiträgt.

Wertpapiere im Sinne des § 15 WpHG sind vom Emittenten begebene Aktien, Schuldverschreibungen, Derivate und ähnliche Rechte. Treten im Tätigkeitsbereich des Emittenten Tatsachen ein, die nicht öffentlich bekannt sind, und die wegen ihrer Auswirkungen auf die Vermögens- oder Finanzlage oder den allgemeinen Geschäftsverlauf des Emittenten geeignet sind, den Börsenpreis der zugelassenen Wertpapiere erheblich zu beeinflussen, muß der Emittent diese neue Tatsache unverzüglich entweder über weitverbreitete elektronische Informationsanbieter oder über weit verbreitete Börsenpflichtblätter als eigene Mitteilung/Meldung veröffentlichen.

2. Tatsachenbegriff

Veröffentlichungspflichtig sind neue Tatsachen, die im Tätigkeitsbereich des Emittenten eingetreten sind. Tatsachen sind eingetretene, beweisbare Ereignisse. Werturteile oder Prognosen fallen nicht unter diesen Begriff. Jedoch muß nur über abgeschlossene Ereignisse berichtet werden. Die Entscheidungsfindung muß abgeschlossen sein.[10] Ist etwa die Zustimmung des Aufsichtsrats zu einer Maßnahme erforderlich, muß vor der Zustimmung des Aufsichtsrats nicht ad hoc berichtet werden. Beispiele können sein eine Kapitalerhöhung, bedeutende Verträge, Übernahmen. Anders ist dies jedoch hinsichtlich des Jahresab-

---

10 *Kümpel,* AG 1997, 66, 68 f.; *Pananis,* WM 1997, 460 ff.

schlusses. Hat der Vorstand den Jahresabschluß gemäß § 264 HGB aufgestellt, ist gegebenenfalls – bei Kursrelevanz – über das Ergebnis ad hoc zu berichten.[11] Die Feststellung durch den Aufsichtsrat (§ 172 AktG) darf nicht abgewartet werden, da der Aufsichtsrat in der Regel den Jahresabschluß nicht mehr ändert. Hierfür spricht auch, daß der Konzernabschluß (§ 290 ff. HGB) nicht vom Aufsichtsrat festgestellt werden muß. Letztendlich kann der Jahresabschluß jederzeit verändert werden, so daß nie ein Zeitpunkt der Pflicht zur Ad hoc-Veröffentlichung bestände[12] Ebenso kann über Zwischenabschlüsse ad hoc zu berichten sein. Öffentlich bekannt ist eine Tatsache, wenn sie zumindest in der sogenannten Bereichsöffentlichkeit, den professionellen Kapitalmarktteilnehmern, bekannt ist. Daß wegen der neuen Tatsachen mit Auswirkungen auf die Vermögens- oder Finanzlage oder den allgemeinen Geschäftsverlauf mit überwiegender Wahrscheinlichkeit zu rechnen ist, reicht aus.[13]

3. Kursrelevanz

Eines der in der Praxis wichtigsten und meist diskutierten Probleme ist das der Beurteilung der Eignung zur erheblichen Kursrelevanz.[14] Sind nach Veröffentlichen der neuen, bisher nicht bekannten Tatsache nur geringfügige Kursbewegungen zu erwarten, ist der Emittent nicht zur Ad hoc-Publizität verpflichtet. Die Eignung zur erheblichen Kursbeeinflussung muß vom Emittenten im Einzelfall unter Berücksichtigung der bisherigen Kursentwicklung, der üblichen Volatilität der Börsenpreise, etwa der letzten vier Wochen, der bereits bei den Marktteilnehmern bekannten Tatsachen und der nach den bisherigen Verlautbarungen des Emittenten geschaffenen Erwartungen der Anleger beurteilt werden; wenn es sich eben für einen Insider lohnte, Wertpapiere zu kaufen oder zu verkaufen.[15] Unter diesen Voraussetzungen können Tatsachen bei einem Emittenten starke Kursbewegungen auslösen, beim nächsten Emittenten ändert sich der Kursverlauf wenig. Lediglich bei gravierenden Ereignissen wie etwa der Verlust der Hälfte des Grundkapitals oder gar Vergleich und Konkurs dürfte immer eine erhebliche Kursrelevanz zu bejahen sein. Der Emittent sollte in Zweifelsfällen den sachverständigen Rat eines Kreditinstituts oder einer anderen mit den Verhältnissen am Kapitalmarkt vertrauten Person einholen. Auch wenn die so gewonnene Prognose und Entscheidung – Ad hoc-Veröffentlichung oder anderweitige Veröffentlichung oder keine Mitteilung – sich in der tatsächlichen Preisentwicklung als nicht richtig erweisen sollte, wird den Emittenten selten ein Vorwurf leichtfertigen Nichtveröffentlichens (§ 39 Abs. 1 Nr. 1a) WpHG) treffen, wenn er zuvor sachverständigen Rat eingeholt hat.

---

11 Bekanntmachung des BAWe zum Verhältnis von Regelpublizität und Ad hoc-Publizität v. 9.7.1996, BAnZ v. 19.7.1996.
12 *Fürhoff/Wölk*, WM 1997, 449, 454.
13 *Fürhoff/Wölk*, a. a. O., S. 453.
14 *Fürhoff/Wölk*, a. a. O., S. 455.
15 *Fürhoff/Wölk*, a. a. O., S. 455.

4. Verfahren

Die Mitteilung über die kursrelevante Tatsache ist vom Emittenten in vollem Wortlaut unter seiner Verantwortung zu veröffentlichen. Eine bloß redaktionelle Wiedergabe reicht nicht aus. Der Emittent sollte, was bei den meisten Fallgestaltungen ohne weiteres möglich ist, die Ad hoc-Mitteilung knapp und präzise abfassen, um den Teilnehmern am Kapitalmarkt eine rasche Aufnahme der wichtigen Tatsache zu ermöglichen. Der Emittent hat die erheblich kursbeeinflußende Tatsache vor der Veröffentlichung der Geschäftsführung der Börsen, an denen die Wertpapiere zugelassen sind oder gegebenenfalls Derivate auf die Wertpapiere gehandelt werden, und dem BAWe mitzuteilen. Mit dieser Regelung soll den Börsen die Möglichkeit eröffnet werden, vor der Veröffentlichung über eine Kursaussetzung entscheiden zu können, welche die bestehenden Orders löschte und die Anleger vor unerwarteten Kursausschlägen schützte. Der Gesetzgeber sieht zwei Veröffentlichungsformen vor. Der Emittent kann die kursrelevante Tatsache entweder in einem überregionalen Börsenpflichtblatt oder über ein elektronisch betriebenes Informationsverbreitungssystem mit weiter Verbreitung bei den relevanten Kapitalmarktteilnehmern veröffentlichen. Der weitaus größte Teil der Emittenten wählt den Weg der Veröffentlichung über elektronische Informationsverbreitungssysteme. Ziel der Veröffentlichung ist es, zumindest die sogenannte Bereichsöffentlichkeit herzustellen, d. h. zumindest den Teilnehmern am Kapitalmarkt muß es möglich sein, von der Tatsache Kenntnis zu nehmen. Eine Unterrichtung des breiten Anlegerpublikums ist nicht erforderlich. Mittlerweile stehen den Kleinanlegern die Ad hoc-Meldungen via Videotext und Internet zeitgleich mit den institutionellen Anlegern zur Verfügung, so daß der früher geäußerte Kritikpunkt an der Veröffentlichung über elektronische Medien, die Benachteiligung der Kleinanleger,[16] nicht mehr greift.

Der Emittent ist nicht unter allen Umständen gezwungen, eine kursrelevante Tatsache sofort zu veröffentlichen. Insbesondere bei wichtigen geheimzuhaltenden Verhandlungen oder Projekten oder in Unternehmenskrisen kann das Interesse des Emittenten, über eine Tatsache nicht ad hoc zu berichten, dem Interesse der Anleger an einer sofortigen Unterrichtung vorgehen. Das BAWe kann den Emittenten auf Antrag von der Veröffentlichungspflicht befreien, wenn die Veröffentlichung der Tatsache geeignet ist, den berechtigten Interessen des Emittenten zu schaden. Relevanz hat diese Befreiungsmöglichkeit bisher vor allem bei Sanierungsmaßnahmen erfahren.

5. Meldung von Stimmrechtsanteilen

Erstmals eingeführt wurde mit dem WpHG in Umsetzung einer Richtlinie der EU[17] die Pflicht zur Anzeige und Veröffentlichung bedeutender Stimmrechtsanteile. Diese Pflicht trifft nur die zum Börsenhandel mit amtlicher Notierung zugelassenen Emittenten. Wer durch Erwerb, Veräußerung oder auf sonstige Weise 5 %, 10 %, 25 %, 50 % oder 75 % der

---

16 *Wittich,* AG 1997, 1, 5.
17 AmtsBl. EG Nr. L 348/62 v. 17.12.1988.

Stimmrechte an einer börsennotierten Gesellschaft erreicht, überschreitet oder unterschreitet, hat der Gesellschaft sowie dem BAWe unverzüglich, spätestens binnen sieben Kalendertagen, das Erreichen, Überschreiten oder Unterschreiten der genannten Schwellen unter Angabe der genauen Höhe des Stimmrechtsanteils und unter Angabe seiner Anschrift mitzuteilen. Neben den direkt gehaltenen Anteilen sind auch zurechenbare Stimmrechtsanteile, etwa von Konzerngesellschaften oder Stimmrechtspools, anzuzeigen.[18] Die Gesellschaft veröffentlicht diese Mitteilung unverzüglich, spätestens binnen neun Kalendertagen, in einem überregionalen Börsenpflichtblatt.[19]

III. Insider, Insiderpapiere, Insidertatsachen

Die gesetzliche Regelung des Insiderhandelsverbots im Wertpapierhandelsgesetz hat die im Jahre 1970 eingeführten freiwilligen[20] und im Ergebnis ineffizienten Insiderhandels-Richtlinien und die Händler- und Beraterregeln[21] abgelöst. Verbotene Insidergeschäfte können nunmehr mit einer Freiheitsstrafe bis zu fünf Jahren oder mit Geldstrafe geahndet werden. Eine solche gesetzliche Regelung entspricht internationalem Standard und ist für die Vertrauenswürdigkeit des Finanzplatzes Deutschland von herausragender Bedeutung.[22] Hierbei folgen die gesetzlichen Regelungen weitgehend der zugrundeliegenden EU-Insiderrichtlinie. Die Gesetzesbestimmungen sind nach ständiger Rechtsprechung des Europäischen Gerichtshofes richtlinienkonform auszulegen. Gegebenenfalls sind Zweifelsfragen von den nationalen Gerichten dem Europäischen Gerichtshof vorzulegen.[23]

1. Primär-/Sekundärinsider

Insider und damit potentieller Täter ist jede natürliche[24] Person, die Kenntnis einer nicht öffentlich bekannten Tatsache hat, die im Falle ihres Bekanntwerdens geeignet wäre, den Kurs der Insiderpapiere erheblich zu beeinflussen (§ 13 WpHG). Auf welchem Weg die Person die Insidertatsache erhalten hat, hat keinen Einfluß auf die Qualifikation als Insider. Hat eine Person jedoch lediglich einen Tip erhalten oder weiß nicht, daß die erhaltene Information eine Insidertatsache ist, entfällt diese Qualifikation. Insider dürfen die betreffenden Insiderpapiere weder im eigenem noch in fremdem Namen kaufen oder verkaufen.

---

18 Einzelheiten siehe § 22 WpHG.
19 Das BAWe veröffentlicht eine in kurzen Abständen aktualisierte Übersicht auf der Internet-Homepage des Amtes »http://www.bawe.de«.
20 Siehe der Fall »Steinkühler«; Steinkühler hatte sich zuvor den Regeln nicht unterworfen, *Mennicke,* a. a. O., S. 190.
21 *Mennicke,* a. a. O., S. 51 f.
22 BT-Drs. 12/6679 S. 33.
23 *Kümpel,* Wertpapierhandelsgesetz, S. 47.
24 Juristische Personen sind nicht i. S. d. StrafR verantwortlich, könnten jedoch Insider werden, *Assmann,* AG 1997, 50, 51 f.

Sog. Primärinsider dürfen zusätzlich eine Insidertatsache nicht unbefugt mitteilen oder zugänglich machen und anderen auf der Grundlage der Kenntnis der Insidertatsache den Kauf oder Verkauf von Insiderpapieren empfehlen (§ 14 WpHG).

Primärinsider ist, wer als Mitglied der Geschäftsführungs- oder Aufsichtsorgane oder persönlich haftender Gesellschafter des Emittenten oder des mit dem Emittenten verbundenen Unternehmens, aufgrund seiner Aktionärsstellung oder aufgrund seines Berufs oder seiner Tätigkeit oder seiner Aufgabe bestimmungsgemäß[25] Kenntnis von Insidertatsachen erhält (§ 13 Abs. 1 WpHG). Wer trotz der Zugehörigkeit zu den vorgenannten Gruppen nur zufällig Kenntnis von Insidertatsachen erlangt, wird lediglich Sekundärinsider. Sekundärinsider – »mittelbare Insider«[26] – sind hingegen alle Personen, die auf sonstige Weise gezielt oder zufällig Kenntnis von Insidertatsachen erlangen (§ 14 Abs. 2 WpHG), also etwa Tipempfänger (»Tippees«), Taxifahrer, Reinigungskräfte.

Insiderpapiere sind sämtliche Wertpapiere (Aktien, Schuldverschreibungen, Optionsscheine) und Derivate, die zum Handel an einer inländischen Börse zum amtlichen Handel oder zum geregelten Markt zugelassen oder in den Freiverkehr einbezogen sind bzw. an der Deutsche Terminbörse gehandelt werden, oder in einem EU- oder EWiR-Staat zu einem geregelten und überwachten Markt zugelassen sind (§ 12 WpHG). Es kommt nicht darauf an, ob ein zugelassenes Wertpapier an oder außerhalb der Börse ge- oder verkauft worden ist. Andererseits sind OTC-Derivate und Wertpapiere, die etwa nur im Telefonhandel zwischen Banken gehandelt werden, keine Insiderpapiere.

2. Insidertatsachen und erhebliche Kursrelevanz

Derzeit umstrittenstes Merkmal des Tatbestands des Insiderhandelsverbots ist der Begriff der Insidertatsache. Die nicht öffentlich bekannte Tatsache muß geeignet sein, im Fall ihres Bekanntwerdens den Kurs des Insiderpapiers erheblich zu beeinflussen. Die Auslegung des unbestimmten Rechtsbegriffs »erhebliche Kursbeeinflussung« ist ähnlich der Ad hoc-Publizität umstritten,[27] bis hin zur Behauptung, der Tatbestand sei verfassungswidrig.[28] In der Praxis hat die umstrittene Auslegung jedoch bei der Verwendung von Insidertatsachen aus der Unternehmenssphäre bislang keine gewichtigen Probleme bereitet. Die unternehmensbezogenen Tatsachen, die von den bisher verurteilten Personen zu Insidergeschäften ausgenutzt worden sind, erfüllten nach jeder Betrachtungsweise das Merkmal der »erheblichen Kursbeeinflussung«.

Eine entweder im Gesetz aufgenommene oder per Auslegung gewonnene Schwelle, ab der eine erhebliche Kursänderung einträte, üblicherweise wird in Anlehnung an die Gesetzesbegründung[29] ein Kursänderungspotential von mindestens 5 % verlangt,[30] hätte

---

25 Kleinaktionäre können zwar per se Primärinsider sein, doch werden sie selten bestimmungsgemäß Insiderinformationen erhalten.
26 *Mennicke,* a. a. O., S. 44.
27 Etwa *Assmann,* AG 1997, 50, 58.
28 *Schweizer,* Aktienkultur+BVH News 1997 Heft 3 S. 48, 51.
29 BT-Drs. 12/6679 S. 47.
30 *Assmann* in *Assmann/Schneider,* WpHG, § 13 Rn. 72; *Claussen,* Bank- und Börsenrecht, S. 324, verlangt gar 10 %-ige Kursänderungen.

jedoch den Nachteil, daß blue chips auch bei der Veröffentlichung gravierender Tatsachen selten ein Kursbeeinflussungspotential von 5 % und mehr zeigen, und vor allem, daß sich ein Täter darauf berufen könnte, er habe bei seinem Insidergeschäft nur ein Kursbeeinflussungspotential unterhalb der festen Schwelle, also etwa 5 %, angestrebt. Die Eignung zur erheblichen Kursrelevanz und damit die Kenntnis der potentiellen Kursveränderungen müssen vom Vorsatz des Insiders umfaßt sein.[31] Eine solche feste Schwelle löste nicht das weitere Problem, nach welcher Methode das nach dem Gesetz verlangte theoretische Kursbeeinflussungspotential vom Insider und später von den Strafverfolgungsbehörden bestimmt werden soll.[32] Die spätere tatsächliche Kursentwicklung nach Bekanntwerden der Insidertatsache ist nicht geeignet, das Gewicht des Kursänderungspotentials zu bestimmen, da die Kurse nicht selten aufgrund systematischer Risiken wie Wechselkursentwicklungen, Branchenabhängigkeit, Zinsänderungen, Verlauf anderer Börsenplätze, steigen oder fallen. Auch das Heranziehen der üblichen Volatilität zur Bestimmung des erheblichen Kursänderungspotentials begegnet insofern Bedenken, da es keine verläßlichen Verfahren zur Berechnung der üblichen Volatilität gibt; soll die Volatilität nach den vorangegangenen 30 oder 200 Handelstagen oder dazwischen festgelegt werden, wie soll auf Ausreißer in der Zeitreihe reagiert werden, kann nicht ein cleverer Insider durch vorangegangene Geschäfte die Volatilität so beeinflussen, daß hinterher kaum noch Änderungen möglich sind?

Die Verfolgungsbehörden (BAWe und bisher involvierte Staatsanwaltschaften und Gerichte) legen das Tatbestandsmerkmal danach aus, ob es sich für einen Insider unter Berücksichtigung der systematischen Marktrisiken und der Kosten lohnt, die Insiderpapiere zu kaufen oder zu verkaufen.[33] Auch wenn diese Auslegung als grob vereinfachend[34] eher verworfen wird, bietet sie jedoch eine positive und handhabbare Abgrenzung von erheblichem zu unerheblichem Kursbeeinflussungspotential. Im Ergebnis heißt dies, daß dann, wenn ein Insider vor Bekanntwerden der ihm bekannten Insidertatsache kauft oder verkauft, die Eignung der erheblichen Kursbeeinflussung in der Regel zu bejahen ist.

Diese Formel hilft auch weiter in den Fällen der Ausnutzung der Kenntnis der Orderlage, etwa einer Großorder. Hier kann ein Insider Gewinne erzielen, wenn er vor Ausführung der den Kurs treibenden Großorder Aktien kauft und wieder verkauft. Die eintretende Kurssteigerung wird aus der Sicht des Insiders mit hoher Wahrscheinlichkeit eintreten, wird jedoch der Höhe nach selten über die übliche Volatilität hinausgehen. Es gibt keinen vernünftigen Grund, ein solches Frontrunning nicht als Insidergeschäft zu bewerten.

Insidertatsache sind nach dem allgemeinen Sprachgebrauch Geschehnisse.[35] Die EU-Insiderrichtlinie spricht hier von »präzisen Informationen« (Art. 1 Nr. 1). Meinungen und Wertungen sind daher keine Insidertatsachen. Sie können jedoch Tatsachenqualität erlangen, wenn sie etwa von kompetenter Seite geäußert werden. Insoweit kann auch die Empfehlung, eine Aktie zu erwerben, Insidertatsache werden. Im Gegensatz zum Begriff der Ad hoc-Tatsache verlangt der Begriff weder eine Emittentenbezogenheit noch, daß die Tatsache sich auf die Finanz-, Vermögens- oder Geschäftslage auswirken muß. Daher können auch vorbereitende Handlungen im Rahmen mehrstufiger Entscheidungsprozesse,

---

31 *Assmann* in *Assmann/Schneider*, WpHG, § 14 Rn. 20.
32 *Schweizer*, a. a. O., S. 50.
33 *Kümpel*, a. a. O., S. 65; *Süßmann*, AG 1997, 63, 64.
34 *Weber*, NJW 1997, 1549, 1550.
35 *Kümpel*, a. a. O., S. 53.

etwa der Vorstandsbeschluß vor dem entscheidenden Aufsichtsratsbeschluß, Insidertatsache sein. Ab wann sich eine Tatsache so weit konkretisiert, daß es sich für einen Insider lohnt, Geschäfte zu tätigen, ist jeweils eine Frage des Einzelfalls. So dürfte etwa die Prognose des Vorstands einer drohenden Insolvenz bereits eine Insidertatsache sein.[36]

IV. Insiderhandelsverbot

Insider dürfen Insiderpapiere unter Ausnutzung des Insiderwissens weder für eigene noch für fremde Rechnung erwerben oder veräußern. Wird hingegen ein Geschäft unterlassen, also vom zuvor geplanten Kauf oder Verkauf von Insiderpapieren aufgrund des Insiderwissens Abstand genommen, fehlt es an einem Insidergeschäft. Das Ausüben von Optionen ist kein Geschäft i. S. d. § 14 WpHG. Hierbei kann auch kein Insiderwissen ausgenutzt werden, da der Basispreis feststeht. Sehr wohl kann jedoch der der Ausübung folgende Verkauf der bezogenen Wertpapiere ein Insidergeschäft sein[37]. Dies erlangt Bedeutung bei Einführung von Aktienoptionsplänen für Vorstandsmitglieder und leitende Angestellte. Diese Personen verfügen fast ständig über Informationen, die nicht öffentlich bekannt sind. Nicht alle diese Informationen werden auch erheblich kursrelevant sein. Die vorgenannten Teilnehmer am Aktienoptionsplan können ihre Optionen zwar ausüben, sind jedoch bei dem nachfolgenden Verkauf der bezogenen Aktien ständig der Gefahr ausgesetzt, zumindest des Insiderhandels verdächtigt zu werden, was als Pönalisierung alleine ausreicht. Diese Gefahr läßt sich entsprechend amerikanischem Vorbild mit dem Ausüben der Optionen in Zeiten sog. »Trading Windows« eindämmen. Zugleich muß berücksichtigt werden, daß nur die Kenntnis nicht öffentlich bekannter, sich negativ auf den Kurs auswirkenden Tatsachen dem Teilnehmer des Optionsplanes nach der Ausübung den Verkauf verbieten. Rechnet der Insider mit steigenden Kursen, wird er – insiderrechtlich bedenkenfrei – erst zu einem späteren Zeitpunkt seine Optionen ausüben. Die »Trading Windows« sollten den Verkauf zulassen, wenn die Gesellschaft ausführlich über den Geschäftsverlauf berichtet hat, also nach der Pressekonferenz zum Jahres- oder Halbjahresabschluß oder nach der Hauptversammlung.[38] Jedoch muß der Insider auch in den Zeiten der Trading Windows immer prüfen, ob er Kenntnis negativ wirkender Insidertatsachen besitzt. Auch hier gilt: Je publizitätsfreudiger der Emittent, desto geringer die Gefahren des strafbaren Insiderhandels.

In der Praxis bereitet die Bestimmung »unter Ausnutzung« Probleme. Ausnutzen verlangt eine Kausalität zwischen Insiderwissen und Geschäft. Einigkeit besteht darin, daß das Umsetzen einer eigenen unternehmerischen Entscheidung kein Ausnutzen darstellt.[39] Wichtigster Anwendungsbereich hierfür ist der Kauf von Aktien über die Börse im Rahmen eines geplanten Beteiligungserwerbs. Entgegen Äußerungen im Schrifttum[40] fehlt es am

---

36 Ebenso *Kümpel,* a. a. O., S. 56.
37 *Schneider,* ZIP 1996, 1769, 1775.
38 *Feddersen,* ZHR 161 (1997), 269, 294 f.
39 So schon BT-Drs. 12/6679 S. 47.
40 *Schmidt-Diemitz,* DB 1996, 1809, 1812.

Ausnutzen auch dann, wenn der Erwerber im Rahmen einer Due Diligence Kenntnis von Insidertatsachen erlangt. Die weiteren Zukäufe erfolgen alle auf der Grundlage der zuvor gefaßten unternehmerischen Entscheidung. Beim Pakethandel scheidet ein Ausnutzen von Insiderkenntnissen, etwa gewonnen aus der Due Diligence, in der Regel aus, da sowohl Käufer als auch Verkäufer des Pakets Kenntnis möglicher Insidertatsachen besitzen. Vorstellbar sind jedoch auch Konstellationen, in denen eine der Parteien gegenüber der anderen Partei über einen preiserheblichen Wissensvorsprung verfügt, so könnte der Verkäufer dem Käufer wichtige Mängel verschweigen, die nicht anläßlich der Due Diligence offengelegt wurden. In diesen Fällen handelte es sich auch bei Transaktionen innerhalb eines Pakethandels um strafbare Insidergeschäfte.

An der erforderlichen Kausalität zwischen Insiderwissen und Geschäft fehlt es dann, wenn das Geschäft auch ohne Kenntnis der Insidertatsache abgeschlossen worden wäre.[41] Vorstellbar wären Fallgestaltungen, bei denen Wertpapiere zur dringenden Tilgung eines Darlehens oder familien- oder erbrechtlichen Auseinandersetzungen verkauft werden. Eine andere Frage ist es, inwieweit die Strafverfolgungsorganen die abweichenden Gründe der Veräußerung für glaubhaft halten.

V. Verbot der unbefugten Weitergabe von Insiderinformationen

1. Abgrenzung der befugten zur unbefugten Weitergabe

Von erheblicher praktischer Bedeutung für die Mitglieder der Geschäftsführungs- und Aufsichtsorgane sowie Mitarbeiter der börsennotierten Gesellschaft ist das Verbot der unbefugten Weitergabe von Insidertatsachen. Sinn des Weitergabeverbots ist es, den korrekten Verlauf des Wertpapierhandels bereits in einem frühen Stadium zu schützen. Da nach dem Entstehen der Information die Gefahr des Insiderhandels mit der Anzahl der Insider wächst, soll bereits die Verbreitung verhindert werden. Damit wird die Strafbarkeit zwar in abstrakte Regionen verlegt,[42] gleichwohl ist das Bedürfnis nach einer Beschränkung der Anzahl der Insider gegeben.[43]

Zweifelsfragen löst regelmäßig aus, wann eine Weitergabe von Insidertatsachen als befugt oder unbefugt anzusehen ist. Zur Auslegung ist insbesondere Art. 3 a) Insiderrichtlinie heranzuziehen, wonach eine Insiderinformation nicht an einen Dritten weitergegeben werden darf, soweit dies nicht in einem normalen Rahmen in Ausübung der Arbeit oder Berufs oder in Erfüllung von Aufgaben der Insider geschieht. Als unbefugt gilt im Ergebnis jede Weitergabe, die nicht aus betrieblichen oder rechtlichen Gründen erforderlich ist. Der Umfang der betrieblichen Gründe ist nicht eng auszulegen. Daher fällt auch das Einbeziehen unternehmensexterner Experten (Anwälte, Banken, Berater) zur erlaubten Weitergabe.

41 *Assmann* in *Assmann/Schneider,* WpHG, § 14 Rn. 27.
42 *Tippach,* Das Insiderhandelsverbot und die besonderen Rechtspflichten der Banken, S. 171.
43 *Mennicke,* a. a. O., S. 609.

Ebenso dürfte der Informationsaustausch innerhalb eines faktischen Konzerns aus betrieblichen Gründen als befugt anzusehen sein. Es kommt auch nicht darauf an, ob Dritte, an die Insiderinformationen weitergegeben werden, ihrerseits gesetzlichen oder vertraglichen Geheimhaltungsverboten unterliegen. Eine Einbeziehung dieses Personenkreises führt dazu, daß die Externen aufgrund ihrer beruflichen Tätigkeit Primärinsider werden und daher über § 14 WpHG zur Geheimhaltung verpflichtet sind. Zusätzliche Merkmale wie »konkrete Mißbrauchsgefahr«[44] sind nicht erforderlich. Unternehmensintern darf die Insidertatsache an diejenigen Mitarbeiter weitergegeben werden, die diese Information zur Erledigung ihrer Aufgaben bedürfen. Eine Bekanntgabe auf einer Betriebsversammlung erfolgt daher ohne vorherige Veröffentlichung regelmäßig unbefugt. Als befugt ist demnach grundsätzlich jede Weitergabe anzusehen, die aufgrund betrieblicher Notwendigkeit, rechtlicher Bestimmungen sowie gesellschaftsrechtlicher Verbindungen notwendig ist. Daher erfolgt auch die Weitergabe an Betriebsrat oder Wirtschaftsausschuß befugt, ebenso die Weitergabe von Informationen, um Schadensersatzansprüche aus pVV oder cic abzuwenden.

2.   Einzelfälle

Jedoch ist eine allgemeingültige Auslegung der unbestimmten Rechtsbegriffe befugt/unbefugt wegen der Vielfalt der denkbaren Gestaltungen nur schwer oder gar nicht möglich. Zuverlässige Lösungen lassen sich jedoch anhand von Fallgruppen erarbeiten:

An Aufsichtsratsmitglieder müssen Insiderinformationen weitergegeben werden. Den Aufsichtsratsmitgliedern wird man zugestehen müssen, Assistenten zur Wahrnehmung der Aufgaben des Aufsichtsratsmitglieds hinzuzuziehen.

In den Anwendungsbereich der unbefugten Weitergabe gehört auch der in der Praxis nicht selten zu beobachtende Fall der Veröffentlichung einer Ad hoc-Tatsache vor der Veröffentlichung gemäß § 15 WpHG. Gemäß § 15 Abs. 3 Satz 2 WpHG darf eine Veröffentlichung vor der Ad hoc-Publizität nicht in anderer Weise erfolgen. Daher steht jede vorherige Weitergabe dieser Information unter dem Verdacht der unbefugten Weitergabe. Selbst die Weitergabe an Journalisten mit Sperrvermerk erfolgte unbefugt, da zum einen der Weitergebende nicht sicherstellen kann, was der Journalist mit der Meldung trotz Sperrvermerk macht, er kann für sich die betroffenen Wertpapiere kaufen, und betriebliche Abläufe eine Information von Journalisten vor der Ad hoc-Veröffentlichung nicht erfordern.

Einigkeit besteht mittlerweile darin, daß der Emittent Insidertatsachen nicht an Analysten weitergeben darf[45]. Tatsachen, die der Emittent nicht ad hoc oder auf andere geeignete Weise (Veröffentlichung über überregionale Zeitung oder Nachrichtendienst) veröffentlicht hat, dürfen an Analysten nicht weitergegeben werden; die weitergebende Person macht sich strafbar. Der Analyst wird, falls trotzdem Insidertatsachen an ihn weitergegeben worden sein sollten, Primärinsider, da er die Informationen aufgrund und wegen seiner beruflichen Aufgaben erhalten hat.[46] Wird der Analyst aufgrund eines

44 *Götz,* DB 1995, S. 1949.
45 *Assmann,* AG 1997, 50, 57.
46 *Eichele,* WM 1997, 501, 503; a.A. *Claussen,* AG 1997, 306, 311.

Auftrags, etwa eines Ratings, einbezogen, erfolgt die Weitergabe wegen dieses Auftrags andererseits befugt.[47]

Nach wie vor im Schrifttum unterschiedlich erörtert, bisher aber in der Praxis eher kein brennendes Problem, ist die Frage, ob der Vorstand auf der HV Aktionären, auch auf deren Befragen hin, Insiderinformationen mitteilen darf. Die Weitergabe von Insiderinformationen auf der HV dürfte hier unbefugt erfolgen. Das Weitergabeverbot soll den Kreis der Insider beschränken. Nach diesem Zweck ist auch die Erforderlichkeit zur Erfüllung der Aufgaben zu bestimmen. Für die wirtschaftliche Entwicklung der AG ist es nicht notwendig, Aktionäre in Insiderinformationen einzubeziehen. Aktionäre werden auch nur dann Primärinsider, wenn sie Insiderinformationen bestimmungsgemäß erhalten. Dies meint Fälle, in denen einige wenige Aktionäre, i. d. R. Großaktionäre, in den Entscheidungsprozeß einbezogen werden müssen. Ein Bedürfnis bzw. einen Fall, in dem alle auf der HV anwesenden Aktionäre Kenntnisse einer Insidertatsache bedürfen, ist nicht zu erkennen. Daneben bleibt noch das Problem, daß in einer HV regelmäßig auch Gäste teilnehmen (Journalisten, Mitarbeiter u. ä.), die zuvor aus dem Saal gebeten werden müßten. Der Vorstand muß also entweder vor Beantwortung einer Frage zumindest die Bereichsöffentlichkeit herstellen. Handelt es sich sogar um eine unter § 15 WpHG fallende Tatsache, muß spätestens jetzt veröffentlicht werden. Oder der Vorstand verweigert die Beantwortung der Frage unter Hinweis auf § 131 Abs. 3 AktG. Daraus folgt auch, daß § 131 Abs. 1 AktG – Auskunftsrecht des Aktionärs auf der HV – den Vorstand nicht zu einer Weitergabe der Informationen verpflichtet.

Einzelne Aktionäre haben keinen Anspruch auf Informationen. Ebensowenig darf die Gesellschaft ohne besondere Gründe bzw. Beziehung Insidertatsachen an einzelne Aktionäre geben, auch wenn diese gerne Informationen zur Vorbereitung ihres Stimmrechtsverhaltens wünschen. Die vor die Hauptversammlung veröffentlichten Informationen müssen allen Aktionären genügen, sich auf die Hauptversammlung vorzubereiten.

3. Auswirkungen bei Mergers and Acquisitions

Besondere praktische Relevanz erhält das Problem der unbefugten Weitergabe von Insiderinformationen bei Fragen in Zusammenhang mit dem Erwerb einer Beteiligung an einer börsennotierten Gesellschaft. Grundsätzlich fällt der Pakethandel unter das Insiderhandelsverbot. In aller Regel fehlt es jedoch bei Kauf oder Verkauf eines Pakets am Ausnutzen, da Käufer und Verkäufer alle Informationen kennen. Eine andere Frage ist es, ob zur Einleitung und Durchführung Insiderinformationen weitergegeben werden dürfen, ob also der Verkäufer dem Käufer Insiderinformationen geben darf und ob der Käufer hierauf einen Anspruch hat. Ein Pakethandel ist dann zu bejahen, wenn eine Anzahl von Aktien als »Paket« verkauft wird, das einen unternehmerischen Einfluß erlaubt. Eine starre Grenze ist abzulehnen.[48]

Der Verkäufer darf dem Käufer positive Tatsachen mitteilen, da er einen möglichst hohen Preis erzielen möchte. Dies wird schon aus der Formulierung der Gesetzesbegrün-

---

47 *Eichele,* a. a. O., S. 503.
48 *Schmidt-Diemitz,* a. a. O., S. 1810.

dung deutlich, nach der sich der Erwerber Unterlagen vorlegen lassen kann. Wenn dies befugt sein soll, ist erst recht die Weitergabe seitens des Veräußerers befugt. Hat hingegen der Verkäufer Insiderinformationen zuvor unbefugt erhalten, darf er diese nicht weitergeben, dies wäre unbefugt. Bei negativen Tatsachen gelten die gleichen Erwägungen. Der Verkäufer dürfte sogar unter dem Gesichtspunkt der cic verpflichtet sein, dem Käufer die negativen Tatsachen zu offenbaren.

Hat hingegen der Verkäufer Insiderinformationen zuvor unbefugt erhalten, kann unter dem Gesichtspunkt der cic der Verkäufer trotz der zuvor »unbefugten Entgegennahme« die Informationen befugt weitergeben. Entscheidender Gesichtspunkt ist hier, daß er ohne das Offenlegen der negativen Tatsache, egal wie er sie erfahren hat, bei Verkauf des Pakets dieses Wissen, wenn er den Käufer nicht unterrichtete, entgegen § 14 Abs. 1 Nr. 1 ausnutzte. Aus diesen Ausführungen wird deutlich, daß der Verkäufer dem Käufer im Rahmen der vom Käufer gewünschten Due Diligence alle Tatsachen – positive wie negative – offenlegen kann, ohne unbefugt zu handeln. Der Verkäufer sollte darauf achten und durch geeignete Maßnahmen sicherstellen (Data Room, Vertraulichkeitsvereinbarungen), daß der Kreis der an der Due Diligence beteiligten Personen nicht zu groß wird und dokumentiert ist, welche Person wann welche Informationen erhalten hat. Die Vertraulichkeitsvereinbarung stellt sicher, daß der Käufer die Tatsachen für den Fall, daß er nicht das Paket erwirbt, nicht weitergeben darf. Erwirbt der Käufer nicht, wird er kein Primärinsider, könnte also ansonsten sein Wissen weitergeben.

VI. Überwachung und Ahndung von Insiderhandel

1.   Meldungen der Wertpapiergeschäfte

Bei der Marktüberwachung stützt sich das BAWe auf die Meldepflichten über getätigte Wertpapier- oder Derivatgeschäfte. Nach § 9 WpHG müssen Kreditinstitute sowie Unternehmen, die zum Handel an inländischen Börsen zugelassen sind, alle börslichen und außerbörslichen[49] Geschäfte in börsennotierten Wertpapieren und Derivaten auf elektronischem Wege an das BAWe in vorgegebenem Verfahren[50] melden. Gesetzlich vorgeschriebene Bestandteile der Meldung sind insbesondere die Wertpapierbezeichnung, Datum und Uhrzeit des Geschäftsabschlusses, Kurs, Stückzahl und Nennbetrag, Angaben zur Identifikation der beteiligten Wertpapierdienstleistungsunternehmen, ob es sich um ein börsliches oder außerbörsliches Geschäft und um ein Eigen- oder Kundengeschäft handelt. Der Name des auftraggebenden Depotinhabers ist in der Meldung nicht enthalten, da in diesem Verfahrensstadium eine Durchbrechung des Bankgeheimnisses derzeit nicht gerechtfertigt erscheint.[51]

Anhand der Daten kann das BAWe auffällige Kurs- und Umsatzbewegungen der einzelnen Wertpapiere oder Derivate herausfiltern. Danach kann anhand der Daten schnell

---

49 Börsenmitglieder mit Sitz im Ausland müssen nur die börslichen Geschäfte melden.
50 Wertpapierhandel-Meldeverordnung v. 21.12.1995, BGBl I S. 2094.
51 Ausführlich *Süßmann*, WM 1996, 937 ff.

ermittelt werden, welche Finanzintermediäre für wen gehandelt haben und die Offenlegung des Kundennamens verlangt werden.

2. Überwachungsverfahren

Das Aufspüren von Insidergeschäften setzt eine intensive Beobachtung des Marktes voraus. Dabei macht sich das BAWe die Erkenntnis zunutze, daß es für Insidergeschäfte einen geradezu klassischen Verlauf gibt. Insiderhandel wird typischerweise in einem Zeitraum von mehreren Wochen bis wenige Tage vor der Veröffentlichung einer kursrelevanten Tatsache, entweder einer Ad hoc-Mitteilung des Emittenten oder einer Nachricht, betrieben. Die damit zum Vergleich der sonstigen Zeiträume verbundene Steigerung des Umsatzes und eventuelle Kursänderungen, die mit anderen systematischen Marktrisiken nicht zu erklären sind, und vor allem Änderungen in den Umsätzen der einzelnen Kreditinstitute lassen darauf schließen, daß die Informationen durch Insiderhandel bereits vor der Veröffentlichung erheblich in die Bewertung der Insiderpapiere[52] eingeflossen sind. Die Informationen können dann bereits in den Kursen enthalten sein, so daß die Ad hoc-Mitteilung selbst keine größere Kursbewegung mehr auslöst. In anderen Fällen lösen Ad hoc-Mitteilungen deutliche Kursbewegungen aus; ein Blick auf Umsätze und Marktanteile in den Wochen vor der Veröffentlichung zeigt dann die vorgenannten atypischen Umsatzänderungen.

Das Wissen über diese typischen Szenarien ist der Anknüpfungspunkt der Ermittlungen. Das BAWe versucht, solche Auffälligkeiten hinsichtlich Umsatz- und Preisentwicklungen vor der Veröffentlichung von Ad hoc-Meldungen oder sonstigen Veröffentlichungen aus den gemeldeten Geschäften herauszufiltern. Ergeben sich daraus Anhaltspunkte für Insidergeschäfte, hat das BAWe die Möglichkeit und das Recht, von den Kreditinstituten Auskünfte über die Transaktionen in dem betreffenden Wertpapier und die Namen der Auftraggeber einschließlich der Vorlage entsprechender Unterlagen zu verlangen (§ 16 Abs. 2 WpHG). Vorab wird über eine Auskunft des Emittenten aufgeklärt, wann und wem welche Insiderinformationen bekannt waren. Die Emittenten selbst sind verpflichtet, dem BAWe auf Anfrage die Namen und Adressen der Wissensträger der Insiderinformation sowie Einzelheiten zum Geschehen und Entstehen einer Insidertatsache zu übermitteln. Dabei kann im Einzelfall eine »Insiderlage« Monate andauern[53]. Ebenso sind auch alle Personen, die als Primärinsider benannt worden sind, dem BAWe auf Anfrage zur gleichen Auskunft verpflichtet. Weiterhin bemüht sich das BAWe frühzeitig, die Staatsanwaltschaften zu unterrichten, damit gegebenenfalls Telefonverbindungsdaten vor dem Löschen sichergestellt werden können. Selbstverständlich stehen den Auskunftspflichtigen Auskunftsverweigerungsrechte zu, wenn die Antwort sie oder nahe Angehörige belastete (§ 16 Abs. 6 WpHG).

Diese Daten gleicht das Bundesaufsichtsamt mit- und gegeneinander ab, um eventuellen Insidern auf die Spur zu kommen. Stimmen Nachnamen und Adresse von Primärinsidern

---

52 Vorrangig Aktien, Optionsscheine, Derivate.
53 Texas Gulf Sulphur Fall, beschrieben bei *Mennicke*, a. a. O., S. 48.

und den Auftraggebern überein, spricht vieles für Insiderhandel. Entweder handelt der Primärinsider selbst oder Geschäfte werden über Konten von Ehepartner oder Kindern abgewickelt. Andere denkbare Auffälligkeiten wären etwa, daß viele Geschäfte speziell über ein Kreditinstitut abgewickelt werden, also Marktanteilsverschiebungen eingetreten sind, daß Geschäfte gehäuft aus der Region des Emittenten kommen oder daß überdurchschnittlich große Stückzahlen für einen Auftraggeber oder häufig Geschäfte von der gleichen Person über einen längeren Zeitraum entdeckt werden. Sind solche auffälligen Geschäfte feststellbar, werden in einem weiteren Schritt die Depotbewegungen der betreffenden Person in dem Insiderpapier und gegebenenfalls in Insiderpapieren bei den depotführenden Kreditinstituten erfragt (§ 16 Abs. 2 S. 3 WpHG), um weitere Hinweise auf die möglichen Gründe der auffälligen Geschäfte zu erlangen. Handelt etwa ein Insider über einen längeren Zeitraum in dem Insiderpapier, kann dies gegen Insiderhandel sprechen. Bei denkbaren Sekundärinsidern kann der Einblick in das Depot Anhaltspunkte geben, ob die auffälligen Transaktionen dem normalen Anlageverhalten der Person entsprechen.

3.   Auskunftsrechte des BAWe

Erhärtet sich nach diesen Untersuchungen der Verdacht, daß Insider aufgrund der vorgefundenen Auffälligkeiten gehandelt haben könnten, wird der Sachverhalt mit den Daten der auffälligen Geschäfte[54] der zuständigen Staatsanwaltschaft angezeigt, in deren Händen das weitere Vorgehen liegt (§ 18 WpHG). Das BAWe ist keine Polizeibehörde, die Vernehmungen oder Durchsuchungen durchführen darf. Anknüpfungspunkt der örtlichen Zuständigkeit ist im Regelfall der Börsenplatz, an dem das mögliche Insidergeschäft ausgeführt wurde. Die Staatsanwaltschaft muß entscheiden, ob weitere Untersuchungen mittels Zeugenaussagen, Durchsuchungen oder Beschlagnahmen erforderlich sind.[55]

Bei der Aufklärung von Insidergeschäften spielt angesichts der Globalisierung der Wertpapiermärkte der Informationsaustausch mit ausländischen Wertpapieraufsichtsbehörden eine immer größere Rolle. Das BAWe ist für ausländische Stellen der zentrale Ansprechpartner in allen Fragen; die die Wertpapieraufsicht betreffen. Für den internationalen Informationsaustausch wurden dem BAWe durch das WpHG weitreichende Befugnisse an die Hand gegeben. Es kann Informationen einschließlich der Kundennamen bei ausländischen Wertpapieraufsichtsbehörden abfragen und ist umgekehrt berechtigt, in Deutschland Untersuchungen börslicher und außerbörslicher Geschäfte durchzuführen, um die Ermittlungen ausländischer Aufsichtsbehörden zu unterstützen. In der Europäischen Union ist die Verpflichtung zum Informationsaustausch aufgrund der Europäischen Richtlinie über das Verbot von Insidergeschäften verbindlich festgelegt. Aber auch weltweit sind alle wichtigen Finanzzentren entsprechend den Empfehlungen der IOSCO, der internationalen Vereinigung der Wertpapieraufsichtsbehörden, zum Informationsaustausch bereit.

---

54 Entgegen *Habetha,* WM 1996, 2133 ff. werden nur diese Daten an die StA gegeben, so daß keine weiteren datenschutzrechtlichen Vorschriften erforderlich sind.
55 Zu allem *Dreyling/Süßmann,* M&A Review 1996, 485.

Finden sich nach Abschluß der Untersuchungen keine Auffälligkeiten, werden die Daten gelöscht (§ 17 Abs. 2 WpHG).

VII. Internationaler Vergleich

Die bisherigen Erfolge des BAWe bei der Aufdeckung verbotenen Insiderhandels, insbesondere im Vergleich mit den in Großbritannien aufgedeckten Fälle, zeigen, daß die Regelungen des WpHG geeignet sind, Insiderhandel wirksam zu verfolgen.[56] Das BAWe ist jedoch kein Gegenstück zur US-amerikanischen Securities and Exchange Commission (SEC). Die SEC verfügt bei der Aufklärung von Insiderhandel über teilweise staatsanwaltschaftliche Ermittlungsbefugnisse und kann selbst Geldstrafen verhängen. Ähnlich weitgehende Ermittlungsbefugnisse wären hier jedoch mit dem verfassungsrechtlichen Grundsätzen der Gewaltenteilung unvereinbar. Auch die französische Aufsichtsbehörde, die Commission Operations des Bourses (COB), kann selbständig Geldstrafen gegen Insider festsetzen und verfügt über weitgehende Untersuchungsrechte im Insiderverdachtsfall. Die zukünftigen Erfahrungen des BAWe werden zeigen, ob die bereits mit dem 3. Finanzmarktförderungsgesetz[57] vorgesehenen erweiterten Untersuchungsbefugnisse des BAWe weiterer Ergänzung bedürfen.

VIII. Zusammenfassung

Bei Insiderhandel handelt es sich um verbotswürdiges Unrecht. Die Ausnutzung von Insiderwissen widerspricht dem Gebot der Chancengleichheit der Anleger. Die bisher von BAWe, Staatsanwaltschaften und Gerichten erfolgreich verfolgten Insiderfälle zeigen, daß am Finanzplatz Deutschland Insiderhandel stattfindet und daß das BAWe mit dem ihm zustehenden Befugnissen in der Lage ist, Fälle von strafbarem Insiderhandel zu entdecken. Neben den verfolgten Fällen wird eine hohe Dunkelziffer vermutet.[58] Angesichts der begrenzten Ressourcen der Aufsichts- und Strafverfolgungsbehörden und der unbestimmten, nicht einfach auszulegenden unbestimmten Rechtsbegriffe der Verbotsnormen wird es wohl immer Fälle vermuteten, jedoch nicht aufklärbaren Insiderhandels geben. Die gesetzlichen Regeln sowie die erfolgreiche Arbeit des BAWe haben dazu beigetragen, daß ausländische Investoren auf dem inländischen Kapitalmarkt nunmehr die Chancengleichheit gewahrt sehen. Dies zeigt sich etwa daran, daß DTB-Derivate auch in den USA angeboten werden dürfen, was vor Inkrafttreten des WpHG nicht von der CFTC geduldet wurde.

Befürchtungen, der Wertpapierhandel werde mit Inkrafttreten des WpHG und der Aufnahme der Tätigkeit des BAWe unverhältnismäßig eingeschränkt, sind auch wegen der

---

56 Skeptisch *Ransiek*, DZWir 1995, 53 ff.
57 BT-Drs. 13/8933 S. 14, 93 f.
58 *Mennicke*, a. a. O., S. 628.

bisher gefundenen Auslegung der unbestimmten Rechtsbegriffe nicht eingetreten. Andererseits geben aber einige Insiderverdachtsfälle Anhaltspunkte dafür, daß der von den Regelungen des WpHG vorrangig betroffene Personenkreis noch nicht durchgehend sein Verhalten an die neuen Bestimmungen angepaßt hat.

Literatur

Assmann, Heinz-Dieter/Schneider, Uwe H. (Hrsg.): Wertpapierhandelsgesetz. Köln 1995
Assmann, Heinz-Dieter: Rechtsanwendungsprobleme des Insiderrechts. In: AG 1997, 50 ff.
Claussen, Carsten P.: Bank- und Börsenrecht. München 1996
Claussen, Carsten P.: Das Wertpapierhandelsgesetz und die Wertpapieranalysten – ein offenes Feld. In: AG 1997, 306 ff.
Dreyling, Georg/Süßmann, Rainer: Die Vorgehensweise des BAWe im Insiderverdachtsfall. In: M & A Review 1996, 485 ff.
Eichele, Hans: Finanzanalysten und Wirtschaftsjournalisten als Primärinsider. In: WM 1997, 501 ff.
Feddersen, Dieter: Aktienoptionsprogramme für Führungskräfte aus kapitalmarktrechtlicher und steuerlicher Sicht. In: ZHR 161 (1997), 269 ff.
Fürhoff, Jens/Wölk, Armin: Aktuelle Fragen zur Ad hoc-Publizität. In: WM 1997, 449 ff.
Götz, Jürgen: Die unbefugte Weitergabe von Insidertatsachen. In: DB 1995, S. 1949 ff.
Habetha, Joachim W.: Verwaltungsrechtliche Rasterfahndung mit strafrechtlichen Konsequenzen. In: WM 1996, 2133 ff.
Hopt, Klaus J.: Wie sinnvoll sind rechtliche Regelungen über Insidergeschäfte? – Ökonomische und rechtliche Überlegungen zum europäischen und deutschen Insiderrecht. In: Baetge (Hrsg.): Insiderrecht und Ad-hoc-Publizität, Düsseldorf 1995
Kümpel, Siegfried: Wertpapierhandelsgesetz – Eine systematische Darstellung. Berlin 1996
Kümpel, Siegfried: Aktuelle Fragen der Ad hoc-Publizität. In: AG 1997, 66 ff.
Mennicke, Petra R.: Sanktionen gegen Insiderhandel, Berlin 1996
Otto, Harro: Der Mißbrauch von Insider-Informationen als abstraktes Gefährdungsdelikt. In: *Schünemann/González* (Hrsg.): Bausteine des europäischen Wirtschaftsstrafrechts. Madrid-Symposium für Klaus Tiedemann. Köln 1994, S. 453 ff.
Pananis, Panos: Zur Abgrenzung von Insidertatsache und ad-hoc-publizitätspflichtigem Sachverhalt bei mehrstufigen Entscheidungsprozessen. In: WM 1997, 460 ff.
Schmidt-Diemitz, Rolf: Pakethandel und das Weitergabeverbot von Insiderwissen. In: DB 1996, 1809 ff.
Schneider, Uwe H.: Aktienoptionen als Bestandteil der Vergütung von Vorstandsmitgliedern. In: ZIP 1996, 1769 ff.
Schweizer, Thilo: Zum Streit um die Abgrenzung von Insidertatsachen: In: Aktienkultur+BVH News Heft 3 1997, S. 48 ff.
Süßmann, Rainer: Insiderhandel – Erfahrungen aus der Sicht des Bundesaufsichtsamts für den Wertpapierhandel. In: AG 1997, 63 ff.
Süßmann, Rainer: Meldepflichten nach § 9 Wertpapierhandelsgesetz – Zugleich eine Erläuterung der Meldeverordnung und des Meldebogens. In: WM 1996, 937 ff.
Tippach, Stefan U.: Das Insiderhandelsverbot und die besonderen Rechtspflichten der Banken. Köln 1995
Weber, Martin: Deutsches Kapitalmarktrecht im Umbruch. In: NJW 1994, 2849 ff.
Weber, Martin: AG-Forum: Das Wertpapierhandelsgesetz in der Praxis. In: NJW 1997, 1549 f.
Wittich, Georg: Erfahrungen mit der Ad hoc-Publizität in Deutschland. In: AG 1997, 1 ff.

Thomas Neisse*

Der Euro bringt Schwung in das Asset Management

*   *Thomas Neisse*, Leiter Asset Management der Bayerischen Vereinsbank AG

I. Einführung

Die europäische Wirtschafts- und Währungsunion stellt die Vermögensverwaltung in Kontinentaleuropa vor große Herausforderungen. Die immer noch kontrovers diskutierte gemeinsame europäische Währung wird im Asset Management massive Wirkungen entfalten. Sie wirkt dabei als Katalysator für insbesondere in Kontinentaleuropa längst überfällige Veränderungen im Marketing, im Investmentprozeß und in der Dokumentation. Der Euro zerstört liebgewordene Gewohnheiten, verlangt internationales Know how und forciert Ausleseprozesse. Auch große und etablierte Asset Management Gesellschaften können sich ihrer Marktpositionen nicht mehr sicher sein. Nischenproduzenten werden sich im veränderten Wettbewerb neu positionieren müssen. Ertragsdruck einerseits sowie steigende Kosten andererseits verstärken die Konsolidierungsbestrebungen in der europäischen Asset Management Industrie.

1. Europa positioniert sich neu

Mit der Schaffung der Europäischen Wirtschafts- und Währungsunion sind zwar noch viele Fragezeichen verbunden, ohne Zweifel gewinnt aber der abendländische Kontinent durch diese politische Entscheidung eine neue Dimension im Kontext der Weltwirtschaft. Dies gilt vor allem bei den für den Themenkreis Asset Management relevanten Größen.

Beim Bruttoinlandsprodukt nimmt absolut gesehen eine große EWWU mit knapp USD 6.900 Mrd. gleich hinter den USA (USD 7.600 Mrd.) den zweiten Platz in der Welt ein, der

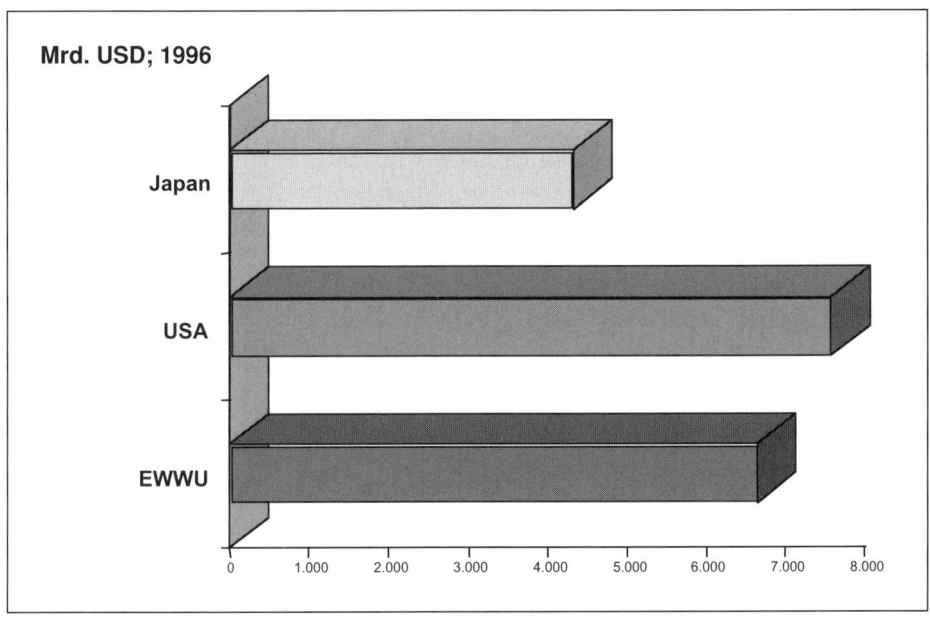

Abb. 1: Vergleich des nominalen Bruttoinlandsprodukts der drei Blöcke

Abstand zu Japan ist mit USD 2.400 Mrd. dabei schon beträchtlich. Unter Hinzuzählung der Wirtschaftsleistung von Großbritannien wäre Europa mit USD 8.100 Mrd. auf dieser Meßlatte sogar an der Spitzenposition. Beim Bruttoinlandsprodukt per Capita, also pro Kopf ist die Reihenfolge allerdings umgekehrt. Hier führt Japan mit USD 36.600 vor den USA mit USD 28.800; Europa ist mit USD 23.800 das Schlußlicht.

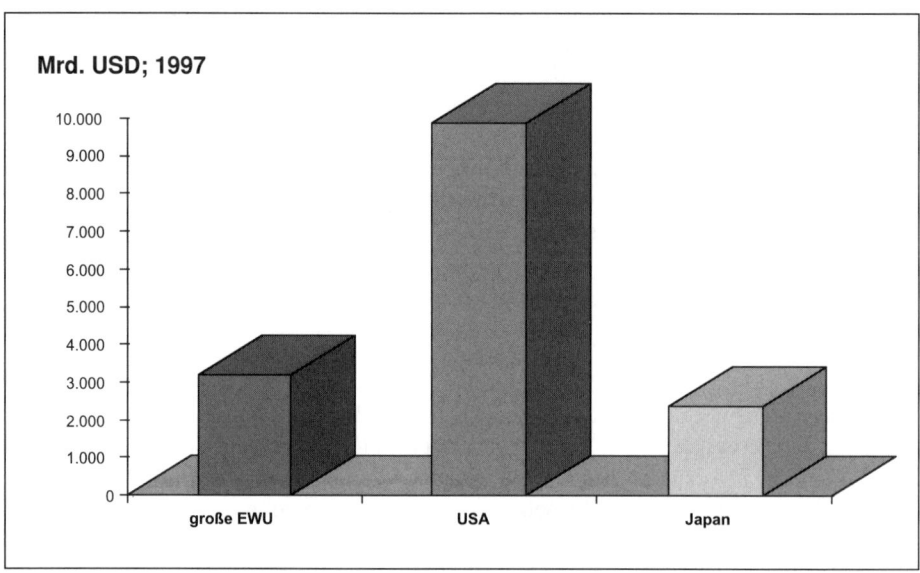

Abb. 2: Kapitalisierung der Aktienmärkte nach MSCI

Die Kapitalisierung der europäischen Aktienbörsen (ohne UK) macht lediglich ein Drittel der Börsenkapitalisierung der USA aus. Die Ursache dafür ist die überwiegend kreditfinanzierte Struktur der Wirtschaft Kontinentaleuropas, was angesichts der mehrmaligen, durch verheerende Kriege initiierten Zerstörung des Kapitalstocks wenig verwundert. Entsprechend schneidet die EWWU bei einem Vergleich der Kapitalisierung der Rentenmärkte besser ab, die Reihenfolge ist bereits bekannt: USA, gefolgt von Europa, mit einigem Abstand zu Japan.

Bei der bloßen Addition von diesen Kennzahlen dürfen natürlich nicht die sich mit der EWWU verändernden Strukturen der jeweiligen Finanzmärkte übersehen werden. Beispielsweise steht dann europaweit ein Rentenmarkt zur Verfügung, der das gesamte Laufzeitenspektrum anbietet und zu einem veränderten Emissions- und Investitionsverhalten führt. Auch die Aktienmärkte werden sich neu organisieren und nicht in einem Sammelsurium von nationalen Börsen verharren.

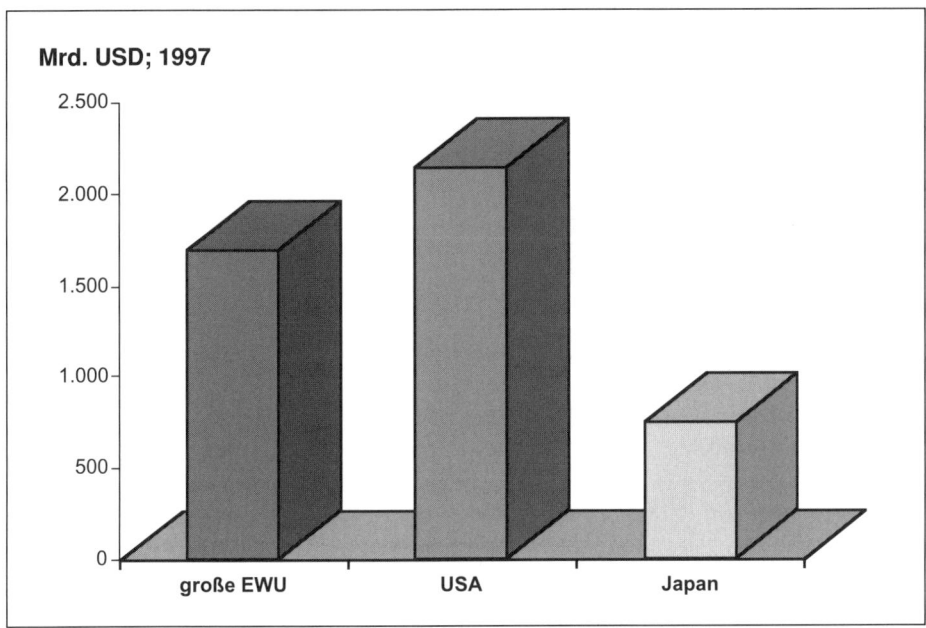

Abb. 3: Kapitalisierung der Fixed Income Märkte (nach J. P. Morgan)

2.   Asset Management in Europa

Im weltweiten Asset Management ist Europa durchaus etabliert. Die 200 größten Asset Management Gesellschaften weltweit verwalteten per Ende 1996 insgesamt knapp 18.000 Mrd. USD, eine Zahl, welche dem kumulierten Sozialprodukt der G 7 Staaten entspricht. Die Aufteilung auf von amerikanischen, europäischen und japanischen Gesellschaften verwalteten Gelder (d. h. die Beantwortung der Frage wieviel von den weltweit unter Management stehenden Assets werden von bspw. europäischen Gesellschaften verwaltet) sollte dabei relativ konstant geblieben sein und den im Juni 1997 vom Magazin »International Fund Strategies« veröffentlichten Quoten entsprechen.

Entgegen landläufiger Meinung ist Europa in diesem Markt von der schieren Größe her durchaus etabliert, die EWWU wird mit ca 18 % einen nicht unwesentlichen Teil dieses lukrativen Geschäftes auf sich vereinigen. Inklusive der Schweiz und Großbritannien ist Europa sogar der größte Asset Manager weltweit. Auffällig ist aber die in der europäischen Wirtschafts- und Währungsunion erheblich stärkere Fragmentierung des Geschäftes. So sind unter den 20 größten Asset Managern weltweit mit AXA/UAP und der Deutschen Bank nur 2 zur EWWU gehörende Gesellschaften, mit einem Anteil an den von diesen 20 Gesellschaften verwalteten Geldern von lediglich 11 % (Asset Manager in den USA 43 % und in der Schweiz 27 %). – Interessant ist an der Analyse der 20 größten Fondsmanager auch, daß rd. 44 % der Assets unter Management von Versicherungen verwaltet werden, während Banken lediglich 34 % der Gelder auf sich ziehen (Unabhängige 22 %) und vorzugsweise auf den hinteren Rängen dieses Rankings liegen.

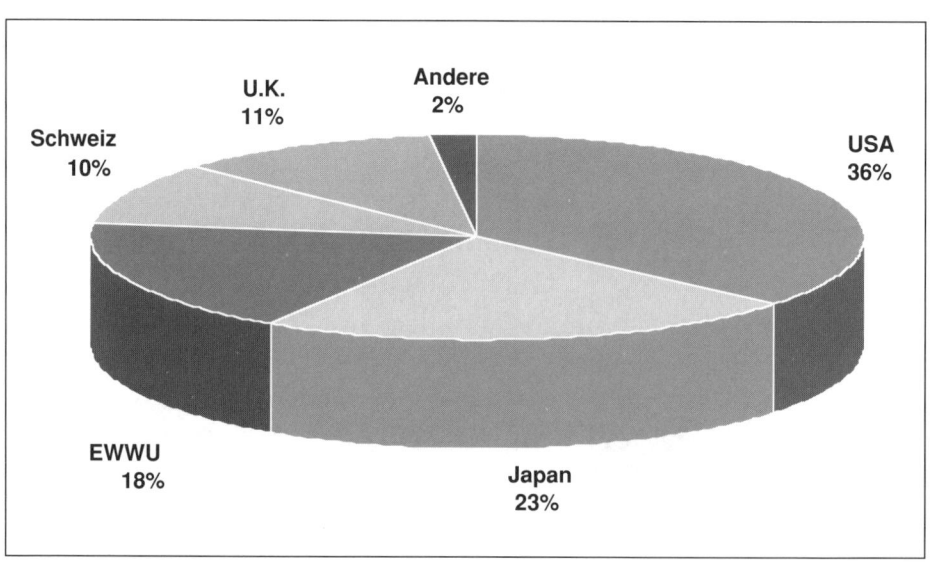

Abb. 4: Top 200 Asset Manager weltweit

Name	Land	verwaltetes Vermögen in Milliarden Mark
UBS United Bank of Switzerland	Schweiz	1.211
Fidelity	USA	1.052
Axa/UAP	Frankreich	875
Crédit Suisse/Winterthur	Schweiz	814
Barclays	GB	665
Nippon Life	Japan	631
Prudential	USA	613
Zürich-Vers./BAT	Schweiz/GB	550
Metropolitan Life	USA	522
Capital Group	USA	477
Merril Lynch	USA	476
Vanguard	USA	451
Dai-Ichi Mutual Life	Japan	447
State Street	USA	446
Deutsche Bank	Deutschland	425
Mellon Bank	USA	423
Bankers Trust	USA	392
Mitsui Trust & Banking	Japan	389
Mitsubishi Trust	Japan	366
J.P.Morgan	USA	365

Tab.1: Die 20 größten Vermögensverwalter der Welt (Quelle: Wirtschaftswoche)

Bei einer weitergehenden Betrachtung der weltweiten Asset Management Industrie werden die in Kontinentaleuropa noch nicht adäquaten Strukturen ebenfalls deutlich. Die 100 größten Fondsgesellschaften der Welt verwalteten per Ende 1996 zusammen bereits 14.100 Mrd. USD, sie haben also eine durchschnittliche Größe von 141 Mrd. USD. Innerhalb der Grenzen einer großen EWWU weisen lediglich 5 Gesellschaften ein höheres Asset Volumen auf, während es allein in der Schweiz bereits 4 Gesellschaften gibt, deren Volumen teilweise mehr als das Doppelte dieser Durchschnittsgrösse ausmacht. In der Kategorie der zweiten 100 Gesellschaften, in der das Durchschnittsvolumen lediglich 35 Mrd. USD beträgt, sind dagegen bereits 20 Gesellschaften innerhalb der EWWU vertreten. Allerdings haben davon nur 8 Asset Manager ein über dem Durchschnitt der zweiten 100 Unternehmen liegendes Volumen.

Auch die Tatsache, daß in Europa nach Angaben der FEFSI rund 16 000 Publikumsfonds registriert sind, während in den USA »nur« rund 6 000 Fonds existieren, deutet auf eine zu starke Zersplitterung des Asset Management Geschäftes in Europa hin. Insbesondere in Frankreich ist diese Zahl der registrierten Fonds abstrus hoch, aber auch ohne die Franzosen würde Europa immer noch erheblich mehr Fonds als die USA aufweisen.

	Fonds Total	Aktien	Renten	Gemischt	Geldmarkt	Sonstige
Belgien	441	238	110	53	38	2
Dänemark	213	139	70	4	0	
Deutschland	701	292	296	76	37	
Finnland	70	25	16	16	13	
Frankreich	5.698	1.039	1.582	1.740	1.337	
Griechenland	153	29	61	24	37	2
Großbritannien	1.461	1.189	138	103	31	
Irland	260	122	41	60	37	
Italien	604	234	180	53	76	61
Luxemburg	3.630	1.391	1.554	367	318	
Niederlande	179	93	50	17	15	4
Norwegen	214	89	61	21	43	
Österreich	557	96	258	203	0	0
Portugal	159	36	49	13	39	22
Schweden	327	216	80	31	incl.	
Schweiz	280	193	87	0	0	
Spanien	1.332	237	646	257	192	
Tschech.Rep.	120	44	14	58	4	
Total	16.435	5.708	5.316	3.104	2.217	91
Total EU	15.785	5.576	5.131	3.017	2.170	91

Tab. 2: FEFSI Statistik (30.09.1997)

Ein wesentlicher Grund für diese hohe Anzahl der Fonds dürfte in den unterschiedlichen legalen und administrativen Anforderungen der jeweiligen nationalen Märkte liegen, die über Jahre hinaus gepflegt wurden, da damit die jeweiligen Heimatmärkte verteidigt werden konnten. Darüber hinaus sind die großen Spieler im kontinentaleuropäischen Publikumsfondsgeschäft die Banken, die in ihren eigenen Vetriebsstellen (Bankfilialen) ihren Kunden auch nur eigene Fonds anbieten wollen. Beides führt zu einer Multiplizierung ansonsten gleicher Fondskonstruktionen und damit zu einer Fragmentierung des Geschäftes, d. h. die Fondsgrößen sind in der Mehrzahl schlicht zu klein um eine angemessene Rentabilität zu erzielen.

II. Auswirkungen des Euro auf die Asset Management Industrie

Die Investmentbranche ist noch nicht fit für den Euro. Die Vorbereitung auf den Euro erfolgt in der Investmentbranche bisher hauptsächlich durch ignorieren des Ereignisses als solches. Zwar wurden einige Fondsideen unter dem Deckmantel der Vorbereitung auf den Euro kreiert und auch in die Tat umgesetzt, d. h. in den Vertrieb gebracht, dieses gilt aber in erster Linie der Vorbereitung des Kunden auf den Euro. Die Asset Management Gesellschaften selbst haben bisher kaum Konsequenzen gezogen. Sie benutzen die in der Regel gleichen inadäquaten Abrechnungs- und Verbuchungssysteme, kleben an einem in der Praxis häufig wenig systematischen Investmentansatz, verlassen sich zu einem Großteil auf Erkenntnisse des »sell side« Research und vertreiben bzw. vermarkten ihre Produkte weiterhin lediglich gestützt auf die Filialnetze der jeweiligen Muttergesellschaft, die aber im Zweifel im europäischen Kontext völlig unzureichend sind.

In Kontinentaleuropa wird offenbar völlig übersehen, daß der Euro vor allem den Wettbewerb verschärfen wird. Dies ist umso erstaunlicher als die Industrie und das sonstige Dienstleistungsgewerbe über nichts anderes als die durch den Euro ausgelöste neue Wettbewerbswelle derzeit diskutiert. Auch das Asset Management wird von ihr erfaßt werden und zwar in einem ganz gravierenden Ausmaß. Für unkoordinierte, unprofessionelle und unsystematische Verhaltensweisen ist künftig kein Platz mehr. Diese Entwicklung wäre zwar über kurz oder lang ohnehin gekommen, der Euro verleiht ihr aber eine bis heute noch unterschätzte Dynamik und Dringlichkeit.

Im einzelnen lassen sich die heute absehbaren Wirkungen des Euro auf die Asset Management Industrie – wobei sich die ganze Tragweite der einzelnen Effekte erst bei Detailüberlegungen offenbart – folgendermaßen zusammenfassen: 1. Die Fähigkeit zur Einzelwertanalyse ist künftig für die einzelnen Investmenthäuser lebensnotwendig, 2. Die nationalen und internationalen Benchmarks werden modifiziert, 3. Das Benchmarking ändert sich, nimmt an Bedeutung zu und löst einen Qualitätssprung beim Asset Management aus, 4. Der Trend zu Fusionen und Akquisitionen verstärkt sich nochmals, 5. Zusätzliche strukturelle und legale Veränderungen werden sich einstellen.

1. Einzelwertanalyse

Die Fähigkeit zur Einzelwertanalyse ist künftig für die Investmenthäuser lebensnotwendig. Im derzeitigen Investmentprozeß der Asset Manager spielt die Einzelwertanalyse eine untergeordnete Rolle. Für den Erfolg einer länderübergreifenden Anlage ist immer noch zu einem überwiegenden Teil, die Schätzungen liegen bei mindestens 70 %, die Wahl des richtigen Landes bzw Marktes ausschlaggebend. Das Einzelwertrisiko macht somit nur maximal 30 % der Investmententscheidung aus. Vor diesem Hintergrund ist auch zu sehen, warum sich viele Fondsgesellschaften im wesentlichen mit dem Input des sogenannten sell side Research der Banken und Broker zufriedengeben, wohl wissend, daß deren Aussagen durch die Interessenlage der jeweiligen Banken und Broker eingefärbt, – manchmal auch eingetrübt –, sind. In der Regel wird daher in einer »top down« Betrachtung, welche sich auf makroökonomische Einflußfaktoren (BSP, Zinsen, Währungen), politische Strömungen, markttechnische Gegebenheiten und vermutete »Flow of Funds« konzentriert, die Selektion bzw das Ranking der Märkte vorgenommen. Anschließend erfolgt die Auswahl der Einzeltitel, allerdings entsprechend der geringeren Bedeutung dieser Entscheidung mit reduziertem Aufwand und erheblich niedrigerem eigenem Know how. Dieser Prozeß gilt sowohl für Aktien- als auch Renteninvestments.

Die Einführung des Euro wird nun die Korrelation zwischen den einzelnen Finanzmärkten innerhalb der Europäischen Wirtschafts- und Währungsunion gegen 1 tendieren lassen, d. h. mit einer gemeinsamen Währung werden sich auch die Finanzmärkte zu einem einheitlichen Gebilde zusammenschließen, welches gemeinsam auf Zins-, Währungs- und Konjunkturveränderungen reagiert. Ein Eigenleben von einzelnen Börsen innerhalb der EWWU wird es in absehbarer Zeit nicht mehr geben, da künftig die Devise »Mitgefangen-Mitgehangen« gilt. Verschlechterungen des politischen und finanziellen Umfeldes in einem Mitgliedsland haben unmittelbare Auswirkungen auf die anderen Mitgliedsländer und damit auf den, wenn auch aus Einzelmärkten bestehenden, gemeinsamen Finanzmarkt.

Diese Entwicklung ist nun von entscheidender Bedeutung für das Asset Management, da damit Investments innerhalb der Gemeinschaft jeweils das gleiche Marktrisiko aufweisen. Der Erfolg einer intraeuropäischen Investmententscheidung wird daher künftig fast ausschließlich vom Einzelwertrisiko abhängen, womit die Fähigkeit zur Abschätzung eben dieses Risikos existentiell wird. Asset Mangement Gesellschaften werden daher anfangen, »buy side« Research aufzubauen und dem üblichen sell side Research eine, gemessen an den heutigen Gepflogenheiten, minder wichtige Position zuweisen. Mit buy side Research ist nicht die gegenwärtig häufig anzutreffende Praxis gemeint, daß Portfoliomanager nebenbei Firmen besuchen bzw an Firmenpräsentationen teilnehmen und eine ungefähre Vorstellung von einer Industrie haben.

Buy side Research zeichnet sich neben der Unabhängigkeit der Meinungsbildung dadurch aus, daß intensiv und professionell Research betrieben wird. Buy side Analysten sind absolute Industrie- und Unternehmensexperten, die ihre Zeit nicht mit dem Schreiben von Studien (manchmal auch Verkaufsprospekten) verschwenden. Sie betreiben einen zielgerichteten, d. h. auf die Bedürfnisse der Portfoliomanager abgestimmten Research und versorgen denselben mit für die Performance lebenswichtigen Informationen. Es versteht sich von selbst, daß der Aufbau dieses Know how teuer ist und die Margen weiter einengt. Insbesondere bei mittelgroßen Fondsgesellschaften dürfte sich dies schmerzhaft bemerkbar machen.

2.   Benchmarks

Die nationalen und internationalen Benchmarks werden modifiziert. In welcher Abgrenzung auch immer die europäische Wirtschafts- und Währungsunion letztendlich zustandekommt, fest steht schon jetzt, daß sie eine Reihe neuer Benchmarks für den Portfoliomanager nach sich ziehen wird. Dies gilt sowohl für Aktien- als auch Renteninvestments. Dabei ist nicht das technische Detail einer neuen Benchmark an sich der ausschlaggebende Faktor, ausschlaggebend ist, daß der Kunde diese neuen Benchmarks angewandt sehen will. Damit verlieren einerseits derzeitige nationale Indices an Bedeutung – auch dadurch wird das Zusammenwachsen der Kapitalmärkte gefördert – und andererseits wird der Portfoliomanager zur Restrukturierung seines Portfolios gezwungen.

Da diese neuen Indices aber erst konstruiert werden und zur Verfügung stehen können, wenn die Zusammensetzung der EWWU bekannt ist, stehen diese Portfolioumschichtungen, erst noch ins Haus. Im zweiten Halbjahr 1998 und auch noch Anfang 1999 dürften die Finanzmärkte somit über dem historischen Mittel liegende Transaktionen, die auch in höhere Volatilitäten münden können, aufweisen. Dies wird zusätzlich durch die Adjustierung der Risikoprofile in den einzelnen Fonds verstärkt. So wird der Manager eines internationalen Rentenfonds nicht akzeptieren, daß er urplötzlich bspw. 60 % seines Fonds in Euro und damit derselben Risikoklasse hat. Das gleiche ist von einem Aktienfondsmanager zu erwarten, wenn wie vorstehend beschrieben das Marktrisiko in Kontinentaleuropa für alle Investments gleich ist.

In internationalen Portfolios wird daher das Kapital ceteris paribus eher aus dem Euro heraus in andere Währungen und Risikoklassen strömen, unabhängig von den Wunschvorstellungen der Politiker bezüglich eines harten oder weichen Euro.

Nach vollzogener Anpassung an neue Benchmarks und Risikostrukturen ist dann für eine Zwischenperiode das Phänomen einer sinkenden Umsatztätigkeit zu erwarten. Dies resultiert einerseits aus dem noch unbekannten Umgang mit dem neuen Universum und andererseits aus dem sich erst allmählich aufbauenden Know how im buy side research. Der Portfoliomanager wird daher im Zweifelsfall sich erst einmal an der Benchmark entlanghangeln, was wiederum einen Margendruck auslösen könnte, da für »passives« Management der Kunde zu Recht lediglich niedrigere Vergütungen bewilligt.

Das Ersetzen der derzeitigen nationalen Benchmarks sowie der auf der Aktienseite existierenden nationalen Branchenindices durch EWWU weit geltende Indices ändert auch die Struktur und die Tiefe der Märkte, insbesondere die der Aktienbörse. Heutige im nationalen Kontext als Small caps angesehene Unternehmen könnten durch ihre künftige Zugehörigkeit zu einem europäischen Branchenindex erstmals das Interesse einer breiteren Anlegerschar auf sich ziehen. Dadurch eröffnen sich diesen Unternehmen bessere Möglichkeiten zur Eigenkapitalbeschaffung, womit sich der Aktienmarkt verbreitern und künftig eine höhere Liquidität aufweisen sollte.

3.   Benchmarking

Das Benchmarking ändert sich, nimmt an Bedeutung zu und löst einen Qualitätssprung beim Asset Management aus. Mit Benchmarking wird allgemein der Vergleich von Unternehmensleistungen, im Fall des Asset Management, von der Performance des Portfoliomanagers sowie von Serviceleistungen für den Kunden, verstanden. Auch hier dürfte der Wechsel von der nationalen zur internationalen Vergleichsebene das Anspruchsniveau seitens des Kunden deutlich ansteigen lassen. Gewachsene Kundenbeziehungen spielen daher künftig eine weniger dominante Rolle für Asset Management Mandate. Know how, Produktideen und Betreuung des Kunden werden hier zunehmend ausschlaggebend sein.

Da die Leistung der Portfoliomanager europaweit verglichen wird, sind Know how Defizite im internationalen Maßstab künftig tödlich. Es reicht eben nicht mehr den deutschen Renten- und/oder Aktienmarkt zu kennen; zumindest eine europäische Expertise ist notwendig um sich im Wettbewerb zu behaupten. Investmentansatz, Investmentauswahl, Portfoliomanagement, Portfolioanalyse und -kontrolle werden bei allen wesentlichen Marktteilnehmern standardisiert und objektiviert sein. Der Vergleich der Nettoperformance (derzeit noch schwergewichtig Bruttoperformance; also vor Kosten) wird das »Prinzip der besten Ausführung« zur Anwendung bringen und das »captive business«, das den Banken und Wertpapierhäusern automatisch von den eigenen Tochtergesellschaften zufließende Geschäft, zunehmend zur Bedeutungslosigkeit verurteilen.

Das richtige Produktangebot ist in der Eurowelt nicht unbedingt leichter darzustellen. Zwar gelten die großen Produktthemen im Asset Management wie Altersvorsorge, Steueroptimierung und Garantieprodukte europaweit, die nach wie vor unterschiedlichen Steuer- und Sozialgesetzgebungen erfordern aber in den einzelnen Mitgliedsländern eine entsprechende Variationsmöglichkeit innerhalb der Produktfamilie. Auch dürfte die Risikobereitschaft der Kunden innerhalb Europas noch für eine gewisse Zeit erhebliche Unterschiede aufweisen, was ebenfalls differenzierte Fondprodukte erfordert.

Kundenservice wird zunehmend ein elektronisches Element beinhalten, zumindest was Fondserwerb und Zugang zu dem Stand des Fonds oder Depots beinhaltet. Damit wird dem Wunsch des Kunden Rechnung getragen sich 24 Stunden lang, rund um die Uhr, über die Anlage und die Performance seiner Mittel zu informieren. Diese zunehmende Transparenz hat auch für den Portfoliomanager Konsequenzen, da der Kunde Kauf- und Verkaufentscheidungen sowie Änderungen in der Investmentstrategie exakt nachvollziehen kann. Auch dies erzwingt einen systematischeren Ansatz beim Asset Management als das derzeit bei vielen Gesellschaften noch der Fall ist.

Im eigentlichen Marketing und in der Akquisition sind heute schon Präsentationen unter Einsatz des Laptop Standard, der Euro sollte hier zwar nicht allzuviel verändern, wird aber helfen diesen Standard in der Breite durchzusetzen. Für eine den internationalen Maßstaben genügende Dokumentation des Portfolios und seiner Entwicklung dürfte in der Mehrzahl der Fälle ein »Upgrading« des jeweiligen Backoffices vonnöten sein. Dabei gilt es jedoch zu beachten, daß zumindest in den ersten Jahren diese Backoffices auch den jeweiligen nationalen legalen Anforderungen (hier ist aber auf längere Sicht mit einer europaweit gültigen Regelung zu rechnen) gemäß die Buchungen und Dokumentationen vornehmen und somit multipel eingesetzt werden können.

4.   Trend zu Fusionen und Akquisitionen

Der Trend zu Fusionen und Akquisitionen verstärkt sich nochmals. Der Aufbau/Ausbau von dringend benötigter internationaler Expertise im Asset Management und der Aufbau/ Ausbau von buy side research Know how wird den Kostendruck in den Portfoliomanagementgesellschaften verstärken. Da er gleichzeitig in erster Linie der Verteidigung der bisherigen Marktposition dient und außerdem auch von anderen vollzogen wird (daher kein value added), stehen ihm kaum zusätzliche Erträge gegenüber. Das gleiche läßt sich im Prinzip über das Angebot von »online services«, sowie den Aufbau von schnellen und effektiven »front, middle und back-office Systemen« sagen, womit sich der Margendruck zusätzlich verstärkt.

Aber auch die Einnahmenseite wird über das bisher schon beobachtete Maß hinaus gefährdet. Da mit dem Euro Marktnischen verschwinden, sich verändern bzw neu entstehen, besteht für zahlreiche Asset Management Gesellschaften die Notwendigkeit sich im Markt neu zu positionieren. Dies wird nicht nur die Kosten zusätzlich stimulieren, sondern auch eine Wettbewerbsverschärfung mit sich bringen, die die Margen weiter einengt.

Dies gilt nicht nur für die kleineren Marktteilnehmer, auch die Großen der Asset Management Zunft werden sich nicht ohne weiteres mit einem niedrigeren Unternehmenserfolg abfinden.

Die Lösung dieses Problems liegt auf der Hand. Da das Asset Management durch die Natur des Geschäftes bedingt sprungfixe Kostenverläufe aufweist, können viele Gesellschaften bei relativ geringen Grenzkosten zusätzliche Assets managen. Die Fusion mit oder die Akquisition von einer anderen Asset Management Einheit verspricht daher in der Regel einen gemessen am Kostenzuwachs überproportionalen Ertragszuwachs. Nicht umsonst waren in jüngster Zeit teilweise spektakuläre Akquisitionen bzw Fusionen in der Asset Management Industrie zu beobachten, allerdings waren überraschenderweise innereuropäische Aktionen dabei eher die Ausnahme.

So übernahm im November 1997 Merrill Lynch die englische Mercury Asset Management für 5,3 Mrd. USD und erwarb damit ein zusätzliches Asset Management Volumen von USD 145 Mrd. per Ende 1996. Im Juni 1997 erwarb die Zürich Versicherung die US-amerikanische Fondsgesellschaft Scudder Stevens & Clark für 2 Mrd. USD und erwarb damit 118 Mrd. USD (per Ende 1996) Assets unter Management. Andere bemerkenswerte Aktionen in der weltweiten Asset Management Industrie waren 1996 der Erwerb von Van Kampen American Capital (USA) durch Morgan Stanley (USA) und die Übernahme von AIM Management Group (USA) durch Invesco PLC (UK).

Der Euro wird nun die Notwendigkeit der Erzielung von Synergieeffekten forcieren und weitere Zusammenschlüsse in der Fondsindustrie initiieren. Dabei ist zu erwarten, daß die Großen der Branche noch größer werden um die steigenden Kosten auf eine größere Anzahl von Assets (Fonds) zu verteilen. Auch die Nischenproduzenten dürften überleben, da Nischen in jedem Marktumfeld existieren. Schwierig wird das Leben dagegen für mittelgroße Gesellschaften. Sie sind gefangen zwischen steigenden Kosten sowie sinkenden Erträgen und dürften daher zum Gegenstand von Übernahmeversuchen werden. Insgesamt wird aber für alle Asset Manager gelten, daß nur Gesellschaften mit einem dynamischen und flexiblen Management mit einer positiven Einstellung gegenüber Veränderungen sich längerfristig am Markt durchsetzen werden.

5. Strukturelle Rahmenbedingungen

Zusätzliche strukturelle und legale Veränderungen stellen sich ein. Die derzeit existierenden nationalen Regeln und Vorschriften für die Asset Management Industrie einerseits und für die Kapitalmärkte andererseits werden längerfristig durch europaweit gültige Rahmenbedingungen abgelöst werden. Dies gilt für Zulassungen an den Börsen, Lizenzen für Investmentgesellschaften (evtl. auch für Portfoliomanager), Fondsgenehmigungen, Insiderregeln und Handelssysteme um nur einige zu nennen.

Die Computerisierung der Börsen wird sich beschleunigen und die Präsenzbörsen endgültig zur Bedeutungslosigkeit verurteilen. Bei einer geringeren Anzahl von Börsen erfährt auch die Struktur der Finanzmärkte Veränderungen. Am Rentenmarkt führen veränderte Emissionstätigkeiten zu neuen Schwerpunkten in der Laufzeitenkurve.

Am Aktienmarkt zeichnet sich bereits heute ein an allen Börsen existierender, europäischer »first tier« Markt ab, in dem die europäischen »blue chips« gehandelt werden. Die Ergänzung durch einen europäischen »second tier« und »third tier« Markt vorherzusagen, fällt nicht schwer, wobei auch noch weitere Abstufungen denkbar sind.

III. Zusammenfassung und Ausblick

Ohne den Euro würde Kontinentaleuropa im Asset Management den Anschluß an die USA verlieren. Der Euro ist nicht nur eine Herausforderung für die europäische Asset Management Industrie, er ist gleichzeitig Europas einzige Chance den Anschluß an die USA zurückzugewinnen. Dies gilt insbesondere für die Organisation und Struktur im Portfoliomanagement, für das Verständnis und die Umsetzung der Kundenbedürfnisse sowie für die Innovationskraft bei Fondsprodukten. Die US-Amerikaner haben momentan auch noch die Vorreiterrolle bei der Akquisition anderer Fondsgesellschaften sowohl in als auch außerhalb der USA. – Lediglich die Zürich Versicherung scheint in Europa die Zeichen der Zeit bereits richtig zu interpretieren und im Stil der US-Gesellschaften zu akquirieren. – Ohne den Euro würde Europa (ohne Großbritannien) weiter relativ hausbacken Asset Management betreiben und sich über kurz oder lang aus dem Wettbewerb verabschieden. Der Euro zwingt kurzfristig zu schmerzhaften Veränderungen, er ist aber gleichzeitig in seiner Katalysatorwirkung längerfristig sehr heilsam für die kontinentaleuropäische Asset Management Industrie.

Elisabeth Hehn*

Institutionelle Vermögensverwaltung und Versicherungswirtschaft

*   Dr. *Elisabeth Hehn*, Equity Derivatives, Head of OTC Sales Germany Dresdner Kleinwort Benson

I.   Einführung

Die Kapitalanlage in der Versicherungswirtschaft hat im Hinblick auf die Deckung der Leistungsversprechen gegenüber den Versicherungsnehmern eine umfassende Bedeutung. Bei der Anlagepolitik sind die Grundsätze der Sicherheit und der Rentabilität besonders zu berücksichtigen. Ferner muß der gesetzlichen Forderung nach einer ausreichenden Mischung und Streuung der Anlageinstrumente gefolgt werden.

Traditionell besteht der wesentliche Anteil der Kapitalanlage von Versicherungsunternehmen aus festverzinslichen Wertpapieren. Damit wird dem Grundsatz der Sicherheit einer Anlagepolitik Rechnung getragen. Um dem Grundsatz der Rentabilität zu entsprechen, wird der Aktienanlage wachsende Aufmerksamkeit geschenkt.

II.   Die Struktur der Kapitalanlage von Versicherungsunternehmen

Eine detaillierte Statistik über die Art und den Umfang der Kapitalanlage von Versicherungsunternehmen liegt in Deutschland nicht vor. Die Statistiken der Deutschen Bundesbank, des Bundesaufsichtsamtes für das Versicherungswesen sowie des Bundesverbandes Deutscher Investment-Gesellschaften (BVI) geben jedoch Anhaltspunkte zur Struktur der Kapitalanlage dieser Institutionen.[1]

Die Versicherungswirtschaft ist neben den Kapitalanlagegesellschaften die größte Kapitalsammelstelle in Deutschland. Die Summe der Kapitalanlagen aller Versicherungsunternehmen in Deutschland Ende September 1997 beträgt über 1,2 Billionen DM. In der Regel verwalten Versicherungsunternehmen Wertpapiere innerhalb des Unternehmens (Direktanlage) oder in Wertpapiersondervermögen (Spezialfonds) bei einer Kapitalanlagegesellschaft. Den größten Anlagebedarf haben Lebensversicherungen und Pensionskassen.

Neben der Direktanlage haben Aktienengagements indirekt über das Instrument »Spezialfonds« in der Versicherungswirtschaft erheblich an Bedeutung gewonnen.

Ende September 1997 befanden sich 1.279 Spezialfonds im Vermögen von Versicherungsunternehmen (einschließlich Pensionskassen und berufsständische Versorgungswerke). Das entspricht rund 40 % der Spezialfonds insgesamt. Im einzelnen handelt es sich bei diesen Sondervermögen um einen Geldmarktfonds, 11 offene Immobilienfonds, 293 Rentenfonds, 134 Aktienfonds und 840 gemischte Fonds.

Die folgenden Tabellen verdeutlichen im einzelnen die Entwicklung der Volumina insgesamt sowie die der Kapitalanlagen von Versicherungen in ausgewählten Assetklassen.

---

1   Der BVI enthält auch die Fonds deutscher Provinienz im Ausland, die in der Bundesbankstatistik unberücksichtigt bleiben. Laut Bundesaufsichtsamt für das Versicherungswesen können die Zahlen für das Geschäftsjahr 1995, aufgrund der geänderten Berichterstattung, nicht als völlig zuverlässig angesehen werden.

Jahr	Summe der gesamten Kapitalanlagen	Aktien	Anteile an Wertpapier-sondervermögen
1993	920,8	23.656 (2,7)	101,4 (11,0)
1994	1.011,4	24.878 (2,9)	113,2 (11,2)
1995	1.116,6	32.674 (2,9)	130,5 (11,7)
1996	1.221,2	36.826 (3,0)	159,3 (13.0)

Tab. 1: Entwicklung der Kapitalanlagen aller Versicherungsunternehmen (in Mrd. DM und (%) der gesamten Kapitalanlagen)

Jahr	Summe der gesamten Kapitalanlagen	Aktien	Anteile an Wertpapier-sondervermögen
1993	591.280	11.630 (2,0)	56.533 (9,6)
1994	645.610	13.931 (2,2)	63.080 (9,8)
1995	703.534	15.406 (2,2)	71.628 (10,2)
1996	768.003	18.639 (2,4)	86.703 (11,3)

Tab. 2: Entwicklung der Kapitalanlagen der Lebenversicherungsunternehmen (in Mio. DM und (%) der gesamten Kapitalanlagen)

Jahr	Summe der gesamten Kapitalanlagen	Aktien	Anteile an Wertpapier-sondervermögen
1993	87.010	2.039 (2,3)	17.477 (20,1)
1994	92.314	2.305 (2,5)	19.285 (20,9)
1995	96.542	2.459 (2,5)	20.124 (20,8)
1996	105.156	1.822 (1,7)	24.590 (23,2)

Tab. 3: Entwicklung der Kapitalanlagen der Pensionskassen (in Mio. DM und (%) der gesamten Kapitalanlagen)

Aus den Tabellen eins bis drei geht hervor, daß die Kapitalanlagen aller Versicherungsunternehmen von 1993 bis September 1997 um mehr als 30 % gestiegen sind. Diese Zahl beträgt bei Lebensversicherungen knapp 30 % und bei Pensionskassen rund 20 %. Betrachtet man die beiden Anlagekategorien Aktien und Wertpapiersondervermögen, betragen die Wachstumsraten in diesem Zeitraum bei allen Versicherungsunternehmen über 55 % bzw. 57 %. Damit hat die Aktienanlage sowohl direkt als auch indirekt über die Wertpapiersondervermögen deutlich an Volumen gewonnen. Bei den Lebensversicherungen ist die Aktienanlage bzw. die Dotierung von Wertpapiersondervermögen zwischen 1993 und September 1997 um 60 % bzw. 54 % gewachsen. Für Pensionskassen liegen diese Ziffern bei rund – 10 % und knapp 41 %. Insgesamt läßt sich anhand dieser Zahlen, bis auf die Ausnahme der Aktienquote von Pensionskassen, der Trend zur Aktienanlage belegen.

Aufgegliedert nach der Art von Wertpapiersondervermögen zeigt die Tabelle vier die verschiedenen Fondsvarianten der Lebensversicherungen und Pensionskassen im einzelnen auf.

378

	Lebensversicherungen		Pensionskassen	
	1996	**1995**	**1996**	**1995**
Kapitalanlage-gesellschaften innerhalb des EWR Aktien/Genußrechte (EWR)	43.759	33.119	10.913	8.028
Aktien/Genußrechte (nicht EWR)	686	754	278	11
Festverzinsliche Wertpapiere	17.799	15.480	8.730	7.181
sonstige Anlagen	24.270	22.123	4.492	4.582
Kapitalanlage-gesellschaften außerhalb des EWR	51	28	184	140
Summe	86.566	71.503	24.597	19.942
davon Publikumsfonds	3.582 (4,1 %)	4.583 (6,4 %)	571 (2,3 %)	270 (1,4 %)
davon Spezialfonds	82.477 (95,3 %)	65.751 (92,0 %)	24.002 (97,6 %)	19.566 (98,1 %)

Tab. 4: Anteile an Wertpapiersondervermögen von Lebensversicherungen und Pensionskassen (in Mio. DM)

Der Aktienanteil in Wertpapiersondervermögen ist 1996 um 32 % bei Lebensversicherungen und um knapp 36 % bei Pensionskassen gestiegen. Sowohl bei den Lebensversicherungen als auch bei den Pensionskassen dominieren Spezialfonds mit einem Anteil an Wertpapiersondervermögen von weit über 90 %.

Wie die Entwicklung der Sepzialfonds, aufgegliedert nach Volumen und Assetklassen im Detail aussieht, verdeutlichen die folgenden Tabellen fünf bis neun.

Jahr	**Anzahl**	**Volumen**	**Veränderung**	**Durchschnitt Volumen**	**Mittelzuflüsse**	**Durchschnitt Mittelzuflüsse**
1990	1.649	111.269		67.48	18.818	16.91 %
1991	1.815	138.749	24.70 %	76.45	23.457	16.91 %
1992	1.986	164.165	18.32 %	82.66	23.299	14.19 %
1993	2.207	232.215	41.45 %	105.22	39.669	17.08 %
1994	2.498	253.642	9.23 %	101.54	45.181	17.81 %
1995	2.624	306.042	20.66 %	116.63	36.891	12.05 %
1996	2.958	393.214	28.48 %	132.93	62.250	15.83 %
Sep-97	3.389	527.001	34.10 %	155.50	73.606	18.24 %

Tab. 5: Entwicklung des Volumens von Spezialfonds (in Mio. DM)

Jahr	Volumen	Aktien insgesamt	Aktien Deutschland	Aktien international	Renten insgesamt	Renten Deutschland	Renten international
1990	111.269	30.214	24.805	5.409	66.956	54.755	12.201
1991	138.749	36.949	28.774	8.175	88.073	72.759	15.314
1992	164.165	42.907	33.616	9.291	105.342	86.414	18.928
1993	232.215	67.285	49.773	17.512	145.142	120.708	24.434
1994	253.642	68.002	50.078	17.924	164.711	137.938	26.773
1995	306.042	79.606	59.431	20.175	198.757	171.769	26.988
1996	393.214	116.928	82.181	34.747	243.967	207.329	36.638
Sep-97	527.001	189.563	127.221	62.342	299.624	241.339	58.285

Tab. 6: Entwicklung der Assetklassen von Spezialfonds (in Mio. DM)

Zwischen 1990 und September 1997 hat sich die Anzahl der Spezialfonds mehr als verdoppelt und das Volumen rund vervierfacht. Die durchschnittliche Fondsgröße liegt 1990 bei 67,5 Mio. DM und im September 1997 bei 155 Mio. DM. Die jährlichen Wachstumsraten betragen zwischen 15 % und 20 %. Das auf Aktien bzw. Renten entfallende Volumen hat sich in diesem Betrachtungszeitraum etwa verfünffacht bzw. vervierfacht. Inländische Titel spielen dabei im Vergleich zu internationalen Anlagen die dominierende Rolle. Die Gliederung in Aktien-, Renten- sowie gemischte Fonds (»balanced«) ist in der folgenden Tabelle im Zeitablauf dargestellt.

Jahr	Volumen	Aktien	Renten	Balanced
1993	232.215	8 %	38 %	54 %
1994	253.642	7 %	39 %	54 %
1995	306.042	7 %	39 %	54 %
1996	393.214	8 %	36 %	56 %
Sep-97	527.001	10 %	31 %	59 %

Tab. 7: Entwicklung der Zusammensetzung des Vermögens von Spezialfonds (in %)

Dabei ist die Struktur von Gemischten Fonds regelmäßig 50 % Renten, 40 % Aktien und 10 % Kasse.

Während der Jahre 1993 bis September 1997 ist die Zusammensetzung der Spezialfonds nur geringen Schwankungen unterworfen. Der Anteil an Aktienfonds entspricht 7 % bzw. 8 % in der Zeit von 1993 bis 1996. Die Rentenfonds sind von 38 % 1993 auf 31 % im September 1997 gesunken, was durch den Anstieg von gemischten Fonds von 54 % auf 59 % und den Anstieg der Aktienfonds auf 10 % kompensiert worden ist.

Wie die Entwicklung des Aktien- bzw. des Rentenanteils inklusive der jährlichen Wachstumsraten aussieht, fassen die folgenden Tabellen zusammen.

Jahr	1990	1991	1992	1993	1994	1995	1996	09/1997
Volumen	30.214	36.949	42.907	67.285	68.002	79.606	116.928	189.563
Veränderung		23 %	16 %	58 %	1 %	17 %	46 %	62 %

Tab. 8: Entwicklung des Aktienanteils in Spezialfonds
(in Mio. DM und Wachstumsraten im Vergleich zum Vorjahr)

Jahr	1990	1991	1992	1993	1994	1995	1996	0/1997
Volumen	66.956	88.073	105.342	145.142	164.711	198.757	243.967	299.624
Veränderung		33 %	19 %	38 %	13 %	20 %	23 %	23 %

Tab. 9: Entwicklung des Rentenanteils in Spezialfonds
(in Mio. DM und Wachstumsraten im Vergleich zum Vorjahr)

Die Jahre 1993, 1996 und insbesondere der bisherige Verlauf des Jahres 1997 weisen hohe Wachstumsraten im Aktienbereich auf. Die Rentenanlage ist 1993 durch relativ hohe Zuwächse geprägt.

Aus den Zahlen geht deutlich hervor, daß sich die Asset Allokation sowohl in der Direktanlage als auch in den Spezialfonds zugunsten der Aktie verschoben hat. Gerade im laufenden Jahr und den beiden letzten Jahren sind die Aktienanlagen der institutionellen Anleger durch Neudotierungen und das deutlich höhere Kursniveau der Märkte gestiegen.

Auch wenn eine Verlagerung der Asset Allokation in Deutschland zugunsten der Aktie eingesetzt hat, fällt die Aktienquote im internationalen Vergleich noch niedrig aus. Die folgende Übersicht zeigt die einzelnen Quoten auf.

	Aktien und Beteiligungen 1994	Anteile an Aktien 1995	Anteile an Aktien 1996
Belgien	14,5		
Dänemark	23,8		
Deutschland	12,8	12,9	14,4
Frankreich	15,1	7,3	
Großbritannien	52,6	53,5	54,7
Irland	73,4		
Italien	12,0		
Luxemburg	12,0		
Niederlande	13,8	10,2	12,2
Schweden	31,0		
Spanien	4,3		
Australien	34,1		
Japan	44,6	17,1	16,9
Kanada	13,1	13,1	14,6
Schweiz	11,6		
USA	14,5	17,3	20,6

Tab. 10: Anteile der Anlagearten der Kapitalanlage Bestände von Lebensversicherungen
im internationalen Vergleich (in %)

Die in der Tabelle enthaltenen Zahlen können nur Tendenzen widerspiegeln, weil unterschiedliche nationale Klassifikationsmerkmale (z. B. Zuordnung von Pensionsfonds zu Lebensversicherungen), Erhebungsmethoden und Berichterstattungsvorschriften (u. a. Buchwerte gegenüber Marktwerten) einen direkten Vergleich nicht zulassen. Die Tabelle zeigt, daß Irland zumindest für das Jahr 1994, gefolgt von Großbritannien die Spitzenreiter der Aktienanlage sind, wobei Spanien 1994 die geringste Quote aufweist. Diese Unterschiede sind auf die länderspezifischen Rahmenbedingungen und die jeweiligen Anlagementalitäten zurückzuführen. Zusammenfassend belegen auch diese Zahlen, daß von einer gestiegenen Aktienquote der Kapitalanlagen ausgegangen werden kann.

Die Wachtumsraten im Markt für Spezialfonds sind rasant. Wie die Marktanteile verteilt sind, faßt die nachstehende Tabelle anhand der Anzahl und der Volumina der verwalteten Mandate aller deutschen Kapitalanlagegesellschaften per Ende September 1997 zusammen.

Das gesamte Volumen in Spezialfonds beträgt knapp 530 Mrd. DM. Knapp 37 % (36,97 %) des Volumens des Spezialfondsmarktes wird durch die drei größten Kapitalanlagegesellschaften abgedeckt. Ein Volumen von 50 % (50,06 %) dieses Marktsegmentes entfällt auf die größten acht Gesellschaften. Unter Berücksichtigung der jüngsten Unternehmenszusammenschlüsse mit den jeweiligen Kapitalanlagegesellschaften sehen die veränderten Rangfolgen wie folgt aus. Bei der Bayerischen Vereinsbank und der Bayerischen Hypotheken und Wechselbank entfällt auf die neue Institution ein Spezialfondsvolumen von knapp 42 Mrd. und bedeutet damit Platz vier. Bei HM und Victoria entsprechen diese Zahlen rund 20 Mrd. mit Platz 11 und bei UBS gemeinsam mit SMH etwa 10 Mrd., was Platz 18 entspricht.

Die überwiegende Anzahl der Kapitalanlagegesellschaften sind Beteiligungen von Banken. Daneben nimmt die Kapitalanlagegesellschaft von Siemens, als 100 %ige Tochter eines Industrieunternehmens, eine Sonderstellung ein. Ferner handelt es sich bei 12 Kapitalanlagegesellschaften um Versicherungsbeteiligungen, nämlich Allianz KAG, AL-Trust, AXA Fondsmanagement, BfG Investment, BWK, Gerling Investment, Hansainvest, HMT, MK, Rheinische Kapitalanlagegesellschaft, Victoria und Zürich Invest. Versicherungsunternehmen spielen somit eine Doppelrolle, indem sie einerseits Kapitalanlagegesellschaften zur Vermögensverwaltung nutzen und andererseits als Vermögensverwalter in der Form einer Kapitalanlagegesellschaft auftreten.

Der Markt für institutionelle Vermögensverwaltung in Deutschland ist, insbesondere in den letzten Jahren, für Asset Managementeinheiten ausländischer Banken zunehmend interessant geworden. Ein Beleg dafür sind die bereits bestehenden Kapitalanlagegesellschaften sowie die jüngsten Neugründungen von Merrill Lynch und ABN Amro.

Zusammenfassend zeigen die Statistiken das stark wachsende Anlagevolumen in der Versicherungswirtschaft und damit auch in der Investmentbranche, wobei die Aktienanlage zunehmend an Bedeutung gewinnt. Darüber hinaus ist die Investmentbranche im Hinblick auf das Spezialfondssegment einem dynamischen Wachstum unterworfen.

Name der Gesellschaft	Anzahl	Volumen (Mio. DM)
DEGEF Deutsche Gesellschaft für Fondsverwaltung	329	57.640,40
dbi dresdnerbank investment management	398	55.012,40
DIM Deka Investment Management	379	46.394,60
Commerzinvest Commerzbank Investment Management	287	35.890,90
SKAG	10	23.299,10
DEVIF Deutsche Gesellschaft für Investment-Fonds	207	23.024,00
Allianz Kapitalanlagegesellschaft	44	22.656,40
Allfonds Gesellschaft für Investmentanlagen	143	22.109,50
WestKA Westdeutsche Kapitalanlagegesellschaft	157	21.182,00
Oppenheim Kapitalanlagegesellschaft	96	19.475,20
Universal-Investment-Gesellschaft	101	17.826,50
INKA Internationale Kapitalanlagegesellschaft	125	16.735,70
Bayern-Invest Kapitalanlagegesellschaft	100	15.590,40
BKG Bayerische Kapitalanlagegesellschaft	123	15.525,60
Frankfurt-Trust Investment Gesellschaft	83	13.304,80
HMT Hamburg-Mannheimer Investment Trust	11	12.912,40
Helaba Invest Kapitalanlagegesellschaft	98	7.807,70
MI Metzler Investment	59	7.652,70
SÜDKA SüdKapitalanlagegesellschaft	67	7.420,70
Victoria Kapitalanlagegesellschaft	15	6.657,00
BB-Invest Bankgesellschaft Berlin Investment	43	6.496,60
BfG Investment-Fonds Gesellschaft	42	6.155,70
JPM J.P. Morgan Investment	45	6.073,30
SMH Schröder Münchmeyer Hengst Investment	41	5.253,80
Deutsche Postbank Invest	7	5.562,20
LGT Invest Kapitalanlagegesellschaft	52	4.888,00
BWK Baden-Württembergische Kapitalanlagegesellschaft	36	4.529,80
Nordinvest Norddeutsche Investment-Gesellschaft	33	4.211,80
MMWI M.M. Warburg Invest Kapitalanlagegesellschaft	30	3.823,90
UBS Invest	22	3.581,40
SKA Investment	30	3.456,30
Union	17	2.802,80
Mercury Asset Management Kapitalanlagegesellschaft	15	2.322,50
Zürich Invest	15	2.732,70
MK Münchner Kapitalanlage AG	14	2.238,20
Hansainvest Hanseatische Investment-Gesellschaft	11	2.175,60
DVG Deutsche Vermögensbildungsgesellschaft	5	2.053,70
Merck Finck Invest Kapitalanlagegesellschaft	9	1.768,00
AL-Trust Alte Leipziger Trust Investment-Gesellschaft	9	1350,1
GWA Gesellschaft für Wertpapieranlagen-GWA-	4	921,8
Gerling Investment Kapitalanlagegesellschaft	6	707,9
Rheinische Kapitalanlagegesellschaft	4	336,7
Veritas SG Investment Trust	1	220,4
MAT	3	328,0
Franken Invest Kapitalanlagegesellschaft	4	159,5
Paribas Investment	2	99,9
AXA Fondsmanagement Gesellschaft für Kapitalanlagen	3	98,2

Tab. 11: Spezialfonds deutscher Kapitalanlagegesellschaften

III. Charakteristik der institutionellen Vermögens-verwaltung

Die finanziellen, kulturellen und operationalen Rahmenbedingungen in Deutschland zeigen an, daß sich der Markt für institutionelle Vermögensverwaltung in Deutschland im internationalen Vergleich in einem jungen Entwicklungsstadium befindet. Die wesentlichen Merkmale, die diesen Markt charakterisieren, werden im folgenden aufgezeigt.

Pensionsrückstellungen sind aus steuerlichen Gründen und aufgrund der Unternehmensfinanzierung die dominierende Form der betrieblichen Altersvorsorge. Die aus den Unternehmen ausgegliederte, angelsächsische Form von Pensionsfonds spielt in Deutschland bisher nur eine untergeordnete Rolle, obwohl nachgewiesenermaßen diese Form der Pensionsverwaltung weitaus höhere Renditen bringt. Da das Shareholder-Value-Konzept, das verstärkt das Augenmerk auf die Rendite lenkt, wird die bisherige Form der Altersvorsorge überdacht.

Die Verbreitung des Shareholder-Value-Konzeptes in Deutschland nimmt zum Teil nur zögerlich zu. Nach dem Shareholder-Value-Konzept nehmen Großinvestoren massiven Einfluß auf die Unternehmen, in deren Aktien sie investiert sind, um ihr zur Verfügung gestelltes Kapital mit der bestmöglichen Rendite zu versorgen. Ziel der Einflußnahme ist es, die Ertragskraft des Unternehmens langfristig zu steigern, um durch ein Engagement von der Entwicklung der betreffenden Aktien zu profitieren. Die Shareholder-Value-Bewegung ist in Amerika in den achtziger Jahren durch Initiativen von Pensionsfonds ausgelöst und insbesondere durch das Engagement des California Public Employees' Retirement System (Calpers) forciert worden.

Institutionen neigen dazu, Vermögen intern, d. h. innerhalb der Unternehmenseinheit oder der Unternehmensgruppe zu verwalten. Enge Beziehungen durch (Überkreuz-) Beteiligungen, insbesondere zwischen Versicherungen und Banken, Mehrfachmandate in Aufsichtsräten sowie die Bindung zur Hausbank, zu einem deutschen Image und zu einer lokalen Präsenz im Bankenbereich, sind wesentliche Gründe dafür. Die Bereitschaft Investmentmandate extern zu vergeben und damit Managementstile zu diversifizieren sowie für eine Managementleistung eine Gebühr zu entrichten, ist bei institutionellen Investoren nur in einem begrenzten Maße vorhanden. Falls Mandate vergeben werden, ist oft ein »bekannter und etablierter Name« der institutionellen Vermögensverwaltung ausschlaggebend.

Die Strukturierung von Vermögen im Rahmen eines umfassenden Anlagemanagements durch die Festlegung einer Investmentphilosophie, eines Investmentstils und -prozesses sowie einer Benchmark, ist bei vielen Marktteilnehmer noch nicht konsequent durchgeführt worden. Daraus resultiert u. a. auch das Fehlen von Konzepten zur Asset- und Risikoallokation sowie ein stringentes Controlling des Ergebnisses aus der Kapitalanlage.

Ferner fehlt bei institutionellen Investoren häufig ein ausgereiftes Controlling der internen und externen Vermögensverwalter. Die Dienstleistung von Consultants zur Beurteilung der Qualität einer Managementleistung im Investmentbereich, wird meist nicht in Erwägung gezogen.

Deutsche institutionelle Investoren sind generell nicht stark renditeorientiert, sondern empfindlich gegenüber Abschreibungen und absoluten Verlusten. Eine relative Outperformance, die auch negativ sein kann, wird in der Regel nicht honoriert. Passivmanagement spielt offiziell eine untergeordnete Rolle, weil dieser Managementstil nicht als Alternative angesehen wird (obwohl laut einer Studie von Micropal, einem unabhängigen Researchinstitut, 1995 und 1996 über 90 % der Publikumsfonds mit einer DAX-Benchmark hinter diesem Maßstab zurückgeblieben sind).

Die Dienstleistung »Performancemessung« nimmt noch einen bescheidenen Stellenwert ein. Die Bestrebungen, eine standardisierte Performancemessung zu etablieren, sind bisher nahezu ausschließlich von den USA ausgegangen und befindet sich in Deutschland noch im Anfangsstadium. Das AIMR-Regelwerk (AIMR, Association for Investment Management and Research), das 1997 substanziell verbessert worden ist, enthält einen breiten Katalog von Vorschriften und Empfehlungen, die u. a. die Berechnung einer Performance und die Darstellung von Performancekennzahlen im einzelnen regeln.

Die Bereitschaft von institutionellen Investoren, Angaben zur Struktur der Kapitalanlagen sowie der entsprechenden Performance zu machen, ist sehr zurückhaltend. Im Gegensatz dazu werden in USA von Institutionen z. B. über Consultants, die umfangreiche Datenbanken zur Struktur und Performance von institutionellen Portefeuilles zur Verfügung stellen, detaillierte Fakten zur Kapitalanlage aufgezeigt. In Deutschland dagegen werden in den Geschäftsberichten nur spärliche Informationen zur Kapitalanlage preisgegeben.

Die rechtlichen Rahmenbedingungen in Deutschland schränken im Vergleich zum Ausland die Handlungsalternativen an Kapitalmärkten wesentlich stärker ein. Die Einsatzmöglichkeiten von Derivaten z. B. wird gemäß KAGG im internationalen Vergleich restriktiv gehandhabt und gemäß VAG sind die Spielräume zum Teil noch enger gefaßt. Damit wird die in Deutschland vorherrschende risikoaverse Einstellung der Investoren durch die Regularien untermauert.

Zusammenfassend lassen die genannten Einflußfaktoren auf einen relativ niedrigen Grad der Professionalität in der institutionellen Vermögensverwaltung schließen, was darüber hinaus auch durch den traditionell hohen Anteil der Anlageklasse »Renten Deutschland«, insbesondere in der Versicherungswirtschaft, widergespiegelt wird.

IV. Neue Trends

Die Internationalisierung der Kapitalmärkte, die u. a. durch die rasant wachsende Informationstechnologie ermöglicht worden ist, zwingt die Marktteilnehmer, sich mit neuen Instrumenten und Methoden auseinander zu setzten. Der einsetzende Trend zur Kapitaldeckung der Altersvorsorge und der dadurch ausgelöste Nachfrageschub nach Anlagealternativen, stellt einen wichtigen Hebel für die Entwicklung des Finanzplatzes Deutschland dar. Ferner sorgen die ansteigenden Volumina von Geldern im institutionellen Bereich für einen wachsenden Anlagebedarf.

Der herrschende Performancedruck, u. a. aufgrund des relativ niedrigen Zinsniveaus, erhöht die Bereitschaft von institutionellen Investoren, renditeorientiertere, damit aber auch risikobehaftetere Engagememts verstärkt zu berücksichtigen. Aktien weisen im Vergleich zu Renten eine höhere Rendite auf, sind jedoch auch mit einem höheren Risiko behaftet. Die Verschiebung der Asset Allokation zugunsten der Aktie ist somit vorgegeben. Der verstärkte Aufbau einer Aktienkultur durch unabhängige und einflußreiche institutionelle Investoren ergibt sich daraus zwangsläufig.

Die Anlagemöglichkeit in Emerging Markets oder eine Investition in neue Produkte wie Telekommunikationsfonds, die erst durch die europaweite Privatisierung ermöglicht worden ist, sind Beispiele für neue Anlagealternativen im Bereich Aktien. Die Nutzung von Derivaten in der Form von Garantieprodukten als neue Fondsvariante, spielt mittlerweile in Deutschland auch eine wichtige Rolle.

Mit der verstärkten Berücksichtigung neuer Anlageinstrumente wird auch die Bedeutung neuer Methoden beispielsweise aus dem Controlling von Kapitalanlagen wachsen. Die Risikomessung von umfangreichen Portfolios mit zahlreichen verschiedenen Kapitalmarktinstrumenten nach dem »Value-at-Risk-Konzept« anhand von realtime-Daten stellt heute, aufgrund des Fortschritts der Informationstechnologie, kein Problem dar und wird mehr und mehr beachtet.

Damit ist die intensivere und umfangreichere Anwendung von Techniken des Investmentbereiches, die insbesondere aus den anglo-amerikanischen Raum stammen, vorgezeichnet.

Zu diesen Anwendungen gehört auch die Performancemessung. Standardisierungsbemühungen gemäß des AIMR-Regelwerkes werden in Deutschland aufgegriffen und es werden Bemühungen eingeleitet, diese Standards auf nationale Verhältnisse anzupassen. Damit wird ein wesentlicher Beitrag zur Erhöhung der Transparenz im Investmentbereich geleistet.

Mehr Transparenz führt zu mehr Wettbewerb im Investmentbereich und der Service erhält einen bedeutenderen Stellenwert.

Die Bereitschaft Neuerungen zu übernehmen ist bei den jüngeren Marktteilnehmern, die verstärkt in Führungspositionen nachrücken, ausgeprägter im Vergleich zu den Vertretern des »alten Managementstils«. Sprachbarrieeren werden als weniger hemmend empfunden und der Austausch von Erfahrungen und Ideen bei der Kapitalanlage wird offener gehandhabt. Mit dieser Entwicklung geht allerdings auch eine wachsende Polarisierung von jung und alt einher.

Vor diesem Hintergrund sind die Schritte der Finanzmarktförderungsgesetze zur Liberalisierung und Deregulierung des deutschen Finanzmarktes (z. B. die Angleichung der steuerlichen Behandlung von Pensionsrückstellungen an die international übliche Praxis) um so bedeutender, damit der Markt an internationale Standards anschließen kann.

Die Erzielung einer angemessenen Rendite der Kapitalanlage stellt die Versicherungswirtschaft, insbesondere im internationalen Vergleich und unter Berücksichtigung des herrschenden Zinsniveaus, vor neue Herausforderungen.

V. Zusammenfassung

Mit der zunehmenden Bedeutung der Aktienanlage in der Versicherungswirtschaft steht ein kapitalmarkttheoretischer Ansatz im Sinne der modernen Portfoliotheorie mit den dazugehörigen Methoden eines Anlagemanagements stärker im Vordergrund. Durch eine geeignete Aufteilung von Aktien und Renten kann ein effizientes Risiko-/Renditeprofil sowie eine geeignete Risikoallokation in Portefeuilles erreicht werden. Denn nur mit einem systematischen Ansatz kann der Einsatz von Kapitalmarktinstrumenten optimiert und es können die gesetzten Ziele in der Anlagepolitik sowie komparative Wettbewerbsvorteile erreicht werden.

Gerhard Eberstadt*

Die Bedeutung des Kapitalanlage-ergebnisses für die Anlagepolitik.

Management von globalen, gemischten Portfolios

---

* *Gerhard Eberstadt*, Mitglied des Vorstandes der Dresdner Bank AG

I. Einleitung

Das Management von globalen gemischten Portfolios, also internationalen Strukturen aus Aktien und Renten, stellt die Königsdisziplin der Kapitalanlage dar. In dem vorliegenden Beitrag[1] soll die Frage beantwortet werden, warum – aus dem Blickwinkel des Kapitalanlageergebnisses – die Beschäftigung mit dieser komplexen Aufgabenstellung notwendig ist. Nachdem im zweiten Kapitel das theoretische und empirische Fundament gelegt wird, steht in Kapitel 3 und 4 die Vorstellung eines konkreten Konzeptes im Mittelpunkt der Ausführungen.

II. Dimensionen des Kapitalanlageergebnisses

Jede Kapitalanlage vollzieht sich in dem Spannungsfeld der Dimensionen Ertrag und Risiko. Von entscheidender Bedeutung ist auch der Zeithorizont der jeweiligen Analyse: Beispielsweise kann eine bestimmte Asset-Allokation, welche kurzfristig als sehr risikoarm einzuschätzen ist, in einer langfristigen Perspektive gravierende Risiken der unterdurchschnittlichen Wertentwicklung gegenüber einem definierten Renditeziel aufweisen. Die gleichzeitige Berücksichtigung der im allgemeinen widersprüchlichen Ziele Ertrag und Sicherheit führt schließlich zu dem Konzept der Effizienz.

Im folgenden werden die unterschiedlichen Dimensionen des Kapitalanlageergebnisses zunächst abstrakt skizziert, worauf sich einige empirische Betrachtungen für die wichtigsten Kapitalmärkte anschließen.

1. Ertrag

Der Ertrag im Sinne der durchschnittlichen Rendite eines Investments ist sicherlich in konzeptioneller Hinsicht die am wenigsten problematische Dimension des Kapitalanlageergebnisses. Dennoch gibt es bereits hier Varianten, welche die konkreten Resultate beeinflussen: In der Theorie wird einheitlich die geometrisch annualisierte Durchschnittsrendite als Ertragsmaßstab empfohlen. In empirischen Untersuchungen hingegen findet sich durchaus auch die arithmetische Durchschnittsrendite,[2] welche jedoch implizit von einem konstanten Anlagekapital ausgeht.

---

1 Mein Dank gilt den Herren Holzer und Dr. Stephan, deren Mitarbeit und Analysen zu diesem Artikel entscheidend beigetragen haben.

2 Es kann gezeigt werden, daß die arithmetische Durchschnittsrendite immer mindestens so groß wie die geometrische Durchschnittsrendite ist. Besonders bei hohen Schwankungen der Periodenrenditen überzeichnet die arithmetische Durchschnittsrendite die tatsächlich korrekte Rendite in beträchtlichem Ausmaß. Manche Studien, die besonders auf den Renditevorteil von Aktienanlagen gegenüber Renten abheben, verwenden nicht zuletzt deshalb die arithmetische Durchschnittsrendite, welche die volatile Aktienanlage gegenüber der Rente etwas begünstigt. Wir

Verlassen wir nun die theoretische Ebene und wenden uns der Empirie der verschiedenen Kapitalmärkte zu. Das folgende Diagramm stellt die (geometrisch) annualisierte Durchschnittsrendite dar, welche mit einem Investment in den Aktien- bzw. Rentenmärkten der G5-Länder in den letzten 20 Jahren erzielt wurde.[3]

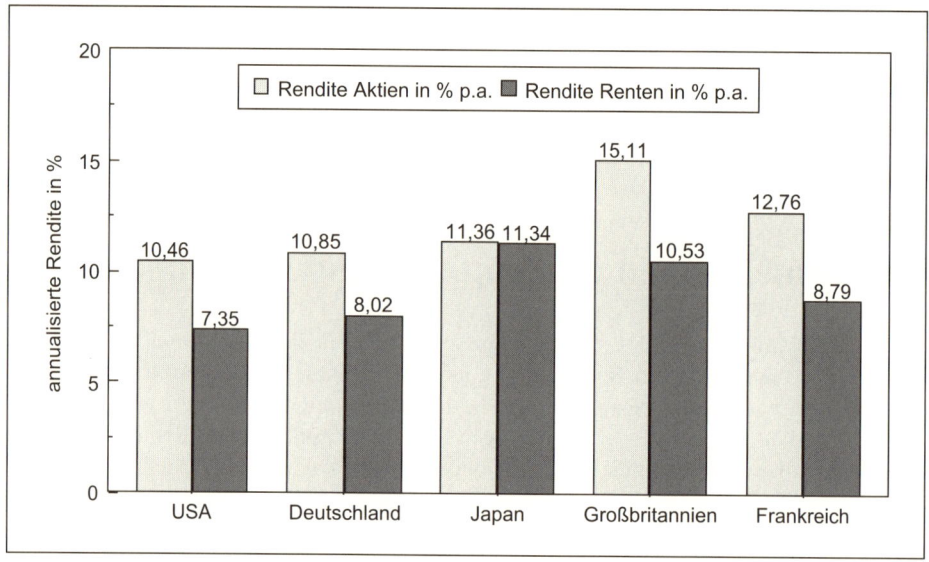

Abb. 1: Performancevergleich Aktie versus Rente,
       Zeitraum 31.12.76 bis 31.12.96, in DM

Trotz deutlicher Rückschläge (beispielsweise die zweite Ölkrise von 1979 bis 1981, der Crash vom Oktober 1987, die Kuwait-Krise und diverse Währungsturbulenzen) wurden insgesamt auf den Aktienmärkten für DM-Investoren im Durchschnitt zweistellige Renditen erzielt, während sich Bond-Investoren mit einigen Prozentpunkten weniger begnügen mußten. Sicherlich kann die Vergangenheit allein kein Garant für die zukünftige Entwicklung sein; im Vergleich Aktie-Rente spricht jedoch außer der Empirie auch die ökonomische Ratio für einen Renditevorteil der Aktien, welcher als Risikoprämie zu interpretieren ist.

werden jedoch weiter unten sehen, daß eine wohldiversifizierte Aktienanlage auch ohne solche Kunstgriffe unter langfristigen Renditeaspekten einer Rentenanlage überlegen ist.

3   Für die Aktienmärkte wurde die Entwicklung der jeweiligen MSCI-Indizes zugrundegelegt. Die Performance der Rentenmärkte beruht auf eigenen Berechnungen in Verbindung mit Salomon Brothers-Indizes.

2. Risiko

Anders als die Erfassung des Ertrages wird die Frage nach dem adäquaten Risikomaß in neuerer Zeit in Theorie und Praxis zunehmend kontrovers diskutiert.[4] In der sogenannten »Modern Portfolio Theory« beginnend mit *Markowitz* wird die Varianz bzw. die Standardabweichung als relevantes Risikomaß verwandt. Als grundsätzliche Schwäche ist hier jedoch zu konstatieren, daß positive wie negative Schwankungen um den Erwartungswert gleichermaßen berücksichtigt werden, obwohl in ökonomischer Hinsicht lediglich negative Abweichungen ein »Risiko« darstellen. Schon *Markowitz* gab den Hinweis, daß die Semivarianz, welche völlig analog zur Varianz konstruiert ist, aber positive Abweichungen vom Erwartungswert ignoriert, theoretisch vorzuziehen sei. Das wesentlich leichtere mathematische »Handling« gab dann allerdings den Ausschlag für die Verwendung der Varianz im Portfoliomanagement.

Noch einen Schritt weiter gehen »Downside-Risikomaße«, welche auf den Unterschreitungen einer bestimmten fixen Zielgröße aufbauen,[5] etwa die Shortfall-Wahrscheinlichkeit oder der Shortfall-Erwartungswert. Eine weitere Alternative zur Beschreibung der »Katastrophenrisiken« bieten die Quantile einer Renditeverteilung: Das 1 %-Quantil beispielsweise gibt die Rendite an, welche nur in 1 % der Fälle unterschritten wird. Je höher dieses Quantil liegt, umso weniger »gefährlich« ist die mit dieser Renditeverteilung verbundene Anlagestrategie einzustufen.

Betrachten wir die Empirie der verschiedenen Kapitalmärkte. Das folgende Diagramm stellt das Risiko für einen DM-Investor anhand der annualisierten Standardabweichung der Monatsrenditen dar.

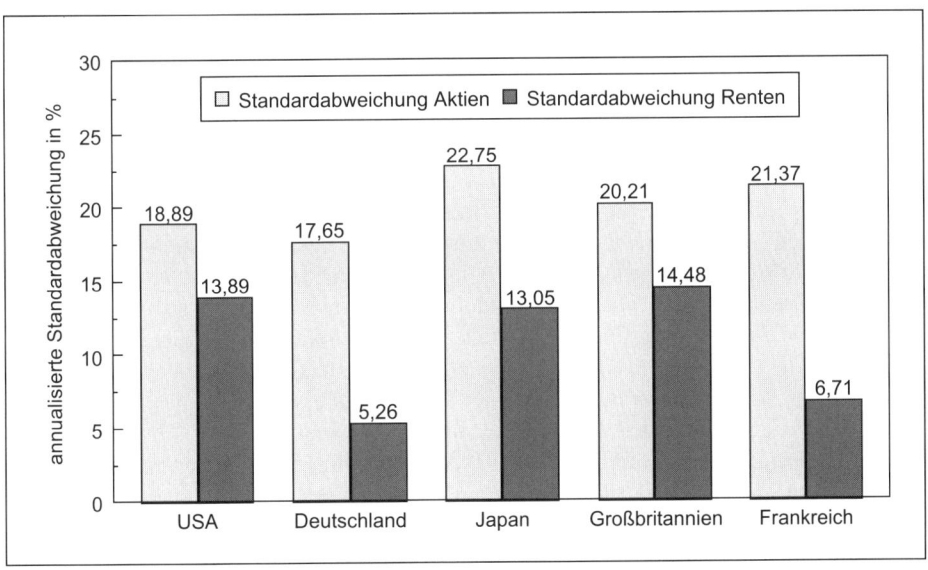

Abb. 2: Risikovergleich Aktie versus Rente I, Zeitraum 31.12.76 bis 31.12.96 in DM

---

4   Vgl. etwa *Stephan* (1995), S. 126–133.
5   Vgl. *Albrecht* (1994), S. 7 ff.

Die Graphik zeigt das erwartete Bild: Aktienmärkte weisen in jedem G5-Land eine deutlich höhere Volatilität als Rentenmärkte auf. Die Frage, ob damit Aktien in jeder Hinsicht »riskanter« als Renten einzustufen sind, ist nach den vorstehenden theoretischen Stichworten jedoch differenzierter zu beantworten. Ein Blick auf die absolut schlechtesten Durchschnittsrenditen (dies entspricht dem »0 %-Quantil«) bei 5-jährigen Anlagehorizonten ergibt ein ganz anderes Bild:

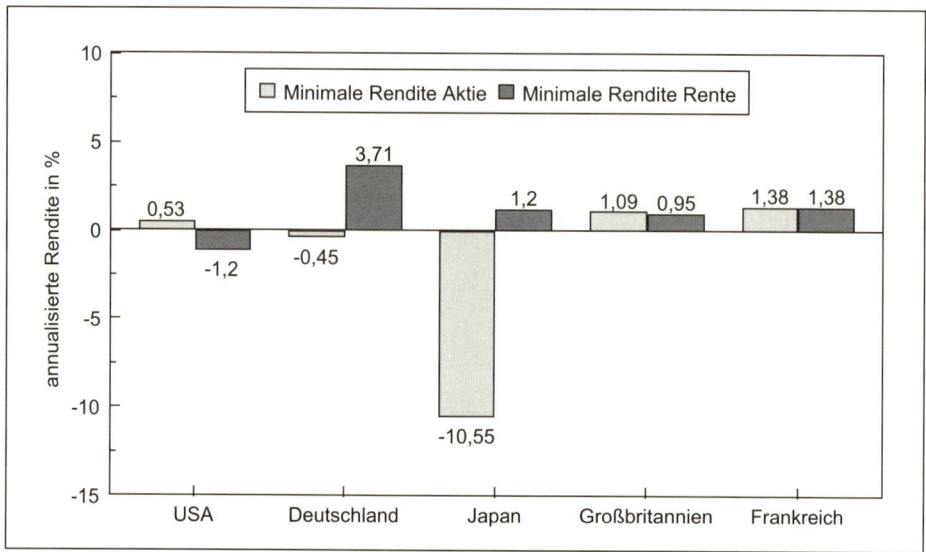

Abb. 3: Risikovergleich Aktie versus Rente II, Rollierende 5-Jahresperioden,
Zeitraum 31.12.76 bis 31.12.96, in DM

Lediglich bei Japan liegt die minimale Rendite für den Aktienmarkt über 5-jährige Horizonte deutlich niedriger als bei Renteninvestments, in Großbritannien und vor allem den USA läßt sich sogar ein Vorteil der Aktie ausmachen. Sicherlich ist die Schwankung der Aktien-Renditen auch über einen mittelfristigen Anlagehorizont größer als die der Renten; diese Schwankung findet allerdings auf einem höheren Erwartungswert-Niveau statt, so daß die schlechtesten Renditen nicht unbedingt unter denen im Rentenmarkt liegen. Nach den Ergebnissen dieser Betrachtung der Katastrophenrisiken trifft die weit verbreitete Auffassung der »riskanteren« Aktienanlage also keineswegs zu.

Ein wichtiger Aspekt ist das Risiko der Währungskomponente. In den beiden nächsten Schaubildern sind die Standardabweichungen der Renditen sowohl in lokaler Währung als auch auf DM-Basis für die verschiedenen nationalen Märkte angegeben. Betrachten wir zunächst die Aktienmärkte:

Erwartungsgemäß sind die Standardabweichungen für DM-Investoren unter Berücksichtigung des Währungsrisikos höher als in den jeweiligen Landeswährungen. Allerdings fällt die Steigerung wesentlich geringer aus als bei einer bloßen Addition von Markt- und Währungsrisiken. Der Grund hierfür sind die Kompensationseffekte, welche sich zwischen Währungsfluktuationen und Aktienrenditen ergeben: Eine schwache Währung führt bei

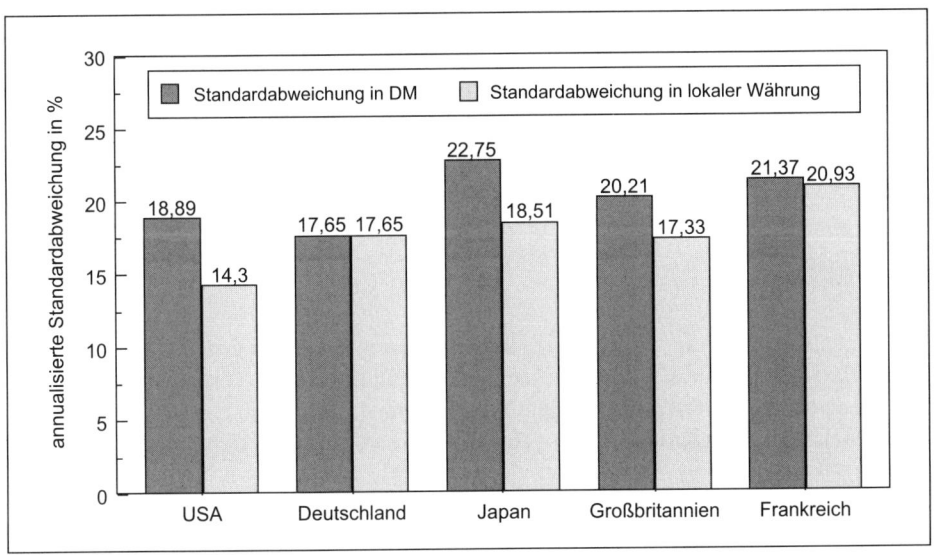

Abb. 4: DM-Risiko versus lokales Risiko: Aktie, Zeitraum 31.12.76 bis 31.12.96

exportsensitiven Volkswirtschaften über die Gewinnentwicklung der Unternehmen temporär zu stärkeren Aktienmärkten und vice versa. Die Rentenmärkte bieten hingegen ein anderes Bild:

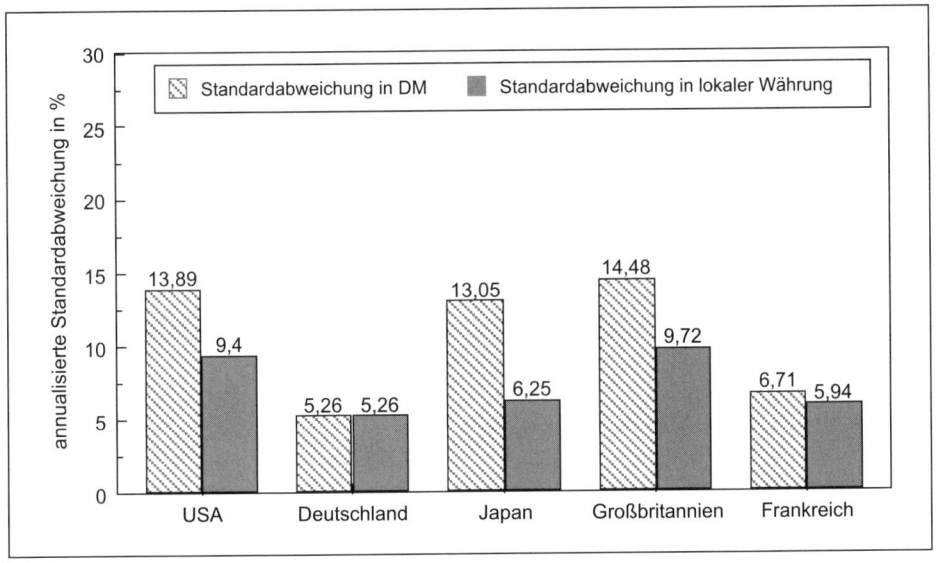

Abb. 5: DM-Risiko versus lokales Risiko: Rente, Zeitraum 31.12.76 bis 31.12.96

Das Währungsrisiko schlägt prozentual viel stärker zu Buche als in Aktienmärkten; in Japan verdoppelt sich das Gesamtrisiko sogar gegenüber dem Risiko auf Yen-Basis. Diese Eigenschaft von Rentenmärkten, welche auf dem weitgehenden Ausbleiben von Kompensationseffekten beruht, hat gravierende Implikationen für die optimale Konstruktion internationaler gemischter Portfolios aus der Sicht eines DM-Investors.

3.   Effizienz

Die Dimensionen Ertrag und Risiko stehen im allgemeinen in einem Zielkonflikt. Das klassische Konzept zur Integration dieser unterschiedlichen Ziele ist die »Effizienz«. Nach *Markowitz* ist ein Portfolio als effizient zu bezeichnen, wenn kein anderes Portfolio bei gleichem Risiko (Standardabweichung) einen höheren Ertrag verspricht (Erwartungswert) bzw. wenn kein anderes Portfolio bei gleichem erwarteten Ertrag mit einem geringeren Risiko auskommt.

Die folgende Graphik stellt die Kombinationen aus Erwartungswert und Standardabweichung dar, welche durch Portfolios aus deutschen Renten und deutschen Aktien bzw. mit internationalen Aktien erzielbar sind.

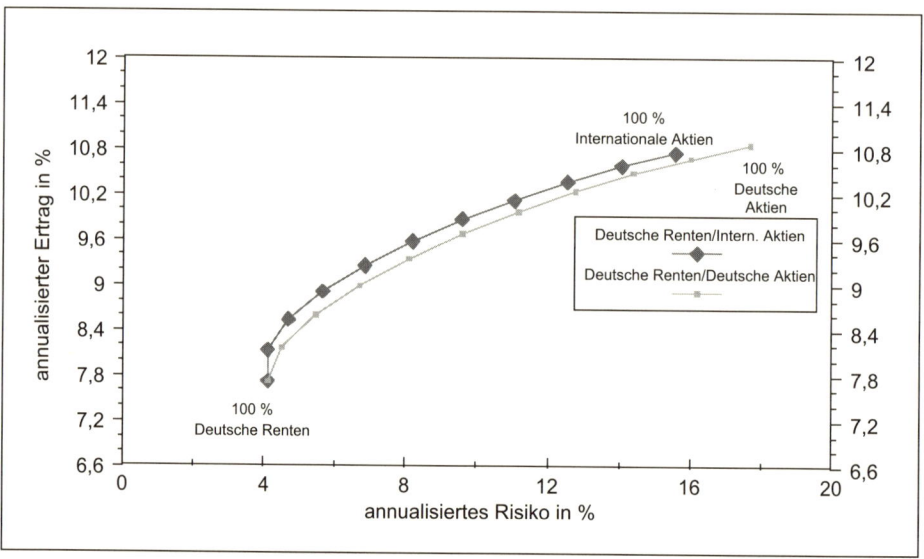

Abb. 6: Gemischte Portfoliostrukturen I.
Deutsche Renten und Deutsche Aktien bzw. Internationale Aktien,
Zeitraum 31.12.76–31.12.96, in DM

Man erkennt, daß in beiden Fällen sowohl Risiko als auch Ertrag bei höheren Beimischungen der Aktien steigen; allerdings liegt die Linie bei den internationalen Portfolios über der für rein deutsche Portfoliosstrukturen. Mit anderen Worten: Nationale Strukturen sind ineffizient, da sich jeweils internationale Portfolios mit gleichem Ertrag bei geringerem Risiko finden lassen. Diese Risikoreduktion wird ermöglicht durch die Diversifikationseffekte bei nicht vollständig korrelierten Assets.

Offen bleibt zunächst, inwieweit die Aufnahme internationaler Renten zu einer weiteren Effizienzverbesserung im Gesamtportfolio führt. In der folgenden Graphik sind die erreichbaren Kombinationen aus Erwartungswert und Standardabweichung für Portfoliostrukturen aus internationalen Aktien und deutschen Renten bzw. internationalen Renten abgebildet.

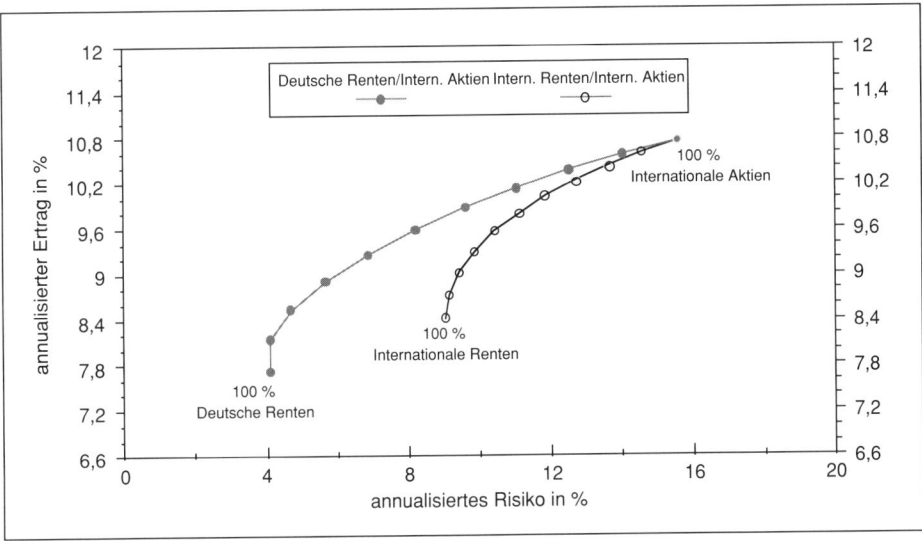

Abb. 7: Gemischte Portfoliostrukturen II.
Deutsche Renten bzw. Internationale Renten und Internationale Aktien, Zeitraum 31.12.76–31.12.96, in DM

Danach werden gemischte Portfoliostrukturen mit internationalen Renten eindeutig durch Mischungen aus deutschen Renten und internationalen Aktien dominiert. (Nach Verwirklichung der europäischen Währungsunion treten an die Stelle der deutschen Renten alle Rentenmärkte, deren Währungen in die Währungsunion einbezogen sind). Will man den erwarteten Ertrag gegenüber deutschen Rentenportfolios steigern, so läßt sich dies – entgegen der herkömmlichen Auffassung – durch Beimischungen internationaler Aktien wesentlich risikoärmer darstellen, als es bei internationalen Renten möglich wäre.

Die Diversifikationseigenschaften der Emerging Markets für ein Aktienportfolio können aufgrund unzulänglicher historischer Daten erst ab 1988 auf Basis des IFC Investables-Index dargestellt werden.

Man erkennt, daß die Emerging Markets sowohl deutlich höhere Erträge als auch höhere Risiken aufweisen als die entwickelten Märkte. Bei einer moderaten Beimischung von Emerging Markets-Aktien (z. B. 10 %) läßt sich der erwartete Ertrag allerdings nahezu

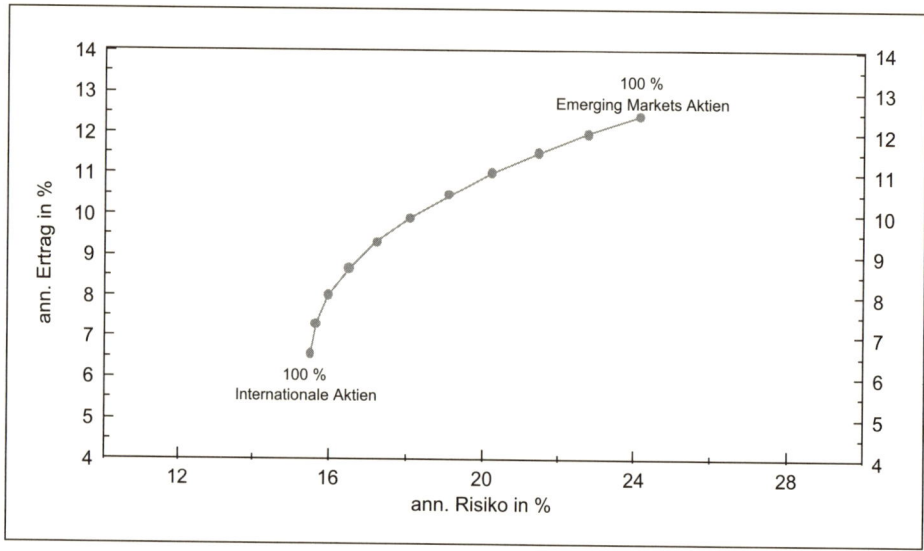

Abb. 8: Internationale Aktien und Emerging Markets-Aktien,
         Zeitraum 31.12.88–31.12.96, in DM

ohne Erhöhung des Risikos deutlich steigern; dies ist eine Folge der geringen Korrelationen zwischen den Aktienrenditen der Emerging Markets und der Developed Markets.[6]

Die Frage, welche der Portfoliostrukturen auf dem sogenannten effizienten Rand realisiert werden sollte, läßt sich eigentlich nur bei Kenntnis der Ertrags-Risiko-Präferenzen des Investors beantworten. Nützlich in diesem Kontext sind jedoch auch Maße, welche Ertrag und Risiko in einer einzigen Zahl angeben. Hier wären vor allem Maße wie das *Sharpe*-Ratio,[7] welches durch das »Capital Asset Pricing Model« motiviert ist, und das Information-Ratio[8] zu nennen. Das letztere Maß setzt relative Renditen in Beziehung zu relativen Risiken durch den Vergleich mit einer Benchmark. Demgegenüber wird bei dem *Sharpe*-Ratio der Quotient gebildet aus der Überrendite gegenüber der risikolosen Anlage und der Standardabweichung des Portfolios.

---

6 In *Michaud/Bergstrom/Frashure/Wolahan* (1996) ergibt sich sogar ein risiko-minimaler Anteil von 40 % Emerging Markets-Aktien. Wenngleich dieses Ergebnis zeitraumgebunden sein dürfte – in der vorstehenden Studie wurde der Zeitraum 1985–1995 betrachtet – kann kein Zweifel daran bestehen, daß eine Beimischung von Emerging Markets die Effizienz eines internationalen Aktienportfolios erhöht.

7 Vgl. *Sharpe* (1966).

8 Vgl. beispielsweise *Grinold/Kahn* (1995), S. 91.

4.   Zeithorizont

Der Zeithorizont ist eine häufig unterschätzte Dimension des Anlageergebnisses oder – um mit *Ellis*[9] zu sprechen –: »Time is Archimedes' lever in investing«. Die Nichtbeachtung des relevanten Anlagehorizontes führt zu wertlosen Optimierungsergebnissen. Die folgende Graphik stellt die minimalen Durchschnittsrenditen über 1- und 5-jährige Zeithorizonte für Portfoliostrukturen aus deutschen Renten und internationalen Aktien dar.

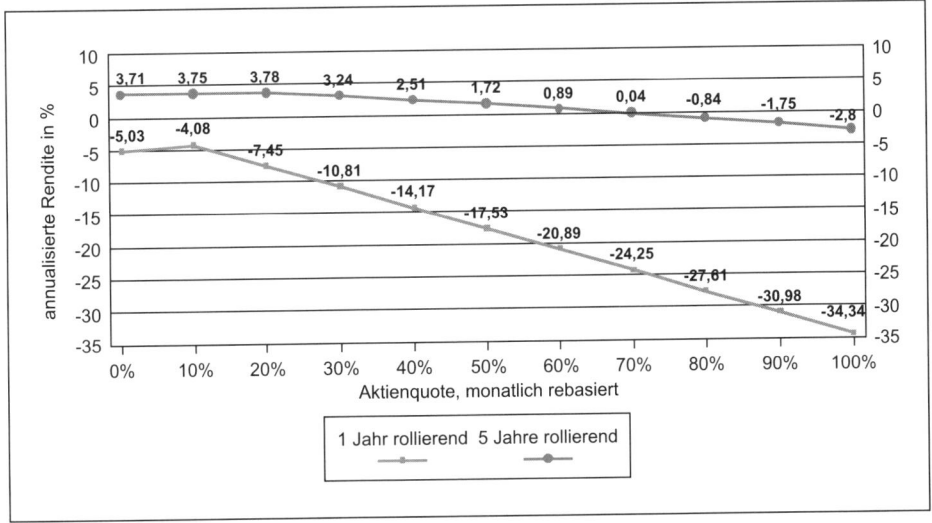

Abb. 9:   Minimaler Return und Aktienquote.
          Gemischte Portfolios: Deutsche Renten und Internationale Aktien,
          Zeitraum 31.12.76–31.12.96, in DM

In der Analyse mit 1-jährigem Zeithorizont sinkt die Minimalrendite ab einem Aktiengewicht von 10 % mit zunehmendem Anteil der risikoreicheren Asset-Klasse. Bemerkenswert ist, daß keine Struktur in jedem betrachteten 1-Jahres-Horizont den Kapitalerhalt gewährleistet.

Demgegenüber bietet die 5-Jahres-Betrachtung ein anderes Bild: Generell liegen die schlechtesten Renditen deutlich über dem Niveau für 1-Jahres-Horizonte. Sogar bei einer Aktienquote von 70 % gab es keine 5-Jahresperiode mit einem Verlust. Selbst die »sicherste« Asset-Allokation sieht eine Aktienbeimischung von 20 % vor.

Diese wenigen exemplarischen Betrachtungen bestätigen die allgemeine Tendenz, daß das Aktienrisiko ein überwiegend kurzfristiges Phänomen ist. Bei anlagepolitischen Fragestellungen mit langfristigem Charakter – die typische Situation bei Lebensversicherern,[10] Pensionskassen und generell in der Altersvorsorge – führt kein Weg an einer strategisch höheren Aktienquote vorbei.

---

9 Vgl. *Charles D. Ellis* (1985), S. 29.
10 Vgl. hier vor allem die Optimierungsergebnisse zur strategischen Asset-Allokation für Lebensversicherungen in *Stephan* (1995), S. 300–316.

III. Praktische Umsetzung in einem Anlagekonzept

1. Teilaufgaben

Die vordringlichste Aufgabe jeder Kapitalanlage ist die Entscheidung über die Gewichtung der wichtigsten Anlage-Klassen. Diese »Asset-Allokation« unterteilt sich in die Teilaufgaben strategische und taktische Asset-Allokation. In der strategischen Asset-Allokation wird ein Asset-Mix definiert, welcher auf langfristigen Ertrags- und Risikoanalysen unter Beachtung der Präferenzen des Investors aufbaut. Die taktische Asset-Allokation versucht hingegen, durch temporäre Übergewichtung aussichtsreicher Asset-Klassen Zusatzerträge gegenüber einem konstanten Asset-Mix zu erzielen. Im Unterschied zur strategischen Asset-Allokation zielt die taktische Asset-Allokation auf die Identifikation der Phasen im Asset-Allokation-Zyklus ab, die entweder Aktien- oder Rentenanlagen begünstigen.

Eine weitere wichtige Teilaufgabe ist die Titelselektion zur Strukturierung der einzelnen Asset-Klassen.[11] Die Studien von Brinson/Hood/Beebower (1986) und Brinson/Singer/ Beebower (1991), in welchen die Performance von 91 bzw. 82 Pensionsfonds aus dem »Large Plan Universe« der SEI Corporation analysiert wurde, weisen jedoch darauf hin, daß der strategischen Asset-Allokation die entscheidende Bedeutung für die Gesamt-Performance zukommt.

Die Integration der Teilaspekte strategische, taktische Asset-Allokation und Titelselektion findet in der Portfolio-Optimierung statt. Generell muß Sorge getragen werden, daß sich die Risiken der einzelnen Teilentscheidungen nicht im Investment-Prozeß kumulieren. Entsprechend den oben zitierten Studien sollte gewährleistet sein, daß das Portfolio in etwa die Risiko-Ertrags-Eigenschaften der optimalen strategischen Asset-Allokation aufweist. Zur Steuerung des Abweichungsrisikos in der taktischen Asset-Allokation werden »Strategy Ranges«, d. h. Ober- und Untergrenzen für die Gewichte der einzelnen Asset-Klassen definiert.

2. Ein integratives Modul-Konzept zur praktischen Portfoliokonstruktion

Neben der Quantität und Qualität der vorhandenen Ressourcen liegt der entscheidende Erfolgsfaktor für das Management in deren Integration und Nutzung in einem ganzheitlichen Investmentkonzept. Dabei verlangt die Komplexität globaler gemischter Portfolios die Bündelung von Spezialisten-Know-how für Asset-Klassen bzw. Regionen zur Erstellung optimaler Portfoliostrukturen.

---

11 Aus theoretischer Sicht könnte auf dieser Stufe der Portfoliobildung das größte Potential einer risikoadjustierten Outperformance gegeben sein, sofern man hier in einem bottom-up-Ansatz viele unabhängige Teilentscheidungen trifft. Grinold kommt das Verdienst zu, auf den fundamentalen Zusammenhang zwischen der Wahrscheinlichkeit einer Outperformance und der Anzahl der unabhängigen Einzelentscheidungen hingewiesen zu haben, vgl. *Grinold* (1989).

Auf der Realisierungsebene können zwei Konzepte unterschieden werden. Während bei dem einen Ansatz der verantwortliche Portfoliomanager die Entscheidungen bestimmt, basiert der hier vorgestellte Modul-Ansatz auf einem Teamgedanken. Damit ergeben sich an das Management einer Kapitalanlagegesellschaft aus ablauforganisatorischer Hinsicht höhere Ansprüche. Diese resultieren aus der Notwendigkeit, komplexe Gesamtaufgaben zu analysieren, in Teilaufgaben zu zerlegen, an Experten zu delegieren, zu bündeln, zu kontrollieren und gegebenenfalls zu korrigieren. Der Erfolg ist nicht primär personengebunden, sondern prozessorientiert. Die Vorteile des Modul-Ansatzes sind:

Optimale Ressourcennutzung, Transformation und Bündelung von Spezialisten-Knowhow, effiziente Steuerung und effizientes Controlling. Der Investmentprozeß wird dem industriellen Produktionsprozeß vergleichbar, und damit wird Lean Management von Asset-Management-Einheiten zu einem Erfolgsfaktor.

Im folgenden wird der Aufbau eines Modul-Konzeptes, wie es in der Dresdner Bank Investmentgruppe entwickelt wurde, dargestellt.

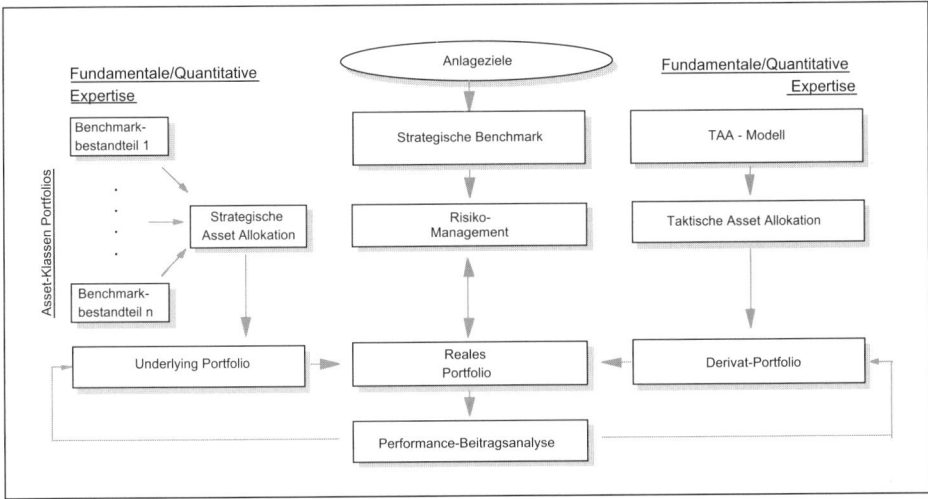

Abb. 10: Modularer Aufbau des Investmentprozesses

Der Modul-Ansatz beinhaltet die Aufgaben: Strategische und taktische Asset-Allokation, Umsetzung und Controlling.

Den Ausgangspunkt für globale gemischte Portfolios stellt das kundenspezifische Anlageziel dar, das über die strategische Asset-Allokation in einer Benchmark berücksichtigt wird. Die Gewichtsverschiebungen zwischen den Asset-Klassen-Portfolios, z. B. Aktien Europa, USA, Japan, Emerging Markets, erfolgen durch Finanzterminkontrakte. Insbesondere für international operierende Asset-Management-Einheiten ergibt sich dabei die Nutzungsmöglichkeit lokaler Expertise. Dem Verzicht auf eine theoretisch optimale Lösung steht die Pragmatik einer höheren Flexibilität im aktiven Management, die Bündelung von weltweitem Experten-Know-how und die Möglichkeit einer genauen Attributionsanalyse gegenüber. Im Modulansatz müssen keine neuen lokalen Ressourcen geschaffen werden, vielmehr greift man auf die vorhandenen zurück und setzt sie in strukturierte Investmentprozesse ein. Dieses erscheint insbesondere in globalen gemischten Portfolios sinnvoll, da zwischen den Asset-Klassen keine hohen Korrelationen bestehen.

3. Erfolgsfaktoren

a. Research

Research ist das Bindeglied zwischen Theorie und Praxis in der Entwicklung von Portfolio-Managementmethoden. Zur Bewältigung dieser Aufgaben ist das effiziente Zusammenspiel von Humankapital und Informationstechnologie Voraussetzung. Hauptaufgaben neben der Analyse von Anlagezielen und der Umsetzung in eine strategische Benchmark sind Modellentwicklungen im Bereich der taktischen Asset-Allokation. Darüber hinaus werden für die Erstellung der Asset-Klassen-Portfolios spezifische fundamentale Screening-Methoden in Verbindung mit quantitativen Algorithmen zur Portfoliokonstruktion eingesetzt.

b. Fondsmanagement

Das Fondsmanagement ist zunächst für die Erstellung der jeweiligen Asset-Klassen-Portfolios und die Formulierung der taktischen Asset-Allokation zuständig. Die Verantwortung für das globale gemischte Portfolio liegt bei einem Fondsmanager, der neben der taktischen Asset-Allokation die Koordination und Überwachung des Anlageprozesses durchführt. Aus der skizzierten Aufgabenstellung folgt das Anforderungsprofil für einen neuen Typ Fondsmanager, bei dem Kommunikation und organisatorische Fähigkeiten einen höheren Stellenwert einnehmen.

c. Handel

Die zentrale Aufgabe des Handels besteht in der kosteneffizienten Umsetzung des Underlying- und des Derivate-Portfolios. Geringe Implementierungskosten lassen sich nur bei Konzentration und Bündelung der Orders realisieren. Das Erreichen bestimmter Größenordnungen ermöglicht den Einsatz effizienter Handelstechniken, wie z. B. länderübergreifende Portfolio-Trades.

d. Controlling

Controlling beinhaltet die Überwachung der gesetzlichen Anlagegrenzen und eine Performanceanalyse zum Zwecke der Überwachung der Portfolioparameter. Aufgrund einer detaillierten Attributionsanalyse kann exakt zwischen den Selektionsbeiträgen der Asset-Klassen-Portfolios und den Allokationsbeiträgen des Derivate-Portfolios differenziert werden. Bei Fehlentwicklungen in Teilportfolios können zeitnah und gezielt Gegenmaßnahmen eingeleitet werden. Hiervon ist der restliche Prozeßablauf nicht tangiert, d. h. positive Entwicklungen werden gefördert und negative eliminiert.

IV. Fallbeispiel: DIT-WACHSTUM PLUS

Als ein Fallbeispiel für das Management von globalen gemischten Portfolios wird im folgenden der Publikumsfonds DIT-WACHSTUM PLUS vorgestellt.

1. Anlageziel

Im Vordergrund steht das Anlageziel der Maximierung des langfristigen durchschnittlichen Ertrages mit effizientem Ertrags-/Risikoprofil für Anleger mit hoher Steuerprogression. In einer Nebenbedingung wurde zusätzlich dem besonders in Deutschland stark ausgeprägtem Sicherheitsbedürfnis Rechnung getragen, indem Kapitalerhalt in allen 5-Jahres-Intervallen des Beobachtungszeitraumes (Ultimo 1976 bis Ultimo 1996) gefordert wurde.

2. Konzept zur strategischen Asset-Allokation

Umfangreiche Backtests, die über den oben genannten Untersuchungszeitraum hinausgingen, haben ergeben, daß mit einer international diversifizierten Aktienquote von 70 % und einer rein deutschen Rentenstruktur von 30 % den oben genannten Kriterien Rechnung getragen wird. Dies entspricht auch den Erkenntnissen, die in Kapitel 2 gewonnen wurden. Strukturinformationen, Abweichungen in der regionalen Gewichtung gegenüber dem MSCI Weltindex sowie Bandbreiten für die taktische Asset-Allokation sind aus der nachfolgenden Tabelle ersichtlich:

Wie sich die strategische Benchmark gegenüber einer Struktur aus 70 % MSCI Welt/ 30 % REX-P verhält, läßt sich in der folgenden Abbildung erkennen:

Neben einer höheren Durchschnittsperformance ist insbesondere die günstigere Performance in Abwärtsphasen hervorzuheben.

3. Umsetzung

Für die Verwirklichung des beschriebenen Fondskonzeptes sind alle Ressourcen innerhalb der Dresdner Bank Investmentgruppe genutzt worden. Gemäß dem integrativen Modul-Konzept werden die Benchmarkbestandteile durch geeignete Asset-Klassen-Portfolios –

Asset-Allokation	MSCI-Welt Index (in %)	Strategische Benchmark (in %)	Bandbreiten* (in %)
Aktien		70	60–80
Europa	23	28	13–43*
USA	33	21	9–32*
Japan	11	14	8–21*
Emerging Markets	3	7	6– 8*
Renten		30	20–40
Deutschland		30	20–40

Tracking Error von 1,5 % p. a.
* Gleichzeitige Ausnutzung der Bandbreiten verletzt tracking error Bedingungen.

Abb. 11: International gemischtes Portefeuille
DIT-WACHSTUM PLUS – Strategy Ranges

Aktien Europa, USA, Japan und Emerging Markets weltweit sowie Renten Deutschland – implementiert. Die kostengünstige Umsetzung der taktischen Asset-Allokation im Rahmen der vorgegebenen Bandbreiten erfolgt über Derivate.

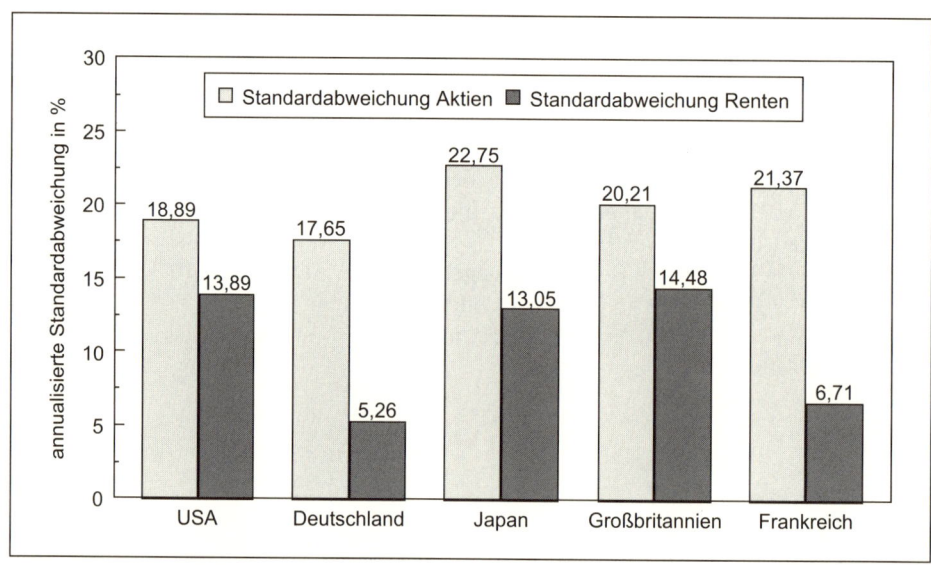

Abb. 12: DIT-WACHSTUM PLUS
Performance rollierender 5-Jahreszeiträume

V. Schlußwort

»Wer an einem Tag reich werden will, wird in einem Jahr gehängt werden«; so hat bereits vor rund 500 Jahren Leonardo da Vinci die wesentlichen Erkenntnisse der Modernen Portfoliotheorie auf den Punkt gebracht. Deshalb haben wir in unserer Arbeit einen deutlichen Akzent auf die theoretische Fundierung unseres Investment-Prozesses gesetzt. Die in diesem Beitrag skizzierten Studien haben verdeutlicht, daß das Kapitalanlageergebnis entscheidend von der strategischen Asset-Allokation abhängt. Diese ist im Hinblick auf die Ertrags- und Risikopräferenzen des Investors unter Berücksichtigung des jeweiligen Anlagehorizontes auszurichten.

Um so mehr wird in den nächsten Jahren die private Altersversorgung zunehmend im Brennpunkt des Anlegerinteresses stehen. Für lange Anlagehorizonte sind nach unseren Analysen gemischte Portfoliostrukturen mit einem hohen internationalen Aktienanteil optimal. Um diese Aufgabenstellung effizient und kundenspezifisch zu lösen, bedarf es international operierender Investment-Gruppen, welche für jede Region über lokales Investment-Know-How verfügen. Eine breite internationale Produktpalette ermöglicht die mehrfache Nutzung von Expertenwissen und bewirkt erhebliche »Economies of Scale«. Durch die Bündelung dieser Expertise in einem ganzheitlichen Investmentkonzept entsteht eine Dienstleistung, welche in dieser Qualität und Kosteneffizienz nicht alleine auf nationaler Ebene dargestellt werden kann.

Um in der Weltliga der institutionellen Vermögensverwalter eine Spitzenposition einzunehmen, ist natürliche Voraussetzung, daß man sich global »centers of competence« aufbaut, z. B. durch Akquisition. Nur so kann eine ganzheitliche integrierte globale Vermögensverwaltung angeboten werden.

Literatur

Albrecht, P.: Zur Konzeptualisierung von Risiko und Chance mit Anwendungen in den Finanz- und Versicherungsmärkten: Festschrift für Egon Lorenz zum 60. Geburtstag, hrsg. von *Hübner, U./ Helten, E./Albrecht, P., 1994*

Brinson, G. P./L.R. Hood/G. L. Beebower: Determinants of Portfolio Performance: In: Financial Analysts Journal, Juli – August 1986

Brinson, G. P./B. D. Singer/G. L. Beebower: Determinants of Portfolio Performance II – An Update: In: Financial Analysts Journal, Mai-Juni 1991

Ellis, D. Charles: Investment Policy – How to Win the Loser's Game. 1989

Grinold, R. C.: The Fundamental Law of Active Management. In: Journal of Portfolio Management, Frühjahr 1989

Grinold, R. C./Kahn, R. N.: Active Portfolio Management. Chicago 1995

Michaud, R. O./Bergstrom, G. L./Frashure, R. D./Wolahan, B. K.: Twenty Years of Equity Investing. In: The Journal of Portfolio Management, Herbst 1996

Sharpe, W. F.: Mutual Fund Performance. In: Journal of Business, Supplement on Security Prices, Januar 1966

Stephan, T. G.: Strategische Asset-Allokation in Lebensversicherungsunternehmen. Karlsruhe 1995

Josef Wertschulte*

Aktive Asset Allocation in der Kapitalanlage von Versicherungen

*   *Josef Wertschulte*, Mitglied des Vorstandes der Bayerischen Hypotheken und Wechselbank AG

405

I. Einführung

Das Wettbewerbsumfeld für Versicherungen ändert sich. Auf der einen Seite nimmt der Wettbewerbsdruck durch internationale wie nationale Konkurrenz deutlich zu. Auf der anderen Seite werden durch die verstärkte Diskussion um die Altersversorgung die Banken zunehmend in den Markt für Altersversorgungsprodukte eindringen. Einer der wesentlichen Erfolgsfaktoren wird das Ergebnis des Kapitalanlagenmanagements (Asset Managements) werden. Der vorliegende Beitrag soll anhand von Erfahrungen, die wir im *Bankenassetmanagement* haben, die Eignung einer aktiven Asset Allocation Politik hervorheben.

1. Die Kapitalanlagepolitik der Versicherungsunternehmen

Die Assekuranz ist neben den Banken das größte Kapitalsammelbecken in Deutschland. Als institutionelle Anleger disponieren die Versicherungsunternehmen heute über einen Kapitalanlagebestand von rund 1200 Mrd. DM. Der Anteil der festverzinslichen Wertpapiere, Aktien und Wertpapierfonds beträgt über 30 %. Das Kapital dient primär dazu, die Leistungsversprechen und die Leistungsbereitschaft des Versicherungsunternehmens gegenüber seinen Kunden zu garantieren. Aus diesem Grund spielt die Sicherheit der Anlage bei der Kapitalanlageentscheidung eine wichtige Rolle.[1]

Die Lebensversicherung enthält neben der Risikoabsicherung grundsätzlich auch eine Sparkomponente, so daß der Beitrag der Kapitalanlage der Absicherung des Risikos und der Erzielung einer möglichst hohen und kontinuierlichen Überschußbeteiligung dient. Die Erträge der Kapitalanlage bilden hier einen wichtigen Wettbewerbsfaktor, der den Kapitalanleger ständig zwingt, den Grundsatz der Sicherheit mit dem Grundsatz der Rentabilität in Einklang zu bringen. Bei der langfristigen Laufzeit der Lebensversicherungsverträge ist deshalb besondere Sorgfalt bei der Auswahl der Anlagearten und auch der Instrumente notwendig, mit denen die Kapitalanlagepolitik festgelegt, optimiert und kontrolliert wird.[2]

2. Neue Herausforderungen fordern neue Lösungskonzepte

Seit den 70-er Jahren wurden möglichst hohe laufende Renditen der Kapitalanlagen bei den Versicherungsunternehmen immer stärker zum Wettbewerbsargument. Vor diesem Hintergrund flossen seit den 70-er Jahren Anlagemittel verstärkt in Rentenwerte und nach den erheblichen Kursgewinnen in den 80-er Jahren auch immer stärker in Aktien.[3] Die

---

1 § 54, Abs.1 VAG: »Das Vermögen eines Versicherungsunternehmens ist unter Berücksichtigung der Art der betriebenen Versicherungsgeschäfte sowie der Unternehmensstruktur so anzulegen, daß möglichst große Sicherheit und Rentabilität bei jederzeitiger Liquidität des Versicherungsunternehmens unter Wahrung angemessener Mischung und Streuung erreicht wird«.
2 Vgl. *Schwebler, R.* (1993), S. 3 ff.
3 Vgl. *Schwebler, R.* (1991), S. 51 ff.

folgenden Ausführungen sollen die Frage beantworten, inwiefern die Rentenanlage bei den Versicherungsunternehmen zu Unrecht die Anlage in Aktien dominiert.

Durch die Einführung des europäischen Binnenmarktes für Versicherungen seit Mitte 1994[4] hat sich die Wettbewerbssituation auf den bislang überwiegend national ausgerichteten Märkten weiter verschärft. Dies stellt die Kapitalanlagepolitik der Versicherungsunternehmen vor neue Herausforderungen.[5] Vor diesem Hintergrund wird die Bedeutung einer gezielten Anlagestrategie für die erfolgreiche Kapitalanlagepolitik und somit Wettbewerbsfähigkeit der Versicherungsunternehmen immer größer. Möglichkeiten einer effizienten Kapitalanlagepolitik für Versicherungsunternehmen, auch unter dem Gesichtspunkt des verstärkten Einsatzes von Aktien, werden im vierten Abschnitt aufgezeigt.

Zuerst wird jedoch im folgenden die tatsächliche Bestandsentwicklung der Kapitalanlagen der Versicherungsunternehmen ab 1950 zum Ausgangspunkt der Untersuchung gemacht.

II. Die Kapitalanlagen der Versicherungsunternehmen

1. Die Bestandsentwicklung der Kapitalanlagen ab 1950

Analysiert man die Kapitalanlagen der Versicherungswirtschaft, so sind neben dem aktuellen Bestand vor allem die im Zeitverlauf zu erkennenden Entwicklungstendenzen der einzelnen Kapitalanlagearten von Bedeutung. Abbildung 1 basiert zwar auf Buchwerten, ist aber dennoch in der Lage, die Tendenzen seit 1950 aufzuzeigen.

Der große Anteil der sonstigen Kapitalanlagen in den 50-er Jahren beruht auf den in der Nachkriegszeit bestehenden Ausgleichsforderungen, die einen Ausgleich für die durch die Kriegsfolgen und Währungsreform erlittenen Verluste der Versicherungswirtschaft darstellten.

Um gesetzliche Auflagen im Sinne einer Kapitallenkung zuvorzukommen, hatten sich die Versicherungsunternehmen bereit erklärt, mindestens 50 % ihrer Mittel, die zur langfristigen Anlage bestimmt waren, dem Wohnungsbau zur Verfügung zu stellen. So erklärt sich der, mit zusammen 20,1 %, zweitgrößte Posten der Grundstücks- und Hypothekenanlage.

Aufgrund eines zunächst fehlenden, leistungsfähigen Wertpapiermarktes, nahm die Kapitalanlage in Wertpapiere erst im Laufe der Jahre zu. Begünstigt durch die hohen Renditen der Hochzinsphase in der ersten Hälfte der 70er Jahre, flossen die Anlagemittel verstärkt in hochverzinsliche Nominalanlagen wie Schuldscheindarlehen und festverzinsliche Wertpapiere. Seit den 80-er Jahren hält diese Entwicklung aufgrund des zunehmenden Wettbewerbsdrucks an. Um der hohen Inflation in den 70-er Jahren entgegenzuwirken,

---

4 Das am 29. Juli in Kraft getretene VAG gab den Versicherungsunternehmen neue Freiheiten bei der grenzüberschreitenden Kapitalanlage.

5 Vgl. *Schwebler, R./Knauth, K. W./Simmert, D.B.* (1995), S. 5 ff.

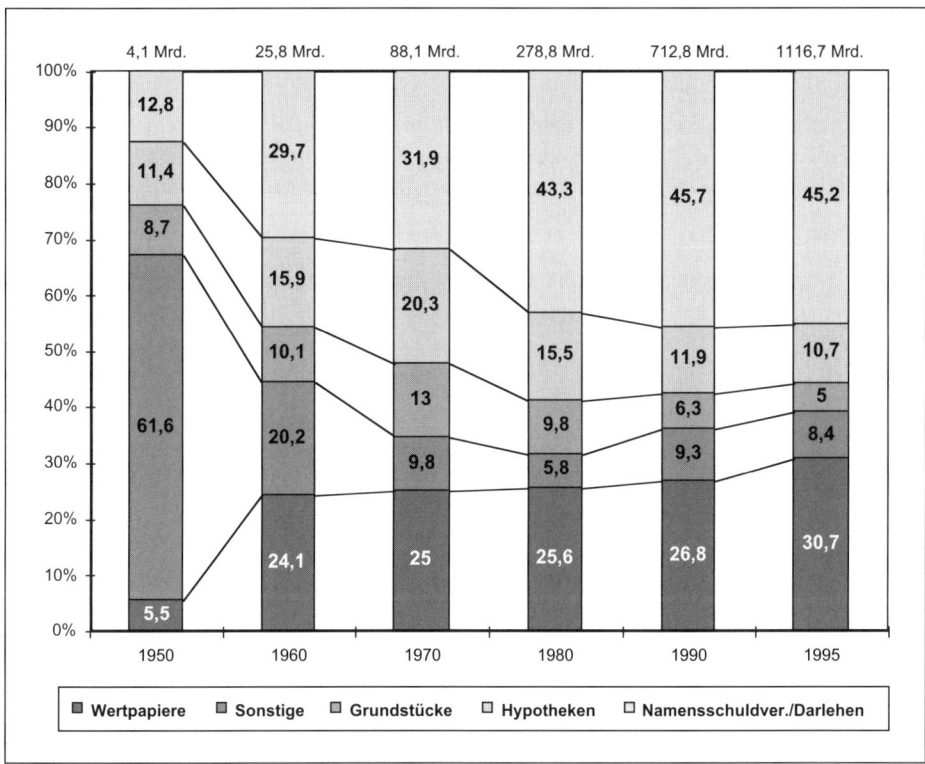

Abb. 1: Kapitalanlagen der Versicherungswirtschaft von 1950 bis 1995 (in %)

Quelle: BAV, Geschäftsberichte

entfiel ein großer Teil der Anlagemittel auf Substanzwertanlagen, vor allem den Grundbesitz, der jedoch im Verlauf der Jahre für Versicherungsunternehmen an Bedeutung verlor. Dies hing einerseits mit den abnehmenden Geldentwertungsraten zusammen sowie andererseits mit der zunehmenden Rendite der Aktienanlage.[6]

Während in den 90-er Jahren in der Versicherungswirtschaft die Bedeutung der Kapitalanlage in Namensschuldsverschreibungen/Darlehen stagnierte oder sich sogar verringerte, ist bei der Anlage in Wertpapieren ein eindeutiger Aufwärtstrend zu beobachten. Aus diesem Grund wird im folgenden Abschnitt die Entwicklung des Bestandsposten Wertpapiere im Detail betrachtet.

6   Vgl. *Schwebler* (1991), S. 49–54.

2. Die Bestandsentwicklung der Assetklassen Renten und Aktien ab 1970

Die Kapitalanlage in Wertpapiere unterteilt sich im allgemeinen in Renten und Aktien. Der größte Teil des Wertpapierportefeuilles deutscher Versicherungsunternehmen entfällt, wie man in der folgenden Abbildung erkennen kann, auf die Rentenwerte:

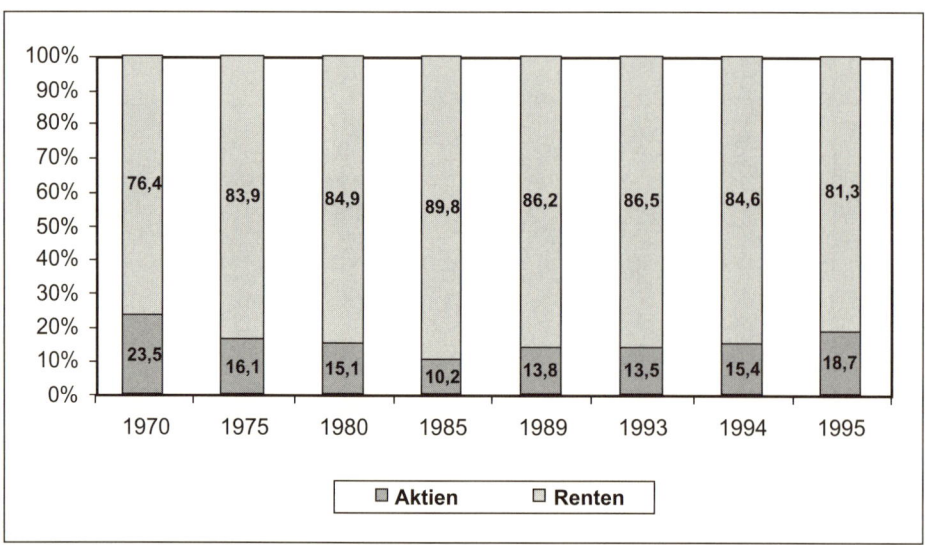

Abb.2: Verhältnis zwischen Aktien- und Rentenanlage in der Versicherungswirtschaft von 1970 bis 1995. (Quelle: BAV, Geschäftsberichte, eigene Berechnungen)

Es wird deutlich, daß die Anlagen der Versicherungswirtschaft am deutschen Aktienmarkt mit dem wachsenden Gewicht der Wertpapieranlage im allgemeinen (vgl. Abb. 1) nicht Schritt halten konnten. So fiel der Anteil des Aktienbesitzes von 23,5 % im Jahre 1970 im Verhältnis zur Rentenanlage auf 10,2 % im Jahre 1985. Gemessen an den gesamten Kapitalanlagen lag der Anteil 1985 gerade mal bei 2,7 %. Bei der Interpretation dieser Zahlen ist allerdings zu beachten, daß es sich um Buchwerte handelt. Berücksichtigt man, daß sich die Aktienkurse zwischen 1980 und 1995 mehr als vervierfacht haben, muß man mit hohen stillen Reserven rechnen. Zu Tageskursen bewertet, dürften die tatsächlichen Anteilssätze damit merklich höher liegen.

Zusätzlich muß festgestellt werden, daß die Aktienanlage der Versicherer nicht nur direkt, sondern verstärkt über Investmentfonds betrieben wird. Die Bestandsquote dieser Anlageart betrug Ende 1995 11,7 %. Sie hat sich damit gegenüber 1980 nahezu vervierfacht. Etwa ein Drittel wird dabei in Aktien angelegt.

Auch wenn der Anteil der Rentenanlage den Anteil der Aktienanlage dominiert, kann man eine wachsende Bedeutung der Aktienanlage im letzten Jahrzehnt beobachten.

410

Während 1980 lediglich 1,7 Mrd. DM direkt in Aktien investiert wurden, flossen im Jahr 1995 rund 11 Mrd. DM in diesen Anlagebereich.[7]

Im folgenden wird zu untersuchen sein, ob sich das Verhältnis zwischen Aktien und Renten in der Zukunft verändern sollte.

III. Performancevergleich von Aktien und Renten anhand des DAX und des REXP

Die Einführung des europäischen Binnenmarktes für die Versicherungsunternehmen durch das VAG von 1994 erhöhte den Wettbewerb auf den Versicherungsmärkten und damit auch den Druck auf eine erfolgreiche Kapitalanlagepolitik. Die Kapitalanlagevorschriften des VAG stellen dabei vor allem den internationalen Anlageaspekt sowie die verstärkte Betonung der Aktienanlage in den Vordergrund. Auch fördern sie stärker eine mögliche Abkehr von einer traditionellen Buy and Hold-Mentalität und die Hinwendung zu einer aktiveren Anlagestrategie. Es stellt sich die Frage, ob die bisherige Anlage in Aktien in Zukunft ausgeweitet werden sollte. Um dies beurteilen zu können, wird im folgenden ein adäquater, langfristiger Vergleich zwischen Aktienanlage und Rentenanlage gezogen.

Ein adäquater Vergleich wird sichergestellt, indem man die Wertentwicklungen von Aktien und Renten über rollierende Perioden vergleicht und damit Manipulationen durch die Wahl bestimmter Zeiträume ausschaltet. In der folgenden Abbildung wird ein rollierender 10-Jahres Vergleich der Performance der beiden Anlagemöglichkeiten mit regelmäßigen monatlichen Zuflüssen betrachtet:

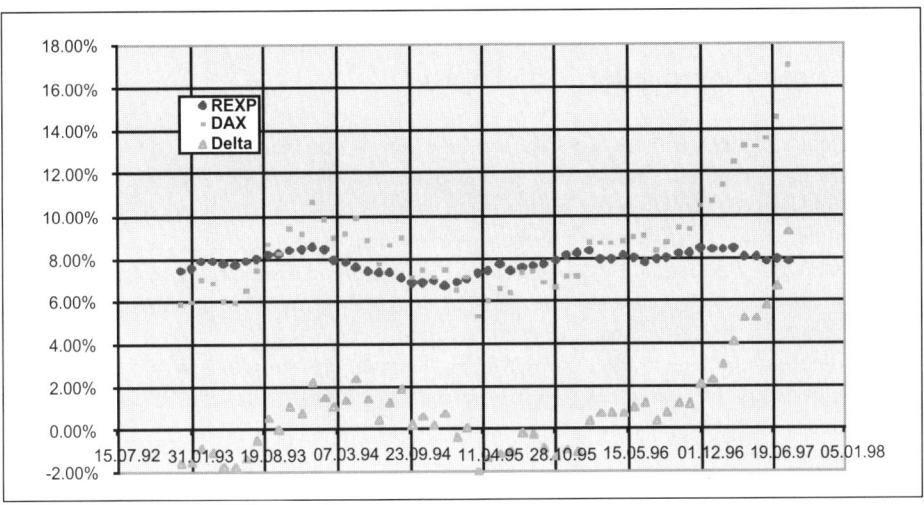

Abb. 3: Vergleich der Asset-Performance von Aktien und Renten bei regelmäßigen mtl. Zuflüssen: 10 Jahre rollierend, annualisiert

---

7   Vgl. *Schwebler* (1991), S. 54, GDV (1996), S. 99–101, Deutsche Bundesbank (1987), S. 24–25.

Es wird deutlich, daß die langfristige Aktienanlage nicht zwangsläufig ihr kurzfristig höheres Risiko durch eine wesentlich höhere Rendite belohnt. Insgesamt wurde nur in 63 % aller Fälle die höhere Volatilität der Aktienanlage[8] mit einer positiven Risikoprämie kompensiert.

Sieht man von der äußerst positiven Entwicklung des Aktienmarktes in der letzten Zeit ab und betrachtet deswegen nur den Zeitraum bis Mai 1996, dann verringert sich der Anteil positiver Risikoprämien auf 50 %. Auf Basis dieser Feststellung läßt sich eine verstärkte Anlage in Aktien im Vergleich zu Renten nur sehr beschränkt ableiten. Im folgenden wird jedoch gezeigt werden, daß es durchaus Möglichkeiten einer effizienten Kapitalanlagepolitik gibt, die das besonders unter mittel- bis langfristigen Gesichtspunkten aktienimmanente überdurchschnittliche Gewinnpotential, auch unter Berücksichtigung des Risikoaspekts, auszunutzen verstehen.

IV. Aktive Aktienanlage für Versicherungsunternehmen

Akzeptiert man den Gedanken, daß Aktien langfristig höhere Chancen als eine Rentenanlage in sich bergen, so muß man die Frage nach einer aktiven Steuerung stellen. Offensichtlich sind klassische Buy and Hold-Strategien nicht sinnvoll, wie die obige Analyse bestätigt hat. Hier stellt sich also die Frage nach einer taktischen Asset Allocation. Bevor wir dies jedoch weiter diskutieren, soll zunächst der europäische Aspekt weiter beleuchtet werden.

1. Europäisierung der Aktienanlage

Spätenstens ab 1999 wird sich die Kapitalanlage langsam zu wandeln beginnen. Nationale Assets im traditionellen Sinn werden zu europäischen Assets oder (zumindest in »Euro-Land«) zu Euro Assets. Über die Implikationen dieser sich verschiebenden strategischen Rahmenbedingungen ist viel geschrieben worden. Für die Assetklasse Aktien ist davon auszugehen, daß sektororientierte Ansätze die klassischen Länderansätze verdrängen. Es stellt sich also zunächst die Frage, ob nach heutigem Erkenntnisstand das oben beschriebene Problem auch in Zukunft weiter bestehen wird.

Um die Rentenanlage mit der europäischen Aktienanlage vergleichen zu können, wird in der folgenden Abbildung 4 der MSCI-Euro 14[9] als repräsentativer Performanceindex verwendet.

---

8   Die Volatilität der Aktienanlage ist mit durchschnittlich 20,2 % p. a. nahezu viermal größer als die Volatilität der Rentenanlage.

9   Der MSCI-Euro ist ein gewichtetes Portefeuille aus folgenden nationalen MSCI's: Belgien, Dänemark, Deutschland, Finnland, Frankreich, Großbritannien, Irland, Italien, Niederlande, Norwegen, Österreich, Spanien, Schweden, Schweiz.

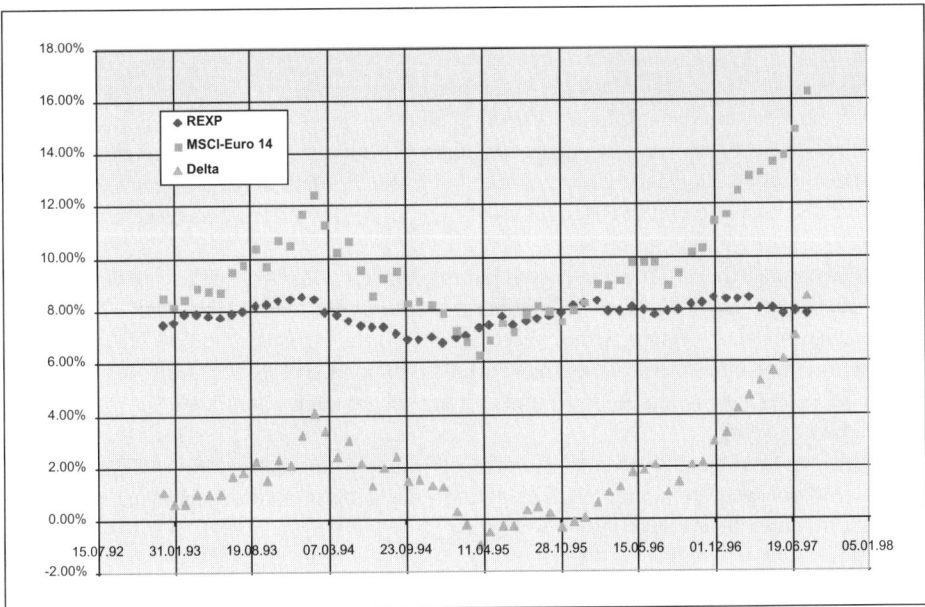

Abb.4: Vergleich der Asset-Performance von Renten und europäischen Aktien bei regelmäßigen mtl. Zuflüssen: 10 Jahre rollierend, annualisiert

Es kann festgestellt werden, daß auf Europäischer Basis eine Risikoprämie für die Aktien eher zu erhalten ist als bei einer isolierten deutschen Betrachtung. Durch die Europäisierung der Aktienanlage wurde in nahezu 90 % aller Fälle die höhere Volatilität der Aktienanlage mit einer positiven Risikoprämie belohnt. Dabei ist das Kursrisiko der europäische Aktienmärkte in DM nicht größer als am deutschen Markt, bietet aber gleichzeitig eine höhere Risikoprämie.[10]

Ein sich in Zukunft ausweitendes »lokales« Universum innerhalb von Euro-Land wird folglich die Aktien relativ begünstigen. Allerdings zeigt auch diese Auswertung, daß in einzelne Phasen unterschieden werden muß. Die Idee einer aktiveren Steuerung ist daher weiter zu verfolgen.

Hat man die Notwendigkeit zu einer aktiveren Steuerung der Aktienportfolios erkannt, so ergeben sich zwei grundsätzliche Vorgehensweisen. Zum einen ist eine rein Assetklassenspezifische Strategie zu betrachten, innerhalb derer eine systematische Absicherung betrieben wird. Darüber hinaus steht auch ein dynamischer Mix verschiedener Assetklassen, also eine taktische Aktien-Renten Allocation, zur Debatte.

---

10 Die durchschnittliche annualisierte Aktien-Performance einer Buy and Hold-Strategie in einem rollierenden 10 Jahres Vergleich zwischen 1973 und 1993 betrug in den Niederlanden 18,14 %, 16,74 % in Großbritannien, 15,15 % in Frankreich und 12,61 % in Deutschland.

2. Assetklassenspezifische Strategie: DAX-Put-Strategie

Wir haben gesehen, daß der deutsche Aktienmarkt unter mittel- bis langfristigen Gesichts-punkten ein überdurchschnittliches Gewinnpotential bietet. Dieses läßt sich über eine kontinuierliche Absicherungsstrategie erreichen. Spezifisch wird durch Investitionen in Aktien der größten deutschen Unternehmen bei fortlaufender Absicherung des erreichten Kursniveaus mit Hilfe von Put-Hedges das Potential deutlich stärker ausgeschöpft als bei einer reinen Aktienstrategie.

Die Grundidee dieser Strategie basiert darauf, zunächst ein DAX-Tracking Portfolio zu verwenden. Dies erhöht die Nachvollziehbarkeit. Kernpunkt der Strategie ist die fortlaufen-de Absicherung des erreichten Indexniveaus auf jährlicher Basis, so daß nach Hausse-Phasen erzielte Kursgewinne weitgehend erhalten bleiben. Mit dieser Strategie gelingt es, 60 bis 85 % des jährlichen DAX-Returns zu erreichen, nach unten aber fast vollständig abgesichert zu sein.

Die folgende Abbildung zeigt, daß mit dieser Strategie die Risikoprämie für Aktien ganz deutlich erhöht werden kann, so daß es gelingt, das Aktienanlageergebnis nachhaltig zu verbessern, ohne die Assetklasse zu wechseln.

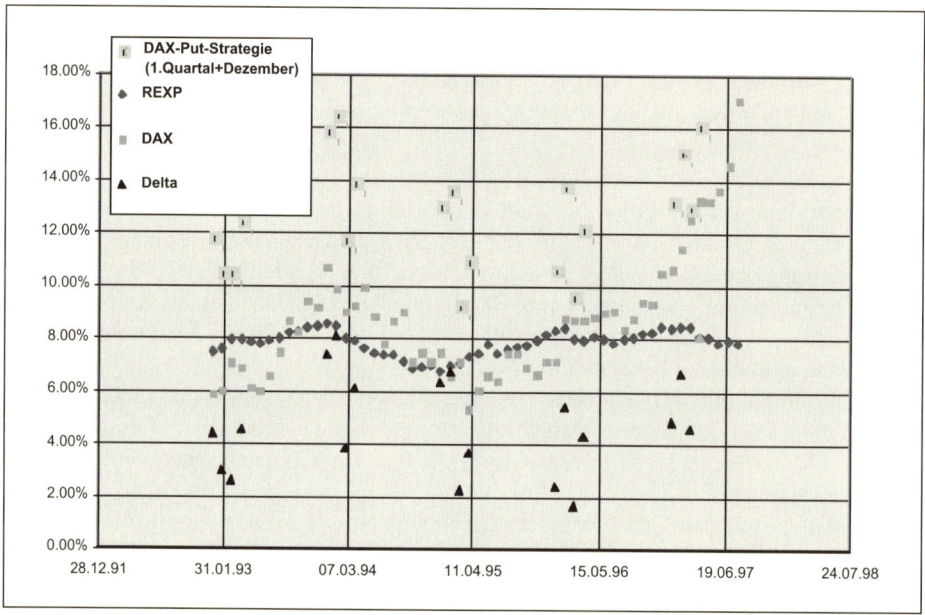

Abb. 5: Vergleich der Performance eines mit DAX-Put-Strategie gemanagten Aktien-portefeuilles mit einem Rentenportefeuilles, 10 Jahre rollierend, annualisiert

3.   Aktive Asset Allocation

Auch bei einer Europäisierung der Aktienanlage oder bei einer konsequent umgesetzten Absicherungsstrategie bleibt zu berücksichtigen, daß nicht das volle Potential der Kapitalmärkte ausgeschöpft wird, solange nur eine Assetklasse systematisch betrachtet wird. Es ist daher vielversprechend, ein Modell zu untersuchen, im dem die gezielte Allocation von Geldern zwischen Aktien und Renten optimiert wird. Bei einer solchen Asset Allocation ist es wichtig, unabhängig vom Tagesgeschäft die großen Trends zu erkennen. Wir haben daher für einen Teil unserer institutionellen Kunden eine Asset Allocation Strategie entwickelt, die diesem Grundgedanken folgt.

a.   Ziel und Aufbau des Asset Allocation Ansatzes

Das Ziel des Asset Allocation Ansatzes ist die Optimierung bzw. Verstetigung des Ertrages unter Berücksichtigung des Risikos sowie eine transparente, nachvollziehbare Assetklassengewichtung.

Dies kann mit Hilfe der Ableitung von diskreten Gewichtungsschritten auf Basis einer Verknüpfung von unterschiedlichen fundamentalen und technischen Indikatoren erreicht werden. Ziel des *fundamentalen* Ansatzes hierbei ist das Erkennen primärer und sekundärer Trendbewegungen mittels verfügbarer Ist-Daten. Ziel des *technischen* Ansatzes ist die Optimierung von Timingentscheidungen, wobei ausschließlich die Kurszeitreihen des DAX sowie des REXP einfließen. Daraus werden Trendindikatoren[11] sowie risikoadjustierte Performancevergleiche berechnet. Durch die Kombination fundamentaler sowie technischer Größen werden die üblicherweise systemimmanenten Nachteile technischer Modelle vermieden, die auf Strukturbrüche zumeist nur ungenügend oder zu spät reagieren, bzw. diese nicht erkennen.

Auf der anderen Seite wird im fundamentalen Ansatz durch eine dynamische Variablenselektion und deren differierenden Gewichtung eine größtmögliche Flexibilität gegenüber Änderungen des Kapitalmarktumfeldes erreicht. Ein starres Festhalten an Verlaufsmustern der Vergangenheit wird somit vermieden. Die einzelnen Analyseobjekte gehen je nach Zeitablauf mit unterschiedlichen Gewichtungen in das Regressionsmodell[12] ein.

Folgende Abbildung zeigt die Vorgehensweise schematisch:

---

11 Übergekauft/Verkauft-, Trendfolge- und Trendanalyse-Indikatoren.

12 In der Regressionsrechnung wird eine Variable, die y-Variable, als die abhängige und die x-Variable als die unabhängige Variable betrachtet. Insofern ist für die Regressionsrechnung auch die Bezeichnung »Dependenzanalyse« gerechtfertigt. Bei der Regressionsanalyse stehen dabei mehrere Methoden zur Verfügung, diese Abhängigkeiten zu beschreiben. Das Regressionsmodell des dargestellten Asset Allocation Ansatzes verwendet eine lineare Regression nach dem Prinzip der kleinsten Quadrate.
Vgl. *Bamberg, G./Baur, F*. (1987), S. 42 ff.

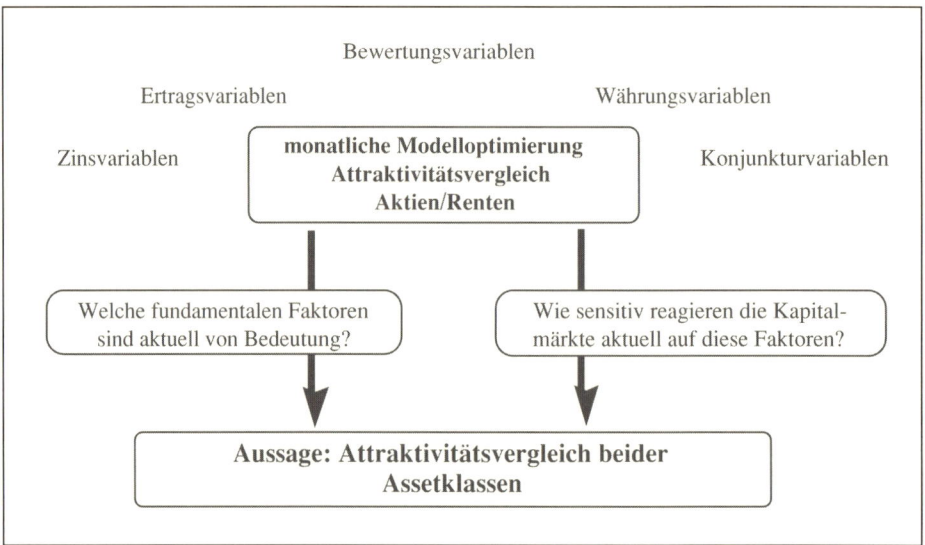

Abb. 6: Attraktivitätsvergleich von Assetklassen

b.   Performance des Asset Allocation Ansatzes

Der Asset Allocation Ansatz ist für den Zeitraum 1984 bis 1988 in-sample und ab 1989 out-of-sample, getestet.[13] Als Benchmark ist eine Gewichtung von 50 % deutsche Renten (REXP) und 50 % deutsche Aktien (DAX) bei einer möglichen Gewichtungsabweichung von 20 % definiert. Innerhalb dieser Bandbreite sind alle Kombinationen möglich. Das Optimierungskriterium für den in-sample-Zeitraum ist die optimale Asset Allocation von Aktien und Renten unter risikoadjustierten Gesichtspunkten. Konstruiert man das für den in-sample-Zeitraum von 1984 bis 1988 optimale Modell und wendet dieses auf den out-of-sample-Zeitraum an, und vergleicht dies mit der Performance der Benchmark, wird deutlich, daß der Asset Allocation Ansatz eine tendenzielle Outperformance bei nur phasenweiser Underperformance ermöglicht. Wie man in der folgenden Abbildung erkennen kann, ist der Asset Allocation Ansatz auch, über die erreichte Outperformance hinaus, unter Risiko/Ertrags-Gesichtspunkten überzeugend. Insbesondere die Kombination aus technischen und fundamentalen Ansätzen führt zu einem positiven Ergebnis.

---

13 Unter »in-sample« versteht man bei quantitativ-statistischen Untersuchungen den Zeitraum, in dem die zur Verfügung stehenden Daten analysiert und entsprechende Modelle konstruiert und optimiert werden. Der eigentliche »Test« besteht dann in der Anwendung der gefundenen Regelmäßigkeiten bzw. Gesetzmäßigkeiten auf neue nicht »verbrauchte« Zeitreihen, die zur Verifizierung dienen. Im Asset Allocation Ansatz ist das Modell von 1989 bis 1997 out-of-sample getestet worden. Unter wissenschaftlichen Gesichtspunkten ist es ein großer Fehler, die in-sample Zeiträume zu lang zu wählen, weil dann zwar die Rentabilität optimiert wird, andererseits aber die Validität der Untersuchungsobjekte geringer wird.

416

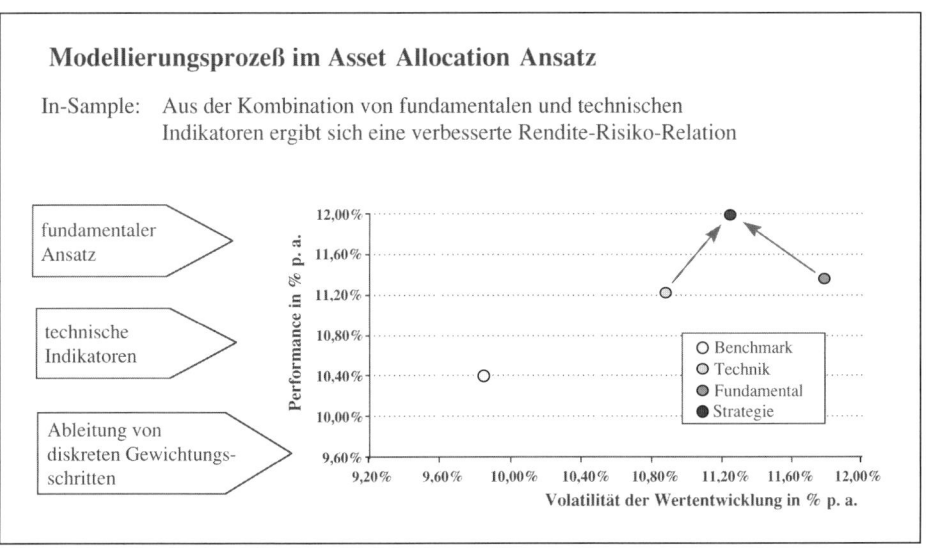

Abb. 7: Asset Allocation Ansatz

V. Zusammenfassung

Um sich den Herausforderungen des Binnenmarktes stellen zu können, bedarf es einer erfolgreichen Kapitalanlagepolitik seitens der Versicherungsunternehmen. Vor dem Hintergrund der historischen Entwicklung der Kapitalanlagearten wird die Bedeutung der Wertpapierportefeuilles für eine erfolgreiche Kapitalanlagepolitik deutlich. Obwohl die Aktienanlage in den letzten Jahren zugenommen hat, dominiert die Anlage in Renten traditionell die Wertpapieranlage. Unter Berücksichtigung einer verstärkten Betonung der Aktienanlage durch die VAG-Novellierung von 1994, und der weit verbreiteten Meinung einer langfristig besseren Performance von Aktien, stellt sich die Frage, ob eine verstärkte Anlage in Aktien auf Kosten der Renten für die Versicherungswirtschaft von Vorteil ist. Aus einem Performancevergleich von Aktien und Renten über ein rollierendes 10-Jahres-Fenster, bei regelmäßigen monatlichen Zuflüssen, läßt sich keine Empfehlung diesbezüglich ableiten. Vor dem Hintergrund der im Rahmen des VAG verbesserten Diversifzierungsmöglichkeiten für die Versicherungsunternehmen durch europa- und länderübergreifendes Investment, steigt die Bedeutung der Aktienanlage gegenüber der Anlage in Renten jedoch an. So läßt sich zeigen, daß ein europäisches Aktienportefeuille eindeutig besser performt als ein Rentenportefeuille. Die unterschiedliche Bedeutung und Entwicklung der Aktienmärkte im In- und Ausland lassen sich somit vorteilhaft für die Investmenttätigkeit der Versicherungsunternehmen nutzen. Eine verstärkte Einbeziehung der internationalen Finanzmärkte in die Kapitalmarktentscheidungen bietet zudem eine gute Möglichkeit, Erfahrungen für die kommende Währungsunion zu sammeln. Um die Wettbewerbsfähigkeit der Versicherungsunternehmen jedoch zu sichern, bedarf es gleichwohl gezielter Anlagestrategien, die das vorhandene Gewinnpotential des deutschen Aktienmarktes optimal auszuschöpfen verstehen. Eine Möglichkeit stellt die DAX-Put-Strategie dar, die sich durch Investitionen in Aktien der größten deutschen Unternehmen, bei fortlaufender Absicherung des erreichten Kursniveaus mit Hilfe von Put-Hedges, auszeichnet. Eine weitere Möglichkeit bietet ein professionelles auf der Synthese von technischen und fundamentalen Analysemethoden basierendes Asset Allocation Modell, welches die Anlagemittel unter risikoadjustierten Gesichtspunkten auf die Assets Renten und Aktien verteilt.

Literatur

Albrecht, P. (1994): Ansätze eines finanzwirtschaftlichen Portefeuille-Managements und ihre Bedeutung für die Kapitalanlage- und Risikopolitik von Versicherungsunternehmen, Mannheim 1997.

Bamberg, B./Baur, F. (1987): Statistik. München 1987

Dobberke, K. (1993): Die Aktie lohnt das Risiko. In: Die Bank 6/1993, S. 343–346

GDV (1996): Gesamtverband der Deutschen Versicherungswirtschaft e. V.: Jahresstatistiken der Versicherungswirtschaft. Karlsruhe 1996

Deutsche Bundesbank (1/1987): Monatsbericht der Deutschen Bundesbank, Frankfurt am Main 1987

Schwebler, R. (1991): Vermögensanlagepraxis in der Versicherungswirtschaft. Karlsruhe 1991

Schwebler, R. (1993): Einsatz von Finanzinnovationen in der Versicherungswirtschaft. Karlsruhe 1993

Schwebler, R./Knauth, K.W./Simmert, D. B. (1995): Kapitalanlagepolitik im Versicherungsbinnenmarkt. Karlsruhe 1995

Stephan, G. T. (1995): Strategische Asset Allocation in Lebensversicherungsunternehmen. Karlsruhe 1995

Stockheim, U. (1997): Weckruf der Vordenker. In: Capital 5/1997, S. 24/25

Anhang

Allgemeine Anlagegrundsätze, § 54 Abs. 1 VAG

»Die Bestände des Deckungsstocks (§ 66) und des übrigen gebundenen Vermögens eines Versicherungsunternehmens (gebundenes Vermögen) sind unter Berücksichtigung der Art der betriebenen Versicherungsgeschäfte sowie der Unternehmensstruktur so anzulegen, daß möglichst große Sicherheit und Rentabilität bei jederzeitiger Liquidität des Versicherungsunternehmens unter Wahrung angemessener Mischung und Streuung erreicht wird.«

Die allgemeinen Anlagegrundsätze gelten für das gesamte gebundene Vermögen, nicht jedoch für das freie Vermögen.

Grundsatz der Sicherheit

Wichtigster Grundsatz. Er verlangt eine möglichst risikofreie Kapitalanlage. Das Postulat gilt für gegenwärtige und erkennbare künftige Risiken. Das bedeutet, die Anlage muß während der gesamten Anlagedauer überwacht werden.

Grundsatz der Rentabilität

Eine Vermögensanlage muß – lt. BAV – »unter Berücksichtigung der Sicherheits- und Liquiditätserfordernisse sowie der Kapitalmarktlage einen nachhaltig guten Ertrag abwerfen.«

Grundsatz der Liquidität

Der Gesamtbestand der Kapitalanlagen des gebundenen Vermögens muß so zusammengesetzt sein, daß zu jeder Zeit ein betriebsnotwendiger Betrag an liquiden oder ohne Schwierigkeiten liquidierbaren Anlagen vorhanden ist. Die Liquiditätsverhältnisse unterscheiden sich in den einzelnen Versicherungszweigen.

Grundsatz der Mischung und Streuung

Der Grundsatz dient der Risikoverteilung auf verschiedene Anlagearten und damit der Substanzerhaltung. Es darf keine einzelne Anlageart vorherrschen, der Kapitalanlagebestand darf nicht einseitig zusammengesetzt sein und es soll keine regionale Konzentration vorliegen. Eine Anlagehäufung bei einem einzelnen Schuldner soll vermieden werden. Der allgemeine Streuungsgrundsatz wird durch die spezielle Streuungsregelung in § 54a Abs. 4b VAG konkretisiert. Danach dürfen die Anlagen bei einem Schuldner grundsätzlich nicht die *Summe* aus 2 % des gebundenen Vermögens *und* 25 % der Eigenmittel des Versicherungsunternehmens, insgesamt aber 5 % des gebundenen Vermögens nicht übersteigen.

Prinzip der Belegenheit und Währungskongruenz

Belegenheit, § 54a Abs. 6 VAG

Soweit die gegen das Versicherungsunternehmen gerichteten Ansprüche in der Europäischen Gemeinschaft[1] zu erfüllen sind, müssen auch die Vermögenswerte in der Europäischen Gemeinschaft belegen sein.

Grund: Ausschaltung der besonderen Risiken bei der Verwertung und Transferierung außerhalb der Europäischen Gemeinschaft belegenen Werten.

Ausnahme: 5 % des Deckungsstockvermögens und 20 % des übrigen gebundenen Vermögens dürfen außerhalb der Europäischen Gemeinschaft angelegt werden. Weitere Ausnahmen kann das BAV im Einzelfall genehmigen.

Währungskongruenz, § 54a Abs. 3 VAG

Die Vermögenswerte müssen in der Währung angelegt werden, in der die Versicherungen zu erfüllen sind. Dabei gelten Aktien und Anteile als in der Währung angelegt, in der sie an einer Börse zum amtlichen Handel zugelassen oder in einen organisierten Markt einbezogen sind.

Grund: Ausschaltung des Währungskursänderungs-Risikos.

Ausnahme: 20 % des Deckungsstocks und des übrigen gebundenen Vermögens.

---

[1]   Hinsichtlich der Anlage des gebundenen Vermögens sind Vertragsstaaten des EWR-Abkommens wie Mitgliedstaaten der Europäischen Gemeinschaft zu behandeln.

Zulässige Kapitalanlagearten

Grundbesitz (§ 54a Abs. Nr. 10 VAG)

Anlage in Grundstücken und grundstücksgleichen Rechten (z.B. Erbbaurecht), die entweder bebaut, in der Bebauung befindlich oder zur alsbaldigen Bebauung bestimmt sind sowie in Anteilen an Grundstücksbeteiligungsgesellschaften.

Begrenzungen:

Anlage in Grundstücke, grundstückgleiche Rechte + Anteile an Grundstücksbeteiligungsgesellschaften + Anteile an Grundstücks-Sondermögen: höchstens *25 %* des gebundenen Vermögens (§ 54a Abs. 4 VAG).

    In *einem* Grundstück oder grundstückgleichen Recht bzw. in Anteilen an *einer* Grundstücksbeteiligungsgesellschaft: höchstens *10 %* des gebundenen Vermögens.

Realkredite (§ 54a Abs. 2 Nr. 1 VAG)

Realkredit = Kredit, dessen grundpfandrechtliche Besicherung geeignet ist, die Ansprüche des Kreditgebers zu befriedigen, ohne daß es auf die Person des Kreditnehmers ankommt (z.B. Hypotheken-, Grundschuldforderungen).

Beleihungsgrenze: 60 % des Grundstückswertes gemäß §§ 11, 12 HGB oder gemäß entsprechender Vorschriften des anderen Mitgliedsstaates.

Beleihungspraxis: 60 % Wohngrundstücke,
                 40 % gewerblich genutzte Grundstücke.

Nachrangige Realkredite: Zulässig mit Bürgschaft eines geeigneten Kreditinstituts (§ 54a Abs. 2 Nr. 8c VAG) oder über die »Öffnungsklausel« (§ 54a Abs. 2 Nr. 14 VAG).

Begrenzung:

Nur allgemeine Anlagegrundsätze.

Darlehensforderungen (§ 54a Abs. 2 Nrn. 3b, 7, 8, 14 VAG)

Versicherungsunternehmen können Darlehen vergeben

a)   ohne weitere Sicherheiten gemäß § 54a Abs. 2 Nr. 8a) VAG an
    – den Bund, die Bundesländer, Gemeinden, Gemeindeverbände, die Sondervermögen des Bundes,
    – einen anderen Mitgliedsstaat der Europäischen Gemeinschaft, sowie deren Regionalregierungen und Gebietskörperschaften, soweit diese bestimmte Voraussetzungen erfüllen,
    – eine internationale Organisation, der die Bunderepublik als Vollmitglied angehört;

b) an sonstige – nicht unter § 54a Abs. 2 Nr. 8a) fallende – Regionalregierungen und Gebietskörperschaften eines Mitgliedsstaates der Europäischen Gemeinschaft sowie an sonstige Schuldner, wenn eine der vorgenannten Stellen die volle Gewährleistung übernommen hat [§ 54a Abs. 2 Nr. 8b) VAG]; die Vergabe dementsprechender Darlehen ist teilweise auf *10 %* des Deckungsstockvermögens begrenzt;

c) an beliebige Schuldner, sofern eine der unter Buchstabe a) genannten Stellen oder ein geeignetes Kreditinstitiut die volle Gewährleistung übernimmt [§ 54a Abs. 2 Nr. 8c) VAG];

d) an inländische Unternehmen, wenn diese besondere Bonitätsanforderungen erfüllen und eine ausreichende Sicherung vorliegt [§ 54a Abs. 2 Nr. 8d) VAG];

e) Namensschuldverschreibungen, für die kraft Gesetzes eine besondere Deckungsmasse besteht, z.B. Namenspfandbriefe und Namenskommunalobligationen [§ 54a Abs. 2 Nr. 3b) VAG];

f) an beliebige Schuldner, sofern die Forderung durch Verpfändung oder Sicherungs- übereignung von Hypotheken, Grundschulden, lombardfähige Wertpapiere oder von Namensschuldverschreibungen mit besonderer Deckungsmasse gesichert ist [§ 54a Abs. 2 Nr. 7a) bis c) VAG];

g) gesicherte Wertpapier-Darlehen [§ 54a Abs. 2 Nr. 7d) VAG];

h) Wertpapier-Darlehen ohne besondere Sicherheiten (§ 54a Abs. 2 Nr. 14 VAG).

Begrenzung:

Grundsätzlich nur allgemeine Anlagegrundsätze. Ausnahmen gelten für Darlehen gemäß Buchstaben b), g) und h).

Policendarlehen (§ 54a Abs. 2 Nr. 12 VAG)

Anlage nur für Lebens- und Unfallversicherungen mit Prämienrückgewähr.

Es handelt sich um Vorauszahlungen auf die später fällig werdende Versicherungslei- stung oder um Darlehen, das der Versicherungsnehmer bis zur Höhe des Rückkaufwertes seiner Versicherung erhält.

Begrenzung:

Nur allgemeine Anlagegrundsätze.

Wertpapiere und Anteile (§ 54a Abs. 2 Nrn. 3, 5, 5a, 6, 11, 13 VAG)

Es bestehen Anlagemöglichkeiten in festverzinslichen Wertpapieren, Aktien, Wertpapier-, Beteiligungs- und Grundstücks-Sondervermögen (Fonds), Genußrechten, Beteiligungen an Unternehmen jeglicher Rechtsform (z.B. GmbH, KG, Stille Gesellschaft) sowie in nachrangigen Verbindlichkeiten.

Festverzinsliche Wertpapiere (§ 54a Abs. 2 Nr. 3 VAG)

Anlage in

- Inhaberschuldverschreibungen, die in einem Mitgliedstaat der Europäischen Gemeinschaft ausgestellt sind (insbesondere öffentliche Anleihen, Kommunalobligationen, Pfandbriefe, Industrieobligationen (einschließlich Wandel- und Optionsanleihen);

Begrenzungen:

Börsennotierte Inhaberschuldverschreibungen: Nur allgemeine Anlagegrundsätze.

Nicht-börsennotierte Inhaberschuldverschreibungen: *max. 2,5 %* des gebundenen Vermögens; gemeinsam mit nicht-börsennotierten Wertpapieren: *max. 10 %* (§ 54a Abs. 4a).

- *außerhalb* der Europäischen Gemeinschaft ausgestellte Schuldverschreibungen, die an einer Börse innerhalb der Europäischen Gemeinschaft notiert oder in einen organisierten Markt einbezogen oder außerhalb der Europäischen Gemeinschaft zum amtlichen Handel zugelassen sind.

Begrenzung: 5 % des gebundenen Vermögens [§ 54a Abs. 2 Nr. 3c) VAG].

Aktien und Beteiligungen (§ 54a Abs. 2 Nrn. 5, 5a VAG)

Aktien (§ 54a Abs. 2 Nr. 5 VAG)

Die Anlage in Aktien unterliegt einer Vielzahl von Vorschriften. Voll eingezahlte Aktien dürfen in das gebundene Vermögen übernommen werden, wenn sie

- an einer Börse in einem Mitgliedstaat der Europäischen Gemeinschaft zum amtlichen Handel zugelassen oder in einen organisierten Markt einbezogen sind;
- an einer Börse *außerhalb* der Europäischen Gemeinschaft zum amtlichen Handel zugelassen sind (keine Anlage im Deckungsstock);

Den Aktien i.S.d. § 54a Abs. 2 Nr. 5 gleichgestellt sind *börsennotierte Genußrechte.*

Begrenzungen:

a) Aktien + Genußrechte + Beteiligungen + Wertpapier-Sondervermögen + Beteiligungs-Sondervermögen + nachrangige Verbindlichkeiten = höchstens *30 %* (§ 54a Abs. 4 VAG);

b) Aktien + sonstige Beteiligungen + Genußrechte + nachrangige Verbindlichkeiten desselben Unternehmens = höchstens *10 %* des Grundkapitals des Unternehmens (§ 54a Abs. 2 Nr. 5 Satz 2 VAG);

c) Aktien und Genußrechte von Gesellschaften mit Sitz außerhalb der Europäischen Gemeinschaft = höchstens *6 %* (§ 54a Abs. 2 Nr. 5 Satz 3 i.V.m. Abs. 4 VAG):

Beteiligungen (§ 54a Abs. 2 Nr. 5a VAG)

Beteiligungen können für das gebundene Vermögen erworben werden, wenn es sich handelt um

– voll eingezahlte, nicht notierte Aktien eines Unternehmens mit Sitz in der Europäischen Gemeinschaft;
– sonstige Anteile (GmbH-Anteile, Kommanditanteile; Stille Beteiligungen), wenn das Unternehmen seinen Sitz in der Europäischen Gemeinschaft hat und jährlich einen geprüften Jahresabschluß vorlegt;

Ausnahme: Das Unternehmen darf den Geschäftsbetrieb des Versicherungsunternehmens weder ganz noch teilweise übernommen haben; es darf keine Tätigkeit ausüben, die in unmittelbarem Zusammenhang mit Versicherungsgeschäften steht

– nicht-börsennotierte Genußrechte (keine echte Beteiligung);
– nachrangige Verbindlichkeiten (keine echte Beteiligung).

Begrenzungen:

a) Beteiligungen + Genußrechte + nachrangige Verbindlichkeiten + Beteiligungs-Sondervermögen = höchstens *10 %* des Deckungsstocks und des übrigen gebundenen Vermögens (§ 54a Abs. 4 VAG);
b) Aktien + Beteiligungen + Wertpapiersondervermögen + Beteiligungs-Sondervermögen = höchstens *30 %* (§ 54a Abs. 4 VAG);
c) Aktien + sonstige Beteiligungen + Genußrechte + nachrangige Verbindlichkeiten desselben Unternehmens = höchstens *10 %* des Grundkapitals (§ 54a Abs. 2 Nr. 5a Satz 3 i.V.m. Nr. 5 Satz 2 VAG);

Bei Anteilen an einem Unternehmen, dessen alleiniger Zweck das Halten von Anteilen eines anderen Unternehmens ist, bezieht sich diese Begrenzung auf die durchgerechneten Anlagen des Versicherungsunternehmens bei dem anderen Unternehmen (§ 54a Abs. 2 Nr. 5a Satz 4).

Wertpapierfonds, (§ 54a Abs. 2 Nr. 6 VAG)

Die Anlage des gebundenen Vermögens in Anteilen an Wertpapier-Sondervermögen ist zulässig, wenn

– das Sondervermögen von einer Kapitalanlagegesellschaft mit Sitz in einem Mitgliedstaat der Europäischen Gemeinschaft verwaltet wird
und
– das Sondervermögen entsprechend den Vertragsbedingungen *überwiegend* enthält:
  – voll eingezahlte, in der Europäischen Gemeinschaft börsennotierte Aktien oder Genußrechte
  oder
  – in der Europäischen Gemeinschaft ausgestellte, börsennotierte Schuldverschreibungen [vgl. § 54a Abs. 2 Nr. 3a) und b)].

Nur für Sondervermögen als Anlage des *übrigen gebundenen Vermögens:*

– voll eingezahlte, *außerhalb* der Europäischen Gemeinschaft zum amtlichen Handel zugelassene Aktien oder Genußrechte.

Die Vorschriften über Anlagen in Wertpapierfonds gelten entsprechend für die von *Investmentgesellschaften* mit Sitz in der Europäischen Gemeinschaft ausgegebenen Anteilen, wenn die Gesellschaft das Vermögen nach den Grundsätzen der Risikomischung und -streuung anlegt und der Anteilsinhaber die Auszahlung des auf den Anteil entfallenden Vermögensteils verlangen kann (§ 54a Abs. 2 Nr. 6 Satz 4 VAG).

Begrenzungen:

Wertpapier-Sondervermögen + Aktien + Beteiligungen + Beteiligungs-Sondervermögen + Genußrechte + nachrangige Darlehen = *max. 30 %.* Außer Betracht bleiben Rentenfonds, die ausschließlich in der Europäischen Gemeinschaft ausgestellte, börsennotierte Schuldverschreibungen enthalten (§ 54a Abs. 4 VAG).

Wertpapier-Sondervermögen, das überwiegend in Aktien mit Sitz außerhalb der Europäischen Gemeinschaft angelegt ist + Direktanlagen dieser Art = höchstens *6 %* (§ 54a Abs. 2 Nr. 6 Satz 3 i.V.m. Abs. 4 VAG)

Grundstücks- und Beteiligungssondervermögen (§ 54a Abs. 2 Nr. 11 und 13 VAG)

Anteile an Grundstücks- und Beteiligungssondervermögen können erworben werden, wenn die Sondervermögen bestimmte Voraussetzungen einhalten und von einer Kapitalanlagegesellschaft mit Sitz in der Europäischen Gemeinschaft verwaltet werden.

Begrenzungen:

Anteile an *Grundstücks-Sondervermögen* + Grundstücke bzw. grundstückgleiche Rechte + Anteile an Grundstücksbeteiligungsgesellschaften: höchstens *25 %* des gebundenen Vermögens (§ 54a Abs. 4 VAG):

a) *Beteiligungs-Sondervermögen* + Beteiligungen + Genußrechte + nachrangige Verbindlichkeiten = höchstens *10 %* des Deckungsstocks und des übrigen gebundenen Vermögens (§ 54a Abs. 4 VAG);

b) *Beteiligungs-Sondervermögen* + Aktien + Beteiligungen + Wertpapiersondervermögen = höchstens *30 %* (§ 54a Abs. 4 VAG);

c) *Beteiligungs-Sondervermögen* (außer stille Beteiligungen) mit überwiegend Aktien von Gesellschaften mit Sitz außerhalb der Europäischen Gemeinschaft + Direktanlagen dieser Art = höchstens *6 %* (§ 54a Abs. 2 Nr. 13 Satz 3 i.V.m. Abs. 4 VAG).

Schuldbuchforderungen und Liquiditätspapiere (§ 54a Abs. 2 Nr. 4 VAG)

Schuldbuchforderungen: Die Forderungen der Anleihegläubiger (Versicherungsunternehmen) werden nicht in einer Urkunde verbrieft, sondern in ein Verzeichnis des Emittenten eingetragen (Schuldbuch des Bundes, eines Landes bzw. entsprechendes Verzeichnis eines anderen Mitgliedstaates der Europäischen Gemeinschaft).

Liquiditätspapiere: Titel gemäß § 42 BBankG, z.B. Schatzwechsel, unverzinsliche Schatzanweisungen.

Begrenzung:

Nur allgemeine Anlagegrundsätze

Anlagen bei Kreditinstituten (§ 54a Abs. 2 Nr. 9 VAG)

Anlage von Festgeldern, Termingeldern, Spareinlagen und laufenden Guthaben bei

- der Deutschen Bundesbank,
- der Zentralnotenbank eines anderen Mitgliedstaates der Europäischen Gemeinschaft
- bei geeigneten Kreditinstituten;
- bei der KfW und sonstigen öffentlich-rechtlichen Kreditinstituten gemäß Artikel 2 Abs. 2 der ersten Bankrechtskoodinierungsrichtlinie 77/780/EWG.

Geeignetes Kreditinstitut:

- Sitz in Mitgliedstaat der Europäischen Gemeinschaft;
- Erfüllung der Anforderungen der Zweiten Bankrechtskoordinierungsrichtlinie (89/646/EWG);
- Schriftliche Bestätigung der Einhaltung der an dem Sitz des Kreditinstituts geltenden Vorschriften über Eigenkapital und Liquidität.

Begrenzung:

Nur allgemeine Anlagegrundsätze. Für Anlagen bei geeigneten Kreditinstituten gilt zudem eine Ausnahme von der engen Streuungsregelung des § 54a Abs. 4b VAG.

Sonstige Anlagen = Öffnungsklausel, § 54a Abs. 2 Nr. 14 VAG

Versicherungsunternehmen können das gebundene Vermögen in Anlagearten anlegen,

- die in § 54a Abs. 2 Nr. 1 bis 13 VAG nicht genannt sind,
- die die Voraussetzungen des Anlagekatalogs nicht erfüllen,
- die die dort vorgeschriebenen Höchstgrenzen überschreiten.

Ausnahmen:

Konsumentenkredite, Betriebsmittelkredite, bewegliche Sachen oder Ansprüche auf bewegliche Sachen, immaterielle Werte sowie Anlagen, die nach den Dritten EG-Versicherungsrichtlinien nicht zulässig wären. Keine Erhöhung der Begrenzung von *10 %* in § 54a Abs. 2 Nrn. 5 und 5a VAG.

Begrenzung:

5 % des Deckungsstocks und des übrigen gebundenen Vermögens.

Anlagen mit einer Ausnahmegenehmigung des BAV, § 54a Abs. 5 VAG

Das BAV kann Anlagen genehmigen, die in § 54a Abs. 2 VAG nicht genannt sind, sowie die Überschreitung der in § 54a Abs. 2 und 4 bis 4c genannten Beschränkungen genehmigen, wenn die Belange der Versicherten nicht beeinträchtigt werden und die Mitgliedstaaten der Europäischen Gemeinschaft diese Abweichungen nach den Dritten EG-Versicherungsrichtlinien zulassen können. Ist letzteres nicht der Fall, kann die Anlage nur bei Vorliegen außergewöhnlicher Umstände und nur vorübergehend gestattet werden.

Stichwortverzeichnis